陕西统计年鉴 2018

SHAANXI STATISTICAL YEARBOOK

陕西省统计局
国家统计局陕西调查总队 编

中国统计出版社
China Statistics Press

图书在版编目（CIP）数据

陕西统计年鉴．2018 / 陕西省统计局，国家统计局陕西调查总队编．-- 北京 ：中国统计出版社，2018.8
ISBN 978-7-5037-8507-8

Ⅰ．①陕… Ⅱ．①陕… ②国… Ⅲ．①统计资料－陕西－2018－年鉴 Ⅳ．①C832.41-54

中国版本图书馆 CIP 数据核字（2018）第 160942 号

陕西统计年鉴—2018

作　　者 / 陕西省统计局　国家统计局陕西调查总队
责任编辑 / 郭　栋
封面设计 / 翟　竞
出版发行 / 中国统计出版社
通信地址 / 北京市丰台区西三环南路甲 6 号　邮政编码 /100073
电　　话 / 邮购（010）63376909　书店（010）68783171
网　　址 /http://www.zgtjcbs.com/
印　　刷 / 河北鑫兆源印刷有限公司
经　　销 / 新华书店
开　　本 /880mm×1230mm　1/16
字　　数 /1180 千字
印　　张 /37　彩页 1.25 印张
版　　别 /2018 年 8 月第 1 版
版　　次 /2018 年 8 月第 1 次印刷
定　　价 /398.00 元

本书附同版本 CD-ROM 一张，光盘内容以书面文字为准。
如有印装差错，由本社发行部调换。

陕西一日

地方财政收入（亿元）	5.50
出 生（人）	1164
死 亡（人）	655
结 婚（对）	824
离 婚（对）	235
粮食产量（万吨）	3.33
住户存款（亿元）	51.19
油料产量（吨）	1832
入境旅游人数（人次）	10513
苹果产量（万吨）	3.16
进口总值（亿元）	2.90
蔬菜产量（万吨）	5.41
出口总值（亿元）	4.55
肉类产量（吨）	3064
客运量（万人）	195
原煤产量（万吨）	156.05
货运量（万吨）	447
原油产量（万吨）	9.56
天然气（亿立方米）	1.15
发电量（亿千瓦小时）	4.88
汽车产量（辆）	1688
能源消费量（万吨标准煤）	34.35
社会消费品零售额（亿元）	22.23

生产总值（亿元）	第一产业	第二产业	第三产业
60.00	4.77	29.82	25.41

生产总值（亿元）

人均生产总值（元）

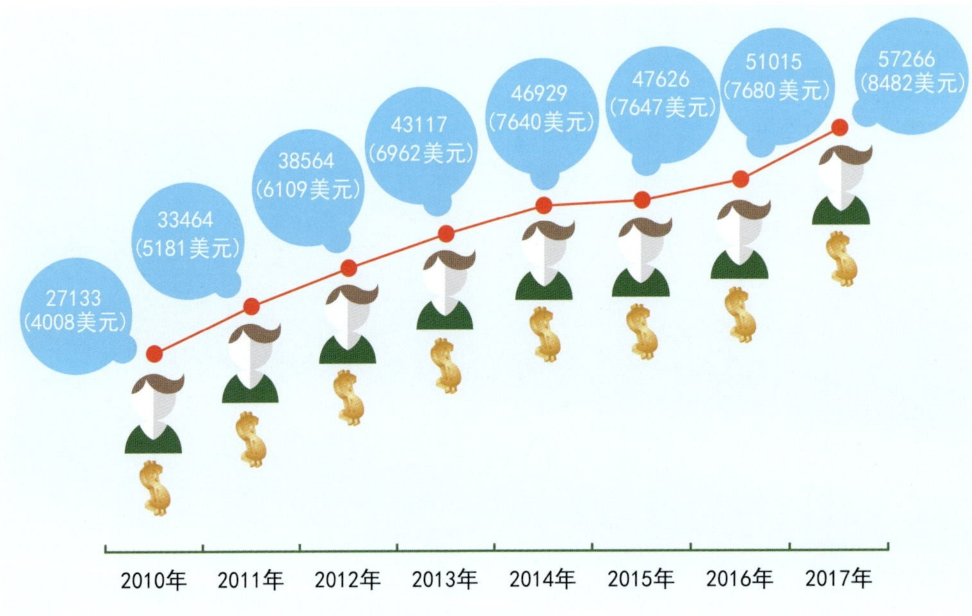

常住人口及城镇人口比重

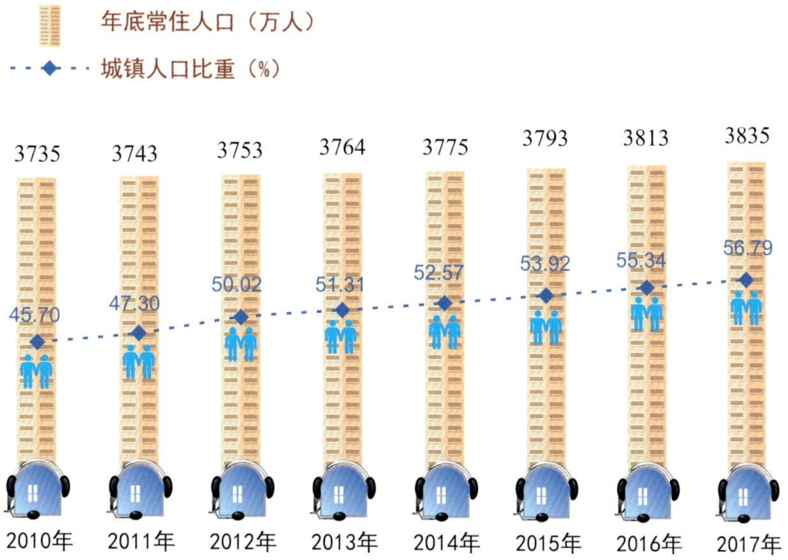

60岁及以上人口和比重

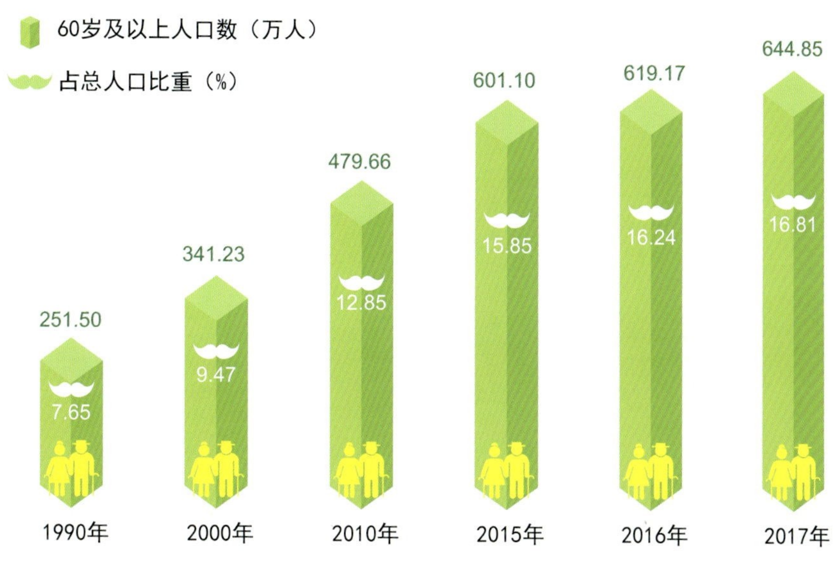

全社会固定资产投资

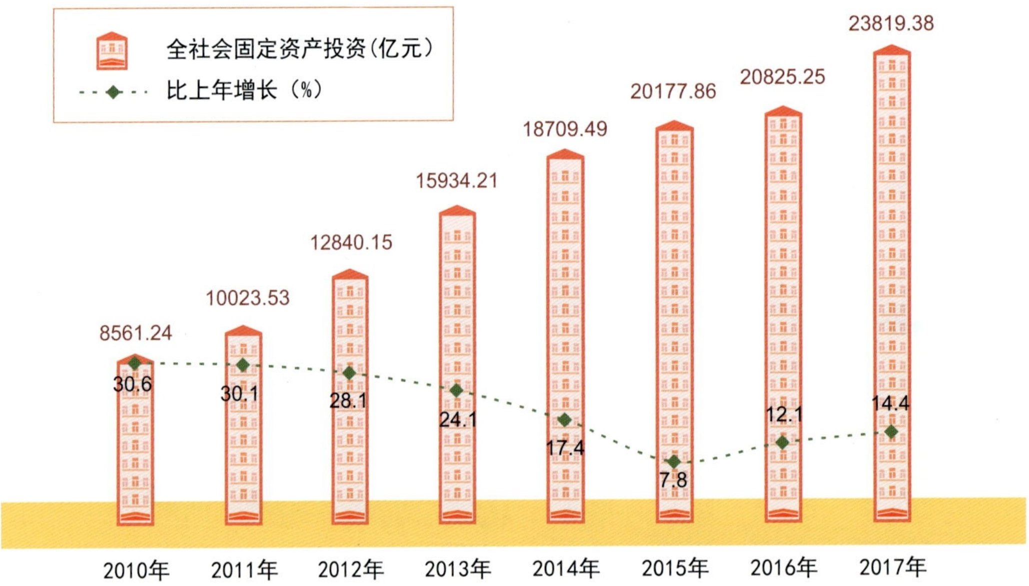

地方财政收入（亿元）

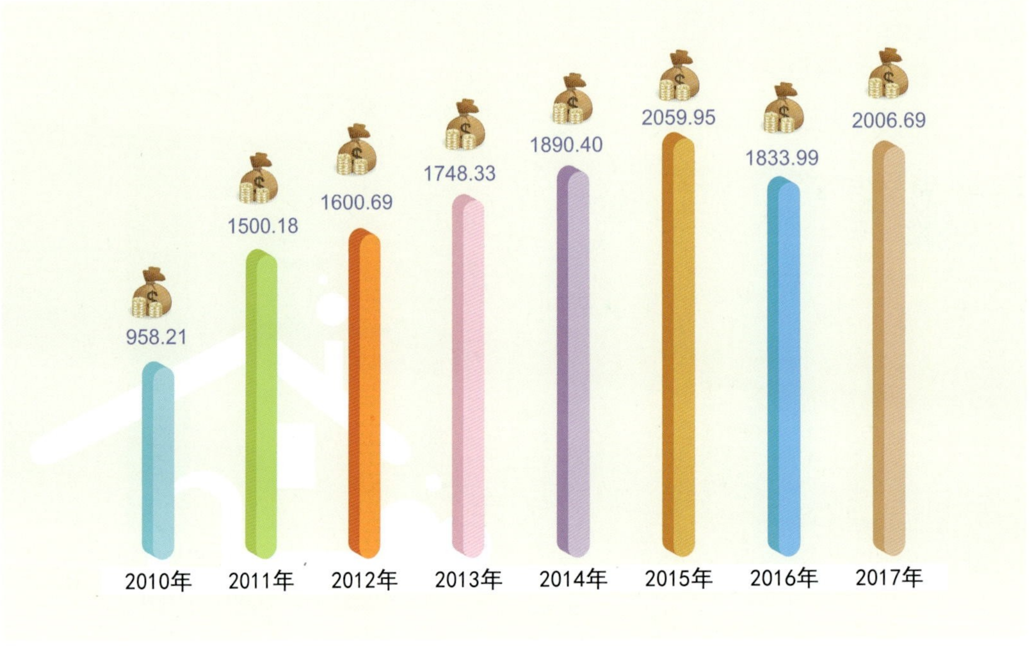

能源生产总量（万吨标准煤）

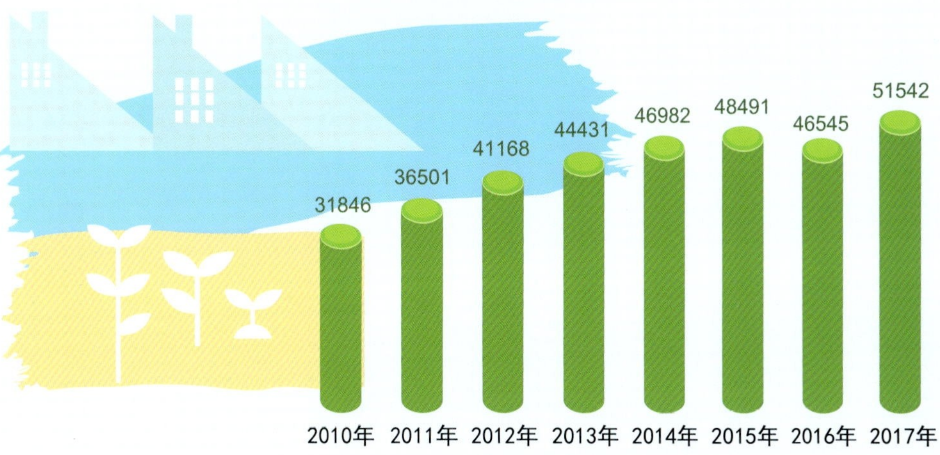

能源消费总量（万吨标准煤）

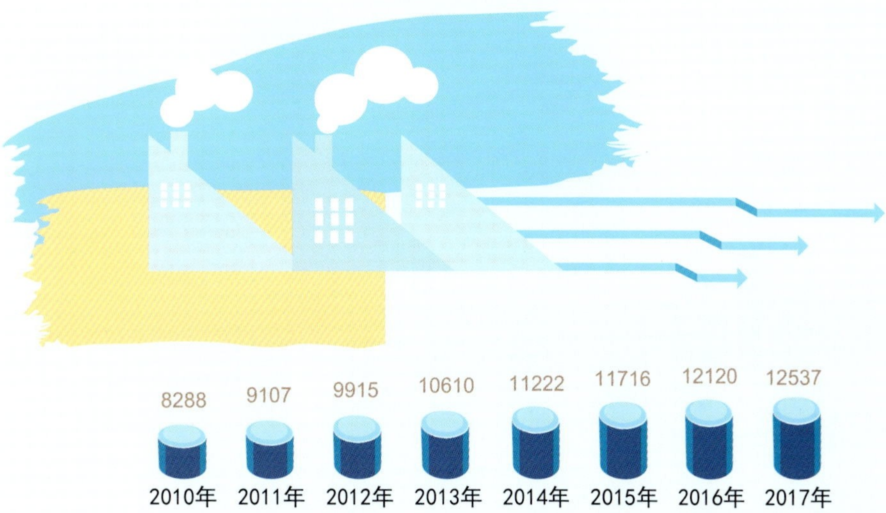

农村居民人均可支配收入（元）

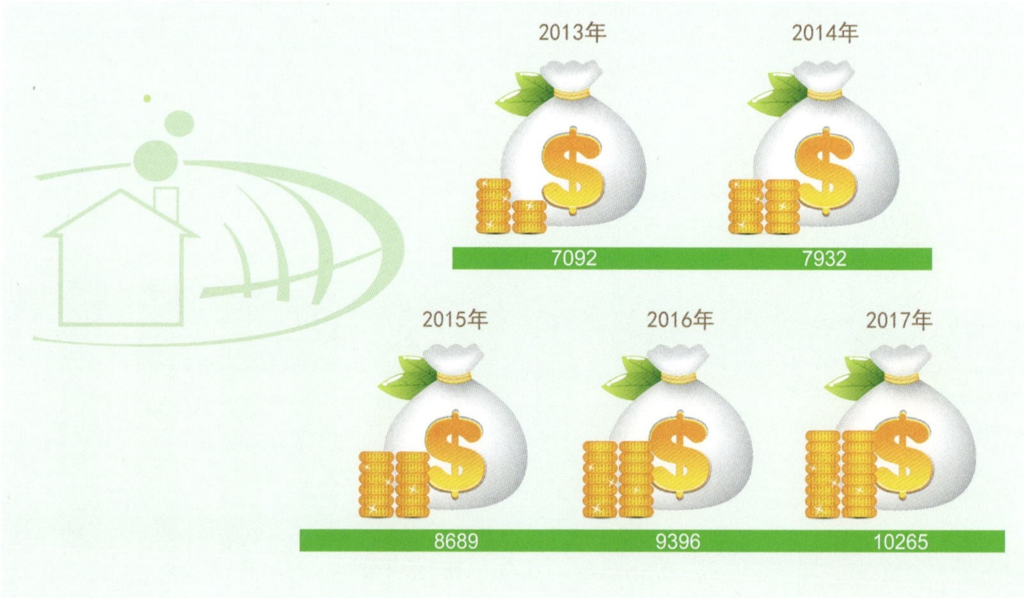

城镇居民人均可支配收入（元）

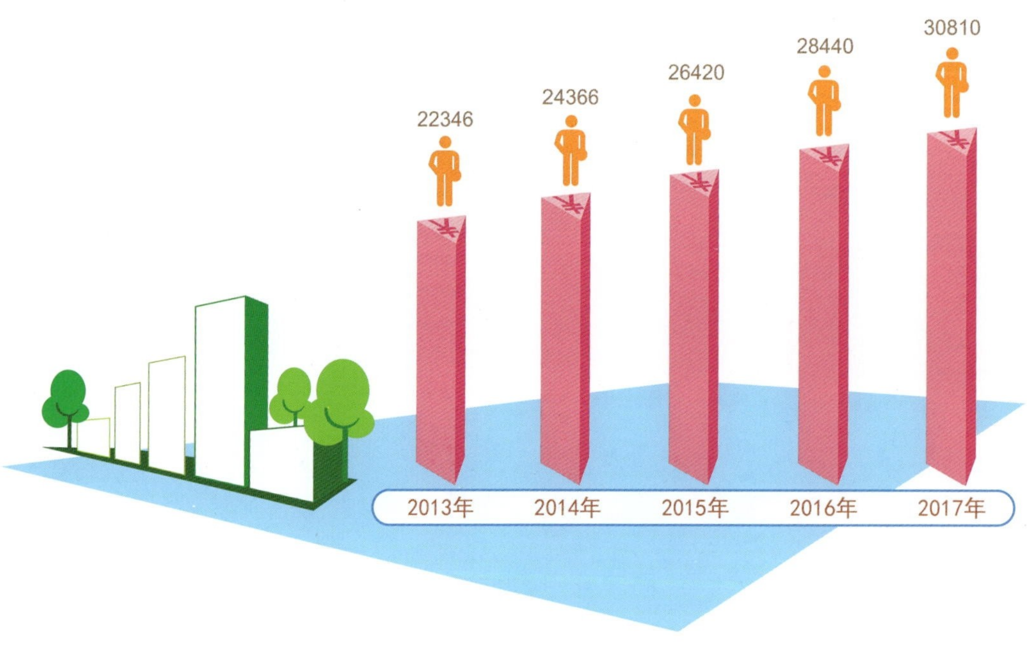

城乡居民收入比（以农村居民为1）

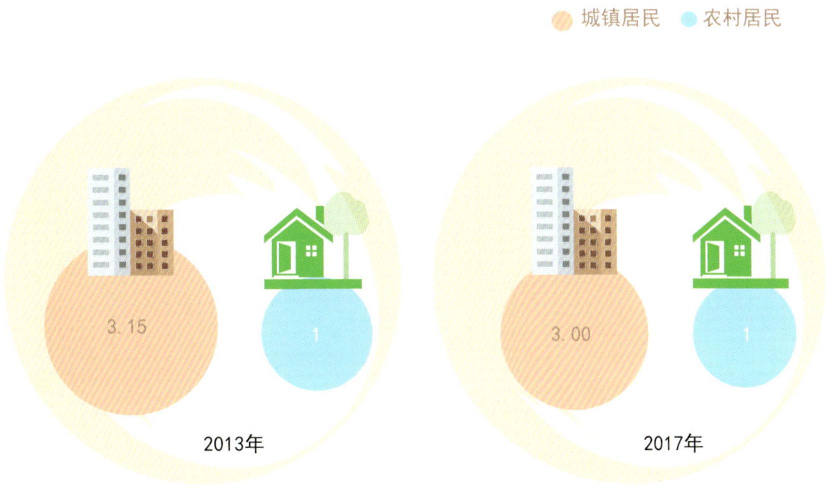

居民人均生活消费支出构成

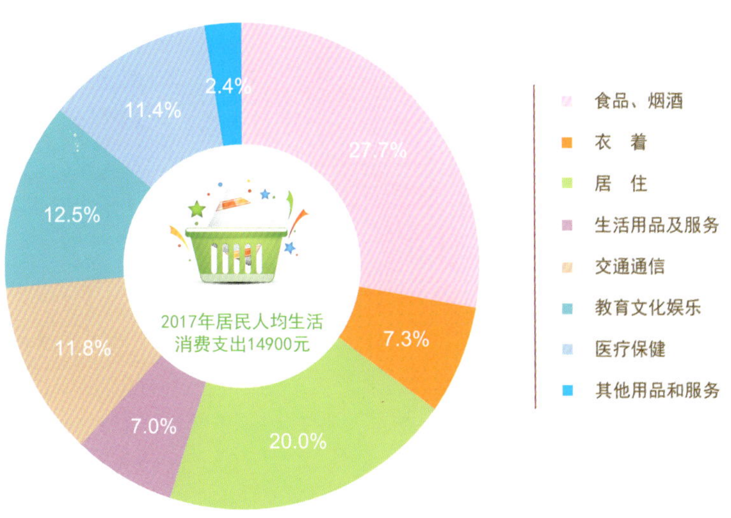

高速公路里程（公里）

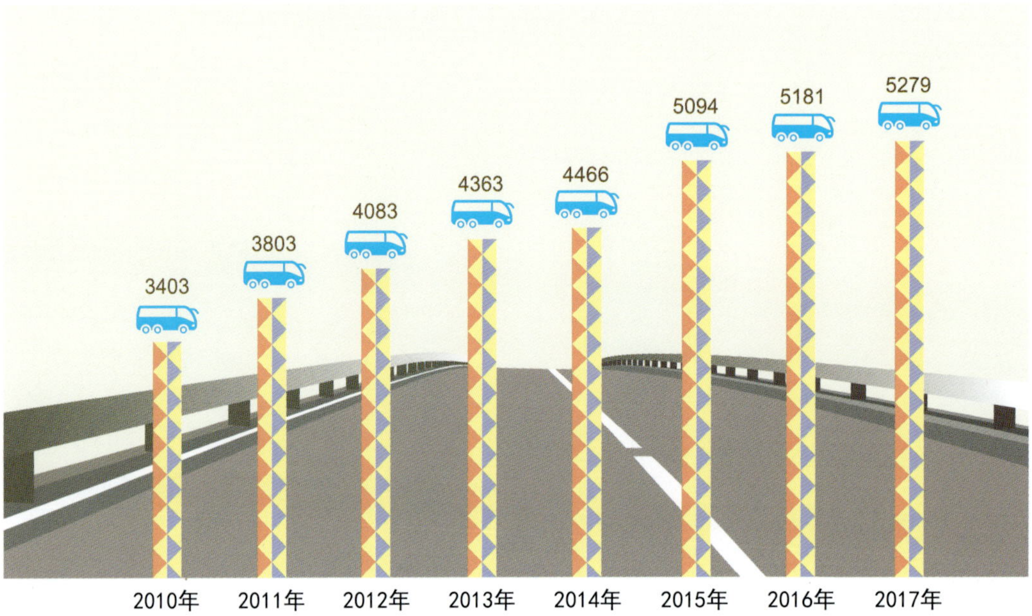

私人汽车拥有量（万辆）

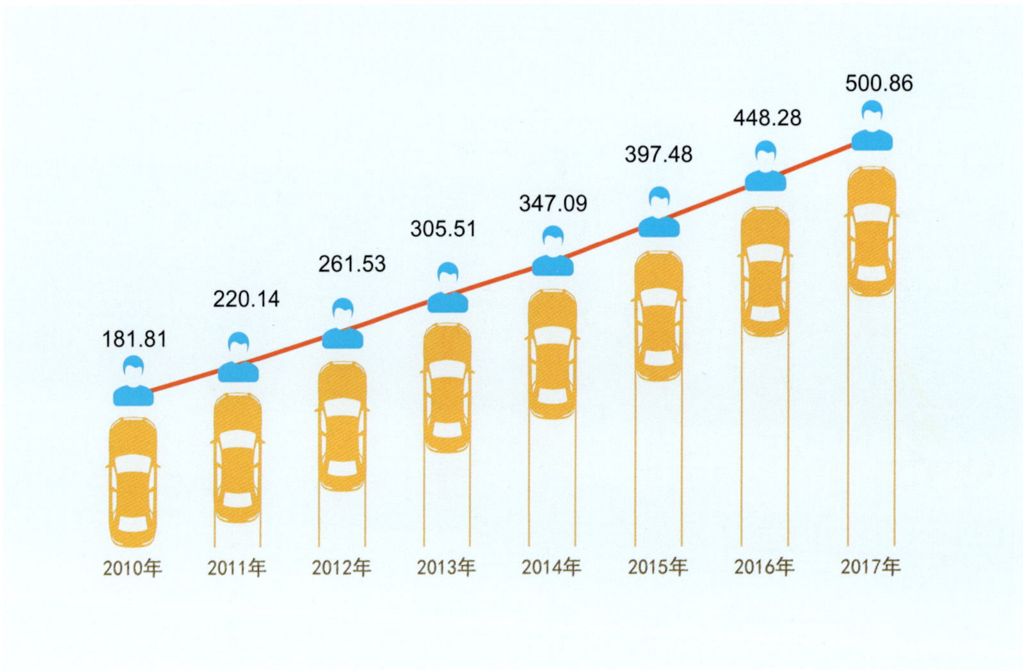

粮食产量（万吨）

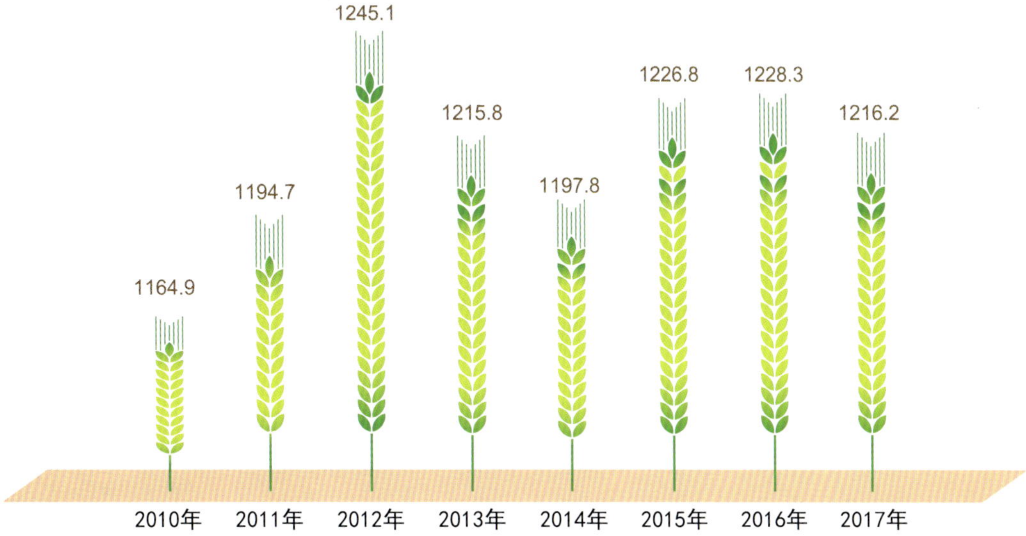

苹果产量（万吨）

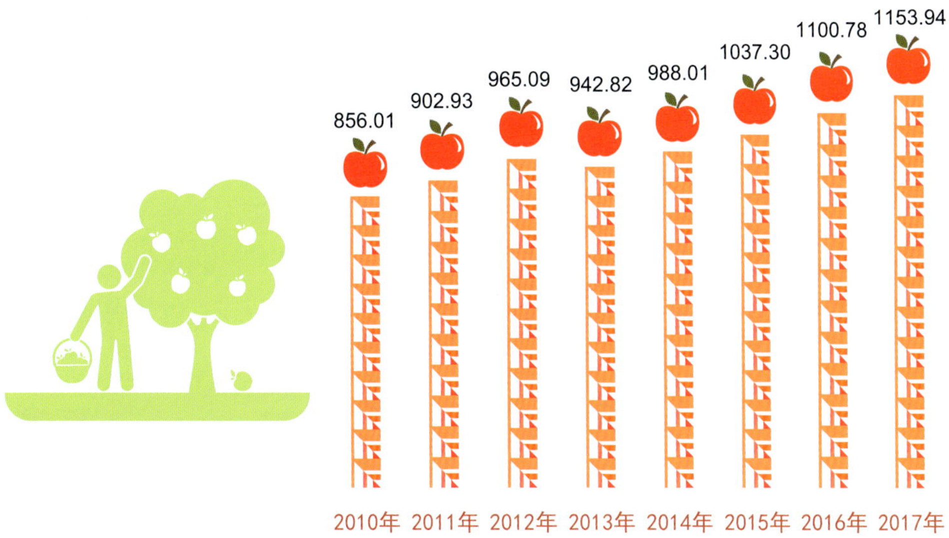

天然原油产量（万吨）

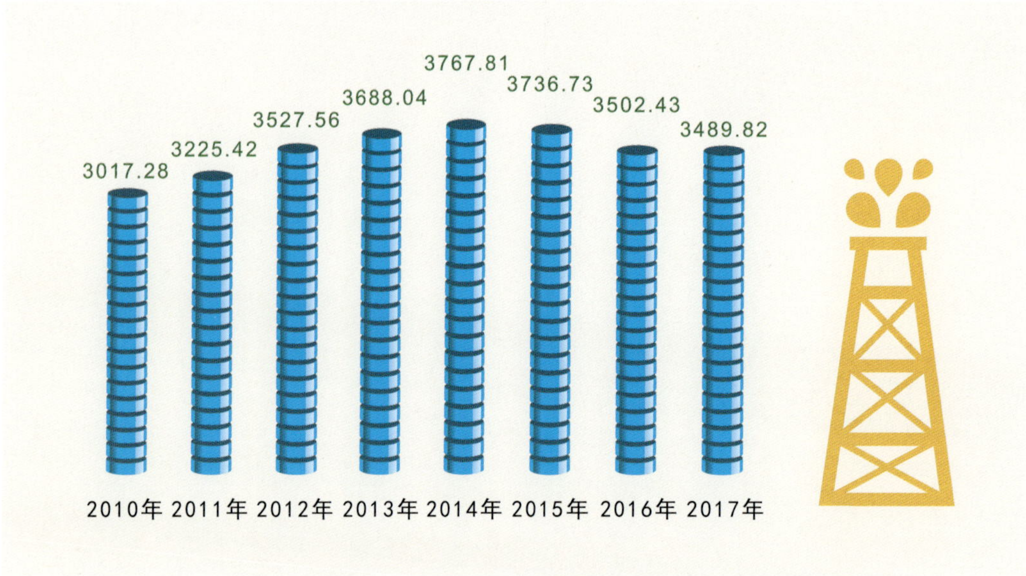

天然气产量（亿立方米）

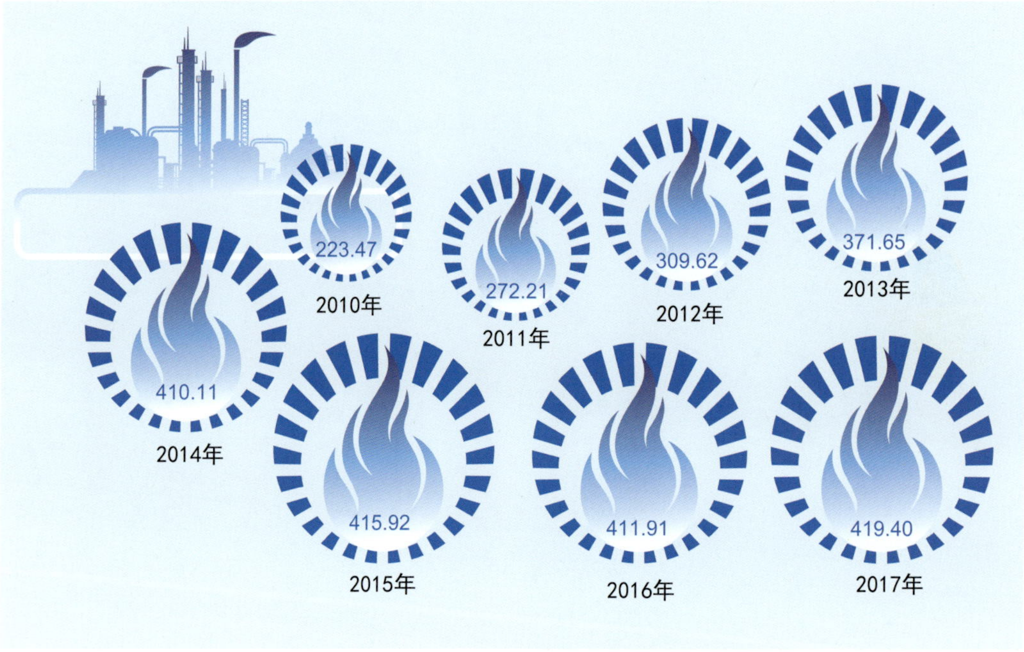

发电量（亿千瓦小时）

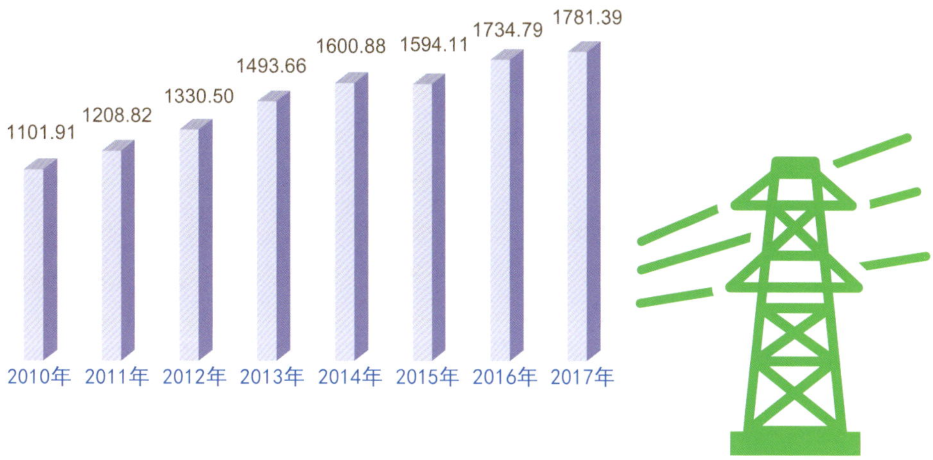

汽车产量（万辆）

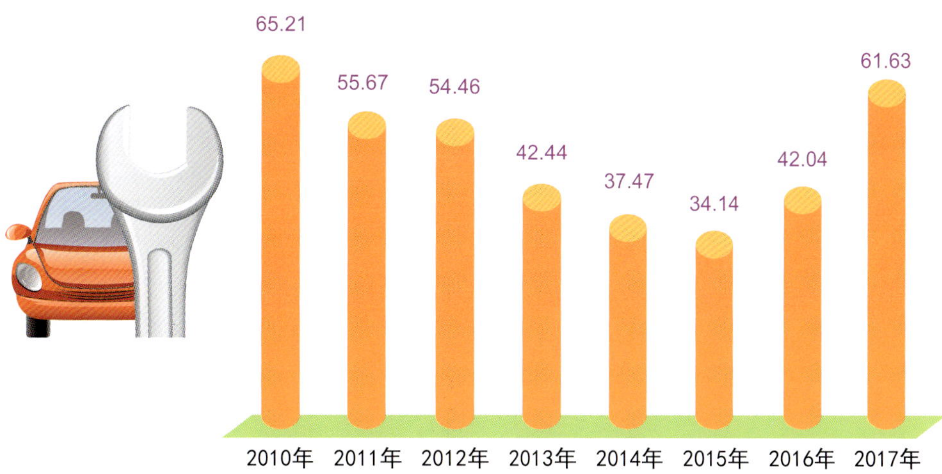

移动电话年末用户（万户）

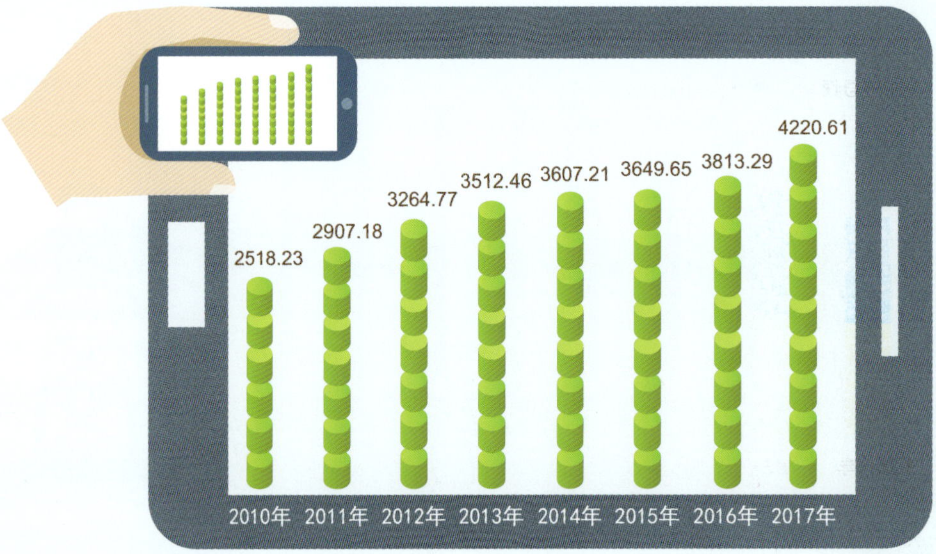

社会消费品零售总额

进出口总额（亿元）

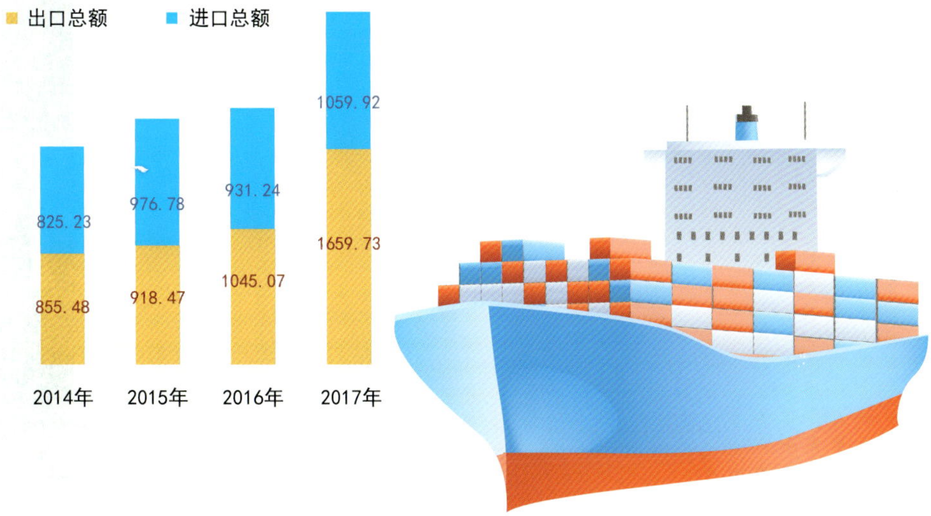

实际利用外资额

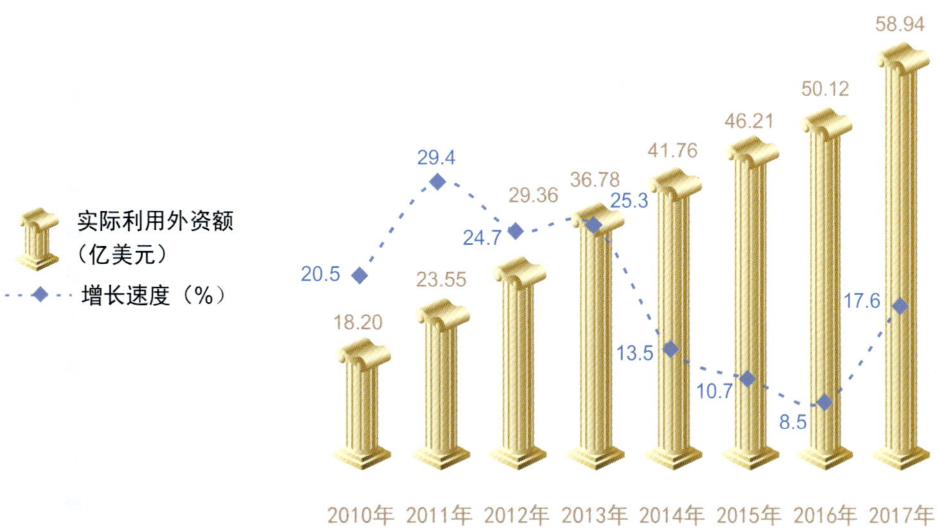

研究与试验发展经费(R&D)内部支出（亿元）

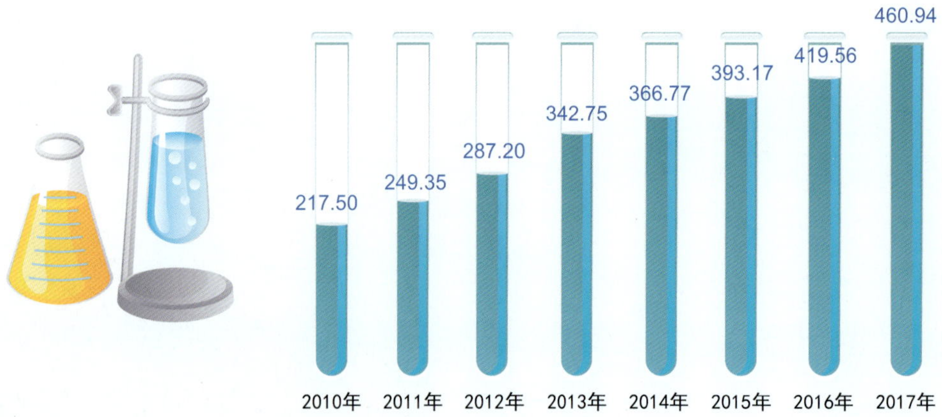

普通高等学校毕业生数（万人）

《陕西统计年鉴 -2018》

编委会和编辑工作人员名单

Shaanxi Statistical Yearbook - 2018

EDITORIAL BOARD AND EDITORIAL STAFF

编 者 说 明

一、《陕西统计年鉴－2018》是一部全面系统反映陕西省经济、社会、科技发展状况的资料性年刊。书中资料根据全省各专业统计年报加工而成，并收录了各市、县及省级有关部门的统计数据。

二、全书内容分为21部分：1. 行政区划和自然资源；2. 综合；3. 国民经济核算；4. 人口；5. 就业和工资；6. 固定资产投资；7. 能源；8. 财政、金融和保险；9. 价格指数；10. 人民生活；11. 环境和城市；12. 农业；13. 工业；14. 建筑业；15. 运输、邮电和服务业；16. 批发、零售和住宿、餐饮业；17. 对外经济贸易和旅游；18. 教育、科技和文化；19. 体育、卫生和其他；20. 水利；21. 全国各省、市、自治区主要指标。附录为2017年陕西省统计局大事记、2017年陕西调查总队大事记、陕西省统计局机构一览表、陕西调查总队机构一览表。为方便读者使用，各篇章前设有简要说明，列示主要统计指标提要和统计图，后面附主要统计指标解释。

三、本年鉴数据以2017年为主，主要指标列示改革开放以来重点年份的资料。

四、2012 年韩城市试点设立省内计划单列市，本年鉴在各市（区）主要指标中增加了韩城市的数据。

五、本年鉴全国及各省、市、自治区主要指标资料来源于《中国统计摘要－2018》，部分数据为初步统计数，正式数据以《中国统计年鉴－2018》为准。

六、本年鉴表中的符号使用说明：“...”表示数据不足本表最小单位；“空格”表示该项统计指标数据不详或无该项数据；“#”表示其中项。

EDITOR’S NOTES

Ⅰ. *Shaanxi Statistical Yearbook-2018* is an annual statistical publication, which reflects various aspects of province's economic, social science and technology development.

The major data sources of the publication are statistical annual report of different sectors. Also some other statistical data of city, county, and relevant departments are filled.

Ⅱ. The yearbook contains the following twenty-one chapters:

1. Divisions of Administrative Areas and Natural Resources;
2. General Survey;
3. National Accounts;
4. Population;
5. Employment and Wages;
6. Investment in Fixed Assets;
7. Energy;
8. Government Finance, Banking and Insurance;
9. Price Indices;
10. People's Livelihood;
11. Environment and Cities;
12. Agriculture;
13. Industry;
14. Construction;
15. Transport, Post and Telecommunication Services, and Service Industry;
16. Wholesale and Retail Trades, Hotels and Catering Services;
17. Foreign Trade and Tourism;
18. Education, Science, Technology and Culture;
19. Sports, Public Health and Others;
20. Irrigation;
21. Main Indicators of National Economy by Countrywide, Province, Municipality and Autonomous Region.

The addenda include chronicle of events of Shaanxi Provincial Bureau of Statistics in 2017, chronicle of events of NBS Survey Office in Shaanxi in 2017, list of institutions of Shaanxi Provincial Bureau of Statistics and list of institutions of NBS Survey Office in Shaanxi.

As a matter of convenience for readers, we make Brief Introduction, abstract of major indicators and statistical charts at the beginning of each chapter and explanatory notes on main statistical indicators at the end of each chapter.

Ⅲ. The yearbook is based on data of 2017. Each part includes statistical materials for historically important years, especially from 1978. Since then we have been implementing the reform and opening policy.

Ⅳ.The Hancheng city has established the city specifically designated in the province plan in 2012. So, the main index by city(district) has added the data of Hancheng city in the yearbook.

Ⅴ.The rough data of the nation and other provinces are taken from *China Statistical Abstract-2018*. The official data should refer to *China Statistical Yearbook-2018* later.

Ⅵ.Explanatory symbol for notations used in this yearbook:

"..." indicates that the figure is not large enough to be measured with the smallest unit in the table;

" " (blank) indicates that the data not available;

"#" indicates that the major items of the total.

目 录

CONTENTS

一、行政区划和自然资源

Divisions of Administrative Areas and Natural Resources

二、综合
General Survey

三、国民经济核算
National Accounts

四、人口
Population

五、就业和工资
Employment and Wages

六、固定资产投资
Investment in Fixed Assets

七、能源
Energy

八、财政、金融和保险
Government Finance, Banking and Insurance

九、价格指数
Price Indices

十、人民生活
People's Livelihood

十一、环境和城市
Environment and Cities

十二、农业
Agriculture

十三、工业
Industry

十四、建筑业
Construction

十五、运输、邮电和服务业
Transport, Post and Telecommunication Services, and Service Industry

十六、批发、零售和住宿、餐饮业
Wholesale and Retail Trades, Hotels and Catering Services

十七、对外经济贸易和旅游

Foreign Trade and Tourism

十八、教育、科技和文化

Education, Science, Technology and Culture

十九、体育、卫生和其他

Sports, Public Health and Others

二十、水利
Irrigation

二十一、全国各省、市、自治区主要指标
Main Indicators of National Economy by Countrywide, Province, Municipality and Autonomous Region

一、行政区划和自然资源

Divisions of Administrative Areas and Natural Resources

资料整理：李　娟　梁珠荣

简 要 说 明

一、本篇资料反映陕西行政区划、自然资源的开发和利用等情况。自然资源包括土地、气候、森林、水利、矿产资源情况。

二、本篇资料来源：行政区划、矿产资源、森林资源、水利、气象资料分别由省民政厅、省国土资源厅、省林业厅、省水利厅、省气象局提供，土地资源资料取自省国土资源厅《陕西省国土资源公报（2016年度）》。

Brief Introduction

Ⅰ.This chapter reflects the data on administrative division's areas and the exploitation and utilization of the natural resources of Shaanxi Province. Natural resources cover land, climate, forest, water conservancy and mineral resources.

Ⅱ.Data resources: the data on administrative divisions, mineral resources, forest resources, water conservancy and meteorology are provided by Shaanxi Province Department of Civil Affairs, Shaanxi Province Department of Land and Resources, Shaanxi Province Forestry Department, Shaanxi Province Water Department of Resources and Shaanxi Province Meteorological Bureau. The data on land resources are obtained from "Shaanxi Territorial Resources communiqué (2016)".

1.行政区划和自然资源

陕西位于东经105° 29′ －111° 15′ 和北纬３１° ４２′ －３９° ３５′ 之间，东隔黄河与山西相望，西连甘肃、宁夏，北临内蒙古，南连四川、重庆，东南与河南、湖北接壤。2017年全省设西安、铜川、宝鸡、咸阳、渭南、延安、汉中、榆林、安康、商洛10个省辖市和杨凌农业高新技术产业示范区，有4个县级市，73个县和30个市辖区，983个镇，23个乡，292个街道办事处。

全省面积为20.56万平方公里。地势南北高、中间低，西部高、东部低，地形复杂多样，北部为陕北黄土高原，中部为号称“八百里秦川”的关中平原，南部为陕南秦巴山地。

全省以秦岭为界南北河流分属长江水系和黄河水系。主要有渭河、泾河、洛河、无定河和汉江、丹江、嘉陵江等。陕西属大陆性季风气候，2017年平均气温12.9摄氏度，年平均降水量760.5毫米，南北差异明显。

全省自然资源丰富，矿产多，储量大，探明矿产居全国前十位的矿种60种。

主要城市年平均气温（摄氏度）

（2017年）

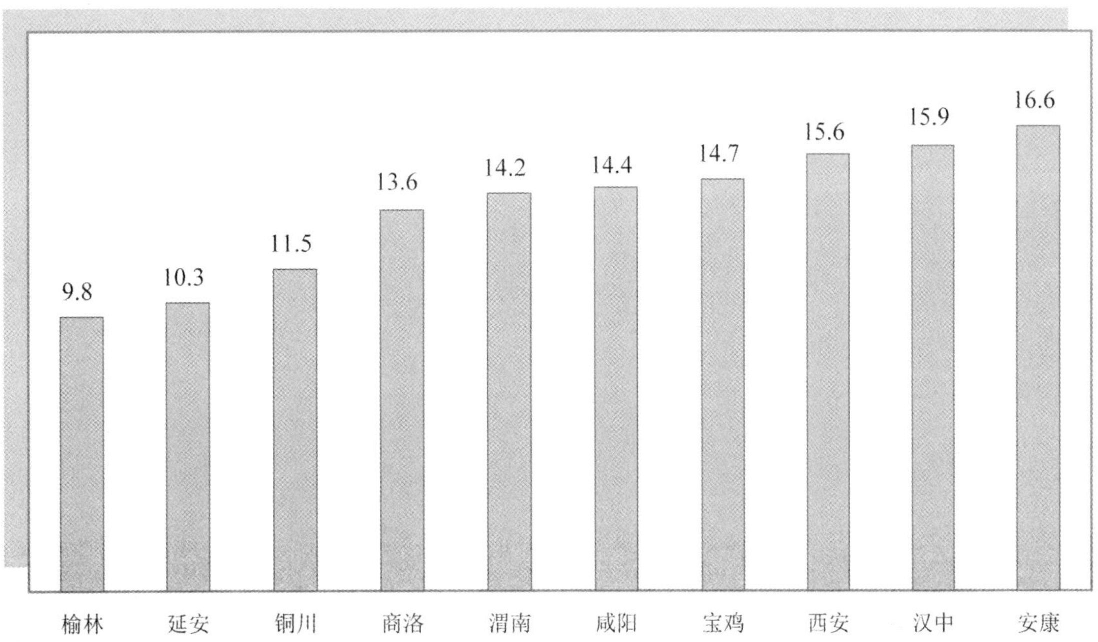

1-1 陕西省行政区划(2017年)
Divisions of Administrative Areas in Shaanxi (2017)

单位：个 (unit)

地　区	Region	地级市 Cities at Prefecture Level	县级市 Cities at County Level	县 Counties	市辖区 Districts under the Jurisdiction of Cities	镇 Towns	乡 Townships	街道办事处 Street Communities
全　省	**Shaanxi**	**11**	**4**	**73**	**30**	**983**	**23**	**292**
西安市	Xi'an	1		2	11	52		118
铜川市	Tongchuan	1		1	3	20	1	17
宝鸡市	Baoji	1		9	3	99		17
咸阳市	Xianyang	1	1	10	2	99		37
渭南市	Weinan	1	2	7	2	108		23
延安市	Yan'an	1		11	2	84	12	18
汉中市	Hanzhong	1		9	2	152		24
榆林市	Yulin	1	1	9	2	146	10	19
安康市	Ankang	1		9	1	135		4
商洛市	Shangluo	1		6	1	86		12
杨凌示范区	Yangling	1			1	2		3

1-2 陕西省行政区划一览(2017年)
Divisions List of Administrative Areas in Shaanxi (2017)

单位：个 (unit)

地 区	Region	镇 Towns	乡 Townships	街道办事处 Street Communities	村民委员会 Village Committees	居民委员会 Neighbourhood Committees
全 省	**Shaanxi**	**983**	**23**	**292**	**18316**	**2909**
西 安 市	**Xi'an**	**52**		**118**	**2002**	**950**
新 城 区	Xincheng			9		101
碑 林 区	Beilin			8		98
莲 湖 区	Lianhu			9		131
灞 桥 区	Baqiao			9	209	51
未 央 区	Weiyang			12	109	153
雁 塔 区	Yanta			8	64	154
阎 良 区	Yanliang	2		5	74	25
临 潼 区	Lintong			23	213	55
长 安 区	Chang'an			25	396	110
高 陵 区	Gaoling			7	86	17
鄠 邑 区	Huyi	13		1	254	26
蓝 田 县	Lantian	18		1	337	9
周 至 县	Zhouzhi	19		1	260	20
铜 川 市	**Tongchuan**	**20**	**1**	**17**	**359**	**69**
王 益 区	Wangyi	1		6	26	20
印 台 区	Yintai	5		4	72	24
耀 州 区	Yaozhou	8		6	144	23
宜 君 县	Yijun	6	1	1	117	2
宝 鸡 市	**Baoji**	**99**		**17**	**1644**	**180**
渭 滨 区	Weibin	5		5	104	61
金 台 区	Jintai	4		7	102	52
陈 仓 区	Chencang	15		3	330	16
凤 翔 县	Fengxiang	12			233	4
岐 山 县	Qishan	9			144	15
扶 风 县	Fufeng	7		1	157	9
眉 县	Meixian	7		1	122	8
陇 县	Longxian	10			158	3
千 阳 县	Qianyang	7			96	3
麟 游 县	Linyou	7			66	3
凤 县	Fengxian	9			66	4
太 白 县	Taibai	7			66	2
咸 阳 市	**Xianyang**	**99**		**37**	**2072**	**287**
秦 都 区	Qindu			12	73	111
渭 城 区	Weicheng			10	102	66
三 原 县	Sanyuan	9		1	172	9
泾 阳 县	Jingyang	12		1	214	9
乾 县	Qianxian	15		1	173	8

1-2 续表 1 continued

单位：个 (unit)

地 区	Region	镇 Towns	乡 Townships	街道办事处 Street Communities	村民委员会 Village Committees	居民委员会 Neighbourhood Committees
礼 泉 县	Liquan	11		1	213	18
永 寿 县	Yongshou	6		1	157	7
彬 县	Binxian	8		1	141	26
长 武 县	Changwu	7		1	131	2
旬 邑 县	Xunyi	9		1	123	2
淳 化 县	Chunhua	7		1	204	2
武 功 县	Wugong	7		1	190	6
兴 平 市	Xingping	8		5	179	21
渭 南 市	**Weinan**	**108**		**23**	**1956**	**350**
临 渭 区	Linwei	14		10	312	85
华 州 区	Huazhou	9		1	121	29
潼 关 县	Tongguan	4		1	18	10
大 荔 县	Dali	15		1	272	26
合 阳 县	Heyang	11		1	127	94
澄 城 县	Chengcheng	9		1	163	12
蒲 城 县	Pucheng	15		2	273	16
白 水 县	Baishui	7		1	124	11
富 平 县	Fuping	14		1	268	13
韩 城 市	Hancheng	6		2	166	39
华 阴 市	Huayin	4		2	112	15
延 安 市	**Yan'an**	**84**	**12**	**18**	**2045**	**149**
宝 塔 区	Baota	9	4	5	320	47
安 塞 区	Ansai	8		3	117	17
延 长 县	Yanchang	7		1	159	6
延 川 县	Yanchuan	7		1	163	14
子 长 县	Zichang	8		1	188	8
志 丹 县	Zhidan	7		1	109	5
吴 起 县	Wuqi	8		1	91	3
甘 泉 县	Ganquan	3	2	1	62	9
富 县	Fuxian	6	1	1	114	22
洛 川 县	Luochuan	7	1	1	371	2
宜 川 县	Yichuan	4	2	1	112	5
黄 龙 县	Huanglong	5	2		47	3
黄 陵 县	Huangling	5		1	192	8
汉 中 市	**Hanzhong**	**152**		**24**	**1932**	**278**
汉 台 区	Hantai	7		8	175	74
南 郑 区	Nanzheng	20		1	292	21
城 固 县	Chenggu	15		2	232	36
洋 县	Yangxian	15		3	271	14
西 乡 县	Xixiang	15		2	179	36
勉 县	Mianxian	17		1	160	38
宁 强 县	Ningqiang	16		2	200	13
略 阳 县	Lueyang	15		2	145	20
镇 巴 县	Zhenba	19		1	159	24
留 坝 县	Liuba	7		1	75	1
佛 坪 县	Foping	6		1	44	1

1-2 续表 2 continued

单位：个 (unit)

地 区	Region	镇 Towns	乡 Townships	街道办事处 Street Communities	村民委员会 Village Committees	居民委员会 Neighbourhood Committees
榆 林 市	**Yulin**	**146**	**10**	**19**	**3525**	**190**
榆 阳 区	Yuyang	14	5	12	317	79
横 山 区	Hengshan	13		1	361	6
府 谷 县	Fugu	14			207	10
靖 边 县	Jingbian	16		1	213	14
定 边 县	Dingbian	14	4	1	227	6
绥 德 县	Suide	15			339	8
米 脂 县	Mizhi	8		1	206	5
佳 县	Jiaxian	12		1	330	8
吴 堡 县	Wubu	5		1	98	9
清 涧 县	Qingjian	9			351	4
子 洲 县	Zizhou	11	1	1	550	11
神 木 市	Shenmu	15			326	30
安 康 市	**Ankang**	**135**		**4**	**1628**	**250**
汉 滨 区	Hanbin	24		4	423	101
汉 阴 县	Hanyin	10			141	8
石 泉 县	Shiquan	11			140	21
宁 陕 县	Ningshan	11			68	12
紫 阳 县	Ziyang	17			175	22
岚 皋 县	Langao	12			125	11
平 利 县	Pingli	11			137	6
镇 坪 县	Zhenping	7			58	4
旬 阳 县	Xunyang	21			253	52
白 河 县	Baihe	11			108	13
商 洛 市	**Shangluo**	**86**		**12**	**1098**	**183**
商 州 区	Shangzhou	14		4	250	34
洛 南 县	Luonan	14		2	205	39
丹 凤 县	Danfeng	11		1	132	23
商 南 县	Shangnan	9		1	101	23
山 阳 县	Shanyang	16		2	198	41
镇 安 县	Zhen'an	14		1	147	7
柞 水 县	Zhashui	8		1	65	16
杨凌示范区	**Yangling**	**2**		**3**	**55**	**23**
杨 陵 区	Yangling	2		3	55	23

1-3 自然状况及资源
Natural Conditions and Resources

指　　标	Item	2017
一、自然状况	**Natural Conditions**	
1.土　地	Land	
土地总面积 (万平方公里)	Land Area (10 000 sq.km)	20.56
2.气　候	Climate	
全省年平均降水量 (毫米)	Annual Average Precipitation in the Whole Province (mm)	760.5
全省年平均气温 (摄氏度)	Annual Average Temperature in the Whole Province (℃)	12.9
全省年平均日照时数 (小时)	Annual Average Sunshine Hours in the Whole Province (hour)	1998.6
全省年平均风速 (米/秒)	Annual Average Wind Speed in the Whole Province (m/s)	1.7
全省年平均无霜期 (天)	Annual Average Frost-free Period in the Whole Province (day)	238.0
二、自然资源	**Natural Resources**	
1.土地资源	Land Resources	
耕地面积 (万公顷)	Area of Cultivated Land (10 000 hectares)	398.95
园地面积 (万公顷)	Area of Plantation Land (10 000 hectares)	81.83
林地面积 (万公顷)	Area of Forestland (10 000 hectares)	1117.19
草地面积 (万公顷)	Area of Grassland (10 000 hectares)	287.10
城镇村及工矿用地 (万公顷)	Residential Purpose, Manufacturing and Mining Land (10 000 hectares)	81.05
交通运输用地 (万公顷)	Transportation Land (10 000 hectares)	25.90
水域及水利设施用地 (万公顷)	Water-conservancy Projects Land (10 000 hectares)	30.80
其他土地面积 (万公顷)	Area of Unused Land (10 000 hectares)	33.42
2.林木资源	Forest Resources	
森林面积 (万公顷)	Forest Area (10 000 hectares)	886.84
森林覆盖率 (%)	Forest-coverage Rate (%)	43.06
森林蓄积量 (亿立方米)	Stock Volume of the Forest (100 million cu.m)	4.79
3.水利资源	Water Resources	
河流流域面积 (万平方公里)	Drainage Area of Rivers (10 000 sq.km)	20.50
黄河流域	Yellow River (Huanghe River) Drainage Area	13.30
长江流域	Yangtze River (Changjiang River)Drainage Area	7.20
水资源总量 (亿立方米)	Total Amount of Water Resources (100 million cu. m)	449.13
地表水资源量	Surface Water	422.56
地下水资源量	Ground-Water	141.57
地表水与地下水资源重复量	Duplicated Measurement between Surface and Underground	115.00

注：本表土地资源数据为2016年数。

a) The data of land resources in this table are 2016.

1-4 主要山脉
Main Mountain Ranges

名　称	Mountain Range	海拔高度(米) Altitude above Sea Level (m)
太白山	Taibai Mountains	3767
化龙山	Hualong Mountains	2917
首阳山	Shouyang Mountains	2719
终南山	Zhongnan Mountains	2604
华　山	Huashan Mountains	2160
白于山	Baiyu Mountains	1823
巴　山	Bashan Mountains	1500～2000
子午岭	Ziwuling Mountains	1400～1600

1-5 主要河流
Major Rivers

名　称	River	流域面积(平方公里) Drainage Area (sq.km)	河长(公里) Length (km)
无定河	Wudinghe River	30261	491.2
延　河	Yanhe River	7687	284.3
泾　河	Jinghe River	45421	455.1
渭　河	Weihe River	62440	818.0
北洛河	Beiluohe River	26905	680.3
嘉陵江	Jialingjiang River	9930	244.0
汉　江	Hanjiang River	61959	652.0
丹　江	Danjiang River	7551	244.0

1-6 主要矿产保有储量(2017年)
Ensured Reserves of Major Mineral (2017)

矿　种		Item		保有储量 Ensured Reserves
钠　盐	(亿吨)	Sodium Salt NaCl	(100 million tons)	9277.70
煤	(亿吨)	Coal	(100 million tons)	1722.20
石油(剩余可采储量)	(万吨)	Petroleum(Surplus Developable Resources)	(10 000 tons)	38158.70
天然气(剩余可采储量)	(亿立方米)	Natural Gas(Surplus Developable Resources)	(100 million cu.m)	8695.01
岩　金	(金属吨)	Rock Gold	(Metal,ton)	417.90
砂　金	(金属吨)	Placer Gold	(Metal,ton)	14.82
伴生金	(金属吨)	Associated Gold	(Metal,ton)	3.87
钼	(金属万吨)	Molybdenum	(Metal, 10 000 tons)	124.60
铅	(金属万吨)	Lead	(Metal, 10 000 tons)	254.74
锌	(金属万吨)	Zinc	(Metal, 10 000 tons)	397.13
汞	(金属吨)	Mercury	(Metal, 10 000 tons)	1291.13
锑	(金属吨)	Antimony	(Metal, 10 000 tons)	41700.00
水泥用石灰岩	(矿石亿吨)	Cement Limestone	(Ore, 100 million tons)	77.61
玻璃用石英岩	(矿石亿吨)	Glass Quartzite	(Ore, 100 million tons)	1.89
铁	(矿石亿吨)	Iron	(Ore, 100 million tons)	10.88

1-7 陕西重要矿产保有储量在全国和西部的位次(2017年)
Precedence of Shaanxi Major Mineral Ensured Reserves in China and Western China(2017)

矿种	Item	位次 Precedence 全国 National Total	位次 Precedence 西部 West	矿种	Item	位次 Precedence 全国 National Total	位次 Precedence 西部 West
煤	Coal	4	3	钼矿	Molybdenum	7	3
石油	Petroleum	3	2	金矿	Gold	12	8
天然气	Natural Gas	4	4	银矿	Silver	23	9
铁矿	Iron	15	6	硫铁矿	Pyrite Ore	18	9
铜矿	Copper	18	8	磷矿	Phosphorus Ore	7	4
铅矿	Lead	13	9	盐矿	Sodium Salt NaCl	1	1
锌矿	Zinc	13	10	水泥用灰岩	Cement Limestone	6	3
铝土矿	Bauxite	12	6				

1-8 陕西矿产保有储量居全国前十位的矿种(2017年)
Mineral Kinds of Shaanxi Mineral Ensured Reserves Within the Top Ten Places in China (2017)

位次 Precedence	矿种 Item	矿种数 Types
1	盐矿、水泥配料用黄土、片麻岩、透辉石 Salt(NaClmilliontons), Cement batching with loess, Gneiss, Diopside	4
2	煤层气、毒重石、透闪石 CBM, Witherite, Tremolite	3
3	铼矿、石油、钛矿(金红石)、镁盐MgSO4、镁盐MgCl2、高岭土、饰面用板岩、蓝石棉、蛭石、石榴子石(矿物)、锶矿、电石用灰岩 Rhenium ore,Petroleum, Titanium ores(rutile TiO2), Magnesium(MgSO4), Magnesium(MgCl2), Kaolin, Finishes with slate, Blue asbestos, Vermiculite,Garnet(mineral), Strontium, Calcium carbide with limestone	12
4	天然气、制碱用灰岩、煤炭、碲矿、矽线石、海泡石粘土、陶粒页岩、陶粒用粘土、钛矿(原生钛[磁]铁矿)、富铬矿 Natural Gas, Soda limestone,Coal, Tellurium ore, Sillmanite,Sepiolite clay, Haydite shale, Ceramsite clay, Titanium (Ti-native [magnetic] iron ore), Chromium ore (Cr2O3> 32%)	10
5	玻璃用石英岩、重晶石 Glass with quartz, Barite	2
6	石墨(隐晶质)、钒矿、长石、水泥用灰岩、化肥用蛇纹岩、石棉 Graphite(aphanitic), Vanadium, Feldspar, Cement with limestone, Fertilizer with serpentinite, Asbestine	6
7	锗矿、伴生硫、饰面用大理岩、石煤、钼矿、铌矿、磷矿、油页岩、石墨(晶质) Germanium, Associated with sulfur, Marble, Stone coal, Molybdenum ore, Niobium, Phosphate, Oil shale, Graphite (crystalline)	9
8	岩金、铍矿(绿柱石矿)、云母(片云母) Rock gold, Berylliume(Beryl mineral), Mica (mica)	3
9	石榴子石(矿石)、冶金用石英岩、自然硫、汞矿、镍矿、冶金用白云岩、钛矿(钛铁砂矿矿物)、砂金 Garnet (mineral), Metallurgical quartzite, Natural sulfur, Mercury, Nickel, Metallurgical dolomite, Titanium (ilmenite placer minerals), Gold dust	8
10	冶金用脉石英、红柱石、玻璃用白云岩 Metallurgical vein quartz, Andalusite, Glass with dolomite	3

1-9 主要城市气候基本情况(2017年)
Basic Statistics on Climate of Major Cities (2017)

城　市	City	平均气温 (摄氏度) Average Temperature (℃)	日照时数 (小时) Sunshine Hours (hour)	平均风速 (米/秒) Average Wind Speed (m/s)	相对湿度 (%) Relative Humidity (%)	无霜期 (天) Frost-free Period (day)	气　压 (百帕) Pressure (hPa)	降水量 (毫米) Precipitation (mm)
西 安 市	Xi'an	15.6	1965.7	2.1	59	260	969.1	649.0
铜 川 市	Tongchuan	11.5	2013.2	2.4	66	227	906.0	720.9
宝 鸡 市	Baoji	14.7	1784.6	1.2	61	265	946.2	813.1
咸 阳 市	Xianyang	14.4	2029.5	1.9	64	250	961.8	707.8
渭 南 市	Weinan	14.2	2060.6	1.8	62	272	942.8	724.0
延 安 市	Yan'an	10.3	2472.7	2	58	204	884.4	754.1
汉 中 市	Hanzhong	15.9	1403.1	0.9	77	266	957.5	910.9
榆 林 市	Yulin	9.8	2947.6	2.7	48	216	886.0	639.3
安 康 市	Ankang	16.6	1617.7	1.2	71	266	982.5	966.2
商 洛 市	Shangluo	13.6	2000.2	2.0	67	251	931.9	832.9

1-10 主要城市平均气温(2017年)
Monthly Average Temperature of Major Cities(2017)

单位：摄氏度　　(℃)

月　份	Month	西安市 Xi'an	铜川市 Tongchuan	宝鸡市 Baoji	咸阳市 Xianyang	渭南市 Weinan	延安市 Yan'an	汉中市 Hanzhong	榆林市 Yulin	安康市 Ankang	商洛市 Shangluo
一　月	Jan.	2.7	-1.0	2.5	1.2	1.4	-3.0	4.8	-4.8	5.5	2.3
二　月	Feb.	5.6	1.6	5.4	4.2	4.0	0.1	6.2	-1.8	7.0	4.2
三　月	Mar.	9.8	5.4	8.5	8.6	8.0	4.1	10.9	3.0	11.7	7.8
四　月	Apr.	17.0	13.0	16.4	15.5	15.6	12.4	17.1	12.0	17.5	14.7
五　月	May	22.2	17.8	21.0	20.7	21.1	17.6	20.9	18.6	21.3	19.3
六　月	June	26.1	21.3	24.4	25.1	24.4	21.1	24.4	21.4	25.0	22.2
七　月	July	30.5	25.8	29.9	29.9	28.9	24.1	28.5	25.1	29.7	26.4
八　月	Aug.	26.6	21.9	24.8	25.8	24.9	20.4	27.0	21.0	28.4	24.2
九　月	Sept.	21.3	17.7	20.3	20.5	19.8	17.4	21.1	18.1	21.8	19.0
十　月	Oct.	13.7	10.3	12.8	12.9	12.1	9.1	14.7	8.9	15.9	12.7
十一月	Nov.	8.8	4.9	8.2	7.2	7.6	3.8	10.0	1.5	10.6	7,8
十二月	Dec.	3.0	-1.2	2.5	1.1	2.0	-3.1	4.7	-4.9	5.3	2.8
极端最高	Highest	41.8	37.4	41.6	41.2	39.4	38.4	38.9	37.3	41.9	38.2
极端最低	Lowest	-5.4	-11.2	-5.2	-8.7	-6.7	-18.4	-2.9	-18.9	-2.7	-6.8
年平均	Annual Average	15.6	11.5	14.7	14.4	14.2	10.3	15.9	9.8	16.6	13.6

1-11 主要城市降水量(2017年)
Monthly Precipitation of Major Cities(2017)

单位：毫米 (millimeters)

月份 Month		西安市 Xi'an	铜川市 Tongchuan	宝鸡市 Baoji	咸阳市 Xianyang	渭南市 Weinan	延安市 Yan'an	汉中市 Hanzhong	榆林市 Yulin	安康市 Ankang	商洛市 Shangluo
一　月	Jan.	3.6	3.2	3.6	3.0	3.7	1.9	3.6		18.9	18.5
二　月	Feb.	11.1	12.8	10.0	9.7	22.1	16.3	11.1	19.0	10.1	16.3
三　月	Mar.	50.6	29.6	57.8	56.6	36.2	16.5	50.6	10.3	47.7	50.3
四　月	Apr.	55.9	38.8	52.3	54.8	53.1	41.9	55.9	34.1	51.4	43.0
五　月	May	63.6	72.8	54.1	59.9	148.0	58.6	63.6	32.6	60.1	31.2
六　月	June	72.2	117.8	159.5	72.6	65.7	59.1	72.2	78.1	122.2	129.4
七　月	July	82.5	105.6	77.3	95.0	48.1	222.1	82.5	166.4	54.5	88.0
八　月	Aug.	64.5	135.9	172.8	96.6	80.5	182.4	64.5	204.5	108.8	79.7
九　月	Sept.	98.6	51.9	75.7	87.2	128.8	23.3	98.6	12.2	296.0	223.9
十　月	Oct.	140.0	145.7	149.8	155.1	127.1	130.8	140.0	79.0	176.2	136.8
十一月	Nov.	6.4	6.8	0.2	7.3	10.7		6.4		20.2	15.8
十二月	Dec.						1.2		3.1	0.1	
全　年	Annual Total	649.0	720.9	813.1	707.8	724.0	754.1	910.9	693.9	966.2	832.9

1-12 主要城市日照时数(2017年)
Monthly Sunshine Hours of Major Cities(2017)

单位：小时 (hours)

月份 Month		西安市 Xi'an	铜川市 Tongchuan	宝鸡市 Baoji	咸阳市 Xianyang	渭南市 Weinan	延安市 Yan'an	汉中市 Hanzhong	榆林市 Yulin	安康市 Ankang	商洛市 Shangluo
一　月	Jan.	106.9	142.1	110.7	116.4	139.6	217.7	28.9	234.3	54.2	125.6
二　月	Feb.	162.7	166.0	135.8	175.1	171.5	198.9	77.0	219.0	109.9	163.7
三　月	Mar.	161.8	140.3	130.2	159.8	165.5	207.2	101.5	260.4	118.6	140.2
四　月	Apr.	195.9	183.2	167.3	200.9	194.7	225.2	156.1	248.1	183.1	193.4
五　月	May	232.2	222.6	204.5	234.0	230.0	279.5	169.1	313.7	191.9	254.0
六　月	June	216.5	207.9	208.6	210.4	228.5	257.7	188.5	292.2	197.5	184.5
七　月	July	290.9	231.9	257.6	271.1	265.1	230.9	260.8	280.1	287.8	260.7
八　月	Aug.	180.1	166.2	145.1	180.3	176.5	165.5	162.6	227.9	178.4	163.9
九　月	Sept.	103.8	121.9	87.2	106.3	105.3	173.2	72.4	251.6	73.0	121.3
十　月	Oct.	34.3	34.5	30.0	32.2	43.9	70.3	19.7	150.9	18.5	58.6
十一月	Nov.	121.8	170.1	132.0	150.7	144.7	218.1	48.5	248.9	80.7	137.4
十二月	Dec.	158.8	226.5	175.6	192.3	195.3	228.5	108.0	220.5	124.1	196.9
全　年	Annual Total	1965.7	2013.2	1784.6	2029.5	2060.5	2472.7	1403.1	2947.6	1617.7	2000.2

1-13 历届陕西省人民代表大会代表人数

Number of Deputies to All the Previous Shaanxi Province People's Congresses

单位：人 (person)

届次	Congress	年份 Year	代表人数 Number of Deputies	#女代表 Female Deputies 人数 Number	#女代表 占代表总数% As Percentage to Total Deputies (%)	#少数民族代表 Ethnic Minority Deputies 人数 Number	#少数民族代表 占代表总数% As Percentage to Total Deputies (%)
第一届	First Congress	1954	386	51	13.2	9	2.3
第二届	Second Congress	1959	400	67	16.8	12	3.0
第三届	Third Congress	1964	520	84	16.0	15	2.9
第四届	Fourth Congress	1975					
第五届	Fifth Congress	1978	1186	234	19.7	26	2.2
第六届	Sixth Congress	1983	727	168	23.1	29	4.0
第七届	Seventh Congress	1988	600	117	19.3	19	3.2
第八届	Eighth Congress	1993	602	118	19.6	22	3.7
第九届	Ninth Congress	1998	566	129	22.8	19	3.4
第十届	Tenth Congress	2003	565	117	20.7	18	3.2
第十一届	Eleventh Congress	2008	574	142	24.9	19	3.3
第十二届	Twelfth Congress	2013	578	132	22.8	18	3.1
第十三届	Thirteenth Congres	2018	568	156	27.5	24	4.2

1-14 历届陕西省政治协商会议委员人数

Number of Deputies to All the Previous Shaanxi Province People's Political Consultative Conferences

单位：人 (person)

届次	Congress	年份 Year	委员人数 Number of Deputies	中国共产党党员代表 Deputies from the Communist Party of China 人数 Number	中国共产党党员代表 占代表总数% As Percentage to Total Deputies (%)	民主党派和无党派爱国人士代表 Deputies from Democratic Parties and Non-partisan Patriot 人数 Number	民主党派和无党派爱国人士代表 占代表总数% As Percentage to Total Deputies (%)
第一届	First Congress	1955	165	42	25.5	123	74.5
第二届	Second Congress	1958	262	85	32.4	177	67.6
第三届	Third Congress	1963	275	91	33.1	184	66.9
第四届	Fourth Congress	1977	420	205	48.8	215	51.2
第五届	Fifth Congress	1983	428	162	37.9	266	62.1
第六届	Sixth Congress	1988	502	191	38.0	311	62.0
第七届	Seventh Congress	1993	506	244	48.2	262	51.8
第八届	Eighth Congress	1998	539	216	40.1	323	59.9
第九届	Ninth Congress	2003	590	235	39.8	355	60.2
第十届	Tenth Congress	2008	627	248	39.6	379	60.4
第十一届	Eleventh Congress	2013	648	258	39.8	390	60.2
第十二届	Twelfth Congress	2018	573	226	39.4	347	60.6

主要统计指标解释

行政区划 指国家对行政区域的划分。根据有关法规规定，我国的行政区域划分如下：(1)全国分为省、自治区、直辖市；(2)省、自治区分为自治州、县、自治县、市；(3)自治州分为县、自治县、市；(4)县、自治县分为乡、民族乡、镇；(5)直辖市和较大的市分为区、县；(6)国家在必要时设立的特别行政区。

气候 指地球与大气之间长期能量交换与质量交换所形成的一种自然环境状态，它是多种因素综合作用的结果。气候既是人类生活和生产的环境要素之一，又是供给人类生活和生产的重要资源。气温、降水、湿度等气象要素的多年平均值是用来描述一个地区气候状况的主要参数，而各种气象要素某年、某月的平均值(或总量)则可以反映出该时期天气气候状况的重要特征。

自然资源 指人类可以直接从自然界获得，并用于生产和生活的物质资源。自然资源一般可以分成可再生资源和非再生资源两大类。可再生资源指在较短时间内可以再生、可以循环利用的资源，包括土地资源、水资源、气候资源、生物资源和海洋资源等。非再生资源指在使用后不能再生的资源，包括矿产资源和地热能源。

土地资源 土地指陆地的表层部分，它主要由岩石、岩石的风化物和土壤构成。土地资源按利用类型可以分为农用地、建筑用地和未利用地。农用地包括耕地、园地、林地、牧草地和水面。建筑用地包括居民点及工矿用地、交通用地和水利设施用地。未利用地指农用地和建筑用地以外的土地，包括滩涂、荒漠、戈壁、冰川和石山等。

森林面积 指由乔木树种构成，郁闭度0.2以上(含0.2)的林地或冠幅宽度10米以上的林带的面积，即有林地面积。森林面积包括天然起源和人工起源的针叶林面积、阔叶林面积、针阔混交林面积和竹林面积，不包括灌木林地面积和疏林地面积。

森林蓄积量 指一定森林面积上存在着的林木树干部分的总材积。它是反映一个国家或地区森林资源总规模和水平的基本指标之一，也是反映森林资源的丰富程度、衡量森林生态环境优劣的重要依据。

森林覆盖率 指一个国家或地区森林面积占土地总面积的百分比。森林覆盖率是反映森林资源的丰富程度和生态平衡状况的重要指标。在计算森林覆盖率时，森林面积包括郁闭度0.2以上的乔木林地面积和竹林地面积，国家特别规定的灌木林地面积、农田林网以及四旁(村旁、路旁、水旁、宅旁)林木的覆盖面积。计算公式为：

$$森林覆盖率(\%)=\frac{森林面积}{土地总面积}\times 100\%$$

矿产资源 矿产资源指由地质作用形成的，具有利用价值的，呈固态、液态、气态的自然资源，是社会生产发展的重要物质基础。目前我国已发现矿种有170多种，按其特点和用途，可分为能源矿产(如煤炭、石油、天然气、地热)、金属矿产(如铁矿、锰矿、铜矿、铅矿、铝土矿)、非金属矿产(如金刚石、石灰岩、粘土)和水气矿产(如地下水、矿泉水、二氧化碳气)四大类。其中：金属矿产按其物质成份和性质又可分为：黑色金属矿产、有色金属矿产、贵金属矿产、稀有金属矿产、稀土金属矿产、分散元素金属矿产六类。

气温 指空气的温度，我国一般以摄氏度(℃)为单位表示。气象观测的温度表是放在离地面约1.5米处通风良好的百叶箱里测量的，因此，通常说的气温指的是离地面1.5米处百叶箱中的温度。其统计计算方法为：

月平均气温是将全月各日的平均气温相加，除以该月的天数而得。

年平均气温是将12个月的月平均气温累加后除以12而得。

降水量 指从天空降落到地面的液态或固态(经融化后)水，未经蒸发、渗透、流失而在地面上积聚的深度。其统计计算方法为：

月降水量是将全月各日的降水量累加而得。

年降水量是将12个月的月降水量累加而得。

日照时数 指太阳实际照射地面的时间。其统计方法与降水量相同。

Explanatory Notes on Main Statistical Indicators

Divisions of Administrative Areas refers to the division of administrative areas by the State. The relative laws stipulate that 1) the whole country is divided into provinces, autonomous regions and municipalities directly under the Central Government; 2) provinces and autonomous regions are further divided into autonomous prefectures, counties, autonomous counties and cities; 3) autonomous prefectures are further divided into counties, autonomous counties and cities; 4) counties and autonomous counties are further divided into townships, ethnic townships and towns; 5) municipalities directly under the Central Government and large cities are divided into districts and counties, 6) the State shall, when necessary, establish special administrative regions.

Climate refers to the natural environmental status formed by the long-term exchange of energy and mass between the earth and the atmosphere, and is the result of interaction of many factors. Climate is both one of the environment factors and also the important resources for living and production activities of the human being. The average values across several years of meteorological factors such as temperature, rainfall and humidity are used as important parameters to describe the climate of a region, while the average values (or total values) of a given year or month of meteorological factors reflect the key characteristics of climate for that period of time.

Natural Resources refers to material resources that could be obtained from the nature by human being and used for production and living. Natural resources in general can be classified as renewable resources and non-renewable resources. Renewable resources refer to resources that could be renewed and recycled during a relatively short period of time, including land resource, water resource, climate resource, biology resource and marine resource. Non-renewable resources include resources that could not be renewed, such as minerals and geothermal resource.

Land Resource Land refers to the surface of the earth, consisting of mainly rocks and its weathering and earth. Land resource can be classified, by its utilization, as land for agriculture, land for construction and unused land. Land for agriculture includes cultivated land, plantation land, forestland, grassland and waters. Land for construction includes land for residential purpose, for manufacturing and mining, for transportation and for water-conservancy projects. Unused land refers to land other than land for agriculture and construction, including beaches, deserts, Gobi, glaciers and rock mountains

Forest Area refers to the area of forest where trees and bamboo grow with canopy density above 0.2, including land of natural woods and planted woods, but excluding bush land and thin forest land. It reflects the total areas of afforestation.

Stock Volume of Forest refers to total stock volume of wood growing in forest area, which shows the total size and level of forest resources of a country or a region. It is also an important indicator illustrating the richness of forest resource and the status of forest ecological environment.

Forest Coverage Rate refers to the ratio of area of afforested land to total land area. It is a very important indicator that reflects the status of abundance of forest resource and balance of the ecosystem. Forest area includes the area of trees and bamboo grow with canopy density above 0.2, the area of shrubby tree according to regulations of the government, the area of forest land inside farm land and the area of trees planted by the side of villages, farm houses and along roads and rivers. The formula for calculating forest coverage rate is as follows:

$$\text{Forestry coverage rate (\%)} = \frac{\text{Area of Afforested Land}}{\text{Area of Total Land}} \times 100\%$$

Mineral Resources refers to useful minerals, with solid state, liquid state, gaseity, due to the geological process. Minerals are important natural resources, and important material base for social development. At present, there are more than 170 types of minerals discovered in China. They can be categorized into four groups: energy producing minerals (including coal, petroleum, natural gas and terrestrial heat), metallic minerals (including iron, manganese, copper, lead and bauxite), non metallic minerals (including diamond, limestone and clay), and water/gas related minerals (including ground water, mineral water and carbon dioxide). Metallic minerals can be further classified as ferrous, non-ferrous, noble metal, rare metal, rare earth metal and dispersed metals.

Temperature refers to the air temperature. China uses centigrade as the unit. The thermometry used for weather observation is put in a breezy shutter, which is 1.5 meters high from the ground. Therefore, the commonly used temperature refers to the temperature in the breezy shutter 1.5 meters away from the ground. The calculation method is as follows:

Monthly average temperature is the summation of average daily temperature of one month divided by the actual days of that particular month.

Annual average temperature is the summation of monthly average of a year divided by 12 months.

Volume of Precipitation refers to the deepness of liquid state or solid state (thawed) water falling from the sky to the ground that has not been evaporated, infiltrated or run off. The calculation method is as follows:

Monthly precipitation is the summation of daily precipitation of a month.

Annual precipitation is the summation of 12 months precipitation of a year.

Sunshine Hours refers to the actual hours of sun irradiating the earth. The calculation method is the same as that of the precipitation.

二、综　合

General Survey

资料整理：马　靖　伍池宏　张　蓉

简 要 说 明

一、本篇资料反映陕西经济、科技、社会等方面的规模、水平、速度、结构、比例、效益情况，并收录了基本单位统计情况。

二、国民经济综合资料是抽取全书的精华，通过对各篇章主要统计指标及其速度、结构、比例和效益等的加工计算，来反映国民经济和社会发展的总体情况。

三、本篇资料根据各专业统计年报资料以及国家统计局、省级有关部门提供的统计资料加工整理而成。

Brief Introduction

Ⅰ.This chapter reflects the scale, level, speed, structure, proportion and efficiency of the national economy, science and technology and the social development of Shaanxi Province.

Ⅱ. The summary data on the national economy reflect the overall situation of the economic and social development by presenting further processed statistics including growth, structure, ratio, and efficiency data derived from other chapters.

Ⅲ.The summary data are processed and prepared on the basis of the annual reports of various specialized fields provided by Statistics Bureau of Shaanxi Province and the statistics provided by the National Bureau of Statistics and some related departments of Shaanxi Province.

2.综 合

2017年全省		
生产总值	21898.81	亿元
全社会固定资产投资	23819.38	亿元
地方财政收入	2006.69	亿元
社会消费品零售总额	8113.84	亿元
进出口总额	2719.65	亿元
城镇居民人均可支配收入	30810	元
农村居民人均可支配收入	10265	元

生产总值增长速度

（比上年增长%）

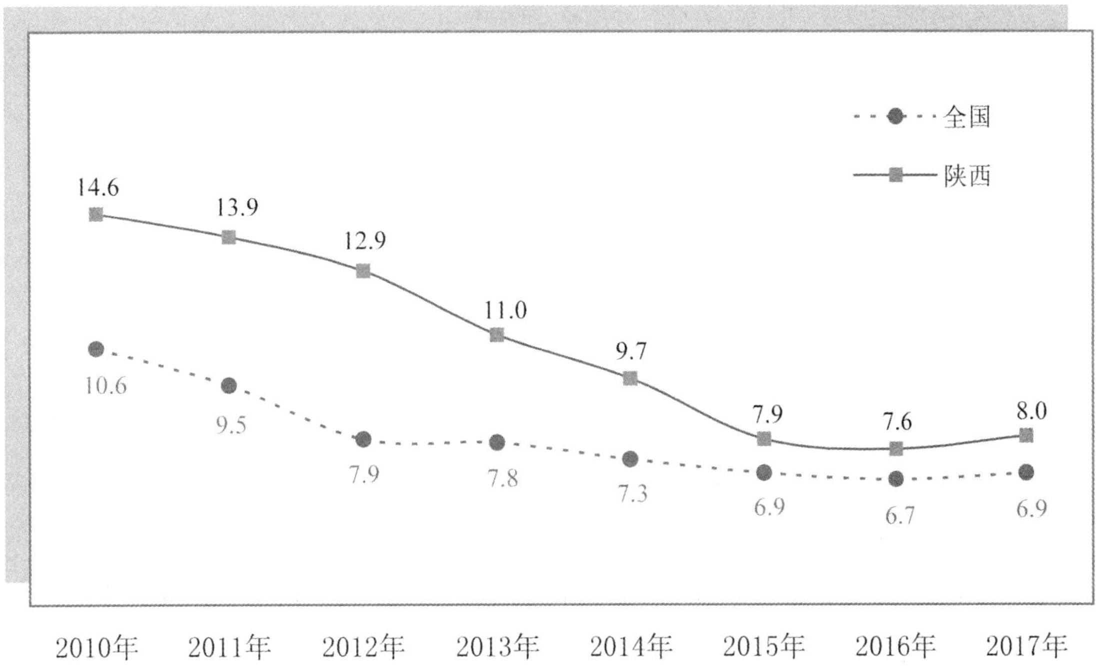

2-1 陕 西 一 日

Selected Indicators on Average Daily Social and Economic Activities

指　　标	Item	2005	2010	2015	2016	2017
每天创造的财富	**Daily Production**					
生产总值 (万元)	Gross Domestic Product (10 000 yuan)	107773	277356	493750	530043	599967
第一产业	Primary Industry	11939	27081	43771	46280	47711
第二产业	Secondary Industry	53462	149208	248825	259309	298161
第三产业	Tertiary Industry	42372	101067	201153	224454	254095
地方一般预算收入 (万元)	Local General Bugetary Revenue (10 000 yuan)	7543	26252	56437	50109	54978
粮　食 (万吨)	Grain (10 000 tons)	3.12	3.19	3.36	3.36	3.33
棉　花 (吨)	Cotton (ton)	213	190	106	92	64
油　料 (吨)	Oil-bearing Crops (ton)	1242	1536	1717	1743	1832
肉　类 (吨)	Meat (ton)	3674	2812	3182	3051	3064
布 (万米)	Cloth (10 000 m)	217.26	206.16	186.51	219.56	252.52
原　煤 (万吨)	Coal (10 000 tons)	29.62	98.95	143.08	139.76	156.05
原　油 (吨)	Crude Oil (ton)	48717	82665	102376	95695	95612
发 电 量 (万千瓦小时)	Electricity (10 000 kwh)	13834	30189	43674	47399	48805
粗　钢 (吨)	Crude Steel (ton)	8419	16570	28144	25264	32445
每天消费量	**Daily National Consumption**					
能源消费量 (万吨标准煤)	Energy Consumption (10 000 tons of SCE)	15.26	22.71	32.10	33.12	34.35
社会消费品零售额 (万元)	Total Retail Sales of Consumer Goods (10 000 yuan)	36475	89248	180223	201300	222297
每天其他经济活动	**Other Daily Economic Activities**					
货 运 量 (万吨)	Freight Traffic (10 000 tons)	125.27	286.09	386.05	407.24	446.81
客 运 量 (万人)	Passenger Traffic (10 000 persons)	107.16	257.41	193.99	193.50	194.90
邮电业务总量 (万元)	Business Volume of Postal and Telecommunication Services(10 000 yuan)	9072	24736	20742	32891	26091
进出口总值 (万元)	Total Value of Imports and Exports (10 000 yuan)	1253.93 (万美元)	3310.36 (万美元)	51925	53997	74511
# 出口总值	Total Exports	842.69 (万美元)	1700.75 (万美元)	25163	28554	45472
入境旅游人数 (人次)	Number of Overseas Visitor Arrivals (person-times)	2544	5813	8028	9240	10513
每天人口变动和婚姻	**Daily Population Changes and Marriages**					
出　生 (人)	Births (person)	1013	994	1047	1107	1164
死　亡 (人)	Deaths (person)	608	613	651	648	655
结　婚 (对)	Marriages (couples)	571	950	976	910	824
离　婚 (对)	Divorces (couples)	64	122	203	215	235

注：1.本表价值量指标中，除邮电业务总量按不变价格计算，其余均按当年价格计算。
　　2.工业产品产量为规模以上企业数据。
　　3.能源消费量按等价值计算。

a) Figures in value terms in this table are at current prices, except that on the business volume of postal and telecommunication services which is at constant prices.
b) Output of industrial products are obtained from above designated size enterprises.
c) Energy consumption are calculated at equivalent value.

2-2 陕西省主要国民经济指标占全国比重(2017年)
Percentage of Shaanxi Main Indicators on National Economic to National Total(2017)

指标		Item		陕西 Shaanxi	全国 National Total	陕西占全国% Shaanxi as Percentage of National Total (%)
年底总人口	(万人)	Population at Year-end	(10 000 persons)	3835	139008	2.8
就业人员	(万人)	Number of Employed Persons	(10 000 persons)	2072	77640	2.7
生产总值	(亿元)	Gross Domestic Product	(100 million yuan)	21898.81	827122	2.6
第一产业		Primary Industry		1741.45	65468	2.7
第二产业		Secondary Industry		10882.88	334623	3.3
第三产业		Tertiary Industry		9274.48	427032	2.2
全社会固定资产投资总额	(亿元)	Total Investment in Fixed Assets	(100 million yuan)	23819.38	641238	3.7
地方一般预算收入	(亿元)	Local General Bugetary Revenue	(100 million yuan)	2006.69	91448	2.2
主要产品产量		Output of Major Products				
粮 食	(万吨)	Grain	(10 000 tons)	1216.20	61793.0	2.0
棉 花	(万吨)	Cotton	(10 000 tons)	2.33	548.6	0.4
肉 类	(万吨)	Meat	(10 000 tons)	111.84	8588.1	1.3
原 煤	(万吨)	Coal	(10 000 tons)	56959.93	352356.2	16.2
原 油	(万吨)	Crude Oil	(10 000 tons)	3489.82	19150.6	18.2
天然气	(亿立方米)	Natural Gas	(100 million cu.m)	419.40	1480.3	28.3
发电量	(亿千瓦小时)	Electricity	(100 million kwh)	1781.39	64951.4	2.7
粗 钢	(万吨)	Crude Steel	(10 000 tons)	1184.26	83172.8	1.4
水 泥	(万吨)	Cement	(10 000 tons)	7476.09	233679.1	3.2
化 肥	(万吨)	Fertilizers	(10 000 tons)	148.39	6184.3	2.4
纱	(万吨)	Yarn	(10 000 tons)	42.60	4050	1.1
布	(亿米)	Cloth	(100 million m)	9.22	868.1	1.1
汽 车	(万辆)	Motor Vehicles	(10 000 units)	61.63	2901.8	2.1
货物周转量	(亿吨公里)	Total Freight Ton-kilometers	(100 million ton-km)	3761.63	197372.0	1.9
邮电业务总量	(亿元)	Business Volume of Postal and Telecommunication Services	(100 million yuan)	952.31	37320.3	2.6
社会消费品零售总额	(亿元)	Total Retail Sales of Consumer Goods	(100 million yuan)	8113.84	366261.6	2.2
进出口总值	(亿元)	Total Value of Imports and Exports	(100 million yuan)	2719.65	277923.0	1.0
#出口总值		Exports		1659.73	153320.6	1.1
入境旅游人数	(万人次)	Number of Overseas Visitor Arrivals	(10 000 person-times)	383.74	13948.0	2.8
国际旅游外汇收入	(亿美元)	Foreign Exchange Earnings from International Tourism	(USD 100 million)	27.04	1234.0	2.2
大学生在校学生数	(万人)	Students Enrollment of College and University	(10 000 persons)	106.94	2753.6	3.9

2-3 国民经济和社会发展总量与速度指标

指标		Item		2000	2005
人口与就业		**Population and Employment**			
人口		Population			
年底总人口	(万人)	Population at Year-end	(10 000 persons)	3644	3690
城镇人口		Urban		1176	1374
乡村人口		Rural		2468	2316
男性人口		Male		1896	1899
女性人口		Female		1748	1791
就业		Employment			
就业人员	(万人)	Number of Employed Persons	(10 000 persons)	1813	1976
# 职工人数		Number of Staff and Workers		328	323
城镇登记失业人数	(万人)	Registered Unemployment in Urban Areas	(10 000 persons)	11.39	21.54
宏观经济		**Macro Economy**			
国民经济核算		National Accounting			
生产总值	(亿元)	Gross Domestic Product	(100 million yuan)	1804.00	3933.72
第一产业		Primary Industry		258.22	435.77
第二产业		Secondary Industry		782.58	1951.36
第三产业		Tertiary Industry		763.20	1546.59
固定资产投资		Investment in Fixed Assets			
全社会固定资产投资总额	(亿元)	Total Investment in Fixed Assets	(100 million yuan)	745.85	1982.04
# 固定资产投资		Investment in Fixed Assets			
# 房地产开发投资		Investment in Real Estate Development		78.89	298.95
财政		Government Finance			
地方一般预算收入	(亿元)	Local General Bugetary Revenue	(100 million yuan)	114.97	275.32
一般预算支出	(亿元)	General Bugetary Expenditure	(100 million yuan)	271.76	638.96
物价指数	(上年=100)	Price Indices	(preceding year=100)		
商品零售价格指数		Retail Price Index		98.3	100.1
居民消费价格指数		Consumer Price Index		99.5	101.2
利用外资		Utilization of Foreign Capital			
签订利用客商直接投资协议额	(万美元)	Contracted Value of Direct Investments	(USD 10 000)	49931	158237
实际利用客商直接投资额	(万美元)	Actually Utilized Value of Direct Investments	(USD 10 000)	28842	62839
能源生产与消费(等价值)		Production and Consumption of Energy	(Equivalent Value)		
能源生产总量	(万吨标准煤)	Total Energy Production	(10 000 tons of SCE)		14576
能源消费总量	(万吨标准煤)	Total Energy Consumption	(10 000 tons of SCE)		5571

注：1.本表价值量指标中，除邮电业务总量按不变价格计算，其余指标均按当年价格计算。

2.工业产品产量、财务指标为规模以上企业数据。
3.职工人数、职工工资总额、职工平均工资为在岗职工数据。
4.本表速度指标中，生产总值及三次产业增加值、物价指数、农林牧渔业增加值、工业增加值、城乡居民收入和职工平均工资指标均按不变价格计算。固定资产投资平均增长速度按累计法计算。
5.2017年财政收支增长速度为同口径增长速度。

Principal Aggregate Indicators on National Economic and Social Development and Growth Rates

2010	2015	2016	2017	2017年为下列年份% 2017 as Percentage of the Following Years(%)					2001-2017 平均增长% Average Annual Growth Rate(%)
				2000	2005	2010	2015	2016	
3735	3793	3813	3835	105.2	103.9	102.7	101.1	100.6	0.3
1707	2045	2110	2178	185.2	158.5	127.6	106.5	103.2	3.7
2028	1748	1703	1657	67.1	71.5	81.7	94.8	97.3	-2.3
1930	1958	1969	1980	104.4	104.3	102.6	101.1	100.5	0.3
1805	1805	1844	1855	106.1	103.6	102.8	101.1	100.6	0.4
2074	2071	2073	2072	114.3	104.8	99.9	100.0	99.9	0.8
343	474	474	472	143.8	146.0	137.6	99.5	99.5	2.2
21.42	22.35	22.74	23.44	205.8	108.8	109.4	104.9	103.0	4.3
10123.48	18021.86	19399.59	21898.81	687.0	392.4	196.3	116.2	108.0	12.0
988.45	1597.63	1693.85	1741.45	244.0	190.0	141.1	108.8	104.6	5.4
5446.10	9082.13	9490.72	10882.88	872.2	440.9	205.7	115.7	107.8	13.6
3688.93	7342.10	8215.02	9274.48	660.5	394.9	197.1	118.5	108.8	11.7
8561.24	20177.86	20825.25	23819.38					114.4	24.6
	19826.65	20474.85	23468.21					114.6	
1159.47	2494.29	2736.75	3101.97	3932.0	1037.6	267.5	124.4	113.3	26.9
958.21	2059.95	1833.99	2006.69					111.9	18.3
2218.83	4376.06	4389.37	4833.19					110.1	18.4
103.6	99.8	100.3	101.3	132.8	131.8	111.5	101.6	101.3	1.7
104.0	101.0	101.3	101.6	148.6	140.2	118.2	102.9	101.6	2.4
221030	578208	463330	1002910	2008.6	633.8	453.7	173.5	216.5	19.3
182006	462118	501178	589437	2043.7	938.0	323.9	127.6	117.6	19.4
31846	48491	46545	51542		353.6	161.8	106.3	110.7	
8288	11716	12120	12537		225.0	151.3	107.0	103.4	

a) Figures in value terms in this table are at current prices, except that on the business volume of postal and telecommunication services which is at constant prices.
b) Output of industrial products and financial indicators are obtained from above designated size enterprises.
c) Figures on number of staff and workers ,total wage bill and average wage refer to fully employed staff and workers.
d) The indices and growth rates of the follow indicators are calculated at constant prices: gross domestic product, value-added of the three strata of industry,price indices,value-added of agriculture, forestry, animal husbandry and fishery ,value-added of industry, per capita income of urban and rural residents, average wage of staff and workers. The average annual growth rate of total investment in fixed assets is calculated at the accumulate method.
e) The increase rates of general bugetary revenue and expenditure are the same requirements data in the 2016.

2-3 续表 1

指 标	Item	2000	2005
产 业	**Industry**		
农 业	Agriculture		
常用耕地面积 (千公顷)	Cultivated Land (1 000 hectares)	3114	2788
农林牧渔业增加值 (亿元)	Value-added of Agriculture, Forestry, Animal Husbandry and Fishery (100 million yuan)	258.22	435.77
主要农产品产量	Output of Major Farm Products		
粮 食 (万吨)	Grain (10 000 tons)	1089	1140
棉 花 (万吨)	Cotton (10 000 tons)	2.74	7.78
油 料 (万吨)	Oil-bearing Crops (10 000 tons)	38.76	45.35
烤 烟 (万吨)	Flue-Cured Tobacco (10 000 tons)	7.36	5.88
茶 叶 (吨)	Tea (ton)	6126	11382
水 果 (万吨)	Fruits (10 000 tons)	493.79	765.74
蔬 菜 (万吨)	Vegetables (10 000 tons)	556.53	869.93
肉 类 (万吨)	Meat (10 000 tons)	92.12	134.11
工 业	Industry		
工业增加值 (亿元)	Value-added of Industry (100 million yuan)	629.88	1650.63
主要工业产品产量	Output of Major Industrial Products		
纱 (万吨)	Yarn (10 000 tons)	15.68	19.43
布 (亿米)	Cloth (100 million m)	7.18	7.93
原 煤 (万吨)	Coal (10 000 tons)	3493.00	10810.72
原 油 (万吨)	Crude Oil (10 000 tons)	746.44	1778.16
天然气 (亿立方米)	Natural Gas (100 million cu.m)	21.10	80.59
发电量 (亿千瓦小时)	Electricity (100 million kwh)	272.28	504.94
粗 钢 (万吨)	Crude Steel (10 000 tons)	53.65	307.28
钢 材 (万吨)	Rolled Steel (10 000 tons)	57.70	337.10
水 泥 (万吨)	Cement (10 000 tons)	989.44	1972.13
化 肥 (万吨)	Fertilizers (10 000 tons)	93.90	122.86
汽 车 (万辆)	Motor Vehicles (10 000 units)	1.93	4.26
规模以上工业企业	Industrial Enterprises above Designated Size		
资产总计 (亿元)	Original Value of Fixed Assets (100 million yuan)	2683.07	5085.90
主营业务收入 (亿元)	Revenue from Principal Business (100 million yuan)	1133.82	3302.50
利润总额 (亿元)	Total Profits (100 million yuan)	63.80	400.70
交通运输	Transportation		
货物运输量 (万吨)	Freight Traffic (10 000 tons)	29973	45724
# 铁 路	Railways	4697	12123
公 路	Highways	25200	33483
货物周转量 (亿吨公里)	Freight Ton-kilometers (100 million ton-km)	593.24	1115.31
# 铁 路	Railways	448.15	905.76
公 路	Highways	143.64	207.85
旅客运输量 (万人)	Passenger Traffic (10 000 persons)	28693	39137
# 铁 路	Railways	2661	3600
公 路	Highways	25600	34780
旅客周转量 (亿人公里)	Passenger-Kilometers (100 million passenger-km)	376.99	571.60
# 铁 路	Railways	178.89	279.08
公 路	Highways	151.04	206.54

continued

2010	2015	2016	2017	2017年为下列年份% 2017 as Percentage of the Following Years(%) 2000	2005	2010	2015	2016	2001-2017 平均增长% Average Annual Growth Rate(%)
2861	2904	2915	3014	96.8	108.1	105.4	103.8	103.4	-0.2
988.45	1673.22	1776.29	1830.62	244.9	190.7	141.6	109.0	104.7	5.4
1165	1227	1228	1216	111.7	106.7	104.4	99.1	99.0	0.7
6.92	3.86	3.38	2.33	85.0	29.9	33.7	60.4	68.9	-0.9
56.08	62.66	63.80	66.88	172.5	147.5	119.3	106.7	104.8	3.3
6.73	7.21	6.74	5.69	77.3	96.8	84.5	78.9	84.4	-1.5
25052	54854	62136	67652	1104.3	594.4	270.0	123.3	108.9	15.2
1238.50	1630.62	1713.96	1801.02	364.7	235.2	145.4	110.5	105.1	7.9
1384.02	1822.53	1896.18	1974.75	354.8	227.0	142.7	108.4	104.1	7.7
102.64	116.15	111.68	111.84	121.4	83.4	109.0	96.3	100.1	1.1
4558.97	7344.62	7598.00	8691.79	909.7	439.9	206.9	115.5	108.1	13.9
27.12	49.46	39.22	42.60	271.7	219.2	157.1	86.1	108.6	6.1
7.52	6.81	8.04	9.22	128.4	116.2	122.5	135.4	114.7	1.5
36115.50	52224.16	51151.37	56959.93	1630.7	526.9	157.7	109.1	111.4	17.8
3017.28	3736.73	3502.43	3489.82	467.5	196.3	115.7	93.4	99.6	9.5
223.47	415.92	411.91	419.40	1987.7	520.4	187.7	100.8	101.8	19.2
1101.91	1594.11	1734.79	1781.39	654.2	352.8	161.7	111.7	102.7	11.7
604.82	1027.27	924.67	1184.26	2207.4	385.4	195.8	115.3	128.1	20.0
994.89	1655.58	1233.79	1377.61	2387.5	408.7	138.5	83.2	111.7	20.5
5463.79	8580.09	7555.86	7476.09	755.6	379.1	136.8	87.1	98.9	12.6
82.74	187.13	153.10	148.39	158.0	120.8	179.3	79.3	96.9	2.7
65.21	34.14	42.04	61.63	3191.8	1446.1	94.5	180.5	146.6	22.6
14688.70	26393.17	28939.56	30642.94	1142.1	602.5	208.6	116.1	105.9	15.4
10888.80	18823.01	20110.64	22090.99	1948.4	668.9	202.9	117.4	109.8	19.1
1469.57	1412.41	1550.02	2238.04	3507.9	558.5	152.3	158.5	144.4	23.3
104423	140908	149049	163086	544.1	356.7	156.2	115.7	109.4	10.5
27121	32951	35459	39162	833.8	323.0	144.4	118.8	110.4	13.3
77123	107731	113360	123721	491.0	369.5	160.4	114.8	109.1	9.8
2465.99	3264.64	3445.91	3761.63	634.1	337.3	152.5	115.2	109.2	11.5
1267.90	1435.91	1518.27	1641.77	366.3	181.3	129.5	114.3	108.1	7.9
1195.91	1826.80	1925.83	2118.21	1474.7	1019.1	177.1	116.0	110.0	17.2
93954	70806	70822	71138	247.9	181.8	75.7	100.5	100.4	5.5
5411	7866	8302	8908	334.8	247.4	164.6	113.2	107.3	7.4
87457	61436	61093	60724	237.2	174.6	69.4	98.8	99.4	5.2
851.45	908.58	886.84	907.65	240.8	158.8	106.6	99.9	102.3	5.3
362.60	464.44	464.17	471.03	263.3	168.8	129.9	101.4	101.5	5.9
383.99	293.23	290.80	289.15	191.4	140.0	75.3	98.6	99.4	3.9

2-3 续表 2

指　　标		Item	2000	2005
邮电通信业		Postal and Telecommunication Services		
邮电业务总量	(亿元)	Business Volume of Postal and Telecommunication Services (100 million yuan)	85.04	331.13
函　件	(万件)	Number of Letters Delivered (10 000 pieces)	17444	15119
报刊期发数	(万份)	Number of Newspapers and Magazines Distributed (10 000 copies)	454	286
固定电话	(万户)	Number of Fixed Telephone Subscribers (10 000 subscribers)	345.24	859.32
城　市		Urban Telephone Subscribers	252.86	561.84
农　村		Rural Telephone Subscribers	92.39	297.47
移动电话	(万户)	Number of Mobile Telephone Subscribers (10 000 subscribers)	151.67	938.10
互联网宽带用户	(万户)	Number of Internet Subscribers (10 000 subscribers)	19.87	236.90
国内商业		Domestic Trade		
社会消费品零售总额	(亿元)	Total Retail Sales of Consumer Goods (100 million yuan)	725.64	1331.35
对外贸易和旅游		Foreign Trade and Tourism		
进出口总值	(亿元)	Total Value of Imports and Exports (100 million yuan)	21.40亿美元	45.77亿美元
进口总值		Imports	8.30亿美元	15.01亿美元
出口总值		Exports	13.10亿美元	30.76亿美元
国际旅游		International Tourism		
入境旅游人数	(万人次)	Number of Overseas Visitor Arrivals (10 000 person-times)	71.28	92.84
旅游收入	(万美元)	Foreign Exchange Earnings from International Tourism (USD 10 000)	28025	44625
金　融		Financial Intermediation		
金融机构人民币存款	(亿元)	Deposits of National Banking System in RMB (100 million yuan)		6446.48
金融机构人民币贷款	(亿元)	Loans of National Banking System in RMB (100 million yuan)		3983.19
教育·科技·文化		**Education, Science and Technology and Culture**		
教　育		Education		
专任教师数	(万人)	Full-time Teachers (10 000 persons)		
普通高等学校		Regular Institutions of Higher Education	2.07	4.29
中等职业学校		Vocational Secondary Schools	2.17	2.85
普通中学		Secondary Schools	12.23	15.91
小　学		Primary Schools	18.23	18.66
在校学生数	(万人)	Students Enrollment (10 000 persons)		
普通高等学校		Regular Institutions of Higher Education	24.17	66.69
中等职业学校		Vocational Secondary Schools	36.37	55.84
普通中学		Secondary Schools	230.52	304.56
小　学		Primary Schools	480.93	340.09
科　技		Science and Technology		
R&D经费内部支出	(亿元)	Internal Expenditure on Research and Development (100 million yuan)		92.15
科技论文	(篇)	Technical and Scientific Papers (Piece)	25389	40078
出版科技著作	(种)	Kinds of Published Scientific Books (unit)	1212	1814
文　化		Culture		
出版数量		Number of Publication		
图　书	(万册)	Books (10 000 copies)	15958	17628
杂　志	(万册)	Magazines (10 000 copies)	4944	6450
报　纸	(万份)	Newspapers (10 000 copies)	70389	68219
制作电视节目	(小时)	Time for TV Programs Production (hour)	16174	71983

continued

2010	2015	2016	2017	2017年为下列年份% 2017 as Percentage of the Following Years(%)					2001-2017 平均增长% Average Annual Growth Rate(%)
				2000	2005	2010	2015	2016	
902.85	757.09	1203.81	952.31						
9734	2499	2176	1908	10.9	12.6	19.6	76.3	87.7	-12.2
517	379	316	302	66.6	105.7	58.5	79.8	95.6	-2.4
781.89	723.28	679.86	622.79	180.4	72.5	79.7	86.1	91.6	3.5
519.55	558.04	524.15	483.93	191.4	86.1	93.1	86.7	92.3	3.9
262.34	165.24	155.71	138.86	150.3	46.7	52.9	84.0	89.2	2.4
2518.23	3649.65	3813.29	4220.61	2782.8	449.9	167.6	115.6	110.7	21.6
368.83	605.42	802.96	903.22	4544.6	381.3	244.9	149.2	112.5	25.2
3257.54	6578.14	7367.57	8113.84	1118.2	609.4	249.1	123.3	110.1	15.3
120.83亿美元	1895.25	1976.30	2719.65	1535.1	725.4	332.5	143.5	137.6	17.4
58.75亿美元	976.78	931.24	1059.92	1542.5	862.0	266.5	108.5	113.8	17.5
62.08亿美元	918.47	1045.07	1659.73	1530.4	658.7	395.0	180.7	158.8	17.4
212.17	293.03	338.20	383.74				131.0	113.5	10.4
101596	200022	233855	270400				135.2	115.6	14.3
16456.05	32415.24	35255.48	37784.01		586.1	229.6	116.6	107.2	
10033.12	21760.61	23921.75	26679.06		669.8	265.9	122.6	111.5	
5.83	6.65	6.61	6.69	323.0	156.1	114.8	100.6	101.2	7.1
3.46	2.17	2.26	2.12	97.7	74.3	61.2	97.7	93.6	-0.1
17.05	16.18	15.94	15.73	128.6	98.8	92.3	97.2	98.7	1.5
17.52	14.31	14.28	14.41	79.0	77.2	82.2	100.7	100.9	-1.4
92.78	109.97	107.63	106.94	442.4	160.3	115.3	97.2	99.4	9.1
89.93	43.69	41.17	41.56	114.3	74.4	46.2	95.1	101.0	0.8
259.91	187.57	183.42	180.63	78.4	59.3	69.5	96.3	98.5	-1.4
261.04	233.11	241.78	252.31	52.5	74.2	96.7	108.2	104.4	-3.7
217.50	393.17	419.56	460.94		500.2	211.9	117.2	109.9	
60690	71779	74300	78926	310.9	196.9	130.0	110.0	106.2	6.9
1417	1693	1768	1907	157.3	105.1	134.6	112.6	107.9	2.7
19830	20625	19304	18748	117.5	106.4	94.5	90.9	97.1	1.0
7522	3693	3067	2976	60.2	46.1	39.6	80.6	97.0	-2.9
62239	60132	56382	52761	75.0	77.3	84.8	87.7	93.6	-1.7
83275	117762	127759	127553	788.6	177.2	153.2	108.3	99.8	12.9

2-3 续表 3

指　　标	Item	2000	2005
家庭·生活·环境	**Family, People's Living Conditions and Environment**		
家　庭	Family		
家庭总户数 (万户)	Total Number of Households (10 000 households)	948.06	1055.74
居民家庭平均每户居住人口 (人)	Average Household Size of All Households (person)		
城镇居民平均每户居住人口 (人)	Average Household Size in Urban Areas (person)		
农村居民平均每户居住人口 (人)	Average Household Size in Rural Areas (person)		
婚　姻	Marriages and Divorces		
结婚数 (对)	Number of Marriages (couples)	203598	208421
离婚数 (对)	Number of Divorces (couples)	26031	23447
居　住	Housing		
居民家庭人均住房建筑面积 (平方米)	Per Capita Floor Space of All Households (sq.m)		
城镇居民人均住房建筑面积 (平方米)	Per Capita Floor Space of Urban Residents (sq.m)		
农村居民人均住房建筑面积 (平方米)	Per Capita Floor Space of Rural Residents (sq.m)		
生　活	People's Living Conditions		
居民人均可支配收入 (元)	Per Capita Annual Disposable Income of All Households (yuan)		
城镇居民人均可支配收入 (元)	Per Capita Annual Disposable Income of Urban Households (yuan)		
农村居民人均可支配收入 (元)	Per Capita Annual Disposable Income of Rural Households (yuan)		
居民人均生活消费支出 (元)	Per Capita Living Expenditure of All Households (yuan)		
城镇居民人均生活消费支出 (元)	Per Capita Living Expenditure of Urban Households (yuan)		
农村居民人均生活消费支出 (元)	Per Capita Living Expenditure of Rural Households (yuan)		
工　资	Wages		
职工工资总额 (亿元)	Total Wages of Staff and Workers (100 million yuan)	257.28	477.97
职工平均工资 (元)	Average Wage of Staff and Workers (yuan)	7804	14796
卫　生	Health Care		
医院数 (个)	Number of Hospitals (unit)	2779	2674
医生数 (万人)	Number of Doctors (10 000 persons)	6.43	6.03
医院床位数 (万张)	Number of Hospital Beds (10 000 units)	9.26	10.34
市政建设	Municipal Works		
自来水供应量 (万立方米)	Volume of Tap Water Supply (10 000 cu.m)	67062	71170
排水管道长度 (公里)	Length of Sewer Pipelines (km)	1856	3250
城市天然气供应量 (万立方米)	Volume of Natural Gas Supply in Urban Areas (10 000 cu.m)	17770	76285
道路长度 (公里)	Length of Paved Roads (km)	2537	3191
园林绿地面积 (公顷)	Area of Green Land (hectare)	9079	15003
环境、灾害	Environment and Disaster		
环境污染治理投资总额 (万元)	Total Investment in the Treatment of Environmental Pollution (10 000 yuan)		
突发环境事件次数 (次)	Environmental Disasters (time)		
火灾发生数 (起)	Number of Fire Disasters (unit)	3818	7490
火灾损失 (万元)	Loss of Fire Disasters (10 000 yuan)	2613	4683
交通事故发生数 (件)	Number of Traffic Accidents (unit)	11846	12011
交通事故损失 (万元)	Loss of Traffic Accidents (10 000 yuan)	3978	6242

continued

2010	2015	2016	2017	2017年为下列年份% 2017 as Percentage of the Following Years(%)					2001-2017 平均增长% Average Annual Growth Rate(%)
				2000	2005	2010	2015	2016	
1198.37	1268.08	1281.55	1300.25	137.1	123.2	108.5	102.5	101.5	1.9
	3.20	3.16	3.11				97.1	98.4	
	2.90	2.90	2.88				99.3	99.3	
	3.36	3.33	3.26				96.9	97.8	
346645	356413	332952	300594	147.6	144.2	86.7	84.3	90.3	2.3
44402	74097	78588	85870	329.9	366.2	193.4	115.9	109.3	7.3
	37.00	38.69	39.27				106.1	101.5	
	31.30	32.60	32.71				104.5	100.3	
	42.58	44.71	45.95				107.9	102.8	
	17395	18874	20635				115.2	107.6	
	26420	28440	30810				113.1	106.4	
	8689	9396	10265				115.6	108.1	
	13087	13943	14900				113.9	106.9	
	18464	19369	20388				110.4	105.3	
	7901	8568	9306				117.8	108.6	
1176.33	2734.38	2927.55	3171.03	1232.5	663.4	269.6	116.0	108.3	15.9
34299	56896	61626	67433	602.5	327.3	167.1	115.2	107.7	11.1
2639	2612	2655	2710	97.5	101.3	102.7	103.8	102.1	-0.1
6.28	7.95	8.57	9.32	144.9	154.6	148.5	117.2	108.8	2.2
13.72	20.63	22.10	23.71	256.0	229.3	172.8	114.9	107.3	5.7
81335	97664	104174	136305	203.3	191.5	167.6	139.6	130.8	4.3
5666	8026	8678	9590	516.7	295.0	169.2	119.5	110.5	10.1
164654	311286	342797	378752	2131.4	496.5	230.0	121.7	110.5	19.7
4810	6508	6783	7631	300.8	239.1	158.6	117.3	112.5	6.7
26063	56108	58679	67965	748.6	453.0	260.8	121.1	115.8	12.6
		3173903	3112585					98.1	
	58	45	33				56.9	73.3	
4620	13548	17639	9681	253.6	129.3	209.5	71.5	54.9	5.6
8354	11180	12757	8935	341.9	190.8	107.0	79.9	70.0	7.5
6004	5406	5917	5820	49.1	48.5	96.9	107.7	98.4	-4.1
3311	3742	3813	4222	106.1	67.6	127.5	112.8	110.7	0.4

2-4 国民经济主要结构指标
Main Composition Indicators on National Economy

单位：% (%)

指　　标	Item	2000	2005	2010	2015	2016	2017
人口与就业	**Population and Employment**						
人　口	Population						
城乡结构	Urban and Rural Composition						
城　镇	Urban	32.3	37.2	45.7	53.9	55.3	56.8
乡　村	Rural	67.7	62.8	54.3	46.1	44.7	43.2
性别结构	Sexual Composition						
男	Male	52.0	51.5	51.7	51.6	51.7	51.6
女	Female	48.0	48.5	48.3	48.4	48.4	48.4
宏观经济	**Macro Economy**						
国民经济核算	National Accounting						
生产总值产业结构	Industrial Composition						
第一产业	Primary Industry	14.3	11.1	9.8	8.9	8.7	8.0
第二产业	Secondary Industry	43.4	49.6	53.8	50.4	48.9	49.7
第三产业	Tertiary Industry	42.3	39.3	36.4	40.7	42.4	42.4
生产总值地区结构	By Region						
关　中	Guanzhong	72.5	66.2	62.8	65.4	65.7	64.6
陕　南	Southern Shaanxi	14.2	12.2	11.1	13.7	14.1	14.0
陕　北	Northern Shaanxi	13.3	21.6	26.1	20.8	20.2	21.4
投　资	Investment						
全社会固定资产投资结构	Composition of Total Investment in Fixed Assets						
第一产业	Primary Industry	2.7	2.7	5.7	6.7	5.7	6.7
第二产业	Secondary Industry	36.2	34.1	35.1	31.5	26.9	23.9
第三产业	Tertiary Industry	61.1	63.2	59.2	61.7	67.5	69.3
全社会固定资产投资经济类型结构	Compositione of Total Investment in Fixed Assets by Registration Status						
国有经济	State-Owned Units	63.5	51.3	49.3	45.2	45.4	46.7
集体经济	Collective-Owned Units	5.6	3.9	4.8	3.3	1.8	1.4
其他经济	Others	18.4	38.1	42.8	49.6	51.0	50.3
个　　体	Individuals	12.5	6.7	3.0	2.0	1.8	1.6

2-4 续表 1 continued

单位：% (%)

指　标	Item	2000	2005	2010	2015	2016	2017
能　源	Energy						
能源生产总量结构	Composition of Total Energy Production						
原　煤	Coal		74.7	76.5	76.5	76.7	78.4
原　油	Crude Oil		17.4	13.5	11.0	10.7	9.7
天然气	Natural Gas		6.7	9.1	11.4	11.5	10.5
水电、风电及其他能发电	Hydro-power, Wind Power and Others		1.1	0.9	1.1	1.1	1.4
能源消费总量结构	Composition of Total Energy Consumption						
煤　品	Coal		75.6	70.5	72.7	75.5	74.9
油　品	Petroleum		17.4	17.1	13.3	9.9	8.6
天然气	Natural Gas		4.1	9.0	9.5	10.5	10.7
水电、风电及其他能发电	Hydro-power, Wind Power and Others		3.0	3.4	4.5	4.1	5.8
产　业	**Industry**						
农　业	Agriculture						
农林牧渔业产值结构	Composition of Gross Output Value of Agriculture, Forestry,Animal Husbandry and Fishery						
农　业	Farming	70.5	64.7	66.5	67.9	67.9	69.0
林　业	Forestry	5.9	3.4	2.1	2.7	2.9	3.2
牧　业	Animal Husbandry	22.9	27.2	26.1	23.7	23.3	21.6
渔　业	Fishery	0.8	0.8	0.5	0.8	0.9	0.9
农林牧渔服务业	Services in Support of Agriculture,Forestry,Animal Husbandry and Fishery		3.9	4.8	4.9	5.0	5.3
工　业	Industry						
轻重工业产值结构	Composition of Gross Output Value of Light and Heavy Industry						
轻工业	Light Industry	35.1	24.0	18.9	21.5	22.1	21.8
重工业	Heavy Industry	64.9	76.0	81.1	78.5	77.9	78.2
交通运输业	Transportation						
客运量结构	Composition of Passenger Traffic						
铁　路	Railways	9.3	9.2	5.8	11.1	11.7	12.5
公　路	Highways	89.2	88.9	93.1	86.8	86.3	85.4
水　运	Waterways	0.8	0.9	0.3	0.5	0.6	0.6
民用航空	Civil Aviation	0.8	1.1	0.8	1.6	1.4	1.6
货运量结构	Composition of Freight Traffic						
铁　路	Railways	15.7	26.5	26.0	23.4	23.8	24.0
公　路	Highways	84.1	73.2	73.9	76.5	76.1	75.9
水　运	Waterways	0.2	0.3	0.2	0.2	0.2	0.1
民用航空	Civil Aviation	…	…	…	…	…	…

2-4 续表 2 continued

单位：% (%)

指 标	Item	2000	2005	2010	2015	2016	2017
国内贸易	Domestic Trade						
社会消费品零售总额构成	Composition of Total Retail Sales of Consumer Goods						
城 镇	Urban			87.0	88.1	88.1	88.1
乡 村	Rural			13.0	11.9	11.9	11.9
国际旅游	International Tourism						
入境旅游人数结构	Composition of Overseas Visitor Arrivals						
外国人	Foreigners	82.0	80.3	73.2	66.3	67.6	68.3
港澳台同胞	Hong Kong, Macao and Taiwan Compatriots	18.0	19.7	26.8	33.7	32.4	31.7
生活 · 环境	**People's Living Conditions and Environment**						
生 活	People's Living Conditions						
居民可支配收入结构	Annual Per Capita Disposable Income						
工资性收入	Wages Income				54.8	54.9	54.5
经营净收入	Net Income from Business				14.6	13.4	12.7
财产净收入	Property Income				6.9	5.8	5.7
转移净收入	Transfer Income				23.8	25.8	27.0
居民消费支出结构	Annual Per Capita Consumption Expenditure						
食品、烟酒	Food,Tobacco and Alcohol				27.9	27.7	27.7
衣 着	Clothing				7.6	7.3	7.3
居 住	Residence				21.3	20.4	20.0
生活用品及服务	Living Articles and Services				6.8	6.8	7.0
交通通信	Transportation and Communications				11.7	11.9	11.8
教育文化娱乐	Recreation, Education and Culture Services				12.3	12.8	12.5
医疗保健	Medicine and Medical Services				10.4	11.0	11.4
其他用品和服务	Others				2.1	2.0	2.4
环 境	Environment						
工业污染防治投资结构	Consumption of Investment in the Treatment of Industrial Pollution						
治理废水	Waste Water Treatment					9.7	12.7
治理废气	Waste Gas Treatment					80.6	64.1
治理固体废物	Solid Wastes Treatment					1.2	0.8
治理噪音	Noise Abatement					0.5	0.2
其 他	Others					7.9	22.3

2-5 国民经济和社会发展比例与效益指标

Indicators on Proportions and Efficiency in National Economic and Social Development

指 标	Item	2000	2005	2010	2015	2016	2017
人 口	Population						
出生率 (‰)	Birth Rate (‰)		10.02	9.73	10.10	10.64	11.11
死亡率 (‰)	Death Rate (‰)		6.01	6.01	6.28	6.23	6.24
自然增长率 (‰)	Natural Growth Rate (‰)		4.01	3.72	3.82	4.41	4.87
就 业	Employment						
城镇登记失业率 (%)	Registered Unemployment Rate in Urban Areas (%)	2.7	4.18	3.85	3.36	3.30	3.28
国民经济核算	National Accounting						
一、二、三产业增加值比例 (%)	Ratio of Value-added by Type of Industry(%)						
(第一产业＝100)	(Value added in Primary Industry=100)						
第一产业	Primary Industry	100.0	100.0	100.0	100.0	100.0	100.0
第二产业	Secondary Industry	303.1	447.8	551.0	568.5	560.3	624.9
第三产业	Tertiary Industry	295.6	354.9	373.2	459.6	485.0	532.6
人均生产总值 (元)	Per Capita GDP (yuan)	4968	10674	27133	47626	51015	57266
固定资产投资	Investment in Fixed Assets						
全社会固定资产投资相当于生产总值比例 (%)	Proportion of Investment in Fixed Assets to GDP (%)	41.3	50.4	84.6	112.0	107.3	108.8
全社会房屋建筑面积竣工率 (%)	Rate of Total Floor Space of Buildings Completed (%)	75.5	49.2	22.9	21.1	18.2	20.9
财 政	Government Finance						
地方一般预算收入相当于生产总值比例 (%)	Proportion of Local General Bugetary Revenue to GDP (%)	6.4	7.0	9.5	11.4	9.5	9.2
一般预算支出相当于生产总值比例 (%)	Proportion of General Bugetary Expenditure to GDP (%)	15.1	16.2	21.9	24.3	22.6	22.1
利用外资	Utilization of Foreign Capital						
实际利用外资额相当于签订利用外资额比例 (%)	Proportion of Actually Utilization of Foreign Capital to Signed Utilization of Foreign Capital (%)	57.8	39.7	82.3	79.9	108.2	58.8
能 源	Energy						
能源生产弹性系数	Elasticity Ratio of Energy Production		1.14	1.15	0.41	-0.53	1.34
能源消费弹性系数	Elasticity Ratio of Energy Consumption		0.99	0.72	0.56	0.45	0.43
单位GDP能耗下降率 (%)	Energy Consumption Per Unit of GDP (%)			3.64	3.21	3.83	4.19

注：能源生产和能源消费用等价值折算，GDP按不变价格计算。

a) Energy production and Energy consumption are converted on the basis of equal value.GDP are calculated at constant prices.

2-5 续表 1 continued

指　　标	Item	2000	2005	2010	2015	2016	2017
农　业	Agriculture						
人均耕地面积 (公顷)	Per Capita Cultivated Land (hectare)	0.09	0.08	0.08	0.08	0.08	0.08
每公顷耕地农业机械总动力(千瓦)	Total Power of Agricultural Machinery per Hectare of Cultivated Land (kw)	3.36	5.04	6.60	9.18	7.45	7.44
每公顷耕地化肥施用量 (公斤)	Chemical Fertilizer Consumption per Hectare of Cultivated Land (kg)	421	527	688	799	799	770
每公顷耕地生产的农业产值 (元)	Agricultural Output Value per Hectare of Cultivated Land (yuan)	14929	26205	58243	96880	102425	101860
每公顷播种面积农产品产量(公斤)	Output of Farm Crops per Hectare of Sown Area (kg)						
粮　食	Grain	2850	3300	3687	3992	4003	3994
棉　花	Cotton	911	1107	1361	1407	1405	1372
油　料	Oil-bearing Crops	1277	1638	1861	2098	2094	2150
工　业	Industry						
总资产贡献率 (%)	Ratio of Total Assets to Industrial Output Value (%)	7.8	15.4	17.1	12.2	11.1	13.5
资产负债率 (%)	Assets-Liability Ratio (%)	68.2	62.2	56.8	56.0	56.1	54.1
流动资产周转次数 (次/年)	Number of Times of Annual of Turnover Circulating Funds (times/year)	1.1	1.7	1.7	2.1	2.0	2.0
成本费用利润率 (%)	Ratio of Profits to Industrial Cost (%)	6.1	14.5	16.1	8.4	8.6	11.5
产品销售率 (%)	Proportion of Products Sold (%)	96.7	97.7	96.9	95.2	95.7	96.4
建筑业	Construction						
产值利润率 (%)	Ratio of Per-tax Profits to Gross Output Value (%)	0.6	1.5	1.9	3.3	3.1	2.8
全员劳动生产率 (元/人)	Overall Labor Productivity (yuan/person)	59672	135356	269553	374782	445384	405054
运输邮电通信业	Transportation, Postal and Telecommunication Services						
铁路网密度 (公里/平方公里)	Railway Density (km/sq.km)	0.011	0.016	0.019	0.022	0.023	0.025
公路网密度 (公里/平方公里)	Highway Density (km/sq.km)	0.214	0.265	0.717	0.827	0.839	0.848
铁路客运密度 (万人公里/公里)	Density of Passenger Traffic (10 000 person-km/km)	658.0	850.8	1004.4	1122.3	1096.1	1025.5
铁路货运密度 (万吨公里/公里)	Railway Freight Traffic Density (10 000 ton-km/km)	1634.6	2686.1	2863.5	3094.5	3188.0	3209.7
固定电话普及率 (部/百人)	Access to Fixed Telephones (set/100 persons)	9.47	23.28	20.93	19.07	17.83	16.24
城市电话普及率 (部/百人)	Access to Urban Telephones(set/100 persons)	21.50	40.89	30.44	27.29	24.84	22.22
移动电话普及率 (部/百人)	Access to Mobile Telephones (set/100 persons)	4.16	25.42	67.42	96.22	100.02	110.04

2-5 续表 2 continued

指 标	Item	2000	2005	2010	2015	2016	2017
国内商业	Domestic Trade						
人均消费品零售额 (元)	Per Capita Retail Sales of Consumer Goods (yuan)	1998	3612	8731	17384	19374	21219
对外贸易	Foreign Trade						
进出口总值相当于生产总值比例 (%)	Proportion of Total Value of Imports and Exports to GDP (%)	9.8	9.5	8.1	10.5	10.2	12.4
金 融	Financial Intermediation						
金融机构存款相当于生产总值比例 (%)	Deposits of Financial Institutions as Percentage of GDP (%)				179.9	181.7	172.5
金融机构贷款相当于生产总值比例 (%)	Loans of Financial Institutions as Percentage of GDP (%)				120.7	123.3	121.8
教育、科技	Education, Science and Technology						
每万人大学生数 (人)	Number of College and University Students per 10 000 Population (person)	66	181	248	290	282	279
R&D经费内部支出相当于生产总值比例 (%)	Internal Expenditure on Research and Development as Percentage of GDP (%)		2.35	2.15	2.18	2.16	2.10
文 化	Culture						
每万人有艺术表演团体 (个)	Number of Troupesper 10 000 Population (unit)	0.03	0.03	0.03	0.02	0.02	0.02
每万人有公共图书馆 (个)	Number of Public Libraries per 10 000 Population (unit)	0.03	0.03	0.03	0.03	0.03	0.03
每万人有博物馆 (个)	Number of Museums per 10 000 Population (unit)	0.02	0.02	0.03	0.07	0.07	0.07
广播电视	Radio and Television						
广播人口覆盖率 (%)	Radio Coverage of Population (%)	90.3	93.2	96.7	98.1	98.3	98.6
电视人口覆盖率 (%)	TV Coverage of Population (%)	91.4	94.4	97.7	98.7	98.9	99.0
卫 生	Health Care						
每万人医院数 (个)	Number of Hospitals per 10 000 Population (unit)	0.8	0.7	0.7	0.7	0.7	0.7
每万人医生数 (人)	Number of Doctors per 10 000 Population (person)	18	16	17	21	22	24
每万人医院病床数 (张)	Number of Hospital Beds per 10 000 Population (unit)	25	28	37	54	58	62
市政建设	Municipal Works						
城市用水普及率 (%)	Coverage Rate of Urban Population with Access to Tap Water (%)	96.50	93.20	99.39	97.12	95.61	97.90
城市燃气普及率 (%)	Coverage Rate of Urban Population with Access to Gas (%)	74.53	79.80	90.39	94.73	94.66	93.60
人均公园绿地面积 (平方米)	Per Capita Public Green Area (sq.m)			10.67	12.57	12.30	12.66
灾 害	Disasters						
平均每起火灾损失 (元)	Average Loss of per Fire Disaster (yuan)	7028	6253	18082	8252	7232	9229
平均每起交通事故损失 (元)	Average Loss of per Traffic Accident (yuan)	3358	5197	5515	6922	6444	7254

2-6 改革开放以来国民经济和社会发展主要指标
Main Indicators on National Economic and Social Development and Growth Rates Since the Reform and Open

指　　标		Item		1978	2017	1979-2017 平均增长% Average Annual Growth Rate(%)
人　口		Population				
年底总人口	(万人)	Population at Year-end	(10 000 persons)	2779	3835	0.8
城镇人口		Urban		454	2178	4.1
乡村人口		Rural		2325	1657	-0.9
男性人口		Male		1444	1980	0.8
女性人口		Female		1335	1855	0.8
就　业		Employment				
就业人员	(万人)	Number of Employed Persons	(10 000 persons)	1078	2072	1.7
# 职工人数		Number of Staff and Workers		257	472	1.6
国民经济核算		National Accounting				
生产总值	(亿元)	Gross Domestic Product	(100 million yuan)	81.07	21898.81	10.7
第一产业		Primary Industry		24.70	1741.45	5.2
第二产业		Secondary Industry		42.13	10882.88	11.9
第三产业		Tertiary Industry		14.24	9274.48	12.6
固定资产投资		Investment in Fixed Assets				
全社会固定资产投资总额	(亿元)	Total Investment in Fixed Assets	(100 million yuan)	20.35	23819.38	20.2
物价指数	(上年＝100)	Price Indices	(preceding year=100)			
商品零售价格指数		Retail Price Index		100.5	101.3	4.3
居民消费价格指数		Consumer Price Index		100.6	101.6	5.0
农　业		Agriculture				
常用耕地面积	(千公顷)	Cultivated Land	(1 000 hectares)	3854	3014	-0.6
农林牧渔业增加值	(亿元)	Value-added of Agriculture, Forestry, Animal Husbandry and Fishery	(100 million yuan)	24.70	1830.62	5.2
主要农产品产量		Output of Major Farm Products				
粮　食	(万吨)	Grain	(10 000 tons)	800	1216	1.1
棉　花	(万吨)	Cotton	(10 000 tons)	10.54	2.33	-3.8
油　料	(万吨)	Oil-bearing Crops	(10 000 tons)	5.65	66.88	6.5
烤　烟	(万吨)	Flue-Cured Tobacco	(10 000 tons)	1.38	5.69	3.7
茶　叶	(吨)	Tea	(ton)	1408	67652	10.4
水　果	(万吨)	Fruits	(10 000 tons)	33.41	1801.02	10.8
肉　类	(万吨)	Meat	(10 000 tons)	14.20	111.84	5.4
工　业		Industry				
工业增加值	(亿元)	Value-added of Industry	(100 million yuan)	36.52	8691.79	12.2
主要工业产品产量		Output of Major Industrial Products				
纱	(万吨)	Yarn	(10 000 tons)	13.85	42.60	2.9
布	(亿米)	Cloth	(100 million m)	5.81	9.22	1.2
原　煤	(万吨)	Coal	(10 000 tons)	1666.00	56959.93	9.5
原　油	(万吨)	Crude Oil	(10 000 tons)	6.03	3489.82	17.7
发电量	(亿千瓦小时)	Electricity	(100 million kwh)	66.10	1781.39	8.8
粗　钢	(万吨)	Crude Steel	(10 000 tons)	24.29	1184.26	10.5
钢　材	(万吨)	Rolled Steel	(10 000 tons)	17.38	1377.61	11.9
水　泥	(万吨)	Cement	(10 000 tons)	210.66	7476.09	9.6
化　肥	(万吨)	Fertilizers	(10 000 tons)	13.69	148.39	6.3

注：1.本表价值量指标中，除邮电业务总量按不变价格计算，其余指标均按当年价格计算。
2.本表速度指标中，生产总值及三次产业增加值、物价指数、农林牧渔业增加值、工业增加值、城乡居民收入和职工平均工资指标均按不变价格计算。固定资产投资平均增长速度按累计法计算。

a) Figures in value terms in this table are at current prices, except that on the business volume of postal and telecommunication services which is at constant prices.

d) The indices and growth rates of the follow indicators are calculated at constant prices: gross domestic product, value-added of the three strata of industry,price indices,value-added of agriculture, forestry, animal husbandry and fishery ,value-added of industry, per capita income of urban and rural residents. The average annual growth rate of total investment in fixed assets is calculated at the accumulate method.

2-6　续表　continued

指　　标		Item		1978	2017	1979-2017 平均增长% Average Annual Growth Rate(%)
交通运输		Transportation				
货物运输量	(万吨)	Freight Traffic	(10 000 tons)	7160	163086	8.3
#铁　路		Railways		2400	39162	7.4
公　路		Highways		4733	123721	8.7
货物周转量	(亿吨公里)	Freight Ton-kilometers	(100 million ton-km)	176.11	3761.63	8.2
#铁　路		Railways		165.58	1641.77	6.1
公　路		Highways		10.39	2118.21	14.6
旅客运输量	(万人)	Passenger Traffic	(10 000 persons)	5628	71138	6.7
#铁　路		Railways		2009	8908	3.9
公　路		Highways		3605	60724	7.5
旅客周转量	(亿人公里)	Passenger-Kilometers	(100 million passenger-km)	60.73	907.65	7.2
#铁　路		Railways		47.56	471.03	6.1
公　路		Highways		12.95	289.15	8.3
邮电通信业		Postal and Telecommunication Services				
邮电业务总量	(亿元)	Business Volume of Postal and Telecommunication Services	(100 million yuan)	0.50	952.31	21.4
函　件	(万件)	Number of Letters Delivered	(10 000 pieces)	9188	1908	-4.0
报刊期发数	(万份)	Number of Newspapers and Magazines Distributed	(10 000 copies)	319	302	-0.1
固定电话	(万户)	Number of Fixed Telephone Subscribers	(10 000 subscribers)	4.65	622.79	13.4
城　市		Urban Telephone Subscribers		3.24	483.93	13.7
农　村		Rural Telephone Subscribers		1.41	138.86	12.5
国内商业		Domestic Trade				
社会消费品零售总额	(亿元)	Total Retail Sales of Consumer Goods	(100 million yuan)	33.37	8113.84	15.1
教　育		Education				
专任教师数	(万人)	Full-time Teachers	(10 000 persons)			
普通高等学校		Regular Institutions of Higher Education		1.07	6.69	4.8
中等职业学校		Vocational Secondary Schools		0.33	2.12	4.9
普通中学		Secondary Schools		9.17	15.73	1.4
小　学		Primary Schools		17.30	14.41	-0.5
在校学生数	(万人)	Students Enrollment	(10 000 persons)			
普通高等学校		Regular Institutions of Higher Education		3.44	106.94	9.2
中等职业学校		Vocational Secondary Schools		2.93	41.56	7.0
普通中学		Secondary Schools		193.47	180.63	-0.2
小　学		Primary Schools		450.51	252.31	-1.5
文　化		Culture				
出版数量		Number of Publication				
图　书	(万册)	Books	(10 000 copies)	7661	18748	2.3
杂　志	(万册)	Magazines	(10 000 copies)	1423	2976	1.9
生　活		People's Living Conditions				
城镇居民人均可支配收入	(元)	Per Capita Annual Disposable Income of Urban Households	(yuan)	310	30810	7.1
农村居民人均可支配收入	(元)	Per Capita Annual Disposable Income of Rural Households	(yuan)	134	10265	6.0
卫　生						
医院数	(个)	Number of Hospitals	(unit)	3064	2710	-0.3
医生数	(万人)	Number of Doctors	(10 000 persons)	3.43	9.32	2.6
医院床位数	(万张)	Number of Hospital Beds	(10 000 units)	4.99	23.71	4.1
市政建设		Municipal Works				
自来水供应量	(万立方米)	Volume of Tap Water Supply	(10 000 cu.m)	21119	136305	4.9
排水管道长度	(公里)	Length of Sewer Pipelines	(km)	431	9590	8.3
道路长度	(公里)	Length of Paved Roads	(km)	639	7631	6.6
园林绿地面积	(公顷)	Area of Green Land	(hectare)	488	67965	13.5

2-7 社会经济主要指标平均每人水平
Per Capita Main Indicators on Society and Economy

单位：元 (yuan)

年 份 Year	生产总值 Gross Domestic Product	工农业总产值 Gross Industrial and Agricultural Output Value	工业总产值 Gross Industrial Output Value	农林牧渔业总产值 Gross Output Value of Agriculture, Forestry, Animal Husbandry and Fishery	社会消费品零售总额 Total Retail Sales of Consumer Goods
1978	291	480	349	131	121
1980	334	539	390	149	154
1985	604	910	644	267	268
1990	1241	1881	1359	522	490
1995	2965	4147	3056	1091	1141
2000	4968	6001	4721	1280	1998
2001	5511	6649	5336	1312	2218
2002	6161	7423	6031	1392	2482
2003	7057	8781	7387	1394	2757
2004	8638	10992	9220	1771	3163
2005	10674	13133	11150	1983	3612
2006	12840	16430	14206	2224	4175
2007	15546	20495	17787	2708	4961
2008	19700	25954	22512	3442	6241
2009	21947	29257	25665	3592	7322
2010	27133	37759	33293	4465	8731
2011	33464	47796	42290	5506	10433
2012	38564	55752	49607	6145	12225
2013	43117	62214	55396	6818	13956
2014	46929	65491	58218	7274	15702
2015	47626	63091	55656	7435	17384
2016	51015	67149	59298	7852	19374
2017	57266	66779	64664	8030	21219

2-7 续表 continued

年 份 Year	职工平均工资(元) Average Wage of Staff and Workers (yuan)	每万人有 Per 10 000 Population		
		大学生(人) College and University Students (person)	医院床位(张) Hospital Beds (unit)	医生数(人) Doctors (unit)
1978	654	12	18	12
1980	785	19	19	13
1985	1122	27	22	17
1990	2042	29	24	18
1995	4396	37	26	18
2000	7804	66	25	18
2001	9120	87	26	18
2002	10351	112	26	16
2003	11461	136	27	16
2004	13024	159	27	16
2005	14796	181	28	16
2006	16918	196	29	16
2007	21296	209	31	16
2008	25942	226	33	16
2009	30185	240	35	16
2010	34299	248	37	17
2011	39043	258	39	18
2012	44330	273	43	19
2013	48853	286	48	20
2014	52119	291	51	20
2015	56896	290	54	21
2016	61626	282	58	22
2017	67433	279	62	24

2-8 人均工农业主要产品产量

Per Capita Output of Major Industrial and Agricultural Products

年 份 Year	粮 食 (公斤) Grain (kg)	棉 花 (公斤) Cotton (kg)	油 料 (公斤) Oil-bearing Crops (kg)	蔬 菜 (公斤) Vegetables (kg)	水 果 (公斤) Fruits (kg)	肉 类 (公斤) Meat (kg)	禽 蛋 (公斤) Poultry Eggs (kg)	水产品 (公斤) Aquatic Products (kg)
1978	289.3	3.8	2.0		12.1	5.1	0.9	0.1
1980	268.5	2.9	3.9		9.9	8.2	1.1	0.1
1985	319.0	1.4	10.0	99.6	11.2	10.1	3.8	0.2
1990	328.7	2.4	10.3	112.8	19.0	14.4	5.7	0.6
1995	261.2	1.1	10.9	103.8	81.2	22.7	11.5	1.1
2000	299.9	0.8	10.7	153.3	136.0	25.4	11.7	1.7
2001	267.7	1.4	10.3	144.0	146.4	26.4	11.6	1.7
2002	274.9	1.2	11.2	180.6	157.9	28.9	12.7	1.8
2003	264.1	1.4	11.3	193.3	169.4	31.1	13.4	1.8
2004	315.6	2.2	12.5	213.6	200.1	33.3	13.2	1.9
2005	309.2	2.1	12.3	236.0	207.8	36.4	13.2	2.0
2006	282.0	2.4	11.2	229.7	238.7	27.5	11.1	1.3
2007	288.4	2.4	10.6	250.6	253.9	25.9	11.7	1.4
2008	310.0	2.7	13.3	287.4	287.5	30.0	12.9	1.4
2009	303.9	2.3	14.6	337.8	309.1	26.5	12.9	1.5
2010	312.2	1.9	15.0	371.0	331.9	27.5	12.6	1.6
2011	319.5	1.8	15.8	383.1	356.4	26.6	13.5	2.2
2012	332.2	1.8	16.1	407.1	383.6	28.6	13.8	2.8
2013	323.5	1.5	15.8	433.5	395.7	29.9	14.7	3.3
2014	317.8	1.1	16.5	457.5	412.3	31.0	14.5	3.7
2015	324.2	1.0	16.6	481.6	430.9	30.7	15.3	4.6
2016	323.0	0.9	16.8	498.6	450.7	29.4	15.6	4.8
2017	318.1	0.6	17.5	516.4	471.0	29.2	15.7	4.8

2-8 续表 continued

年 份 Year	纱 (公斤) Yarn (kg)	布 (米) Cloth (m)	机制纸及纸板 (公斤) Machine-made Paper and Paperboard (kg)	原 煤 (公斤) Coal (kg)	原 油 (公斤) Crude Oil (kg)	发电量 (千瓦小时) Electricity (kwh)	粗 钢 (公斤) Crude Steel (kg)	水 泥 (公斤) Cement (kg)
1978	5.0	21.0	2.4	602.4	2.2	239.1	8.8	76.2
1980	5.3	23.4	3.2	635.7	3.0	280.7	8.7	81.4
1985	5.3	21.5	6.3	902.5	7.4	364.5	11.6	128.6
1990	4.6	22.4	12.9	1021.5	21.5	459.7	15.0	162.7
1995	4.0	22.6	24.6	1214.8	47.8	677.1	15.4	243.6
2000	4.3	19.8	6.6	962.0	205.6	749.9	14.8	272.5
2001	4.3	18.9	7.8	1242.1	251.0	831.8	19.0	304.3
2002	4.8	19.9	6.6	1602.0	290.8	939.2	24.0	363.2
2003	4.9	20.2	8.7	2016.0	345.6	1121.4	47.4	418.4
2004	5.1	20.3	14.2	2291.9	415.6	1308.2	60.0	489.7
2005	5.3	21.5	10.9	2933.3	482.5	1370.1	83.4	535.1
2006	5.1	21.1	13.8	4184.0	538.3	1562.6	105.2	643.0
2007	5.8	22.2	19.2	4944.9	611.8	1886.8	107.0	817.1
2008	5.9	19.9	19.8	6458.8	663.5	2264.3	82.1	965.0
2009	6.6	20.0	20.0	7954.6	724.2	2415.6	140.4	1199.4
2010	7.3	20.2	23.2	9679.8	808.7	2953.4	162.1	1464.4
2011	7.3	16.4	24.8	11002.2	862.7	3233.2	201.0	1720.0
2012	7.7	17.3	21.4	12781.8	941.2	3550.0	221.1	2015.2
2013	9.5	15.3	21.4	13338.9	981.3	3974.2	260.8	2273.7
2014	10.6	16.2	18.8	13797.1	999.6	4247.0	275.4	2409.8
2015	13.1	18.0	18.5	13801.5	987.5	4212.8	271.5	2267.5
2016	10.3	21.1	19.0	13451.2	921.0	4561.9	243.2	1986.9
2017	11.1	24.1	19.9	14896.1	912.7	4658.7	309.7	1955.1

2-9 各市(区)国民经济主要指标(2017年)

指标	Item	关中 Guanzhong	西安市 Xi'an
年底常住人口 (万人)	Number of Usual Residents in the Households Surveyed at Year-end (10 000 persons)	2419.64	961.67
城镇非私营单位就业人员年末人数 (万人)	Number of Fully Employed Staff and Workers in Urban Non-private Units at Year-end (10 000 persons)	342.02	190.66
生产总值 (亿元)	Gross Domestic Product (100 million yuan)	14092.03	7471.89
全社会固定资产投资总额 (亿元)	Total Investment in Fixed Assets (100 million yuan)	17209.46	7556.47
# 固定资产投资	Investment in Fixed Assets	16895.75	7452.69
# 房地产开发投资	Investment in Real Estate Development	2762.23	2333.34
地方一般预算收入 (亿元)	Local General Bugetary Revenue (100 million yuan)	916.61	654.50
一般预算支出 (亿元)	General Bugetary Expenditure (100 million yuan)	2244.92	1045.09
城镇非私营单位就业人员工资总额 (亿元)	Total Wages Bill of Fully Employed Staff and Workers in Urban Non-private Units (100 million yuan)	2244.56	1448.99
城镇非私营单位就业人员平均工资 (元)	Average Wage of Fully Employed Staff and Workers in Urban Non-private Units (yuan)		75566
农林牧渔业总产值 (亿元)	Gross Output Value of Agriculture, Forestry, Animal Husbandry and Fishery (100 million yuan)	1849.39	497.39
粮食产量 (万吨)	Grain (10 000 tons)	731.82	187.88
棉花产量 (吨)	Cotton (ton)	22274	239
油料产量 (万吨)	Oil-bearing Crops (10 000 tons)	16.04	0.93
规模以上工业总产值 (亿元)	Gross Industrial Output Value above Designated Size (100 million yuan)	13902.93	5423.06
邮电业务总量 (亿元)	Business Volume of Postal and Telecommunication Services (100 million yuan)	680.09	423.06
固定电话 (万户)	Number of Fixed Telephone Subscribers (10 000 subscribers)	443.41	273.22
移动电话 (万户)	Number of Mobile Telephone Subscribers (10 000 subscribers)	2884.07	1599.61
社会消费品零售总额 (亿元)	Total Retail Sales of Consumer Goods (100 million yuan)	6450.10	4249.81
进出口总值 (亿元)	Total Value of Imports and Exports (100 million yuan)	2665.95	2549.74
# 出口总值	Exports	1623.38	1552.27
实际利用外商直接投资额 (万美元)	Actually Utilized Value of Direct Investments (USD 10 000)	552073	530680
卫生机构数 (个)	Health Care Institutions (unit)	18329	5654
卫生机构床位数 (张)	Number of Beds (unit)	153160	61205
卫生技术人员 (人)	Medical Technical Personnel (person)	207954	91040

注：本表价值量指标中，除邮电业务总量按不变价格计算，其余均按当年价格计算。

Main Indicators on National Economic by City(District)(2017)

						陕 南				陕 北		
铜川市	宝鸡市	咸阳市	渭南市	# 韩城市	杨 凌 示范区	Southern	汉中市	安康市	商洛市	Northern	延安市	榆林市
Tongchuan	Baoji	Xianyang	Weinan	Hancheng	Yangling	Shaanxi	Hanzhong	Ankang	Shangluo	Shaanxi	Yan'an	Yulin
83.34	378.10	437.60	538.29	40.06	20.64	849.16	344.93	266.10	238.13	566.64	226.31	340.33
11.27	41.20	47.88	46.25		4.76	70.53	30.22	19.78	20.53	76.94	33.35	43.60
348.43	2191.61	2292.51	1650.63	349.00	136.96	3065.02	1333.30	974.66	757.06	4673.88	1312.59	3361.29
476.29	3856.67	2382.67	2731.22	490.37	206.12	3749.18	1443.21	1149.32	1156.65	2860.75	1283.65	1577.10
471.15	3746.49	2341.83	2681.84	462.58	201.75	3481.97	1305.67	1072.03	1104.27	2582.53	1181.69	1400.83
24.74	165.60	104.50	113.81	24.29	20.25	212.56	97.61	93.87	21.07	127.19	63.94	63.25
20.06	81.08	77.47	73.58	30.15	9.91	95.43	45.65	28.02	21.76	453.35	140.42	312.94
116.99	301.58	346.55	407.65	48.40	27.06	797.13	311.70	274.45	210.98	908.42	353.28	555.14
60.37	227.20	244.12	238.39		25.51	373.76	168.95	109.41	95.40	489.11	211.60	277.51
53785	55419	51619	53081		54422		56830	56577	47235		63164	64077
45.55	309.85	552.60	430.55	31.58	13.45	737.33	371.33	184.86	181.14	506.31	214.09	292.21
24.29	142.90	163.25	211.54	6.51	1.96	253.58	104.28	87.63	61.67	242.60	76.71	165.89
	47	8	21980	121		82	53	27	2	907	773	134
0.77	1.96	4.99	7.38	0.16	0.01	37.85	19.47	15.54	2.84	12.97	2.82	10.14
363.17	2856.12	3024.29	2052.56		183.73	3621.88	1171.69	1379.51	1070.68	5445.48	1302.77	4142.71
14.31	68.54	92.90	81.28			130.33	58.35	42.96	29.02	141.89	56.08	85.81
8.53	55.49	41.21	64.96			97.04	46.05	30.03	20.95	82.35	32.62	49.72
72.56	332.17	431.12	448.62			683.93	298.39	224.90	160.64	652.61	261.82	390.79
138.25	783.43	607.64	651.85	55.26	19.13	911.93	421.05	297.14	193.73	751.81	284.65	467.16
3.46	56.87	38.63	11.57		5.68	33.99	9.13	3.01	21.85	14.19	1.78	12.40
3.44	35.00	19.28	10.20		3.17	26.44	6.13	2.81	17.50	8.78	1.64	7.14
2798	7227	7678	3152	520	538	6430	3323	1563	1544	8556	1553	7003
884	3015	4232	4356		188	9499	3644	2981	2874	7313	3029	4284
6534	26194	28325	29345		1557	51591	22441	15254	13896	33909	13197	20712
8702	30412	40928	34784		2088	55864	24020	17575	14269	43310	17087	26223

a) Figures in value terms in this table are at current prices, except that on the business volume of postal and telecommunication services which is at constant prices.

2-10 按国民经济行业分的法人单位数(2017年)

单位：个

行　　业	Sector	法人单位数 Number of Legal Entites
全省总计	**Total**	**459994**
农、林、牧、渔业	Agriculture,Forestry,Animal Husbandry and Fishery	54718
农　业	Farming	24473
林　业	Forestry	3533
畜牧业	Animal Husbandry	20382
渔　业	Fishery	1282
农、林、牧、渔服务业	Services in Support of Agriculture	5048
采矿业	Mining	5626
煤炭开采和洗选业	Mining and Washing of Coal	1333
石油和天然气开采业	Extraction of Petroleum and Natural Gas	145
黑色金属矿采选业	Mining and Processing of Ferrous Metal Ores	361
有色金属矿采选业	Mining and Processing of Non-Ferrous Metal Ores	465
非金属矿采选业	Mining and Processing of Nonmetal Ores	1473
开采辅助活动	Mining Supporting Activities	1731
其他采矿业	Mining of Other Ores	118
制造业	Manufacturing	45251
农副食品加工业	Processing of Food from Agricultural Products	3517
食品制造业	Manufacture of Foods	2299
酒、饮料和精制茶制造业	Manufacture of Wine,Beverages and Refined Tea	1689
烟草制品业	Manufacture of Tobacco	10
纺织业	Manufacture of Textile	793
纺织服装、服饰业	Manufacture of Textile and Clothing	525
皮革、毛皮、羽毛及其制品和制鞋业	Manufacture of Leather, Fur, Feather and Related Products, and Shoes	146
木材加工及木、竹、藤、棕、草制品业	Processing of Timbers, Manufacture of Wood, Bamboo, Rattan, Palm, and Straw Products	894
家具制造业	Manufacture of Furniture	910
造纸和纸制品业	Manufacture of Paper and Paper Products	889
印刷业和记录媒介的复制	Printing, Reproduction of Recording Media	1478
文教、工美、体育和娱乐用品制造业	Manufacture of Culture, Education,Articles,Sports and Entertainment Supplies	729
石油加工、炼焦及核燃料加工业	Processing of Petroleum, Coking, Processing Nuclear Fuel	398
化学原料及化学制品制造业	Manufacture of Chemical Raw Material and Chemical Products	2266
医药制造业	Manufacture of Medicines	875
化学纤维制造业	Manufacture of Chemical Fibers	37
橡胶和塑料制品业	Manufacture of Rubber and Plastics	1626
非金属矿物制品业	Manufacture of Non-metallic Mineral Products	7263
黑色金属冶炼及压延加工业	Smelting and Pressing of Ferrous Metals	575
有色金属冶炼及压延加工业	Smelting and Pressing of Non-ferrous Metals	1394
金属制品业	Manufacture of Metal Products	2659
通用设备制造业	Manufacture of General Purpose Machinery	4723
专用设备制造业	Manufacture of Special Purpose Machinery	3127
汽车制造业	Automotive Industry	503

Number of Legal Entites by Sector(2017)

企业法人 Business Entity	事业单位法人 Institution Entity	机关法人 Government Entity	社会团体法人 Social Organization	农民专业合作社法人 Specialized Farmers Cooperatives	其他法人 Others
331826	**29167**	**9055**	**7026**	**35157**	**47763**
22160	576			28450	3532
8317	33			14685	1438
2026	146			1239	122
8945	26			9929	1482
671	6			542	63
2201	365			2055	427
5619				7	
1333					
145					
361					
465					
1466				7	
1731					
118					
44458				793	
3225				292	
2175				124	
1534				155	
8				2	
774				19	
521				4	
140				6	
857				37	
909				1	
884				5	
1478					
647				82	
398					
2261				5	
864				11	
37					
1620				6	
7248				15	
574				1	
1394					
2659					
4723					
3113				14	
503					

2-10 续表 1

单位：个

行 业	Sector	法人单位数 Number of Legal Entites
铁路、船舶、航空航天和其他运输设备制造业	Manufacture of Railway,Shipping,Aerospace and Other Transport Equipments	534
电气机械和器材制造业	Manufacture of Electrical Machinery and Equipment	2282
计算机、通信和其他电子设备制造业	Manufacture of Computers,Communication and Other Electronic Equipment	1241
仪器仪表制造业	Manufacture of Instrument and Apparatus	711
其他制造业	Other Manufacturing	386
废弃资源综合利用业	Comprehensive Utilization Industry of Waste Resources	245
金属制品、机械和设备修理业	Industry of Metalwork,Machinery, and Equipment Repair	527
电力、热力、燃气及水生产和供应业	Production and Distribution of Electricity,Gas and Water	3567
电力、热力生产和供应业	Production and Supply of Electric Power and Heat Power	2233
燃气生产和供应业	Production and Supply of Gas	368
水的生产和供应业	Production and Supply of Water	966
建筑业	Construction	29388
房屋建筑业	Construction of Buildings	7038
土木工程建筑业	Civil Engineering Construction	6904
建筑安装业	Construction and Installation	3777
建筑装饰和其他建筑业	Architectural Decoration and Other Construction	11669
批发和零售业	Wholesale and Retail Trades	116507
批发业	Wholesale Trade	54435
零售业	Retail Trade	62072
交通运输、仓储和邮政业	Transport, Storage and Post	10649
铁路运输业	Railway Transport	114
道路运输业	Road Transport	6813
水上运输业	Water Transport	33
航空运输业	Air Transport	102
管道运输业	Transport Via Pipelines	35
装卸搬运和运输代理业	Loading, Unloading and Other Transport Services	1345
仓储业	Storage	1348
邮政业	Post	859
住宿和餐饮业	Hotels and Catering Services	10800
住宿业	Hotels	3882
餐饮业	Catering Services	6918
信息传输、软件和信息技术服务业	Information Transmission, Software and Information Services	11523
电信、广播电视和卫星传输服务	Telecommunications, Broadcasting Television and Satellite Transmission Services	1011
互联网和相关服务	Internet and Related Services	2308
软件和信息技术服务业	Software and Information Technology Services	8204
金融业	Financial Intermediation	3338
货币金融服务	Monetary and Financial Services	1584
资本市场服务	Capital Market Services	639

continued

(unit)

企业法人 Business Entity	事业法人 Institution Entity	机关法人 Government Entity	社会团体 Social Org-anization	农民专业合作社 Specialized Farmers Cooperatives	其他法人 Others
534					
2281				1	
1241					
711					
384				2	
243				2	
518				9	
3517	20			19	11
2215				17	1
366				2	
936	20				10
29388					
7038					
6904					
3777					
11669					
112349				4158	
51167				3268	
61182				890	
10139	309			173	28
114					
6530	274			7	2
31	2				
100	2				
35					
1342	2				1
1132	25			166	25
855	4				
10736				23	41
3872				5	5
6864				18	36
11383	103			18	19
934	73			2	2
2291	12				5
8158	18			16	12
2871	78			61	328
1158	52			61	313
631	6				2

2-10 续表 2

单位：个

行　　业	Sector	法人单位数 Number of Legal Entites
保险业	Insurance	803
其他金融业	Others	312
房地产业	Real Estate	15727
房地产业	Real Estate	15727
租赁和商务服务业	Leasing and Business Services	31207
租赁业	Leasing	3556
商务服务业	Business Services	27651
科学研究和技术服务业	Scientific Research, Technology Services	15036
研究和试验发展	Research and Experimental Development	1268
专业技术服务业	Professional Technical Services	8147
科技推广和应用服务业	Services of Science and Technology Exchangesand Promotion and Application	5621
水利、环境和公共设施管理业	Management of Water Conservancy, Environment and Public Facilities	5052
水利管理业	Management of Water Conservancy	1028
生态保护和环境治理业	Ecological Protection and Environmental Management	514
公共设施管理业	Management of Public Facilities	3510
居民服务、修理和其他服务业	Residents Service, Repair and other Services	9113
居民服务业	Services to Households	3293
机动车、电子产品和日用产品修理业	Motor Vehicle, Electronic Products and Daily Product Repair	4255
其他服务业	Other Services	1565
教　育	Education	16423
教　育	Education	16423
卫生和社会工作	Health, Social Work	14610
卫　生	Health	13551
社会工作	Social Work	1059
文化、体育和娱乐业	Culture, Sports and Entertainment	8814
新闻和出版业	Journalism and Publishing Activities	243
广播、电视、电影和影视录音制作业	Broadcasting, Television, Movies and Video Recording	1155
文化艺术业	Cultural and Art Activities	2896
体　育	Sports Activities	604
娱乐业	Entertainment	3916
公共管理、社会保障和社会组织	Public Management, Social Security and Social Organization	52645
中国共产党机关	Organs of Communist Party of China	1264
国家机构	Government Agencies	16227
人民政协、民主党派	CPPCC and Democratic Parties	180
社会保障	Social Security	486
群众团体、社会团体和其他成员组织	Mass Organizations, Social Organizations and Religion Organizations	7991
基层群众自治组织	Grass Roots Self-governing Organizations	26497

continued

(unit)

企业法人 Business Entity	事业法人 Institution Entity	机关法人 Government Entity	社会团体 Social Org- anization	农民专业 合作社 Specialized Farmers Cooperatives	其他法人 Others
792	11				
290	9				13
15655	72				
15655	72				
29998	703			169	337
3485	5			59	7
26513	698			110	330
11134	2171			1136	595
1029	146				93
6820	1272				55
3285	753			1136	447
3601	1360		1	46	44
237	753			2	36
354	157		1	2	
3010	450			42	8
8809	117			62	125
3076	100			14	103
4234				15	6
1499	17			33	16
1807	9223			26	5367
1807	9223			26	5367
1058	4016		34	8	9494
881	3513			3	9154
177	503		34	5	340
7135	1326		1	8	344
164	63				16
1002	150				3
1678	990			6	222
438	91		1	1	73
3853	32			1	30
9	9093	9055	6990		27498
	26	1238			
	8596	7631			
		180			
9	471	6			
			6990		1001
					26497

2-11 各市、县(市、区)法人单位数(2017年)
Number of Legal Entites by City and County (City and District)(2017)

单位：个 (unit)

地　区	Region	法人单位数 Number of Legal Entities	地　区	Region	法人单位数 Number of Legal Entities	地　区	Region	法人单位数 Number of Legal Entities
全　省	**Shaanxi**	**459994**	礼泉县	Liquan	4145	勉　县	Mianxian	3242
西安市	**Xi'an**	**152291**	永寿县	Yongshou	2093	宁强县	Ningqiang	2290
新城区	Xincheng	8700	彬　县	Binxian	3058	略阳县	Lueyang	2504
碑林区	Beilin	13331	长武县	Changwu	2473	镇巴县	Zhenba	2282
莲湖区	Lianhu	13880	旬邑县	Xunyi	2499	留坝县	Liuba	881
灞桥区	Baqiao	6510	淳化县	Chunhua	1999	佛坪县	Foping	803
未央区	Weiyang	22988	武功县	Wugong	3270	**榆林市**	**Yulin**	**58010**
雁塔区	Yanta	38294	兴平市	Xingping	4912	榆阳区	Yuyang	14831
阎良区	Yanliang	3278	**渭南市**	**Weinan**	**35395**	横山区	Hengshan	2362
临潼区	Lintong	4970	临渭区	Linwei	7466	府谷县	Fugu	4420
长安区	Chang'an	11243	华州区	Huazhou	1776	靖边县	Jingbian	7112
高陵区	Gaoling	4000	潼关县	Tongguan	1087	定边县	Dingbian	3993
鄠邑区	Huyi	5814	大荔县	Dali	3802	绥德县	Suide	2864
蓝田县	Lantian	5209	合阳县	Heyang	2952	米脂县	Mizhi	1944
周至县	Zhouzhi	4537	澄城县	Chengcheng	2841	佳　县	Jiaxian	2216
西咸新区	Xixian	9537	蒲城县	Pucheng	3935	吴堡县	Wubu	1281
铜川市	**Tongchuan**	**10443**	白水县	Baishui	2122	清涧县	Qingjian	2386
王益区	Wangyi	2021	富平县	Fuping	3117	子洲县	Zizhou	2286
印台区	Yintai	1734	韩城市	Hancheng	4124	神木市	Shenmu	12315
耀州区	Yaozhou	5509	华阴市	Huayin	2173	**安康市**	**Ankang**	**24457**
宜君县	Yijun	1179	**延安市**	**Yan'an**	**34955**	汉滨区	Hanbin	8603
宝鸡市	**Baoji**	**44117**	宝塔区	Baota	11963	汉阴县	Hanyin	2427
渭滨区	Weibin	9423	安塞区	Ansai	2119	石泉县	Shiquan	1894
金台区	Jintai	8363	延长县	Yanchang	1605	宁陕县	Ningshan	1001
陈仓区	Chencang	5620	延川县	Yanchuan	2405	紫阳县	Ziyang	1364
凤翔县	Fengxiang	3764	子长县	Zichang	2566	岚皋县	Langao	1298
岐山县	Qishan	3877	志丹县	Zhidan	2068	平利县	Pingli	2413
扶风县	Fufeng	2683	吴起县	Wuqi	2028	镇坪县	Zhenping	977
眉　县	Meixian	4124	甘泉县	Ganquan	1166	旬阳县	Xunyang	3322
陇　县	Longxian	1486	富　县	Fuxian	2150	白河县	Baihe	1158
千阳县	Qianyang	1488	洛川县	Luochuan	2730	**商洛市**	**Shangluo**	**17742**
麟游县	Linyou	878	宜川县	Yichuan	1462	商州区	Shangzhou	3799
凤　县	Fengxian	1258	黄龙县	Huanglong	869	洛南县	Luonan	2898
太白县	Taibai	1153	黄陵县	Huangling	1824	丹凤县	Danfeng	2580
咸阳市	**Xianyang**	**45065**	**汉中市**	**Hanzhong**	**35004**	商南县	Shangnan	1945
秦都区	Qindu	5332	汉台区	Hantai	9667	山阳县	Shanyang	3637
渭城区	Weicheng	3423	南郑区	Nanzheng	4143	镇安县	Zhen'an	1935
三原县	Sanyuan	5134	城固县	Chenggu	3344	柞水县	Zhashui	948
泾阳县	Jingyang	2572	洋　县	Yangxian	2979	**杨凌示范区**	**Yangling**	**2515**
乾　县	Qianxian	4155	西乡县	Xixiang	2869			

主要统计指标解释

平均增长速度　平均增长速度表明社会经济现象在一个较长的时期内逐期平均增长变化的程度，它不能根据各个环比增长速度直接求得，但与平均发展速度之间存在着一定的数量关系：平均增长速度＝平均发展速度－1。

平均发展速度是一种根据环比发展速度计算的序时平均数,由于各时期对比的基础不同，所以计算平均发展速度不能采用一般的序时平均数的计算方法，计算方法分为水平法和累计法。水平法，又称几何平均法，即将环比发展速度按连乘法用几何平均数公式计算。累计法，也称方程法，根据一段时期内各年发展水平总和与基期水平的关系，列出方程式计算平均发展速度。水平法着重考虑最后一年所达到的发展水平；累计法着重考虑整个时期累计发展水平的总量。

本《年鉴》内所列的平均增长速度，除固定资产投资用"累计法"计算外，其余均用"水平法"计算。从某年到某年平均增长速度的年份，均不包括基期年在内。如建国六十年以来的平均增长速度是以 1949 年为基期计算的，则写为 1950-2009 年平均增长速度，其余类推。

企业(单位)登记注册类型　是以在工商行政管理机关登记注册的各类企业为划分对象，以工商行政管理部门对企业登记注册的类型为依据，将企业登记注册类型分为内资企业、港澳台商投资企业和外商投资企业三大类。内资企业包括国有企业、集体企业、股份合作企业、联营企业、有限责任公司、股份有限公司、私营公司和其他企业；港澳台商投资企业和外商投资企业分别包括合资经营企业、合作经营企业、独资经营企业和股份有限公司。对不在工商行政管理部门进行登记注册的行政机关、事业单位和社会团体，主要按其经费来源和管理方式进行划分。

国有企业　指企业全部资产归国家所有，并按《中华人民共和国企业法人登记管理条例》规定登记注册的非公司制的经济组织。不包括有限责任公司中的国有独资公司。

集体企业　指企业资产归集体所有，并按《中华人民共和国企业法人登记管理条例》规定登记注册的经济组织。

股份合作企业　指以合作制为基础，由企业职工共同出资入股，吸收一定比例的社会资产投资组建，实行自主经营，自负盈亏，共同劳动，民主管理，按劳分配与按股分红相结合的一种集体经济组织。

联营企业　指两个及两个以上相同或不同所有制性质的企业法人或事业单位法人，按自愿、平等、互利的原则，共同投资组成的经济组织。联营企业包括国有联营企业、集体联营企业、国有与集体联营企业和其他联营企业。

有限责任公司　指根据《中华人民共和国公司登记管理条例》规定登记注册，由两个以上、五十个以下的股东共同出资，每个股东以其所认缴的出资额对公司承担有限责任，公司以其全部资产对其债务承担责任的经济组织。有限责任公司包括国有独资公司以及其他有限责任公司。

股份有限公司　指根据《中华人民共和国公司登记管理条例》规定登记注册，其全部注册资本由等额股份构成并通过发行股票筹集资本，股东以其认购的股份对公司承担有限责任，公司以其全部资产对其债务承担责任的经济组织。

私营企业　指由自然人投资设立或由自然人控股，以雇佣劳动为基础的营利性经济组织。包括按照《公司法》、《合伙企业法》、《私营企业暂行条例》规定登记注册的私营有限责任公司、私营股份有限公司、私营合伙企业和私营独资企业。

其他企业　指上述企业之外的其他内资经济组织。

与港澳台商合资经营企业　指港澳台地区投资者与内地企业依照《中华人民共和国中外合资经营企业法》及有关法律的规定，按合同规定的比例投资设立、分享利润和分担风险的企业。

与港澳台商合作经营企业　指港澳台地区投资者与内地企业依照《中华人民共和国中外合作经营企业法》及有关法律的规定，依照合作合同的约定进行投资或提供条件设立、分配利润和分担风险的企业。

港澳台商独资经营企业　指依照《中华人民共和国外资企业法》及有关法律的规定，在内地由港澳台地区投资者全额投资设立的企业。

港澳台商投资股份有限公司　指根据国家有关规定，经原外经贸部依法批准设立，其中港、澳、台商的股本占公司注册资本的比例达 25% 以上的股份有限公司。凡其中港、澳、台商的股本占公司注册资本的比例小于 25%的，属于内资企业中的股份有限公司。

中外合资经营企业　指外国企业或外国人与中国内地企业依照《中华人民共和国中外合资经营企业法》及有关法律的规定，按合同规定的比例投资设立、分享利润和分担风险的企业。

中外合作经营企业　指外国企业或外国人与中国内地企业依照《中华人民共和国中外合作经营企业法》及有关法律的规定，依照合作合同的约定进行投资或提供条件设立、分配利润和分担风险的企业。

外资企业　指依照《中华人民共和国外资企业法》及有关法律的规定，在中国内地由外国投资者全额投资设立的企业。

外商投资股份有限公司　指根据国家有关规定，经原外经贸部依法批准设立，其中外资的股本占公司注册资本的比例达 25% 以上的股份有限公司。凡其中外资股本占公司注册资本的比例小于 25%的，属于内资企业中的股份有限公司。

行政机关、事业单位和社会团体　参照企业登记注册类型，主要按其经费来源和管理方式划分。具体规定如下：

⑴行政机关：包括国家机关和政党机关，原则上均列为

“国有”。但有特殊规定的，如供销社等，则列为“集体”。

⑵事业单位：包括经国家机构编制部门和有关业务主管部门批准成立的各类事业单位，不包括实行企业化管理的事业单位。事业单位的划分办法如下：

①由国家财政预算拨款或列入财政预算外资金管理以及经费主要来源于国有主管部门或国有上级单位的事业单位，列为“国有”。

②经费主要来源于集体单位的事业单位，列为“集体”。

③公民个人(或个人合伙)开办的事业单位，列为“私营”。

④上述以外的其他事业单位，如果其经费来源不明确，按管理方式进行归类。

⑶社会团体：包括经民政部门批准成立以及未纳入社会团体管理条例范围的工会、妇联等各类社会团体。社会团体的划分办法如下：

①未纳入民政部社会团体管理条例范围的工会、妇联、共青团、青联、工商联、科协、侨联等社会团体，国家拨款设立的基金会或基金管理组织以及经费主要来源于国有业务主管部门或国有上级单位的社会团体，列为“国有”。

②经费主要来源于集体单位的社会团体，列为“集体”。

③公民个人(或个人合伙)开办的社会团体，划为“私营”。

④上述以外的其他社会团体，如果其经费来源不明确，改按管理方式进行归类。

法人单位　指有权拥有资产、承担负债，并独立从事社会经济活动（或与其他单位进行交易）的组织。法人单位应同时具备以下条件：（1）依法成立，有自己的名称、组织机构和场所，能够独立承担民事责任；（2）独立拥有（或授权使用）资产或者经费，承担负债，有权与其他单位签订合同；（3）具有包括资产负债表在内的账户，或者能够根据需要编制账户。

Explanatory Notes on Main Statistical Indicators

Average Annual Growth Rate shows the average growth rate of social and economic development during a longer period. It can not be directly calculated by chain based growth rate. The relation is:

Average Annual Growth Rate = Average Speed of Development – 1

Average speed of development is the time series average of speed which calculated by chain based. Because the reference bases during the different periods are not same, average speed of development can not be calculated by the general method. Level approach and accumulative approach for calculating average speed of development rate are applied. The "level approach", or the method of calculating the geometric average, is derived by the formula of geometric average of the chain-based speeds of development, or comparing the level of the last year of the interval with that of the beginning year; the other is called the "accumulative approach" or the "algebraic average", "equation" method, which is derived by the summation of the actual figure of each year in the interval divided by the figure in the base year. The level approach focuses on the level of the last year, while the accumulative approach emphasizes the aggregate development in the duration.

The average annual growth rates listed in the Yearbook are calculated by the level approach except for the growth rate of investment in fixed assets. The base year is not listed in the duration for which average annual growth rates are computed. For instance, the average annual growth rate of the 60 years since 1949 is shown as the average annual growth rate of 1950-2009 without showing the base year 1949.

Registration Status of Enterprises Enterprises are classified into 3 categories, namely domestic-funded enterprises, enterprises with investment from Hong Kong, Macau and Taiwan, and enterprises with foreign investment, according to the registration status of an enterprise in industrial and commercial administration agencies. Domestic-funded enterprises include State-owned enterprises, collective-owned enterprises, cooperative enterprises, joint ownership enterprises, limited liability corporations, share-holding corporations Ltd., private enterprises and other enterprises. Included in the enterprises with investment from Hong Kong, Macau and Taiwan and enterprises with foreign investment are joint-venture enterprises, cooperative enterprises, sole investment enterprises and share-holding corporations Ltd. For government agencies, institutions and social organizations which are not registered in industrial and commercial administration agencies, they are classified mainly by their sources of funding and manner of management.

State-owned Enterprises refer to non-corporation economic units where the entire assets are owned by the State and which have been registered in accordance with the *Regulation of the People's Republic of China on the Management of Registration of Corporate Enterprises*. Not included from this category are solely State-funded corporations in the limited liability corporations.

Collective-owned Enterprises refer to economic units where the assets are owned collectively and which have been registered in accordance with the *Regulation of the People's Republic of China on the Management of Registration of Corporate Enterprises*.

Cooperative Enterprises refer to a form of collective economic units (enterprises) where capitals come mainly from employees as their shares, with certain proportion of capital from the outside, where production is organized on the basis of independent operation, independent accounting for profits and losses, joint work, democratic management, and a distribution system that integrates remuneration according to work with dividend according to capital share.

Joint Ownership Enterprises refer to economic units established by two or more corporate enterprises or corporate institutions of the same or different ownership, through joint investment on the basis of voluntary participation, equality, and mutual benefits. They include State joint ownership enterprises; collective joint ownership enterprises; joint State-collective enterprises; and other joint ownership enterprises.

Limited Liability Corporations refer to economic units established with investment from 2-50 investors and registered in accordance with the *Regulation of the People's Republic of China on the Management of Registration of Corporations*, each investor bearing limited liability to the corporation depending on its share of investment, and the corporation bearing liability to its debt to the maximum of its total assets. Limited liability corporations include solely State-funded limited liability corporations and other limited liability corporations.

Share-holding Corporations Ltd. refer to economic units registered in accordance with the *Regulation of the People's Republic of China on the Management of Registration of Corporations*, with total registered capital divided into equal shares and raised through issuing stocks. Each investor bears limited liability to the corporation depending on the holding of shares, and the corporation bears liability to its debt to the maximum of its total assets.

Private Enterprises refer to profit-making economic units invested and established by natural persons, or controlled by natural persons using employed labour. Included in this category are private limited liability corporations, private share-holding corporations Ltd., private partnership enterprises and private-funded enterprises registered in accordance with the *Company Law*, *the Law on Partnership Business* and *Interim Regulations on Private Enterprises* .

Other Domestic-funded Enterprises refer to

domestic-funded economic units other than those mentioned above.

Joint Venture Enterprises with Funds from Hong Kong, Macau and Taiwan are enterprises established by investors from Hong Kong, Macau and Taiwan with enterprises in the mainland of China in accordance with the *Law of the People's Republic of China on Sino-foreign Equity Joint Ventures* and other relevant laws, where the establishment of the investment and the sharing of profits and risks are stipulated under joint venture contracts.

Cooperative Enterprises with Funds from Hong Kong, Macau and Taiwan established by investors from Hong Kong, Macau and Taiwan with enterprises in the mainland of China in accordance with the *Law of the People's Republic of China on Sino-foreign Contractual Joint Venture* and other relevant laws, where the investment or provision of facilities and the sharing of profits and risks are stipulated under cooperative contracts.

Enterprises with Sole (exclusive) Investment from Hong Kong, Macau and Taiwan refer to enterprises established in the mainland of China with exclusive investment from investors from Hong Kong, Macau and Taiwan in accordance with the *Law of the People's Republic of China on Wholly Foreign-owned Enterprises* and other relevant laws.

Share-holding Corporations Ltd. with Investment from Hong Kong, Macau and Taiwan refer to share-holding corporations Ltd. established with the approval from the former Ministry of Foreign Trade and Economic Relations in line with relevant State regulations, where the share of investment from Hong Kong, Macau or Taiwan businessmen exceeds 25% of the total registered capital of the corporation. In case the share of investment from Hong Kong, Macau or Taiwan is less than 25% of the total registered capital, the enterprise is to be classified as domestic-funded share-holding corporation Ltd.

Joint Venture Enterprises with Foreign Investment refer to enterprises jointly established by foreign enterprises or foreigners with enterprises in the mainland of China in accordance with the *Law of the People's Republic of China on Sino-foreign Equity Joint Ventures* and other relevant laws, where the sharing of investment, profits and risks is stipulated under contract.

Cooperative Enterprises with Foreign Investment refer to enterprises jointly established by foreign enterprises or foreigners with enterprises in the mainland of China in accordance with the *Law of the People's Republic of China on Sino-foreign Contractual Joint Venture* and other relevant laws, where the investment or provision of facilities and the sharing of profits and risks are stipulated under cooperative contracts.

Enterprises with Sole (exclusive) Foreign Investment refer to enterprises established in the mainland of China with exclusive investment from foreign investors in accordance with the *Law of the People's Republic of China on Wholly Foreign-owned Enterprises* and other relevant laws.

Share-holding Corporations Ltd. with Foreign Investment refer to share-holding corporations Ltd. established with the approval from the former Ministry of Foreign Trade and Economic Relations in line with relevant State regulations, where the share of investment from foreign investors exceeds 25% of the total registered capital of the corporation. In case the share of foreign investment is less than 25% of the total registered capital, the enterprise is to be classified as domestic-funded share-holding corporation Ltd.

Government Agencies, Institutions and Social Organizations are classified into the following categories by source of funds and manner of management taking reference of the registration status of enterprises:

(1) Government agencies: include State and party agencies, classified in principle as State-owned. There are exceptions, such as supply and marketing cooperatives which are classified as collective-owned.

(2) Institutions: include institutions of various types established with the approval by organization and staffing departments of the government, but exclude institutions where enterprise management system is introduced. Institutions are further classified as follows:

(a) Institutions for which their main budgets are from government budget appropriations or extra-budget funds, or allocated from the budget of their competent government agencies. Such institutions are classified as state-owned.

(b) Institutions for which their budget mainly come from collective units. Such institutions are classified as collective-owned.

(c) Social institutions established by individual or a group of citizens, which are classified as private.

(d) Institutions other than those mentioned above for which their sources of budget are not clear. Such institutions are classified by the manner of management.

(3) Social organizations: include social organizations established with the approval from the Ministry of Civil Affairs, and organizations that are not covered by social organization management regulations such as trade unions, women's federations etc.. Social organizations are further classified as follows:

(a) Social organizations that are not covered by social organization management regulations of the Ministry of Civil Affairs such as trade unions, women federations, communist youth leagues, youth associations, industrial and commerce associations, scientist associations, overseas Chinese associations, etc., foundations and fund management organizations established with funds from the state, and social organizations whose funds mainly come from the budget of their competent government agencies. Such institutions are classified as State-owned.

(b) Social organizations for which their budget mainly come from collective units. Such institutions are classified as collective-owned.

(c) Social organizations established by individual or a group of citizens, which are classified as private.

(d) Social organizations other than those mentioned above for which their sources of budget are not clear. Such organizations are classified by the manner of management.

Industrial Activity Unit refer to any organization of part of an organization located at one site and conducting one or mainly conducting one social and economic activity. An industrial activity unit shall meet all of such conditions as: (1) conducting one or mainly conducting one economic activity at one site; (2) organizing production, operation or business activities in a relatively independent manner; (3) capable of providing relevant data such as income and payment.

三、国民经济核算

National Accounts

资料整理：萨　慧　何晓红　孙小芳　王阿耕
李　阳　杨利强　肖　坤

简 要 说 明

一、本篇资料反映陕西国民经济核算情况。

二、国民经济核算资料主要包括生产总值及其有关资料。生产总值是根据不同产业部门、不同支出构成的特点和资料来源情况而采用不同方法计算的。

三、本年鉴公布的国内生产总值以及与之有关的指标数据，如果遇到普查或者重大核算方法改革，在能够获得更详细的基础资料的情况下，国内生产总值的历史数据还会发生变动。2016年，国家统计局改革研发支出的核算方法，将能够为所有者带来经济利益的研发支出不再作为中间消耗，而是作为固定资本形成处理。根据新的核算方法，本年鉴2016-2017年全省和2017年各市（区）数据包含研发支出新增GDP数据。

四、2012年，根据国家质检总局和国家标准委颁布的《国民经济行业分类》（GB/T 4754—2011），国家统计局对《三次产业划分规定》进行了修订，将“农、林、牧、渔业”中的“农、林、牧、渔服务业”，“采矿业”中的“开采辅助活动”，“制造业”中的“金属制品、机械和设备修理业”等三个大类一并调入第三产业。

五、国民经济核算数据绝对数按当年价格计算，速度按可比价格计算。

Brief Introduction

Ⅰ. This chapter reflects the national accounts of Shaanxi Province.

Ⅱ. The data on national accounts mainly include gross domestic product (GDP) and related data. Data on GDP are calculated with various approaches in accordance with the features of various industrial sectors, various expenditure structures and the data resources.

III. Data on GDP and related indicators published in the Yearbook. Where a census has been conducted, or method of siganificant accounting methods is reformed, historical data of GDP of the previous years may also undergo change. In 2016, National Bureau of Statistics reforms the Methodology of Expenditure for Research and Development, which that will bring economic benefit for the owners is not treated as Intermediate Consumption, and is treated as fixed assets formation. This Yearbook 2016-2017 Province and 2017 City(District) R&D expenditure was included in GDP accounting in this Yearbook.

IV. “Classification Rules of Three Strata of Industry” was adjusted by National Bureau of Statistics of China in accordance with “Industrial Classification for National Economic Activities” (GB/T 4754—2011) in 2012, which was promulgated by AQSIQ and SAC. Services in support of agriculture, forestry, animal husbandry and fishery, support activities for mining, repair service of metal products, machinery and equipment are categorized into tertiary industry.

Ⅴ. The data on national accounts are calculated at current prices, and the growth rates are calculated at constant prices.

3.国民经济核算

2017年全省				
生产总值	21898.81	亿元	比上年增长	8.0%
第一产业	1741.45	亿元	比上年增长	4.6%
第二产业	10882.88	亿元	比上年增长	7.8%
第三产业	9274.48	亿元	比上年增长	8.9%
人均生产总值	57266	元	比上年增长	7.3%

生产总值构成

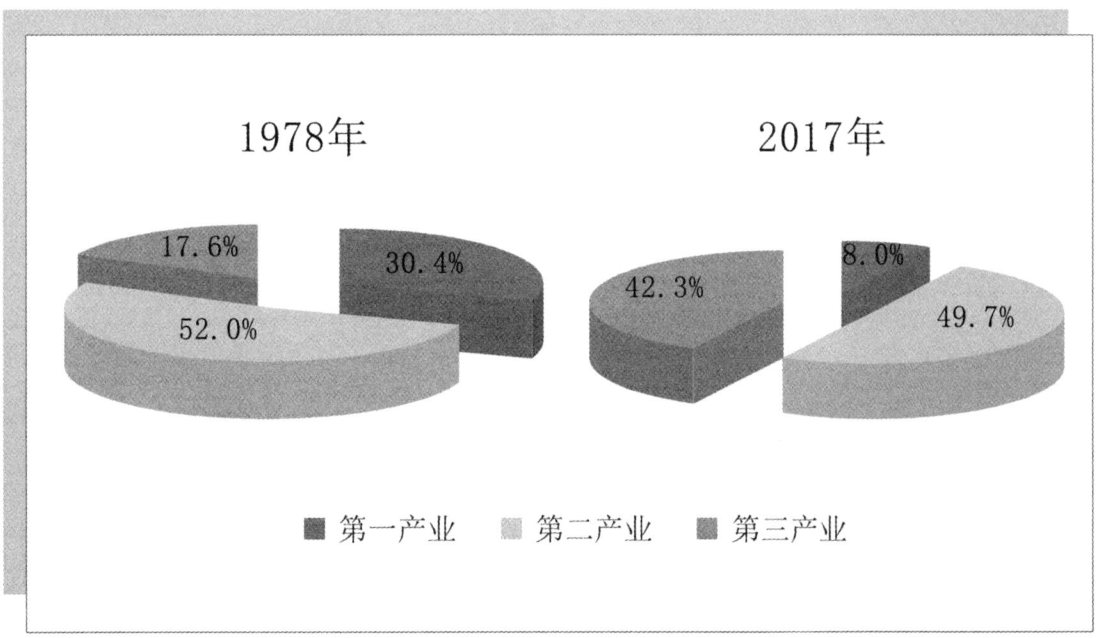

3-1 生产总值
Gross Domestic Product

年份 Year	生产总值(亿元) Gross Domestic Product (100 million yuan)	第一产业 Primary Industry	第二产业 Secondary Industry	第三产业 Tertiary Industry	人均生产总值(元) Per Capita GDP (yuan)
1978	81.07	24.70	42.13	14.24	291
1979	94.52	32.52	44.67	17.33	336
1980	94.91	28.47	47.74	18.70	334
1981	102.09	35.40	46.25	20.44	356
1982	111.95	37.02	50.36	24.57	385
1983	123.39	40.00	55.15	28.24	420
1984	149.35	51.05	63.12	35.18	504
1985	180.87	53.39	81.96	45.52	604
1986	208.31	58.00	93.48	56.83	688
1987	244.96	67.84	108.20	68.92	794
1988	314.48	82.69	138.58	93.21	1004
1989	358.37	91.28	158.50	108.59	1124
1990	404.30	105.56	166.95	131.79	1241
1991	468.37	116.88	197.54	153.95	1402
1992	531.63	116.71	232.07	182.85	1571
1993	678.20	148.24	297.49	232.47	1981
1994	839.03	171.81	364.40	302.82	2424
1995	1036.85	217.27	441.67	377.91	2965
1996	1215.84	250.58	514.27	450.99	3446
1997	1363.60	255.42	567.25	540.93	3834
1998	1458.40	266.92	607.82	583.66	4070
1999	1592.64	254.57	681.43	656.64	4415
2000	1804.00	258.22	782.58	763.20	4968
2001	2010.62	263.63	878.82	868.17	5511
2002	2253.39	282.21	1007.56	963.62	6161
2003	2587.72	302.66	1221.17	1063.89	7057
2004	3175.58	372.28	1553.10	1250.20	8638
2005	3933.72	435.77	1951.36	1546.59	10674
2006	4743.61	484.81	2452.44	1806.36	12840
2007	5757.29	592.63	2986.46	2178.20	15546
2008	7314.58	753.72	3861.12	2699.74	19700
2009	8169.80	789.64	4236.42	3143.74	21947
2010	10123.48	988.45	5446.10	3688.93	27133
2011	12512.30	1220.90	6935.59	4355.81	33464
2012	14453.68	1370.16	8073.87	5009.65	38564
2013	16205.45	1460.97	8912.34	5832.14	43117
2014	17689.94	1564.94	9577.24	6547.76	46929
2015	18021.86	1597.63	9082.13	7342.10	47626
2016	19399.59	1693.85	9490.72	8215.02	51015
2017	21898.81	1741.45	10882.88	9274.48	57266

注：1.本表按当年价格计算。
2.实施研发支出核算方法改革后，2016年起包含研发支出新增GDP数据(以下相关表同)。

a) Data in this table are calculated at current prices.

b)As methodology of R&D expenditure accounting is reformed，R&D expenditure was included in GDP accounting since 2016 (The same applies to zhe relevant tables following).

3-2 生产总值指数
Indices of Gross Domestic Product

(上年=100) (preceding year=100)

年 份 Year	生产总值 Gross Domestic Product	第一产业 Primary Industry	第二产业 Secondary Industry	第三产业 Tertiary Industry	人 均 生产总值 Per Capita GDP
1978	111.0	98.4	114.7	122.2	115.5
1979	107.5	109.1	102.7	123.7	110.0
1980	107.3	109.0	106.4	107.9	98.0
1981	104.5	113.7	96.3	108.1	103.5
1982	109.1	106.5	108.5	115.3	107.6
1983	107.3	101.5	109.5	112.7	106.3
1984	117.8	112.5	120.0	121.9	116.9
1985	116.5	99.3	121.9	131.0	115.1
1986	108.7	104.6	105.9	118.2	107.7
1987	110.0	101.8	110.8	116.6	107.8
1988	121.0	105.3	125.0	127.9	119.2
1989	103.3	106.5	102.8	101.6	101.4
1990	103.4	105.3	101.8	104.5	101.3
1991	107.2	106.8	105.2	110.2	105.7
1992	108.3	103.0	110.4	109.9	106.9
1993	112.1	108.1	115.0	111.5	110.8
1994	108.6	97.0	116.4	106.9	107.4
1995	110.4	104.0	115.2	108.0	109.3
1996	110.9	109.6	112.8	108.9	109.9
1997	110.7	99.7	112.6	114.8	109.8
1998	111.6	107.3	113.8	110.7	110.8
1999	110.3	97.7	112.4	113.7	109.6
2000	110.4	104.0	111.1	112.1	109.6
2001	109.8	101.9	111.2	111.2	109.3
2002	111.1	103.5	113.4	111.0	110.9
2003	111.8	104.1	115.8	109.8	111.5
2004	112.9	108.6	116.7	109.7	112.6
2005	113.7	107.7	116.1	112.5	113.5
2006	113.9	107.4	114.6	114.9	113.7
2007	115.8	105.0	117.5	116.5	115.6
2008	116.4	107.6	118.5	115.8	116.1
2009	113.6	104.9	113.8	115.3	113.3
2010	114.6	105.8	118.0	112.1	114.4
2011	113.9	105.9	116.4	112.5	113.7
2012	112.9	106.0	114.8	111.6	112.6
2013	111.0	104.6	112.6	110.1	110.7
2014	109.7	105.1	110.9	108.9	109.4
2015	107.9	105.1	106.6	110.5	107.5
2016	107.6	104.0	107.3	108.8	107.1
2017	108.0	104.6	107.8	108.9	107.3

注：本表按不变价格计算。

a) Data in this table are calculated at constant prices.

3-3 生产总值指数
Indices of Gross Domestic Product

(1978年=100) (year of 1978=100)

年 份 Year	生产总值 Gross Domestic Product	第一产业 Primary Industry	第二产业 Secondary Industry	第三产业 Tertiary Industry	人 均 生产总值 Per Capita GDP
1979	107.5	109.1	102.7	123.7	110.0
1980	115.3	118.9	109.3	133.5	107.8
1981	120.5	135.2	105.3	144.3	111.6
1982	131.5	144.0	114.3	166.4	120.1
1983	141.1	146.2	125.2	187.5	127.7
1984	166.2	164.5	150.2	228.6	149.3
1985	193.6	163.3	183.1	299.5	171.8
1986	210.4	170.8	193.9	354.0	185.0
1987	231.4	173.9	214.8	412.8	199.4
1988	280.0	183.1	268.5	528.0	237.7
1989	289.2	195.0	276.0	536.4	241.0
1990	299.0	205.3	281.0	560.5	244.1
1991	320.5	219.3	295.6	617.7	258.0
1992	347.1	225.9	326.3	678.9	275.8
1993	389.1	244.2	375.2	757.0	305.6
1994	422.6	236.9	436.7	809.2	328.2
1995	466.6	246.4	503.1	873.9	358.7
1996	517.5	270.1	567.5	951.7	394.2
1997	572.9	269.3	639.0	1092.6	432.8
1998	639.4	289.0	727.2	1209.5	479.5
1999	705.3	282.4	817.4	1375.2	525.5
2000	778.7	293.7	908.1	1541.6	575.9
2001	855.0	299.3	1009.8	1714.3	629.5
2002	949.9	309.8	1145.1	1902.9	698.1
2003	1062.0	322.5	1326.0	2089.4	778.4
2004	1199.0	350.2	1547.4	2292.1	876.5
2005	1363.3	377.2	1796.5	2578.6	994.8
2006	1552.8	405.1	2058.8	2962.8	1131.1
2007	1798.1	425.4	2419.1	3451.7	1307.6
2008	2093.0	457.7	2866.6	3997.1	1518.1
2009	2377.6	480.1	3262.2	4608.7	1720.0
2010	2724.7	507.9	3849.4	5166.4	1967.7
2011	3103.4	537.9	4480.7	5812.2	2237.3
2012	3503.7	570.2	5143.8	6486.4	2519.2
2013	3889.1	596.4	5791.9	7141.5	2788.8
2014	4266.3	626.8	6423.2	7777.1	3050.9
2015	4603.3	658.8	6847.1	8593.7	3279.7
2016	4953.2	685.2	7346.9	9349.9	3512.6
2017	5349.5	716.7	7920.0	10182.0	3769.0

注：本表按不变价格计算。
a) Data in this table are calculated at constant prices.

3-4 分行业增加值

Value-added of the Tertiary Industry

单位：亿元 (100 million yuan)

年 份 Year	生产总值 Gross Domestic Product	农、林、牧、渔业 Agriculture, Forestry, Animal Husbandry and Fishery	工 业 Industry	建筑业 Construction	交通运输仓储和邮政业 Transport, Storage and Post	批发和零售业 Wholesale and Retail Trades	住宿和餐饮业 Hotels and Catering Services	金融业 Financial Intermediation	房地产业 Real Estate	其 他 Others
1978	81.07	24.70	36.52	5.61	3.15	5.46		1.72	0.99	2.92
1979	94.52	32.52	39.38	5.29	3.83	6.00		2.01	1.21	4.28
1980	94.91	28.47	42.22	5.52	3.91	6.52		2.31	1.22	4.74
1981	102.09	35.40	40.08	6.17	3.65	7.02		2.67	1.37	5.73
1982	111.95	37.02	43.31	7.05	4.69	7.91		4.13	1.47	6.37
1983	123.39	40.00	47.48	7.67	5.48	8.53		4.45	1.62	8.16
1984	149.35	51.05	53.82	9.30	7.79	9.33		4.87	1.72	11.47
1985	180.87	53.39	68.81	13.15	9.95	10.58		5.63	2.28	17.08
1986	208.31	58.00	78.81	14.67	11.57	13.26		6.52	3.15	22.33
1987	244.96	67.84	90.47	17.73	15.60	15.03		7.54	4.11	26.64
1988	314.48	82.69	117.77	20.81	21.17	17.46		8.73	5.99	39.86
1989	358.37	91.28	136.40	22.10	25.45	21.83		10.10	5.86	45.35
1990	404.30	105.56	143.28	23.67	33.79	25.50		11.69	6.78	54.03
1991	468.37	116.88	168.28	29.26	35.36	35.70		13.52	6.81	62.56
1992	531.63	116.71	198.93	33.14	42.32	41.79		15.65	8.22	74.87
1993	678.20	148.24	250.07	47.42	59.59	48.30		18.10	11.30	95.18
1994	839.03	171.81	307.46	56.94	77.31	59.90		20.95	16.87	127.79
1995	1036.85	217.27	377.91	63.76	90.60	86.71		24.24	19.06	157.30
1996	1215.84	250.58	439.66	74.61	99.56	111.91		28.04	22.56	188.92
1997	1363.60	255.42	477.35	89.90	111.71	130.64		32.45	33.62	232.51
1998	1458.40	266.92	500.26	107.56	115.32	138.05		37.55	41.36	251.38
1999	1592.64	254.57	549.01	132.42	127.03	152.28		43.44	47.18	286.71
2000	1804.00	258.22	629.88	152.70	151.75	175.62		50.27	59.42	326.14
2001	2010.62	263.63	706.62	172.20	182.96	202.17		58.16	68.11	356.77
2002	2253.39	282.21	819.51	188.05	203.15	228.35		67.30	77.68	387.14
2003	2587.72	302.66	1006.92	214.25	217.50	256.16		77.87	83.90	428.46
2004	3175.58	372.28	1306.50	246.60	267.10	311.00		90.10	95.90	486.10
2005	3933.72	435.77	1650.63	300.73	246.48	322.13	88.23	127.58	108.62	653.55
2006	4743.61	484.81	2094.02	358.42	291.76	391.68	107.03	152.25	125.20	738.44
2007	5757.29	592.63	2544.42	442.04	326.99	449.39	132.66	231.03	153.98	884.15
2008	7314.58	753.72	3274.57	586.55	378.63	568.68	165.35	287.16	193.27	1106.65
2009	8169.80	789.64	3501.25	735.17	423.24	707.39	175.01	336.21	239.92	1261.97
2010	10123.48	988.45	4558.97	887.13	474.60	856.65	218.16	384.75	315.95	1438.82
2011	12512.30	1220.90	5857.92	1077.67	552.54	1036.35	266.92	432.11	398.03	1669.86
2012	14453.68	1370.16	6847.41	1226.46	617.39	1166.90	312.27	551.20	450.12	1911.77
2013	16205.45	1526.05	7507.34	1452.79	611.11	1289.60	338.51	738.52	518.60	2222.93
2014	17689.94	1635.85	7993.39	1645.65	675.66	1413.16	365.85	948.93	579.44	2432.01
2015	18021.86	1673.22	7344.62	1780.85	713.02	1504.04	432.02	1082.37	695.53	2796.19
2016	19399.59	1776.29	7598.00	1943.20	771.77	1604.40	457.63	1181.54	747.17	3319.59
2017	21898.81	1830.62	8691.79	2217.97	832.62	1762.33	497.62	1300.10	861.53	3904.23

注：本表按当年价格计算。

a) Data in this table are calculated at current prices.

3-5 分行业增加值指数

Indices of Value-added of the Tertiary Industry

(上年＝100) (preceding year=100)

年 份 Year	生产总值 Gross Domestic Product	农、林、牧、渔业 Agriculture, Forestry, Animal Husbandry and Fishery	工 业 Industry	建筑业 Construc-tion	交通运输仓储和邮政业 Transport, Storage and Post	批发和零售业 Wholesale and Retail Trades	住宿和餐饮业 Hotels and Catering Services	金融业 Financial Intermedi-ation	房地产业 Real Estate	其 他 Others
1978	111.0	98.4	114.7	114.7	122.2	122.2				
1979	107.5	109.1	102.7	102.7	121.6	121.7		121.3	122.2	119.7
1980	107.3	109.0	106.4	106.4	102.1	77.9		156.1	100.8	122.9
1981	104.5	113.7	96.2	96.3	92.3	113.0		114.3	111.5	107.2
1982	109.1	106.5	108.5	108.4	123.3	92.9		152.3	102.2	109.6
1983	107.3	101.5	109.5	109.6	114.6	100.2		106.4	108.6	110.5
1984	117.8	112.5	120.0	119.9	139.0	125.1		106.2	104.0	106.8
1985	116.5	99.3	121.9	122.0	101.0	140.1		108.1	122.3	111.6
1986	108.7	104.6	105.9	105.0	138.1	119.3		109.2	131.3	108.9
1987	110.0	101.8	110.8	110.2	128.8	103.6		106.5	118.3	112.1
1988	121.0	105.3	125.0	121.0	132.3	138.1		97.1	132.6	114.1
1989	103.3	106.5	104.0	95.4	102.9	68.2		97.8	93.2	109.3
1990	103.4	105.3	102.2	96.1	112.2	116.9		114.3	105.2	101.8
1991	107.2	106.8	105.3	104.6	102.5	119.8		109.1	112.4	110.4
1992	108.3	103.0	111.2	105.7	105.9	116.1		105.6	116.3	109.1
1993	112.1	108.1	116.1	107.8	117.2	115.9		103.4	115.6	107.1
1994	108.6	97.0	118.1	104.9	115.2	99.5		97.1	113.4	107.1
1995	110.4	104.0	116.4	106.2	110.4	107.0		105.2	110.3	107.1
1996	110.9	109.6	113.8	104.5	109.5	107.6		106.3	111.2	109.2
1997	110.7	99.7	112.7	111.5	112.5	117.1		110.2	112.6	116.3
1998	111.6	107.3	113.6	115.4	111.2	110.1		115.8	118.1	108.7
1999	110.3	97.7	111.6	119.7	111.6	110.8		116.4	113.9	116.1
2000	110.4	104.0	111.3	109.3	112.5	113.4		114.1	116.6	110.2
2001	109.8	101.9	111.8	108.6	114.9	113.6		113.8	114.2	107.2
2002	111.1	103.5	115.2	106.0	113.9	111.4		115.6	114.0	107.9
2003	111.8	104.1	116.8	111.2	110.6	112.0		113.8	107.1	108.0
2004	112.9	108.6	118.6	107.7	110.4	112.1		110.2	102.0	109.4
2005	113.7	107.7	115.9	117.6	110.5	111.4	116.8	109.9	108.1	114.5
2006	113.9	107.4	114.5	115.2	110.7	116.7	119.7	117.6	112.5	139.9
2007	115.8	105.0	118.1	114.0	111.2	114.4	117.3	119.6	116.9	118.8
2008	116.4	107.6	118.7	117.1	109.3	115.8	111.7	112.5	110.4	120.2
2009	113.6	104.9	111.6	126.5	109.3	122.0	109.0	117.3	120.3	113.8
2010	114.6	105.8	118.7	114.6	108.5	113.5	115.8	110.3	121.3	111.0
2011	113.9	105.9	117.1	112.6	110.2	115.4	113.9	106.1	118.9	111.6
2012	112.9	106.0	115.7	110.1	107.8	109.9	111.2	122.9	109.9	111.3
2013	111.0	104.7	112.7	113.0	101.0	108.6	103.6	128.9	111.8	108.8
2014	109.7	105.2	110.8	111.8	107.4	108.8	104.1	117.0	107.8	107.7
2015	107.9	105.1	105.9	109.3	102.5	107.4	114.3	114.2	109.4	114.1
2016	107.6	104.1	106.8	109.3	106.8	106.4	104.3	111.3	106.0	111.0
2017	108.0	104.7	108.1	106.2	106.9	108.5	107.7	106.3	106.5	111.4

注：本表按不变价计算。

a) Data in this table are calculated at constant prices.

3-6 分行业增加值指数
Indices of Value-added of the Tertiary Industry

(1978年＝100) (year of 1978=100)

年 份 Year	生产总值 Gross Domestic Product	农、林、牧、渔业 Agriculture, Forestry, Animal Husbandry and Fishery	工 业 Industry	建筑业 Construction	交通运输仓储和邮政业 Transport, Storage and Post	批发和零售业 Wholesale and Retail Trades	住宿和餐饮业 Hotels and Catering Services	金融业 Financial Intermediation	房地产业 Real Estate	其 他 Others
1978	100.0	100.0	100.0	100.0	100.0	100.0		100.0	100.0	100.0
1979	107.5	109.1	102.7	102.7	121.6	121.7		121.3	122.2	119.7
1980	115.3	118.9	109.3	109.3	124.2	94.8		189.3	123.2	147.1
1981	120.5	135.2	105.1	105.3	114.6	107.1		216.4	137.3	157.7
1982	131.5	144.0	114.0	114.1	141.3	99.5		329.6	140.4	172.8
1983	141.1	146.2	124.8	125.1	161.9	99.7		350.7	152.4	191.0
1984	166.2	164.5	149.8	150.0	225.1	124.8		372.5	158.5	204.0
1985	193.6	163.3	182.6	183.0	227.3	174.8		402.6	193.9	227.6
1986	210.4	170.8	193.4	192.2	313.9	208.5		439.7	254.6	247.9
1987	231.4	173.9	214.3	211.8	404.3	216.0		468.2	301.2	277.9
1988	280.0	183.1	267.9	256.3	535.0	298.3		454.7	399.3	317.1
1989	289.2	195.0	278.6	244.5	550.5	203.5		444.7	372.2	346.6
1990	299.0	205.3	284.7	235.0	617.6	237.8		508.3	391.5	352.8
1991	320.5	219.3	299.8	245.8	633.1	284.9		554.5	440.1	389.5
1992	347.1	225.9	333.4	259.8	670.4	330.8		585.6	511.8	424.9
1993	389.1	244.2	387.1	280.1	785.7	383.4		605.5	591.7	455.1
1994	422.6	236.9	457.2	293.8	905.2	381.5		587.9	670.9	487.4
1995	466.6	246.4	532.2	312.0	999.3	408.2		618.5	740.1	522.0
1996	517.5	270.1	605.6	326.0	1094.2	439.2		657.4	822.9	570.1
1997	572.9	269.3	682.5	363.5	1231.0	514.3		724.5	926.6	663.0
1998	639.4	289.0	775.3	419.5	1368.9	566.3		839.0	1094.4	720.7
1999	705.3	282.4	865.2	502.1	1527.7	627.4		976.6	1246.5	836.7
2000	778.7	293.7	963.0	548.8	1718.6	711.5		1114.3	1453.4	922.0
2001	855.0	299.3	1076.6	596.0	1974.7	808.2		1268.0	1659.8	988.4
2002	949.9	309.8	1240.2	631.8	2249.2	900.4		1465.8	1892.1	1066.5
2003	1062.0	322.5	1448.6	702.6	2487.6	1008.4		1668.1	2026.5	1151.8
2004	1199.0	350.2	1718.0	756.7	2746.3	1130.5		1838.3	2067.0	1260.1
2005	1363.3	377.2	1991.2	889.9	3034.7	1259.3		2020.3	2234.4	1442.8
2006	1552.8	405.1	2279.9	1025.2	3359.4	1469.6		2375.8	2513.7	2018.5
2007	1798.1	425.4	2692.6	1168.7	3735.6	1681.3		2841.5	2938.5	2398.0
2008	2093.0	457.7	3196.1	1368.5	4083.0	1946.9		3196.7	3244.2	2882.3
2009	2377.6	480.1	3566.8	1731.2	4462.8	2375.2		3749.7	3902.7	3280.1
2010	2724.7	507.9	4233.8	1984.0	4842.1	2695.9		4135.9	4734.0	3640.9
2011	3103.4	537.9	4957.8	2234.0	5336.0	3111.1		4388.2	5628.7	4063.2
2012	3503.7	570.2	5736.2	2459.6	5752.2	3419.1		5393.1	6185.9	4522.3
2013	3889.1	597.0	6464.7	2779.3	5809.7	3713.1		6951.7	6915.8	4920.3
2014	4266.3	628.0	7162.9	3107.3	6239.6	4039.9		8133.5	7455.3	5299.2
2015	4603.3	660.0	7585.5	3396.3	6395.6	4338.9		9288.5	8156.1	6046.4
2016	4953.2	687.1	8103.7	3712.1	6830.5	4616.5		10338.1	8645.5	6711.5
2017	5349.5	719.4	8760.1	3942.3	7301.8	5008.9		10989.4	9207.5	7476.6

注：本表按不变价计算。

a) Data in this table are calculated at constant prices.

3-7 三次产业贡献率
Share of the Contributions of the Three Strata of Industry to the Increase of the GDP

单位：% (%)

年 份 Year	生产总值 Gross Domestic Product	第一产业 Primary Industry	第二产业 Secondary Industry	第三产业 Tertiary Industry
2000	100.0	5.9	54.5	39.6
2001	100.0	2.8	49.1	48.1
2002	100.0	4.2	53.4	42.4
2003	100.0	4.3	60.1	35.6
2004	100.0	7.7	60.4	31.9
2005	100.0	6.2	56.7	37.1
2006	100.0	5.9	52.0	42.1
2007	100.0	3.3	55.2	41.5
2008	100.0	4.4	57.0	38.6
2009	100.0	3.1	52.1	44.8
2010	100.0	3.2	63.4	33.4
2011	100.0	4.1	63.2	32.7
2012	100.0	4.2	63.4	32.4
2013	100.0	3.4	63.6	33.0
2014	100.0	4.0	63.3	32.7
2015	100.0	4.8	47.6	47.6
2016	100.0	4.6	47.9	47.5
2017	100.0	4.9	49.1	46.0

注：三次产业贡献率指各产业增加值增量与GDP增量之比。

a) Share of the contributions of the three strata of industry to the increase of the GDP refers to the proportion of the increment of the value-added of each industry to the increment of GDP.

3-8 三次产业拉动率
Contribution of the Three Strata of Industry to GDP Growth

单位：% (%)

年 份 Year	生产总值 Gross Domestic Product	第一产业 Primary Industry	第二产业 Secondary Industry	第三产业 Tertiary Industry
2000	10.4	0.6	5.7	4.1
2001	9.8	0.3	4.8	4.7
2002	11.1	0.5	5.9	4.7
2003	11.8	0.5	7.1	4.2
2004	12.9	1.0	7.8	4.1
2005	13.7	0.8	7.8	5.1
2006	13.9	0.8	7.2	5.9
2007	15.8	0.5	8.7	6.6
2008	16.4	0.7	9.4	6.3
2009	13.6	0.4	7.1	6.1
2010	14.6	0.5	9.2	4.9
2011	13.9	0.6	8.8	4.5
2012	12.9	0.5	8.2	4.2
2013	11.0	0.4	7.0	3.6
2014	9.7	0.4	6.1	3.2
2015	7.9	0.3	3.8	3.8
2016	7.6	0.4	3.6	3.6
2017	8.0	0.4	3.9	3.7

注：三次产业拉动率指GDP增长速度与各产业贡献率之乘积。

a) Contribution of the three strata of industry to GDP growth refers to the growth rate of GDP multiplied by the contribution share of every industry.

3-9 分行业增加值构成(2017年)
Value-added by Sector(2017)

行业	Sector	增加值(亿元) Value Added (100 million yuan)	构成(%) Composition (%)	2017年比2016年增长% Growth Rate in 2017 over 2016(%)
总计	**Total**	**21898.81**	**100.0**	**8.0**
农、林、牧、渔业	Agriculture, Forestry, Animal Husbandry and Fishery	1830.62	8.4	4.7
工业	Industry	8691.79	39.7	8.1
建筑业	Construction	2217.97	10.1	6.2
交通运输、仓储和邮政业	Traffic, Transport, Storage and Post	832.62	3.8	6.9
批发和零售业	Wholesale and Retail Trades	1762.33	8.1	8.5
住宿和餐饮业	Hotels and Catering Services	497.62	2.3	7.7
金融业	Financial Intermediation	1300.10	5.9	6.3
房地产业	Real Estate	861.53	3.9	6.5
其他服务业	Others	3904.23	17.8	11.4
营利性服务业	Profit Services	1408.15	6.4	27.3
非营利性服务业	Non-profit Services	2496.08	11.4	3.5
第一产业	Primary Industry	1741.45	8.0	4.6
第二产业	Secondary Industry	10882.88	49.7	7.8
第三产业	Tertiary Industry	9274.48	42.3	8.9

注：本表增加值及构成按当年价格计算,增长速度按不变价格计算。
a) Value added and Compositionin in this table are calculated at current prices.The growth rates are calculated at constant prices.

3-10 非公有制经济增加值
Value-added of Non-public Economy

年份 Year	非公有制经济增加值(亿元) Value-added of Non-public Economy (100 million yuan)	第一产业 Primary Industry	第二产业 Secondary Industry	第三产业 Tertiary Industry	非公有制经济增加值占生产总值比重(%) Value-added of Non-public Economy as Percentage of GDP(%)	第一产业 Primary Industry	第二产业 Secondary Industry	第三产业 Tertiary Industry
2005	1651.14	129.53	728.34	793.27	43.3	29.7	37.6	54.4
2006	2059.16	144.64	991.70	922.82	44.4	29.8	40.9	53.1
2007	2599.06	177.49	1313.63	1107.94	45.6	30.0	44.3	51.6
2008	3462.21	245.79	1817.01	1399.41	47.3	32.6	47.1	51.8
2009	3971.78	248.74	1998.65	1724.39	48.6	31.5	47.2	54.9
2010	5011.39	294.56	2583.52	2133.31	49.5	29.8	47.4	57.8
2011	6318.20	359.80	3355.98	2602.43	50.5	29.5	48.4	59.8
2012	7398.04	488.74	3955.51	2953.79	51.2	35.7	49.0	59.0
2013	8459.01	463.91	4551.32	3443.78	52.2	32.6	51.1	59.0
2014	9323.58	455.75	4999.02	3868.80	52.7	30.1	52.2	59.1
2015	9630.16	490.92	4778.59	4360.65	53.4	30.7	52.6	59.4
2016	10430.18	479.85	5091.60	4858.73	53.8	28.3	53.6	59.1
2017	11845.07	460.10	5896.24	5488.73	54.1	26.4	54.2	59.2

注：本表按当年价格计算。
a) Data in this table are calculated at current prices.

3-11 各市(区)生产总值
Gross Domestic Product by City(District)

地　区 年　份 Region Year	生产总值 (亿元) Gross Domestic Product (100 million yuan)	第一产业 Primary Industry	第二产业 Secondary Industry	第三产业 Tertiary Industry	人均生产总值 (元) Per Capita GDP (yuan)
西安市 Xi'an					
2000	646.13	44.65	277.13	324.35	9484
2001	734.86	45.87	312.90	376.09	10628
2002	826.68	47.77	353.58	425.33	11831
2003	946.66	50.72	407.38	488.56	13341
2004	1102.39	60.21	476.92	565.26	15294
2005	1313.93	66.01	540.50	707.42	16406
2006	1538.94	70.44	645.65	822.85	18890
2007	1856.63	82.51	781.94	992.18	22463
2008	2318.14	103.45	981.58	1233.11	27794
2009	2724.88	110.38	1144.75	1469.75	32420
2010	3242.86	140.06	1357.53	1745.27	38357
2011	3869.84	173.14	1583.21	2113.49	45561
2012	4394.47	195.59	1781.09	2417.79	51499
2013	4924.97	200.45	1998.82	2725.70	57464
2014	5492.64	214.55	2194.78	3083.31	63794
2015	5801.20	220.20	2126.29	3454.71	66938
2016	6282.65	232.01	2200.36	3850.28	71647
2017	7471.89	281.12	2596.52	4594.25	78368
铜川市 Tongchuan					
2000	34.55	4.02	15.53	15.00	4171
2001	37.08	3.85	16.42	16.81	4448
2002	40.90	4.12	18.50	18.28	4889
2003	48.69	4.10	23.26	21.33	5804
2004	59.49	5.02	30.56	23.91	7069
2005	71.84	5.87	38.67	27.30	8582
2006	86.41	6.33	49.08	31.00	10993
2007	102.81	7.84	58.81	36.16	12331
2008	129.87	9.68	77.94	42.25	15508
2009	154.40	10.81	93.73	49.86	18375
2010	187.73	14.18	116.50	57.05	22509
2011	232.63	17.41	147.41	67.81	27806
2012	273.31	19.47	176.82	77.02	32556
2013	323.27	20.96	210.85	91.46	38402
2014	325.36	22.61	204.88	97.87	38550
2015	307.16	22.76	170.31	114.09	36322
2016	311.61	23.91	159.76	127.94	36803
2017	348.43	24.54	179.10	144.79	41465

注：1.本表按当年价格计算。2017年包含研发支出新增GDP数据。
2.人均生产总值2004年以前按户籍人口计算，2005年及以后按常住人口计算。
3.2017年起西咸新区GDP数据计入西安市。

a) Data in this table are calculated at current prices. R&D expenditure was included in GDP accounting in 2017.
b) Per Capita GDP are calculated at usual residents since 2005，while were were taken from the statistics of household registration before 2004.
c) Since 2017,the GDP data of Xixian New District has been put into Xi'an city.

3-11 续表 1 continued

地 区 年 份 Region Year	生产总值 (亿元) Gross Domestic Product (100 million yuan)	第一产业 Primary Industry	第二产业 Secondary Industry	第三产业 Tertiary Industry	人均生产总值 (元) Per Capita GDP (yuan)
宝鸡市 Baoji					
2000	195.34	23.18	98.32	73.84	5425
2001	221.88	25.59	114.88	81.41	6097
2002	250.37	27.07	132.18	91.12	6863
2003	287.35	30.66	154.30	102.39	7847
2004	353.24	40.06	196.67	116.51	9594
2005	414.52	44.30	240.13	130.09	11103
2006	490.31	49.70	293.45	147.16	13082
2007	578.78	60.86	345.91	172.01	15402
2008	714.07	78.30	434.70	201.07	18992
2009	807.50	85.18	491.08	231.24	21551
2010	978.22	104.20	614.42	259.60	26258
2011	1179.60	128.56	749.25	301.79	31682
2012	1380.33	143.26	895.92	341.15	36987
2013	1545.91	157.65	1007.72	380.54	41327
2014	1642.90	161.33	1051.65	429.92	43824
2015	1787.63	165.13	1141.43	481.07	47565
2016	1932.14	171.46	1227.06	533.62	51262
2017	2191.61	175.32	1417.64	598.65	58010
咸阳市 Xianyang					
2000	234.46	52.45	102.33	79.68	4980
2001	257.08	53.62	109.26	94.20	5402
2002	281.89	55.36	122.17	104.36	5879
2003	316.77	60.43	140.82	115.52	6564
2004	374.77	74.82	169.77	130.18	7698
2005	432.49	89.10	191.99	151.40	8683
2006	483.87	98.34	220.41	165.12	9721
2007	588.48	120.39	271.39	196.70	11804
2008	764.55	148.97	382.65	232.93	15285
2009	873.20	157.41	434.02	281.77	17434
2010	1098.68	203.29	573.27	322.12	22469
2011	1361.32	252.46	740.40	368.46	27751
2012	1573.68	283.10	876.78	413.80	31982
2013	1860.39	299.56	1073.73	487.10	37695
2014	2085.15	321.72	1227.70	535.73	42128
2015	2152.92	328.78	1230.41	593.73	43365
2016	2390.97	345.32	1385.00	660.65	48016
2017	2292.51	312.17	1320.18	660.16	52445
渭南市 Weinan					
2000	165.47	37.43	60.42	67.62	3149
2001	181.45	39.45	64.56	77.44	3424
2002	201.53	41.55	73.93	86.05	3790
2003	230.39	44.34	91.08	94.97	4320
2004	280.71	52.96	119.81	107.94	5267
2005	330.17	58.66	148.71	122.80	6052
2006	377.40	63.13	171.83	142.44	6907
2007	456.95	80.19	206.06	170.70	8402
2008	563.09	96.26	256.22	210.61	10378
2009	636.96	100.55	294.44	241.97	12041
2010	801.42	128.94	394.55	277.93	15149
2011	1028.97	160.47	545.19	323.31	19424
2012	1157.32	171.54	610.67	375.11	21783
2013	1321.81	193.09	710.74	417.98	24816
2014	1423.75	207.16	751.34	465.25	26675
2015	1430.41	213.92	697.70	518.79	26729
2016	1488.62	224.81	685.20	578.61	27743
2017	1650.63	230.50	771.54	648.59	30697

3-11 续表 2 continued

地 区 年 份 Region Year	生产总值 (亿元) Gross Domestic Product (100 million yuan)	第一产业 Primary Industry	第二产业 Secondary Industry	第三产业 Tertiary Industry	人均生产总值 (元) Per Capita GDP (yuan)
延安市 Yan'an					
2000	130.63	19.13	78.69	32.81	6690
2001	158.33	22.68	98.38	37.27	8021
2002	179.71	24.94	113.35	41.42	9010
2003	218.33	23.03	151.00	44.30	10746
2004	275.36	25.86	188.99	60.51	13289
2005	394.65	29.47	286.90	78.28	18815
2006	541.86	34.52	415.77	91.57	25567
2007	647.46	41.32	498.40	107.74	30432
2008	760.84	52.15	578.20	130.49	35555
2009	728.26	55.07	515.89	157.30	33899
2010	885.42	71.19	635.49	178.74	40621
2011	1113.35	86.69	815.45	211.21	50807
2012	1271.02	97.06	934.85	239.11	57876
2013	1354.14	105.00	974.39	274.75	61493
2014	1386.09	113.70	968.89	303.50	62714
2015	1198.27	110.88	724.79	362.60	53908
2016	1082.91	117.62	574.20	391.09	48300
2017	1312.59	119.88	757.43	435.28	58132
汉中市 Hanzhong					
2000	119.23	31.41	38.41	49.41	3250
2001	129.32	31.55	42.28	55.49	3503
2002	141.31	32.91	47.45	60.95	3819
2003	163.44	36.79	56.57	70.08	4402
2004	192.94	43.01	75.49	74.44	5172
2005	217.72	48.07	85.38	84.27	6255
2006	249.83	55.64	99.01	95.18	7158
2007	299.71	66.77	115.39	117.55	8562
2008	366.19	87.64	135.03	143.52	10435
2009	415.64	91.71	152.48	171.45	11819
2010	509.70	110.39	199.50	199.81	14907
2011	647.48	142.29	267.58	237.61	18952
2012	754.57	159.47	320.42	274.68	22084
2013	890.31	171.52	391.01	327.78	26020
2014	1002.83	183.98	453.60	365.25	29252
2015	1059.61	191.53	459.02	409.06	30849
2016	1156.49	205.74	495.03	455.72	33597
2017	1333.30	209.98	617.88	505.44	38671
榆林市 Yulin					
2000	105.05	13.98	46.60	44.47	3264
2001	129.31	13.03	62.10	54.18	3942
2002	162.83	17.68	83.37	61.78	4953
2003	204.76	19.31	113.30	72.15	6176
2004	278.53	26.24	171.05	81.24	8310
2005	447.63	28.34	260.06	159.23	13602
2006	592.34	35.33	358.05	198.96	17943
2007	795.98	47.47	503.92	244.59	24007
2008	1172.76	66.11	796.10	310.55	35177
2009	1302.31	70.09	860.78	371.44	38950
2010	1756.67	92.16	1205.77	458.74	52448
2011	2292.25	111.91	1629.66	550.68	68358
2012	2669.88	125.88	1928.53	615.47	79587
2013	2779.46	134.88	1915.09	729.49	82633
2014	2920.58	145.04	1966.78	808.76	86482
2015	2491.89	143.69	1523.69	824.51	73453
2016	2773.05	162.44	1684.69	925.92	81764
2017	3361.29	167.68	2150.53	1043.08	99076

3-11 续表 3 continued

地 区 年 份 Region Year	生产总值 (亿元) Gross Domestic Product (100 million yuan)	第一产业 Primary Industry	第二产业 Secondary Industry	第三产业 Tertiary Industry	人均生产总值 (元) Per Capita GDP (yuan)
安康市 Ankang					
2000	74.80	22.76	20.29	31.75	2561
2001	80.74	23.50	21.33	35.91	2758
2002	91.08	24.59	24.42	42.07	3107
2003	105.03	26.61	28.72	49.70	3577
2004	121.97	31.50	35.18	55.29	4141
2005	143.76	36.71	42.83	64.22	5413
2006	163.57	42.44	49.05	72.08	6175
2007	191.37	48.69	60.71	81.97	7218
2008	241.24	63.79	79.42	98.03	9087
2009	274.95	65.59	96.83	112.53	10341
2010	327.06	67.07	130.95	129.04	12428
2011	407.17	72.01	183.13	152.03	15477
2012	496.91	80.95	243.47	172.49	18878
2013	604.55	88.73	315.99	199.83	22938
2014	689.44	93.01	371.03	225.40	26117
2015	755.05	96.06	403.39	255.60	28536
2016	842.86	100.12	450.64	292.10	31770
2017	974.66	104.63	527.80	342.23	36662
商洛市 Shangluo					
2000	55.47	17.27	18.20	20.00	2348
2001	58.89	18.00	15.99	24.90	2489
2002	65.63	19.11	18.12	28.40	2792
2003	75.59	21.33	22.45	31.81	3188
2004	105.03	22.92	35.47	46.64	4393
2005	114.43	25.43	37.25	51.75	4800
2006	137.77	28.31	46.64	62.82	5787
2007	160.40	33.87	55.19	71.34	6737
2008	197.45	44.57	71.18	81.70	8272
2009	224.47	46.65	83.75	94.07	9383
2010	285.90	58.05	117.82	110.03	12194
2011	362.95	70.61	163.03	129.31	15513
2012	423.31	79.43	195.14	148.74	18097
2013	510.88	85.20	258.97	166.71	21795
2014	574.99	90.82	298.39	185.78	24484
2015	618.52	91.75	318.60	208.17	26274
2016	692.13	96.65	364.88	230.60	29271
2017	757.06	98.18	398.43	260.45	31856
杨凌示范区 Yangling					
2000	6.20	0.83	2.06	3.31	4941
2001	7.71	0.89	2.63	4.19	5887
2002	9.29	0.94	3.47	4.88	6796
2003	12.33	1.06	5.23	6.04	8805
2004	15.39	1.31	7.19	6.89	10915
2005	17.36	1.42	8.05	7.89	11306
2006	20.75	1.83	9.46	9.46	13306
2007	25.16	2.21	11.23	11.72	15874
2008	30.32	2.78	13.16	14.38	18873
2009	35.59	3.01	15.45	17.13	19670
2010	47.63	3.75	23.50	20.37	23689
2011	61.20	5.31	31.54	24.35	30373
2012	68.17	5.76	34.36	28.05	33771
2013	85.51	6.44	46.91	32.16	42290
2014	97.11	6.92	53.95	36.24	47910
2015	105.85	7.13	54.84	43.88	52093
2016	119.20	7.61	63.12	48.47	58386
2017	136.96	7.75	74.19	55.02	66600

3-12 各市(区)生产总值指数

Indices of Gross Domestic Product by City(District)

(上年=100) (preceding year=100)

地 区 年 份 Region Year	生产总值 Gross Domestic Product	第一产业 Primary Industry	第二产业 Secondary Industry	第三产业 Tertiary Industry	人均生产总值 Per Capita GDP
西安市 Xi'an					
2000	113.0	103.5	115.1	111.5	111.4
2001	113.1	102.5	115.3	112.6	111.4
2002	113.3	103.1	115.0	113.0	112.1
2003	113.5	101.8	117.5	111.2	111.7
2004	113.5	106.7	115.9	112.0	111.7
2005	114.0	107.5	112.3	116.3	112.2
2006	114.0	107.1	113.7	114.9	112.9
2007	115.6	104.5	115.7	116.4	113.9
2008	116.3	107.6	116.4	116.9	115.3
2009	114.5	106.3	112.8	116.3	113.7
2010	114.5	106.9	115.2	114.5	113.8
2011	113.5	106.7	112.5	114.9	113.0
2012	112.2	106.0	112.0	112.9	111.7
2013	111.1	104.7	113.6	109.7	110.6
2014	109.9	105.1	109.3	110.7	109.4
2015	108.2	105.0	105.6	110.4	107.5
2016	108.6	103.8	108.5	109.0	107.4
2017	107.7	104.6	105.3	109.4	106.0
铜川市 Tongchuan					
2000	108.3	108.1	108.5	108.1	107.7
2001	107.2	98.5	105.8	110.9	106.5
2002	110.0	104.8	111.8	109.5	109.6
2003	111.5	105.8	113.2	111.3	111.2
2004	112.4	116.1	113.9	110.3	112.0
2005	112.7	106.9	113.2	113.2	113.3
2006	115.0	108.0	119.5	110.2	115.8
2007	115.3	104.9	118.5	112.7	115.0
2008	117.1	107.8	119.9	114.3	116.6
2009	115.2	106.3	114.0	118.9	114.9
2010	115.6	107.7	118.1	112.8	115.3
2011	116.0	107.3	118.0	114.2	115.7
2012	115.8	106.3	119.4	110.5	115.4
2013	113.8	104.9	117.2	107.8	113.4
2014	110.5	104.8	111.0	110.6	110.2
2015	108.5	105.2	107.7	111.1	108.3
2016	107.0	104.3	106.3	108.5	106.8
2017	107.5	104.7	106.8	108.9	108.4

注：本表按不变价格计算。
a) Data in this table are calculated at constant prices.

3-12 续表 1 continued

(上年=100) (preceding year=100)

地 区 年 份 Region Year	生产总值 Gross Domestic Product	第一产业 Primary Industry	第二产业 Secondary Industry	第三产业 Tertiary Industry	人均生产总值 Per Capita GDP
宝鸡市 Baoji					
2000	110.5	100.6	112.4	111.1	109.1
2001	108.2	98.9	110.2	108.3	107.0
2002	110.5	103.8	113.0	109.0	110.2
2003	112.9	107.2	116.3	109.7	112.5
2004	115.1	112.0	119.2	109.7	114.4
2005	113.0	110.2	116.1	108.9	113.1
2006	113.1	108.0	116.4	108.8	112.7
2007	114.8	104.4	117.3	112.2	114.5
2008	115.5	107.4	118.3	112.3	115.9
2009	115.0	106.2	116.7	113.9	115.5
2010	114.4	106.9	117.2	110.3	114.0
2011	114.5	106.1	117.5	111.0	114.3
2012	115.1	105.7	118.5	109.9	114.8
2013	113.0	104.5	115.3	109.5	112.7
2014	110.8	104.9	111.9	109.4	110.6
2015	110.5	105.4	111.4	109.3	110.1
2016	109.3	103.7	110.1	109.1	108.9
2017	108.7	104.3	109.4	108.5	108.4
咸阳市 Xianyang					
2000	111.7	106.5	111.3	115.4	107.8
2001	109.0	104.3	105.7	116.2	107.8
2002	112.0	102.5	117.9	110.6	111.3
2003	113.2	107.6	117.5	110.8	112.0
2004	114.9	110.6	119.3	111.2	113.5
2005	112.6	108.1	114.1	113.2	110.1
2006	111.5	107.1	114.7	110.1	111.6
2007	112.3	104.5	115.5	112.4	112.1
2008	116.0	107.5	119.3	116.1	115.6
2009	114.2	106.3	115.1	117.0	114.1
2010	114.5	107.8	118.7	111.7	114.3
2011	114.2	107.2	119.6	109.1	113.9
2012	114.5	106.1	119.8	109.3	114.1
2013	113.1	104.3	116.5	110.7	112.7
2014	110.9	105.0	113.5	108.2	110.5
2015	108.7	105.3	109.3	109.0	108.3
2016	107.7	103.8	108.3	108.4	107.3
2017	108.0	104.3	108.4	109.0	107.8
渭南市 Weinan					
2000	108.2	104.3	107.5	112.0	107.2
2001	108.3	104.4	107.2	111.4	107.4
2002	110.4	104.0	113.9	110.7	110.0
2003	109.5	101.5	116.4	107.3	109.2
2004	112.6	106.3	119.1	109.2	112.2
2005	112.4	105.5	117.7	109.6	111.8
2006	112.9	107.3	114.8	113.3	112.7
2007	114.2	104.9	115.5	116.7	114.7
2008	116.3	107.6	117.3	118.7	116.6
2009	114.3	106.5	116.3	114.7	114.2
2010	115.0	107.3	120.7	110.6	115.0
2011	115.0	107.0	120.6	110.9	114.9
2012	114.5	106.1	119.6	110.3	114.1
2013	112.0	104.6	115.3	109.5	111.7
2014	110.5	104.9	112.1	109.7	110.2
2015	108.5	105.5	108.6	109.5	108.2
2016	107.5	104.1	107.5	108.7	107.2
2017	108.3	104.8	109.5	108.2	108.1

3-12 续表 2 continued

(上年=100) (preceding year=100)

地 区 年 份 Region Year	生产总值 Gross Domestic Product	第一产业 Primary Industry	第二产业 Secondary Industry	第三产业 Tertiary Industry	人均生产总值 Per Capita GDP
延安市 Yan'an					
2000	109.8	103.1	114.9	109.5	108.7
2001	112.4	101.0	116.4	109.5	111.2
2002	112.3	104.0	114.9	109.9	111.2
2003	115.5	102.0	121.5	106.6	113.3
2004	119.8	105.7	126.0	107.7	117.5
2005	116.2	110.2	118.8	110.0	114.8
2006	116.5	110.6	118.3	112.2	115.3
2007	115.1	104.5	115.4	117.6	114.6
2008	116.3	107.1	117.0	116.6	115.6
2009	112.2	106.3	110.5	120.2	111.7
2010	113.6	107.0	114.8	111.0	112.7
2011	111.0	107.4	110.9	112.8	110.4
2012	110.5	106.1	110.3	112.7	110.3
2013	106.5	104.3	105.6	110.1	106.2
2014	106.2	105.5	105.3	109.3	105.8
2015	101.7	104.7	99.4	107.5	101.1
2016	101.3	104.8	97.9	107.0	100.4
2017	107.7	105.0	106.7	110.3	106.9
汉中市 Hanzhong					
2000	108.2	103.8	109.3	110.2	107.5
2001	106.6	102.5	108.0	109.0	105.9
2002	107.2	101.7	108.7	109.2	107.0
2003	109.1	105.9	111.8	108.4	108.7
2004	110.9	109.1	115.9	107.8	110.4
2005	111.9	109.2	112.0	113.0	111.2
2006	112.1	108.1	115.6	110.8	111.8
2007	113.9	106.0	114.9	117.3	113.6
2008	113.8	107.9	113.8	116.8	113.5
2009	114.5	106.4	113.6	119.3	114.3
2010	115.1	106.6	119.6	114.3	115.2
2011	115.5	106.6	122.2	113.7	115.6
2012	115.2	105.8	121.8	112.9	115.1
2013	112.7	105.3	118.6	109.3	112.5
2014	111.6	105.4	115.5	109.5	111.4
2015	109.6	105.0	110.4	110.4	109.3
2016	109.0	104.5	110.7	109.1	108.7
2017	109.6	105.1	112.8	107.8	109.4
榆林市 Yulin					
2000	114.3	128.0	113.3	109.1	112.5
2001	114.2	92.4	116.3	118.9	112.4
2002	112.7	115.9	116.2	108.3	112.1
2003	117.5	120.3	121.9	112.0	116.6
2004	117.9	104.2	125.3	112.9	116.6
2005	120.0	103.1	124.7	115.8	119.4
2006	119.3	108.7	122.6	115.9	125.2
2007	121.4	106.4	124.3	118.9	120.9
2008	125.3	108.3	125.7	127.1	124.6
2009	113.3	106.6	111.6	117.2	113.0
2010	118.3	107.8	119.1	118.2	118.3
2011	115.0	106.0	116.3	113.5	114.9
2012	112.0	105.9	113.6	108.8	111.9
2013	108.8	104.5	109.6	107.4	108.5
2014	109.0	105.4	109.9	107.2	108.6
2015	104.0	104.4	104.3	103.0	103.5
2016	106.5	104.8	104.1	111.2	106.3
2017	108.1	105.0	106.6	111.2	108.1

3-12 续表 3 continued

(上年=100) (preceding year=100)

地 区 年 份 Region Year	生产总值 Gross Domestic Product	第一产业 Primary Industry	第二产业 Secondary Industry	第三产业 Tertiary Industry	人均生产总值 Per Capita GDP
安康市 Ankang					
2000	105.8	106.0	102.8	108.9	105.6
2001	106.4	104.6	102.9	109.9	106.1
2002	108.6	101.3	110.9	112.1	108.5
2003	108.6	98.8	113.1	112.1	108.4
2004	109.2	109.2	113.2	106.7	108.9
2005	109.8	110.4	109.1	109.9	109.6
2006	110.4	108.0	112.5	110.4	110.7
2007	112.8	106.3	116.5	113.9	112.7
2008	115.4	107.7	121.6	115.2	115.3
2009	115.0	106.2	120.2	115.5	114.8
2010	115.0	106.4	121.5	113.9	115.0
2011	115.5	106.5	122.9	112.6	115.5
2012	115.2	105.7	123.6	110.5	115.1
2013	113.4	105.1	119.8	109.5	113.3
2014	111.7	105.5	115.7	109.1	111.5
2015	112.1	104.9	114.8	111.3	111.8
2016	111.3	104.1	114.2	109.3	111.0
2017	110.5	105.0	113.5	107.7	110.3
商洛市 Shangluo					
2000	110.4	105.0	117.0	110.8	110.0
2001	108.5	102.8	113.2	109.9	106.0
2002	110.0	104.5	112.2	112.7	111.5
2003	109.3	105.9	112.6	109.3	109.1
2004	109.4	107.7	108.0	111.4	109.2
2005	109.9	107.7	110.4	110.6	109.6
2006	110.8	106.5	111.2	112.6	110.5
2007	112.8	106.3	114.6	114.5	112.5
2008	115.8	107.2	119.9	116.6	115.5
2009	114.1	106.4	115.8	115.8	113.8
2010	114.9	106.5	119.5	114.7	115.3
2011	115.1	106.5	121.2	113.1	115.3
2012	114.8	105.9	120.7	112.5	114.9
2013	112.6	105.0	118.0	109.4	112.3
2014	111.0	104.6	115.2	108.1	110.7
2015	111.2	104.9	113.5	110.7	111.0
2016	110.0	103.7	112.9	108.4	109.5
2017	109.4	104.4	111.3	108.5	109.0
杨凌示范区 Yangling					
2000	117.7	105.3	110.9	125.0	113.4
2001	123.8	105.9	127.3	126.2	118.5
2002	117.5	104.2	127.7	113.8	112.6
2003	121.0	106.6	131.8	116.1	118.1
2004	116.7	115.5	127.0	108.6	115.9
2005	115.1	114.2	117.6	112.9	112.5
2006	113.4	114.8	108.2	118.4	111.6
2007	113.7	106.7	105.2	122.9	111.9
2008	113.2	107.1	105.3	120.3	111.6
2009	112.9	106.7	113.3	113.4	111.4
2010	115.5	108.0	119.1	113.9	115.3
2011	116.5	108.1	120.4	113.6	116.3
2012	114.7	106.9	119.9	109.8	114.5
2013	114.0	105.2	117.2	111.1	113.8
2014	112.5	104.9	114.5	110.8	112.2
2015	112.2	104.9	112.6	112.9	112.0
2016	110.1	104.3	112.8	107.5	109.6
2017	109.5	104.4	113.9	104.5	108.7

3-13 各市(区)非公有制经济增加值
Value-added of Non-public Economy by City(District)

地 区	Region	非公有制经济增加值(亿元) Value-added of Non-public Economy (100 million yuan)							
		2010	2011	2012	2013	2014	2015	2016	2017
全 省	**Shaanxi**	**5011.39**	**6318.20**	**7398.04**	**8459.01**	**9323.58**	**9630.16**	**10430.18**	**11845.07**
西安市	Xi'an	1611.28	1952.78	2244.25	2569.20	2892.90	3060.38	3314.20	3962.95
铜川市	Tongchuan	82.13	107.48	129.00	154.62	158.20	154.25	160.73	181.47
宝鸡市	Baoji	471.30	578.48	681.17	773.29	822.60	895.61	974.65	1110.75
咸阳市	Xianyang	532.92	668.87	786.81	944.95	1072.42	1121.60	1267.00	1207.74
渭南市	Weinan	350.19	459.62	526.82	610.86	676.86	695.19	736.92	830.57
延安市	Yan'an	151.47	201.55	235.25	266.65	292.62	280.77	282.99	378.35
汉中市	Hanzhong	252.35	327.03	387.88	467.60	516.86	545.60	595.87	694.76
榆林市	Yulin	632.37	828.49	1004.65	1081.25	1179.98	1021.56	1164.48	1423.65
安康市	Ankang	156.53	198.52	247.20	307.86	364.78	408.86	467.37	566.54
商洛市	Shangluo	138.93	180.09	211.78	260.15	296.60	328.45	375.42	417.55
杨凌示范区	Yangling	23.05	29.68	32.43	43.08	49.17	56.78	66.15	78.94

3-13 续表 continued

地 区	Region	非公有制经济增加值占生产总值比重(%) Value-added of Non-public Economy as Percentage of GDP (%)							
		2010	2011	2012	2013	2014	2015	2016	2017
全 省	**Shaanxi**	**49.5**	**50.5**	**51.2**	**52.2**	**52.7**	**53.4**	**53.8**	**54.1**
西安市	Xi'an	49.7	50.6	51.4	52.2	52.7	52.8	52.8	53.0
铜川市	Tongchuan	43.8	46.2	47.2	48.1	48.6	50.2	51.6	52.1
宝鸡市	Baoji	48.3	49.2	49.6	50.0	50.1	50.1	50.4	50.7
咸阳市	Xianyang	48.5	49.1	50.0	50.8	51.4	52.1	53.0	52.7
渭南市	Weinan	43.7	44.7	45.7	46.2	47.5	48.6	49.5	50.3
延安市	Yan'an	17.1	18.1	18.5	19.7	21.1	23.4	26.1	28.8
汉中市	Hanzhong	49.5	50.5	51.4	52.5	51.5	51.5	51.5	52.1
榆林市	Yulin	36.0	36.1	37.6	38.9	40.4	41.0	42.0	42.4
安康市	Ankang	47.9	48.8	49.8	50.9	52.9	54.2	55.5	58.1
商洛市	Shangluo	48.6	49.6	50.0	50.9	51.6	53.1	54.2	55.2
杨凌示范区	Yangling	48.7	48.8	48.1	50.5	50.6	53.6	55.5	57.6

3-14 各县(市、区)生产总值(2017年)
Gross Domestic Product by County (City and District)(2017)

地区	Region	生产总值(亿元) Gross Domestic Product (100 million yuan)	生产总值比上年增长(%) Growth Rate of GDP over Preceding Year(%)
西安市	**Xi'an**		
新城区	Xincheng	616.10	8.2
碑林区	Beilin	873.49	8.4
莲湖区	Lianhu	749.47	9.1
灞桥区	Baqiao	428.35	13.8
未央区	Weiyang	844.53	9.2
雁塔区	Yanta	1521.15	8.5
阎良区	Yanliang	240.21	7.0
临潼区	Lintong	221.01	9.6
长安区	Chang'an	791.03	11.7
高陵区	Gaoling	377.10	15.6
鄠邑区	Huyi	197.41	10.1
蓝田县	Lantian	143.49	8.5
周至县	Zhouzhi	134.26	7.9
铜川市	**Tongchuan**		
王益区	Wangyi	100.23	7.6
印台区	Yintai	64.34	7.2
耀州区	Yaozhou	145.98	7.6
宜君县	Yijun	38.05	8.0
宝鸡市	**Baoji**		
渭滨区	Weibin	531.17	7.0
金台区	Jintai	357.81	8.5
陈仓区	Chencang	191.38	10.8
凤翔县	Fengxiang	208.85	9.2
岐山县	Qishan	188.63	10.4
扶风县	Fufeng	124.65	10.5
眉　县	Meixian	128.92	11.0
陇　县	Longxian	84.82	11.0
千阳县	Qianyang	54.34	10.4
麟游县	Linyou	106.54	13.1
凤　县	Fengxian	180.10	4.5
太白县	Taibai	22.45	11.0
咸阳市	**Xianyang**		
秦都区	Qindu	401.00	7.9
渭城区	Weicheng	303.92	8.0
三原县	Sanyuan	236.09	10.0
泾阳县	Jingyang	75.96	-7.0
乾　县	Qianxian	178.94	9.1
礼泉县	Liquan	174.17	8.6
永寿县	Yongshou	73.11	10.4
彬　县	Binxian	213.62	8.7
长武县	Changwu	95.92	7.4
旬邑县	Xunyi	122.02	8.1
淳化县	Chunhua	74.78	8.1
武功县	Wugong	140.90	9.0
兴平市	Xingping	241.11	8.6
渭南市	**Weinan**		
临渭区	Linwei	370.52	8.2
华州区	Huazhou	94.98	8.7
潼关县	Tongguan	45.77	7.6
大荔县	Dali	134.24	7.4
合阳县	Heyang	92.45	8.0
澄城县	Chengcheng	85.69	7.6
蒲城县	Pucheng	181.53	8.0
白水县	Baishui	72.23	7.7
富平县	Fuping	144.48	8.3
韩城市	Hancheng	349.00	9.5
华阴市	Huayin	84.96	8.2

3-14 续表 continued

地 区	Region	生产总值(亿元) Gross Domestic Product (100 million yuan)	生产总值比上年增长(%) Growth Rate of GDP over Preceding Year(%)	地 区	Region	生产总值(亿元) Gross Domestic Product (100 million yuan)	生产总值比上年增长(%) Growth Rate of GDP over Preceding Year(%)
延安市	**Yan'an**			靖边县	Jingbian	303.91	7.8
宝塔区	Baota	291.23	8.7	定边县	Dingbian	255.32	9.5
安塞区	Ansai	91.30	7.8	绥德县	Suide	75.87	9.3
延长县	Yanchang	45.99	9.2	米脂县	Mizhi	48.00	7.5
延川县	Yanchuan	80.65	10.6	佳 县	Jiaxian	50.51	9.0
子长县	Zichang	97.19	12.0	吴堡县	Wubu	20.88	8.0
志丹县	Zhidan	132.99	7.6	清涧县	Qingjian	51.08	8.8
吴起县	Wuqi	135.34	7.7	子洲县	Zizhou	62.46	9.3
甘泉县	Ganquan	23.40	6.9	神木市	Shenmu	1110.33	7.8
富 县	Fuxian	52.91	9.1	**安康市**	**Ankang**		
洛川县	Luochuan	149.78	0.3	汉滨区	Hanbin	290.92	9.0
宜川县	Yichuan	30.32	7.2	汉阴县	Hanyin	95.19	10.8
黄龙县	Huanglong	15.42	8.0	石泉县	Shiquan	80.96	12.2
黄陵县	Huangling	119.82	9.0	宁陕县	Ningshan	30.16	10.5
汉中市	**Hanzhong**			紫阳县	Ziyang	90.77	11.0
汉台区	Hantai	287.40	10.2	岚皋县	Langao	52.55	11.2
南郑区	Nanzheng	192.43	9.6	平利县	Pingli	87.52	11.4
城固县	Chenggu	246.74	10.5	镇坪县	Zhenping	19.19	11.1
洋 县	Yangxian	120.90	9.5	旬阳县	Xunyang	159.87	10.5
西乡县	Xixiang	101.73	8.7	白河县	Baihe	67.51	11.8
勉 县	Mianxian	129.27	9.3	**商洛市**	**Shangluo**		
宁强县	Ningqiang	83.30	8.6	商州区	Shangzhou	153.51	9.6
略阳县	Lueyang	67.54	8.8	洛南县	Luonan	136.70	9.2
镇巴县	Zhenba	78.51	9.2	丹凤县	Danfeng	97.23	9.2
留坝县	Liuba	15.69	9.0	商南县	Shangnan	87.54	9.4
佛坪县	Foping	9.80	9.1	山阳县	Shanyang	144.35	10.0
榆林市	**Yulin**			镇安县	Zhen'an	106.00	9.1
榆阳区	Yuyang	698.47	8.5	柞水县	Zhashui	74.98	10.0
横山区	Hengshan	154.46	11.3	**杨凌示范区**	**Yangling**		
府谷县	Fugu	485.63	5.8	杨陵区	Yangling	141.27	9.5

注：本表数据为快报数。

a) Data in this table are from annual statistical reporting forms.

主要统计指标解释

三次产业 指根据社会生产活动历史发展的顺序对产业结构的划分。目前我国的三次产业划分是:

第一产业是指农、林、牧、渔业（不含农、林、牧、渔服务业)。

第二产业是指采矿业（不含开采辅助活动)，制造业（不含金属制品、机械和设备修理业)，电力、热力、燃气及水生产和供应业，建筑业。

第三产业即服务业，是指除第一产业、第二产业以外的其他行业。

国内生产总值(GDP) 指按市场价格计算的一个国家(或地区)所有常住单位在一定时期内生产活动的最终成果。国内生产总值有三种表现形态，即价值形态、收入形态和产品形态。从价值形态看，它是所有常住单位在一定时期内生产的全部货物和服务价值超过同期投入的全部非固定资产货物和服务价值的差额，即所有常住单位的增加值之和；从收入形态看，它是所有常住单位在一定时期内创造并分配给常住单位和非常住单位的初次收入之和；从产品形态看，它是所有常住单位在一定时期内最终使用的货物和服务价值与货物和服务净出口价值之和。在实际核算中，国内生产总值有三种计算方法，即生产法、收入法和支出法。三种方法分别从不同的方面反映国内生产总值及其构成。

对于一个地区来说，称为地区生产总值或地区 GDP。

劳动者报酬 指劳动者因从事生产活动所获得的全部报酬。包括劳动者获得的各种形式的工资、奖金和津贴，既包括货币形式的，也包括实物形式的，还包括劳动者所享受的公费医疗和医药卫生费、上下班交通补贴、单位支付的社会保险费、住房公积金等。

生产税净额 指生产税减生产补贴后的余额。生产税指政府对生产单位从事生产、销售和经营活动以及因从事生产活动使用某些生产要素(如固定资产、土地、劳动力)所征收的各种税、附加费和规费。生产补贴与生产税相反，指政府对生产单位的单方面转移支出，因此视为负生产税，包括政策亏损补贴、价格补贴等。

固定资产折旧 指一定时期内为弥补固定资产损耗按照规定的固定资产折旧率提取的固定资产折旧，或按国民经济核算统一规定的折旧率虚拟计算的固定资产折旧。它反映了固定资产在当期生产中的转移价值。各类企业和企业化管理的事业单位的固定资产折旧是指实际计提的折旧费；不计提折旧的政府机关、非企业化管理的事业单位和居民住房的固定资产折旧是按照统一规定的折旧率和固定资产原值计算的虚拟折旧。原则上，固定资产折旧应按固定资产当期的重置价值计算，但是目前我国尚不具备对全社会固定资产进行重估价的基础，所以暂时只能采用上述办法。

营业盈余 指常住单位创造的增加值扣除劳动者报酬、生产税净额和固定资产折旧后的余额。它相当于企业的营业利润加上生产补贴，但要扣除从利润中开支的工资和福利等。

支出法国内生产总值 是从最终使用的角度反映一个国家(或地区)一定时期内生产活动最终成果的一种方法，包括最终消费支出、资本形成总额及货物和服务净出口三部分。计算公式为:

支出法国内生产总值=最终消费支出+资本形成总额+货物和服务净出口

最终消费支出 指常住单位为满足物质、文化和精神生活的需要，从本国经济领土和国外购买的货物和服务的支出。它不包括非常住单位在本国经济领土内的消费支出。最终消费支出分为居民消费支出和政府消费支出。

居民消费支出 指常住住户在一定时期内对于货物和服务的全部最终消费支出。居民消费支出除了直接以货币形式购买的货物和服务的消费支出外，还包括以其他方式获得的货物和服务的消费支出，即所谓的虚拟消费支出。居民虚拟消费支出包括如下几种类型：单位以实物报酬及实物转移的形式提供给劳动者的货物和服务；住户生产并由本住户消费了的货物和服务，其中的服务仅指住户的自有住房服务和付酬的家庭雇员提供的家庭和个人服务；金融机构提供的金融媒介服务。

政府消费支出 指政府部门为全社会提供的公共服务的消费支出和免费或以较低的价格向居民住户提供的货物和服务的净支出，前者等于政府服务的产出价值减去政府单位所获得的经营收入的价值，后者等于政府部门免费或以较低价格向居民住户提供的货物和服务的市场价值减去向住户收取的价值。

资本形成总额 指常住单位在一定时期内获得减去处置的固定资产和存货的净额，包括固定资本形成总额和存货增加两部分。

固定资本形成总额 指常住单位在一定时期内获得的固定资产减处置的固定资产的价值总额。固定资产是通过生产活动生产出来的，且其使用年限在一年以上、单位价值在规定标准以上的资产，不包括自然资产。可分为有形固定资本形成总额和无形固定资本形成总额。有形固定资本形成总额包括一定时期内完成的建筑工程、安装工程和设备工器具购置(减处置)价值，以及土地改良、新增役、种、奶、毛、娱乐用牲畜和新增经济林木价值。无形固定资本形成总额包括矿藏的勘探、计算机软件等获得减处置。

存货增加 指常住单位在一定时期内存货实物量变动的市场价值，即期末价值减期初价值的差额，再扣除当期由于价格变动而产生的持有收益。存货增加可以是正值，也可以是负值，正值表示存货上升，负值表示存货下降。存货包括生产单位购进的原材料、燃料和储备物资等存货，以及生产单位生产的产成品、在制品和半成品等存货。

货物和服务净出口 指货物和服务出口减货物和服务进口的差额。出口包括常住单位向非常住单位出售或无偿转让的各种货物和服务的价值；进口包括常住单位从非常住单位购买或无偿得到的各种货物和服务的价值。由于服务活动的提供与使用同时发生，一般把常住单位从非常住单位得到的服务作为进口，非常住单位从常住单位得到的服务作为出口。货物的出口和进口都按离岸价格计算。

Explanatory Notes on Main Statistical Indicators

Three Strata of Industry Classification of economic activities into three strata of industry is a common practice in the world, although the grouping varies to some extent from country to country. In China economic activities are categorized into the following three strata of industry:

Primary industry refers to agriculture, forestry, animal husbandry and fishery(do not include services in support of these industries).

Secondary industry refers to mining and quarrying (do not include support activities for mining), manufacturing (do not include repair service of metal products, machinery and equipment), production and supply of electricity, water and gas, and construction.

Tertiary industry refers to all other economic activities not included in the primary or secondary industries.

Gross Domestic Product (GDP) refers to the final products at market prices produced by all resident units in a country (or a region) during a certain period of time. Gross domestic product is expressed in three different perspectives, namely value, income, and products respectively. GDP in its value perspective refers to the total value of all goods and services produced by all resident units during a certain period of time, minus the total value of input of goods and services of the nature of non-fixed assets; in other words, it is the sum of the value-added of all resident units. GDP from the perspective of income includes the primary income created by all resident units and distributed to resident and non-resident units. GDP from the perspective of products refers to the value of all goods and services for final demand by all resident units plus the net exports of goods and services during a given period of time. In the practice of national accounting, gross domestic product is calculated from three approaches, namely production approach, income approach and expenditure approach, which reflect gross domestic product and its composition from different angles.

For a region, it is called as Gross Regional Product(GRP) or regional GDP.

GDP by Expenditure Approach refers to the method of measuring the final results of production activities of a country (region) during a given period from the perspective of final uses. It includes final consumption expenditure, gross capital formation and net export of goods and services. The formula for computation is.:

GDP by expenditure approach = final consumption expenditure + gross capital formation + net export of goods and services

Final Consumption Expenditure refers to the total expenditure of resident units for purchases of goods and services from both the domestic economic territory and abroad to meet the needs of material, cultural and spiritual life. It does not include the expenditure of non-resident units on consumption in the economic territory of the country. The final consumption expenditure is broken down into household consumption expenditure and government consumption expenditure.

Household Consumption Expenditure refers to the total expenditure of resident households on the final consumption of goods and services. In addition to the consumption of goods and services bought by the households directly with money, the household consumption expenditure also includes expenditure on goods and services obtained by the households in other ways, i.e. the so-called imputed consumption expenditure, which includes the following: (a) the goods and services provided to households by employers in the form of payment in kind and transfer in kind; (b) goods and services produced and consumed by the households themselves, in which the services refer to the owner-occupied housing and services offered by payed family employees; (c) financial intermediate services provided by financial institution.

Government Consumption Expenditure refers to the consumption expenditure spent for the provision of public services provided by the government to the whole country and the net expenditure on the goods and services provided by the government to households free of charge or at reduced prices. The former equals to the output value of the government services minus the value of operating income obtained by the government departments. The latter equals to the market value of the goods and services provided by the government free of charge or at reduced prices to the households minus the value received by the government from the households.

Gross Capital Formation refers to the fixed assets acquired less disposals and the net value of inventory, thus including gross fixed capital formation and changes in inventories.

Gross Fixed Capital Formation refers to the value of acquisitions less those disposals of fixed assets during a given period. Fixed assets are the assets produced through production activities with unit value above a specified amount and which could be used for over one year. Natural assets are not included. Gross fixed capital formation can be categorized into total tangible fixed capital formation and total intangible fixed capital formation. Total tangible fixed capital formation includes the value of the construction projects and installation projects completed and the equipment, apparatus and instruments purchased (less those disposed) as well as the value of land improved, the value of draught animals, breeding stock and animals for milk, for wool and for recreational purposes and the newly increased forest with economic value. Total intangible fixed capital formation includes the prospecting of minerals and the acquisition of computer software minus the disposal of them.

Changes in Inventories refers to the market value of the change in the physical volume of inventory of resident units during a given period, i.e. the difference between the values at the beginning and at the end of the period minus the gains due to the change in prices. The changes in inventories can have a positive or a negative value. A positive value indicates an increase in inventory while a negative value indicates a decrease in inventory. The inventory includes raw materials, fuels and reserve materials purchased by the production units as well as the inventory of finished products, semi-finished products and work-in-progress.

Net Export of Goods and Services refers to the exports of goods and services subtracting the imports of goods and services. Exports include the value of various goods and services sold or gratuitously transferred by resident units to non-resident units. Imports include the value of various goods and services purchased or gratuitously acquired resident units from non-resident units. Because the provision of services and the use of them happen simultaneously, the acquisition of services by resident units from abroad is usually treated as import while the acquisition of services by non-resident units in this country is usually treated as export. The exports and imports of goods are calculated at FOB.

四、人　口

Population

资料整理：李　艳

简 要 说 明

一、本篇资料反映陕西人口发展变化基本情况，主要内容和数据来源：

1. 年末常住人口、性别比例、年龄比例、城镇人口比例以及人口出生率、人口死亡率和人口自然增长率等，数据根据人口普查、1%人口抽样调查或年度人口变动情况抽样调查推算所得，2001-2009年年末常住人口根据2010年第六次全国人口普查数据进行了调整。

2. 户籍人口资料数据来源于省公安厅人口统计年报。

二、人口统计调查方法

目前人口统计调查有：在逢“0”的年份进行全国人口普查；在逢“5”的年份进行全国1%人口抽样调查；其余年份进行人口变动情况抽样调查。

Brief Introduction

Ⅰ. This chapter reflects the basic conditions of development and changes of population in Shaanxi, including mainly:

1. Permanent population at the year-end, proportion of population by sex, proportion of population by age, proportion of urban population, birth rate, death rate and natural growth rate of population. The data are estimated by Shaanxi Provincial Bureau of Statistics on the basis of population censuses, the one percent sample survey on population, or annual sample surveys on population changes. Permanent Population at the Year-end from 2001 to 2009 have been adjusted in accordance with the flash sums of the 6th National Population Census in 2010.

2. The total population with residence registration are obtained from the annual reports of population of Shaanxi Provincial Department of Public Security.

Ⅱ. Sampling Methodology

The statistical surveys on population are as follows:

The national population census is conducted in the year ending with 0; the national 1 percent population sample survey is conducted in the year ending with 5; sample surveys on population changes are conducted in the rest of the years.

4.人　口

2017 年全省

年底总人口	3835	万人	比上年增长 0.6%
# 城镇人口	2178	万人	占总人口比重为 56.79%
人口自然增长率	4.87	‰	比上年上升 0.46个千分点
男女性别比（以女性为100）	106.70		
人口密度	187	人/平方公里	

人口年龄构成

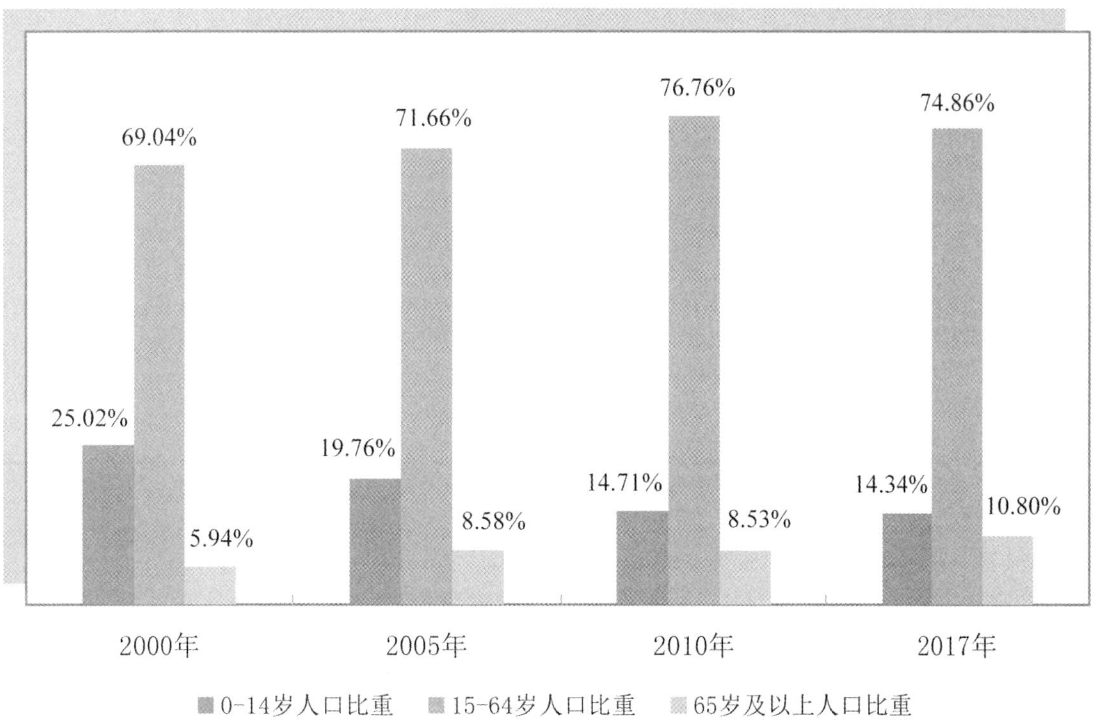

4-1 人口数和构成

Population and Its Composition

单位：万人 (10 000 persons)

年 份 Year	年底总人口 Total Population at Year-end	按性别分 By Sex				按城乡分 By Residence			
		男 Male		女 Female		城 镇 Urban		乡 村 Rural	
		人口数 Population	比重(%) Proportion	人口数 Female	比重(%) Proportion	人口数 Female	比重(%) Proportion	人口数 Female	比重(%) Proportion
1978	2779	1444	51.96	1335	48.04	454		2325	
1979	2807	1456	51.87	1351	48.13	469		2339	
1980	2831	1468	51.85	1363	48.15	522		2309	
1981	2865	1486	51.87	1379	48.13	535		2329	
1982	2904	1507	51.89	1397	48.11	548		2356	
1983	2931	1525	52.03	1406	47.97	577		2354	
1984	2966	1546	52.12	1420	47.88	1111		1865	
1985	3002	1566	52.17	1436	47.83	1167		1834	
1986	3042	1588	52.20	1454	47.80	1203		1839	
1987	3088	1613	52.23	1476	47.80	1244		1844	
1988	3140	1640	52.23	1500	47.77	1405		1735	
1989	3198	1671	52.25	1527	47.75	1438		1759	
1990	3316	1727	52.08	1589	47.92	1501		1815	
1991	3363	1754	52.16	1609	47.84	1539		1824	
1992	3405	1777	52.19	1628	47.81	1576		1829	
1993	3443	1799	52.25	1644	47.75	1654		1789	
1994	3481	1819	52.26	1662	47.74	1668		1813	
1995	3513	1836	52.26	1677	47.74	1738		1775	
1996	3543	1842	51.99	1701	48.01	1939		1604	
1997	3570	1866	52.27	1704	47.73	2279		1291	
1998	3596	1879	52.25	1717	47.75	2547		1049	
1999	3618	1892	52.29	1726	47.71	2593		1025	
2000	3644	1896	52.03	1748	47.97	1176	32.27	2468	67.73
2001	3653	1879	51.44	1774	48.56	1228	33.62	2425	66.38
2002	3662	1882	51.39	1780	48.61	1268	34.63	2394	65.37
2003	3672	1883	51.28	1789	48.72	1305	35.54	2367	64.46
2004	3681	1893	51.43	1788	48.57	1338	36.35	2343	63.65
2005	3690	1899	51.46	1791	48.54	1374	37.24	2316	62.76
2006	3699	1902	51.42	1797	48.58	1447	39.12	2252	60.88
2007	3708	1906	51.40	1802	48.60	1506	40.62	2202	59.38
2008	3718	1911	51.40	1807	48.60	1565	42.10	2153	57.90
2009	3727	1916	51.41	1811	48.59	1621	43.50	2106	56.50
2010	3735	1930	51.67	1805	48.33	1707	45.70	2028	54.30
2011	3743	1931	51.58	1812	48.42	1770	47.30	1973	52.70
2012	3753	1938	51.65	1815	48.35	1877	50.02	1876	49.98
2013	3764	1944	51.64	1820	48.36	1931	51.31	1833	48.69
2014	3775	1949	51.62	1826	48.38	1985	52.57	1790	47.43
2015	3793	1958	51.63	1835	48.37	2045	53.92	1748	46.08
2016	3813	1969	51.65	1844	48.35	2110	55.34	1703	44.66
2017	3835	1980	51.63	1855	48.37	2178	56.79	1657	43.21

注：1.1990年以前为公安年报数，1990年及以后为人口普查及人口变动情况抽样调查推算的常住人口数。
2.2001-2009年人口数根据2010年人口普查进行了修正。
3.城乡人口，2000年以前按乡(镇、街办)级行政区域统计，2000年及以后是以《国家统计局统计上划分城乡的规定》为标准的人口普查和人口变动抽样调查推算数。

a) Data before 1990 were taken from the statistics of household registration.Since 1990, data have been estimated on the basis of the national population census or usual residents of the annual national sample surveys on population changes.
b) Data of population from 2001 to 2009 were adjusted according to the national population census in 2010.
c) Data by residence before 2000 were from the divisions of administrative areas. Since 2000, data have been estimated on the national population census and the basis of the annual national sample surveys on population changes,which regard "The provisions on the division of urban and rural areas" as standard.

4-2　人口自然变动情况
Population Natural Changes

年　份 Year	出生人口 (万人) Births (10 000 persons)	死亡人口 (万人) Deaths (10 000 persons)	出生率 (‰) Birth Rate (‰)	死亡率 (‰) Death Rate (‰)	自然增长率 (‰) Natural Growth Rate (‰)
1953	53.4	18.0	34.00		
1964	83.1	33.3	40.00	16.00	24.00
1982	54.9	19.3	19.02	6.70	12.30
1990	77.2	21.4	23.48	6.52	16.96
1991	66.2	21.7	19.82	6.51	13.31
1992	63.8	22.2	18.85	6.57	12.28
1993	60.4	22.4	17.63	6.55	11.08
1994	60.9	22.9	17.59	6.60	10.99
1995	55.7	23.0	15.93	6.57	9.36
1996	52.9	23.0	14.99	6.51	8.48
1997	49.5	22.4	13.91	6.29	7.62
1998	48.6	23.0	13.56	6.43	7.13
1999	45.1	23.0	12.51	6.38	6.13
2000	45.4				
2001	38.4	23.2	10.50	6.34	4.16
2002	38.4	23.3	10.48	6.36	4.12
2003	39.2	23.4	10.67	6.38	4.29
2004	39.0	23.3	10.59	6.33	4.26
2005	37.0	22.2	10.02	6.01	4.01
2006	37.7	22.8	10.19	6.15	4.04
2007	37.9	22.8	10.21	6.16	4.05
2008	38.3	23.1	10.29	6.21	4.08
2009	38.2	23.3	10.24	6.24	4.00
2010	36.3	22.4	9.73	6.01	3.72
2011	36.5	22.7	9.75	6.06	3.69
2012	38.0	23.4	10.12	6.24	3.88
2013	37.6	23.1	10.01	6.15	3.86
2014	38.2	23.6	10.13	6.26	3.87
2015	38.2	23.8	10.10	6.28	3.82
2016	40.5	23.7	10.64	6.23	4.41
2017	42.5	23.9	11.11	6.24	4.87

注：1.本表为人口普查、人口变动情况抽样调查数。
　　2.2001-2009年数据根据2010年人口普查进行了修正。

a) Data in this table are obtained from the national population census and the annual national sample surveys on population changes.
b) Data of population from 2001 to 2009 were adjusted according to the national population census in 2010.

4-3 人口年龄结构和抚养比
Age Composition and Dependency Ration of Population

单位：% (%)

年 份 Year	各年龄段人口比重 Percentage to Tatal Population By Age			总抚养比 Gross Dependency Ratio	少年儿童 Children Dependency Ratio	老年人口 Old Dependency Ratio
	0-14岁 Aged 0-14	15-64岁 Aged 15-64	65岁及以上 Aged 65 and Over			
1953	36.71	59.25	4.04	68.78	61.96	6.82
1964	41.26	55.23	3.51	81.06	74.71	6.35
1982	33.06	62.40	4.57	60.30	52.98	7.32
1990	28.88	65.98	5.15	51.57	43.77	7.80
1991	30.21	64.07	5.72	56.08	47.15	8.93
1992	30.15	64.19	5.66	55.78	46.96	8.82
1993	29.30	65.09	5.61	53.64	45.02	8.62
1994	28.31	66.43	5.26	50.53	42.62	7.91
1995	28.88	65.40	5.72	52.90	44.16	8.74
1996	28.90	65.11	6.00	53.59	44.38	9.21
1997	27.63	66.52	5.85	50.33	41.54	8.79
1998	27.15	66.15	6.70	51.16	41.04	10.12
1999	26.28	66.58	7.14	50.21	39.48	10.73
2000	25.02	69.04	5.94	44.84	36.24	8.60
2001	24.49	68.78	6.73	45.39	35.61	9.78
2002	22.35	69.64	8.01	43.60	32.09	11.51
2003	20.90	71.35	7.75	40.15	29.29	10.86
2004	19.81	72.54	7.65	37.86	27.31	10.55
2005	19.76	71.66	8.58	39.55	27.57	11.97
2006	18.70	72.70	8.60	37.55	25.72	11.83
2007	18.13	72.91	8.96	37.16	24.87	12.29
2008	17.75	73.28	8.97	36.46	24.22	12.24
2009	17.05	73.84	9.11	35.43	23.09	12.34
2010	14.71	76.76	8.53	30.27	19.16	11.11
2011	14.55	76.74	8.71	30.31	18.96	11.35
2012	14.42	76.61	8.97	30.53	18.82	11.71
2013	14.30	76.27	9.43	31.11	18.75	12.36
2014	14.10	75.93	9.97	31.70	18.57	13.13
2015	14.11	75.78	10.11	31.96	18.62	13.34
2016	14.13	75.51	10.36	32.43	18.71	13.72
2017	14.34	74.86	10.80	33.58	19.16	14.43

注：本表为人口普查、人口变动情况抽样调查数。抚养比指0-14岁、65岁及以上人口占15-64岁人口的比重。

a) Data in this table are obtained from the national population census and the annual national sample surveys on population changes.Dependency ratio refers to the population aged 0-14,65 and over as percentage of the population aged 15-64.

4-4　60岁及以上人口和比重

Population and Percentage of People Aged 60 and Over

年　份 Year	60岁及以上人口 Population Aged 60 and Over		65岁及以上人口 Population Aged 65 and Over	
	人口数(万人) Population (10 000 persons)	占总人口比重(%) Percentage to Tatal Population(%)	人口数(万人) Population (10 000 persons)	占总人口比重(%) Percentage to Tatal Population(%)
1953	101.50	6.74	60.74	4.04
1964	125.21	6.03	72.88	3.51
1982	215.17	7.44	131.99	4.57
1990	251.50	7.65	169.40	5.15
2000	341.23	9.47	216.45	5.94
2010	479.66	12.85	318.41	8.53
2011	495.78	13.25	325.98	8.71
2012	520.10	13.86	336.65	8.97
2013	551.39	14.65	354.92	9.43
2014	584.28	15.48	376.38	9.97
2015	601.10	15.85	383.46	10.11
2016	619.17	16.24	394.99	10.36
2017	644.85	16.81	414.23	10.80

注：本表为人口普查、人口变动情况抽样调查数。

a) Data in this table are obtained from the national population census and the annual national sample surveys on population changes.

4-5　各市(区)常住人口和自然增长率

Usual Residents and Natural Growth Rate by City(District)

地　区	Region	2016				2017			
		常住人口(万人) Usual Residents (10 000 persons)	出生率(‰) Birth Rate (‰)	死亡率(‰) Death Rate (‰)	自然增长率(‰) Natural Growth (‰)	常住人口(万人) Usual Residents (10 000 persons)	出生率(‰) Birth Rate (‰)	死亡率(‰) Death Rate (‰)	自然增长率(‰) Natural Growth (‰)
全　省	**Shaanxi**	**3812.62**	**10.64**	**6.23**	**4.41**	**3835.44**	**11.11**	**6.24**	**4.87**
西安市	Xi'an	883.21	11.54	5.40	6.14	961.67	12.62	5.42	7.20
铜川市	Tongchuan	84.72	9.89	6.06	3.83	83.34	9.56	5.85	3.71
宝鸡市	Baoji	377.50	9.87	6.09	3.78	378.10	9.91	6.07	3.84
咸阳市	Xianyang	498.66	10.43	6.12	4.31	437.60	10.45	5.75	4.70
渭南市	Weinan	537.16	9.98	6.32	3.66	538.29	10.59	6.56	4.03
延安市	Yan'an	225.28	10.77	6.15	4.62	226.31	10.78	6.20	4.58
汉中市	Hanzhong	344.63	9.98	7.26	2.72	344.93	10.30	7.50	2.80
榆林市	Yulin	338.20	11.72	6.41	5.31	340.33	12.15	6.48	5.67
安康市	Ankang	265.60	9.95	7.16	2.79	266.10	10.10	7.18	2.92
商洛市	Shangluo	237.17	10.84	7.07	3.77	238.13	11.13	7.11	4.02
杨凌示范区	Yangling	20.49	9.10	3.98	5.12	20.64	9.88	3.95	5.93

注：1.本表根据人口变动抽样调查数据结果评估推算。

2.2017年起，西咸新区常住人口计入西安市。

a) Data in the table are estimated from the annual national sample surveys on population changes.

b)Since 2017,the resident population in Xixian New District has been put into Xi'an city.

4-6 各市、县(市、区)常住人口
Usual Residents by City and County (City and District)

单位：万人 (10 000 persons)

地 区	Region	2016	2017
全 省	**Shaanxi**	**3812.62**	**3835.44**
西安市	**Xi'an**	**883.21**	**961.67**
新城区	Xincheng	60.91	62.06
碑林区	Beilin	63.87	65.18
莲湖区	Lianhu	72.23	73.67
灞桥区	Baqiao	62.73	64.06
未央区	Weiyang	85.08	70.17
雁塔区	Yanta	123.11	125.49
阎良区	Yanliang	29.08	29.47
临潼区	Lintong	68.18	68.99
长安区	Chang'an	114.11	100.97
高陵区	Gaoling	35.11	35.70
鄠邑区	Huyi	57.44	54.93
蓝田县	Lantian	52.86	53.26
周至县	Zhouzhi	58.50	58.94
西咸新区	Xixian		98.78
铜川市	**Tongchuan**	**84.72**	**83.34**
王益区	Wangyi	20.15	19.54
印台区	Yintai	21.65	20.95
耀州区	Yaozhou	24.06	23.75
新 区	Xinqu	9.55	9.89
宜君县	Yijun	9.31	9.21
宝鸡市	**Baoji**	**377.50**	**378.10**
渭滨区	Weibin	45.54	45.61
金台区	Jintai	40.05	40.13
陈仓区	Chencang	60.40	60.50
凤翔县	Fengxiang	49.14	49.21
岐山县	Qishan	46.65	46.72
扶风县	Fufeng	42.31	42.37
眉 县	Meixian	30.45	30.50

地 区	Region	2016	2017
陇 县	Longxian	25.25	25.29
千阳县	Qianyang	12.57	12.59
麟游县	Linyou	9.22	9.23
凤 县	Fengxian	10.73	10.75
太白县	Taibai	5.19	5.20
咸阳市	**Xianyang**	**498.66**	**437.60**
秦都区	Qindu	51.60	35.30
渭城区	Weicheng	44.52	21.60
三原县	Sanyuan	41.13	41.23
泾阳县	Jingyang	49.84	31.66
乾 县	Qianxian	53.52	53.66
礼泉县	Liquan	45.61	45.68
永寿县	Yongshou	18.81	18.85
彬 县	Binxian	32.95	32.99
长武县	Changwu	17.12	17.16
旬邑县	Xunyi	26.66	26.71
淳化县	Chunhua	19.66	19.70
武功县	Wugong	42.00	42.09
兴平市	Xingping	55.23	50.97
渭南市	**Weinan**	**537.16**	**538.29**
临渭区	Linwei	89.82	90.01
华州区	Huazhou	32.73	32.80
潼关县	Tongguan	15.91	15.94
大荔县	Dali	70.29	70.44
合阳县	Heyang	44.32	44.41
澄城县	Chengcheng	39.24	39.32
蒲城县	Pucheng	75.04	75.20
白水县	Baishui	28.34	28.40
富平县	Fuping	75.21	75.37
韩城市	Hancheng	39.98	40.06

4-6 续表 continued

单位：万人 (10 000 persons)

地 区	Region	2016	2017	地 区	Region	2016	2017
华阴市	Huayin	26.28	26.34	府谷县	Fugu	26.53	26.89
延安市	**Yan'an**	**225.28**	**226.31**	靖边县	Jingbian	36.86	37.73
宝塔区	Baota	48.93	49.18	定边县	Dingbian	32.71	33.37
安塞区	Ansai	17.71	17.79	绥德县	Suide	29.09	28.64
延长县	Yanchang	12.81	12.86	米脂县	Mizhi	15.94	15.58
延川县	Yanchuan	17.10	17.18	佳 县	Jiaxian	18.98	17.83
子长县	Zichang	22.00	22.10	吴堡县	Wubu	6.49	6.45
志丹县	Zhidan	14.66	14.71	清涧县	Qingjian	12.89	12.40
吴起县	Wuqi	15.15	15.21	子洲县	Zizhou	17.03	16.87
甘泉县	Ganquan	7.93	7.97	神木市	Shenmu	46.34	47.12
富 县	Fuxian	15.69	15.76	**安康市**	**Ankang**	**265.60**	**266.10**
洛川县	Luochuan	22.96	23.06	汉滨区	Hanbin	87.87	88.04
宜川县	Yichuan	12.18	12.24	汉阴县	Hanyin	24.85	24.90
黄龙县	Huanglong	4.99	5.02	石泉县	Shiquan	17.29	17.32
黄陵县	Huangling	13.17	13.23	宁陕县	Ningshan	7.11	7.13
汉中市	**Hanzhong**	**344.63**	**344.93**	紫阳县	Ziyang	28.67	28.72
汉台区	Hantai	54.03	54.08	岚皋县	Langao	15.57	15.60
南郑区	Nanzheng	47.73	47.77	平利县	Pingli	19.49	19.53
城固县	Chenggu	47.20	47.24	镇坪县	Zhenping	5.15	5.16
洋 县	Yangxian	38.70	38.74	旬阳县	Xunyang	43.09	43.17
西乡县	Xixiang	34.46	34.50	白河县	Baihe	16.50	16.53
勉 县	Mianxian	39.37	39.40	**商洛市**	**Shangluo**	**237.17**	**238.13**
宁强县	Ningqiang	30.88	30.91	商州区	Shangzhou	53.86	54.08
略阳县	Lueyang	20.02	20.03	洛南县	Luonan	44.78	44.96
镇巴县	Zhenba	24.87	24.89	丹凤县	Danfeng	29.85	29.97
留坝县	Liuba	4.34	4.35	商南县	Shangnan	22.46	22.55
佛坪县	Foping	3.02	3.02	山阳县	Shanyang	42.66	42.83
榆林市	**Yulin**	**338.20**	**340.33**	镇安县	Zhen'an	27.90	28.01
榆阳区	Yuyang	65.37	66.20	柞水县	Zhashui	15.66	15.72
横山区	Hengshan	29.97	31.25	**杨凌示范区**	**Yangling**	**20.49**	**20.64**

注：本表各市、县(市、区)数据根据人口变动抽样调查结果评估推算。
a) Data of City and County (City and District) in the table are estimated from the annual national sample surveys on population changes.

4-7 各市、县(市、区)总户数和户籍人口数(2017年)
Total Households and Population by City and County (City and District)(2017)

地　区	Region	总户数(户) Total Households (household)	户籍总人口(人) TotalP opulation (person)	男 Male	女 Female
全　省	**Shaanxi**	**13002514**	**39760500**	**20500130**	**19260370**
西安市	**Xi'an**	**2676812**	**8450861**	**4249769**	**4201092**
新城区	Xincheng	174655	496906	249747	247159
碑林区	Beilin	219159	679588	340732	338856
莲湖区	Lianhu	243094	669708	333475	336233
灞桥区	Baqiao	186818	563960	276463	287497
未央区	Weiyang	234973	685819	339140	346679
雁塔区	Yanta	324594	950259	469893	480366
阎良区	Yanliang	81574	266256	133341	132915
临潼区	Lintong	211997	717208	362355	354853
长安区	Chang'an	342977	1121824	557423	564401
高陵区	Gaoling	105924	339231	168200	171031
鄠邑区	Huxian	180565	612746	314756	297990
蓝田县	Lantian	191773	656049	340223	315826
周至县	Zhouzhi	178709	691307	364021	327286
铜川市	**Tongchuan**	**281714**	**825849**	**426071**	**399778**
王益区	Wangyi	69863	190522	96662	93860
印台区	Yintai	70153	202414	105553	96861
耀州区	Yaozhou	109737	341223	175190	166033
宜君县	Yijun	31961	91690	48666	43024
宝鸡市	**Baoji**	**1149124**	**3814338**	**1969390**	**1844948**
渭滨区	Weibin	148394	427117	214445	212672
金台区	Jintai	128661	369803	185533	184270
陈仓区	Chencang	165839	604832	314526	290306
凤翔县	Fengxiang	156015	525895	271016	254879
岐山县	Qishan	137847	470897	243037	227860
扶风县	Fufeng	119479	449161	235304	213857
眉　县	Meixian	93444	328055	169932	158123
陇　县	Longxian	80789	273297	143598	129699
千阳县	Qianyang	42152	134676	70612	64064
麟游县	Linyou	27061	86875	46015	40860
凤　县	Fengxian	32514	94825	49440	45385
太白县	Taibai	16929	48905	25932	22973
咸阳市	**Xianyang**	**1573669**	**5285683**	**2730920**	**2554763**
秦都区	Qindu	168081	521735	261327	260408
渭城区	Weicheng	129776	424469	212682	211787
三原县	Sanyuan	135501	416035	210100	205935
泾阳县	Jingyang	149718	528610	266878	261732
乾　县	Qianxian	170829	599572	316231	283341
礼泉县	Liquan	148642	482695	251919	230776

注：本表为公安部门统计数。
a) Data in this table are obtained from the annual reports of the bureau of public secruity.

4-7 续表 1 continued

地 区	Region	总户数 (户) Total Households (household)	户籍总人口 (人) TotalP opulation (person)	男 Male	女 Female
永寿县	Yongshou	59593	207874	109341	98533
彬 县	Binxian	100110	366840	193417	173423
长武县	Changwu	60578	188202	98818	89384
旬邑县	Xunyi	89581	295571	156652	138919
淳化县	Chunhua	63749	195997	102238	93759
武功县	Wugong	132073	447163	232667	214496
兴平市	Xingping	165438	610920	318650	292270
渭南市	**Weinan**	**1734215**	**5563903**	**2827532**	**2736371**
临渭区	Linwei	318487	964321	486549	477772
华州区	Huazhou	111807	338257	172306	165951
潼关县	Tongguan	52653	154813	78991	75822
大荔县	Dali	208486	730223	368513	361710
合阳县	Heyang	140167	452578	229414	223164
澄城县	Chengcheng	129661	391355	199595	191760
蒲城县	Pucheng	217278	791864	401657	390207
白水县	Baishui	97412	285742	148530	137212
富平县	Fuping	240226	800733	406916	393817
韩城市	Hancheng	134302	402393	206781	195612
华阴市	Huayin	83736	251624	128280	123344
延安市	**Yan'an**	**874016**	**2376134**	**1230934**	**1145200**
宝塔区	Baota	183472	481242	242031	239211
安塞区	Ansai	68701	197488	102778	94710
延长县	Yanchang	61651	156110	81893	74217
延川县	Yanchuan	72899	191165	99758	91407
子长县	Zichang	93620	269908	140474	129434
志丹县	Zhidan	59786	161875	83989	77886
吴起县	Wuqi	52451	145990	76162	69828
甘泉县	Ganquan	34669	89592	46639	42953
富 县	Fuxian	53873	158508	82781	75727
洛川县	Luochuan	77672	223693	117479	106214
宜川县	Yichuan	48224	124969	66010	58959
黄龙县	Huanglong	19510	50015	26284	23731
黄陵县	Huangling	47488	125579	64656	60923
汉中市	**Hanzhong**	**1384601**	**3818495**	**1984256**	**1834239**
汉台区	Hantai	213682	565603	282529	283074
南郑区	Nanzheng	200701	563879	290555	273324
城固县	Chenggu	210700	543784	279711	264073
洋 县	Yangxian	163903	448829	237440	211389
西乡县	Xixiang	157031	415072	219537	195535
勉 县	Mianxian	144928	414481	212857	201624
宁强县	Ningqiang	113035	326273	171159	155114

4-7 续表 2 continued

地 区	Region	总户数 (户) Total Households (household)	户籍总人口 (人) TotalP opulation (person)	男 Male	女 Female
略阳县	Lueyang	63948	183462	97756	85706
镇巴县	Zhenba	89527	282107	152603	129504
留坝县	Liuba	15258	42233	22450	19783
佛坪县	Foping	11888	32772	17659	15113
榆林市	**Yulin**	**1359456**	**3850373**	**2014729**	**1835644**
榆阳区	Yuyang	227450	595181	302505	292676
横山区	Hengshan	110357	381754	199730	182024
府谷县	Fugu	95713	249811	131675	118136
靖边县	Jingbian	106460	359936	186252	173684
定边县	Dingbian	100577	355713	187542	168171
绥德县	Suide	140032	359281	188197	171084
米脂县	Mizhi	82087	223956	117452	106504
佳 县	Jiaxian	104587	269748	143485	126263
吴堡县	Wubu	34819	84179	44014	40165
清涧县	Qingjian	67594	217221	116761	100460
子洲县	Zizhou	115734	303881	162266	141615
神木市	Shenmu	174046	449712	234850	214862
安康市	**Ankang**	**1064358**	**3050182**	**1630014**	**1420168**
汉滨区	Hanbin	350422	1012818	535926	476892
汉阴县	Hanyin	105479	312110	167876	144234
石泉县	Shiquan	72155	183309	98219	85090
宁陕县	Ningshan	27511	72346	38375	33971
紫阳县	Ziyang	111143	336624	182163	154461
岚皋县	Langao	55242	168163	90947	77216
平利县	Pingli	100249	232392	124785	107607
镇坪县	Zhenping	22323	59335	31400	27935
旬阳县	Xunyang	151421	457861	243697	214164
白河县	Baihe	68413	215224	116626	98598
商洛市	**Shangluo**	**852038**	**2533318**	**1339427**	**1193891**
商州区	Shangzhou	187256	564767	296915	267852
洛南县	Luonan	151697	462192	242273	219919
丹凤县	Danfeng	101363	316119	166645	149474
商南县	Shangnan	94833	249439	130693	118746
山阳县	Shanyang	154831	471959	251650	220309
镇安县	Zhen'an	102578	304969	163716	141253
柞水县	Zhashui	59480	163873	87535	76338
杨凌示范区	**Yangling**	**52511**	**191364**	**97088**	**94276**

主要统计指标解释

人口数 指一定时点、一定地区范围内有生命的个人总和。

年度统计的年末人口数指每年 12 月 31 日 24 时的人口数。年度统计的全国人口总数内未包括香港、澳门特别行政区和台湾省以及海外华侨人数。

城镇人口和乡村人口 城镇人口是指居住在城镇范围内的全部常住人口；乡村人口是除上述人口以外的全部人口。

出生率(又称粗出生率) 指在一定时期内(通常为一年)一定地区的出生人数与同期内平均人数(或期中人数)之比，用千分率表示。本资料中的出生率指年出生率，其计算公式为:

$$出生率=\frac{年出生人数}{年平均人数}\times 1000‰$$

式中: 出生人数指活产婴儿，即胎儿脱离母体时(不管怀孕月数)，有过呼吸或其他生命现象。年平均人数指年初、年底人口数的平均数，也可用年中人口数代替。

死亡率(又称粗死亡率) 指在一定时期内(通常为一年)一定地区的死亡人数与同期内平均人数(或期中人数)之比，用千分率表示。本资料中的死亡率指年死亡率，其计算公式为:

$$死亡率=\frac{年死亡人数}{年平均人数}\times 1000‰$$

人口自然增长率 指在一定时期内(通常为一年)人口自然增加数(出生人数减死亡人数)与该时期内平均人数(或期中人数)之比，用千分率表示。计算公式为:

$$人口自然增长率=\frac{本年出生人数-本年死亡人数}{年平均人数}\times 1000‰$$
$$=人口出生率-人口死亡率$$

总抚养比 也称总负担系数。指人口总体中非劳动年龄人口数与劳动年龄人口数之比。通常用百分比表示。说明每 100 名劳动年龄人口大致要负担多少名非劳动年龄人口。用于从人口角度反映人口与经济发展的基本关系。计算公式为:

$$GDR=\frac{P_{0\sim14}+P_{65^+}}{P_{15\sim64}}\times 100\%$$

其中: GDR 为总抚养比;

$P_{0\sim14}$ 为 0 ~ 14 岁少年儿童人口数;

P_{65^+} 为 65 岁及 65 岁以上的老年人口数;

$P_{15\sim64}$ 为 15 ~ 64 岁劳动年龄人口数。

老年人口抚养比 也称老年人口抚养系数。指某一人口中老年人口数与劳动年龄人口数之比。通常用百分比表示。用以表明每 100 名劳动年龄人口要负担多少名老年人。老年人口抚养比是从经济角度反映人口老化社会后果的指标之一。计算公式为:

$$ODR=\frac{P_{65^+}}{P_{15\sim64}}\times 100\%$$

其中: ODR 为老年人口抚养比;

P_{65^+} 为 65 岁及 65 岁以上的老年人口数;

$P_{15\sim64}$ 为 15 ~ 64 岁的劳动年龄人口数。

少年儿童抚养比 也称少年儿童抚养系数。指某一人口中少年儿童人口数与劳动年龄人口数之比。通常用百分比表示。以反映每 100 名劳动年龄人口要负担多少名少年儿童。计算公式为:

$$CDR=\frac{P_{0\sim14}}{P_{15\sim64}}\times 100\%$$

其中: CDR 为少年儿童抚养比;

$P_{0\sim14}$ 为 0 ~ 14 岁少年儿童人口数;

$P_{15\sim64}$ 为 15 ~ 64 岁劳动年龄人口数。

Explanatory Notes on Main Statistical Indicators

Total Population refers to the total number of people alive at a certain point of time within a given area.

The annual statistics on total population is taken at midnight, the 31st of December, not including residents in Taiwan province, Hong Kong SAR and Macao SAR and Chinese national residing abroad.

Urban Population and Rural Population Urban population refers to all people residing in cities and towns, while rural population refers to population other than urban population.

Birth Rate (or Crude Birth Rate) refers to the ratio of the number of births to the average population (or mid-period population) during a certain period of time (usually a year), expressed in ‰. Birth rate in the chapter refers to annual birth rate. The following formula is used:

$$\text{Birth Rate} = \frac{\text{Number of Births}}{\text{Annual Average Population}} \times 1000‰$$

Number of births in the formula refers to live births, i.e. when a baby has breathed or showed any vital phenomena regardless of the length of pregnancy.

Annual average population is the average of the number of population at the beginning of the year and that at the end of the year. Sometimes it is substituted by the mid-year population.

Death Rate (or Crude Death Rate) refers to the ratio of the number of deaths to the average population (or mid-period population) during a certain period of time (usually a year), expressed in ‰. Death rate in the chapter refers to annual death rate. The following formula is used:

$$\text{Death Rate} = \frac{\text{Number of Deaths}}{\text{Annual Average Population}} \times 1000‰$$

Natural Growth Rate of Population refers to the ratio of natural increase in population (number of births minus number of deaths) in a certain period of time (usually a year) to the average population (or mid-period population) of the same period, expressed in ‰. The following formula is applied:

$$\text{Natural Growth Rate of Population} = \frac{\text{Number of Births - Number of Deaths}}{\text{Annual Average Population}} \times 1000‰$$

Natural Growth Rate of Population = Birth Rate-Death Rate

Gross Dependency Ratio also called gross dependency coefficient, refers to the ratio of non-working-age population to the working-age population, express in %. Describing in general the number of non-working-age population that every 100 people at working ages will take care of, this indicator reflects the basic relation between population and economic development from the demographic perspective. The gross dependency ratio is calculated with the following formula:

$$GDR = \frac{P_{0\sim14} + P_{65^+}}{P_{15\sim64}} \times 100\%$$

Where: GDR is the gross dependency ratio,

P_{0-14} is the population of children aged 0-14,

P_{65+} is the elderly population aged 65 and over, and

P_{15-64} is the working-age population aged 15-64.

Old Dependency Ratio also called old dependency coefficient, refers to the ratio of the elderly population to the working-age population, express in %. It describes the number of the elderly population that every 100 people at working ages will take care of. Old dependency ratio is one of the indicators reflecting the social implication of population aging from the economic perspective. The old dependency ratio is calculated with the following formula:

$$ODR = \frac{P_{65^+}}{P_{15\sim64}} \times 100\%$$

Where: ODR is the old dependency ratio,

P_{65+} is the elderly population aged 65 and over, and

P_{15-64} is the working-age population aged 15-64.

Children Dependency Ratio also called children dependency coefficient, refers to the ratio of the children population to the working-age population, express in %. It describes the number of children population that every 100 people at working ages will take care of. The children dependency ratio is calculated with the following formula:

$$CDR = \frac{P_{0\sim14}}{P_{15\sim64}} \times 100\%$$

Where: CDR is the children dependency ratio,

P_{0-14} is the children population aged 0-14, and

P_{15-64} is the working-age population aged 15-64.

五、就业和工资

Employment and Wages

资料整理：张　峰　任育凯

简 要 说 明

一、本篇资料反映陕西劳动就业与工资的基本情况。主要内容包括全社会就业人员数、城镇非私营单位就业人员数、城镇私营企业和个体工商业就业人数、城镇非私营单位就业人员工资、城镇私营单位就业人员工资、城镇登记失业率、社会保障情况等。

二、本篇资料中，城镇登记失业人数及失业率、社会保障情况、城镇私营及个体就业人员资料由省人力资源和社会保障厅、省民政厅、省工商行政管理局等部门提供并加工整理。

三、统计范围和调查方法

1. 城镇非私营单位：指城镇地区全部非私营法人单位，具体包括国有单位、城镇集体单位、联营经济、股份制经济、外商投资经济、港澳台投资经济等单位。工资统计是统计单位的就业人员，个体就业人员、自由职业者等非单位就业人员不在工资统计范围内。对城镇非私营单位工资统计采用全面调查的方法。

2. 城镇私营单位：主要是指在内资法人单位中由自然人投资设立或由自然人控股，以雇佣劳动为基础的营利性经济组织，包括按照《公司法》、《合伙企业法》、《私营企业暂行条例》规定登记注册的私营有限责任公司、私营股份有限公司、私营合伙企业和私营独资企业。对城镇私营单位工资统计采用全面调查和抽样调查相结合的方法。

Brief Introduction

Ⅰ. This chapter reflects the basic conditions of labour employment and wages of Shaanxi Province, mainly including the number of all employed persons, number of urban non-private units, number of urban private enterprise and private industry and commerce, wages of urban non-private units employed persons, wages of urban private enterprise employed persons, registered urban unemployment rate, the social security situation and etc.

Ⅱ. The data on registered urban unemployment and unemployment rate, social security, number of the persons employed in urban private enterprises and self-employed persons in industry and commerce are processed and prepared from figures provided by Shaanxi Provincial Department of Labour and Social Security, Shaanxi Provincial Department of Civil Affairs, Shaanxi Provincial Administration for Industry and Commerce and etc.

Ⅲ. The Statistical Coverage and Investigation Methods

a) The urban non-private units: are all non-private legal units in urban area, including state-owned units, urban collective-owned units, joint ownership units, cooperative units, foreign funded units and units with funds from Hong Kong, Macao & Taiwan etc. Wage of employed persons in urban non-private units are the persons employed in those units, except self-employed and freelancers. The investigation method of Wage of employed persons in urban non-private units is comprehensive survey.

b) The Urban private units: are established by natural person or controlled by natural person in legal units invested by domestic, are for-profit units based on wage-labor, including private limited liability corporations, private share holding corporations Ltd., partnership corporations and private sole proprietorship corporations registered in accordance with the "company law", "partnership enterprise law" and "Provisional Regulations". The investigation method of Wage of employed persons in urban private units is combined with comprehensive survey and sampling survey.

5.就业和工资

2017 年全省			
年底就业人员	2072	万人	
# 城镇非私营单位在岗职工	472	万人	
城镇非私营单位就业人员平均工资	65181	元	比上年增长 9.3%
城镇私营单位就业人员平均工资	37472	元	比上年增长 5.0%
城镇登记失业率	3.28	%	

在岗职工年末人数（万人）

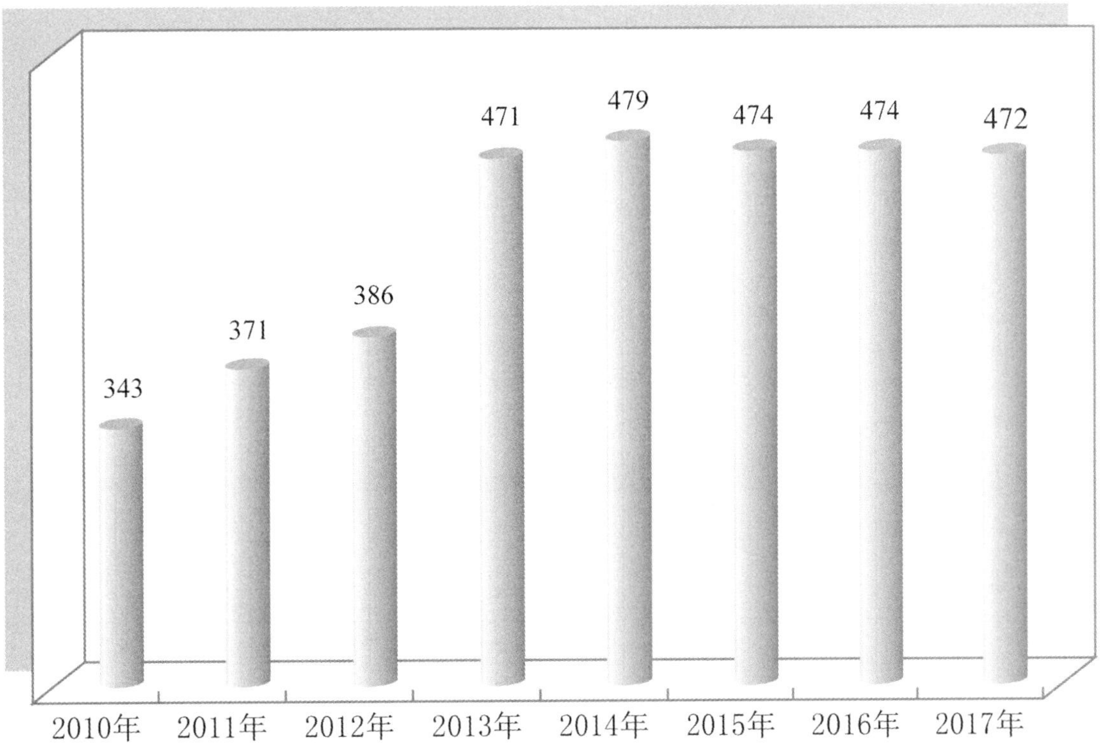

5-1 就业人员人数

Number of Employed Persons

单位：万人　　　　　　　　　　　　　　　　　　　　　　　　　　　　　(10 000 persons)

年 份 Year	就业人员 人数 Number of Employed Persons	第一产业 Primary Industry	第二产业 Secondary Industry	第三产业 Tertiary Industry	年末职工 人数 Number of Staff & Workers at Year-end	#国有单位 State-owned Units	#城镇集体单位 Urban Collective-owned Units	其他就业人员 Others	城镇私营及个体就业人员 Employed Persons in Private Enterprises, Self-employed Individuals in Urban Areas	乡村就业人员 Rural Employed Persons
1978	1078	766	193	119	257	222	35		…	821
1979	1105	794	191	120	264	225	40			840
1980	1158	831	199	128	282	239	43		1	875
1981	1202	874	188	140	297	250	47		2	903
1982	1250	904	198	148	309	258	50		3	939
1983	1285	925	199	161	312	261	51		4	969
1984	1337	936	217	184	324	260	63		7	1007
1985	1375	888	287	200	337	271	65		9	1029
1986	1409	874	303	232	350	282	67		10	1049
1987	1449	905	311	233	358	289	68		14	1077
1988	1494	950	299	245	366	298	68		15	1112
1989	1529	973	298	258	374	304	68		17	1138
1990	1576	1010	302	264	379	311	67		17	1180
1991	1640	1054	314	272	390	321	68		18	1232
1992	1672	1069	321	283	395	326	67		19	1258
1993	1708	1061	335	312	398	326	66	14	24	1272
1994	1720	1055	333	332	392	327	60	13	32	1283
1995	1748	1056	341	351	395	333	56	13	42	1298
1996	1776	1053	341	382	398	336	54	11	59	1308
1997	1792	1053	339	400	396	335	52	11	63	1322
1998	1788	1055	300	433	335	270	36	12	99	1342
1999	1808	1052	304	452	335	271	32	11	109	1353
2000	1813	1010	299	504	328	265	29	9	133	1343
2001	1785	994	297	494	324	258	27	9	118	1333
2002	1874	1003	308	563	322	253	25	10	179	1363
2003	1912	997	364	551	319	246	23	11	185	1397
2004	1941	965	361	615	319	243	22	13	184	1425
2005	1976	957	368	651	323	242	21	11	205	1437
2006	1986	956	375	655	324	247	21	11	227	1425
2007	2013	933	401	679	331	240	19	11	257	1414
2008	2039	909	420	710	332	240	19	12	275	1420
2009	2060	876	493	691	335	233	16	17	282	1425
2010	2074	856	561	657	343	239	14	22	333	1376
2011	2059	824	585	650	371	251	14	22	359	1307
2012	2061	797	298	458	386	272	15	25	351	1298
2013	2058	779	322	475	471	223	18	35	297	1256
2014	2067	782	335	528	479	229	17	37	355	1196
2015	2071	789	335	615	474	224	15	38	449	1111
2016	2073	791	338	654	474	224	16	37	494	1068
2017	2072	790	347	698	472	217	15	39	550	1011

注：1.本表职工人数1998年及以后为在岗职工(含劳务派遣人员)数，其他就业人员指非私营单位中除在岗职工以外的就业人员。
　　2.由于统计制度变化，2012年及以后二、三产业中未含乡村就业人员。

a) Data in this table refer to number of staff and workers including labor dispatch personnel since 1998,and other employees refer to the employees in non-private units other than those on duty.

b) Number of employed persons in secondary industry and tertiary industry does not include rural employed persons because of the statistical system since 2012.

5-2 分行业就业人员人数(2017年)
Number of Employed Persons by Sector (2017)

单位：万人 (10 000 persons)

行　业	Sector	合 计 Total	国有单位 State-owned Units	城镇集体单位 Urban Collective-owned Units	其他单位 Units of Other Types of Ownership	私营企业 Private Enterprises	城镇个体 Urban Self-employed Individuals	乡村就业人员 Rural Employed Persons
总　计	**Total**	**2071.7**	**231.5**	**15.8**	**263.1**	**227.0**	**323.2**	**1011.1**
第一产业	Primary Industry	789.7	2.1	0.03	0.1	5.1	8.9	773.5
农、林、牧、渔业	Agriculture, Forestry, Animal Husbandry and Fishery	789.7	2.1	0.03	0.1	5.1	8.9	773.5
第二产业	Secondary Industry	346.5	36.8	10.5	160.8	119.9	18.5	
采矿业	Mining	43.1	5.3	0.3	29.2	8.0	0.4	
制造业	Manufacturing	178.8	20.0	3.2	77.0	62.5	16.0	
电力、燃气及水生产和供应业	Production and Distribution of Electricity,Gas and Water	14.2	5.7	0.1	7.0	1.4	0.1	
建筑业	Construction	110.3	5.8	7.0	47.6	48.0	2.0	
第三产业	Tertiary Industry	697.9	192.6	5.2	102.2	102.0	295.8	
批发和零售业	Wholesale and Retail Trades	212.2	3.0	0.8	22.8	33.2	152.3	
交通运输、仓储和邮政业	Traffic, Transport, Storage and Post	43.8	17.9	0.4	9.7	6.8	9.1	
住宿和餐饮业	Hotels and Catering Services	101.4	0.9	0.1	9.1	12.5	78.8	
信息传输、软件和信息技术服务业	Information Transmission, Software and Information Services	20.0	0.5	0.01	11.0	5.7	2.7	
金融业	Financial Intermediation	23.0	4.2	1.6	16.6	0.6	0.02	
房地产业	Real Estate	22.3	1.3	0.1	10.4	10.0	0.50	
租赁和商务服务业	Leasing and Business Services	21.1	1.5	0.8	6.7	9.0	3.1	
科学研究和技术服务业	Scientific Research, Technology Services	24.6	13.6	0.1	5.0	5.1	0.8	
水利、环境和公共设施管理业	Management of Water Conservancy, Environment and Public Facilities	11.6	7.7	0.1	2.1	1.6	0.1	
居民服务、修理和其他服务业	Residents Service, Repair and other Services	49.5	0.5	0.1	0.9	3.6	44.4	
教　育	Education	60.7	52.0	0.3	3.3	4.7	0.4	
卫生和社会工作	Health, Social Work	35.2	25.0	0.9	2.2	6.2	0.9	
文化、体育和娱乐业	Culture, Sports and Entertainment	11.2	3.2	0.0	2.3	3.1	2.5	
公共管理、社会保障和社会组织	Public Management, Social Security and Social Organization	61.3	61.1	0.0	0.1		0.1	

注：本表第二、三产业就业人员中未含乡村就业人员。

a) Data in this table Number of employed persons in secondary industry and tertiary Industry does not include rural employed persons.

5-3 城镇非私营单位企业、事业、机关人数和工资(2017年)
Persons and Wages of Urban Non-private Enterprises, Institutions and State Organs (2017)

指　标	Item	合 计 Total	企 业 Enterprises	事 业 Institutions	机 关 Agencies & Organizations	民间非盈利组织 Civil Non-profit Organization	其 他 Others
一、就业人员年末人数 (人)	Employed Persons in Urban Units at Year-end (person)	5103881	3483936	1088644	509615	10554	11132
# 女 性	Female	1863315	1131782	561157	157778	6101	6497
# 在岗职工及劳务派遣人员人数	Number of Staff and Workers including Labor Dispatch Personnel	4715625	3198388	1022081	474318	10114	10724
1.国有单位	State-owned Units	2175195	690995	1006782	474005	1147	2266
2.集体单位	Urban Collective-owned Units	149716	138816	9288	32	268	1312
3.其他单位	Units of Other Types of Ownership	2390714	2368577	6011	281	8699	7146
二、就业人员工资总额 (万元)	Earning of Employed Persons in Urban Units (10 000 yuan)	33104853	22622071	7147090.9	3230892	43800	60999
# 在岗职工及劳务派遣人员工资总额	Number of Staff and Workers including Labor Dispatch Personnel	31710259	21485539	6978886	3143354	42951	59528
三、就业人员平均工资 (元)	Average Earning of Employed Persons in Urban Units (yuan)	65181	65368	65543	63785	42832	55539
四、在岗职工及劳务派遣人员平均工资 (元)	Average Wage of Staff and Workers (yuan)	67433	67458	68083	66572	43922	56774
1.国有单位	State-owned Units	69281	72707	68162	66578	72356	59602
2.集体单位	Urban Collective-owned Units	54549	54288	58526	63969	43172	55322
3.其他单位	Units of Other Types of Ownership	66518	66637	69705	55857	40026	56176

5-4　城镇非私营单位分行业就业人员年末人数(2017年)
Number of Fully Employed Staff and Workers in Urban Non-private Units at Year-end by Sector (2017)

单位：人　　(person)

行　　业	Sector	年末人数 Number at Year-end	国有单位 State-owned Units	城镇集体单位 Urban Collective-owned Units	其他单位 Units of Other Types of Ownership
总　　计	**Total**	**5103881**	**2314923**	**157934**	**2631024**
农、林、牧、渔业	Agriculture, Forestry, Animal Husbandry and Fishery	22314	20956	337	1021
采矿业	Mining	347153	53106	2524	291523
制造业	Manufacturing	1002236	200162	32172	769902
电力、燃气及水生产和供应业	Production and Distribution of Electricity, Gas and Water	127576	56845	1018	69713
建筑业	Construction	603581	57640	69572	476369
批发和零售业	Wholesale and Retail Trades	266355	30350	8182	227823
交通运输、仓储和邮政业	Traffic, Transport, Storage and Post	279550	178876	3647	97027
住宿和餐饮业	Hotels and Catering Services	101078	9063	822	91193
信息传输、软件和信息技术服务业	Information Transmission, Software and Information Services	115752	5449	58	110245
金融业	Financial Intermediation	224008	42012	16113	165883
房地产业	Real Estate	117534	13220	808	103506
租赁和商务服务业	Leasing and Business Services	89853	14620	8257	66976
科学研究和技术服务业	Scientific Research, Technology Services	187137	135983	1425	49729
水利、环境和公共设施管理业	Management of Water Conservancy, Environment and Public Facilities	98808	76921	545	21342
居民服务、修理和其他服务业	Residents Service, Repair and other Services	15124	5431	696	8997
教　育	Education	556297	520376	2530	33391
卫生和社会工作	Health, Social Work	281222	250470	8652	22100
文化、体育和娱乐业	Culture, Sports and Entertainment	56049	32322	442	23285
公共管理、社会保障和社会组织	Public Management, Social Security and Social Organization	612254	611121	134	999

5-5 各市(区)城镇非私营单位就业人员年末人数(2017年)
Number of Fully Employed Staff and Workers in Urban Non-private Units at Year-end by City(District)(2017)

单位：人 (person)

地区	Region	总计 Total	国有单位 State-owned Units	城镇集体单位 Urban Collective-owned Units	其他单位 Others	#港澳台投资 Funds from Hong Kong, Macao & Taiwan	#外商投资 Foreign Funded
全省	**Shaanxi**	**5103881**	**2314923**	**157934**	**2631024**	**79777**	**95709**
西安市	Xi'an	1906557	749958	46388	1110211	64201	70397
铜川市	Tongchuan	112739	47856	2422	62461		683
宝鸡市	Baoji	411981	154733	23231	234017	2510	7195
咸阳市	Xianyang	478807	226468	29066	223273	7316	7536
渭南市	Weinan	462547	234699	9405	218443	645	3287
延安市	Yan'an	333459	163037	7933	162489	943	1217
汉中市	Hanzhong	302168	153358	18606	130204	2192	1491
榆林市	Yulin	435957	219149	7684	209124	304	1689
安康市	Ankang	197809	106100	4408	87301	1562	268
商洛市	Shangluo	205282	106329	8762	90191		841
杨凌示范区	Yangling	47561	16384	29	31148	104	1105

注：全省数据含省级直报单位。
a) The data of Shaanxi is include the direct reporting organization.

5-6 城镇非私营单位就业人员年末人数和工资
Total Persons and Wages of Employed Staff and Workers in Urban Non-private Units

指标	Item	年末人数(人) Number of Staff and Workers (person) 2016	2017	工资总额(万元) Total Wages Bill (10 000 yuan) 2016	2017	平均工资(元) Average Wage (yuan) 2016	2017
总计	**Total**	**5113878**	**5103881**	**30512709**	**33104853**	**59637**	**65181**
国有单位	State-owned Units	2377735	2314923	14607581	15597644	60749	67001
集体单位	Urban Collective-owned Units	166848	157934	787902	831894	48246	53547
其他单位	Units of Other Types of Ownership	2569295	2631024	15117226	16675314	59317	64246
(一)内资	Domestic Funds	2392222	2455538	13916774	15409336	58600	63550
1.股份合作制	Cooperative	16122	15791	84570	94399	50854	57049
2.联营	Joint Ownership	7915	4433	43432	31375	55130	71323
3.有限责任公司	Limited Liability Corporations	1861683	1915477	10450317	11651096	56650	61731
4.股份有限公司	Share-holding Corporations Ltd.	457137	467783	3144485	3398771	68711	73085
5.其它	Others	49365	52054	193971	233695	40377	45481
(二)港、澳、台投资	Funds from Hong Kong, Macao & Taiwan	78564	79777	433064	452827	56824	59113
(三)外商投资	Foreign Funded	98509	95709	767387	813151	78733	86337

5-7 职工平均工资和指数
Average Wage of Staff and Workers and Related Indices

年 份 Year	平均工资(元) Average Wage (yuan)	# 国有单位 State-owned Units	# 城镇集体单位 Urban Collective-owned Units	指数(1978年=100) Indices (1978 year=100) 平均货币工资 Average Wage	# 国有单位 State-owned Units	# 城镇集体单位 Urban Collective-owned Units	平均实际工资 Average Real Wage	# 国有单位 State-owned Units	# 城镇集体单位 Urban Collective-owned Units
1978	654	669	558	100.0	100.0	100.0	100.0	100.0	100.0
1979	705	728	570	107.8	108.8	102.2	106.3	107.3	100.7
1980	785	811	636	120.0	121.2	114.0	112.3	113.4	106.6
1981	780	812	609	119.3	121.4	109.1	107.7	109.6	98.6
1982	797	831	619	121.9	124.2	110.9	109.1	111.2	99.3
1983	824	857	652	126.0	128.1	116.8	111.0	112.9	102.9
1984	973	1024	757	148.8	153.1	135.7	126.7	130.4	115.6
1985	1122	1182	869	171.6	176.7	155.7	135.8	139.9	123.3
1986	1291	1363	987	197.4	203.7	176.9	146.7	151.4	131.4
1987	1409	1493	1054	215.4	223.2	188.9	146.6	151.8	128.5
1988	1680	1788	1206	256.9	267.3	216.2	145.5	151.4	122.5
1989	1856	1975	1319	283.8	295.2	236.4	136.7	142.2	113.9
1990	2042	2174	1425	312.2	325.0	255.4	146.6	152.6	119.9
1991	2198	2332	1554	336.1	348.6	278.5	147.1	152.6	121.9
1992	2434	2594	1634	372.2	387.7	292.8	146.5	152.6	115.2
1993	2890	3077	1918	441.9	459.9	343.7	152.5	158.8	118.6
1994	3803	4050	2299	581.5	605.4	412.0	156.6	163.0	110.9
1995	4396	4639	2795	672.2	693.4	500.9	153.4	158.2	114.3
1996	4882	5142	3082	746.5	768.6	552.3	154.4	159.0	114.3
1997	5184	5452	3177	792.7	814.9	569.4	155.9	160.2	111.9
1998	6029	6257	3823	921.9	935.3	685.1	185.5	188.2	137.9
1999	6931	7162	4318	1059.8	1070.6	773.8	219.4	221.6	160.2
2000	7804	8043	4920	1193.3	1202.2	881.7	246.3	248.2	182.0
2001	9120	9440	5293	1394.5	1411.1	948.6	287.6	291.0	195.6
2002	10351	10700	6080	1582.7	1599.4	1089.6	332.4	335.9	228.8
2003	11461	11833	6858	1752.4	1768.8	1229.0	365.1	368.5	256.0
2004	13024	13333	7373	1991.4	1992.9	1321.3	402.8	403.1	267.2
2005	14796	15223	7926	2262.3	2275.5	1420.4	453.5	456.1	284.7
2006	16918	17139	9086	2586.8	2561.9	1628.3	507.9	502.5	319.4
2007	21296	21653	11289	3256.3	3236.6	2023.1	607.7	603.5	377.2
2008	25942	26516	13523	3966.7	3963.5	2423.5	697.1	695.9	425.5
2009	30185	31537	16415	4615.4	4710.1	2941.8	810.3	827.6	516.5
2010	34299	35495	20650	5244.5	5305.7	3700.7	887.9	898.2	626.5
2011	39043	41291	27336	5969.9	6172.0	4898.9	956.2	988.6	784.7
2012	44330	46810	33142	6778.3	6997.0	5939.4	1058.2	1092.3	927.2
2013	48853	49815	39141	7469.9	7446.1	7014.6	1134.4	1130.8	1065.2
2014	52119	51919	43562	7969.3	7760.7	7806.8	1191.2	1160.0	1166.8
2015	56896	57592	46528	8699.7	8608.7	8338.4	1288.8	1275.3	1235.2
2016	61626	62689	49239	9422.9	9370.6	8824.2	1378.0	1370.3	1290.4
2017	67433	69281	54549	10310.9	10355.9	9775.8	1484.1	1490.6	1407.0

注：本表不含城镇私营单位和个体，1998年及以后数据为在岗职工平均工资，指数据此推算。

a) Data in this table do not include urban private enterprises and self-employed individuals. The data refer to average wage of fully employed staff and workers since 1998 and the indices was calculated on it.

5-8 城镇非私营单位就业人员分行业工资总额(2017年)
Earnings of Employed Persons by Sector in Urban Non-private Units (2017)

单位：万元　(10 000 yuan)

行业	Sector	工资总额 Total Wages Bill	国有单位 State-owned Units	城镇集体单位 Urban Collective-owned Units	其他单位 Others
总计	**Total**	**33104853**	**15597644**	**831894**	**16675314**
农、林、牧、渔业	Agriculture, Forestry, Animal Husbandry and Fishery	111905	106311	1783	3811
采矿业	Mining	2723289	384008	14914	2324366
制造业	Manufacturing	6065217	1376634	204778	4483804
电力、燃气及水生产和供应业	Production and Distribution of Electricity, Gas and Water	989139	396674	7214	585251
建筑业	Construction	3171374	262228	298890	2610256
批发和零售业	Wholesale and Retail Trades	1283624	190525	24548	1068552
交通运输、仓储和邮政业	Traffic, Transport, Storage and Post	2021151	1418186	19436	583529
住宿和餐饮业	Hotels and Catering Services	365003	35108	2459	327435
信息传输、软件和信息技术服务业	Information Transmission, Software and Information Services	1533092	38363	169	1494560
金融业	Financial Intermediation	1896684	451920	146704	1298060
房地产业	Real Estate	605776	64249	3055	538472
租赁和商务服务业	Leasing and Business Services	426329	79170	30367	316791
科学研究和技术服务业	Scientific Research, Technology Services	1541292	1017224	10170	513898
水利、环境和公共设施管理业	Management of Water Conservancy, Environment and Public Facilities	425166	333665	2428	89073
居民服务、修理和其他服务业	Residents Service, Repair and other Services	58912	23900	2899	32113
教育	Education	3890380	3713423	14588	162369
卫生和社会工作	Health, Social Work	1875339	1718487	45108	111744
文化、体育和娱乐业	Culture, Sports and Entertainment	318724	192334	1747	124643
公共管理、社会保障和社会组织	Public Management, Social Security and Social Organization	3802459	3795235	635	6589

5-9 城镇非私营单位就业人员分行业平均工资(2017年)
Average Earnings of Employed Persons by Sector in Urban Non-private Units (2017)

单位：元 (yuan)

行业	Sector	平均工资 Average Wage	国有单位 State-owned Units	城镇集体单位 Urban Collective-owned Units	其他单位 Others
总　计	**Total**	**65181**	**67001**	**53547**	**64246**
农、林、牧、渔业	Agriculture, Forestry, Animal Husbandry and Fishery	50301	50901	52905	37216
采矿业	Mining	78103	71026	61425	79551
制造业	Manufacturing	59941	63119	64124	58856
电力、燃气及水生产和供应业	Production and Distribution of Electricity, Gas and Water	77998	70286	74222	84322
建筑业	Construction	54833	51261	44177	56799
批发和零售业	Wholesale and Retail Trades	48791	62892	30862	47526
交通运输、仓储和邮政业	Traffic, Transport, Storage and Post	72962	79861	52658	60949
住宿和餐饮业	Hotels and Catering Services	36703	38441	31051	36576
信息传输、软件和信息技术服务业	Information Transmission, Software and Information Services	130891	70624	28150	133879
金融业	Financial Intermediation	86024	111767	90917	79192
房地产业	Real Estate	51772	48051	38091	52363
租赁和商务服务业	Leasing and Business Services	48969	54563	36707	49285
科学研究和技术服务业	Scientific Research, Technology Services	79714	71666	71270	102808
水利、环境和公共设施管理业	Management of Water Conservancy, Environment and Public Facilities	43375	43589	44713	42558
居民服务、修理和其他服务业	Residents Service, Repair and other Services	38342	42136	42889	35614
教　育	Education	69575	70961	57913	48704
卫生和社会工作	Health, Social Work	66995	68845	52537	51447
文化、体育和娱乐业	Culture, Sports and Entertainment	57597	59882	39714	54721
公共管理、社会保障和社会组织	Public Management, Social Security and Social Organization	62485	62485	48815	64539

5-10 城镇非私营单位在岗职工(含劳务派遣)分行业平均工资(2017年) Average Wage of Employed Staff and Workers in Urban Non-private Units by Sector (2017)

单位：元 (yuan)

行业	Sector	平均工资 Average Wage	国有单位 State-owned Units	城镇集体单位 Urban Collective-owned Units	其他单位 Others
总　计	**Total**	**67433**	**69281**	**54549**	**66518**
农、林、牧、渔业	Agriculture, Forestry, Animal Husbandry and Fishery	51318	52001	53137	37218
采矿业	Mining	79275	75440	61494	80064
制造业	Manufacturing	60298	63618	65276	59130
电力、燃气及水生产和供应业	Production and Distribution of Electricity, Gas and Water	79068	70677	74073	86059
建筑业	Construction	55462	51512	44142	57760
批发和零售业	Wholesale and Retail Trades	49128	64523	31280	47702
交通运输、仓储和邮政业	Traffic, Transport, Storage and Post	74959	82093	53790	62384
住宿和餐饮业	Hotels and Catering Services	37280	38326	31541	37225
信息传输、软件和信息技术服务业	Information Transmission, Software and Information Services	132140	70989	28150	135182
金融业	Financial Intermediation	119953	115445	92022	127225
房地产业	Real Estate	52688	49667	38663	53170
租赁和商务服务业	Leasing and Business Services	50892	56022	37850	51481
科学研究和技术服务业	Scientific Research, Technology Services	81328	72963	72078	106070
水利、环境和公共设施管理业	Management of Water Conservancy, Environment and Public Facilities	47200	48433	45118	43291
居民服务、修理和其他服务业	Residents Service, Repair and other Services	38430	42178	45128	35460
教　育	Education	71306	72743	58077	49333
卫生和社会工作	Health, Social Work	69153	71001	57408	52493
文化、体育和娱乐业	Culture, Sports and Entertainment	59032	61212	40373	56239
公共管理、社会保障和社会组织	Public Management, Social Security and Social Organization	65412	65414	52094	65825

5-11 城镇私营单位分行业就业人员平均工资
Average Wage of Employed Persons in Urban Private Units by Sector

单位：元 (yuan)

行业	Sector	2014	2015	2016	2017
总计	**Total**	**30483**	**33220**	**35676**	**37472**
农、林、牧、渔业	Agriculture, Forestry, Animal Husbandry and Fishery	23228	22993	26255	27177
采矿业	Mining	36760	36772	40376	43956
制造业	Manufacturing	31542	33841	37044	38280
电力、燃气及水生产和供应业	Production and Distribution of Electricity, Gas and Water	29532	32714	34596	47416
建筑业	Construction	29540	33136	36002	37356
批发和零售业	Wholesale and Retail Trades	28568	31480	33577	34944
交通运输、仓储和邮政业	Traffic, Transport, Storage and Post	28968	31296	32903	36053
住宿和餐饮业	Hotels and Catering Services	24460	26799	28393	30042
信息传输、软件和信息技术服务业	Information Transmission, Software and Information Services	36580	42117	45439	55334
金融业	Financial Intermediation	33370	32253	35384	41766
房地产业	Real Estate	37493	37933	38328	39910
租赁和商务服务业	Leasing and Business Services	29915	37018	38768	41110
科学研究和技术服务业	Scientific Research, Technology Services	37802	42208	41934	45715
水利、环境和公共设施管理业	Management of Water Conservancy, Environment and Public Facilities	30534	30193	33887	35859
居民服务、修理和其他服务业	Residents Service, Repair and Other Services	25713	27793	28799	31436
教育	Education	29707	34863	35752	33977
卫生和社会工作	Health, Social Work	29447	32283	33505	35737
文化、体育和娱乐业	Culture, Sports and Entertainment	25549	28439	29999	31956

5-12 各市(区)城镇非私营单位就业人员工资总额(2017年)
Earnings of Employed Persons and Total Wages Bill of Fully Employed Staff in Urban Non-private Units by City(District)(2017)

单位：万元 (10 000 yuan)

地区	Region	就业人员工资总额 Total Wages Bill of Employed Persons	国有单位 State-owned Units	城镇集体单位 Urban Collective-owned Units	其他单位 Others	#港澳台投资 Funds from Hong Kong, Macao & Taiwan	#外商投资 Foreign Funded
全省	**Shaanxi**	**33104853**	**15597644**	**831894**	**16675314**	**452827**	**813151**
西安市	Xi'an	14489889	5981714	253415	8254759	371896	662959
铜川市	Tongchuan	603650	281660	8202	313788		3159
宝鸡市	Baoji	2272013	999921	129876	1142215	15173	35652
咸阳市	Xianyang	2441153	1222929	112914	1105310	35795	35801
渭南市	Weinan	2383866	1323641	39761	1020464	2566	15986
延安市	Yan'an	2116003	965694	42337	1107973	3618	17183
汉中市	Hanzhong	1689492	942338	129583	617572	11193	13043
榆林市	Yulin	2775094	1251514	50049	1473531	1758	15060
安康市	Ankang	1094086	696400	19211	378475	10548	1681
商洛市	Shangluo	953991	547566	46435	359990		6742
杨凌示范区	Yangling	255061	116821	112	138129	281	5886

注：全省数据含省级直报单位。下表同。
a) The data of Shaanxi is include the direct reporting organization. The same applies to the table following.

5-13 各市(区)城镇非私营单位就业人员平均工资(2017年)
Average Earnings of Employed Persons and Average Wage of Fully Employed Staff and Workers in Urban Non-private Units by City(District)(2017)

单位：元 (yuan)

地区	Region	就业人员平均工资 Average Wage of Employed Persons	国有单位 State-owned Units	城镇集体单位 Urban Collective-owned Units	其他单位 Others	#港澳台投资 Funds from Hong Kong, Macao & Taiwan	#外商投资 Foreign Funded
全省	**Shaanxi**	**65181**	**67001**	**53547**	**64246**	**59113**	**86337**
西安市	Xi'an	75566	77372	54814	75168	60971	95705
铜川市	Tongchuan	53785	58885	35065	50560	0	46725
宝鸡市	Baoji	55419	64850	56214	49090	59876	49558
咸阳市	Xianyang	51619	54168	41320	50282	49000	48081
渭南市	Weinan	53081	57055	42245	49134	41384	51286
延安市	Yan'an	63164	59520	55987	67073	38576	142358
汉中市	Hanzhong	56830	61767	70464	48883	49879	88009
榆林市	Yulin	64077	57633	63691	70816	56896	87458
安康市	Ankang	56577	66255	43692	45124	67831	62502
商洛市	Shangluo	47235	52265	53325	40681	0	82113
杨凌示范区	Yangling	54422	71507	38448	45287	27500	60180

5-14 城镇登记失业人数及失业率
Registered Urban Unemployment Persons and Unemployment Rate

年 份 Year	年末城镇登记实有失业人数（人） Registered Unemployed Persons in Urban Areas (person)	城镇登记失业率（%） Registered Unemployment Rate in Urban Areas (%)	年 份 Year	年末城镇登记实有失业人数（人） Registered Unemployed Persons in Urban Areas (person)	城镇登记失业率（%） Registered Unemployment Rate in Urban Areas (%)
1980	216209	7.1	2003	139490	3.7
1985	67044	1.9	2004	184617	3.77
1990	112345	3.0	2005	215414	4.18
1991	100790	3.0	2006	215432	4.03
1992	90844	3.0	2007	209546	4.02
1993	108306	3.0	2008	208337	3.91
1994	99800	3.3	2009	214757	3.94
1995	85700	3.2	2010	214206	3.85
1996	125700	3.3	2011	209061	3.59
1997	151600	3.4	2012	194807	3.22
1998	122100	3.1	2013	210600	3.32
1999	107000	2.6	2014	223486	3.41
2000	113861	2.7	2015	223486	3.36
2001	140082	3.2	2016	227433	3.30
2002	135094	3.3	2017	234351	3.28

5-15 社会保障基本情况
Basic Statistics on Social Security

指　　标	Item	2015	2016	2017
城镇居民最低生活保障户数（万户）	Number of Families Receiving Minimum Living Allowance in Urban Areas (10 000 households)	25.40	21.03	15.70
城镇居民最低生活保障人数（万人）	Number of Persons Receiving Minimum Living Allowance in Urban Areas (10 000 persons)	50.90	42.08	30.60
参加失业保险职工人数（万人）	Unemployment Insurance Contributors (10 000 persons)	347.74	352.23	356.50
参加养老保险职工人数（万人）	Pension Insurance Contributors (10 000 persons)	751.55	789.63	953.94
参加医疗保险职工人数（万人）	Medical Care Insurancce Contributors (10 000 persons)	580.26	599.64	619.76
城镇居民基本医疗保险参保人数（万人）	Basic Medical Care Insurancce Contributors in Urban Areas (10 000 persons)	667.00	648.40	631.24
参加工伤保险职工人数（万人）	Work Injury Insurance Contributors (10 000 persons)	427.33	441.60	459.35
参加生育保险职工人数（万人）	Maternity Insurance Contributors (10 000 persons)	265.29	283.45	328.65

5-16 参加基本养老保险的职工及离退休人员(2017年)
Staff and Workers, Retired and VCSR Joined Basic Pension Insurance(2017)

单位：人 (person)

指标	Item	职工人数 Number of Employees	离退休职工 Number of Retirees
总计	**Total**	**7063292**	**2476104**
一、执行企业基本养老保险制度	Enterprises(including others)	**5677019**	**1983467**
1. 企业	Enterprises	4540513	1618361
2. 其他	Others	1136506	365106
二、执行机关事业单位养老保险制度	Agencies and Institutions	1386273	492637

5-17 失业保险基本情况
Basic Statistics on Unemployment Insurance

单位：人 (person)

指标	Item	2014	2015	2016	2017
参加失业保险人数	Unemployment Insurance Contributors	3442679	3477375	3522251	3565028
一、企业	Enterprises	2628934	2664831	2701461	2779485
(一)内资企业	Domestic Units	2554277	2594014	2626054	2694373
1.国有企业	State-owned Units	1442201	1451147	1390032	1329682
2.集体企业	Collective-owned Units	228901	220357	215506	234441
3.其他	Others	883175	922510	1020516	1130250
(二)港澳台及外资企业	Funds from Hong Kong,Macao,Taiwan and Foreign	74657	70817	75407	85112
二、事业单位	Institutions	794414	776994	778749	720100
三、其他单位	Others	19331	35550	42041	65443
领取失业保险金人数	Beneficiaries of Unemployment Insurance Fund	29064	51359	27799	52316

主要统计指标解释

就业人员 指在一定年龄以上，有劳动能力，为取得劳动报酬或经营收入而从事一定社会劳动的人员。具体指年满16周岁，为取得报酬或经营利润，在调查周内从事了1小时（含1小时）以上的劳动或由于学习、休假等原因在调查周内暂时处于未工作状态，但有工作单位或场所的人口。

单位就业人员 指报告期末最后一日24时在本单位中工作，并取得工资或其他形式劳动报酬的人员数。该指标为时点指标，不包括最后一日当天及以前已经与单位解除劳动合同关系的人员，是在岗职工、劳务派遣人员及其他就业人员之和。就业人员不包括:

(1)离开本单位仍保留劳动关系，并定期领取生活费的人员;

(2)利用课余时间打工的学生及在本单位实习的各类在校学生;

(3)本单位因劳务外包而使用的人员。

城镇私营和个体就业人员 城镇私营就业人员指在工商管理部门注册登记，其经营地址设在县城关镇(含县城关镇)以上的私营企业就业人员，包括私营企业投资者和雇工。城镇个体就业人员指在工商管理部门注册登记，并持有城镇户口或在城镇长期居住，经批准从事个体工商经营的就业人员，包括个体经营者和在个体工商户劳动的家庭帮工和雇工。

国有单位 指资产归国家所有的经济组织。包括按《中华人民共和国企业法人登记管理条例》规定登记注册的非公司制的经济组织，以及中央、地方各级国家机关、事业单位和社会团体。

集体单位 指生产资料归集体所有，并按《中华人民共和国企业法人登记管理条例》规定登记注册的经济组织。

其他单位 包括股份合作单位、联营单位、有限责任公司、股份有限公司、港澳台商投资单位以及外商投资单位等其他登记注册类型单位。

在岗职工 指在本单位工作且与本单位签订劳动合同，并由单位支付各项工资和社会保险、住房公积金的人员，以及上述人员中由于学习、病伤、产假等原因暂未工作仍由单位支付工资的人员。在岗职工还包括:

(1)应订立劳动合同而未订立劳动合同人员(如使用的农村户籍人员);

(2)处于试用期人员;

(3)编制外招用的人员;

(4)派往外单位工作，但工资仍由本单位发放的人员(如挂职锻炼、外派工作等情况)。

工资总额 指根据《关于工资总额组成的规定》(1990年1月1日国家统计局发布的一号令)进行修订，在报告期内(季度或年度)直接支付给本单位全部就业人员的劳动报酬总额。包括计时工资、计件工资、奖金、津贴和补贴、加班加点工资、特殊情况下支付的工资，是在岗职工工资总额、劳务派遣人员工资总额和其他就业人员工资总额之和。

工资总额是税前工资，包括单位从个人工资中直接为其代扣或代缴的房费、水费、电费、住房公积金和社会保险基金个人缴纳部分等。

工资总额不论是计入成本的还是不计入成本的，不论是以货币形式支付的还是以实物形式支付的，均应列入工资总额的计算范围。

平均工资 指单位就业人员在一定时期内平均每人所得的工资额。它表明一定时期工资收入的高低程度，是反映就业人员工资水平的主要指标。计算公式为:

$$平均工资=\frac{报告期就业人员工资总额}{报告期就业人员平均人数}$$

平均工资指数 指报告期就业人员平均工资与基期就业人员平均工资的比率，是反映不同时期就业人员货币工资水平变动情况的相对数。计算公式为:

$$平均工资指数=\frac{报告期就业人员平均工资}{基期就业人员平均工资}\times 100\%$$

平均实际工资指数 就业人员平均实际工资指扣除物价变动因素后的就业人员平均工资。就业人员平均实际工资指数是反映实际工资变动情况的相对数，表明就业人员实际工资水平提高或降低的程度。计算公式为:

$$平均实际工资指数=\frac{报告期就业人员平均工资指数}{报告期城镇居民消费价格指数}\times 100\%$$

城镇登记失业人员 指有非农业户口，在一定的劳动年龄内(16周岁至退休年龄)，有劳动能力，无业而要求就业，并在当地劳动保障部门进行失业登记的人员。

城镇登记失业率 城镇登记失业人员与城镇单位就业人员(扣除使用的农村劳动力、聘用的离退休人员、港澳台及外方人员)、城镇单位中的不在岗职工、城镇私营业主、个体户主、城镇私营企业和个体就业人员、城镇登记失业人员之和的比。

Explanatory Notes on Main Statistical Indicators

Employed Persons refers to persons above a specified age who had labour capacity and performed some social work for compensation or business gains. Specifically, it refers to all persons, aged 16 and over, who performed some work for compensation or business gains for one hour or more during the reference period; or who had work units or sites but were temporarily not at work during the reference period,

Persons Employed in Various Units refer to the total number of employees who work at his unit and obtain wages or other forms of payment at the end of the reporting period. This indicator is a kind of time point index and it equals to the sum of the number of employed staff and workers, labor dispatch personnel and other employed persons. Employed persons do not include:

1)persons who have left their working units while keeping their labour contract (employment relation) unchanged and receiving regular alimony;

2)students who do part-time jobs in spare time and all kinds of enrolled students who do internship in various units;

3)persons employed due to labor outsourcing;

4)persons who dissolve labor contracts with their units on the last day of reporting period or before.

Persons Employed in Private Enterprises and Self-Employed Individuals in Urban Areas Persons employed in private enterprises refer to the persons employed in the private enterprises which have been registered at the departments of industrial and commercial administration for which the business operation are situated at a county town (i.e. a town where the county government is located), or at urban areas with administrative hierarchy higher than a county town. The self-employed individuals in urban areas refer to persons who hold the certificates of residence in urban areas or have resided in the urban areas for a long time and have been registered at the departments of industrial and commercial administration and approved to be engaged in individual industrial or commercial business, including self-employed persons as well as helpers and hired laborers who work in individual households.

State-owned Units refer to economic units whose assets are owned by the state, including non-corporation units registered according to *Regulation of the People's Republic of China on the Registration of Enterprises and Corporations*, state organs, institutions and social organizations at the central-level and local levels.

Collective-owned Units refer to economic units registered according to *Regulation of the People's Republic of China on the Registration of Enterprises and Corporations* where the means of production are collectively owned.

Units of Other Types of Ownership refer to units registered with other types of ownership, including cooperative units, joint ownership units, limited liability corporations, share holding corporations, units funded by entrepreneurs from Hong Kong, Macao, and Taiwan, and foreign- funded units.

Employed Staff and Workers refer to persons who signed labor contracts with working units and working units would pay wages, social insurance and housing funds for them. Persons who have their work posts but are temporarily absent from work for reasons of study or on sick, injury or maternal leave and still receive wages from their working units are also included. Employed staff and workers also include:

1)Persons who should have signed the labor contracts but not (like people with rural household registration);

2)Employees on probation;

3)Employees beyond the staffing quota;

4)Employees who are sent to other working units but still obtain wages from their original units (situations like on-the-job placement, expatriated assignment, etc.)

Total Wage Bill It is revised according to the "Provision of Composition of Total Wages" (Order No.1 by National Bureau of Statistics on January, 1st, ,1990), total wage bill refers to the total remuneration payment to all employed persons in various units during the reporting period (by quarter or by year), including hourly-paid wages, piece-rate wages, bonuses, allowance and subsidies, overtime wages and wages paid under special circumstances. It equals to the sum of total wages of employed staff and workers, dispatch labors and other employed persons.

Total wage bill is pre-tax wages, including the room charges, utility bills, housing funds and social insurance paid or withheld by employee's units.

Total wage bill, whether or not included in cost, whether or not paid in money or in kind, shall be included in the calculation of total wage.

Average Wage refers to the average per capita wage during a certain period of time for employed persons. It shows the general level of wage income during a certain period of time, one major indicator to reflect the wage level. It is calculated as follows:

$$\text{Average Wage} = \frac{\begin{array}{c}\text{Total Wage Bill of Employed}\\ \text{Persons at Reference Time}\end{array}}{\begin{array}{c}\text{Average Number of Persons}\\ \text{Employed at Reference Time}\end{array}}$$

Average Wage Indices refers to the ratio of average wage of employed persons the reporting period to that at the base period, which reflects the change of wage of employed persons at the different period. It is calculated as follows:

$$\begin{array}{c}\text{Average}\\ \text{Wage Indices}\end{array} = \frac{\begin{array}{c}\text{Average Wage of Employed}\\ \text{Persons at Reference Time}\end{array}}{\begin{array}{c}\text{Average Wage of Persons}\\ \text{Employeds at Base Period}\end{array}} \times 100\%$$

Average Real Wage Indices average real wage of employed persons refers to the average wage of employed persons after removing the effects of the price changes and average real wage indices of employed persons refers to the change of real wage, which reflects the relative increasing or decreasing level of real wage of employed persons ,which is calculated as follows:

$$\text{Average Real Wage Indices} = \frac{\text{Average Wage Indices of Employed Persons at the Reference Time}}{\text{Urban Consumer Price Indices at Reference Time}} \times 100\%$$

Registered Unemployed Persons in Urban Areas refer to the persons with non-agricultural household registration at certain working ages (16 years old to retirement age), who are capable of working, unemployed and willing to work, and have been registered at the local employment service agencies to apply for a job.

Registered Unemployment Rate in Urban Areas refers to the ratio of the number of the registered unemployed persons to the sum of the number of persons employed in various units (minus the employed rural labour force, re-employed retirees, and Hong Kong, Macao, Taiwan or foreign employees), laid-off staff and workers in urban units, owners of private enterprises in urban areas, owners of self-employed individuals in urban areas, employees of private enterprises in urban areas, employee of self-employed individuals in urban areas, and the registered unemployed persons in urban areas.

六、固定资产投资

Investment in Fixed Assets

资料整理：袁军会　陈晓锋　郑　娟　穆　丹　刘海燕　刘卫斌

简 要 说 明

一、本篇资料反映陕西固定资产投资的基本情况，主要包括：全社会固定资产投资，房地产开发投资，商品房销售情况。

二、固定资产投资统计的范围包括：城乡建设项目投资，房地产开发投资，国防、人防建设项目投资及农户投资。

三、固定资产投资统计的资料来源主要为统计局的全面统计报表。除农户固定资产投资统计采用抽样调查方法外，其他均为全面统计报表。

四、统计口径的变化

自1997年起，除房地产开发投资、非农户投资、农户投资及城镇和工矿区私人建房投资外，固定资产投资的统计起点由5万元提高到50万元。

自2006年起，非农户固定资产投资统计改为按项目统计，调查方法由抽样调查改为全面统计报表，起点提高到50万元。城镇和工矿区私人建房投资改为按项目统计，起点为50万元。

自2011年起，提高固定资产投资统计起点标准，从计划总投资额50万元提高到500万元。投资统计的范围从城镇扩大到农村企事业组织，并将这一统计范围定义为“固定资产投资（不含农户）”。

Brief Introduction

Ⅰ.This chapter reflects the basic conditions of investment in fixed assets of Shaanxi Province, mainly including total investment in fixed assets in the whole province, real estate development, Sales of Commercial Buildings.

Ⅱ.Statistics on the investment in fixed assets cover investments in capital construction projects in urban and rural areas, investments in real estate development, as well as investments in national defence projects and civil defence projects, and rural household investment.

Ⅲ.The data sources for the statistics of investment in fixed assets mainly come from complete statistical report forms. Investment in fixed assets by farm households are calculated with sample survey, and the others come from complete statistical report forms.

Ⅳ. Changes in Statistical Scope

Since 1997, the cut-off point of projects covered by statistics of investment in fixed assets are raised from an investment of 50,000 yuan to 500,000 yuan, except investment in real estate development, farm household investment, non-farm household investment and private investment in housing construction in urban areas and industrial and mining areas.

Since 2006, statistics on investments in fixed assets of rural non-farm households are changed to project-based. Survey method is changed from sample survey to the system of reporting form with complete enumeration. The cut-off point has been raised to 500,000 yuan. Statistics on private investment in housing construction in urban areas and industrial and mining areas have become project-based. The cut-off point has been raised to 500,000 yuan.

Since 2011, the cut-off point of statistics on investments in fixed assets are raised, amount of intended investment are raised from 500,000 yuan to 5,000,000 yuan. The scope of investment statistics expends from urban to rural enterprises, and this scope of statistics is defined “investments in fixed assets(non-farm)”.

6.固定资产投资

2017年全省

全社会固定资产投资	23819.38	亿元	比上年增长 14.4%
# 房地产开发投资	3101.97	亿元	比上年增长 13.3%
商品房销售面积	3890.40	万平方米	比上年增长 19.2%

房地产开发投资（亿元）

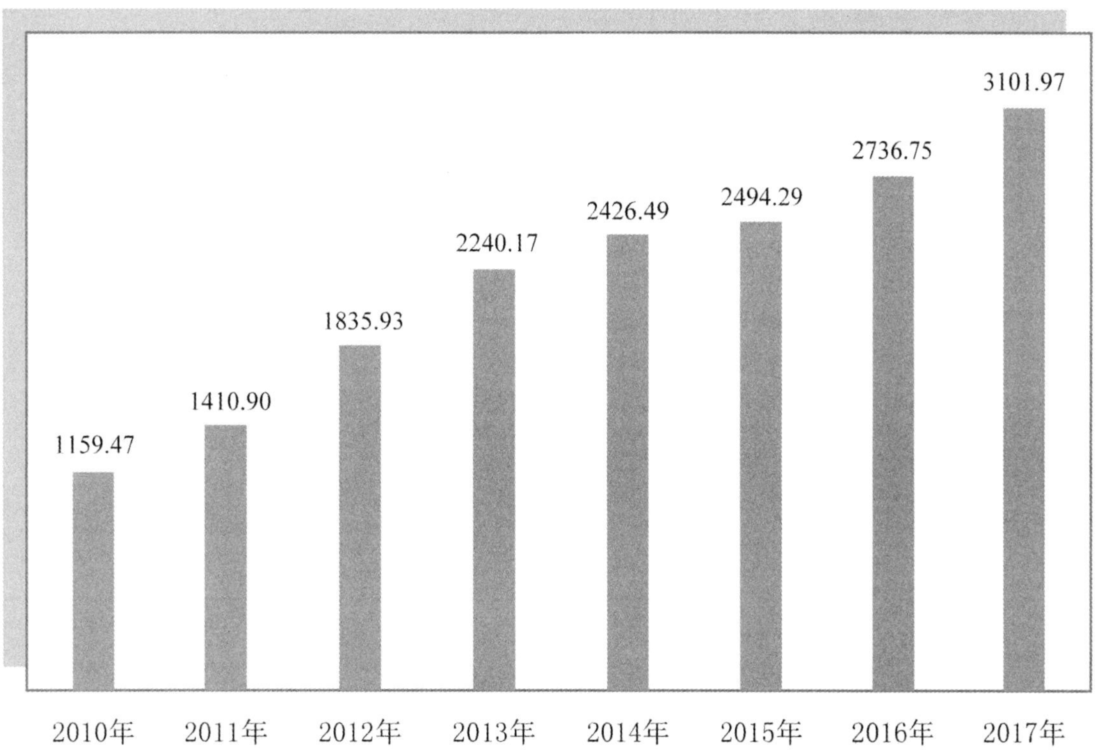

6-1 全社会固定资产投资
Total Investment in Fixed Assets of the Whole Province

单位：亿元 (100 million yuan)

年 份 Year	全社会固定资产投资 Total Investment	固定资产投资 Investment in Fixed Assets	#房地产开发 Real Estate Development	农户固定资产投资 Rural Investment in Fixed Assets
1978	20.35	19.11		1.24
1979	21.16	19.48		1.68
1980	27.80	25.51		2.29
1981	22.92	19.81		3.11
1982	29.48	26.12		3.36
1983	30.83	26.08		4.74
1984	40.39	31.31		9.08
1985	57.99	44.08		13.91
1986	63.53	51.49		12.04
1987	80.89	65.52		15.37
1988	94.72	75.26		19.46
1989	95.18	73.21		21.97
1990	103.72	80.82		22.90
1991	124.93	94.75		30.18
1992	142.47	116.27		26.20
1993	228.21	197.46		30.74
1994	283.29	235.47	18.19	47.82
1995	324.33	268.78	28.28	55.54
1996	372.00	305.16	30.13	66.84
1997	424.10	353.35	29.53	70.74
1998	544.89	473.78	51.35	71.11
1999	619.27	536.72	68.33	82.55
2000	745.85	675.53	78.89	70.32
2001	850.66	774.12	99.79	76.54
2002	974.63	888.20	123.57	86.43
2003	1278.72	1179.99	188.56	98.73
2004	1544.19	1442.28	231.17	101.91
2005	1982.04	1872.06	298.95	109.98
2006	2610.22	2490.74	394.86	119.48
2007	3642.13	3507.12	535.32	135.01
2008	4851.41	4668.12	762.23	183.29
2009	6553.39	6353.51	943.73	199.88
2010	8561.24	8340.99	1159.47	220.25
2011	10023.53	9701.43	1410.90	322.10
2012	12840.15	12501.43	1835.93	338.72
2013	15934.21	15583.58	2240.17	350.63
2014	18709.49	18357.84	2426.49	351.65
2015	20177.86	19826.65	2494.29	351.21
2016	20825.25	20474.85	2736.75	350.40
2017	23819.38	23468.21	3101.97	351.17

注：1.2011年起，城镇固定资产投资数据发布口径改为固定资产投资(不含农户)。固定资产投资(不含农户)等于原口径的城镇固定资产投资加上非农户投资(以下相关表同)。

2.2016年起，全社会固定资产投资不包含跨省项目(以下相关表同)。

a) Urban Investment in Fixed Assets has changed to Investment in fixed assets (excluding rural households) since 2011. Investment in fixed assets (excluding rural households) is the Urban Investment in Fixed Assets and Non-farm Households(The related tables is the same).

b)Total investment in Fixed Assets in 2016 do not include inter provincial project.The same applies to the relevant tables following.

6-2 按经济类型分的全社会固定资产投资
Total Investment in Fixed Assets of the Whole Province by Economic Type

单位：亿元 (100 million yuan)

年 份 Year	合 计 Total	国有经济单位 State-owned Units	固定资产投资 Urban Investment in Fixed Assets	房地产开发 Real Estate Development	集体经济单位 Collective-owned Units	其他经济单位 Others	城乡个人 Urban and Rural Individuals	#农 村 Rural
1978	20.35	17.20	17.20		1.91		1.24	1.23
1979	21.16	17.47	17.47		2.02		1.68	1.66
1980	27.80	23.25	23.25		2.27		2.29	2.25
1981	22.92	17.47	17.47		2.34		3.11	3.05
1982	29.48	23.32	23.32		2.80		3.36	3.22
1983	30.83	24.99	24.99		1.10		4.74	4.53
1984	40.39	28.07	28.07		3.24		9.08	8.76
1985	57.99	39.81	39.81		4.27		13.91	13.35
1986	63.53	47.25	47.25		4.24		12.04	11.19
1987	80.89	58.11	58.11		7.41		15.37	14.34
1988	94.72	67.08	67.08		8.18		19.46	18.15
1989	95.18	67.13	67.13		6.08		21.97	20.41
1990	103.72	73.85	73.85		6.96		22.90	21.51
1991	124.93	85.36	85.36		9.39		30.18	28.89
1992	142.47	108.71	108.71		7.56		26.20	24.09
1993	228.21	171.86	162.05	9.81	14.01	11.60	30.74	26.93
1994	283.29	202.92	190.31	12.61	17.89	14.66	47.82	43.20
1995	324.33	226.61	211.95	14.67	21.53	20.64	55.54	51.32
1996	372.00	256.48	239.52	16.96	22.00	26.68	66.84	61.89
1997	424.10	287.64	271.06	16.57	24.74	40.98	70.74	67.40
1998	544.89	382.89	350.63	32.26	27.07	63.83	71.11	55.70
1999	619.27	407.76	367.89	39.87	38.96	89.99	82.55	63.74
2000	745.85	473.53	426.88	46.65	41.66	137.11	93.54	70.32
2001	850.66	523.92	484.95	38.97	46.41	169.14	111.19	76.54
2002	974.63	555.41	506.60	48.80	54.52	212.91	151.79	86.43
2003	1278.72	713.37	664.71	48.66	62.78	373.28	129.29	98.73
2004	1544.19	814.51	784.47	30.04	71.15	515.34	143.20	101.91
2005	1982.04	1017.13	985.00	32.13	77.63	754.18	133.11	109.98
2006	2610.22	1295.31	1258.48	36.84	132.32	1059.67	122.92	119.48
2007	3642.13	1779.70	1715.68	50.21	227.13	1494.01	141.29	135.01
2008	4851.41	2208.95	2155.79	53.16	398.62	2041.99	201.85	183.29
2009	6553.39	3015.64	2941.63	74.00	392.96	2912.48	232.32	199.88
2010	8561.24	4223.83	4101.13	122.70	412.17	3664.17	261.07	220.25
2011	10023.53	4462.54	4380.27	82.27	407.69	4760.71	392.59	322.10
2012	12840.15	5540.89	5378.84	162.05	439.49	6423.68	436.09	338.72
2013	15934.21	6604.23	6404.38	199.85	503.65	8374.46	451.87	350.63
2014	18709.49	7900.07	7700.73	199.34	622.26	9769.70	417.46	351.65
2015	20177.86	9119.13	8908.98	210.15	659.04	10002.92	396.77	351.21
2016	20825.25	9452.63	9184.13	268.50	371.92	10621.12	379.58	350.40
2017	23819.38	11123.53	10846.28	277.25	338.94	11987.07	369.84	351.17

6-3 全社会新增固定资产

Total Newly Increased Fixed Assets of the Whole Province

单位：亿元 (100 million yuan)

年 份 Year	合 计 Total	国有经济 单 位 State-owned Units	固定资产投资 Urban Investment in Fixed Assets	房地产开发 Real Estate Development	集体经济 单 位 Collective-owned Units	其他经济 单 位 Others	城乡个人 Urban and Rural Individuals	#农 村 Rural
1978	30.66	27.97	27.97		1.45		1.24	1.23
1979	16.66	13.45	13.45		1.53		1.68	1.66
1980	18.39	14.37	14.37		1.73		2.29	2.25
1981	18.69	13.77	13.77		1.80		3.11	3.05
1982	27.82	22.31	22.31		2.15		3.36	3.22
1983	26.51	20.72	20.72		1.04		4.74	4.53
1984	34.05	21.77	21.77		3.20		9.08	8.76
1985	41.35	23.67	23.67		3.78		13.91	13.35
1986	48.32	32.50	32.50		3.78		12.04	11.19
1987	62.71	40.25	40.25		7.09		15.37	14.34
1988	72.09	44.89	44.89		7.74		19.46	18.15
1989	70.96	43.21	43.21		5.78		21.97	20.41
1990	97.20	67.42	67.42		6.88		22.90	21.51
1991	102.48	63.82	63.82		8.49		30.18	28.89
1992	129.09	96.58	96.58		6.31		26.20	24.09
1993	144.64	98.85	95.21	3.64	11.80	3.24	30.74	26.93
1994	201.82	134.43	125.05	9.39	11.30	8.27	47.82	43.20
1995	247.96	161.77	152.39	9.38	16.79	13.86	55.54	51.32
1996	278.20	189.25	179.65	9.61	17.29	7.47	64.19	59.24
1997	288.92	189.49	174.92	14.57	21.42	7.27	70.74	67.40
1998	374.98	255.96	240.03	15.93	23.16	30.46	65.40	49.99
1999	520.87	349.21	309.81	39.40	37.41	58.39	75.86	57.05
2000	607.27	403.96	365.37	38.59	37.96	79.22	86.13	62.91
2001	683.46	430.00	393.43	36.56	40.01	116.19	97.26	68.35
2002	717.17	341.10	311.12	29.98	45.06	189.83	141.19	85.35
2003	851.54	447.63	412.17	35.46	46.26	230.31	127.33	97.20
2004	883.55	448.02	424.67	23.35	50.68	243.34	141.51	101.05
2005	1258.49	612.05	594.89	17.15	50.75	453.40	142.29	118.94
2006	1579.34	844.35	831.14	13.21	88.82	511.79	134.38	131.71
2007	2144.45	1176.79	1141.89	23.01	138.38	673.19	156.09	151.83
2008	2545.29	1155.80	1138.63	17.17	292.87	899.77	196.85	183.29
2009	3202.24	1462.70	1433.33	29.37	334.55	1175.23	229.77	199.88
2010	3655.85	1649.70	1622.98	26.72	175.73	1589.13	241.29	220.25
2011	4860.55	2219.49	2199.68	19.81	264.17	2002.80	374.09	322.10
2012	6733.66	3132.10	3080.39	51.71	283.33	2901.45	416.78	338.72
2013	9039.75	4406.64	4354.21	52.43	392.77	3805.74	434.60	350.63
2014	10851.44	4589.25	4548.68	40.57	507.69	5340.73	413.77	351.65
2015	12755.68	6172.87	6141.29	31.58	528.20	5657.73	396.88	351.21
2016	11004.79	5101.68	5007.73	93.95	278.38	5245.68	379.04	350.40
2017	12859.95	6470.01	6417.46	52.55	241.19	5784.21	364.54	351.17

6-4 全社会竣工住宅建筑面积
Total Floor Space of Residential Buildings Completed of the Whole Province

单位：万平方米 (10 000 sq.m)

年份 Year	合计 Total	国有经济单位 State-owned Units	固定资产投资 Urban Investment in Fixed Assets	房地产开发 Real Estate Development	集体经济单位 Collective-owned Units	其他经济单位 Others	城乡个人 Urban and Rural Individuals	#农村 Rural
1978	706.09	135.61	135.61		32.61		537.87	535.55
1979	951.05	187.73	187.73		35.90		727.42	722.78
1980	1277.11	249.08	249.08		39.08		988.95	979.67
1981	1627.18	250.48	250.48		39.13		1337.57	1322.56
1982	1598.73	289.49	289.49		32.65		1276.59	1242.54
1983	2400.03	304.84	304.84		17.81		2077.38	2032.45
1984	1930.28	290.78	290.78		70.40		1569.10	1521.75
1985	2622.98	339.80	339.80		84.86		2198.32	2136.94
1986	2336.38	350.84	350.84		110.02		1875.52	1801.08
1987	2295.25	305.51	305.51		110.66		1879.08	1796.30
1988	2943.49	263.75	263.75		65.49		2614.25	2534.19
1989	1630.46	224.30	224.30		48.26		1357.90	1290.77
1990	2257.86	250.12	250.12		94.12		1913.62	1850.44
1991	2583.58	267.14	267.14		60.15		2256.29	2202.00
1992	1943.91	309.04	309.04		5.32		1629.55	1566.80
1993	2072.95	372.39	308.06	64.33	25.93	2.97	1671.66	1561.00
1994	2613.12	434.00	334.67	99.33	29.61	14.09	2135.42	2009.83
1995	3111.15	485.16	375.18	109.98	45.28	29.86	2550.85	2470.00
1996	2814.39	462.62	349.19	113.43	51.86	29.97	2269.94	2198.42
1997	2581.69	529.29	393.80	135.49	39.67	40.19	1972.54	1899.26
1998	2645.52	549.82	402.82	147.00	52.54	71.73	1971.43	1641.62
1999	3133.31	961.31	549.36	411.95	79.30	120.57	1972.13	1531.00
2000	4947.36	942.36	566.19	376.17	88.87	157.30	3758.83	3246.86
2001	4990.18	813.17	543.47	269.70	75.31	233.44	3868.26	3311.05
2002	4317.24	712.33	470.77	241.56	87.16	241.10	3276.65	2649.75
2003	4269.44	805.99	581.35	224.64	104.63	466.63	2892.19	2379.92
2004	3301.31	507.95	384.34	123.61	76.78	406.56	2310.02	1625.09
2005	3292.40	544.63	440.67	103.96	78.65	662.86	2006.26	1451.64
2006	2764.55	553.46	455.91	97.55	136.29	697.17	1377.63	1366.27
2007	3469.95	646.99	546.89	96.99	213.97	927.84	1681.15	1668.69
2008	4190.59	668.92	575.41	93.51	243.83	1020.74	2257.10	2242.44
2009	3696.33	694.14	597.95	96.19	177.70	871.84	1952.65	1880.73
2010	3451.16	401.50	299.83	101.67	74.98	804.17	2170.51	2155.24
2011	4986.63	478.86	370.75	108.11	210.43	1434.52	3073.25	3029.77
2012	5883.83	989.96	825.23	164.73	300.06	1589.79	3004.01	2972.08
2013	5804.35	866.06	735.92	130.14	358.98	1489.71	3089.59	3074.95
2014	5647.91	756.78	620.91	135.87	257.68	2330.33	2303.12	2228.74
2015	5193.18	926.47	829.10	97.37	237.18	1613.53	2416.00	2415.98
2016	5043.62	752.04	517.63	234.42	27.86	1815.20	2448.52	2448.51
2017	4738.39	630.24	459.51	170.73	46.64	1801.98	2259.52	2259.49

6-5 全社会固定资产投资主要指标及构成(2017年)
Main Indicators and Composition of Total Investment in Fixed Asset of the Whole Province (2017)

单位：万元 (10 000 yuan)

指标	Item	合计 Total	内资 Domestic	国有 State-owned	集体 Collective-owned
一、投资总额	Total Investment	238193779	230424047	111235291	3389425
1.按隶属关系分	By Jurisdiction of Management				
中　央	Central Investment	10965494	10876436	4907028	4728
地　方	Local Investment	227228285	219547611	106328263	3384697
2.按构成分	By Use of Funds				
建筑工程	Construction	164581192	159380469	82716464	2290375
安装工程	Installation	19388869	18987232	7283943	316185
设备工器具购置	Purchase of Equipment and Instruments	28891404	27083529	9458813	399189
其他费用	Others	25332314	24972817	11776071	383676
# 建设用地费	Construction Land Fee	12366452	12275406	5481417	93077
3.按建设性质分	By Type of Construction				
# 新　建	New Construction	173205021	170824782	95277003	2811377
扩　建	Expansion	14326564	13913910	6123459	191362
改建和技改	Reconstruction and Technical Transformation	12114405	11713279	4839007	348236
4.按产业构成分	By Type of Industry				
第一产业	Primary Industry	16071517	15476976	4888897	617010
第二产业	Secondary Industry	56979300	54675318	15048807	480729
第三产业	Tertiary Industry	165142962	160271753	91297587	2291686
二、本年新增固定资产	Newly Increased Fixed Assets This Year	128599524	122927950	64700124	2411933
三、房屋建筑面积	Floor Space and Value of Buildings				
本年施工房屋面积(万平方米)	Floor Space of Buildings under Construction This Year (10 000 sq.m)	33767.75	30434.95	6463.94	167.25
# 住　宅	Residential Buildings	21424.63	18393.75	3228.81	96.96
本年竣工房屋面积(万平方米)	Floor Space of Buildings Completed This Year (10 000 sq.m)	7058.03	4595.27	1404.56	83.86
# 住　宅	Residential Buildings	4738.39	2426.13	630.24	46.64
本年竣工房屋价值	Value of Buildings Completed This Year	15686044	12891598	3439369	196439
# 住　宅	Residential Buildings	9816851	7092089	1659192	91417

6-5 续表 continued

单位：万元 (10 000 yuan)

指 标	Item	其 他 Others	港澳台商投资 Funds from Hong Kong, Macao & Taiwan	外商投资 Foreign Funded	个体经营 Self-employed Individual
一、投资总额	Total Investment	115799331	1581281	2490044	3698407
1.按隶属关系分	By Jurisdiction of Management				
中 央	Central Investment	5964680	35759	53299	
地 方	Local Investment	109834651	1545522	2436745	3698407
2.按构成分	By Use of Funds				
建筑工程	Construction	74373630	934569	1160416	3105738
安装工程	Installation	11387104	87129	289963	24545
设备工器具购置	Purchase of Equipment and Instruments	17225527	484377	907684	415814
其他费用	Others	12813070	75206	131981	152310
# 建设用地费	Construction Land Fee	6700912	47179	40402	3465
3.按建设性质分	By Type of Construction				
# 新 建	New Construction	72736402	988857	1252263	139119
扩 建	Expansion	7599089	12152	372574	27928
改建和技改	Reconstruction and Technical Transformation	6526036	119724	261745	19657
4.按产业构成分	By Type of Industry				
第一产业	Primary Industry	9971069			594541
第二产业	Secondary Industry	39145782	592706	1651687	59589
第三产业	Tertiary Industry	66682480	988575	838357	3044277
二、本年新增固定资产	Newly Increased Fixed Assets This Year	55815893	547717	1478506	3645351
三、房屋建筑面积	Floor Space and Value of Buildings				
本年施工房屋面积(万平方米)	Floor Space of Buildings under Construction This Year (10 000 sq.m)	23803.76	346.99	421.14	2564.67
# 住 宅	Residential Buildings	15067.97	187.83	344.66	2498.39
本年竣工房屋面积(万平方米)	Floor Space of Buildings Completed This Year (10 000 sq.m)	3106.86	10.10	53.32	2399.34
# 住 宅	Residential Buildings	1749.25	6.65	46.08	2259.52
本年竣工房屋价值	Value of Buildings Completed This Year	9255790	27398	163551	2603497
# 住 宅	Residential Buildings	5341480	17858	153191	2553713

6-6 各市(区)全社会固定资产投资
Total Investment in Fixed Assets of the Whole Province by City(District)

地 区	Region	投资额(亿元) Total Investment(100 million yuan)			比上年增长(%) Growth Rate(%)		
		2015	2016	2017	2015	2016	2017
西安市	Xi'an	5165.98	5191.36	7556.47	-12.5	2.0	12.9
铜川市	Tongchuan	383.98	423.23	476.29	17.2	10.2	12.5
宝鸡市	Baoji	2589.88	3199.84	3856.67	23.0	24.1	20.5
咸阳市	Xianyang	3063.20	3643.74	2382.67	22.9	19.1	11.3
渭南市	Weinan	2085.21	2289.51	2731.22	18.1	10.6	19.3
# 韩城市	Hancheng	311.26	406.72	490.37	23.3	30.7	20.6
延安市	Yan'an	1637.17	1359.33	1283.65	6.2	-15.4	-5.6
汉中市	Hanzhong	1039.40	1209.89	1443.21	23.0	24.5	19.3
榆林市	Yulin	1384.37	1467.45	1577.10	-15.9	6.0	7.5
安康市	Ankang	758.16	926.37	1149.32	25.2	24.2	24.1
商洛市	Shangluo	767.69	935.55	1156.65	22.8	21.9	23.6
杨凌示范区	Yangling	144.25	178.97	206.12	25.1	24.1	15.2

注：2016年起全社会固定资产投资不包含跨省项目，增速为同口径数据。
a)Total investment in Fixed Assets in 2016 do not include inter provincial project.Growth rate is calculated on the same line.

6-7 各行业按构成分的固定资产投资(2017年)

Investment by Sector and Use of Funds in the Whole Province (2017)

单位: 万元 (10 000 yuan)

行业	Sector	投资额 Investment	建筑工程 Construction	安装工程 Installation	设备工器具购置 Purchase of Equipment and Instruments	其他费用 Other Expenses
全省总计	**Total**	**234682076**	**161591399**	**19388869**	**28509307**	**25192501**
农、林、牧、渔业	Agriculture, Forestry, Animal Husbandry and Fishery	17771925	13567164	1002090	1385542	1817129
农业	Farming	9785182	7359739	566441	745883	1113119
林业	Forestry	1294082	1010478	42540	65052	176012
畜牧业	Animal Husbandry	4148567	3251096	236459	344052	316960
渔业	Fishery	302064	232169	21765	32495	15635
农、林、牧、渔服务业	Service in Support of Agriculture	2242030	1713682	134885	198060	195403
采矿业	Mining	6849994	3409298	842022	1411965	1186709
煤炭开采和洗选业	Mining and Washing of Coal	3354470	1381079	302121	889972	781298
石油和天然气开采业	Extraction of Petroleum and Natural Gas	2384724	1320177	428553	347044	288950
黑色金属矿采选业	Mining and Processing of Ferrous Metal Ores	150285	70400	15439	47261	17185
有色金属矿采选业	Mining and Processing of Non-Ferrous Metal Ores	582775	412105	53519	58969	58182
非金属矿采选业	Mining and Processing of Non-metal Ores	289562	171769	34601	46379	36813
开采辅助活动	Support Activities for Mining	68872	44172	5449	18160	1091
其他采矿业	Mining of Other Ores	19306	9596	2340	4180	3190
制造业	Manufacturing	37829025	19918605	3967612	11533364	2409444
农副食品加工业	Processing of Food from Agricultural Products	2571079	1682148	242388	438543	208000
食品制造业	Manufacture of Foods	1722801	1138357	172394	300611	111439
酒、饮料和精制茶制造业	Manufacture of Liquor, Beverages and Refined Tea	1204625	780043	118934	216932	88716
烟草制品业	Manufacture of Tobacco	55906	44704	3623	7025	554
纺织业	Manufacture of Textile	705601	378005	101153	210686	15757
纺织服装、服饰业	Manufacture of Textile, Wearing Apparel and Accessories	271781	140248	55346	71165	5022
皮革、毛皮、羽毛及其制品和制鞋业	Manufacture of Leather, Fur, Feather and Related Products and Footwear	29742	15697	1422	11595	1028
木材加工和木、竹、藤、棕、草制品业	Processing of Timber, Manufacture of Wood, Bamboo, Rattan,Palm and Straw Products	353196	230154	48497	53631	20914
家具制造业	Manufacture of Furniture	437758	317178	43800	63316	13464
造纸和纸制品业	Manufacture of Paper and Paper Products	595585	361806	53682	131411	48686
印刷和记录媒介复制业	Printing and Reproduction of Recording Media	181140	95377	23602	57075	5086
文教、工美、体育和娱乐用品制造业	Manufacture of Articles for Culture,Education,Arts and Crafts, Sport and Entertainment Activities	154382	50009	17139	68640	18594
石油加工、炼焦和核燃料加工业	Processing of Petroleum, Coking and Processing of Nuclear Fuel	2215880	655596	245261	820204	494819
化学原料和化学制品制造业	Manufacture of Raw Chemical Materials and Chemical Products	2512599	1066270	299464	874308	272557
医药制造业	Manufacture of Medicines	1605520	1036507	149367	334388	85258
化学纤维制造业	Manufacture of Chemical Fibres	31368	15032	5964	10062	310
橡胶和塑料制品业	Manufacture of Rubber and Plastics Products	1026371	645312	119927	220351	40781
非金属矿物制品业	Manufacture of Non-metallic Mineral Products	2904740	1767649	266456	672639	197996
黑色金属冶炼和压延加工业	Smelting and Pressing of Ferrous Metals	364101	163062	59185	122544	19310
有色金属冶炼和压延加工业	Smelting and Pressing of Non-ferrous Metals	2751083	1346665	426884	941053	36481
金属制品业	Manufacture of Metal Products	1017590	606834	103966	259005	47785
通用设备制造业	Manufacture of General Purpose Machinery	1930042	1008928	233379	571621	116114
专用设备制造业	Manufacture of Special Purpose Machinery	2339141	1251563	228605	744149	114824

6-7 续表 1 continued

单位：万元 (10 000 yuan)

行 业	Sector	投资额 Investment	建筑工程 Construction	安装工程 Installation	设备工器具购置 Purchase of Equipment and Instruments	其他费用 Other Expenses
汽车制造业	Manufacture of Automobiles	1914099	941928	167954	693943	110274
铁路、船舶、航空航天和其他运输设备制造业	Manufacture of Railway, Ship, Aerospace and Other Transport Equipments	1272403	685885	89689	445714	51115
电气机械和器材制造业	Manufacture of Electrical Machinery and Apparatus	2667569	1435999	278411	833698	119461
计算机、通信和其他电子设备制造业	Manufacture of Computers, Communication and Other Electronic Equipment	3619042	1185060	288125	2063026	82831
仪器仪表制造业	Manufacture of Measuring Instruments and Machinery	361573	196014	21057	117526	26976
其他制造业	Other Manufacture	530885	387234	36084	89358	18209
废弃资源综合利用业	Utilization of Waste Resources	366899	223888	50325	65669	27017
金属制品、机械和设备修理业	Repair Service of Metal Products, Machinery and Equipment	114524	65453	15529	23476	10066
电力、热力、燃气及水生产和供应业	Production and Supply of Electricity, Heat, Gas and Water	12204551	5584725	2139587	3509117	971122
电力、热力生产和供应业	Production and Supply of Electric Power and Heat Power	8766170	3104980	1806224	3095869	759097
燃气生产和供应业	Production and Supply of Gas	1273421	811498	201115	190192	70616
水的生产和供应业	Production and Supply of Water	2164960	1668247	132248	223056	141409
建筑业	Construction	279126	141325	22483	104980	10338
房屋建筑业	Construction of Buildings	69463	40890	13239	15217	117
土木工程建筑业	Civil Engineering	150943	66976	2760	71890	9317
建筑安装业	Building Installation	5791			5791	
建筑装饰和其他建筑业	Building Decoration and Other Constructions	52929	33459	6484	12082	904
批发和零售业	Wholesale and Retail Trades	6522241	4211040	688660	1067574	554967
批发业	Wholesale Trade	2459022	1542520	223193	407216	286093
零售业	Retail Trade	4063219	2668520	465467	660358	268874
交通运输、仓储和邮政业	Transport, Storage and Post	18693512	15191903	693266	1011300	1797043
铁路运输业	Railway Transport	1365041	863283	124585	46149	331024
道路运输业	Road Transport	13204924	11194761	345922	615436	1048805
水上运输业	Water Transport	15181	13281		1900	
航空运输业	Air Transport	397850	213317	5925	71959	106649
管道运输业	Transport Via Pipelines	107699	55840	23603	11500	16756
装卸搬运和运输代理业	Loading, Unloading and Forwarding Agency	166442	106776	8783	27018	23865
仓储业	Storage	3306726	2646853	178113	231183	250577
邮政业	Post	129649	97792	6335	6155	19367
住宿和餐饮业	Hotels and Catering Services	2857203	2124451	235235	276575	220942
住宿业	Hotels	1903907	1433971	145087	167912	156937
餐饮业	Catering Services	953296	690480	90148	108663	64005
信息传输、软件和信息技术服务业	Information Transmission, Software and Information Technology	2249504	865748	339762	959286	84708
电信、广播电视和卫星传输服务	Telecommunication, Radio and Television and Satellite Transmission Service	1301463	313582	202471	754864	30546
互联网和相关服务	Internet and Related Service	317473	138695	73093	90307	15378
软件和信息技术服务业	Software and Information Technology	630568	413471	64198	114115	38784
金融业	Financial Intermediation	195832	140520	13146	35004	7162
货币金融服务	Monetary and Financial Service	127137	85718	11682	24915	4822

6-7 续表 2 continued

单位：万元 (10 000 yuan)

行　业	Sector	投资额 Invest-ment	建筑工程 Construc-tion	安装工程 Install-ation	设备工器具购置 Purchase of Equipment and Instruments	其他费用 Other Expenses
资本市场服务	Capital Market Service	50742	38757	1282	8483	2220
保险业	Insurance	15413	15235	42	136	
其他金融业	Other Financial Activities	2540	810	140	1470	120
房地产业	Real Estate	50764119	36707047	4849416	1438780	7768876
房地产业	Real Estate	50764119	36707047	4849416	1438780	7768876
租赁和商务服务业	Leasing and Business Services	3281179	2032603	194203	621658	432715
租赁业	Leasing	455875	14584	4698	432174	4419
商务服务业	Business Services	2825304	2018019	189505	189484	428296
科学研究和技术服务业	Scientific Research and Technical Services	2035314	1390088	133640	324371	187215
研究和试验发展	Research and Experimental Development	573042	433075	27546	51685	60736
专业技术服务业	Professional Technical Services	737768	477990	45170	150595	64013
科技推广和应用服务业	Science and Technology Popularization and Application Services	724504	479023	60924	122091	62466
水利、环境和公共设施管理业	Management of Water Conservancy, Environment and Public Facilities	57054735	44088877	3321158	3254860	6389840
水利管理业	Management of Water Conservancy	5151133	4162450	186027	181995	620661
生态保护和环境治理业	Ecological Protection and Environmental Treatment	2189204	1751137	108211	176306	153550
公共设施管理业	Management of Public Facilities	49714398	38175290	3026920	2896559	5615629
居民服务、修理和其他服务业	Service to Households, Repair and Other Services	1470471	1050739	89329	157338	173065
居民服务业	Service to Households	1067131	787437	59094	75762	144838
机动车、电子产品和日用产品修理业	Repair of Motor Vehicle, Electronics and Household Products	116707	85394	6632	19842	4839
其他服务业	Other Services	286633	177908	23603	61734	23388
教育	Education	5847783	4446714	226609	618367	556093
教育	Education	5847783	4446714	226609	618367	556093
卫生和社会工作	Health and Social Service	3473606	2665309	230861	347609	229827
卫生	Health	2355155	1763329	174862	288392	128572
社会工作	Social Service	1118451	901980	55999	59217	101255
文化、体育和娱乐业	Culture, Sports and Entertainment	3917593	3026941	269964	297674	323014
新闻和出版业	Journalism and Publishing Activities	32684	27756	3200	300	1428
广播、电视、电影和影视录音制作业	Radio, Television, Motion Picture and Videotape Programme Production Services	149698	115799	5999	20957	6943
文化艺术业	Cultural and Art Activities	2024275	1588013	116076	137013	183173
体育	Sports Activities	901211	703308	59274	74495	64134
娱乐业	Entertainment	809725	592065	85415	64909	67336
公共管理、社会保障和社会组织	Public Management, Social Security and Social Organization	1384363	1028302	129826	153943	72292
中国共产党机关	Organs of Communist Party of China	2007	2007			
国家机构	Government Agencies	964357	711609	93107	120659	38982
人民政协、民主党派	People's Political Consultative Conference and Democratic Parties					
社会保障	Social Security	113789	95759	12859	4005	1166
群众团体、社会团体和其他成员组织	Non-Governmental Organizations, Social Organizations and Membership Organizations	68968	57075	3803	5770	2320
基层群众自治组织	Grass Roots Self-Governing Organizations	235242	161852	20057	23509	29824

6-8 分行业固定资产投资施工、投产项目个数及新增固定资产(2017年)

Number of Investment Projects under Construction and Put into Use and Newly Increased Fixed Assets by Sector in the Whole Province(2017)

行业	Sector	施工项目(个) Number of Projects under Construction (unit)	全部建成投产项目(个) Number of Projects Completed and Put into Use (unit)	施工项目计划总投资(万元) Total Planned Investment of Projects under Construction (10 000 yuan)	本年完成投资额(万元) Investment Completed This Year (10 000 yuan)	本年新增固定资产(万元) Newly Increased Fixed Assets This Year (10 000 yuan)
全省总计	**Total**	**38759**	**23184**	**719566436**	**234682076**	**125087821**
农、林、牧、渔业	Agriculture,Forestry,Animal Husbandry and Fishery	5294	3447	28723133	17771925	12522880
农业	Farming	2802	1752	15855158	9785182	6724911
林业	Forestry	386	259	2464077	1294082	817943
畜牧业	Animal Husbandry	1313	870	6235955	4148567	3014564
渔业	Fishery	103	71	447465	302064	240620
农、林、牧、渔服务业	Service in Support of Agriculture	690	495	3720478	2242030	1724842
采矿业	Mining	590	336	19415143	6849994	3526015
煤炭开采和洗选业	Mining and Washing of Coal	328	191	13499483	3354470	1601089
石油和天然气开采业	Extraction of Petroleum and Natural Gas	32	8	3357545	2384724	1152020
黑色金属矿采选业	Mining and Processing of Ferrous Metal Ores	21	13	339824	150285	108867
有色金属矿采选业	Mining and Processing of Non-Ferrous Metal Ores	97	62	1425531	582775	360860
非金属矿采选业	Mining and Processing of Non-metal Ores	85	49	631752	289562	250582
开采辅助活动	Support Activities for Mining	22	9	138718	68872	36237
其他采矿业	Mining of Other Ores	5	4	22290	19306	16360
制造业	Manufacturing	6169	3892	112534716	37829025	21668958
农副食品加工业	Processing of Food from Agricultural Products	609	390	5020829	2571079	1756569
食品制造业	Manufacture of Foods	327	223	3735993	1722801	1084558
酒、饮料和精制茶制造业	Manufacture of Liquor, Beverages and Refined Tea	347	219	2695593	1204625	880821
烟草制品业	Manufacture of Tobacco	6	2	301450	55906	13938
纺织业	Manufacture of Textile	161	116	1087677	705601	539291
纺织服装、服饰业	Manufacture of Textile, Wearing Apparel and Accessories	55	36	548730	271781	225577
皮革、毛皮、羽毛及其制品和制鞋业	Manufacture of Leather, Fur, Feather and Related Products and Footware	10	6	70412	29742	26750
木材加工和木、竹、藤、棕、草制品业	Processing of Timber, Manufacture of Wood, Bamboo, Rattan, Palm and Straw Products	104	70	726683	353196	249611
家具制造业	Manufacture of Furniture	96	55	635360	437758	280160
造纸和纸制品业	Manufacture of Paper and Paper Products	120	76	1325858	595585	335076
印刷和记录媒介复制业	Printing and Reproduction of Recording Media	49	31	340622	181140	98654
文教、工美、体育和娱乐用品制造业	Manufacture of Articles for Culture,Education,Arts and Crafts, Sport and Entertainment Activities	38	21	262775	154382	65640
石油加工、炼焦和核燃料加工业	Processing of Petroleum, Coking and Processing of Nuclear Fuel	122	75	9903261	2215880	226586
化学原料和化学制品制造业	Manufacture of Raw Chemical Materials and Chemical Products	342	210	15094825	2512599	3319026
医药制造业	Manufacture of Medicines	227	131	4631276	1605520	1028327
化学纤维制造业	Manufacture of Chemical Fibres	11	6	38912	31368	20498
橡胶和塑料制品业	Manufacture of Rubber and Plastics Products	190	144	1999562	1026371	728611
非金属矿物制品业	Manufacture of Non-metallic Mineral Products	668	409	6105496	2904740	1867728
黑色金属冶炼和压延加工业	Smelting and Pressing of Ferrous Metals	80	53	2427867	364101	335390

6-8 续表 1 continued

行 业	Sector	施工项目（个）Number of Projects under Construction (unit)	全部建成投产项目（个）Number of Projects Completed and Put into Use (unit)	施工项目计划总投资（万元）Total Planned Investment of Projects under Construction (10 000 yuan)	本年完成投资额（万元）Investment Completed This Year (10 000 yuan)	本年新增固定资产（万元）Newly Increased Fixed Assets This Year (10 000 yuan)
有色金属冶炼和压延加工业	Smelting and Pressing of Non-ferrous Metals	501	272	7241609	2751083	1344131
金属制品业	Manufacture of Metal Products	222	148	1853133	1017590	621427
通用设备制造业	Manufacture of General Purpose Machinery	377	259	4224245	1930042	1070719
专用设备制造业	Manufacture of Special Purpose Machinery	386	256	6232222	2339141	1395170
汽车制造业	Manufacture of Automobiles	211	111	5171216	1914099	681188
铁路、船舶、航空航天和其他运输设备制造业	Manufacture of Railway, Ship, Aerospace and Other Transport Equipments	175	158	4250828	1272403	551194
电气机械和器材制造业	Manufacture of Electrical Machinery and Apparatus	300	170	11002298	2667569	813358
计算机、通信和其他电子设备制造业	Manufacture of Computers, Communication and Other Electronic Equipment	178	92	12949204	3619042	1232434
仪器仪表制造业	Manufacture of Measuring Instruments and Machinery	57	31	728267	361573	130031
其他制造业	Other Manufacture	93	68	867400	530885	412124
废弃资源综合利用业	Utilization of Waste Resources	89	47	817082	366899	305133
金属制品、机械和设备修理业	Repair Service of Metal Products, Machinery and Equipment	18	7	244031	114524	29238
电力、热力、燃气及水生产和供应业	Production and Supply of Electricity, Heat, Gas and Water	1668	968	33190786	12204551	6520580
电力、热力生产和供应业	Production and Supply of Electric Power and Heat Power	935	540	24499609	8766170	4528718
燃气生产和供应业	Production and Supply of Gas	279	154	2638970	1273421	750892
水的生产和供应业	Production and Supply of Water	454	274	6052207	2164960	1240970
建筑业	Construction	30	34	1189324	279126	123387
房屋建筑业	Construction of Buildings	9	4	185190	69463	12370
土木工程建筑业	Civil Engineering	12	24	867506	150943	94185
建筑安装业	Building Installation		1	5905	5791	755
建筑装饰和其他建筑业	Building Decoration and Other Constructions	9	5	130723	52929	16077
批发和零售业	Wholesale and Retail Trades	1591	965	13358706	6522241	3788916
批发业	Wholesale Trade	545	327	5047165	2459022	1174245
零售业	Retail Trade	1046	638	8311541	4063219	2614671
交通运输、仓储和邮政业	Transport, Storage and Post	2672	1633	64321871	18693512	10613868
铁路运输业	Railway Transport	36	10	8369303	1365041	84723
道路运输业	Road Transport	1959	1210	44150387	13204924	8086128
水上运输业	Water Transport	5	4	21309	15181	16329
航空运输业	Air Transport	23	4	1687129	397850	136250
管道运输业	Transport Via Pipelines	35	21	925357	107699	61663
装卸搬运和运输代理业	Loading, Unloading and Forwarding Agency	39	24	394743	166442	87360
仓储业	Storage	557	350	8512438	3306726	2046615
邮政业	Post	18	10	261205	129649	94800
住宿和餐饮业	Hotels and Catering Services	724	512	6719560	2857203	1618589
住宿业	Hotels	373	243	5227283	1903907	849926
餐饮业	Catering Services	351	269	1492277	953296	768663
信息传输、软件和信息技术服务业	Information Transmission, Software and Information Technology	386	235	4056414	2249504	1263695
电信、广播电视和卫星传输服务	Telecommunication, Radio and Television and Satellite Transmission Service	204	127	2038256	1301463	751349
互联网和相关服务	Internet and Related Service	93	55	637671	317473	198489
软件和信息技术服务业	Software and Information Technology	89	53	1380487	630568	313857

6-8 续表 2 continued

行业	Sector	施工项目(个) Number of Projects under Construction (unit)	全部建成投产项目(个) Number of Projects Completed and Put into Use (unit)	施工项目计划总投资(万元) Total Planned Investment of Projects under Construction (10 000 yuan)	本年完成投资额(万元) Investment Completed This Year (10 000 yuan)	本年新增固定资产(万元) Newly Increased Fixed Assets This Year (10 000 yuan)
金融业	Financial Intermediation	49	37	560608	195832	135270
货币金融服务	Monetary and Financial Service	34	29	203284	127137	123811
资本市场服务	Capital Market Service	9	4	284119	50742	8729
保险业	Insurance	3	2	68159	15413	400
其他金融业	Other Financial Activities	3	2	5046	2540	2330
房地产业	Real Estate	4903	1549	253403965	50764119	20147690
房地产业	Real Estate	4903	1549	253403965	50764119	20147690
租赁和商务服务业	Leasing and Business Services	358	217	8641680	3281179	1531223
租赁业	Leasing	21	36	543608	455875	438694
商务服务业	Business Services	337	181	8098072	2825304	1092529
科学研究和技术服务业	Scientific Research and Technical Services	382	247	5599209	2035314	985878
研究和试验发展	Research and Experimental Development	60	27	2052008	573042	227474
专业技术服务业	Professional Technical Services	178	132	1605347	737768	432765
科技推广和应用服务业	Science and Technology Popularization and Application Services	144	88	1941854	724504	325639
水利、环境和公共设施管理业	Management of Water Conservancy, Environment and Public Facilities	10087	6491	133261017	57054735	30447710
水利管理业	Management of Water Conservancy	1027	697	12509367	5151133	2511384
生态保护和环境治理业	Ecological Protection and Environmental Treatment	489	302	5276017	2189204	1032271
公共设施管理业	Management of Public Facilities	8571	5492	115475633	49714398	26904055
居民服务、修理和其他服务业	Service to Households, Repair and Other Services	408	309	2624138	1470471	871630
居民服务业	Services to Households	280	204	1901169	1067131	551967
机动车、电子产品和日用产品修理业	Repair of Motor Vehicle, Electronics and Household Products	54	38	211271	116707	96600
其他服务业	Other Services	74	67	511698	286633	223063
教育	Education	1298	929	10797424	5847783	3785204
教育	Education	1298	929	10797424	5847783	3785204
卫生和社会工作	Health and Social Service	823	547	8382440	3473606	2035913
卫生	Health	526	364	6124293	2355155	1483300
社会工作	Social Service	297	183	2258147	1118451	552613
文化、体育和娱乐业	Culture, Sports and Entertainment	854	528	10097155	3917593	2507114
新闻和出版业	Journalism and Publishing Activities	5	3	149770	32684	28949
广播、电视、电影和影视录音制作业	Radio, Television, Motion Picture and Videotape Programme Production Services	45	34	175601	149698	93545
文化艺术业	Cultural and Art Activities	440	266	4994840	2024275	1314234
体育	Sports Activities	186	118	2692892	901211	627646
娱乐业	Entertainment	178	107	2084052	809725	442740
公共管理、社会保障和社会组织	Public Management, Social Security and Social Organization	473	308	2689147	1384363	993301
中国共产党机关	Organs of Communist Party of China	1	1	3968	2007	2007
国家机构	Government Agencies	306	217	2094365	964357	701881
人民政协、民主党派	People's Political Consultative Conference and Democratic Parties					
社会保障	Social Security	47	25	159510	113789	99751
群众团体、社会团体和其他成员组织	Mass Organizations, Social Organizations and Other Membership Organizations	27	16	92877	68968	41383
基层群众自治组织	Grass Roots Self-Governing Organizations	92	49	338427	235242	148279

6-9 固定资产投资新增生产能力或效益(2017年)
Newly Increased Production Capacity or Project Efficiency through Investment(2017)

名 称		Item		能力或效益 Capacity or Efficiency
原煤开采	(万吨／年)	Coal Mining	(10 000 tons/year)	2467
焦 炭	(万吨／年)	Coke	(10 000 tons/year)	655
天然原油开采	(万吨／年)	Petroleum Extraction	(10 000 tons/year)	200.5
天然气开采	(亿立方米／年)	Natural Gas Extraction	(100 million cu.m/year)	49.73
石油加工：蒸馏设备能力	(处理万吨/年)	Petroleum Processing: Distillation Equipment Capacity	(Processing 10 000 tons/year)	1560
铁矿开采(原矿)		Iron-Ore Mining	(10 000 tons/year)	338
钢 材	(万吨／年)	Steels	(10 000 tons/year)	101
镍冶炼	(吨／年)	Zinc Smelting	(ton/year)	30
铝加工	(吨／年)	Aluminium Fabrication	(ton/year)	40050
黄 金	(公斤／年)	Gold	(kilogram /year)	5614.5
水力发电	(万千瓦)	Hydraulic Power	(10 000 kw)	13.31
火力发电	(万千瓦)	Thermal Power	(10 000 kw)	233.8
风力发电	(万千瓦)	Wind Power	(10 000 kw)	89
太阳能发电	(万千瓦)	Solar Energy	(10 000 kw)	159.45
其他发电	(万千瓦)	Others	(10 000 kw)	1.64
输电线路长度(110KV及以上)	(公里)	Length of Transmission Lines (above 110 000 VA) (km)		3544.47
水 泥	(万吨／年)	Cement	(10 000 tons/year)	225.1
氮 肥	(吨／年)	Nitrogen Fertilizers	(ton/year)	142350
磷 肥	(吨／年)	Phosphate Fertilizer	(ton/year)	4687
钾 肥	(吨／年)	Potash Fertilizer	(ton/year)	2062
塑料树脂及共聚物	(吨／年)			314255
合成橡胶	(吨／年)	Synthetic Rubber	(ton/year)	1700
其他汽车制造	(辆)	Others	(unit)	4731
化学纤维	(吨／年)	Chemical Fiber	(ton/year)	30600
棉纺锭	(锭)	Knitting Spindle	(spindle)	184453
白 酒	(万吨／年)	White Spirit	(10 000 tons/year)	2.7
其他酒	(万吨／年)	Others	(10 000 tons/year)	2.1
卷 烟	(箱／年)			11787.7
机制纸浆	(万吨／年)			0.2
新建公路	(公里)	Newly Highways	(km)	5229.34
# 高速公路		Expressway		214
一级公路		First Class		34.3
二级公路		Second Class		335.45
改建公路	(公里)	Reconstructed Highways	(km)	3904.2
# 高速公路		Expressway		26.6
一级公路		First Class		72.5
二级公路		Second Class		471.5
新建独立公路桥梁	(延长米)	New-built Separate Highway Bridge	(linear-meter)	11178.62
新建独立公路桥梁	(座)	New-built Separate Highway Bridge	(unit)	29
新建独立公路隧道	(延长米)	New-built Separate Highway Tunnel	(linear-meter)	1941
新建独立公路隧道	(处)	New-built Separate Highway Tunnel	(unit)	3
新(扩)建港口码头(年吞吐量)	(万吨)	New (expanded) Port and Wharf (annual throughput)	(10 000 tons)	5
新(扩)建港口码头(泊位)	(个)	New (expanded) Port and Wharf (berth)	(unit)	1
新(扩)建客、货运站	(个)	New (expanded) Passenger and Freight Stations	(unit)	20
新(扩)建客、货运站	(平方米)	New (expanded) Passenger and Freight Stations	(sq.m)	56616
飞机购置	(架)			3
城市自来水供水能力	(万吨／日)	Tap Water Supply Capacity in City	(10 000 tons/day)	163.7
城市污水处理能力	(万吨／日)	Waste Water Treated Capacity in City	(10 000 tons/day)	109.8

6-10 分行业工业投资(2017年)
Investment of Industrial by Sector(2017)

单位：万元 (10 000 yuan)

行　业	Sector	投资额 Investment	# 改建和技术改造 Reconstruction and Technical Transformation
工业投资合计	**Total of Industrial Investment**	**56883570**	**8440518**
采矿业	Mining	6849994	1030237
煤炭开采和洗选业	Mining and Washing of Coal	3354470	722366
石油和天然气开采业	Extraction of Petroleum and Natural Gas	2384724	29200
黑色金属矿采选业	Mining and Processing of Ferrous Metal Ores	150285	7879
有色金属矿采选业	Mining and Processing of Non-Ferrous Metal Ores	582775	157076
非金属矿采选业	Mining and Processing of Non-metal Ores	289562	76717
开采辅助活动	Support Activities for Mining	68872	32209
其他采矿业	Mining of Other Ores	19306	4790
制造业	Manufacturing	37829025	6451206
农副食品加工业	Processing of Food from Agricultural Products	2571079	324244
食品制造业	Manufacture of Foods	1722801	220551
酒、饮料和精制茶制造业	Manufacture of Liquor, Beverages and Refined Tea	1204625	179110
烟草制品业	Manufacture of Tobacco	55906	43201
纺织业	Manufacture of Textile	705601	67097
纺织服装、服饰业	Manufacture of Textile, Wearing Apparel and Accessories	271781	30776
皮革、毛皮、羽毛及其制品和制鞋业	Manufacture of Leather, Fur, Feather and Related Products and Footware	29742	8184
木材加工和木、竹、藤、棕、草制品业	Processing of Timber, Manufacture of Wood, Bamboo, Rattan, Palm and Straw Products	353196	58139
家具制造业	Manufacture of Furniture	437758	91002
造纸和纸制品业	Manufacture of Paper and Paper Products	595585	191896
印刷和记录媒介复制业	Printing and Reproduction of Recording Media	181140	50474
文教、工美、体育和娱乐用品制造业	Manufacture of Articles for Culture,Education,Arts and Crafts, Sport and Entertainment Activities	154382	61362
石油加工、炼焦和核燃料加工业	Processing of Petroleum, Coking and Processing of Nuclear Fuel	2215880	155920
化学原料和化学制品制造业	Manufacture of Raw Chemical Materials and Chemical Products	2512599	441106
医药制造业	Manufacture of Medicines	1605520	509886
化学纤维制造业	Manufacture of Chemical Fibres	31368	1173
橡胶和塑料制品业	Manufacture of Rubber and Plastics Products	1026371	139778
非金属矿物制品业	Manufacture of Non-metallic Mineral Products	2904740	482999
黑色金属冶炼和压延加工业	Smelting and Pressing of Ferrous Metals	364101	140771
有色金属冶炼和压延加工业	Smelting and Pressing of Non-ferrous Metals	2751083	430500
金属制品业	Manufacture of Metal Products	1017590	138757
通用设备制造业	Manufacture of General Purpose Machinery	1930042	328163
专用设备制造业	Manufacture of Special Purpose Machinery	2339141	505460
汽车制造业	Manufacture of Automobiles	1914099	192617
铁路、船舶、航空航天和其他运输设备制造业	Manufacture of Railway, Ship, Aerospace and Other Transport Equipments	1272403	308870
电气机械和器材制造业	Manufacture of Electrical Machinery and Apparatus	2667569	537951
计算机、通信和其他电子设备制造业	Manufacture of Computers, Communication and Other Electronic Equipment	3619042	482824
仪器仪表制造业	Manufacture of Measuring Instruments and Machinery	361573	81316
其他制造业	Other Manufacture	530885	112476
废弃资源综合利用业	Utilization of Waste Resources	366899	98373
金属制品、机械和设备修理业	Repair Service of Metal Products, Machinery and Equipment	114524	36230
电力、热力、燃气及水生产和供应业	Production and Supply of Electricity, Heat, Gas and Water	12204551	959075
电力、热力生产和供应业	Production and Supply of Electric Power and Heat Power	8766170	680578
燃气生产和供应业	Production and Supply of Gas	1273421	72926
水的生产和供应业	Production and Supply of Water	2164960	205571

6-11　民间投资(2017年)
Private Investment(2017)

行　业	Sector	投资额(万元) Investment (10 000 yuan)	占民间投资比重(%) Rate (%)
民间投资合计	**Total of Private Investment**	**96831642**	**100.0**
农、林、牧、渔业	Agriculture, Forestry, Animal Husbandry and Fishery	11476115	11.8
采矿业	Mining	1802247	1.9
制造业	Manufacturing	24815575	25.6
电力、热力、燃气及水生产和供应业	Production and Supply of Electricity, Heat, Gas and Water	3751410	3.9
建筑业	Construction	75601	0.1
批发和零售业	Wholesale and Retail Trades	4866879	5.0
交通运输、仓储和邮政业	Transport, Storage and Post	3638017	3.8
住宿和餐饮业	Hotels and Catering Services	2058066	2.1
信息传输、软件和信息技术服务业	Information Transmission, Software and Information Technology	420972	0.4
金融业	Financial Intermediation	86593	0.1
房地产业	Real Estate	26611677	27.5
租赁和商务服务业	Leasing and Business Services	1712502	1.8
科学研究和技术服务业	Scientific Research and Technical Services	1027841	1.1
水利、环境和公共设施管理业	Management of Water Conservancy, Environment and Public Facilities	10420414	10.8
居民服务、修理和其他服务业	Service to Households, Repair and Other Services	487786	0.5
教　育	Education	822033	0.8
卫生和社会工作	Health and Social Service	1098540	1.1
文化、体育和娱乐业	Culture, Sports and Entertainment	1468618	1.5
公共管理、社会保障和社会组织	Public Management, Social Security and Social Organization	190756	0.2

6-12　基础设施投资(2017年)
Investment for Basic Infrastructure(2017)

行　业	Sector	投资额(万元) Investment (10 000 yuan)	占基础设施投资比重(%) Rate (%)
基础设施投资合计	**Total Investment of Infrastructure**	**86265008**	**100.0**
一、电力、热力、燃气及水生产和供应业	Production and Supply of Electricity,Heat,Gas and Water	12204551	14.2
电力、热力的生产和供应业	Production and Supply of Electric Power and Heat Power	8766170	10.2
燃气的生产和供应业	Production and Supply of Gas	1273421	1.5
水的生产和供应业	Production and Supply of Water	2164960	2.5
二、交通运输和邮政业	Transport and Post	15386786	17.8
铁路运输业	Railway Transport	1365041	1.6
道路运输业	Road Transport	13204924	15.3
水上运输业	Water Transport	15181	0.0
航空运输业	Air Transport	397850	0.4
管道运输业	Transport Via Pipelines	107699	0.1
装卸搬运和运输代理业	Loading, Unloading and Forwarding Agency	166442	0.2
邮政业	Post	129649	0.2
三、信息传输业	Information Transmission	1618936	1.9
电信、广播电视和卫星传输服务	Telecommunication, Radio and Television and Satellite Transmission Service	1301463	1.5
互联网和相关服务	Internet and Related Service	317473	0.4
四、水利、环境和公共设施管理业	Management of Water Conservancy, Environment and Public Facilities	57054735	66.1
水利管理业	Management of Water Conservancy	5151133	6.0
生态保护和环境治理业	Ecological Protection and Environmental Treatment	2189204	2.5
公共设施管理业	Management of Public Facilities	49714398	57.6

6-13 七大战略性新兴产业投资(2017年)
Investment of Seven Strategic Emerging Industries(2017)

行　业	Sector	投资额（万元）Investment (10 000 yuan)	占战略性新兴产业投资比重(%) Rate (%)
七大战略性新兴产业投资合计	**Total Investment of Seven Strategic Emerging Industries**	**28247397**	**100.0**
节能环保产业	Energy Conservation and Environment Protection	9061757	32.1
新一代信息技术产业	New Generation of Enformation Technology	3603148	12.8
生物产业	Living Things	3690438	13.1
高端装备制造业	Manufacture of High-end Equipment	2057343	7.3
新能源产业	New Energy	4287198	15.2
新材料产业	New Material	5209085	18.4
新能源汽车产业	New Energy Automobile	338428	1.2

6-14 文化产业投资(2017年)
Culture Industry Investment(2017)

行　业	Sector	投资额（万元）Investment (10 000 yuan)	占文化产业投资比重(%) Rate (%)
文化产业投资合计	**Total Investment of Culture Industry**	**17766980**	**100.0**
新闻出版发行服务	News Publishing Service	33941	0.2
广播电视电影服务	Broadcasting Television and Film Service	149698	0.8
文化艺术服务	Arts and Cultural Service	2146055	12.1
文化信息传输服务	Cultural Information Transmission Service	508900	2.9
文化创意和设计服务	Cultural Creative and Design Service	425033	2.4
文化休闲娱乐服务	Cultural and Recreational Service	12596371	70.9
工艺美术品的生产	Arts and Crafts Production	289682	1.6
文化产品生产的辅助生	Subsidiary Production of Cultural Product	811561	4.6
文化用品的生产	Stationery Production	705926	4.0
文化专用设备的生产	Cultural Special Equipment Production	99813	0.5

6-15 全社会固定资产投资财务拨款资金来源(2017年)
Source of Funds of Investment in Fixed Assets for Finance Allocation in the Whole Province(2017)

单位：万元 (10 000 yuan)

指 标	Item	合 计 Total	固定资产投资 Investment in Fixed Assets	房地产开发 Real Estate Development	农户投资 Farm Households
上年末结余资金	Funds of Last Year-end	15162427	4008360	11154067	
本年资金来源小计	Subtotal of Sources of Funds This Year	222939947	180562449	38865795	3511703
国家预算内资金	State Budget	16145057	16145057		
国内贷款	Domestic Loans	22015063	16911593	4954241	149229
债 券	Bond	267059	267059		
利用外资	Foreign Investment	618459	616275	2184	
自筹资金	Self-raising Fund	161375394	141731075	16312936	3331383
其他资金来源	Others	22518915	4891390	17596434	31091
本年各项应付款合计	Total Payment of this year	34348106	25437503	8910603	
# 工程款	Project Payment	14161648	9331903	4829745	

6-16 固定资产投资资金来源(2017年)
Source of Funds of Investment (2017)

单位：万元 (10 000 yuan)

指 标	Item	总 计 Total	按经济类型分 By Owership 国有经济单位 State-owned	其他经济单位 Others	按隶属关系分 By Jurisdiction of Management 中央单位 Central	地方单位 Local
上年末结余资金	Funds of Last Year-end	4008360	2292035	1716325	319631	3688729
本年实际到位资金小计	Subtotal of Actual Funds This Year	180562449	93812560	86749889	9946516	170615933
国家预算资金	State Budget	16145057	15140767	1004290	349117	15795940
国内贷款	Domestic Loans	16911593	8920122	7991471	2532160	14379433
债 券	Bond	267059	199663	67396	176691	90368
利用外资	Foreign Investment	616275	215609	400666		616275
自筹资金	Self-raising Fund	141731075	66249856	75481219	6386434	135344641
其他资金来源	Others	4891390	3086543	1804847	502114	4389276
本年各项应付款合计	Total Payment of this Year	25437503	15996205	9441298	960598	24476905
# 工程款	Project Payment	9331903	5833690	3498213	534821	8797082

注：本表不含房地产开发投资。
a) Data in this table do not include those of real estate development.

6-17 各市(区)固定资产投资资金来源(2017年)
Source of Funds of Investment by City(District)(2017)

单位：万元 (10 000 yuan)

地 区	Region	上年末结余资金 Funds of Last Year-end	本年实际到位资金小计 Subtotal of Actual Funds This Year	国家预算资金 State Budget	国内贷款 Domestic Loans	债券 Bond
全 省	**Shaanxi**	**4008360**	**180562449**	**16145057**	**16911593**	**267059**
西 安 市	Xi'an	1795781	48340354	4067650	4010973	2800
铜 川 市	Tongchuan	99207	4297341	704493	384029	951
宝 鸡 市	Baoji	196557	32674889	1694574	1246735	4770
咸 阳 市	Xianyang	171350	21875019	697372	276784	
渭 南 市	Weinan	302183	20264526	1691188	732916	
# 韩城市	Hancheng	75477	2297336	116803	192761	
延 安 市	Yan'an	253601	8010395	848816	1684592	75200
汉 中 市	Hanzhong	133032	9574537	1344497	1585505	
榆 林 市	Yulin	394036	12043149	2097939	2709493	2382
安 康 市	Ankang	241202	8348624	1794038	329692	4000
商 洛 市	Shangluo	226631	9448949	1028128	1090421	265
杨凌示范区	Yangling	40702	1407746	99052	31967	
不分地区	Not Classified by Region	154078	4276920	77310	2828486	176691

6-17 续表 continued

单位：万元 (10 000 yuan)

地 区	Region	利用外资 Foreign Investment	自筹资金 Self-raising Fund	其他资金来源 Others	本年各项应付款合计 Total Payment of This Year	# 工程款 Project Payment
全 省	**Shaanxi**	**616275**	**141731075**	**4891390**	**25437503**	**9331903**
西 安 市	Xi'an	330252	38761195	1167484	4468333	2242575
铜 川 市	Tongchuan	4284	2719372	484212	185957	96624
宝 鸡 市	Baoji	81643	29263820	383347	3163995	659157
咸 阳 市	Xianyang	78616	20740811	81436	461422	235393
渭 南 市	Weinan	22030	17476559	341833	5394749	1238355
# 韩城市	Hancheng		1941739	46033	2374039	320944
延 安 市	Yan'an	26248	4797412	578127	3431495	1584132
汉 中 市	Hanzhong	4196	6398051	242288	2534419	810730
榆 林 市	Yulin	12861	6701991	518483	1782146	665958
安 康 市	Ankang	3575	6052190	165129	1327059	763190
商 洛 市	Shangluo	52570	6638772	638793	1308284	529665
杨凌示范区	Yangling		1242569	34158	472059	35535
不分地区	Not Classified by Region		938333	256100	907585	470589

注：本表不含房地产开发投资。
a) Data in this table do not include those of real estate development.

6-18 各市(区)国有经济单位投资资金来源(2017年)
Source of Funds of Investment in State-Owned Units by City(District)(2017)

单位：万元 (10 000 yuan)

地区	Region	上年末结余资金 Funds of Last Year-end	本年实际到位资金小计 Subtotal of Actual Funds This Year	国家预算资金 State Budget	国内贷款 Domestic Loans	债券 Bond
全省	**Shaanxi**	**2292035**	**93812560**	**15140767**	**8920122**	**199663**
西安市	Xi'an	1129007	28497604	3945184	2842638	2800
铜川市	Tongchuan	54739	2698471	654407	334804	
宝鸡市	Baoji	83677	11887322	1489355	267230	3590
咸阳市	Xianyang	105559	8758925	663123	138736	
渭南市	Weinan	159747	12615159	1429867	455171	
# 韩城市	Hancheng	66160	1173088	102084	33294	
延安市	Yan'an	191630	6059976	840996	1566625	10200
汉中市	Hanzhong	71443	4336619	1211915	273411	
榆林市	Yulin	127674	5234853	2015505	648963	2382
安康市	Ankang	76999	4245262	1720770	146316	4000
商洛市	Shangluo	122282	6621734	1009599	857687	
杨凌示范区	Yangling	15200	810740	82736	19007	
不分地区	Not Classified by Region	154078	2045895	77310	1369534	176691

注：本表不含房地产开发投资。
a) Data in this table do not include those of real estate development.

6-18 续表 continued

单位：万元 (10 000 yuan)

地区	Region	利用外资 Foreign Investment	自筹资金 Self-raising Fund	其他资金来源 Others	本年各项应付款合计 Total Payment of This Year	# 工程款 Project Payment
全省	**Shaanxi**	**215609**	**66249856**	**3086543**	**15996205**	**5833690**
西安市	Xi'an	17250	20936808	752924	2374875	1121420
铜川市	Tongchuan		1420184	289076	95226	36870
宝鸡市	Baoji	72542	9897217	157388	1485034	221730
咸阳市	Xianyang	47651	7867383	42032	204519	125688
渭南市	Weinan	9980	10529873	190268	4531233	987545
# 韩城市	Hancheng		1020827	16883	2128949	254732
延安市	Yan'an	492	3109559	532104	2981521	1457308
汉中市	Hanzhong		2688933	162360	907257	667783
榆林市	Yulin	12140	2426965	128898	930611	373302
安康市	Ankang	3034	2245885	125257	788423	458863
商洛市	Shangluo	52520	4197354	504574	678076	208341
杨凌示范区	Yangling		689973	19024	426714	19120
不分地区	Not Classified by Region		239722	182638	592716	155720

6-19 各市(区)按国民经济行业分的固定资产投资(2017年)
Investment by Sector and City(District)(2017)

单位：万元 (10 000 yuan)

地 区	Region	总 计 Total	农、林、牧、渔业 Agriculture, Forestry, Animal Husbandry & Fishery Industry	采矿业 Mining	制造业 Manufacturing	电力、热力、燃气及水生产和供应业 Production and Supply of Electricity, Heat,Gas and Water	建筑业 Construction	批发和零售业 Wholesale and Retail Trades	交通运输仓储和邮政业 Transport, Storage and Post	住宿和餐饮业 Hotels and Catering Services	信息传输、软件和信息技术服务业 Information Transmission, Software and Information
全 省	**Shaanxi**	**234682076**	**17771925**	**6849994**	**37829025**	**12204551**	**279126**	**6522241**	**18693512**	**2857203**	**2249504**
西 安 市	Xi'an	74526888	1340782	70402	8533746	2051110	205531	1280618	4129303	516004	1314806
铜 川 市	Tongchuan	4711520	571644	130430	892718	192092		111464	379678	43141	13032
宝 鸡 市	Baoji	37464925	4885027	499497	8797731	1594534	35460	2277506	2258802	1085446	327099
咸 阳 市	Xianyang	23418301	2346353	551598	7144809	1112381	4302	850510	1945132	175685	75281
渭 南 市	Weinan	26818393	3722367	357921	2887260	1169588		728840	1589365	349220	74819
#韩城市	Hancheng	4625815	201396	69201	704962	182986		134030	215880	111887	41759
延 安 市	Yan'an	11816943	507750	1151134	1689564	785534		203615	1253268	154570	79966
汉 中 市	Hanzhong	13056734	1259332	164332	1285941	254744	7618	311420	1115448	179731	84866
榆 林 市	Yulin	14008309	628493	2274527	2274220	3254096		252674	1990746	15595	153147
安 康 市	Ankang	10720262	1425282	102703	1798978	277730	12015	148683	723087	225507	37538
商 洛 市	Shangluo	11042748	995779	253497	1982331	502170	14200	255383	532186	78906	69359
杨凌示范区	Yangling	2017512	89116		541727	128513		101528	73545	33398	19591
不分地区	Not Classified by Region	5079541		1293953		882059			2702952		

6-19 续表 continued

单位：万元 (10 000 yuan)

地 区	Region	金融业 Financial Intermediation	房地产业 Real Estate	租赁和商务服务业 Leasing and Business Services	科学研究和技术服务业 Scientific Research and Technical Services	水利环境和公共设施管理业 Management of Water Conservancy, Environment and Public Facilities	居民服务、修理和其他服务业 Services to Households, Repair and Other Services	教 育 Education	卫生和社会工作 Health and Social Services	文化体育和娱乐业 Culture, Sports and Entertainment	公共管理、社会保障和社会组织 Public Management, Social Security and Social Organization
全 省	**Shaanxi**	**195832**	**50764119**	**3281179**	**2035314**	**57054735**	**1470471**	**5847783**	**3473606**	**3917593**	**1384363**
西 安 市	Xi'an	83579	28377081	1334697	854738	19673417	208566	2309133	807587	1097510	338278
铜 川 市	Tongchuan		547442	88021	19967	1370655	30118	99510	91361	116654	13593
宝 鸡 市	Baoji	36462	4134572	353051	407942	8480284	274492	746252	584372	568863	117533
咸 阳 市	Xianyang	21898	2000422	406929	64941	4868691	192677	547335	443608	594522	71227
渭 南 市	Weinan		3848528	366063	380722	8586158	452771	759399	589514	692694	263164
#韩城市	Hancheng		299484	242508	73895	1781994	48553	154325	115094	232534	15327
延 安 市	Yan'an	3570	1875757	63075	25023	3098974	91655	380592	136295	193447	123154
汉 中 市	Hanzhong	10071	3333435	280867	78533	3771062	70660	247589	247177	197862	156046
榆 林 市	Yulin	12529	1408369	59451	59672	1003653	42067	230520	92084	135749	120717
安 康 市	Ankang	16283	2890384	72282	19210	2333835	32821	242347	169739	152914	38924
商 洛 市	Shangluo		2093101	250646	63251	3197998	51690	224509	292650	96402	88690
杨凌示范区	Yangling	11440	255028	6097	56510	474236	22954	60597	19219	70976	53037
不分地区	Not Classified by Region				4805	195772					

6-20 各市(区)工业投资(2017年)
Investment of Industry by City(District) (2017)

单位：万元 (10 000 yuan)

地　区	Region	投资额 Investment	#改建和技术改造 Reconstruction and Technical Transformation
全　省	**Shaanxi**	**56883570**	**8440518**
西安市	Xi'an	10655258	2388201
铜川市	Tongchuan	1215240	125124
宝鸡市	Baoji	10891762	1735828
咸阳市	Xianyang	8808788	874826
渭南市	Weinan	4414769	872381
#韩城市	Hancheng	957149	189270
延安市	Yan'an	3626232	129534
汉中市	Hanzhong	1705017	236303
榆林市	Yulin	7802843	1079963
安康市	Ankang	2179411	212083
商洛市	Shangluo	2737998	692737
杨凌示范区	Yangling	670240	69787
不分地区	Not Classified by Region	2176012	23751

6-21 各市(区)按登记注册类型分的固定资产投资(2017年)
Investment by Registration Status and City (District)(2017)

单位：万元 (10 000 yuan)

地　区	Region	合计 Total	内资 Domestic	国有 State-owned	集体 Collective-owned	其他 Other	港澳台商投资 Funds from Hong Kong, Macao and Taiwan	外商投资 Foreign Investment	个体经营 Self-Employed Individual
全　省	**Shaanxi**	**203662352**	**200151241**	**108462801**	**3366455**	**88321985**	**1161554**	**2162853**	**186704**
西安市	Xi'an	51193515	48781843	29713605	690582	18377656	877796	1525915	7961
铜川市	Tongchuan	4464164	4404243	2773009	124608	1506626	4241	43362	12318
宝鸡市	Baoji	35808969	35756428	13392338	1177957	21186133	3450	46391	2700
咸阳市	Xianyang	22373274	21942759	9031051	170174	12741534	238846	183148	8521
渭南市	Weinan	25680304	25591110	17200692	437255	7953163	33131	22280	33783
#韩城市	Hancheng	4625815	4601482	3335470	126219	1139793		4900	19433
延安市	Yan'an	11177550	11006445	8897677	22896	2085872		122786	48319
汉中市	Hanzhong	12080600	12042423	5193727	581994	6266702	4090		34087
榆林市	Yulin	13375847	13136751	6149195	95112	6892444		204291	34805
安康市	Ankang	9781513	9777202	5038201	10815	4728186		101	4210
商洛市	Shangluo	10832059	10832059	7325500	44881	3461678			
杨凌示范区	Yangling	1815016	1800437	1214159	10181	576097		14579	
不分地区	Not Classified by Region	5079541	5079541	2533647		2545894			

注：本表不含房地产开发投资。

a) Data in this table do not include those of real estate development.

6-22 各市(区)按隶属关系分的固定资产投资(2017年)
Investment in Urban Area by Jurisdiction of Management and City (District)(2017)

单位：万元 (10 000 yuan)

地 区	Region	总计 Total	#地方 Local	省 Province	市 City	县 County	其他 Others
全 省	**Shaanxi**	**203662352**	**193190634**	**17369827**	**24891578**	**79725571**	**71203658**
西安市	Xi'an	51193515	48411204	7406774	12454591	10997726	17552113
铜川市	Tongchuan	4464164	4305416	258473	507060	2410973	1128910
宝鸡市	Baoji	35808969	35688228	670089	2262728	13090892	19664519
咸阳市	Xianyang	22373274	20466269	708009	1492911	9551394	8713955
渭南市	Weinan	25680304	25419812	409090	2056110	16460978	6493634
#韩城市	Hancheng	4625815	4529724	80771	1208955	2211593	1028405
延安市	Yan'an	11177550	10726433	2216362	1936943	5639693	933435
汉中市	Hanzhong	12080600	11947878	171649	1484798	4748355	5543076
榆林市	Yulin	13375847	11402508	2539057	1250271	4326109	3287071
安康市	Ankang	9781513	9719872	42638	450033	4555529	4671672
商洛市	Shangluo	10832059	10826859	445294	427416	7360713	2593436
杨凌示范区	Yangling	1815016	1810816	37053	568717	583209	621837
不分地区	Not Classified by Region	5079541	2465339	2465339			

注：本表不含房地产开发投资。下表同。

a) Data in this table do not include those of real estate development. The same applies to the table following.

6-23 各市(区)能源工业投资(2017年)
Investment in Energy Industry by City(District)(2017)

单位：万元 (10 000 yuan)

地 区	Region	能源工业投资 Energy Industry	煤炭开采和洗选业 Mining and Washing of Coal	石油和天然气开采业 Extraction of Petroleum and Natural Gas	石油加工、炼焦和核燃料加工业 Processing of Petroleum,Coking, Processing of Nuclear Fuel	电力、热力生产和供应业 Production and Distribution of Electricity and Heat
全 省	**Shaanxi**	**16721244**	**3354470**	**2384724**	**2215880**	**8766170**
西安市	Xi'an	991244	15409	23150	10572	942113
铜川市	Tongchuan	289170	91419	14529	15600	167622
宝鸡市	Baoji	1291385	278123	12940	17750	982572
咸阳市	Xianyang	1140840	490831		52335	597674
渭南市	Weinan	950513	78916	31507	30956	809134
#韩城市	Hancheng	210883	31328	31507	29047	119001
延安市	Yan'an	3193933	273352	874072	1418706	627803
汉中市	Hanzhong	116445	4900		1180	110365
榆林市	Yulin	5986082	2121520	134573	665550	3064439
安康市	Ankang	176430				176430
商洛市	Shangluo	362331			3231	359100
杨凌示范区	Yangling	46859				46859
不分地区	Not Classified by Region	2176012		1293953		882059

6-24 各市(区)按构成分的固定资产投资（2017年）
Investment by Use of Funds and City(District)(2017)

单位：万元 (10 000 yuan)

地 区	Region	总 计 Total	建筑工程 Construction	安装工程 Installation	设备工具器具购置 Purchase of Equipment and Instruments	其他费用 Others	# 建设用地费 Construction Land Fee
全 省	**Shaanxi**	**203662352**	**140399607**	**15414004**	**27789597**	**20059144**	**8918520**
西 安 市	Xi'an	51193515	35467780	3284461	6312943	6128331	4160984
铜 川 市	Tongchuan	4464164	3615500	262712	390921	195031	59862
宝 鸡 市	Baoji	35808969	22018863	4003644	7237348	2549114	884099
咸 阳 市	Xianyang	22373274	16615432	1489315	3241069	1027458	433633
渭 南 市	Weinan	25680304	20005922	1207024	2290485	2176873	907433
# 韩城市	Hancheng	4625815	3065262	308284	661775	590494	268495
延 安 市	Yan'an	11177550	7237110	943297	1395322	1601821	532786
汉 中 市	Hanzhong	12080600	8254129	636295	1018262	2171914	904592
榆 林 市	Yulin	13375847	6618185	1240429	3748799	1768434	438049
安 康 市	Ankang	9781513	8073503	366093	543489	798428	218493
商 洛 市	Shangluo	10832059	7856661	1141492	922952	910954	331025
杨凌示范区	Yangling	1815016	1302659	146618	276110	89629	47564
不分地区	Not Classified by Region	5079541	3333863	692624	411897	641157	0

注：本表不含房地产开发投资。下表同。
a) Data in this table do not include those of real estate development. The same applies to the table following.

6-25 各市(区)按建设性质分的固定资产投资(2017年)
Investment by Type of Construction and City(District)(2017)

单位：万元 (10 000 yuan)

地 区	Region	总 计 Total	新 建 New Construction	扩 建 Expansion	改建和技改 Reconstruction and Technological Transformation	单纯建造生活设施 Construction of Living Facilities	迁 建 Removal Construction	恢 复 Reestab-lishment	单纯购置 Purchase of Equipment
全 省	**Shaanxi**	**203662352**	**173205021**	**14326564**	**12114405**	**354233**	**1255654**	**270486**	**2135989**
西 安 市	Xi'an	51193515	43792341	2278259	2978772	164683	339299	11888	1628273
铜 川 市	Tongchuan	4464164	3810421	297301	320838	6820	7785	1317	19682
宝 鸡 市	Baoji	35808969	29552763	3838651	2143563	52883	117935	21801	81373
咸 阳 市	Xianyang	22373274	18520408	2817364	881952	15644	28324	17516	92066
渭 南 市	Weinan	25680304	22928284	982701	1378893	67959	187971	75288	59208
# 韩城市	Hancheng	4625815	3930497	134121	436601	11882	16835	58388	37491
延 安 市	Yan'an	11177550	9245742	1204322	399633	1408	310430	7459	8556
汉 中 市	Hanzhong	12080600	9690677	604539	1568200	34994	96273	54869	31048
榆 林 市	Yulin	13375847	11138022	889432	1082343		4152	70135	191763
安 康 市	Ankang	9781513	8978287	377032	401400		17828	2413	4553
商 洛 市	Shangluo	10832059	9001907	821346	852369	8977	139660	7800	
杨凌示范区	Yangling	1815016	1565092	170963	52632	865	5997		19467
不分地区	Not Classified by Region	5079541	4981077	44654	53810				

6-26 各市(区)固定资产投资施工、投产项目个数及新增固定资产(2017年)
Number of Investment Projects under Construction and Put into Use and Newly Increased Fixed Assets by City(District)(2017)

地 区	Region	施工项目 (个) Number of Project under Construction (unit)	全部建成投产项目 (个) Number of Project Completed and Put into Use (unit)	施工项目计划总投资 (万元) Total Investment Planned under Construction (10 000 yuan)	本年完成投资额 (万元) Investment Completed This Year (10 000 yuan)	本年新增固定资产 (万元) Newly Increased Fixed Assets of This Year (10 000 yuan)	固定资产交付使用率 (%) Rate of Projects of Fixed Assets Completed and Put into Use (%)
全 省	**Shaanxi**	**36324**	**22990**	**526565629**	**203662352**	**115007182**	**56.5**
西安市	Xi'an	5430	3393	164898269	51193515	24310754	47.5
铜川市	Tongchuan	1308	846	9979127	4464164	2859445	64.1
宝鸡市	Baoji	8926	6616	58149266	35808969	24170389	67.5
咸阳市	Xianyang	3573	2098	46974111	22373274	13401747	59.9
渭南市	Weinan	4777	3147	54172189	25680304	13404697	52.2
# 韩城市	Hancheng	995	706	11259162	4625815	2469894	53.4
延安市	Yan'an	1764	1138	24543956	11177550	4744452	42.4
汉中市	Hanzhong	3871	1999	30294416	12080600	5076270	42.0
榆林市	Yulin	2220	1161	58733457	13375847	8731407	65.3
安康市	Ankang	2628	1492	23129703	9781513	7455527	76.2
商洛市	Shangluo	1295	748	29411085	10832059	6608419	61.0
杨凌示范区	Yangling	481	341	5482163	1815016	950488	52.4
不分地区	Not Classified by Region	51	11	20797887	5079541	3293587	64.8

注：本表不含房地产开发投资。下表同。

a) Data in this table do not include those of real estate development. The same applies to the table following.

6-27 各市(区)固定资产投资房屋建筑面积(2017年)
Floor Space and Cost of Buildings in Investment by City(District)(2017)

地 区	Region	本年施工房屋面积 (平方米) Floor Space of Buildings under Construction This Year (sq.m)	# 住宅 Residential Buildings	本年竣工房屋面积 (平方米) Floor Space of Buildings Completed this Year (sq.m)	# 住宅 Residential Buildings	本年竣工房屋价值 (万元) Value of Buildings Completed This Year (10 000 yuan)	# 住宅 Residential Buildings
全 省	**Shaanxi**	**75739265**	**19676590**	**22675915**	**6054740**	**5667580**	**1510104**
西安市	Xi'an	18329571	3832789	3533162	572046	991723	149116
铜川市	Tongchuan	964170	183385	575068	88357	134486	18152
宝鸡市	Baoji	16952991	2085889	5420467	467678	1427819	101847
咸阳市	Xianyang	4760986	2265634	1789688	565049	627583	182305
渭南市	Weinan	8910969	1359120	1691826	82302	338533	54615
# 韩城市	Hancheng	3221096	576995	267846		100736	
延安市	Yan'an	5188936	2131913	1163430	656783	139908	45923
汉中市	Hanzhong	7231270	3857225	3331412	2035670	1132807	729254
榆林市	Yulin	2705716	385891	676180	4544	14310	1198
安康市	Ankang	8304853	3180664	3965899	1548318	754718	219098
商洛市	Shangluo	2098296	394080	411135	33993	55316	8596
杨凌示范区	Yangling	291507		117648		50377	
不分地区	Not Classified by Region						

6-28 房地产开发投资主要指标及构成(2017年)
Main Indicators and Composition of Investment for Real Estate Development(2017)

指　　标	Item	房地产开发 Real Estate Development	# 地方 Local Governments	# 省属 Provincial Owned
一、企业(单位)个数　(个)	Number of Enterprises　(unit)	2326	2243	56
二、本年完成投资　(万元)	Investment Completed This Year (10 000 yuan)	31019724	30525948	670342
1.按隶属关系分	Group by Jurisdiction of Management			
中　央	Central	493776		
地　方	Local	30525948	30525948	670342
# 市县属	City and County Level	29855606	29855606	
2.按构成分	By Composition of Funds			
建筑工程	Construction	21191792	20820971	475811
安装工程	Installation	3974865	3880312	94589
设备工器具购置	Purchase of Equipment and Instruments	719710	719710	4748
其他费用	Others	5133357	5104955	95194
# 旧建筑物购置费	Purchase of Used Buildings	129682	129682	
土地购置费	Total Value of Land Purchased	3447932	3437002	42578
3.按工程用途分	By Use of Projects			
住　宅	Residential Buildings	21455576	21078101	401906
# 别墅、高档公寓	Villas,High-grade Apartments	683594	683594	200
办公楼	Office Buildings	2420870	2391855	93646
商业营业用房	Houses for Business Use	4394200	4352519	101936
其　他	Others	2749078	2703473	72854
三、本年新增固定资产(万元)	Newly Increased Fixed Assets of This Year (10 000 yuan)	10080639	9998181	191516
四、房屋建筑面积及竣工价值	Floor Space of Buildings Completed and Value of Buildings Completed			
施工面积　(万平方米)	Floor Space of Buildings under Construction (10 000 sq.m)	23630.10	23309.98	684.02
# 住　宅	Residential Buildings	16958.61	16725.53	511.28
竣工面积　(万平方米)	Floor Space of Buildings Completed (10 000 sq.m)	2392.05	2364.04	95.45
# 住　宅	Residential Buildings	1873.42	1846.60	89.36
竣工价值　(亿元)	Value of Buildings Completed (100 million yuan)	741.77	735.12	17.71
# 住　宅	Residential Buildings	575.32	568.93	15.95

6-28 续表 continued

指标	Item	内资 Domestic Funded	国有 State-owned	集体 Collective-owned	其它 Others	港澳台投资 Funds from Hong Kong, Macao and Taiwan	外商投资 Foreign Funded
		按登记注册类型分 By Status of Registration					
一、企业(单位)个数 (个)	Number of Enterprises (unit)	2293	135	11	2147	20	13
二、本年完成投资 (万元)	Investment Completed This Year (10 000 yuan)	30272806	2772490	22970	27477346	419727	327191
1.按隶属关系分	Group by Jurisdiction of Management						
中央	Central	493776	314801		178975		
地方	Local	29779030	2457689	22970	27298371	419727	327191
# 市县属	City and County Level	29112488	2332598	22970	26756920	419727	323391
2.按构成分	By Composition of Funds						
建筑工程	Construction	20627048	2013788	17684	18595576	341772	222972
安装工程	Installation	3853573	345490	1750	3506333	32079	89213
设备工器具购置	Purchase of Equipment and Instruments	710068	48962	100	661006	5644	3998
其他费用	Others	5082117	364250	3436	4714431	40232	11008
# 旧建筑物购置费	Purchase of Used Buildings	129682	100		129582		
土地购置费	Total Value of Land Purchased	3416931	195400		3221531	30278	723
3.按工程用途分	By Use of Projects						
住宅	Residential Buildings	20916796	2099441	22970	18794385	271748	267032
# 别墅、高档公寓	Villas,High-grade Apartments	667202	16286		650916	16292	100
办公楼	Office Buildings	2394752	230348		2164404	26118	
商业营业用房	Houses for Business Use	4260641	198629		4062012	84610	48949
其他	Others	2700617	244072		2456545	37251	11210
三、本年新增固定资产(万元)	Newly Increased Fixed Assets of This Year (10 000 yuan)	9883673	525475	24741	9333457	35571	161395
四、房屋建筑面积及竣工价值	Floor Space of Buildings Completed and Value of Buildings Completed						
施工面积 (万平方米)	Floor Space of Buildings under Construction (10 000 sq.m)	22906.37	2244.11	28.45	20633.81	339.88	383.86
# 住宅	Residential Buildings	16426.12	1702.71	26.07	14697.34	187.83	344.66
竣工面积 (万平方米)	Floor Space of Buildings Completed (10 000 sq.m)	2335.26	180.07	11.35	2143.84	10.10	46.69
# 住宅	Residential Buildings	1820.69	170.73	10.63	1639.33	6.65	46.08
竣工价值 (亿元)	Value of Buildings Completed (100 million yuan)	723.09	51.80	2.47	668.82	2.74	15.94
# 住宅	Residential Buildings	558.22	49.46	2.28	506.47	1.79	15.32

6-29 房地产开发投资资金来源(2017年)
Sources of Funds of Investment for Real Estate Development (2017)

单位：万元 (10 000 yuan)

指标	Item	总计 Total	内资 Domestic	国有 State-owned	集体 Collective-owned	其他 Others	港澳台投资 Funds from Hong Kong, Macao and Taiwan	外商投资 Foreign Investment
一、本年资金来源合计	Total of Sources of Funds This Year	50019862	48047417	4502894	52780	43491743	683087	1289358
1.上年末结余资金	Funds of Last Year-end	11154067	10231026	701905	21280	9507841	224756	698285
2.本年资金来源小计	Subtotal of Sources of Funds This Year	38865795	37816391	3800989	31500	33983902	458331	591073
国内贷款	Domestic Loans	4954241	4853353	1427201		3426152	55888	45000
# 银行贷款	Loans from Bank	3929595	3828707	1134724		2693983	55888	45000
非银行金融机构贷款	Loans from Non-bank	1024646	1024646	292477		732169		
利用外资	Foreign Investment	2184	2184			2184		
# 外商直接投资	Foreign Direct Investment							
自筹资金	Self-raising Funds	16312936	16091068	1812193	14197	14264678	197098	24770
# 自有资金	Self-owned Funds							
其他资金来源	Others	17596434	16869786	561595	17303	16290888	205345	521303
# 定金及预收款	Booked and Prepayed Money	10043866	9671000	277892	9289	9383819	138257	234609
个人按揭贷款	Individual Credit	5026768	4679397	119807	1289	4558301	64759	282612
二、本年各项应付款合计	Total Payment of this year	8910603	8638279	984529	1054	7652696	164195	108129
# 工程款	Project Payment	4829745	4705761	538363	436	4166962	49980	74004

6-30 各市(区)房地产开发投资和新增固定资产(2017年)
Investment for Real Estate Development and Newly Increased Fixed Assets by City(District)(2017)

单位：万元 (10 000 yuan)

地区	Region	计划总投资 Total Investment Planed	自开始建设至本年底累计完成投资 Accumulative Investment Actually Completed Since Start of Construction up to the end of This Year	本年完成投资 Investment Completed This Year	本年新增固定资产 Newly Increased Fixed Assets of This Year
全省	**Shaanxi**	**193000807**	**125689483**	**31019724**	**10080639**
西安市	Xi'an	148795658	96056803	23333373	8072589
铜川市	Tongchuan	2178515	1723047	247356	53338
宝鸡市	Baoji	8037100	5149432	1655956	177486
咸阳市	Xianyang	5662192	3653043	1045027	91568
渭南市	Weinan	7066410	4548455	1138089	359218
# 韩城市	Hancheng	938400	689925	242932	144292
延安市	Yan'an	3608718	2546350	639393	286285
汉中市	Hanzhong	5592775	3913158	976134	478818
榆林市	Yulin	4898025	3388430	632462	284354
安康市	Ankang	4644130	3136873	938749	115749
商洛市	Shangluo	1291598	681199	210689	38603
杨凌示范区	Yangling	1225686	892693	202496	122631

6-31 各市(区)按构成和工程用途分的房地产开发投资(2017年)
Investment for Real Estate Development by Use of Funds and Projects by City(District)(2017)

单位：万元 (10 000 yuan)

地区	Region	按构成分 by Use of Founds				按工程用途分 by Use of Projects				
		建筑安装工程 Construction and Installation Projects	设备工器具购置 Purchase of Equipment and Instruments	其他费用 Others	#土地购置费 Total Value of Land Purchased	住宅 Residential Buildings	#别墅、高档公寓 Villas, High-grade Apartments	办公楼 Office Buildings	商业营业用房 Houses for Business Use	其他 Others
全省	**Shaanxi**	**25166657**	**719710**	**5133357**	**3447932**	**21455576**	**683594**	**2420870**	**4394200**	**2749078**
西安市	Xi'an	18195284	529814	4608275	3105299	15663673	588850	2212039	3197315	2260346
铜川市	Tongchuan	232975	2815	11566	4450	126520		5551	45424	69861
宝鸡市	Baoji	1514974	93957	47025	17254	1330917	24540	45338	219991	59710
咸阳市	Xianyang	1030756	4684	9587	4230	977928	3080	4659	56649	5791
渭南市	Weinan	995014	11326	131749	111932	788892	7529	14053	279874	55270
#韩城市	Hancheng	215676	1000	26256	18336	121208		1889	114775	5060
延安市	Yan'an	561877	21696	55820	33912	366692		53939	137103	81659
汉中市	Hanzhong	827706	17847	130581	85629	674719	16710	22201	188185	91029
榆林市	Yulin	540505	18112	73845	42490	458721		13836	102539	57366
安康市	Ankang	877488	14376	46885	28397	726010	26599	45174	117857	49708
商洛市	Shangluo	202827	4043	3819	3410	165926		2600	39454	2709
杨凌示范区	Yangling	187251	1040	14205	10929	175578	16286	1480	9809	15629

6-32 房地产开发面积及造价(2017年)
Floor Space and Cost of Buildings in Real Estate Development(2017)

地区	Region	施工房屋面积(万平方米) Floor Space of Buildings Construction (10 000 sq.m)	#住宅 Residential Buildings	竣工房屋面积(万平方米) Floor Space of Buildings Completed (10 000 sq.m)	#住宅 Residential Buildings	竣工房屋价值(亿元) Value of Buildings Completed (100 million yuan)	#住宅 Residential Buildings	竣工房屋造价(元/平方米) Cost of Buildings Completed (yuan/sq.m)	#住宅 Residential Buildings
全省	**Shaanxi**	**23630.10**	**16958.61**	**2392.05**	**1873.42**	**741.77**	**575.32**	**3101**	**3071**
西安市	Xi'an	15843.92	11134.28	1634.63	1281.71	571.96	448.02	3499	3495
铜川市	Tongchuan	495.12	361.97	18.68	7.44	5.24	1.85	2805	2493
宝鸡市	Baoji	1178.39	891.32	61.05	52.97	12.49	10.74	2046	2027
咸阳市	Xianyang	728.21	664.47	33.65	29.61	8.79	7.57	2611	2555
渭南市	Weinan	1177.52	857.62	138.47	93.63	29.80	20.78	2152	2220
#韩城市	Hancheng	167.87	96.32	49.28	27.59	10.80	6.44	2192	2334
延安市	Yan'an	830.52	561.96	145.29	125.98	27.62	25.16	1901	1997
汉中市	Hanzhong	961.12	709.71	154.66	119.62	37.50	26.42	2425	2209
榆林市	Yulin	964.86	631.29	75.30	42.86	24.82	13.15	3296	3067
安康市	Ankang	921.82	705.46	64.52	59.16	10.53	9.48	1633	1602
商洛市	Shangluo	339.59	274.63	15.36	15.36	3.82	3.82	2490	2490
杨凌示范区	Yangling	189.02	165.91	50.45	45.08	9.20	8.33	1824	1848

6-33 商品房屋销售情况(2017年)
Seal of Commercialized Buildings(2017)

地 区	Region	商品房销售面积(平方米) Floor Space of Commercialized Buildings Sold(sq.m)	住宅 Residential Buildings	#别墅、公寓 Villas, High-grade Apartments	办公楼 Office Buildings	商业营业用房 Houses for Business Use	其他 Others
全 省	**Shaanxi**	**38903972**	**34198386**	**822697**	**1531058**	**2253111**	**921417**
西安市	Xi'an	25097758	21476743	604239	1451883	1375392	793740
铜川市	Tongchuan	411945	401045			10900	
宝鸡市	Baoji	3113804	2930825		3137	174120	5722
咸阳市	Xianyang	1761323	1708423		14229	37359	1312
渭南市	Weinan	2064864	1688894	21048	40829	306685	28456
#韩城市	Hancheng	604507	385220		21626	184488	13173
延安市	Yan'an	1288671	1190448			78612	19611
汉中市	Hanzhong	1685437	1539169	554	3545	128538	14185
榆林市	Yulin	799771	750370	7201	17435	18919	13047
安康市	Ankang	1445647	1393731	189655		43903	8013
商洛市	Shangluo	738672	634472			69088	35112
杨凌示范区	Yangling	496080	484266			9595	2219

6-33 续表 continued

地 区	Region	商品房销售额(万元) Total Sale of Commercialized Buildings (10 000 yuan)	住宅 Residential Buildings	#别墅、公寓 Villas, High-grade Apartments	办公楼 Office Buildings	商业营业用房 Houses for Business Use	其他 Others
全 省	**Shaanxi**	**26610776**	**22151693**	**896486**	**1610517**	**2335919**	**512647**
西安市	Xi'an	21233383	17434263	795555	1562763	1773789	462568
铜川市	Tongchuan	138116	127302			10814	
宝鸡市	Baoji	1210815	1112548		1808	95098	1361
咸阳市	Xianyang	751859	713933		11023	26720	183
渭南市	Weinan	752560	555918	7480	21324	167262	8056
#韩城市	Hancheng	245946	122642		13809	106381	3114
延安市	Yan'an	511883	427064			69905	14914
汉中市	Hanzhong	610544	514720	240	1317	90466	4041
榆林市	Yulin	428327	390507	14408	12282	21881	3657
安康市	Ankang	561797	517624	78803		41700	2473
商洛市	Shangluo	237301	190692			31772	14837
杨凌示范区	Yangling	174191	167122			6512	557

6-34 房地产开发经营情况(2017年)
Operating Statistics on Enterprises for Real Estate Development(2017)

单位：万元 (10 000 yuan)

地 区	Region	主营业务收入 Revenue from Principal Business	土地转让收入 Land Transferred	商品房屋销售收入 Commercialized Building Sold	房屋出租收入 House Leased	其它收入 Others	主营业务成本 Operating Costs of Main Business	主营业务税金及附加 Operating Tax and Extra Charge on Main Business
全 省	**Shaanxi**	**19252889**	**11156**	**18680894**	**111210**	**299844**	**14942103**	**726030**
西安市	Xi'an	15001437	1875	14533051	83578	234422	11526741	579832
铜川市	Tongchuan	104621		102346	521	1754	66168	8173
宝鸡市	Baoji	744347	535	731591	5691	6455	587019	27303
咸阳市	Xianyang	617187	1302	594158	3421	18306	489093	29503
渭南市	Weinan	607309		602834	2977	1140	450982	16626
#韩城市	Hancheng	170190		169376		814	140657	4670
延安市	Yan'an	378886	685	360176	2675	15202	346540	6874
汉中市	Hanzhong	480974	4633	467619	1191	7416	381682	13048
榆林市	Yulin	621344	1724	611395	5779	2058	548531	21391
安康市	Ankang	433803	323	417637	4749	11085	331764	14888
商洛市	Shangluo	148412	80	147772	155	405	120487	4302
杨凌示范区	Yangling	114570		112314	472	1601	93096	4091

6-35 房地产开发企业基本情况(2017年)
Basic Statistics on Real Estate Development Enterprises (2017)

地 区	Region	开发公司个数(个) Number of Enterprises for Real Estate Development (unit)	实收资本金总计(万元) Total Capital Held (10 000 yuan)	资产总计(万元) Total Assets (10 000 yuan)	本年折旧(万元) Depreciation This Year (10 000 yuan)	负债合计(万元) Total Liabilities (10 000 yuan)	所有者权益合计(万元) Owners' Equity (10 000 yuan)	全部从业人员年平均人数(人) Average Number of Employed Persons (persons)	本年应付工资总额(万元) Total Wages This Year (10 000 yuan)
全 省	**Shaanxi**	**2326**	**13023726**	**126760676**	**139626**	**107242719**	**19517957**	**81737**	**629843**
西安市	Xi'an	1044	9089704	92085175	97069	79543436	12541739	44212	448164
铜川市	Tongchuan	73	150530	1566517	1561	1327326	239191	2143	8359
宝鸡市	Baoji	243	666989	8002073	8099	6277366	1724707	5778	26396
咸阳市	Xianyang	120	278170	3062859	3956	2661826	401033	5494	22373
渭南市	Weinan	153	448692	3987530	3151	3163274	824256	6340	22557
#韩城市	Hancheng	26	141442	800768	800	658906	141862	1124	3522
延安市	Yan'an	114	666016	4910431	7065	3758510	1151921	3516	18055
汉中市	Hanzhong	219	479582	3521922	3459	2792742	729180	5137	31866
榆林市	Yulin	158	505472	3535284	6552	2834029	701255	2672	15987
安康市	Ankang	142	501015	4184884	7242	3319658	865226	4448	24010
商洛市	Shangluo	40	136402	755491	1058	528091	227400	1416	6912
杨凌示范区	Yangling	20	101153	1148511	413	1036462	112050	581	5166

主要统计指标解释

全社会固定资产投资 是以货币形式表现的在一定时期内全社会建造和购置固定资产的工作量以及与此有关的费用的总称。该指标是反映固定资产投资规模、结构和发展速度的综合性指标,又是观察工程进度和考核投资效果的重要依据。全社会固定资产投资按登记注册类型可分为国有、集体、个体、联营、股份制、外商、港澳台商、其他等。

固定资产投资（不含农户） 指城镇和农村各种登记注册类型的企业、事业、行政单位及城镇个体户进行的计划总投资500万元及500万元以上的建设项目投资和房地产开发投资，包含原口径的城镇固定资产投资加上农村企事业组织项目投资，该口径自2011年起开始使用。

房地产开发投资 指各种登记注册类型的房地产开发法人单位统一开发的包括统代建、拆迁还建的住宅、厂房、仓库、饭店、宾馆、度假村、写字楼、办公楼等房屋建筑物和配套的服务设施，土地开发工程（如道路、给水、排水、供电、供热、通讯、平整场地等基础设施工程）的投资；不包括单纯的土地交易活动。

固定资产投资的资金来源 根据固定资产投资的资金来源不同，分为国家预算内资金、国内贷款、利用外资、自筹资金和其他资金。

(1)国家预算内资金：分为财政拨款和财政安排的贷款两部分。包括中央财政的基本建设基金(分经营性基金和非经营性基金两部分)、专项支出(如煤代油专项等)、收回再贷、贴息资金，财政安排的挖潜改造和新产品试制支出、城建支出、商业部门简易建筑支出、不发达地区发展基金等资金中用于固定资产投资的资金；地方财政中由国家统筹安排的资金等。

(2)国内贷款：指报告期固定资产投资单位向银行及非银行金融机构借入的用于固定资产投资的各种国内借款，包括银行利用自有资金及吸收的存款发放的贷款、上级主管部门拨入的国内贷款、国家专项贷款、地方财政专项资金安排的贷款、国内储备贷款、周转贷款等。

(3)利用外资：指报告期收到的用于固定资产建造和购置的国外资金(包括设备、材料、技术在内)。包括对外借款(外国政府、国际金融组织贷款、出口信贷、外国银行商业贷款、对外发行债券和股票)、外商直接投资及外商其他投资。不包括我国自有外汇资金(国家外汇、地方外汇、留成外汇、调剂外汇和中国银行自有资金发行的外汇贷款等)。计算利用外资时，需要折算成人民币，折算中所使用的外汇汇率按现汇计算，即按使用外汇时的汇率计算。

(4)自筹资金：指固定资产投资单位报告期收到的，由各地区、各部门及企、事业单位筹集用于固定资产投资的预算外资金，包括中央各部门、各级地方和企、事业单位的自筹资金。

(5)其他资金：指在报告期收到的除以上各种资金之外其他用于固定资产投资的资金，包括企业或金融机构通过发行各种债券筹集到的资金、群众集资、个人资金、无偿捐赠的资金及其他单位拨入的资金等。

固定资产投资按国民经济行业分 根据建设项目建成投产后的主要产品或主要用途及社会经济活动性质来确定国民经济行业。一般情况下，一个建设项目或一个企业、事业单位只能属于一种国民经济行业。

固定资产投资按隶属关系分 是按建设单位或企业、事业、行政单位的主管上级机关确定的。

（1）中央：是指中共中央、人大常委会和国务院各部、委、局、总公司以及直属机构直接领导的建设项目和企业、事业、行政单位。这些单位的固定资产投资计划由国务院各部门直接编制和下达，建设中所需物资、主要设备以及建设中的问题都由中央有关部门安排和解决。

（2）地方：是由省（自治区、直辖市）、地区（州、盟、省辖市）、县（旗、县级市）三级政府及业务主管部门直接领导和管理的建设项目、企业、事业、行政单位。地方项目还包括不隶属以上各级政府及主管部门的建设项目和企业、事业单位，如外商投资企业和无主管部门的企业等。

固定资产投资按建设性质分 根据整个建设项目情况来确定。建设项目的性质一般分为新建、扩建、改建和技术改造、迁建、恢复。房地产开发单位、农村投资、城镇工矿区私人建房投资不划分建设性质。

(1)新建：一般指从无到有开始建设的企业、事业和行政单位或建设项目。有的单位原有基础很小，经过建设后新增的固定资产价值超过该企、事业、行政单位原有固定资产价值(原值)三倍以上的也应作为新建。

(2)扩建：指在厂内或其他地点，为扩大原有产品的生产能力(或效益)或增加新的产品生产能力，而增建主要的生产车间(或主要工程)、分厂、独立的生产线。行政、事业单位在原单位增建业务用房(如学校增建教学用房、医院增建门诊部、病房等)也作为扩建。

现有企、事业单位为扩大原有主要产品生产能力或增加新的产品生产能力,增建一个或几个主要生产车间(或主要工程)、分厂，同时进行一些更新改造工程的，也应作为扩建。

(3)改建和技术改造：指现有企业、事业单位，对原有设施进行技术改造或更新(包括相应配套的辅助性生产、生活福利设施）的建设项目。现有企业、事业单位为适应市场变化的需要,而改变企业的主要产品种类(如军工企业转产民用品等）的建设项目，应作为改建。原有产品生产作业线由于各工序(车间)之间能力不平衡，为填平补齐充分发挥原有生产能力而增建不增加本企业主要产品设计能力的车间，也应作为改建。技术改造是指企业、事业单位在现有基础上，用先进的技术代替落后的技术，用先进的工艺和装备代替落后的工艺和装备，以改变企业落后的技术经济面貌，实现以内涵为主的扩大再生产，达到提高产品质量、促进产品更新换代、节约能源、降低消耗、扩大生产规模、全面提高社会经济效益的目的。技术改造具体包括以下内容：机器设备和工具的更新改造；生产工艺改革、节约能源和原材料的改造；厂房建筑和公共设施的改造；劳动条件和生产环境的改造等。

固定资产投资按构成分 固定资产投资活动按其工作内容和实现方式分为建筑安装工程，设备、工具、器具购置，其他费用三个部分。

(1)建筑安装工程(建筑安装工作量)：指各种房屋、建筑物的建造工程和各种设备、装置的安装工程。包括各种房屋建造工程；各种用途设备基础和各种工业窑炉的砌筑工程及金属结构工程；为施工而进行的各种准备工作和临时工程以及完工后的清理工作等；铁路、道路的铺设，矿井的开凿及石油管道的架设等；水利工程；防空地下建筑等特殊工程；列入房屋工程预算内的暖气、卫生、通风、照明、煤气等设备的价值及装设油饰工程；列入建筑工程预算内的各种管道(蒸汽、压缩空气、石油、给排水等管道)、电力、电讯电缆导线等的敷设工程；以及各种机械设备的安装工程；为测定安装工程质量，对设备进行的试运工作；房地产开发单位进行的商品房屋开发建设工程、土地开发工程。

在安装工程中，不包括被安装设备本身的价值。

(2)设备、工具、器具购置：指建设单位或企、事业单位购置或自制的，达到固定资产标准的设备、工具、器具的价值。新建单位及扩建单位的新建车间，按照设计或计划要求购置或自制的全部设备、工具、器具，不论是否达到固定资产标准均计入"设备、工具、器具购置"中。

(3)其他费用：指在固定资产建造和购置过程中发生的，除上述几项内容以外的各种应分摊计入固定资产的费用。

施工项目 指报告期内进行过建筑或安装施工活动的项目。凡是报告期内施过工的建设项目，不论施工时间长短，均作为施工项目统计。施工项目个数可以反映一定时期固定资产投资的实际规模，与同期全部建成投产项目个数相比，可以从建设速度的角度反映固定资产投资的效果。根据建设项目施工活动的不同性质，施工项目又分为：本年正式施工项目、本年收尾项目和以前年度全部停缓建项目。

全部建成投产项目 工业项目指设计文件规定形成生产能力的主体工程及其相应配套的辅助设施全部建成，经负荷试运转，证明具备生产设计规定合格产品的条件，并经过验收鉴定合格或达到竣工验收标准，与生产性工程配套的生活福利设施可以满足近期正常生产的需要，正式移交生产的建设项目。非工业项目指设计文件规定的主体工程和相应的配套工程全部建成，能够发挥设计规定的全部效益，经验收鉴定合格或达到竣工验收标准，正式移交使用的建设项目。

新增生产能力(或工程效益) 指通过固定资产投资活动而增加的设计能力(或工程效益)，该指标是以实物形态表现的反映固定资产投资成果的指标，也是考核投资经济效果的重要依据之一。

新增生产能力(或工程效益)一般有以下几种表现形式：

(1)用产品数量表示，以工程在单位时间内(一般是一年)所能生产的产品数量(即年产量)表示。如原煤开采用万吨／年表示，化学农药用吨／年表示，拖拉机制造用台／年表示等。某些化工产品由于含量差别较大，按其设计含量计算折合量表示，如硫酸、纯碱、烧碱等。

(2)用单位时间内所能处理的原料数量表示，以工程每天(或小时)所能处理原料的数量表示。如机制糖工程日处理原料吨，食用植物油日处理原料吨，城市污水处理能力用万吨／日表示等。

(3)用新增加的主要设备的数量或容量表示，如新增棉布织机、丝织机等台数，毛纺锭等锭数，发电厂新增发电机组容量用千瓦表示等。

(4)用建筑物容积、容量、面积、长度表示，是非工业项目或工程新增效益的一种表现形式。如铁路投产里程、新建公路、水库容量、粮食仓库、学校学生席位、医院病床、有效灌溉面积等。

根据工程的特点，有时需要用两种或两种以上的复合计量单位表示新增生产能力(或工程效益)，如新增内燃机生产能力同时用年产台数、千瓦数表示等。

为了规范新增生产能力(或工程效益)的名称和计算单位，国家统计局制订了《新增生产能力(或工程效益)目录及代码》。各固定资产投资单位在统计新增生产能力(或工程效益)时，必须按目录中规定的名称、计量单位和代码填报。

房屋建筑面积 指房屋建筑物勒脚以上外墙外围的水平截面面积，包括房屋建筑物的有效面积和结构面积。该指标是从实物形态上反映建设规模和建设成果的重要指标之一，也是检查工程形象进度、计算工程造价、分析投资效果、研究施工任务和建筑材料之间平衡情况的重要依据。

住宅建筑面积 指施工和竣工房屋建筑面积中供居住用的房屋建筑面积。

施工面积 指报告期内施工的全部房屋建筑面积。包括本期新开工的面积和上期开工跨入本期继续施工的房屋面积，以及上期已停建在本期恢复施工的房屋面积。本期竣工和本期施工后又停缓建的房屋，其建筑面积仍计入本期房屋施工面积中。

竣工面积 指在报告期内房屋建筑按照设计要求已经全部完工，达到住人和使用条件，经验收鉴定合格(或达到竣工验收标准)，正式移交使用单位的各栋房屋建筑面积的总和。

房屋建筑面积竣工率 指一定时期内房屋竣工面积占同期房屋施工面积的比率。

新增固定资产 指报告期内已经完成建造和购置过程，并已交付生产或使用单位的固定资产价值。该指标是表示固定资产投资成果的价值指标，也是反映建设进度，计算固定资产投资效果的重要指标。

项目建成投产率 指一定时期内全部建成投产项目个数与同期施工项目个数的比率。该指标是从建设单位建设速度的角度反映投资效果的指标。

固定资产交付使用率 指一定时期新增固定资产与同期完成投资额的比率。该指标是反映固定资产动用速度，衡量建设过程中宏观投资效果的综合指标。由于新增固定资产是较长时期内形成的结果，而投资额则是当年完成的，因此，该指标一般适宜于反映较长时期内固定资产的动用情况。

商品房销售面积 指报告期内出售商品房屋的合同总面积(即双方签署的正式买卖合同中所确定的建筑面积)。由现房销售建筑面积和期房销售建筑面积两部分组成。

商品房销售额 指报告期内出售商品房屋的合同总价款(即双方签署的正式买卖合同中所确定的合同总价)。该指标与商品房销售面积同口径，由现房销售额和期房销售额两部分组成。

Explanatory Notes on Main Statistical Indicators

Total Investment in Fixed Assets in the Whole Country refers to the volume of activities in construction and purchases of fixed assets of the whole country and related fees, expressed in monetary terms during the reference period. It is a comprehensive indicator which shows the size, structure and growth of the investment in fixed assets, providing a basis for observing the progress of construction projects and evaluating results of investment. Total investment in fixed assets in the whole country includes, by type of ownership, the investment by State-owned units, collective-owned units, individuals, joint ownership units, share-holding units, as well as investments by entrepreneurs from foreign countries and from Hong Kong, Macao and Taiwan, and by other units.

Investment in Fixed Assets (Excluding Rural Households) refers to the investment in construction projects with a total planned investment of 5 million yuan and over by enterprises of various ownerships, institutions, administrative units and urban self-employed individuals, and the investment in real estate development in both urban and rural areas. Since 2011, it covers the urban investment in fixed assets under the previous statistical coverage plus project investments by rural enterprises and institutions.

Investment in Real Estate Development refers to investment by real estate development companies, commercialized buildings construction companies and other real estate development units of various types of ownership in the construction of buildings, such as residential buildings, factory buildings, warehouses, hotels, guesthouses, holiday villages, office buildings, the complementary service facilities and land development projects, such as roads, water supply, water drainage, power supply, heating supply, telecommunications, land leveling and other infrastructural projects. It does not include activities in pure land transactions.

Sources of Funds for Investment in Fixed Assets are categorized as funds from the State budget, domestic loans, foreign investment, self-raised funds, and others, depending on the sources of investment.

(1) Fund from the State budget consists of budgetary appropriation and loans from the State budget. More specifically, it includes, from the budget of the central government, capital construction fund (operation fund and non-operational fund), special expenses (e.g. expenses on substituting petroleum with coal), loans from repayment, discount fund, expenses on innovation and trial production of new products, expenses on urban construction, expenses on temporary construction from business departments, development fund for less developed areas, as well as local budgetary fund transferred from the central budget.

(2) Domestic loans refer to loans of various forms borrowed by investing units from banks and non-bank financial institutions during the reference period for the purpose of investment in fixed assets, including loans issued by banks from their self-owned funds and deposit, loans appropriated by higher authorities, special loans by government, loans arranged by local government from special funds, domestic reserve loan, and working loan.

(3) Foreign investment refers to foreign funds received during the reference period for the construction and purchase of investment in fixed assets (covering equipment, materials and technology), including foreign borrowings (loans from foreign governments and international financial institutions, export credit, commercial loans from foreign banks, issue of bonds and stocks overseas), foreign direct investment and other foreign investments. Excluded from this category is capital in foreign exchanges owned by China (foreign exchanges owned by the central and local governments, foreign exchanges retained by enterprises, foreign exchanges by enterprises through the regulating mechanism, loans in foreign exchanges issued by the Bank of China with its own fund, etc.). In calculating the utilization of foreign capital, foreign currencies are converted into Chinese Renminbi applying the current exchange rate when the foreign capitals are actually used.

(4) Self-raised funds refer to extra-budgetary funds for investment in fixed assets received during the reference period by investing units from central government ministries, local governments, enterprises and institutions, including their self-raised funds.

(5) Others refer to funds for investment in fixed assets received from sources other than those listed above, including capital raised through issuing bonds by enterprises or financial institutions, funds raised from individuals and through donations, and funds transferred from other units.

Investment in Fixed Assets by Sector The classification of construction projects by sector is determined by the major products or the purpose of the projects when they are put into production or use, and by the nature of their social economic activities. In general, one project or one enterprise or institution can only be classified into one sector.

Investment in Fixed Assets by Jurisdiction of Management refers to the classification of investment by the competent authorities under which investment is made by construction units, enterprises, institutions or administrative units.

(1) Central investment refers to the investment in projects or by enterprises, institutions or administrative units which are under the direct leadership and management of the State Council and of the national commissions, ministries, agencies and State-owned large corporations. Various ministries and departments of the State Council prepare and implement plans for investment in fixed assets by those departments, and arrange and ensure the supply of materials and key equipment required for the projects.

(2) Local investment refers to the investment in projects or by enterprises, institutions or administrative units which are under the direct leadership and management of departments under the provincial, prefecture and county governments. Also included are projects by foreign-invested enterprises and enterprises without competent managing authorities.

Investment in Fixed Assets by Type of Construction Construction projects in general can be classified, by the type of construction, into new construction, expansion, reconstruction and technical transformation, moving and restoration. However, investment by type of construction is not applied to investment by real-estate development units, investment in rural areas and private investment in housing construction in urban areas and in industrial and mining areas.

(1) New construction in general refers to construction projects, which start from scratch, of enterprises, institutions, administrative agencies. In case the size of the existing unit is quite small, and the value of newly added fixed assets is more than three times of the original value, the expansion will be considered as new construction.

(2) Expansion refers to construction of new major production workshop, branch factory or independent production line within a factory or in other locations, for the purpose of increasing the production capacity (or improving efficiency) or adding new production capacity. Newly constructed accommodation for the operation of institutions and administrative organizations (such as newly constructed buildings for teaching in schools, buildings for clinics or wards in hospitals, etc.) are also classified as expansion.

Also included in expansion are investments by existing enterprises or institutions in building major production line(s) or branch factory(ies) along with some work on innovation, for the purpose of expanding the production capacity of original products or producing new products.

(3) Reconstruction and technical transformation refers to construction projects by existing enterprises or institutions in innovation or technical transformation of the old facilities (including auxiliary production equipment and welfare facilities). Also considered as reconstruction is the construction of new workshops by the existing enterprises or institutions to change the variety of products to meet the market demand (such as the production of civil products by defence industries), or to bring the designed production capacity into full play through a more balanced production process on production lines. Technical transformation refers to replacement of old technology or equipment by new technology or equipment, in order to expand the reproduction through improvement of technology contents in production, to improve product quality, to promote new products, to save energy, to reduce consumption, to expand the production scale and to improve overall social-economic efficiency. Contents of technical transformation include: updating of machinery, equipment and tools; reforming production process by using energy or materials saving technology; construction of factory workshops and transformation of public facilities; improvement of working conditions and environment, etc.

Investment in Fixed Assets by Structure By their contents and the mode of implementation, investment activities are classified into 3 categories, i.e. construction and installation, purchase of equipment and instrument, and other expenses.

(1) Construction and installation (work volume of construction and installation) refers to the construction of houses and buildings and the installation of various kinds of equipment and instruments. They include construction of houses; equipment foundations, industrial kilns and stoves, and metal structure work; preparation works and temporary works for project construction, and clearing up works post project construction; pavement of railways and roads, drilling of mines and putting up of oil pipes; construction of water conservancy; construction of underground air-raid shelters and construction of other special projects; value of equipment for heating, sanitation, ventilation, lighting, gas, painting, etc. that are covered by the budget of housing projects; laying out of various pipelines (for steam, compressed air, petroleum, tap water and sewage) and wiring and cabling for electric power and for communications; installation of various machinery and equipment; testing operation for pre-testing the quality of installation projects, and land and other development work conducted by real estate developers for commercialized housing. The value of equipment installed is itself not included in the value of installation projects.

(2) Purchase of equipment and instruments refers to the total value of equipment, tools, and instruments purchased or self-produced which come up to the cut-off point for fixed assets by the construction units or investing enterprises or institutions. Equipment, tools and instruments purchased or self-produced for new workshops by newly established or expanded units are categorized as "purchase of equipment and instruments" no matter whether they come up to the cut-off point for fixed assets.

(3) Other expenses refer to expenses arising during the construction or purchase of fixed assets other than those mentioned above.

Projects under Construction refer to projects with construction and installation activities undertaken in the reference period. All projects that have construction activities undertaken during the reference period are reported as projects under construction irrespective of the length of construction work. The number of projects under construction can reflect the actual size of investment in fixed assets during a given period, and when compared with the number of projects completed and put into use during the same period, it demonstrates the results of investment in fixed assets from the angle of the speed of the construction. Depending on the nature of construction activities, projects under construction can also be classified into projects beginning construction in current year, winding-up projects in current year and stopped or suspended projects in previous years (with resumption of work in current year).

Projects Completed and Put into Use Industrial projects refer to the major projects and anxilliary facilities having been completed in accordance with the design documents, resulting in forming production capacity and having checked and accepted after relevant tests, while the living and welfare facilities having been completed and being capable of ensuring normal production. Non-industrial projects refer to the major projects and anxilliary facilities which have been completed in accordance with the design documents; have been checked, accepted after relevant examination; and have been formally delivered for use.

Newly Increased Production Capacity (or Project Efficiency) refers to the increase in design capacity (or project efficiency) through investment in fixed assets, which reflects the accomplishment of investment in fixed assets in physical form and serves as an important basis for evaluating the economic efficiency of investment.

The newly increased production capacity (project efficiency) are usually expressed in one of the following forms:

(1) Volume of output of products, i.e. the volume of output that the project can produce during a given period (usually a year). For instance, the capacity in coal mining is expressed in 10,000 tons/year, the capacity in producing chemical pesticides expressed in ton/year, the capacity in producing tractors in tractor/year, etc. For some chemical products where the effective contents differ significantly, the production capacity is expressed as the designed effective content equivalent, such as in the case of sulphuric acid, soda ash, caustic soda, etc;

(2) Volume of raw materials processed per unit of time, i.e. the volume of raw materials that could be processed by the project per day (or per hour), such as tons of materials processed per day by a sugar refining project or edible vegetable oil project, or tons of urban sewage processed per day;

(3) Number or capacity of major equipment increased, such as number of cotton or silk looms increased, wool spindles increased, or capacity (in kilowatts) of power generators increased; and

(4) Physical measures (volume, capacity, area, and length) of construction, which is typical for non-industrial projects, for instance, the length of railways put into operation, the length of highways, the capacity of reservoirs, the capacity of warehouses, the floor space of housing projects, capacity for new students in schools or beds in hospitals, areas under new irrigation project, etc.

The special features of projects may sometimes call for the combined use of two or more measurements to reflect the increase in production capacity (or project efficiency); for instance, the new capacity for the production of internal combustion engines is expressed in sets per year and kilowatts per year simultaneously.

To standardize the nomenclature and unit of measurement for newly increased production capacity (or project efficiency), the National Bureau of Statistics has developed the *Nomenclature and Codes for New Production Capacity (Project Efficiency)*. All reporting units with investment activities are required to follow these two nomenclatures in reporting statistics on new production capacity (project efficiency).

Floor Space of Buildings under Construction refers to the total floor space of the horizontal section of outer walls above the plinth of the building, including the effective area and the area occupied by the structure. This indicator is one of the important indicators in physical terms to reflect the scale and accomplishment of the construction industry and also an important basis for monitoring the progress, calculating the cost, analyzing the efficiency and studying the supply of building materials in relation to the construction projects.

Floor Space of Residential Buildings refers to the floor space of the residential buildings among the total space of buildings under construction or completed.

Floor Space under Construction refers to total floor space of all buildings under construction during the reference period, including floor space of newly started buildings during the reference period, floor space of construction extended from the previous period to the current period, and floor space of construction suspended during the previous period and resumed in the current period. Floor space of construction completed in the current period, and floor space of construction started and then suspended in the current period are also included in the floor space under construction of the current year.

Floor Space Completed refers to the floor space of all buildings completed in the reference period, which have been appraised and accepted (or come up to the designed standards) and have been transferred to owner units.

Completion Rate of Floor Space of Buildings refers to the ratio of the floor space of buildings completed in a certain period of time to the floor space of buildings under construction in the same period.

Newly Increased Fixed Assets refer to the newly increased value of fixed assets, constructed or purchased, that have been transferred to the investors. This is an indicator that demonstrates the results of investment in fixed assets in monetary terms, and an important indicator to reflect the speed of construction and to calculate the efficiency of investment.

Rate of Construction Projects Completed and Put into Use refers to the ratio of the number of construction projects completed and put into use in a certain period of time to the number of projects under construction in the same period. This reflects the investment efficiency from the perspective of the speed of projects construction.

Rate of Projects of Fixed Assets Completed and Put into Operation refers to the ratio of the newly increased fixed assets to the total investment made in the same period. This is a comprehensive indicator reflecting the speed of the employment of fixed assets and the investment efficiency at the macro-level. As the newly increase fixed assets is the result of a long period while the investment is completed in the current year, this indicator is expected to be used to reflect the employment of fixed assets over a long period of time.

Area of Commercialized Housing Sold refers to total contracted area of commercialized housing (i.e. area of floor space as designated in the formal contracts signed by both sides) during the reference time. It constitutes floor space of completed housing and floor space of future housing.

Value of Commercialized Housing Sold refers to the total contracted value (i.e. value of sales/purchase for selling/purchase of commercialized housing as designated in the contract signed by both sides) during the reference time. This indicator has the same coverage as the area of commercialized housing sold, which constitutes floor space of completed housing and floor space of housing yet to be completed.

七、能　源

Energy

资料整理：蔡军辉

简要说明

一、本篇资料反映陕西能源生产、消费和能耗水平等情况。主要内容有能源生产、消费及品种构成，能源生产和消费弹性系数，分行业、分主要能源品种的消费量，能源加工转换效率及生活用能源消费量、单位生产总值能耗等指标。

二、关于数据口径与计算的说明：

1. 能源生产与消费弹性系数分别以能源生产、消费增长速度与地区生产总值增长速度相比求得。

2. 能源平衡表中，进口量和出口量采用海关统计数据，电力折算标准煤系数按平均发电煤耗计算。

3. 能源加工转换效率表中的电力折算标准煤系数采用当量值计算，每千瓦小时折0.1229千克标准煤。

4. GDP按不变价格计算。

Brief Introduction

Ⅰ. This chapter reflects the energy production, consumption and efficiency of Shaanxi Province, mainly including energy production, consumption and composition, elasticity ratio of energy production and consumption, consumption of energy by sector and by types of energy, efficiency of energy processing and conversion and the consumption of energy for non-production uses, energy consumption of unit gross domestic product.

Ⅱ. Data coverage and calculation:

1. The elasticity ratio of energy production is calculated as the quotient of the growth rate of energy production divided by the growth rate of GDP; and the elasticity ratio of energy consumption is calculated as the quotient of the growth rate of energy consumption divided by the growth rate of GDP.

2. In the energy balance sheet, the data on the imports and exports are data from the customs statistics. The ratio for converting electric power into the standard coal equivalent is calculated according to the average consumption of coal for generating electricity.

3. In the table on the efficiency of energy conversion, the ratio for converting electric power into the standard coal equivalent is calculated on the basis of heat value equivalent. One kilowatt is equal to 0.1229 kg SCE.

4. Gross domestic product are calculated at constant price.

7.能 源

2017 年全省			
能源生产总量	51542.05	万吨标准煤（等价值）	比上年增长10.7%
能源消费总量	12536.51	万吨标准煤（等价值）	比上年增长 3.4%
平均每天消费能源	34.35	万吨标准煤	
# 原 煤	83.81	万 吨	
原 油	5.08	万 吨	
天然气	2298	万立方米	
电 力	43352	万千瓦小时	

能源生产总量构成
（2017年）

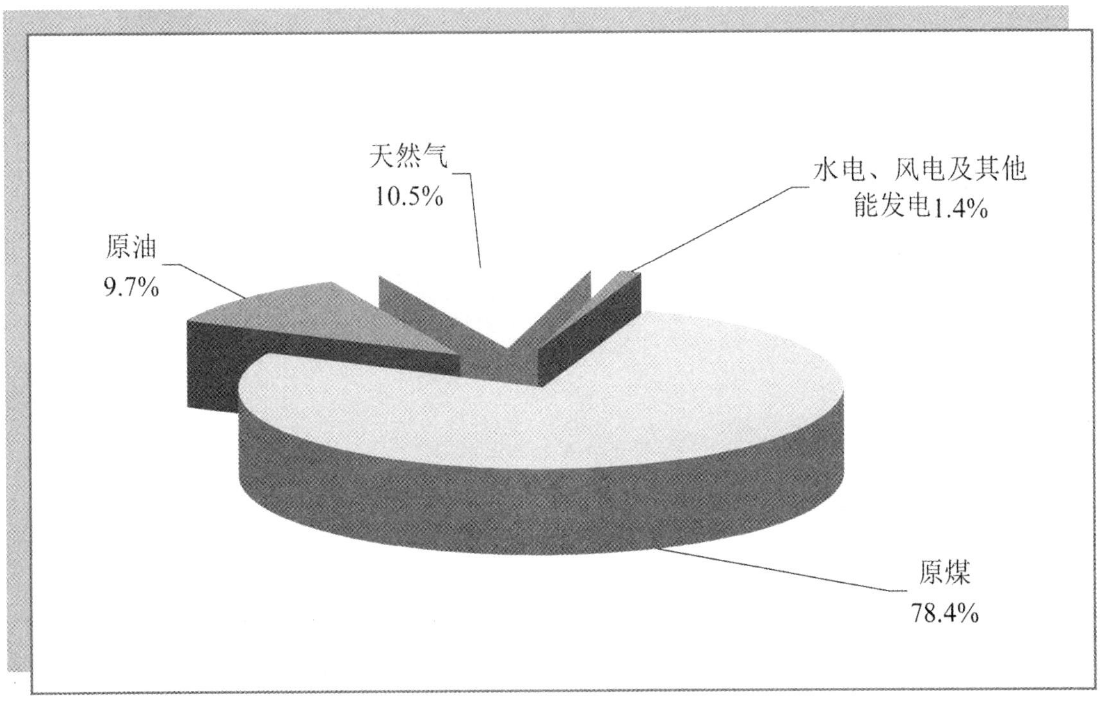

7-1 能源生产、消费总量及构成
Total Production and Consumption of Energy and Its Composition

指　标	Item	2010	2011	2012	2013
能源生产总量	**Total Energy Production**	**31845.63**	**36500.59**	**41168.40**	**44431.03**
(万吨标准煤)	**(10 000 tons of SCE)**				
原　煤	Coal	24370.38	27991.63	31847.45	33997.02
原　油	Crude Oil	4310.49	4607.83	5039.48	5268.73
天然气	Natural Gas	2885.46	3620.42	3998.94	4786.41
水电、风电及其他能发电	Hydro-power,Wind Power and Others	279.30	280.71	282.53	378.87
能源生产构成　(%)	**Energy Production Composition (%)**	**100.00**	**100.00**	**100.00**	**100.00**
原　煤	Coal	76.53	77.10	77.36	76.52
原　油	Crude Oil	13.54	12.40	12.24	11.86
天然气	Natural Gas	9.06	9.74	9.71	10.77
水电、风电及其他能发电	Hydro-power,Wind Power and Others	0.88	0.76	0.69	0.85
能源消费总量	**Total Energy Consumption**	**8287.63**	**9107.48**	**9914.53**	**10610.48**
(万吨标准煤)	**(10 000 tons of SCE)**				
煤　品	Coal	5844.95	6562.60	7255.99	7671.85
油　品	Crude Oil	1421.13	1444.03	1571.34	1652.66
天然气	Natural Gas	742.26	820.15	804.67	907.10
水电、风电及其他能发电	Hydro-power,Wind Power and Others	279.30	280.71	282.53	378.87
能源消费构成　(%)	**Energy Consumption Composition (%)**	**100.00**	**100.00**	**100.00**	**100.00**
煤　品	Coal	70.53	72.06	73.19	72.30
油　品	Crude Oil	17.15	15.86	15.85	15.58
天然气	Natural Gas	8.96	9.01	8.12	8.55
水电、风电及其他能发电	Hydro-power,Wind Power and Others	3.37	3.08	2.85	3.57

注：能源消费总量用等价值折算。等价值指电力按当年平均火力发电煤耗换算成标准煤。

a)Energy consumption are converted on the basis of equal value,equivalent value refers to the value of average standard coal consumption by thermal power in the current year.

7-1 续表 continued

指 标	Item	2014	2015	2016	2017
能源生产总量	**Total Energy Production**	**46981.85**	**48491.24**	**46544.99**	**51542.05**
(万吨标准煤)	**(10 000 tons of SCE)**				
原 煤	Coal	35736.98	37088.81	35703.52	40404.21
原 油	Crude Oil	5382.69	5338.29	5003.57	4985.56
天然气	Natural Gas	5454.46	5531.69	5345.34	5429.29
水电、风电及其他能发电	Hydro-power, Wind Power and Others	407.72	532.44	492.56	723.00
能源生产构成 (%)	**Energy Production Composition (%)**	**100.00**	**100.00**	**100.00**	**100.00**
原 煤	Coal	76.07	76.49	76.71	78.39
原 油	Crude Oil	11.46	11.01	10.75	9.67
天然气	Natural Gas	11.61	11.41	11.48	10.53
水电、风电及其他能发电	Hydro-power, Wind Power and Others	0.87	1.10	1.06	1.40
能源消费总量	**Total Energy Consumption**	**11222.46**	**11715.85**	**12120.14**	**12536.51**
(万吨标准煤)	**(10 000 tons of SCE)**				
煤 品	Coal	8125.91	8520.92	9151.20	9387.18
油 品	Crude Oil	1690.24	1552.57	1199.44	1078.97
天然气	Natural Gas	998.58	1109.91	1276.93	1347.36
水电、风电及其他能发电	Hydro-power, Wind Power and Others	407.72	532.44	492.56	723.00
能源消费构成 (%)	**Energy Consumption Composition (%)**	**100.00**	**100.00**	**100.00**	**100.00**
煤 品	Coal	72.41	72.73	75.50	74.88
油 品	Crude Oil	15.06	13.25	9.90	8.61
天然气	Natural Gas	8.90	9.47	10.54	10.75
水电、风电及其他能发电	Hydro-power, Wind Power and Others	3.63	4.54	4.06	5.77

7-2 主要能源平衡情况(2017年)
Main Energy Balance Sheet(2017)

指 标	Item	综合能源 (万吨标准煤) Comprehensive Energy (10 000 tons of SCE)	原 煤 (万吨) Coal (10 000 tons)	天然气 (亿立方米) Natural Gas (100 million cu.m)	电 力 (亿千瓦小时) Electricity (100 million kwh)
一、可供本地区消费能源	**Volume of total Energy Available for Consumption**	**12544.78**	**30610.10**	**115.00**	**-3.69**
年初库存	Stock at the Beginning of the Year	1707.30	1303.54	0.45	
一次能源生产量	Primary Energy Output	51542.05	57102.48	419.40	227.98
外省(区、市)调入量	Inflow from Other Provinces (Regions, Cities)	2364.76	1489.87	6.89	166.97
本省(区、市)调出量(-)	Outflow from this Provinces (Regions, Cities)	-41416.52	-28015.13	-311.74	-398.64
出口量(-)	Exports				
年末库存(-)	Stock at Year-end	-1652.82	-1270.66		
二、加工转换投入(-)产出(+)量	**Input (−) or Output (+) of Processing and Transformation**	**-1169.79**	**-27005.90**	**-45.59**	**1586.05**
火力发电	Thermal Power	0.00	-5101.30	-1.23	1586.05
供 热	Heating	-124.97	-675.45	-1.92	
煤炭洗选	Separation Coal	-499.55	-15333.77		
炼 焦	Coke Making	-471.57	-5468.45		
炼油及煤制油	Oil Refining and Coal to Make Oil	-312.14	-420.71	-9.09	
天然气液化		-38.55		-33.34	
煤制品加工	Processing of Coal Products	-1.08	-6.23		
回收能	Recovery of Energy	303.35			
三、损失量	**Loss Volume**	**29.63**			
四、终端消费	**Final Consumption**	**11337.08**	**3586.35**	**69.41**	**1582.36**
第一产业	Primary Industry	218.97	19.75		41.89
农、林、牧、渔业	Agriculture, Forestry, Animal Husbandry and Fishery	218.97	19.75		41.89
第二产业	Secondary Industry	7584.48	3095.56	39.96	1055.94
工 业	Industry	7374.97	3083.68	39.96	1027.02
建筑业	Construction	209.51	11.89	0.01	28.91
第三产业	Tertiary Industry	2013.13	201.00	10.81	248.71
交通运输、仓储和邮政业	Transportation, Storage and Post Services	1040.76	18.78	2.86	65.12
批发、零售业和住宿、餐饮	Wholesale and Retail Trades, Hotels and Catering Services	462.28	66.78	7.39	70.91
其 他	Others	510.10	115.44	0.56	112.67
生活消费	Household Consumption	1520.50	270.04	18.64	235.82
城 镇	Urban Areas	1024.80	58.37	18.05	146.87
乡 村	Rural Area	495.70	211.66	0.59	88.95

7-2 续表 continued

指 标	Item	原 油 (万吨) Crude Oil (10 000 tons)	汽 油 (万吨) Gasoline (10 000 tons)	煤 油 (万吨) Kerosene (10 000 tons)	柴 油 (万吨) Diesel Oil (10 000 tons)	燃料油 (万吨) Fuel Oil (10 000 tons)
一、可供本地区消费能源	**Volume of total Energy Available for Consumption**	**1853.57**	**-335.31**	**0.24**	**-348.82**	**-137.63**
年初库存	Stock at the Beginning of the Year	93.39	35.07	0.73	28.93	1.35
一次能源生产量	Primary Energy Output	3489.82				
外省(区、市)调入量	Inflow from Other Provinces (Regions, Cities)		64.22	0.97	35.02	0.05
本省(区、市)调出量(-)	Outflow from this Provinces (Regions, Cities)	-1640.03	-395.50		-378.79	-123.83
出口量(-)	Exports					
年末库存(-)	Stock at Year-end	-89.61	-39.10	-1.46	-33.98	-15.20
二、加工转换投入(-)产出(+)量	**Input (－) or Output (+) of Processing and Transformation**	**-1770.63**	**612.73**	**49.76**	**722.61**	**142.63**
火力发电	Thermal Power					
供 热	Heating				-0.01	
煤炭洗选	Separation Coal					
炼 焦	Coke Making					
炼油及煤制油	Oil Refining and Coal to Make Oil	-1770.63	612.73	49.76	722.63	157.08
天然气液化						
煤制品加工	Processing of Coal Products					
回收能	Recovery of Energy					
三、损失量	**Loss Volume**	**20.74**				
四、终端消费	**Final Consumption**	**62.20**	**277.42**	**50.00**	**373.79**	**5.00**
第一产业	Primary Industry		9.20		41.89	0.06
农、林、牧、渔业	Agriculture, Forestry, Animal Husbandry and Fishery		9.20		41.89	0.06
第二产业	Secondary Industry	62.20	31.54	0.22	60.01	2.65
工 业	Industry	62.20	22.57	0.22	38.10	1.73
建筑业	Construction		8.96		21.91	0.91
第三产业	Tertiary Industry		140.90	49.78	265.81	2.30
交通运输、仓储和邮政业	Transportation, Storage and Post Services		112.95	49.78	230.35	2.30
批发、零售业和住宿、餐饮业	Wholesale and Retail Trades, Hotels and Catering Services		19.88		24.01	
其 他	Others		8.07		11.46	
生活消费	Household Consumption		95.78		6.08	
城 镇	Urban Areas		71.01		0.21	
乡 村	Rural Area		24.77		5.87	

注：综合能源消费电力按等价值折算。
a) Comprehensive energy consumption Electric power and heat are converted on the basis of equal value.

7-3 能源生产弹性系数
Elasticity Ratio of Energy Production

指　　标	Item	2010	2015	2016	2017
能源生产增长速度(%)	Growth Rate of Energy Production over Preceding Year (%)	16.7	3.2	-4.0	10.7
电力生产增长速度(%)	Growth Rate of Electricity Production over Preceding Year (%)	23.4	0.1	3.8	7.7
生产总值增长速度(%)	Rate of Gross Domestic Product (GDP) over Preceding Year (%)	14.6	7.9	7.6	8.0
能源生产弹性系数	Elasticity Ratio of Energy Production	1.15	0.41	-0.53	1.34
电力生产弹性系数	Elasticity Ratio of Electricity Production	1.62	0.02	0.50	0.96

注：生产总值增长速度按不变价计算，能源生产用等价值折算。
a) The growth rates of GDP are calculated at constant prices. Energy production are converted on the basis of equal value.

7-4 平均每万人能源生产量
Energy Production Per 10 000 Population

品　种	Item	2010	2015	2016	2017
生产总量(吨标准煤)	**Total Production (ton of SCE)**	**85257.56**	**127848.41**	**122081.38**	**134383.68**
原　煤(吨)	Coal(ton)	96819.15	138618.65	135251.22	148881.17
原　油(吨)	Crude Oil(ton)	8077.92	9851.98	9186.41	9098.88
天然气(万立方米)	Natural Gas(10 000 cu. m)	598.28	1096.58	1080.39	1093.50
电　力(万千瓦小时)	Electricity(10 000 kwh)	3017.17	4279.34	4419.05	4729.66

注：能源生产总量用等价值折算。
a) Total energy production are converted on the basis of equal value.

7-5 能源加工转换效率
Efficiency of Energy Conversion

指　　标	Item	2010	2015	2016	2017
总效率(%)	**Total Efficiency (%)**	**71.77**	**81.09**	**81.92**	**82.18**
火力发电	Thermal Power	38.41	39.41	39.81	39.97
供　　热	Heating	78.12	78.09	75.71	77.52
洗　　煤	Separation Coal	90.64	95.92	95.94	95.34
炼　　焦	Coke Making	82.98	89.83	90.54	90.60
炼　　油	Oil Refining	93.81	95.27	91.12	89.09

7-6 各市(区)能源消费总量
Total Energy Consumption by City (District)

单位：万吨标准煤 (10 000 ton of SCE)

地 区	Region	2016	2017	2017年比2016年增长(%) Growth Rate in 2017 over 2016(%)
全 省	**Shaanxi**	**12120.14**	**12536.51**	**3.4**
西安市	Xi'an	2739.83	2813.62	2.7
铜川市	Tongchuan	453.45	464.41	2.4
宝鸡市	Baoji	1009.36	1036.11	2.7
咸阳市	Xianyang	1004.64	1031.55	2.7
渭南市	Weinan	1935.00	1976.42	2.1
延安市	Yan'an	704.43	727.00	3.2
汉中市	Hanzhong	872.07	918.43	5.3
榆林市	Yulin	3054.15	3188.27	4.4
安康市	Ankang	380.23	407.25	7.1
商洛市	Shangluo	281.05	295.90	5.3
杨凌示范区	Yangling	50.69	54.39	7.3

7-7 各市(区)单位GDP能耗下降率
Energy Consumption Per Unit of GDP by City (District)

单位：吨标准煤/万元 (%)

		2010	2011	2012	2013	2014	2015	2016	2017
全 省	**Shaanxi**	**3.64**	**3.56**	**3.54**	**3.55**	**3.58**	**3.21**	**3.83**	**4.19**
西安市	Xi'an	2.02	3.56	3.51	3.57	5.89	3.20	3.83	4.61
铜川市	Tongchuan	4.31	3.62	3.62	5.31	6.62	6.60	3.92	4.79
宝鸡市	Baoji	2.01	3.53	3.64	3.53	4.10	3.59	4.41	5.60
咸阳市	Xianyang	3.59	3.61	3.50	3.50	3.35	3.39	3.40	4.98
渭南市	Weinan	4.72	3.60	3.61	3.81	4.33	3.21	3.73	5.65
延安市	Yan'an	5.38	3.50	3.50	3.50	3.40	3.80	3.50	4.04
汉中市	Hanzhong	3.63	3.61	3.56	3.51	4.05	4.96	4.66	3.87
榆林市	Yulin	3.46	3.60	3.60	3.80	3.80	3.50	3.30	3.30
安康市	Ankang	3.89	3.50	3.63	3.33	4.50	4.00	4.51	3.11
商洛市	Shangluo	3.20	3.51	3.38	3.32	3.08	2.97	3.64	3.80
杨凌示范区	Yangling	2.48	3.20	2.62	2.60	3.68	2.10	2.04	2.01

注：能源消耗按等价值计算，GDP按不变价格计算。

a) Energy consumption are converted on the basis of equal value. GDP are calculated at constant prices.

7-8 能源消费弹性系数
Elasticity Ratio of Energy Consumption

指　　标	Item	2010	2015	2016	2017
能源消费增长速度(%)	Growth Rate of Energy Consumption over Preceding Year (%)	10.43	4.40	3.45	3.44
电力消费增长速度(%)	Growth Rate of Electricity Consumption over Preceding Year (%)	16.09	-0.35	9.57	9.53
生产总值增长速度(%)	Growth Rate of Gross Domestic Product (GDP) over Preceding Year (%)	14.46	7.85	7.60	8.00
能源消费弹性系数	Elasticity Ratio of Energy Consumption	0.72	0.56	0.45	0.43
电力消费弹性系数	Elasticity Ratio of Electricity Consumption	1.11	-0.04	1.26	1.19

注：生产总值增长速度按不变价计算，能源消费用等价值折算。
a) The growth rates of GDP are calculated at constant prices. Energy consumption are converted on the basis of equal value.

7-9 平均每天各种能源消费量
Average Daily Energy Consumption by Variety

品　　种	Item	2010	2015	2016	2017
消费总量(万吨标煤)	**Total Consumption (10 000 tons of SCE)**	**22.71**	**32.10**	**33.12**	**34.35**
原　煤　(万吨)	Coal (10 000 tons)	32.37	66.65	77.30	83.81
焦　炭　(吨)	Coke (ton)	20034	26577	22963	22729
原　油　(吨)	Crude Oil (ton)	57661	57564	49832	50783
汽　油　(吨)	Gasoline (ton)	5126	6836	7030	7601
煤　油　(吨)	Kerosene (ton)	613	945	821	1370
柴　油　(吨)	Diesel Oil (ton)	12558	12759	11192	10241
天然气　(万立方米)	Natural Gas (10 000 cu.m)	1575	2218	2239	2298
电　力(万千瓦小时)	Electricity (10 000 kwh)	23540	33472	39801	43352

注：能源消费总量用等价值折算。
a)Energy consumption are converted on the basis of equal value.

7-10　全省用电总量(2017年)
Total Electricity Consumption in the Whole Province (2017)

单位：亿千瓦时　　(100 million kwh)

指　　标	Item	2017
全省用电量总计	**Total Electricity Consumption in the Whole Province**	**1582.36**
农、林、牧、渔、水利用电	Electricity Consumption for Agriculture,Forestry,Animal Husbandry, Fishery and Water Conservancy	41.89
# 排灌用电	Electricity Consumption for drainage and irrigation	18.53
工业用电	Electricity Consumption for Industry	1027.02
轻工业	Light Industry	56.08
重工业	Heavy Industry	970.95
# 自来水生产和供应业	Production and Supply of Water	9.32
# 电力、热力生产供应业	Production and Supply of Electric Power and Heat Power	285.32
# 厂用电量	Electricity Consumption for factory	153.79
# 线路损失电量	Loss of power lines	123.56
建筑业用电	Construction electricity	28.91
交通运输、仓储和邮政业用电	Electricity Consumption for Transport, Storage and Post	65.12
交通运输业	Transport	60.84
邮政业	Post	3.39
仓储业	Storage	0.89
信息传输、计算机服务和软件业用电	Electricity Consumption for Information Transmission, Computer Services and Software	15.78
商业、住宿和餐饮用电	Electricity Consumption for Commercial, Hotels and Catering Services	70.91
批发和零售业	Wholesale and Retail Trades	51.46
住宿和餐饮业	Hotels and Catering Services	19.45
金融、房地产、商务及其他服务业用电	Electricity Consumption for Financial Intermediation,Real Estate, Business and others Services	34.98
公共事业及其管理组织用电	Electricity Consumption for the Non-profit Organization and the Management Organization	61.91
城乡居民生活用电	Electricity Consumption for Cities and Rural Areas Residential	235.82
乡村用电	Electricity Consumption for Rural Areas	146.87
城市用电	Electricity Consumption for Cities	88.95

7-11 主要能源按行业分组消费量(2017年)
Consumption of Main Energy by Sector (2017)

行 业	Sector	原煤 (万吨) Coal (10 000 tons)	焦炭 (万吨) Coke (10 000 tons)	汽油 (万吨) Gasoline (10 000 tons)	柴油 (万吨) Diesel Oil (10 000 tons)	电力 (亿千瓦时) Electricity (100 million kwh)
采矿业	**Mining**	**15644.66**	**0.29**	**7.36**	**23.85**	**157.09**
煤炭开采和洗选业	Mining and Washing of Coal	15511.39		0.87	10.09	58.32
石油和天然气开采业	Extraction of Petroleum and Natural Gas	68.14		5.46	9.15	66.80
黑色金属矿采选业	Mining and Processing of Ferrous Metal Ores	7.85		0.05	0.68	8.49
有色金属矿采选业	Mining and Processing of Non-Ferrous Metal Ores	3.18	0.01	0.39	1.34	14.30
非金属矿采选业	Mining and Processing of Non-metal Ores	13.44	0.28	0.08	0.90	3.33
开采辅助活动	Support Activities for Mining	40.66		0.51	1.69	2.82
其他采矿业	Mining of Other Ores					3.04
制造业	**Manufacturing**	**9148.68**	**783.38**	**13.26**	**13.83**	**630.65**
农副食品加工业	Processing of Food from Agricultural Products	41.67	0.07	0.53	0.32	12.38
食品制造业	Manufacture of Foods	35.25		0.77	0.10	5.28
酒、饮料和精制茶制造业	Manufacture of Beverages	13.29		0.39	0.16	7.06
烟草制品业	Manufacture of Tobacco	1.62		0.06	0.05	1.76
纺织业	Manufacture of Textile	5.04		0.04	0.00	13.45
纺织服装、服饰业	Manufacture of Textile Wearing Apparel,	0.04		0.04	0.00	2.28
皮革、毛皮、羽毛及其制品和制鞋业	Manufacture of Leather, Fur, Feather and Related Products	0.59		0.52		0.43
木材加工及木、竹、藤、棕、草制品业	Processing of Timber, Manufacture of Wood, Bamboo, Rattan,Palm and Straw Products	0.38	0.00	0.01	0.01	1.69
家具制造业	Manufacture of Furniture	0.05		0.09	0.02	0.97
造纸及纸制品业	Manufacture of Paper and Paper Products	14.10		0.08	0.02	4.93
印刷业和记录媒介的复制	Printing, Reproduction of Recording Media	0.03		0.15	0.01	1.48
文教、工美、体育和娱乐用品制造业	Manufacture of Articles for Culture, Education, Arts and Crafts, Sport and Entertainment Activities	0.01		0.01	0.00	0.30
石油加工、炼焦及核燃料加工业	Processing of Petroleum, Coking and Processing of Nuclear Fuel	4735.07	17.65	0.48	1.35	74.34
化学原料及化学制品制造业	Manufacture of Raw Chemical Materials and Chemical Products	2729.68	125.15	2.70	0.95	174.59
医药制造业	Manufacture of Medicines	11.38		0.89	0.04	4.15
化学纤维制造业	Manufacture of Chemical Fibres	0.09		0.00	0.00	1.12
橡胶和塑料制品业	Manufacture of Rubber and Plastics	18.91		0.31	0.47	7.42
非金属矿物制品业	Manufacture of Non-metallic Mineral Products	851.86	3.00	1.01	8.08	70.96
黑色金属冶炼及压延加工业	Smelting and Pressing of Ferrous Metals	142.17	621.24	0.09	0.58	63.78
有色金属冶炼及压延加工业	Smelting and Pressing of Non-ferrous Metals	513.60	13.80	0.32	0.24	92.39
金属制品业	Manufacture of Metal Products	0.40	0.07	0.33	0.07	3.91

7-11 续表 continued

行 业	Sector	原煤 (万吨) Coal (10 000 tons)	焦炭 (万吨) Coke (10 000 tons)	汽油 (万吨) Gasoline (10 000 tons)	柴油 (万吨) Diesel Oil (10 000 tons)	电力 (亿千瓦时) Electricity (100 million kwh)
通用设备制造业	Manufacture of General Purpose Machinery	0.86	0.01	0.61	0.15	7.15
专用设备制造业	Manufacture of Special Purpose Machinery	1.14	0.01	1.36	0.17	10.61
汽车制造业	Manufacture of Automobiles	1.09		0.88	0.80	18.59
铁路、船舶、航空航天和其他运输设备制造业	Manufacture of Railway, Ship, Aerospace and Other TransportEquipments	0.03	0.00	0.36	0.07	5.74
电气机械及器材制造业	Manufacture of Electrical Machinery and Apparatus	0.18		0.64	0.06	12.33
计算机、通信和其他电子设备制造业	Manufacture of Computers, Communication and Other Electronic Equipment	0.12		0.26	0.02	22.77
仪器仪表制造业	Manufacture of Measuring Instruments and			0.21	0.00	1.40
其他制造业	Manufacture of Other Manufacturing	29.82	2.32	0.07	0.03	6.42
废弃资源综合利用业	Recycling and Disposal of Waste	0.22	0.05	0.00	0.01	0.48
金属制品、机械和设备修理业	Repair Service of Metal Products, Machinery and Equipment			0.02	0.00	0.49
电力、燃气及水的生产和供应业	Electric Power, Gas and Water Production and Supply	5296.24	45.93	1.96	0.44	239.28
电力、热力生产和供应业	Production and Supply of Electric Power and Heat Power	5296.22	45.93	1.50	0.42	227.01
燃气生产和供应业	Production and Supply of Gas			0.27	0.01	9.54
水的生产和供应业	Production and Supply of Water	0.02		0.18	0.01	2.73
建筑业	Construction	11.89		8.96	21.91	28.91
房屋和土木工程建筑业	Housing and Civil Engineering Construction	11.89		6.74	13.24	28.91
建筑安装业	Building Installation			1.09	5.87	
建筑装饰业	Building Construction Decoration			0.33		
其他建筑业	Other Construction			0.80	2.81	
交通运输储运业和邮政业	Transport and Posts	18.78		112.95	230.35	65.12
铁路运输业	Railway Transport	17.23		0.36	7.41	54.51
道路运输业	Road Transport	0.28		108.60	216.89	1.82
水上运输业	Water Transport			0.13	0.58	
航空运输业	Air Transport			1.13		
管道运输业	Pipeline Transport			0.08	0.90	4.83
装卸搬运及其他运输服务业	Loading,Unloading and Other Transport Services	0.46		1.59	3.39	
仓储业	Storage	0.35		0.47	0.16	3.14
邮政业	Posts	0.45		0.59	1.03	0.83

注：消费量包括中间消费和损失量。

a) Consumption includes middle expense and stock losses.

7-12 平均每万元工业总产值能源消费量(2017年)
Energy Consumption Per 10 000 Yuan of Gross Industrial Output Value(2017)

行　业	Sector	能源消费量（万吨标准煤）Total Energy Consumption (10 000 tons of SCE)	产值能耗（吨标准煤／万元）Output Energy Consumption (ton of SCE/10 000 yuan)
工　业	**Industry**	**9001.61**	**0.36**
采矿业	**Mining**	**1361.86**	**0.25**
煤炭开采和洗选业	Mining and Washing of Coal	686.88	0.21
石油和天然气开采业	Extraction of Petroleum and Natural Gas	609.40	0.45
黑色金属矿采选业	Mining and Processing of Ferrous Metal Ores	18.20	0.07
有色金属矿采选业	Mining and Processing of Non-Ferrous Metal Ores	20.90	0.05
非金属矿采选业	Mining and Processing of Non-metal Ores	14.86	0.08
开采辅助活动	Support Activities for Mining	11.62	0.15
制造业	**Manufacturing**	**4685.64**	**0.27**
农副食品加工业	Processing of Food from Agricultural Products	46.17	0.03
食品制造业	Manufacture of Foods	38.86	0.06
酒、饮料和精制茶制造业	Manufacture of Liquor, Beverages and Refined Tea	24.92	0.04
烟草制品业	Manufacture of Tobacco	2.55	0.01
纺织业	Manufacture of Textile	22.69	0.07
纺织服装、服饰业	Manufacture of Textile, Wearing Apparel and Accessories	0.68	0.01
皮革、毛皮、羽毛及其制品和制鞋业	Manufacture of Leather, Fur, Feather and Related Products and Footwear	0.97	0.03
木材加工及木、竹、藤、棕、草制品业	Processing of Timber, Manufacture of Wood, Bamboo, Rattan,Palm and Straw Products	2.83	0.04
家具制造业	Manufacture of Furniture	0.76	0.01
造纸及纸制品业	Manufacture of Paper and Paper Products	19.56	0.11
印刷业和记录媒介的复制	Printing and Reproduction of Recording Media	2.86	0.02
文教、工美、体育和娱乐用品制造业	Manufacture of Articles for Culture, Education, Arts and Crafts, Sport and Entertainment Activities	0.19	0.00
石油加工、炼焦及核燃料加工业	Processing of Petroleum, Coking and Processing of Nuclear Fuel	951.39	0.62

注：本表能源消费量为当量值，工业总产值为现价；统计范围是年主营业务收入2000万元及以上的法人工业企业。

a) Energy consumption in this table is the equivalent weight, the gross industrial output value is at current prices.Statistical scope in this table is industrial enterprises with annual principal business sales over 20 million yuan.

7-12 续表 continued

行 业	Sector	能源消费量（万吨标准煤）Total Energy Consumption (10 000 tons of SCE)	产值能耗（吨标准煤／万元）Output Energy Consumption (ton of SCE/10 000 yuan)
化学原料及化学制品制造业	Manufacture of Raw Chemical Materials and Chemical Products	2027.04	1.35
医药制造业	Manufacture of Medicines	18.83	0.02
化学纤维制造业	Manufacture of Chemical Fibres	4.81	0.28
橡胶和塑料制品业	Manufacture of Rubber and Plastics Products	16.26	0.03
非金属矿物制品业	Manufacture of Non-metallic Mineral Products	565.90	0.39
黑色金属冶炼及压延加工业	Smelting and Pressing of Ferrous Metals	565.51	0.79
有色金属冶炼及压延加工业	Smelting and Pressing of Non-ferrous Metals	227.90	0.15
金属制品业	Manufacture of Metal Products	6.68	0.02
通用设备制造业	Manufacture of General Purpose Machinery	7.90	0.01
专用设备制造业	Manufacture of Special Purpose Machinery	12.80	0.02
汽车制造业	Manufacture of Automobiles	30.52	0.02
铁路、船舶、航空航天和其他运输设备制造业	Manufacture of Railway, Ship, Aerospace and Other TransportEquipments	4.02	0.01
电气机械及器材制造业	Manufacture of Electrical Machinery and Apparatus	27.19	0.03
计算机、通信和其他电子设备制造业	Manufacture of Computers, Communication and Other Electronic Equipment	39.63	0.05
仪器仪表制造业	Manufacture of Measuring Instruments and Machinery	0.52	0.01
其他制造业	Other Manufacture	12.13	0.32
废弃资源综合利用业	Utilization of Waste Resources	3.53	0.15
金属制品、机械和设备修理业	Repair Service of Metal Products, Machinery and Equipment	0.06	0.02
电力、热力、燃气及水生产和供应业	**Production and Supply of Electricity, Heat, Gas and Water**	**2954.11**	**1.79**
电力、热力的生产和供应业	Production and Supply of Electric Power and Heat Power	2918.59	2.06
燃气生产和供应业	Production and Supply of Gas	31.88	0.16
水的生产和供应业	Production and Supply of Water	3.64	0.10

7-13 各市(区)规模以上工业企业能源消费量(2017年)

单位：万吨标煤

行业	Sector	西安市 Xi'an	铜川市 Tongchuan	宝鸡市 Baoji
工业	**Industry**	**698.92**	**281.63**	**583.82**
采矿业	**Mining**	**1.88**	**18.36**	**5.38**
煤炭开采和洗选业	Mining and Washing of Coal		17.97	1.17
石油和天然气开采业	Extraction of Petroleum and Natural Gas		0.07	
黑色金属矿采选业	Mining and Processing of Ferrous Metal Ores			
有色金属矿采选业	Mining and Processing of Non-Ferrous Metal Ores			4.12
非金属矿采选业	Mining and Processing of Non-metal Ores		0.32	0.09
开采辅助活动	Support Activities for Mining	1.88		
制造业	**Manufacturing**	**301.62**	**137.66**	**309.66**
农副食品加工业	Processing of Food from Agricultural Products	19.45	0.57	1.93
食品制造业	Manufacture of Foods	9.33	0.46	19.42
酒、饮料和精制茶制造业	Manufacture of Liquor, Beverages and Refined Tea	8.02	0.18	3.90
烟草制品业	Manufacture of Tobacco	0.50		0.95
纺织业	Manufacture of Textile	3.29	1.46	6.99
纺织服装、服饰业	Manufacture of Textile, Wearing Apparel and Accessories	0.08	0.04	0.09
皮革、毛皮、羽毛及其制品和制鞋业	Manufacture of Leather, Fur, Feather and Related Products and Footwear	0.08		0.74
木材加工及木、竹、藤、棕、草制品业	Processing of Timber, Manufacture of Wood, Bamboo, Rattan,Palm and Straw Products	0.95	0.43	0.037
家具制造业	Manufacture of Furniture	0.33	0.01	0.04
造纸及纸制品业	Manufacture of Paper and Paper Products	2.47	0.10	10.68
印刷和记录媒介复制业	Printing and Reproduction of Recording Media	1.71		0.73
文教、工美、体育和娱乐用品制造业	Manufacture of Articles for Culture, Education, Arts and Crafts, Sport and Entertainment Activities	0.11		0.00
石油加工、炼焦及核燃料加工业	Processing of Petroleum, Coking and Processing of Nuclear Fuel	0.99	0.48	
化学原料及化学制品制造业	Manufacture of Raw Chemical Materials and Chemical Products	120.30	1.74	105.09
医药制造业	Manufacture of Medicines	5.22	0.21	1.36
化学纤维制造业	Manufacture of Chemical Fibres	4.68		0.06
橡胶和塑料制品业	Manufacture of Rubber and Plastics Products	3.99	0.23	0.79
非金属矿物制品业	Manufacture of Non-metallic Mineral Products	31.65	102.76	89.51
黑色金属冶炼及压延加工业	Smelting and Pressing of Ferrous Metals	1.01	2.07	4.61
有色金属冶炼及压延加工业	Smelting and Pressing of Non-ferrous Metals	11.92	26.26	44.35
金属制品业	Manufacture of Metal Products	1.92	0.12	0.55
通用设备制造业	Manufacture of General Purpose Machinery	2.05	0.05	2.77
专用设备制造业	Manufacture of Special Purpose Machinery	3.29	0.20	2.78
汽车制造业	Manufacture of Automobiles	20.63	0.25	8.84
铁路、船舶、航空航天和其他运输设备制造业	Manufacture of Railway, Ship, Aerospace and Other TransportEquipments	2.32		1.21
电气机械及器材制造业	Manufacture of Electrical Machinery and Apparatus	14.96	0.01	0.46
计算机、通信和其他电子设备制造业	Manufacture of Computers, Communication and Other Electronic Equipment	29.77		1.73
仪器仪表制造业	Manufacture of Measuring Instruments and Machinery	0.41		0.01
其他制造业	Other Manufacture	0.11	0.02	
废弃资源综合利用业	Utilization of Waste Resources	0.03		0.00
金属制品、机械和设备修理业	Repair Service of Metal Products, Machinery and Equipment	0.03	0.02	
电力、热力、燃气及水生产和供应业	**Production and Supply of Electricity, Heat, Gas and Water**	**395.41**	**125.61**	**268.79**
电力、热力的生产和供应业	Production and Supply of Electric Power and Heat Power	392.86	125.42	268.51
燃气生产和供应业	Production and Supply of Gas	1.20	0.02	0.22
水的生产和供应业	Production and Supply of Water	1.35	0.17	0.05

注：本表能源消费量为当量值，统计范围是年主营业务收入2000万元及以上的法人工业企业。

Industrial Enterprises above Designated Size Consumption of Energy by City(District) (2017)

(10 000 tons of SCE)

咸阳市 Xianyang	渭南市 Weinan	延安市 Yan'an	汉中市 Hanzhong	榆林市 Yulin	安康市 Ankang	商洛市 Shangluo	杨凌示范区 Yangling
575.08	**1691.44**	**448.18**	**423.32**	**3781.82**	**82.70**	**87.73**	**79.22**
16.34	**76.98**	**190.83**	**7.41**	**756.54**	**5.04**	**15.36**	
16.32	62.06	57.18	0.93	530.93	0.31		
		132.90		211.81			
	0.16		5.34		1.04	11.66	
	12.10		0.57		1.22	2.89	
0.02	2.67		0.58	7.93	2.46	0.80	
		0.75		5.87			
389.39	**1048.02**	**136.30**	**338.50**	**1878.67**	**72.84**	**68.33**	**4.67**
10.04	2.53	0.16	2.56	0.83	3.74	3.02	1.33
5.54	0.91	0.00	0.23	1.78	0.58	0.47	0.15
4.52	1.09	1.10	1.28	1.24	2.84	0.45	0.27
	0.05	0.37	0.53		0.14		
7.67	0.34		0.78	0.05	2.10	0.01	
0.21	0.01	0.01	0.06	0.07	0.07	0.05	
0.11				0.00	0.01	0.03	
0.06	0.15		0.01	0.040	0.22	0.11	0.83
0.13	0.01		0.04	0.00	0.16	0.00	0.03
5.06	0.48	0.33	0.00	0.12	0.30	0.02	
0.25	0.01		0.05		0.11		0.01
0.00			0.00	0.00	0.021	0.04	0.005
112.78	81.12	129.57	0.31	625.98	0.01		0.15
130.29	591.27	0.97	21.89	1042.52	6.55	6.33	0.09
2.23	0.77	0.06	2.82	0.24	1.73	3.24	0.95
	0.07						
8.61	0.99	0.13	0.21	0.08	0.712	0.30	0.19
84.31	63.99	0.70	47.26	66.65	48.15	30.91	0.00
2.73	276.66		227.59	49.90	0.48	0.45	
0.31	7.30		29.83	86.64	2.74	18.55	
1.57	0.46	0.01	0.54	0.09	0.98	0.03	0.41
1.42	0.61	0.00	0.49	0.02	0.35	0.00	0.12
2.39	2.86	0.16	0.05	0.79	0.22	0.00	0.06
0.53	0.01		0.03	0.02	0.20		0.01
0.10	0.07		0.24		0.07		
0.73	6.57	0.01	0.20		0.22	4.00	0.03
7.53	0.12		0.13		0.02	0.32	
0.00	0.01		0.07		0.01		
0.06	7.49	2.73	0.15	1.59	0.00		
0.192	2.06		1.15	0.03	0.07		0.00
0.00							
169.36	**566.44**	**121.05**	**77.42**	**1146.60**	**4.83**	**4.05**	**74.56**
168.82	564.71	117.87	77.23	1128.57	4.68	3.96	65.94
0.11	1.53	3.01		17.15	0.04		8.60
0.43	0.20	0.17	0.19	0.88	0.10	0.08	0.01

a) Energy consumption in this table is the equivalent weight, Statistical scope in this tableis industrial enterprises with annual principal business sales over 20 million yuan.

7-14 规模以上工业企业主要能源按行业分组消费量(2017年)

行业		煤炭(万吨) Coal (10 000 tons)	焦炭(万吨) Coke (10 000 tons)	天然气(气态)(亿立方米) Natural Gas (100 million cu.m)
工业	**Industry**	**32053.68**	**685.36**	**83.54**
采矿业	**Mining**	**15638.89**	**0.24**	**38.71**
煤炭开采和洗选业	Mining and Washing of Coal	15509.98		0.00
石油和天然气开采业	Extraction of Petroleum and Natural Gas	64.77		38.24
黑色金属矿采选业	Mining and Processing of Ferrous Metal Ores	7.46		
有色金属矿采选业	Mining and Processing of Non-Ferrous Metal Ores	3.02	0.01	0.08
非金属矿采选业	Mining and Processing of Non-metal Ores	13.00	0.23	
开采辅助活动	Support Activities for Mining	40.66		0.39
制造业	**Manufacturing**	**10119.94**	**647.18**	**21.86**
农副食品加工业	Processing of Food from Agricultural Products	40.66	0.06	0.16
食品制造业	Manufacture of Foods	34.09		0.56
酒、饮料和精制茶制造业	Manufacture of Liquor, Beverages and Refined Tea	12.64		0.29
烟草制品业	Manufacture of Tobacco	1.54		0.06
纺织业	Manufacture of Textile	4.79		0.14
纺织服装、服饰业	Manufacture of Textile, Wearing Apparel and Accessories	0.04		0.01
皮革、毛皮、羽毛及其制品和制鞋业	Manufacture of Leather, Fur, Feather and Related Products and Footwear	0.56		
木材加工和木、竹、藤、棕、草制品业	Processing of Timber, Manufacture of Wood, Bamboo, Rattan,Palm and Straw Products	0.36	0.00	
家具制造业	Manufacture of Furniture	0.05		0.00
造纸及纸制品业	Manufacture of Paper and Paper Products	13.50		0.06
印刷和记录媒介复制业	Printing and Reproduction of Recording Media	0.09		0.06
文教、工美、体育和娱乐用品制造业	Manufacture of Articles for Culture, Education, Arts and Crafts, Sport and Entertainment Activities	0.01		
石油加工、炼焦及核燃料加工业	Processing of Petroleum, Coking and Processing of Nuclear Fuel	5648.28	14.58	4.48
化学原料及化学制品制造业	Manufacture of Raw Chemical Materials and Chemical Products	2681.73	103.39	10.99
医药制造业	Manufacture of Medicines	10.84		0.28
化学纤维制造业	Manufacture of Chemical Fibres	0.09		
橡胶和塑料制品业	Manufacture of Rubber and Plastics Products	20.20		0.33
非金属矿物制品业	Manufacture of Non-metallic Mineral Products	876.08	2.48	1.16
黑色金属冶炼及压延加工业	Smelting and Pressing of Ferrous Metals	137.52	513.23	0.19
有色金属冶炼及压延加工业	Smelting and Pressing of Non-ferrous Metals	603.19	11.40	0.47
金属制品业	Manufacture of Metal Products	0.39	0.06	0.10
通用设备制造业	Manufacture of General Purpose Machinery	0.82	0.01	0.10
专用设备制造业	Manufacture of Special Purpose Machinery	1.08	0.01	0.23
汽车制造业	Manufacture of Automobiles	1.04		0.64
铁路、船舶、航空航天和其他运输设备制造业	Manufacture of Railway, Ship, Aerospace and Other TransportEquipments	0.03	0.00	0.07
电气机械及器材制造业	Manufacture of Electrical Machinery and Apparatus	0.17		0.69
计算机、通信和其他电子设备制造业	Manufacture of Computers, Communication and Other Electronic Equipment	0.12		0.78
仪器仪表制造业	Manufacture of Measuring Instruments and Machinery			0.00
其他制造业	Other Manufacture	29.81	1.92	0.00
废弃资源综合利用业	Utilization of Waste Resources	0.21	0.04	0.01
金属制品、机械和设备修理业	Repair Service of Metal Products, Machinery and Equipment			0.00
电力、热力、燃气及水生产和供应业	**Production and Supply of Electricity, Heat, Gas and Water**	**6294.86**	**37.94**	**22.97**
电力、热力的生产和供应业	Production and Supply of Electric Power and Heat Power	6294.79	37.94	2.17
燃气生产和供应业	Production and Supply of Gas			20.77
水的生产和供应业	Production and Supply of Water	0.07		0.03

注：消费量包括中间消费和损失量；统计范围是年主营业务收入2000万元及以上的法人工业企业；煤炭包括：原煤、洗精煤、其它洗煤、煤制品。

Industrial Enterprises above Designated Size Consumption of Main Energy by Sector (2017)

原 油 (万吨) Crude Oil (10 000 tons)	汽 油 (万吨) Gasoline (10 000 tons)	煤 油 (万吨) Kerosene (10 000 tons)	柴 油 (万吨) Diesel Oil (10 000 tons)	热 力 (万百万千焦) Heat (10 billion kilo-joule)	电 力 (亿千瓦时) Electricity (100 million kwh)
1829.72	**6.79**	**0.21**	**36.51**	**3093.88**	**1002.87**
58.43	**2.21**	**0.17**	**22.65**	**121.58**	**154.05**
	0.26	0.02	9.58	82.57	58.32
58.43	1.64		8.69	6.88	66.80
	0.02		0.64		8.49
	0.12	0.15	1.28		14.30
	0.02		0.85		3.33
	0.15		1.61	32.13	2.82
1771.29	**3.99**	**0.04**	**13.15**	**2831.57**	**610.17**
	0.16	0.01	0.30	201.14	12.38
0.00	0.23		0.10	39.99	5.28
	0.12		0.15	67.16	7.06
	0.02		0.05	0.39	0.70
	0.01	0.00	0.00	40.36	13.45
	0.01		0.00		0.40
	0.16			1.20	0.23
	0.00		0.01		1.69
	0.03		0.02		0.53
	0.02		0.02	117.74	3.71
	0.05		0.01	5.55	1.48
	0.00		0.00		0.14
1771.29	0.14		1.28	495.04	74.34
	0.81	0.00	0.91	863.28	174.59
	0.27	0.00	0.04	47.56	4.15
	0.00		0.00	115.61	0.65
	0.09	0.00	0.45	8.83	7.42
	0.31	0.00	7.68	0.11	70.96
	0.03		0.55	523.52	63.78
	0.10		0.22	88.35	92.39
	0.10	0.00	0.07	0.74	3.91
0.00	0.18	0.00	0.14	0.37	4.94
	0.41	0.00	0.17	35.69	6.02
	0.27	0.00	0.76	33.32	15.21
	0.11	0.00	0.06	6.02	2.44
	0.19	0.00	0.06	90.38	12.33
	0.08	0.02	0.02	48.64	22.77
	0.06		0.00	0.59	0.30
	0.02		0.03		6.42
	0.00		0.01		0.48
	0.01		0.00		0.03
	0.59	**0.00**	**0.71**	**140.73**	**238.64**
	0.45	0.00	0.69	140.73	227.01
	0.08		0.01		8.90
	0.06		0.01		2.73

a) Consumption covers intermediate consumption and loss. The scope of statistics include corporate industrial enterprises with revenue from principal business over 20 million yuan. The coals include raw coal, cleaned coal, other coal washing and coal products.

主要统计指标解释

能源生产总量　指一定时期内，一次能源生产量的总和。该指标是观察能源生产水平、规模、构成和发展速度的总量指标。一次能源生产量包括原煤、原油、天然气、水电、核能及其他动力能(如风能、地热能等)发电量，不包括低热值燃料生产量、生物质能、太阳能等的利用和由一次能源加工转换而成的二次能源产量。

能源消费总量　是指一定地域内，国民经济各行业和居民家庭在一定时间消费的各种能源的总和。包括：原煤、原油、天然气、水能、核能、风能、太阳能、地热能、生物质能等一次能源；一次能源通过加工转换产生的洗煤、焦炭、煤气、电力、热力、成品油等二次能源和同时产生的其他产品；其他化石能源、可再生能源和新能源。其中水能、风能、太阳能、地热能、生物质能等可再生能源，是指人们通过一定技术手段获得的，并作为商品能源使用的部分。在核算过程中，一次能源、二次能源消费不能重复计算。能源消费总量分为终端能源消费量、能源加工转换损失量和能源损失量三部分。

(1)终端能源消费量：指一定时期内，全国生产和生活消费的各种能源在扣除了用于加工转换二次能源消费量和损失量以后的数量。

(2)能源加工转换损失量：指一定时期内，全国投入加工转换的各种能源数量之和与产出各种能源产品之和的差额。该指标是观察能源在加工转换过程中损失量变化的指标。

(3)能源损失量：指一定时期内，能源在输送、分配、储存过程中发生的损失和由客观原因造成的各种损失量，不包括各种气体能源放空、放散量。

能源生产弹性系数　是研究能源生产增长速度与国民经济增长速度之间关系的指标。计算公式：

$$能源生产弹性系数=\frac{能源生产总量年平均增长速度}{国民经济年平均增长速度}$$

国民经济年平均增长速度，可根据不同的目的或需要，用国民生产总值、国内生产总值等指标来计算，本年鉴是采用国内生产总值指标计算的。

电力生产弹性系数　是研究电力生产增长速度与国民经济增长速度之间关系的指标。一般来说，电力的发展应当快于国民经济的发展，也就是说电力应超前发展。计算公式为：

$$电力生产弹性系数=\frac{电力生产量年平均增长速度}{国民经济年平均增长速度}$$

能源消费弹性系数　反映能源消费增长速度与国民经济增长速度之间比例关系的指标。计算公式为：

$$能源消费弹性系数=\frac{能源消费量年平均增长速度}{国民经济年平均增长速度}$$

电力消费弹性系数　反映电力消费增长速度与国民经济增长速度之间比例关系的指标。计算公式为：

$$电力消费弹性系数=\frac{电力消费量年平均增长速度}{国民经济年平均增长速度}$$

能源加工转换效率　指一定时期内，能源经过加工、转换后，产出的各种能源产品的数量与同期内投入加工转换的各种能源数量的比率。该指标是观察能源加工转换装置和生产工艺先进与落后、管理水平高低等的重要指标。计算公式为：

$$能源加工转换效率=\frac{能源加工转换产出量}{能源加工转换投入量}\times 100\%$$

单位生产总值能耗　指一定时期内，一个国家或地区每生产一个单位的生产总值所消耗的能源。计算公式为：

$$单位生产总值能耗=\frac{能源消费总量}{生产总值}$$

单位生产总值电耗　指一定时期内，一个国家或地区每生产一个单位的生产总值所消耗的电力。计算公式为：

$$单位生产总值电耗=\frac{全社会用电量}{生产总值}$$

单位工业增加值能耗　指一定时期内，一个国家或地区每生产一个单位的工业增加值所消耗的能源。计算公式为：

$$单位工业增加值能耗=\frac{工业能源消费量}{工业增加值}$$

Explanatory Notes on Main Statistical Indicators

Total Energy Production refers to the total production of primary energy by all energy producing enterprises in the country in a given period of time. It is a comprehensive indicator to show the level, scale, composition and pace of development of energy production of the country. The production of primary energy includes that of coal, crude oil, natural gas, hydro-power and electricity generated by nuclear energy and other means such as wind power and geothermal power. However, it does not include the production of fuels of low calorific value, bio-energy, solar energy and secondary energy converted from primary energy.

Total Energy Consumption refers to the total consumption of energy of various kinds by the production sectors of the economy and the households in a given period of time. It includes the primary kinds of energy such as coal, crude oil, natural gas, hydro-power, nuclear power, wind power, solar power, geothermal power and bio-energy; the secondary kinds of energy and their products which are transformed from the primary energy such as washed coal, coke, coal gas, electricity, heating, and petroleum products; and other kinds of fossil energy, renewable energy and new energy. The renewable energy, including hydro-power, wind power, solar power, geothermal power and bio-energy, refers to the part attained with some given technical means and used for commercial purposes. Total energy consumption can be divided into three parts: end-use energy consumption; loss during the process of energy conversion; and energy loss.

(1) End-use Energy Consumption: It refers to the total energy consumption by the production sectors and the households in the country (region) in a given period of time. It does not include the consumption during the conversion of primary energy into secondary energy and the loss in the process of energy conversion.

(2) Loss During the Process of Energy Conversion: It refers to the total input of various kinds of energy for conversion, minus the total output of various kinds of energy in the country in a given period of time. It is an indicator to show the loss that occurs during the process of energy conversion.

(3) Energy Loss: It refers to the total of the loss of energy during the course of energy transport, distribution and storage and the loss caused by any objective reason in a given period of time. The loss of various kinds of gas due to gas discharges and stocktaking is not included.

Elasticity Ratio of Energy Production is an indicator to show the relationship between the growth rate of energy production and the growth rate of the national economy. The formula is:

$$\text{Elasticity Ratio of Energy Production} = \frac{\text{Average Annual Growth Rate of Energy Production}}{\text{Average Annual Growth Rate of National Economy}}$$

The average annual growth rate of the national economy can be measured by indicators such as the Gross National Product and the Gross Domestic Product, depending on the purposes or needs. The Gross Domestic Product has been used in the calculation of the ratio in this Yearbook.

Elasticity Ratio of Electricity Production is an indicator to show the relationship between the growth rate of electricity production and the growth rate of the national economy. Generally speaking, the growth rate of electricity production should be higher than that of the national economy.

Its formula is:

$$\text{Elasticity Ratio of Electricity Production} = \frac{\text{Average Annual Growth Rate of Electricity Production}}{\text{Average Annual Growth Rate of National Economy}}$$

Elasticity Ratio of Energy Consumption is an indicator to show the relationship between the growth rate of energy consumption and the growth rate of the national economy. The formula is:

$$\text{Elasticity Ratio of Energy Consumption} = \frac{\text{Average Annual Growth Rate of Energy Consumption}}{\text{Average Annual Growth Rate of National Economy}}$$

Elasticity Ratio of Electricity Consumption is an indicator to show the relationship between the growth rate of electricity consumption and the growth rate of the national economy. The formula is:

$$\text{Elasticity Ratio of Electricity Consumption} = \frac{\text{Average Annual Growth Rate of Electricity Consumption}}{\text{Average Annual Growth Rate of National Economy}}$$

Efficiency of Energy Processing and Conversion refers to the ratio of the total output of energy products of various kinds after processing and conversion to the total input of energy of various kinds for processing and conversion in the same reference period. It is an important indicator to show the current conditions of energy processing and conversion equipment, production technique and management. The formula is:

$$\text{Efficiency of Energy Processing \& Conversion} = \frac{\text{Output of Energy After Processing \& Conversion}}{\text{Input of Energy for Processing \& Conversion}} \times 100\%$$

Energy Consumption per Unit of GDP refers to the energy consumption per unit of Gross Domestic Product in a country or the Gross Regional Product in a region in the same reference period. The formula is:

$$\text{Energy Consumption per Unit of GDP} = \frac{\text{Total Energy Consumption}}{\text{Gross Domestic Product}}$$

Electricity Consumption per Unit of GDP refers to the

electricity consumption per unit of Gross Domestic Product in a country or the Gross Regional Product in a region in the same reference period. The formula is:

$$\frac{\text{Electricity Consumption}}{\text{per Unit of GDP}} = \frac{\text{Total Electricity Consumption}}{\text{Gross Domestic Product}}$$

Energy Consumption per Unit of Industrial Value-added refers to the energy consumption per unit of industrial value-added in a country or region in the same reference period. The formula is:

$$\frac{\text{Energy Consumption per}}{\text{Unit of Industrial Value-added}} = \frac{\text{Total Energy Consumption}}{\text{Industrial Value-added.}}$$

八、财政、金融和保险

Government Finance, Banking and Insurance

资料整理：张应剑　乔　波

简 要 说 明

一、本篇资料反映陕西财政收支情况及金融、证券、保险业务发展情况，内容包括地方一般预算分项目收入，地方财政分项目支出；金融机构存贷款余额，上市公司、证券公司情况，期货交易情况，保险业保费收入。

二、本篇资料财政收支由省财政厅提供，金融、证券、保险资料分别由中国人民银行西安分行、中国证券监督管理委员会陕西监管局、中国保险监督管理委员会陕西监管局提供。

Brief Introduction

Ⅰ. This chapter reflects the basic situation of budgetary revenue and expenditure and the development of banking, bond and insurance of Shaanxi Province, mainly including local general bugetary revenue by item, local bugetary expenditure by item, balance of deposit and loan of financial institutions,general situation of listed companies and securities companies, general situation of futures trading and premium of insurance transactions.

Ⅱ. The data on financial revenue and expenditure are provided by Finance Department of Shaanxi Provincial.The data on banking,bond and insurance are provided by Xi’an Branch of the People’s Bank of China, Shaanxi Bureau of China Securities Regulatory Commission and Shaanxi Bureau of China Insurance Regulatory Commission.

8. 财政、金融和保险

2017年全省

地方一般预算收入	2006.69	亿元
财政支出	4833.19	亿元
金融机构人民币存款年底余额	37784.01	亿元
金融机构人民币贷款年底余额	26679.06	亿元

金融机构人民币存贷款年底余额

（亿元）

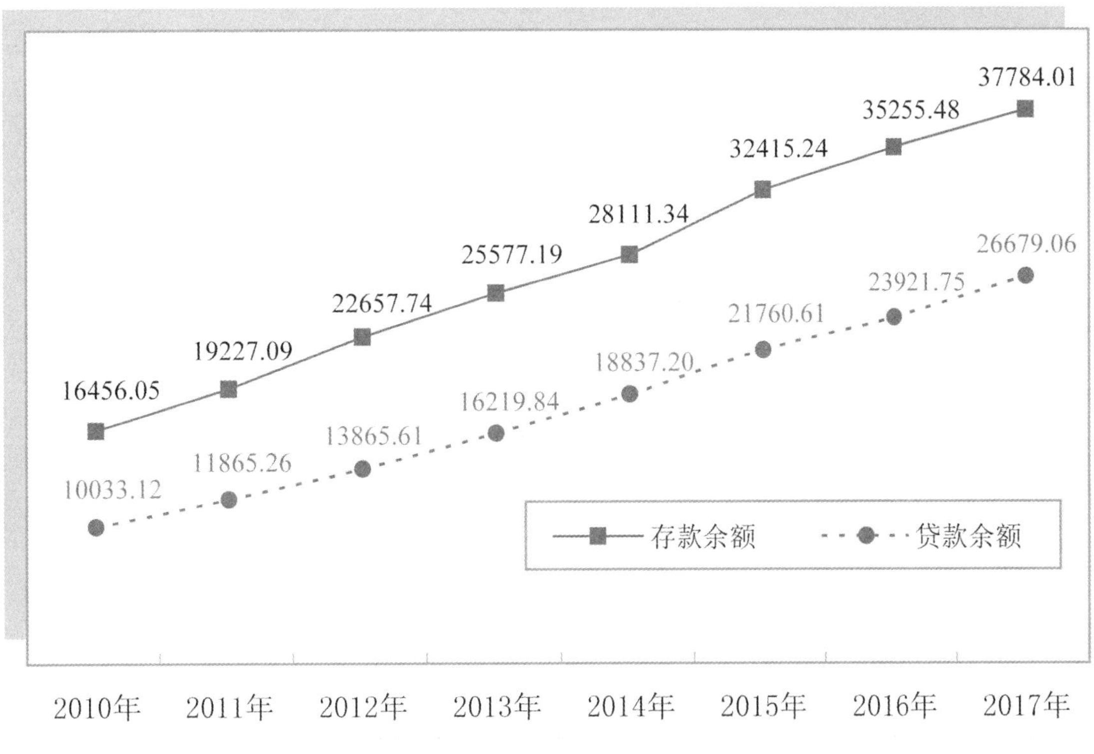

8-1 地方财政分项目收入
Government Revenue and Expenditure by Item

单位：亿元 (100 million yuan)

项　　目	Item	2015	2016	2017
地方一般预算收入	**Local General Bugetary Revenue**	**2059.95**	**1833.99**	**2006.69**
税收收入	Total Tax Revenue	1290.33	1204.39	1485.58
增值税	Value Added Tax	233.92	394.13	690.85
营业税	Business Tax	398.44	202.92	
企业所得税	Corporate Income Tax	147.42	130.74	176.54
企业所得税退税	Corporate Income Tax Drawback			
个人所得税	Individual Income Tax	53.34	58.85	79.05
资源税	Resource Tax	90.70	82.67	144.66
城市维护建设税	City Maintenance and Construction Tax	77.61	85.71	100.36
房产税	House Property Tax	41.59	42.84	44.72
印花税	Stamp Tax	19.53	18.42	23.91
城镇土地使用税	Urban Land Use Tax	28.34	27.69	36.71
土地增值税	Land Appreciation Tax	40.86	34.89	44.82
车船税	Tax on Vehicles and Boat Operation	15.98	17.72	19.01
耕地占用税	Farm Land Occupation Tax	71.55	54.75	51.15
契　税	Deed Tax	68.53	50.81	72.56
烟叶税	Tobacco Leaf Tax	2.50	2.24	1.24
其他税收收入	Other Tax Revenue			
非税收入	Total Non-tax Revenue	769.63	629.60	521.11
专项收入	Special Program Receipts	228.68	156.66	159.59
行政事业性收费收入	Charge of Administrative and Institutional Units	133.81	117.98	103.17
罚没收入	Penalty Receipts	50.21	39.48	41.60
国有资本经营收入	Operation Income of State-owned Assets	74.40	95.64	32.57
国有资源(资产)有偿使用收入	Income from Use of State-owned Resources (Assets)	177.32	159.14	136.18
其他收入	Other Non-tax Receipts	105.20	60.70	48.00

8-2 财政分项目支出
Government Revenue and Expenditure by Item

单位：亿元 (100 million yuan)

项　　目	Item	2015	2016	2017
一般预算支出	**General Bugetary Expenditure**	**4376.06**	**4389.37**	**4833.19**
一般公共服务支出	Expenditure for General Public Services	359.36	364.86	417.34
外交支出	Expenditure for Foreign Affairs			
国防支出	Expenditure for National Defense	3.25	3.66	4.45
公共安全支出	Expenditure for Public Security	187.07	215.79	241.82
教育支出	Expenditure for Education	758.07	777.53	828.25
科学技术支出	Expenditure for Science and Technology	57.28	62.01	79.34
文化体育与传媒支出	Expenditure for Culture, Sport and Media	103.09	125.85	121.95
社会保障和就业	Expenditure for Social Safety Net and Employment Effort	631.99	655.47	718.22
医疗卫生与计划生育支出	Expenditure for Medical and Health Care,and Family Planning	369.38	381.66	418.27
节能环保支出	Expenditure for Environment Protection	150.77	126.80	162.52
城乡社区支出	Expenditure for Urban and Rural Community Affairs	406.01	433.15	477.73
农林水支出	Expenditure for Agriculture, Forestry and Water Conservancy	520.58	543.30	545.40
交通运输支出	Expenditure for Transportation	350.89	256.15	304.03
资源勘探信息等支出	Expenditures for Affairs of Resource Exploration and Information	107.30	107.44	93.46
商业服务业等支出	Expenditure for Affairs of Commerce and Services	44.56	49.03	42.78
金融支出	Expenditure for Financial Affairs	12.86	4.68	17.67
国土海洋气象等支出	Expenditure for Affairs of Land, Ocean and Weather	41.54	35.80	53.15
住房保障支出	Expenditure for Affairs of Housing Security	249.10	215.98	199.36
粮油物资储备支出	Expenditure for Affairs of Management of Grain & Oil Reserves	19.78	18.88	18.30
其他支出	Other Expenditure	3.16	11.33	14.63

8-3 各市、县(市、区)财政收支(2017年)
Government Revenue and Expenditure by City and County (City and District) (2017)

单位：万元 (10 000 yuan)

地　区	Region	地方一般预算收入 Local General Bugetary Revenue	一般预算支出 General Bugetary Expenditure	地　区	Region	地方一般预算收入 Local General Bugetary Revenue	一般预算支出 General Bugetary Expenditure
全　省	**Shaanxi**	**20066939**	**48331854**	陇　县	Longxian	20157	183691
省本级	Provincial Level	5413070	8827206	千阳县	Qianyang	7847	119431
西安市	**Xi'an**	**6544997**	**10450925**	麟游县	Linyou	33034	117474
市本级	City Level	3689009	5788657	凤　县	Fengxian	31626	124808
新城区	Xincheng	270221	283048	太白县	Taibai	10032	96029
碑林区	Beilin	409296	356500	**咸阳市**	**Xianyang**	**774747**	**3465492**
莲湖区	Lianhu	456934	443387	市本级	City Level	313086	636341
灞桥区	Baqiao	191780	293695	秦都区	Qindu	74281	225770
未央区	Weiyang	336148	330966	渭城区	Weicheng	55923	148474
雁塔区	Yanta	449244	361024	三原县	Sanyuan	33034	238264
阎良区	Yanliang	118939	239536	泾阳县	Jingyang	13744	220301
临潼区	Lintong	127946	406723	乾　县	Qianxian	17765	280015
长安区	Chang'an	239837	530795	礼泉县	Liquan	21396	257975
高陵区	Gaoling	117293	253141	永寿县	Yongshou	8938	164387
鄠邑区	Huxian	84800	407011	彬　县	Binxian	100056	233126
蓝田县	Lantian	28507	357590	长武县	Changwu	52743	171679
周至县	Zhouzhi	25043	398852	旬邑县	Xunyi	24934	203568
铜川市	**Tongchuan**	**200554**	**1169875**	淳化县	Chunhua	6662	175098
市本级	City Level	92605	396579	武功县	Wugong	15135	225441
王益区	Wangyi	18550	147863	兴平市	Xingping	37050	285053
印台区	Yintai	15721	151612	**渭南市**	**Weinan**	**735824**	**4076491**
耀州区	Yaozhou	55174	330810	市本级	City Level	134279	523003
宜君县	Yijun	18504	143011	临渭区	Linwei	51543	483563
宝鸡市	**Baoji**	**810818**	**3015755**	华州区	Huazhou	23600	207170
市本级	City Level	416555	972520	潼关县	Tongguan	21018	138800
渭滨区	Weibin	60069	165090	大荔县	Dali	18257	370039
金台区	Jintai	49177	178504	合阳县	Heyang	18609	285100
陈仓区	Chencang	32225	211879	澄城县	Chengcheng	26606	289858
凤翔县	Fengxiang	47690	197257	蒲城县	Pucheng	57115	419300
岐山县	Qishan	39205	229707	白水县	Baishui	11805	230466
扶风县	Fufeng	30175	222691	富平县	Fuping	48603	458520
眉　县	Meixian	33026	196674	韩城市	Hancheng	301452	483984

8-3 续表 continued

单位：万元 (10 000 yuan)

地 区	Region	地方一般预算收入 Local General Bugetary Revenue	一般预算支出 General Bugetary Expenditure	地 区	Region	地方一般预算收入 Local General Bugetary Revenue	一般预算支出 General Bugetary Expenditure
华阴市	Huayin	22937	186688	靖边县	Jingbian	139911	328177
延安市	**Yan'an**	**1404175**	**3532777**	定边县	Dingbian	116212	395335
市本级	City Level	462896	1078124	绥德县	Suide	12332	323800
宝塔区	Baota	120534	300380	米脂县	Mizhi	12376	228513
安塞区	Ansai	95070	196094	佳 县	Jiaxian	9316	234515
延长县	Yanchang	24096	196090	吴堡县	Wubu	4113	151524
延川县	Yanchuan	49842	196104	清涧县	Qingjian	14016	213050
子长县	Zichang	50076	200066	子洲县	Zizhou	11103	267652
志丹县	Zhidan	178019	211442	神木市	Shenmu	714512	871336
吴起县	Wuqi	192700	243006	**安康市**	**Ankang**	**280210**	**2744518**
甘泉县	Ganquan	13835	112724	市本级	City Level	103433	434420
富 县	Fuxian	23151	155060	汉滨区	Hanbin	50211	529209
洛川县	Luochuan	17177	176857	汉阴县	Hanyin	17740	207000
宜川县	Yichuan	16769	148216	石泉县	Shiquan	15104	184729
黄龙县	Huanglong	7203	103664	宁陕县	Ningshan	8791	113223
黄陵县	Huangling	152807	214950	紫阳县	Ziyang	12056	265788
汉中市	**Hanzhong**	**456488**	**3116957**	岚皋县	Langao	8388	187182
市本级	City Level	119583	447478	平利县	Pingli	10808	202612
汉台区	Hantai	111685	319687	镇坪县	Zhenping	4700	90519
南郑区	Nanzheng	69609	346227	旬阳县	Xunyang	40067	329220
城固县	Chenggu	29122	340164	白河县	Baihe	8912	200616
洋 县	Yangxian	23934	306952	**商洛市**	**Shangluo**	**217572**	**2109800**
西乡县	Xixiang	24008	256329	市本级	City Level	40129	298837
勉 县	Mianxian	31621	274556	商州区	Shangzhou	37530	313432
宁强县	Ningqiang	12232	227177	洛南县	Luonan	29426	283434
略阳县	Lueyang	12825	192519	丹凤县	Danfeng	17444	230975
镇巴县	Zhenba	11166	241629	商南县	Shangnan	19352	220051
留坝县	Liuba	7095	83584	山阳县	Shanyang	37013	338560
佛坪县	Foping	3608	80655	镇安县	Zhen'an	18126	248095
榆林市	**Yulin**	**3129353**	**5551430**	柞水县	Zhashui	18552	176416
市本级	City Level	1484922	1362785	**杨凌示范区**	**Yangling**	**99131**	**270628**
榆阳区	Yuyang	331229	524548	区本级	District Level	62387	163784
横山区	Hengshan	49563	285544	杨陵区	Yangling	36744	106844
府谷县	Fugu	229748	364651				

8-4 金融机构人民币信贷收支(年底余额)
Summary of Sources & Uses of Funds of Financial Institutions in RMB at Year-end

单位：亿元 (100 million yuan)

项目	Item	2016	2017
资金来源总计	**Total Funds Sources**	**35231.61**	**38112.97**
一、各项存款合计	Total Deposits	35255.48	37784.01
(一)境内存款	Domestic Deposits	35241.82	37772.88
1、住户存款	Household Deposits	17084.52	18683.64
2、非金融企业存款	Non Financial Enterprise Deposits	11000.33	11805.95
3、广义政府存款	Broad Government Deposits	6113.59	6514.31
4、非银行金融机构存款	Non-bank Financial Institution Deposits	1043.39	768.97
(二)境外存款	Overseas Deposits	13.65	11.14
二、金融债券	Financial Bond	50.62	40.45
三、卖出回购资产	Sell Buy Back Assets	12.68	0.49
四、借款及非银行业金融机构拆入	Loan and Non-bank Financial Institution Borrowing	0.66	0.62
五、联行往来(净)	Interbank Transactions(net)		
六、应付及暂收款	Accounts Payable and Suspense Credits	689.84	709.70
七、各项准备	All Provisions	805.29	876.06
八、所有者权益	Owner's Equity	1284.13	1456.99
九、其他	Others	-2867.07	-2755.35
资金运用总计	**Total Use of Funds**	**35231.61**	**38112.97**
一、各项贷款合计	Total Loans	23921.75	26679.06
(一)境内贷款	Domestic Loans	23917.59	26678.12
1、住户贷款	Household Loans	6119.17	7045.87
2、非金融企业及机关团体贷款	Non Financial Enterprise and Organizations and Communities Loans	17798.22	19632.06
3、非银行业金融机构贷款	Non-bank Financial Institution Loans	0.20	0.20
(二)境外贷款	Overseas Loans	4.15	0.93
二、债券投资	Investment in Bonds	1429.61	1790.53
三、股权及其他资产	Equity and Other Assets	1402.18	1342.29
四、买入返售资产	Buying Back the Sale of Assets	28.39	39.35
五、存放非银行业金融机构款项	Deposit of Non-bank Financial Institution	0.49	0.67
六、联行往来(净)	Interbank Transactions(net)	7955.67	7758.10
七、金银占款	Position for Bullion and Silver Purchase		
八、外汇买卖	Foreign Exchange Trading		
九、应收及预付款	Accounts receivable and Advance Payment	185.90	193.83
十、投资性房地产	Investment Real Estates	1.18	0.92
十一、固定资产	Fixed Assets	306.44	308.21

8-5 证券业主要情况
General Statistics on Securities Markets

指　　标		Item		2016	2017
上市公司情况		**Listed Companies**			
上市公司	(户)	Number of Listed Companies	(accounts)	45	47
# A 股	(只)	A Shares	(number)	45	47
上市公司总股本	(亿股)	Total Issued Capital of Listed Companies	(100 million shares)	570.46	634.07
# 流通股本		Negotiable Shares		386.05	506.38
上市公司股票市价总值	(亿元)	Total Market Capitalization of Listed Companies	(100 million yuan)	6437.8	6298.59
# 股票流通市值		Negotiable Market Capitalization		4675.84	5241.01
证券公司及交易情况		**Securities Companies and Trading**			
证券公司	(个)	Number of Securities Companies	(number)	3	3
证券营业部	(个)	Security Exchange	(number)	245	258
(含外地公司在陕营业部)		(include Nonlocal Exchange in Shaanxi)			
证券交易开户数	(万户)	Total Stock Investors	(10 000 accounts)	400	461
证券交易额	(亿元)	Trading Volume	(100 million yuan)	42928.18	46812.95
# 股票、基金		Stocks and Funds		32336.17	27951.00
期货交易情况		**Futures Trading**			
期货代理交易额	(亿元)	Agent's Turnover of Futures	(100 million yuan)	64287.47	69251.68

8-6 保险业保费收入(2017年)
Premium of Insurance Transactions (2017)

单位：万元 (10 000 yuan)

地　区	Region	保费收入 Premium		赔款与给付 Payment	
		人身险 Life Insurance	财产险 Property Insurance	人身险 Life Insurance	财产险 Property Insurance
全　省	**Shaanxi**	**6438769**	**2248156**	**1523513**	**1076561**
省本级	The Same Level	4	66865	1509	35901
西安市	Xi'an	3143200	1067840	697704	489353
铜川市	Tongchuan	96904	39551	23535	18814
宝鸡市	Baoji	572267	152795	151676	66704
咸阳市	Xianyang	642830	196312	156975	94186
渭南市	Weinan	579676	173481	143671	86135
延安市	Yan'an	229219	114759	49151	60512
汉中市	Hanzhong	421476	121185	138270	47399
榆林市	Yulin	337138	205135	58458	123895
安康市	Ankang	239468	69666	56331	32251
商洛市	Shangluo	176587	40568	46234	21411

主要统计指标解释

财政收入 指国家财政参与社会产品分配所取得的收入，是实现国家职能的财力保证。主要包括：

（1）各项税收：包括国内增值税、国内消费税、进口货物增值税和消费税、出口货物退增值税和消费税、营业税、企业所得税、个人所得税、资源税、城市维护建设税、房产税、印花税、城镇土地使用税、土地增值税、车船税、船舶吨税、车辆购置税、关税、耕地占用税、契税、烟叶税等。

（2）非税收入：包括专项收入、行政事业性收费、罚没收入和其他收入。

财政支出 指国家财政将筹集起来的资金进行分配使用，以满足经济建设和各项事业的需要。主要包括：

（1）一般公共服务：指政府提供基本公共管理与服务的支出，包括人大事务、政协事务、政府办公厅（室）及相关机构事务、发展与改革事务、统计信息事务、财政事务、税收事务、审计事务、海关事务、人力资源事务、纪检监察事务、人口与计划生育事务、商贸事务、知识产权事务、工商行政管理事务、国土资源事务、海洋管理事务、测绘事务、地震事务、气象事务、民族事务、宗教事务、港澳台侨事务、档案事务、共产党事务、民主党派事务及工商联事务、群众团体事务、彩票事务等。

（2）外交：指政府外交事务支出，包括外交行政管理、驻外机构、对外援助、国际组织、对外合作与交流、边界勘界联检等方面的支出。

（3）国防：指政府用于国防方面的支出，包括用于现役部队、预备役部队、民兵、国防科研事业、专项工程、国防动员等方面的支出。

（4）公共安全：指政府维护社会公共安全方面的支出，包括武装警察、公安、国家安全、检察、法院、司法行政、监狱、劳教、国家保密、缉私警察等。

（5）教育：指政府教育事务支出，包括教育行政管理、学前教育、小学教育、初中教育、普通高中教育、普通高等教育、初等职业教育、中专教育、技校教育、职业高中教育、高等职业教育、广播电视教育、留学生教育、特殊教育、干部继续教育、教育机关服务等。

（6）科学技术：指用于科学技术方面的支出，包括科学技术管理事务、基础研究、应用研究、技术研究与开发、科技条件与服务、社会科学、科学技术普及、科技交流与合作等。

（7）文化教育与传媒：指政府在文化、文物、体育、广播影视、新闻出版等方面的支出。

（8）社会保障和就业：指政府在社会保障与就业方面的支出，包括社会保障和就业管理事务、民政管理事务、财政对社会保险基金的补助、补充全国社会保障基金、行政事业单位离退休、企业改革补助、就业补助、抚恤、退役安置、社会福利、残疾人事业、城市居民最低生活保障、其他城镇社会救济、农村社会救济、自然灾害生活救助、红十字事务等。

（9）医疗卫生：指政府医疗卫生方面的支出，包括医疗卫生管理事务支出、医疗服务支出、医疗保障支出、疾病预防控制支出、卫生监督支出、妇幼保健支出、农村卫生支出等。

（10）环境保护：指政府环境保护支出，包括环境保护管理事务支出、环境监测与监察支出、污染治理支出、自然生态保护支出、天然林保护工程支出、退耕还林支出、风沙荒漠治理支出、退牧还草支出、已垦草原退耕还草、能源节约利用、污染减排、可再生能源和资源综合利用等支出。

（11）城乡社区事务：指政府城乡社区事务支出，包括城乡社区管理事务支出、城乡社区规划与管理支出、城乡社区公共设施支出、城乡社区住宅支出、城乡社区环境卫生支出、建设市场管理与监督支出等。

（12）农林水事务：指政府农林水事务支出，包括农业支出、林业支出、水利支出、扶贫支出、农业综合开发支出等。

（13）交通运输：指政府交通运输和邮政业方面的支出，包括公路运输支出、水路运输支出、铁路运输支出、民用航空运输支出、邮政业支出等。

（14）工业商业金融等事务：指政府对工业、商业及金融等方面的支出，包括采掘业支出、制造业支出、建筑业支出、工业和信息产业监管支出、国有资产监管支出、商业流通事务支出、金融业监管支出、旅游业管理与服务支出等。

中央财政收入和地方财政收入 指按现行分税制财政体制划分的中央本级收入和地方本级收入。属于中央财政的收入包括关税，进口货物增值税和消费税，出口货物退增值税和消费税，消费税，铁道部门、各银行总行、各保险公司总公司等集中交纳的营业税和城市维护建设税，增值税75%部分，纳入共享范围的企业所得税60%部分，未纳入共享范围的中央企业所得税、中央企业上交的利润，个人所得税60%部分，车辆购置税，船舶吨税，证券交易印花税97%部分，海洋石油资源税，中央非税收入等。属于地方财政的收入包括营业税（不含铁道部门、各银行总行、各保险公司总公司集中交纳的营业税），地方企业上交利润，城市维护建设税（不含铁道部门、各银行总行、各保险公司总公司集中交纳的部分），房产税，城镇土地使用税，土地增值税，车船税，耕地占用税，契税，烟叶税，印花税，增值税25%部分，纳入共享范围的企业所得税40%部分，个人所得税40%部分，证券交易印花税 3%部分，海洋石油资源税以外的其他资源税，地方非税收入等。

信贷资金 指金融机构以信用方式积聚和分配的货币资金。金融机构信贷资金的来源有各项存款、金融债券、对国际金融机构负债、流通中现金、其他项目等；信贷资金的运用有各项贷款、有价证券及投资、金银占款、外汇占款、财政借款及在国际金融机构中的资产等。

存款 指企业、机关、团体或居民根据资金必须收回的原则，把货币资金存入银行或其他信贷机构保管并取得一定利息的一种信用活动形式。根据存款对象或性质的不同可划分为单位存款、个人存款、财政性存款、临时性存款、委托存款、其他存款等科目。它是银行信贷资金的主要来源。

贷款 指银行或其他信贷机构根据资金必须归还的原则，按一定利率，为企业、个人等提供资金的一种信用活动形式。银行贷款分为境内贷款和境外贷款，境内贷款有短期贷款、中长期贷款、融资租赁、票据融资等。

保险公司 在中国境内的、经过保险监督管理部门批准设立，并依法登记注册的各类商业保险公司。

保险金额 指保险人承担赔偿或者给付保险金责任的最高限额。

保费 指投保人为取得保险人在约定范围内所承担赔偿责任而支付给保险人的费用。

赔款 指保险人根据保险合同的规定，向被保险人支付的赔偿保险责任损失的金额。

给付 包括死伤医疗给付和满期给付。死伤医疗给付是指保险人根据人寿保险及长期健康保险合同的规定，因被保险人在保险期内发生保险责任范围内的保险事故支付给被保险人(或受益人)的金额。满期给付是指被保险人生存期满，保险人按人寿保险合同规定支付给被保险人的满期保险金额。

Explanatory Notes on Main Statistical Indicators

Government Revenue refers to income for the government finance through participating in the distribution of social products. It is the financial guarantee to ensure government functioning. The contents of government revenue include the following main items:

(1) Various tax revenues, including domestic value added tax (VAT), domestic consumption tax, VAT and consumption tax from imports, VAT and consumption tax rebate for exports, business tax, corporate income tax, individual income tax, resource tax, city maintenance and construct tax, house property tax, stamp tax, urban land use tax, land appreciation tax, tax on vehicles and boat operation, ship tonnage tax, vehicle purchase tax, tariffs, farm land occupation tax, deed tax, and tobacco leaf tax, etc.

(2) Non-tax revenue, including special program receipts, charge of administrative and institutional units, penalty receipts and others non-tax receipts.

Government Expenditure refers to the distribution and use of the funds which the government finance has raised, so as to meet the needs of economic construction and various causes. It includes the following main items:

(1) Expenditure for general public services: It refers to the spending on the basic public management and services which provided by governments, including the expense on affairs of People's Congress, affairs of People's Political Consultative Conference, affairs of government general office and relative institutions, affairs of development and reform, affairs of statistics, affairs of finance, affairs of taxation, affairs of audit, affairs of customs, affairs of human resources and social security, affairs of discipline inspection and supervision, affairs of population and family planning, affairs of commerce and trade, affairs of intellectual property, affairs of administration for industry and commerce, affairs of land and resources, affairs of oceanic administration, affairs of surveying and mapping, affairs of earthquake, ethnic affairs, religious affairs, affairs of Hong Kong, Macao, Taiwan, and Overseas Chinese, affairs of archives administration, affairs of Chinese Communist Party, affairs of democratic parties and federation of industry and commerce, affairs of mass organization, and affairs of lottery, etc.

(2) Expenditure for foreign affairs: It refers to the spending of government on foreign affairs, including the expense on administration of foreign affairs, missions overseas, external assistance, international organizations, foreign cooperation and communication, surveying and joint inspection on borderline, etc.

(3) Expenditure for national defence: It refers to the spending of government on national defence, including the expense on active force, reserve force, militia, scientific research on national defence, special projects, mobilization of national defence, etc.

(4) Expenditure for public security: It refers to the spending of government on maintaining social and public security, including the expense on armed police force, public security, state security, prosecution, courts, justice, prison, labour education and rehabilitation, protection of state secrecy, anti-smuggling police, etc.

(5) Expenditure for education: It refers to the spending of government on education, including the expense on the administration of education, pre-primary education, primary education, secondary education, high school education, regular higher education, primary vocational education, secondary vocational education, technical school education, vocational high school education and higher vocational education, radio and television education, student abroad education, special education, on the job training of cadres, education authorities services, etc.

(6) Expenditure for science and technology: It refers to the spending of government on science and technology (S&T), including the expense on the administration of S&T, basic research, applied research, research and development, conditions and services of S&T, popularization of social science, science and technology, exchanges and cooperation of S&T, etc.

(7) Expenditure for culture, sport and media: It refers to the spending of government on culture, cultural heritage, sports, radio, film, television, press and publication, etc.

(8) Expenditure for social safety net and employment effort: It refers to the spending of government on social safety net and employment, including the expense on administration of social safety net and employment, civil affairs, budgetary subsidy on the social insurance funds, subsidy on National Social Security Fund, retirees of administrative units and institutions, subsidy on enterprise reform, subsidy on employment effort, pension, placement of ex-serviceman, social welfare, the handicapped undertakings, the system of cost of living allowances for urban residents, other urban social relief, rural social relief, living relief of natural disasters, affairs of Red Cross Society, etc.

(9) Expenditure for medical and health care: It refers to the spending of government on medical and health care, including the expense on administration of medical and health care, medical services, health care, disease prevention and control, health inspection and supervision, women and children's health, rural health care, etc.

(10) Expenditure for environment protection: It refers to the spending of government on environment protection, including the expense on administration of environment protection, environment monitoring and supervision, pollution control, natural ecology protection, project of virgin forests protection, reforesting farmland, controlling the sources of dust storms, returning pastureland to grassland, returning pastureland to grassland, returning cultivated land to grassland, energy conservation, emissions reduction, comprehensive utilization of

renewable energy and resources, etc.

(11) Expenditure for urban and rural community affairs: It refers to the spending of government on urban and rural community affairs, including the expense on administration of urban and rural community, planning and management of urban and rural community, public facilities of urban and rural community, housing of urban and rural community, sanitation of urban and rural community, management and supervision on the construction market, etc.

(12) Expenditure for agriculture, forestry and water conservancy: It refers to the spending of government on agriculture, forestry and water conservancy, including the expense on agriculture, forestry, water conservancy, poverty alleviation, comprehensive agricultural development, etc.

(13) Expenditure for transportation: It refers to the spending of government on transportation and postal services, including the expense on road transportation, waterway transportation, railway transportation, civil aviation transportation, and postal services.

(14) Expenditure for industry, commerce and banking: It refers to the spending of government on industry, commerce and banking, including the expense on mining, manufacturing, construction, industry and information technology supervision and administration, State-owned assets supervision and administration, commerce and circulation affairs, financial intermediation supervision and administration, tourism administration and service, etc.

Revenue of the Central Government and Revenue of the Local Governments refers to the revenue collected by the Central Government and that by the local governments as defined by the decentralized taxation system. In accordance with this system, the revenue of the Central Government includes tariff, VAT and consumption tax from imports, VAT and consumption tax rebate for exports, consumption tax, business tax and city maintenance and construct tax from the Ministry of Railways, head offices of banks, head offices of insurance company, which are handed over to the government in a centralized way, 75% of the value added tax, 60% the share part of the corporate income tax, unshared part of corporate income tax of the central enterprises, profit handed in by the central enterprises, 60% of individual income tax, vehicle purchase tax, ship tonnage tax, 97% of stamp tax on securities transactions, resource tax on the offshore petroleum resources. The revenue of the local governments includes business tax (excluding the part of the Ministry of Railways, head offices of banks, head offices of insurance company, which are handed over to the government in a centralized way), profit handed in by the local enterprises, city maintenance and construct tax (excluding the part of the Ministry of Railways, head offices of banks, head offices of insurance company, which are handed over to the government in a centralized way), house property tax, urban land use tax, land appreciation tax, tax on vehicles and boat operation, farm land occupation tax, deed tax, and tobacco leaf tax, stamp tax, 25% of the value added tax, 40% the share part of the corporate income tax, 40% of individual income tax, 3% of stamp tax on securities transactions, resource tax other than the tax on offshore petroleum resources, local non-tax revenue, etc.

Credit Funds refer to the monetary funds accumulated and distributed in the means of credit by the financial institutions. The sources of credit funds include various deposits, financial bonds, liabilities to international financial institutions, currency in circulation, other items. The uses of credit funds include loans, securities and investment, position for bullion and silver purchase, position for foreign exchange purchase, advances to treasury, and assets with international financial institutions.

Deposit is a form of credit by which enterprises, institutions, organizations or households can put money into banks and other credit institutions for safekeeping and interest earning under the principle of free withdrawal. According to different depositors, deposits are divided into corporate deposits, personal deposits, fiscal deposits, temporary deposits, entrusted deposits, other deposits and etc. Deposits are major sources of the credit funds of banks.

Loan is a form of credit by which banks and other credit institutions provide funds at certain interest rate to enterprises and individuals in the light of the principle of unconditional repayment. Loans from Chinese banks include short-term loan, medium- term and long-term loans, entrusted loans, and other loans.The bank loans are divided into domestic loans and overseas loans. The domestic loans include short-term loans, medium & long-term loans, financial lease, bill financing and etc.

Insurance Companies refer to commercial insurance companies of various forms registered by law and established in China with the approval of insurance regulatory agencies.

Amount Insured refers to the maximum that the insurant will get for the claim of the case insured.

Premium is the fee paid by the insurant to the insurer to obtain the obligation of compensation from the insurance within the agreed terms.

Settled Claim is the compensation paid by the insurer to the insurant in accordance with the insurance contract.

Payment includes payment for death, injury or medical treatment and payment at maturity. Payment for death, injury or medical treatment refers to the money paid to the insurant (or the beneficiary) in accordance with the life or health insurance contract when the insurant encounters accidents within the insured period covered in the contract. Payment at maturity refers to the payment to the insurant in accordance with the life insurance contract at the end of the insured period.

九、价格指数

Price Indices

资料整理：杨晨光　马　瑞　李　维　种都权　王国强

简 要 说 明

一、本篇资料反映生产、流通、消费与投资等环节的价格变动情况。主要包括居民消费价格指数、商品零售价格指数、农业生产资料价格指数、工业生产者价格指数、农产品生产价格指数、固定资产投资价格指数和房地产价格指数。

二、本篇资料由国家统计局陕西调查总队提供。

三、居民消费价格指数、商品零售价格指数采用抽样调查和重点调查相结合的方法编制，即选择不同经济区域的市、县以及有代表性的商品和服务项目作为样本，对其市场价格进行定期调查，以样本推断总体。

四、工业生产者价格指数采用重点调查与典型调查相结合的方法统计。重点调查对象为规模以上工业企业，典型调查对象为规模以下工业企业。

五、固定资产投资价格指数采用重点调查与典型调查相结合的方法统计。

六、农产品生产价格指数采用抽样调查和重点调查相结合的调查方法进行统计。

Brief Introduction

Ⅰ. This chapter reflects price changes in production, circulation, consumption and investment, mainly including consumer price indices, retail price indices, price indices of means of agricultural production, industrial producers' price indices, producers' price indices for farm products, price indices for investment in fixed assets and real estate price indices.

Ⅱ. The data are provided by NBS Survey Office in Shaanxi.

Ⅲ. The data for the calculation of consumer price indices and retail price indices in the province are collected through stratified random sampling. Cities and counties distributed in different economic regions of the province are selected as sample areas, and representative commodities and services are selected as sample commodities and services. Regular surveys are conducted to collect data on market prices. The data on the population are estimated on the basis of the sample.

Ⅳ. The industrial producers price indices are collected through key-point survey combined with typical survey. The key investigation objects are the industrial enterprises above designated size. The typical investigation objects are the industrial enterprises below designated size.

Ⅴ. The data for the calculation of price indices of investment in fixed assets are collected through key-point survey combined with typical survey.

Ⅵ. The data for the calculation of producers' price indices of farm products are collected through sampling survey combined with key-point survey.

9.价格指数

2017年全省	
居民消费价格指数(上年=100)	101.6
#城 市	101.8
工业生产者出厂价格指数(上年=100)	110.8
工业生产者购进价格指数(上年=100)	106.4

居民消费价格指数
(上年=100)

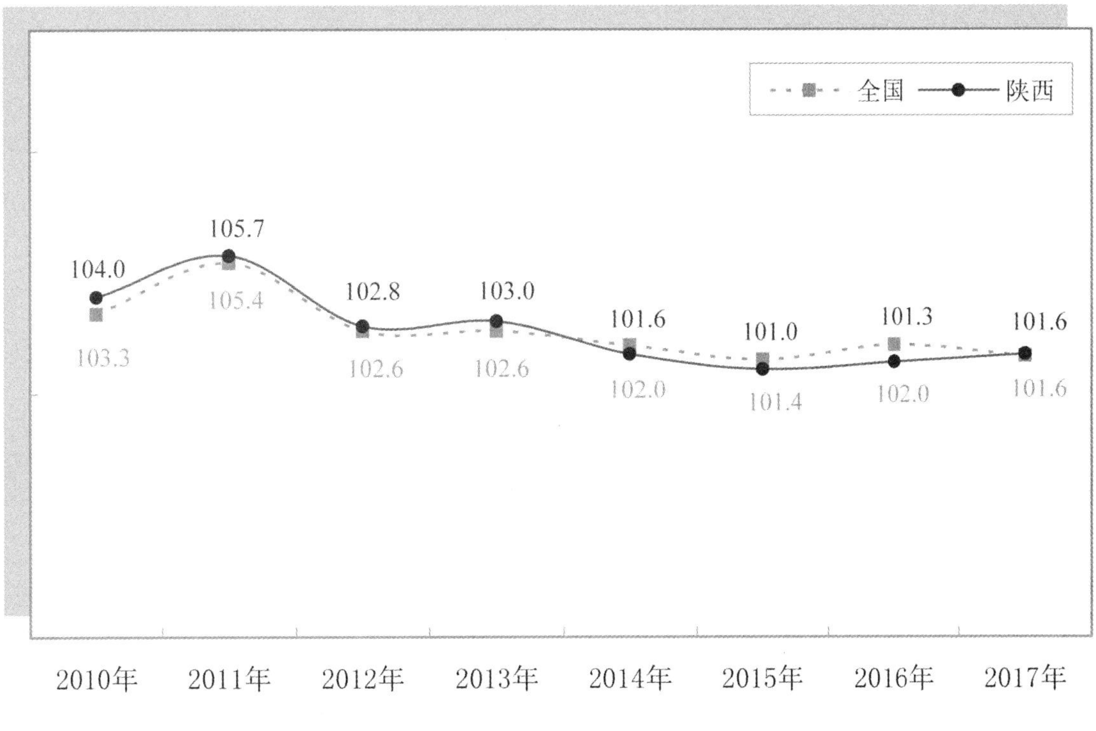

9-1 商品零售价格和居民消费价格指数
Retail Price Indices and Consumer Price Indices

年份 Year	上年价格=100 preceding year=100			1978年价格=100 1978=100		
	商品零售价格指数 Retail Price Index	居民消费价格指数 Consumer Price Index	# 城市居民 Urban Household	商品零售价格指数 Retail Price Index	居民消费价格指数 Consumer Price Index	# 城市居民 Urban Household
1979	101.6	101.7	101.4	101.6	101.7	101.4
1980	104.7	105.3	105.4	106.4	107.1	106.9
1981	103.0	103.6	103.6	109.6	111.0	110.7
1982	101.0	101.4	100.4	110.7	112.6	111.7
1983	101.5	101.5	102.2	112.4	114.3	113.5
1984	103.9	103.0	103.4	116.8	117.7	117.4
1985	106.5	107.0	107.6	124.4	125.9	126.3
1986	105.2	106.0	106.6	130.9	133.5	134.6
1987	108.6	108.6	109.2	142.2	145.0	147.0
1988	119.0	119.1	120.1	169.2	172.7	176.5
1989	118.8	118.3	117.6	201.0	204.3	207.6
1990	101.6	101.3	102.6	204.2	207.0	213.0
1991	105.8	106.0	107.3	216.0	219.4	228.5
1992	109.5	109.7	111.2	236.5	240.7	254.1
1993	111.8	111.8	114.0	264.4	269.1	289.7
1994	125.9	126.7	128.2	332.9	340.9	371.4
1995	117.0	119.0	118.0	389.5	405.7	438.3
1996	108.1	109.7	110.3	421.0	445.1	483.4
1997	101.6	104.8	105.2	427.7	466.5	508.6
1998	96.2	98.4	97.7	411.4	459.0	496.9
1999	97.5	97.8	97.2	401.1	448.9	483.0
2000	98.3	99.5	100.3	394.3	446.7	484.4
2001	99.1	101.0	100.1	390.8	451.2	484.9
2002	98.6	98.9	98.2	385.3	446.2	476.2
2003	100.5	101.7	100.8	387.2	453.8	480.0
2004	102.5	103.1	103.0	396.9	467.9	494.4
2005	100.1	101.2	100.9	397.3	473.5	498.8
2006	101.8	101.5	102.1	404.5	480.6	509.3
2007	105.0	105.1	105.2	424.7	505.1	535.8
2008	106.9	106.4	106.2	454.0	537.4	569.0
2009	99.9	100.5	100.0	453.5	540.1	569.0
2010	103.6	104.0	103.7	469.8	561.7	590.1
2011	104.8	105.7	105.7	492.4	593.7	623.7
2012	102.3	102.8	102.6	503.7	610.3	639.9
2013	101.8	103.0	102.8	512.8	628.6	657.8
2014	100.7	101.6	101.6	516.4	638.7	668.3
2015	99.8	101.0	100.9	515.4	645.1	674.3
2016	100.3	101.3	101.3	516.9	653.5	683.1
2017	101.3	101.6	101.8	523.6	664.0	695.4

9-2 商品零售价格分类指数(2017年)
Retail Price Indices by Category (2017)

(上年价格=100) (preceding year=100)

项 目	Item	全 省 Provincial Indices	城 市 Urban Indices	农 村 Rural Indices
商品零售价格指数	**Retail Price Index**	**101.3**	**101.3**	**101.4**
一、食品	**Food**	**99.3**	**99.5**	**98.1**
1.粮食	Grain	101.3	101.3	101.8
2.薯类	Potato	95.7	95.3	98.3
3.豆类	Beans	100.5	100.6	100.0
4.食用油	Edible Oil	101.9	102.4	100.0
5.菜	Vegetables	91.7	91.6	92.4
6.畜肉类	Livestock Meat	92.9	93.0	91.9
7.禽肉类	Poultry	100.5	101.0	96.2
8.水产品	Aquatic Products	107.0	107.1	105.7
9.蛋类	Eggs	94.9	95.0	94.6
10.奶类	Milk	101.2	101.3	100.7
11.干鲜瓜果类	Dried and Fresh Melons and Fruits	106.4	107.1	99.4
12.糖果糕点类	Candy and Cake	102.6	102.7	101.8
13.调味品	Flavoring	102.1	102.5	100.3
14.其他食品类	Other Foods	102.1	102.4	100.2
15.在外餐饮	Dining Out	102.0	102.0	102.0
二、饮料、烟酒	**Beverages, Tobacco and Liquor**	**100.5**	**100.5**	**101.0**
1.茶及饮料	Tea and Beverages	100.6	100.5	101.2
茶叶	Tea	100.9	100.8	102.0
2.烟草	Tobacco	99.4	99.3	100.0
3.酒类	Liquor	101.7	101.7	101.6
三、服装、鞋帽	**Garments, Shoes and Hats**	**101.1**	**101.1**	**101.0**
1.服装	Garments	101.2	101.2	100.9
(1)男士服装	Man's Garments	101.3	101.3	101.1
(2)女士服装	Woman's Garments	100.6	100.6	100.6
(3)儿童服装	Children's Garments	103.1	103.4	101.5
2.鞋帽袜	Footgear and Hats	100.4	100.3	101.3
(1)鞋	Shoes	101.0	101.0	101.0
(2)袜子	Socks and Stockings	96.6	95.6	103.8
(3)帽子	Hats	99.6	99.5	101.3
3.其他衣着配件	Other Clothing Accessories	102.2	102.4	100.5
四、纺织品	**Textiles**	**98.9**	**98.4**	**102.1**
1.服装材料	Clothing Material	101.3	100.8	105.3
2.床上用品	Bedding	98.2	97.8	101.2

9-2 续表 continued

(上年价格=100) (preceding year=100)

项 目	Item	全 省 Provincial Indices	城 市 Urban Indices	农 村 Rural Indices
五、家用电器及音像器材	**Household Appliances, Music and Video Equipment**	**100.0**	**99.9**	**100.1**
1.家庭设备	Household Facilities	98.6	98.2	102.2
2.文娱用耐用消费品	Durable Consumer Goods for Recreation	102.6	103.5	97.5
3.专业音像器材	Professional Audiovisual Equipment	96.7	96.6	98.7
六、文化办公用品	**Cultural and Office Appliances**	**100.4**	**100.6**	**98.9**
七、日用品	**Articles for Daily Use**	**101.8**	**101.9**	**101.2**
1.日用百货	General Merchandise for Daily Use	101.0	100.9	101.2
2.厨具餐具茶具	Kitchenware, Tableware and Tea set	101.5	101.5	101.6
3.清洗用品	Washing Products	104.5	104.9	101.1
4.其他日用品	Others	99.9	99.8	100.5
八、体育娱乐用品	**Sports and Recreation Articles**	**101.6**	**101.5**	**102.2**
1.体育户外用品	Outdoor Sporting Goods	101.0	100.9	102.2
2.娱乐用品	Recreational Articles	101.9	101.9	102.2
九、交通、通信用品	**Transportation and Communication Appliances**	**102.4**	**102.8**	**99.1**
1.交通运输机械	Means of Transportation	103.1	103.3	101.6
2.通信器材	Communication Appliances	100.5	101.5	94.5
十、家具	**Furniture**	**101.1**	**101.0**	**101.7**
十一、化妆品	**Cosmetics**	**102.9**	**103.2**	**100.3**
十二、金银饰品	**Gold and Silver Jewellery**	**102.3**	**102.2**	**103.1**
十三、中西药品及医疗保健用品	**Traditional Chinese and Western Medicines and Health Care Articles Care Articles**	**101.9**	**101.0**	**108.6**
1.医疗卫生器具	Medical Instruments	98.3	98.0	101.2
2.中药	Traditional Chinese Medicine	105.8	105.5	108.1
3.西药	Western Medicines	100.1	98.7	111.1
4.保健器具及用品	Health Care Appliances and Articles	106.0	106.7	101.7
十四、书报杂志及电子出版物	**Books, Newspapers, Magazines and Electronic Publications**	**103.0**	**102.8**	**104.7**
1.教材及参考书	Teaching Materials and Reference Books	104.1	104.2	103.8
2.书报杂志	Newspapers and Magazines	102.4	101.9	108.0
3.计算机办公软件	Computer Office Software	100.3	100.2	101.2
十五、燃料	**Fuels**	**105.9**	**105.7**	**107.3**
1.煤炭及制品	Coal and Coal Products	107.5	106.8	110.4
2.石油及制品	Petroleum and its Products	105.3	105.3	105.2
十六、建筑材料及五金电料	**Building Materials and Hardware**	**102.3**	**101.9**	**105.0**
1.建筑装璜材料	Building Decoration Materials	102.8	102.4	105.4
2.五金水暖	Hardware and Plumbing	100.9	100.4	103.9

9-3 居民消费价格分类指数(2017年)
Consumer Price Indices by Category (2017)

(上年价格=100) (preceding year=100)

项 目	Item	全省 Provincial Indices	城市 Urban Indices	农村 Rural Indices
居民消费价格总指数	**Consumer Price Index**	**101.6**	**101.8**	**101.1**
非食品烟酒价格指数	Non Food Alcohol and Tobacco Price Index	102.6	102.7	102.4
非食品(原口径)指数	Non-food Price Index (Original Caliber)	102.5	102.6	102.3
服务价格指数	Services Price Index	103.4	103.7	102.3
消费品价格指数	Consumer Price Index	100.7	100.8	100.6
一、食品烟酒	**Food,Alcohol and Tobacco**	**99.4**	**99.7**	**98.3**
1.食品	Food	98.2	98.7	97.1
(1)粮食	Grain	101.6	101.3	102.3
(2)薯类	Potato	96.7	96.0	98.5
(3)豆类	Beans	100.1	100.4	99.5
(4)食用油	Edible Oil	101.8	102.5	100.5
(5)菜	Vegetables	91.4	91.2	91.9
(6)畜肉类	Livestock Meat	93.2	93.8	92.0
(7)禽肉类	Poultry	98.5	100.5	94.5
(8)水产品	Aquatic Products	106.1	106.3	105.2
(9)蛋类	Eggs	94.8	94.8	94.8
(10)奶类	Milk	100.8	101.0	100.2
(11)干鲜瓜果类	Dried and Fresh Melons and Fruits	104.8	106.8	99.6
(12)糖果糕点类	Candy and Cake	103.1	103.4	102.3
(13)调味品	Flavoring	101.3	102.1	100.2
(14)其他食品类	Other Foods	101.5	102.1	100.1
2.茶及饮料	Tea and Beverages	100.9	100.8	101.1
茶叶	Tea	101.8	101.7	102.0
3.烟酒	Tobacco and Liquor	100.2	100.1	100.4
(1)烟草	Tobacco	99.6	99.4	100.0
(2)酒类	Liquor	101.2	101.4	100.9
4.在外餐饮	Dining Out	101.8	101.8	102.0
二、衣着	**Clothing**	**101.4**	**101.3**	**101.8**
1.服装	Garments	101.3	101.3	101.3
(1)男式服装	Man's Garments	101.4	101.4	101.4
(2)女式服装	Woman's Garments	100.8	100.8	101.0
(3)儿童服装	Children's Garments	103.0	103.3	102.1
2.服装材料	Clothing Material	103.4	101.3	106.3

9-3 续表 1 continued

(上年价格=100) (preceding year=100)

项　目	Item	全 省 Provincial Indices	城 市 Urban Indices	农 村 Rural Indices
3.其他衣着及配件	Other Clothing Accessories	100.4	99.3	103.3
(1) 袜子	Socks and Stockings	99.1	96.2	105.2
(2) 帽子	Hats	101.3	101.3	101.2
4.衣着加工服务费	Clothing Manufacturing Services	105.5	104.7	106.8
5.鞋类	Footwear	101.4	101.1	102.1
(1)鞋	Shoes	101.2	101.0	101.6
(2)鞋类加工服务	Footwear Processing Services	104.5	102.2	109.3
三、居住	**Residence**	**102.2**	**102.0**	**102.8**
1.租赁房房租	Rent	101.5	101.3	101.9
2.住房保养维修及管理	Housing Maintenance and Management	104.1	104.0	104.3
3.水电燃料	Water, Electricity and Fuels	101.1	100.9	101.5
4.自有住房	Private Housing	102.7	102.4	103.5
四、生活用品及服务	**Articles and Services for Daily Use**	**101.1**	**101.0**	**101.5**
1.家具及室内装饰品	Furniture and Interior Decorations	101.0	100.8	101.5
(1)家具	Furniture	101.4	101.2	101.7
(2)室内装饰品	Interior Decorations	99.4	99.1	100.5
2.家用器具	Household Appliances	99.5	98.5	102.0
3.家用纺织品	Home Textiles	99.1	98.2	101.6
(1)床上用品	Bed Articles	98.8	97.9	101.5
(2)窗帘门帘	The curtains and curtain	100.0	98.9	102.3
4.家庭日用杂品	Daily Use Household Articles	101.6	101.6	101.8
5.个人护理用品	Personal Care Products	102.1	102.6	100.6
化妆品	Cosmetics	102.9	103.5	101.0
6.家庭服务	Household Services	104.2	104.6	101.3
五、交通和通信	**Transportation and Communication**	**101.4**	**101.8**	**100.3**
1.交通	Transportation	102.1	102.4	101.5
(1)交通工具	Transportation Facility	100.9	101.7	98.9
(2)交通工具用燃料	fuels for vehicles	108.3	108.2	108.5
(3)交通工具使用和维修	Vehicles Use and Maintenance	101.5	101.4	102.0
(4)交通费	Traffic Fare	101.0	101.2	100.3
市内公共交通	Incity Traffic Fare	102.5	102.6	101.6
2.通信	Communication	99.9	100.6	98.0
(1)通信工具	Communication Facility	99.6	101.8	93.5
(2)通信服务	Communication Service	100.1	100.1	99.8
(3)邮递服务	Mail Service	100.0	100.0	100.0

9-3 续表 2 continued

(上年价格=100) (preceding year=100)

项　　目	Item	全　省 Provincial Indices	城　市 Urban Indices	农　村 Rural Indices
六、教育文化和娱乐	**Education , Culture and Recreation**	**102.0**	**102.2**	**101.3**
1.教育	Education	102.8	103.1	102.1
(1)教育用品	Educationsupplies	104.7	104.6	104.9
(2)教育服务	Education Services	102.5	102.8	101.5
2.文化娱乐	Cultural and Recreational Articles	100.6	100.8	100.2
(1)文娱耐用消费品	Durable Consumer Goods for Cultural and Recreational Use	99.8	101.4	97.1
(2)其他文娱用品	Other Cultural and Recreational Articles	102.6	102.0	104.6
书报杂志	Newspapers and Magazines	103.9	101.7	110.8
(3)文化娱乐服务	Cultural and Recreational services	100.1	100.2	100.0
(4)旅游	Touring and Outing	100.7	100.3	102.3
七、医疗保健	**Health Care**	**108.6**	**109.8**	**105.9**
1.药品及医疗器具	Medicines and Medical Instruments	104.2	101.9	109.2
(1)中药	Traditional Chinese Medicine	106.8	106.0	108.9
(2)西药	Western Medicine	103.5	99.1	111.6
(3)滋补保健品	Dietary Supplements	108.0	110.0	103.0
(4)医疗卫生器具	Medical Instruments	98.9	98.1	101.0
(5)保健器具	Health Care Appliances	100.5	100.9	99.5
2.医疗服务	Medical Services	112.1	115.9	102.8
(1)综合医疗类	ComprehensiveMedical	132.2	141.8	106.3
(2)诊断类	Diagnosis	100.6	100.2	101.4
(3)治疗类	Treatments	110.5	113.3	103.0
(4)康复类	Rehabilitations	111.6	115.2	100.7
(5)中医医疗服务类	ChineseMedicalservices	109.6	113.8	101.5
(6)其他医疗服务	Other medical services	103.9	107.3	98.0
八、其他用品和服务	**Other Articles and Services**	**101.4**	**100.9**	**102.7**
1.其他用品类	Other Articles	101.4	101.2	102.0
(1)首饰手表	Jewelry andWatches	102.4	102.2	103.0
(2)其他杂项用品	Other Miscellaneous Articles	100.1	100.0	100.4
箱　　包	Bags	98.2	97.4	100.9
母婴用品	Mother and Baby Products	102.1	102.7	100.4
2.其他服务类	Other Services	101.3	100.7	103.6
(1)旅馆住宿	Hotel Accommodations	97.9	97.8	98.4
(2)美容美发洗浴	Beauty Salons and Baths	104.1	104.1	104.3
(3)养老服务	Pension Services	100.8	101.0	100.0
(4)金融保险	Financial Services	101.1	99.5	107.0
(5)其他服务类	Other Services	104.6	106.2	99.4
中介服务	Intermediary services	106.4	108.4	99.1

9-4 十九个市、县商品零售价格分类指数(2017年)
Retail Price Indices by Category of 19 Cities and Counties(2017)

(上年价格=100) (preceding year=100)

地 区	Region	总指数 General Index	一、食品 Food	二、饮料烟酒 Beverages, Tobacco and Liquor	三、服装鞋帽 Garments, Shoes and Hats	四、纺织品 Textiles	五、家用电器及音像器材 Household Appliances, Music and Video Equipment	六、文化办公用品 Cultural and Office Appliances	七、日用品 Articles for Daily Use	八、体育娱乐用品 Sports and Recreation Articles
全 省	**Shaanxi**	**101.3**	**99.3**	**100.5**	**101.1**	**98.9**	**100.0**	**100.4**	**101.8**	**101.6**
国家调查点	**National Survey Points**									
西安市	Xi'an	101.7	100.3	100.4	100.6	97.2	101.2	100.5	101.8	101.5
宝鸡市	Baoji	100.6	98.2	101.8	101.7	101.7	97.7	100.7	102.9	100.1
汉台区	Hantai	101.4	100.0	100.3	104.1	102.8	99.1	100.3	103.2	102.0
咸阳市	Xianyan	100.9	100.6	99.7	102.7	98.9	95.0	98.2	102.7	103.5
榆阳区	Yuyang	100.5	96.9	99.6	103.2	99.5	97.7	98.2	101.2	103.6
汉滨区	Hanbin	101.6	99.3	101.2	98.8	98.4	100.5	106.7	99.6	101.1
三原县	Sanyuan	101.3	99.4	100.7	102.4	100.0	95.9	100.9	100.6	105.0
商州区	Shangzhou	101.3	97.9	100.9	100.3	100.8	98.1	108.6	103.6	99.7
省级调查点	**Provincial Survey Points**									
铜川市	Tongchuan	101.1	97.9	101.4	104.2	102.7	100.7	99.8	99.6	101.2
宝塔区	Baota	100.0	96.4	100.0	98.2	99.6	98.5	96.3	102.0	99.9
临渭区	Linwei	100.0	99.0	102.6	99.4	99.1	100.2	100.7	99.8	100.5
西乡县	Xixiang	102.0	98.1	100.1	103.8	98.6	102.9	99.5	102.9	105.6
陇 县	Longxian	103.4	98.0	100.8	100.6	121.4	101.5	99.9	103.3	103.2
洛南县	Luonan	100.5	97.9	101.9	101.0	102.3	101.5	98.2	99.7	99.5
蒲城县	Pucheng	102.2	97.0	100.3	101.3	101.7	104.6	98.6	101.5	100.8
鄠邑区	Huyi	100.9	98.3	102.5	98.8	99.4	99.6	99.3	101.0	103.1
绥德县	Suide	100.6	97.9	99.6	102.3	101.3	96.6	97.6	100.9	100.4
华阴市	Huayin	100.5	97.3	100.1	99.5	99.7	99.9	95.9	102.3	100.8
略阳县	Lueyang	100.5	98.1	100.1	102.5	101.5	98.5	99.8	100.4	101.4

9-4 续表 continued

(上年价格=100) (preceding year=100)

地 区	Region	九、交通通信用品 Transportation and Communication Appliances	十、家具 Furniture	十一、化妆品 Cosmetics	十二、金银饰品 Gold and Silver Jewellery	十三、中西药品及医疗保健用品 Traditional Chinese and Western Medicines and Health	十四、书报杂志及电子出版物 Books, Newspapers, Magazines and Electronic Publications	十五、燃料 Fuels	十六、建筑材料及五金电料 Building Materials and Hardware
全 省	**Shaanxi**	**102.4**	**101.1**	**102.9**	**102.3**	**101.9**	**103.0**	**105.9**	**102.3**
国家调查点	**National Survey Points**								
西安市	Xi'an	104.4	100.8	103.2	102.4	100.3	103.3	105.7	101.9
宝鸡市	Baoji	99.9	99.2	102.9	101.4	104.4	100.6	104.9	99.9
汉台区	Hantai	98.7	100.4	106.3	101.4	102.9	100.5	106.6	102.5
咸阳市	Xianyan	98.1	101.8	104.1	102.7	104.1	100.4	104.9	102.6
榆阳区	Yuyang	101.0	100.5	100.9	101.0	98.6	105.6	104.1	109.5
汉滨区	Hanbin	101.8	109.8	102.4	103.6	103.9	105.9	106.1	102.3
三原县	Sanyuan	94.2	98.6	98.7	106.2	114.3	108.0	108.1	105.5
商州区	Shangzhou	101.9	97.6	103.8	101.7	108.2	101.4	105.2	102.5
省级调查点	**Provincial Survey Points**								
铜川市	Tongchuan	101.7	100.9	102.7	97.6	105.0	104.6	105.1	99.9
宝塔区	Baota	98.5	102.6	101.3	100.8	102.6	101.2	112.0	101.0
临渭区	Linwei	96.3	97.8	97.4	101.7	101.8	100.7	102.8	105.6
西乡县	Xixiang	98.0	108.2	100.9	97.9	108.5	110.1	106.5	107.0
陇 县	Longxian	98.1	106.1	104.8	102.1	112.1	107.1	116.4	111.2
洛南县	Luonan	97.7	96.9	100.5	100.5	106.3	105.0	106.1	101.4
蒲城县	Pucheng	102.2	102.5	100.0	102.6	113.3	102.3	107.6	106.8
鄠邑区	Huyi	101.2	100.6	100.7	102.8	103.8	101.0	105.8	104.1
绥德县	Suide	96.3	97.5	100.0	111.1	109.2	116.9	107.9	100.5
华阴市	Huayin	100.0	108.8	100.5	100.7	106.4	102.8	101.9	104.7
略阳县	Lueyang	95.9	101.9	99.6	103.7	106.8	101.9	105.3	104.1

9-5 十九个市、县居民消费价格分类指数(2017年)

Consumer Price Indices by Category and Region of 19 Cities and Counties(2017)

(上年价格=100) (preceding year=100)

地　区	Region	总指数 General Index	一、食品烟酒 Food, Alcohol and Tobacco	二、衣着 Clothing	三、居住 Residence	四、生活用品及服务 Articles and Services for Daily Use	五、交通和通信 Transportation and Communication	六、教育文化和娱乐 Education, Culture and Recreation	七、医疗保健 Health Care	八、其他用品和服务 Other Articles and Services
全　省	**Shaanxi**	**101.6**	**99.4**	**101.4**	**102.2**	**101.1**	**101.4**	**102.0**	**108.6**	**101.4**
国家调查点	**National Survey Points**									
西安市	Xi'an	102.0	100.5	100.7	101.7	100.6	102.4	102.6	108.7	101.0
宝鸡市	Baoji	100.9	98.9	101.8	102.6	101.2	100.0	102.1	102.7	98.6
汉台区	Hantai	101.8	100.0	104.4	101.7	102.0	100.7	101.3	108.5	102.9
咸阳市	Xianyan	102.1	100.3	102.5	101.8	102.0	100.6	100.4	114.5	100.9
榆阳区	Yuyang	101.0	96.9	102.5	103.9	100.4	100.4	101.9	107.8	100.6
汉滨区	Hanbin	102.4	99.3	99.2	104.8	102.6	101.9	102.5	110.8	101.7
三原县	Sanyuan	103.0	99.4	103.2	107.9	99.6	99.1	102.6	110.2	109.3
商州区	Shangzhou	101.6	98.0	100.1	100.6	101.5	101.5	103.0	117.4	101.0
省级调查点	**Provincial Survey Points**									
铜川市	Tongchuan	101.1	98.4	104.1	99.2	102.2	101.1	100.9	112.3	100.6
宝塔区	Baota	100.7	97.2	98.4	105.9	101.3	99.8	100.6	104.8	101.0
临渭区	Linwei	101.7	99.3	99.6	102.3	99.3	99.5	101.0	117.5	101.4
西乡县	Xixiang	101.2	98.3	103.9	101.7	104.0	100.0	103.4	103.7	103.3
陇　县	Longxian	101.0	98.0	101.2	100.7	106.2	100.9	102.3	106.1	102.2
洛南县	Luonan	100.7	98.4	101.6	104.0	99.8	99.3	101.1	103.2	98.6
蒲城县	Pucheng	100.7	97.7	101.0	101.0	103.2	101.8	100.4	106.0	101.1
鄠邑区	Huyi	100.2	98.7	99.1	100.9	100.9	101.0	100.1	102.0	102.0
绥德县	Suide	101.6	98.2	103.1	103.6	98.9	100.1	100.2	111.5	103.2
华阴市	Huayin	100.7	97.8	99.6	102.0	101.3	101.1	102.2	104.8	100.9
略阳县	Lueyang	100.7	98.5	102.5	101.4	100.9	99.3	101.2	103.7	104.6

9-6 农业生产资料价格指数
Price Indices for Means of Agricultural Production

(上年价格=100) (preceding year=100)

类 别	Item	2016	2017
总指数	**General Index**	**99.7**	**102.1**
一、农用手工工具	Farm Handtools	97.5	101.7
二、饲 料	Forage	91.3	102.6
混合饲料	Mixed Forage	94.8	101.7
其 他	Others	84.6	104.7
三、仔畜幼禽及产品畜	Poults and Livestock Products	134.2	90.9
四、半机械化农具	Semi-mechanized Farm Tools	98.4	101.7
五、机械化农具	Mechanized Farm Machinery	97.9	100.1
六、化学肥料	Chemical Fertilizer	96.0	104.1
氮 肥	Nitrogenous Fertilizer	93.4	104.2
磷 肥	Phosphate Fertilizer	99.4	107.3
钾 肥	Potash Fertilizer	95.7	98.7
复合肥料	Compound Fertilizer	98.6	103.4
七、农药及农药器械	Pesticide and Its Appliances	100.2	103.3
化学农药	Chemical Pesticide	100.2	103.6
杀虫剂	Insecticide	99.6	102.6
杀菌剂	Bactericide	100.7	102.7
除草剂	Herbicide	101.0	105.7
农药器械	Appliances for Pesticide	99.9	101.7
八、农用机油	Oil for Farm Machinery	96.0	107.3
九、其他农业生产资料	Other Means of Agricultural Production	101.3	101.6
农用种子	Seeds for Farming	102.4	101.6
农用薄膜	Pellicle for Farming	99.0	100.7
未列明的其他农用生产资料	Others	101.2	103.0
十、农业生产服务	Service for Agricultural Production	102.2	103.5
排灌费	Expenditure of Irrigation and Drainage	101.4	101.4
机械作业费	Expenditure of Mechanical Operations	99.5	100.7
农业用电	Agricultural Electricity	100.1	100.1
农业用工	Agricultural Labor	106.0	108.2

9-7 工业生产者出厂价格指数
Producer Price Index for Industrial Products

(上年价格=100) (preceding year=100)

类　别	Item	2016	2017
总指数	**General Index**	**97.6**	**110.8**
按轻重工业分	Grouped by Light & Heavy Industries		
轻工业	Light Industry	98.7	100.6
以农产品为原料	Agricultural Products as Raw Materials	98.6	101.0
以非农产品为原料	Non-agricultural Products as Raw Materials	99.1	98.9
重工业	Heavy Industry	97.4	112.8
采掘工业	Mining & Quarrying Industry	95.6	126.0
原料工业	Raw Materials Industry	97.2	113.7
加工工业	Processing Industry	98.7	104.7
按用途分	Grouped by Use		
生产资料	Means of Production	97.3	113.1
采掘工业	Mining & Quarrying Industry	95.6	126.0
原料工业	Raw Materials Industry	97.1	114.0
加工工业	Processing Industry	98.3	105.2
生活资料	Consumer Goods	99.4	99.8
食　品	Food	99.6	99.8
衣　着	Clothing	100.8	102.9
一般工业品	Articles for Daily Use	98.5	100.0
耐用消费品	Durable Consumer Goods	99.7	98.5
按工业部门分	By Department of Industry		
1.冶金工业	Metallurgical Industry	100.2	121.0
2.电力工业	Power Industry	95.3	99.1
3.煤炭及炼焦工业	Coal and Coking Industry	107.1	136.6
4.石油工业	Petroleum Industry	84.4	109.8
5.化学工业	Chemical Industry	100.9	104.8
6.机械工业	Machine Industry	98.6	99.6
7.建筑材料工业	Building Materials Industry	99.1	105.0
8.森林工业	Forestry Industry	98.8	102.2
9.食品工业	Food Industry	99.0	99.7
10.纺织工业	Textile Industry	94.4	111.8
11.缝纫工业	Tailoring Industry	100.3	102.3
12.皮革工业	Leather Industry	99.4	99.6
13.造纸工业	Paper Making Industry	99.3	104.5
14.文教艺术用品工业	Cultural, Education & Handicrafts Article	96.8	99.2
15.其它工业	Other Industry	99.4	98.4

9-8 工业生产者购进价格指数
Purchasing Price Index for Industrial Products

(上年价格=100) (preceding year=100)

类　别	Item	2016	2017
总指数	**General Index**	**95.9**	**106.4**
一、燃料、动力类	Fuels	90.8	110.8
二、黑色金属材料类	Ferrous Metal Materials	97.0	107.3
钢　材	Steel	98.5	109.0
其　它	Others	95.0	104.9
三、有色金属材料类和电线类	Non-ferrous Metals	102.7	112.6
四、化工原材料类	Chemical Raw Materials	98.5	104.4
五、木材及纸浆类	Timber and Paper Pulp	99.7	105.3
六、建筑材料类及非金属矿类	Building Materials and Non-metal Mineral	101.3	110.1
七、其它工业原材料及半成品	Other Industrial Raw Materials and Half-products	99.8	100.4
八、农副产品类	Farm Products	99.1	102.1
九、纺织原材料类	Textile Raw Materials	100.0	101.2

9-9 固定资产投资价格指数
Price Index of Investment in Fixed Assets

(上年价格=100)

类　别	Item	2016	2017
总指数	**General Index**	**99.9**	**105.3**
一、建筑安装工程	Construction and Installation	99.8	107.4
1.材料费	Material	98.6	112.0
钢　材	Steel	98.3	118.4
木　材	Timber	101.3	103.8
水　泥	Cement	97.1	107.2
地方建筑材料	Local Construction Material	99.9	106.1
化工材料	Chemical Material	95.5	101.4
电　料	Electric Material	99.5	104.3
其它材料	Others	101.0	103.1
2.人工费	Labour	103.7	103.7
3.机械使用费	Machinery	99.3	102.4
二、设备工器具购置	Purchase of Equipment,Tools and Instruments	98.9	100.0
三、其它费用	Others	101.3	102.2

9-10 农产品生产价格指数
Producers' Price Indices for Farm Products

(上年价格=100) (preceding year=100)

类 别	Item	2016	2017
总指数	**General Index**	**98.0**	**98.4**
一、农业产品	Planting Products	94.8	100.4
#小 麦	Wheat	90.0	106.4
玉 米	Corn	83.9	101.3
油 料	Oil-bearing Crops	98.8	98.5
水 果	Fruit	96.1	104.7
二、林业产品	Forestry Products	71.0	107.9
三、饲养动物及其产品	Animal Feeding and Products	106.1	93.8
#活 猪	Live pigs	115.1	86.6
鸡 蛋	Eggs	95.8	89.8
四、渔业产品	Fishery Products	97.4	101.8

9-11 西安市住宅销售价格指数
Sales Price Index of Residential Buildings in Xi'an

(上年价格=100) (preceding year=100)

类 别	Item	2016	2017
新建住宅销售价格指数	**Sales Price Index of New Residential Buildings**	**102.9**	**111.5**
新建商品住宅销售价格指数	New Commercialized Residential Buildings	103.2	112.5
1.90平方米以下	Less Than 90 Sq.m	104.2	112.7
2.90－144平方米	90-144 Sq.m	102.7	112.9
3.144平方米以上	144 Sq.m and more	103.1	111.6
二手住宅销售价格指数	**Sales Price Index of Second-hand House**	**97.0**	**104.8**
1.90平方米以下	Less Than 90 Sq.m	97.1	105.3
2.90－144平方米	90-144 Sq.m	97.0	105.6
3.144平方米以上	144 Sq.m and more	96.5	102.1

主要统计指标解释

居民消费价格指数 是反映一定时期内城乡居民所购买的生活消费品价格和服务项目价格变动趋势和程度的相对数，是对城市居民消费价格指数和农村居民消费价格指数进行综合汇总计算的结果。该指数可以观察和分析消费品的零售价格和服务项目价格变动对城乡居民实际生活费支出的影响程度。

城市居民消费价格指数 是反映一定时期内城市居民家庭所购买的生活消费品价格和服务项目价格变动趋势和程度的相对数。该指数可以观察和分析消费品的零售价格和服务项目价格变动对城镇职工货币工资的影响，作为研究职工生活和确定工资政策的依据。

农村居民消费价格指数 是反映一定时期内农村居民家庭所购买的生活消费品价格和服务项目价格变动趋势和程度的相对数。该指数可以观察农村消费品的零售价格和服务项目价格变动对农村居民生活消费支出的影响，直接反映农村居民生活水平的实际变化情况，为分析和研究农村居民生活问题提供依据。

商品零售价格指数 是反映一定时期内城乡商品零售价格变动趋势和程度的相对数。商品零售价格的变动直接影响到城乡居民的生活支出和国家的财政收入，影响居民购买力和市场供需的平衡，影响到消费与积累的比例关系。因此，该指数可以从一个侧面对上述经济活动进行观察和分析。

农业生产资料价格指数 指反映一定时期内农业生产资料价格变动趋势和程度的相对数。其编制目的是了解农业生产中物质资料投入价格的变动状况，服务于国民经济核算。1994 年以前，农业生产资料价格指数仅仅是商品零售价格指数的一个类别，此后，从商品零售价格指数中分离出来，单独编制。

农产品生产价格指数 是反映一定时期内，农产品生产者出售农产品价格水平变动趋势及幅度的相对数。该指数可以客观反映全国农产品生产价格水平和结构变动情况，满足农业与国民经济核算需要。其中某代表品生产价格指数是通过对全部有出售该产品行为的调查单位的个体指数进行几何平均求得的，类价格指数是通过对其所属的类（或代表品）的价格指数进行加权平均求得的。季度累计价格指数的计算方法与分季指数的计算方法相同。

工业生产者价格 包括工业企业产品第一次出售时的出厂价格和企业作为中间投入的原材料、燃料、动力购进价格（简称工业生产者购进价格）。

工业生产者出厂价格指数 是反映一定时期内全部工业产品出厂价格总水平的变动趋势和程度的相对数，包括工业企业销售给本企业以外所有单位的各种产品和直接售给居民用于生活消费的产品。该指数可以观察出厂价格变动对工业总产值及增加值的影响。

工业生产者购进价格指数 是反映工业企业作为生产投入，而从物资交易市场和能源、原材料生产企业购买原材料、燃料和动力产品时，所支付的价格水平变动趋势和程度的统计指标，是扣除工业企业物质消耗成本中的价格变动影响的重要依据。

固定资产投资价格指数 是反映一定时期内固定资产投资品及取费项目的价格变动趋势和程度的相对数。固定资产投资额是由建筑安装工程投资完成额、设备工器具购置投资完成额和其他费用投资完成额三部分组成的。编制固定资产投资价格指数应首先分别编制上述三部分投资的价格指数，然后采用加权算术平均法求出固定资产投资价格总指数。

该指数可以准确地反映固定资产投资中涉及的各类投资品和取费项目价格变动趋势和变动幅度，消除按现价计算的固定资产投资指标中的价格变动因素，真实地反映固定资产投资的规模、速度、结构和效益，为国家科学地制定、检查固定资产投资计划并提高宏观调控水平，为完善国民经济核算体系提供科学的、可靠的依据。

Explanatory Notes on Main Statistical Indicators

Consumer Price Indices reflect the trend and degree of changes in prices of consumer goods and services purchased by urban and rural households during a given period. They are obtained by combining Consumer Price Indices of Urban Household and Consumer Price Indices of Rural Household. The Indices enable the observation and analysis of the degree of impact of the changes in the prices of retailed goods and services on the actual living expenses of urban and rural residents.

Consumer Price Indices of Urban Household reflect the trend and degree of changes in prices of consumer goods and services purchased by urban households during a given period. It can be used to observe and analyze the impact of price changes in consumer goods and services on wages (in monetary terms) of urban staff and workers, and provide a basis for research on the livelihood of staff and workers and policy-making concerning wages.

Consumer Price Indices of Rural Household reflect the trend and degree of changes in prices of consumer goods and services purchased by rural households during a given period. It can be used to observe the impact of change in retail prices of consumer goods and service prices in rural areas on living expenditure of rural households, and to show the changes in the living standard of rural households. It provides a basis for analysis and research on the condition of life in rural areas.

Retail Price Indices reflect the trend and degree of change in retail prices of commodities during a given period. The change in retail prices of commodities directly affect the living expenses of urban and rural residents, government revenue, purchasing power of residents and the equilibrium of market supply and demand, and the ratio of consumption to accumulation. Therefore, the retail price indices are useful from an oblique perspective for observing and analyzing the changes of the above economic activities.

Price Indices for Means of Agricultural Production reflect the trend and degree of changes in the prices of the means of agricultural production during a given period. Compilation of these indices helps to understand the changes in prices of input into agricultural production and facilitate the compilation of national accounts statistics. Before 1994, price indices for means of agricultural production were a sub-category in the retail price indices for commodities, and it has been compiled separately since 1994.

Producer Prices Indices for Farm Products reflect the trend and degree of changes in producers' prices received by farmers when they sell farm products during a given period. These indices depict the change in the level and structure of producer prices for farm products of the country and meet the needs of agricultural statistics and national accounts statistics. The producer price index for a given product is calculated as the geometrical mean of individual indices for all surveyed units which sell such product, and the indices for a product category is obtained as the weighted mean of price indices for all products in the category. Method for calculating accumulative quarterly indices is the same as for calculating the individual quarterly indices.

Industrial Producer Price includes the ex-factory price when the products were first sold and the purchasing price of raw materials, fuel and power as intermediate input by enterprises (short for Industrial Producer Price).

Ex-factory Price Indices of Industrial Producer are to reflect ex-factory general price level of all industrial products in a given period the number of fluctuant trend and degree, including products sold to other units by industrial enterprises and products sold to residents for living. The index shows that ex-factory price changes influence on gross industrial output value and value-added.

Purchase Price Indices of Industrial Producer are the statistical Indices to reflect the fluctuant trend and degree of the price as production inputs by industrial enterprises, which are paid for raw materials, fuel and power products, purchasing from material trading market and energy and raw materials production enterprises. It's the important basis of subtracting effects from price changes of industrial enterprises material cost.

十、人民生活

People's Livelihood

资料整理：于秋白　李晓利

简 要 说 明

一、本篇资料反映陕西城乡居民生活状况，主要包括全省居民家庭常住人口、可支配收入、生活消费支出、主要商品购买数量、耐用消费品拥有情况、居住情况等。

二、本篇资料来源:

全省居民、城镇居民和农村居民收支和生活状况、来源于国家统计局陕西调查总队城乡一体化住户收支与生活状况抽样调查。

三、从2012年四季度起，国家统计局对分别进行的城乡住户调查实施了一体化改革，统一了城乡居民收入指标名称、分类和统计标准，建立了城乡统一的一体化住户调查《住户收支与生活状况调查》。由于2013年调查样本为全新抽取样本，且与往年城镇居民、农村居民抽选总体、方法不同，调查范围更广，统计口径发生变化，与老口径数据存在差异。本年鉴2013年起为新口径数据，2013年以前为按新口径回溯计算数据。

Brief Introduction

Ⅰ. This chapter reflects the people's living conditions in Shaanxi, consisting of the resident population, disposable income, living expenditure, the main commodity purchase quantity, consumer durables situation, the inhabit situation and etc.

Ⅱ. Sources of Data:

The data on the income, expenditure and livelihood of province residents, urban residents and rural residents are obtained from sample surveys on income, expenditure and living conditions by urban and rural household integration under Shaanxi Survey Office of the National Bureau of Statistics.

Ⅲ. In the fourth quarter of 2012, the NBS launched its reform on the household survey programme in order to produce aggregates with the same concepts and definitions for the urban and rural population. This new survey programme is an integrated one whereas there had existed two separate household surveys for the urban and rural households. The reform took a number of measures, including the integration of concepts, classifications and standards, which provided a basis for producing data covering all households. Because of investigation samples in 2013 are brand new samples, the selected population and methods are different from urban and rural residents chosen in previous years. The field of investigation are broader, statistics range have been changed, they are different from the old range data. Since 2013, the data of this yearbook are new range data, and the data of new calibre retrospective calculation before 2013.

10.人民生活

2017 年全省

居民人均可支配收入	20635	元	比上年增长 9.3%
农村居民人均可支配收入	10265	元	比上年增长 9.2%
城镇居民人均可支配收入	30810	元	比上年增长 8.3%

居民人均可支配收入（元）

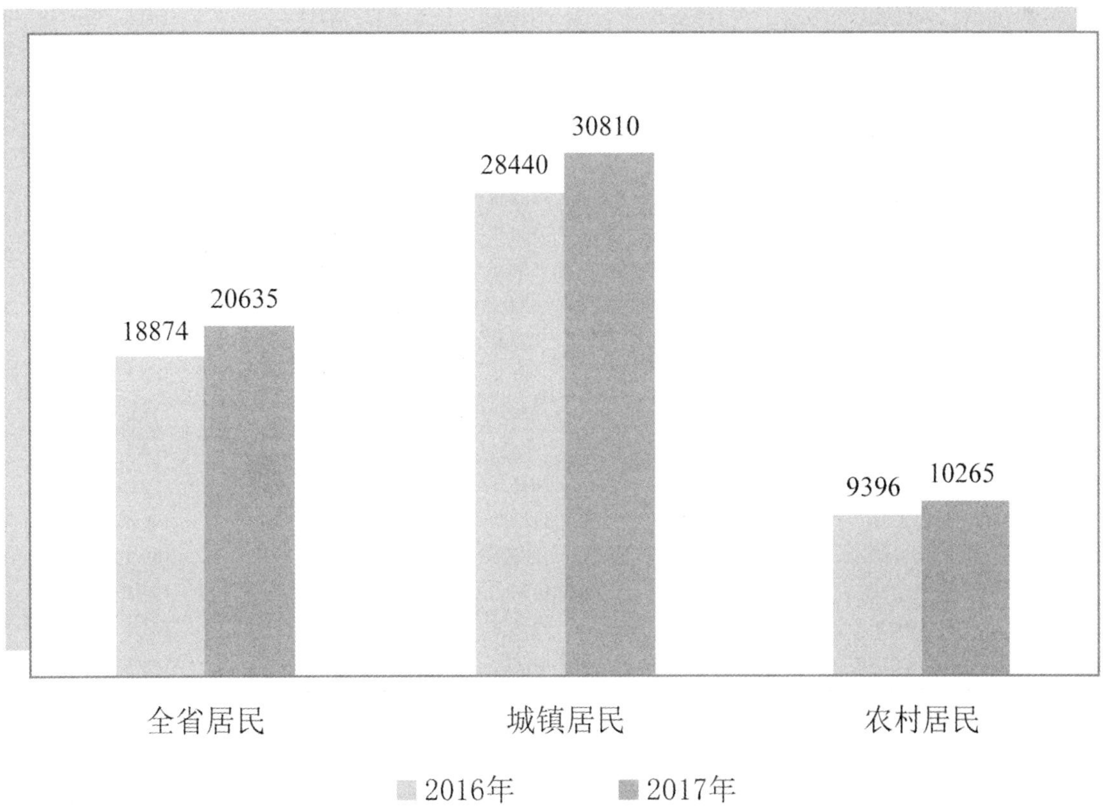

10-1 城乡居民人均收入
Per Capita Income of Urban and Rural Households

年份 Year	城镇居民人均可支配收入 Per Capita Disposable Income of Urban Households			农村居民人均可支配收入 Per Capita Disposable Income of Rural Households		
	绝对数（元）Value (yuan)	指数 Index (上年=100) (preceding year=100)	指数 Index (1978年=100) (year of 1978=100)	绝对数（元）Value (yuan)	指数 Index (上年=100) (preceding year=100)	指数 Index (1978年=100) (year of 1978=100)
1978	310		100.0	134		100.0
1979				150	111.0	111.0
1980	407		122.8	142	92.6	102.8
1981	427	101.3	124.4	177	122.8	126.1
1982	452	104.9	130.5	218	121.6	153.4
1983	488	106.3	138.7	236	107.4	164.8
1984	552	109.4	151.7	263	108.9	179.5
1985	650	109.5	166.0	295	106.7	191.4
1986	814	117.5	195.1	299	96.8	185.3
1987	905	101.8	198.6	329	103.8	192.5
1988	1040	95.7	190.1	404	106.6	205.3
1989	1239	101.3	192.5	434	89.7	184.1
1990	1369	107.7	207.3	530	104.2	191.9
1991	1498	102.0	211.5	534	96.3	184.7
1992	1705	102.4	216.5	559	98.2	181.4
1993	2102	108.1	234.1	653	106.2	192.6
1994	2684	99.6	233.1	805	97.3	187.4
1995	3310	104.5	243.6	963	99.4	186.2
1996	3810	104.4	254.2	1165	110.0	204.8
1997	4001	99.8	253.8	1273	102.4	209.6
1998	4213	108.0	274.0	1415	113.1	237.1
1999	4638	113.5	310.8	1475	106.6	252.7
2000	5098	109.8	341.2	1472	103.3	261.0
2001	5447	106.9	364.8	1529	101.3	264.3
2002	6277	117.6	428.9	1648	104.6	276.5
2003	6737	106.6	457.4	1741	102.2	282.6
2004	7403	106.9	488.9	1953	106.3	300.4
2005	8159	109.4	534.9	2162	106.9	321.1
2006	9125	109.7	586.9	2396	107.9	346.5
2007	10578	110.5	648.5	2824	110.0	381.1
2008	12613	112.5	729.6	3373	110.6	421.5
2009	13836	109.9	801.8	3722	109.2	460.3
2010	15343	107.1	858.7	4477	112.0	515.5
2011	17836	110.0	944.6	5484	114.3	589.3
2012	20269	110.8	1046.6	6285	111.2	655.3
2013	22346	107.2	1122.0	7092	109.4	716.8
2014	24366	107.3	1203.9	7932	109.9	787.8
2015	26420	107.5	1294.2	8689	108.3	853.2
2016	28440	106.3	1375.7	9396	106.9	912.1
2017	30810	106.4	1463.7	10265	108.1	986.0

注：1.本表绝对数按当年价格计算，指数按可比价格计算。
2.本表为城乡住户调查一体化数据，2013年及以后为新口径调查数据，2013年以前为按新口径回溯计算数据。

a) Level data in this table are calculated at current prices while indices at constant prices.

b) This table is the integrated data of urban and rural household survey,the data of new caliber survey in 2013 and later,and the data of new caliber retrospective calculation before 2013.

10-2　全省居民家庭基本情况
Basic Conditions of All Households

指　　标	Item	2013	2014	2015	2016	2017
调查户数　(户)	Number of Households Surveyed (household)	4351	4292	4309	4339	4304
调查户人口　(人)	Number of Residents in the Household Surveyed(person)					
1.常住人口	Permanent Residents	14252	13789	13762	13697	13370
2.平均每户常住人口	Average Household Size	3.3	3.2	3.2	3.2	3.1
3.平均每户劳动力人数	Labours Per Households	2.2	2.1	2.2	2.2	2.2
平均每户整劳动力人数	Ablebodied Labours Per Households	1.3	1.1	1.1	1.1	1.0
平均每户半劳动力人数	Semiablebodied Labours Per Households	0.9	1.0	1.1	1.2	1.2
4.平均每劳动力负担人口	Average Number of Persons Supported by a Laborer	1.5	1.5	1.5	1.5	1.4
平均每人可支配收入　(元)	Annual Per Capita Disposable Income (yuan)	14372	15837	17395	18874	20635
工资性收入	Wages Income	8184	8849	9536	10366	11254
经营净收入	Net Income from Business	2217	2404	2531	2538	2630
财产净收入	Property Income	874	1033	1194	1104	1180
转移净收入	Transfer Income	3097	3551	4134	4866	5571
平均每人生活消费支出　(元)	Annual Per Capita Consumption Expenditure (yuan)	11217	12204	13087	13943	14900
食品、烟酒	Food,Tobacco and Alcohol	3066	3406	3646	3857	4124
衣　着	Clothing	912	945	990	1024	1084
居　住	Residence	2384	2586	2786	2851	2979
生活用品及服务	Living Articles and Services	730	796	887	953	1036
交通通信	Transportation and Communications	1374	1535	1537	1664	1761
教育文化娱乐	Recreation, Education and Culture Services	1438	1500	1608	1785	1858
医疗保健	Medicine and Medical Services	1081	1178	1364	1528	1705
其他用品和服务	Others	232	258	269	281	354
平均每人年末现住房建筑面积(平方米)	Floor Area per Capita at Year-end (sq.m)	35.0	36.0	37.0	38.7	39.3

10-3 全省居民人均可支配收入
Per Capita Annual Disposable Income of All Households

单位：元 (yuan)

指　　标	Item	2016	2017
可支配收入	**Disposable Income**	**18873.7**	**20635.2**
一、工资性收入	**Wages Income**	**10366.1**	**11254.5**
(一)工资	Wage	9770.3	10594.0
1.按月发放的工资	The wages by monthly	8240.7	9086.6
2.补发工资	Retroactive pay	73.8	123.1
3.不按月发放的奖金、津贴、过节费等	The Bonus, allowance, holiday fee etc.by no-monthly	1455.8	1384.3
(二)实物福利	Benefits in kind	38.4	32.8
1.从单位或雇主得到的实物产品折价	The Discount of Real Products from the Company or Employer	13.3	13.3
2.从单位或雇主得到的服务折价	The Discount of Services from the Company or Employer	25.2	19.5
3.单位或雇主实物福利报销所得	The Reimbursement Income in kind from the Company or Employer		
(三)其他	Others	557.4	627.7
1.住房公积金	Housing Funds	425.8	447.9
2.辞退金	Dismissal Payments	0.7	18.6
3.自由职业劳动所得(如稿费、翻译费)	Income by liberal work (Such as Remuneration, Translation Fee)	37.3	14.5
4.安家费	Settling-in Allowance	0.6	
5.股票期权	Stock Options		
6.其他劳动所得	Others	93.0	146.8
二、经营净收入	**Net Income from Business**	**2538.3**	**2629.5**
(一)第一产业经营净收入	Net Income from Primary Industry Business	1183.4	1197.6
1.农业	Agricultural	1019.4	1033.9
2.林业	Forestry	53.9	41.9
3.牧业	Animal Husbandry	109.2	118.9
4.渔业	Fishery	0.9	3.0
(二)第二产业经营净收入	Net Income from Secondary Industry Business	113.1	80.9
(三)第三产业经营净收入	Net Income from Tertiary Industry Business	1241.7	1351.1
1.批发和零售业	Wholesale and Retail Trades	744.2	771.2
2.交通运输、仓储和邮政业	Transport, Storage and Post	172.7	192.8
3.住宿和餐饮业	Hotels and Catering Services	79.7	91.4
4.房地产业	Real Estate	6.7	9.1
5.租赁和商务服务业	Leasing and Business Services	11.4	17.0
6.居民服务、修理和其他服务业	Services to Households and Other Services	184.2	223.7
7.农林牧渔服务业	Services to Agriculture, Forestry, Animal Husbandry and Fishery	14.5	28.2
8.其他	Others	28.3	17.7

10-3 续表 continued

单位：元 (yuan)

指 标	Item	2016	2017
三、财产净收入	**Net Income from Properties**	**1103.3**	**1179.8**
# 利息净收入	Net Interests	16.9	48.4
红利收入	Bonus	130.3	108.5
储蓄性保险净收益	Net Benefits of Savings Insurance	3.0	1.6
转让承包土地经营权租金净收入	The Rent Income by Transfer of Land Rights		36.4
出租房屋财产性收入	The Property Income by Renting House	415.8	469.4
出租机械、专利、版权等资产的收入	The Income by Renting Assets like Mechanical, Patents, Copyright ect.	10.8	4.9
四、转移净收入	**Net Income from Transfer**	**4866.0**	**5571.4**
(一)转移性收入	Income from Transfer	5638.3	6350.6
1.养老金或离退休金	Pension or Retired Pension	4103.3	4612.4
2.社会救济和补助	Social Relief and Aid	92.3	110.9
3.政策性生活补贴	Policy Allowance	62.2	56.8
4.报销医疗费	Reimbursement of Medical treatment	332.4	370.4
5.家庭外出从业人员寄回带回收入	Income from Family Outings Employees	688.0	749.0
6.赡养收入	Alimony Income	251.4	278.4
7.其他经常转移收入	Others Recurring Income from Transfer	35.6	71.4
8.从政府和组织得到的实物产品和服务折价	The Discount of Real Products and Services from the Governments and Organizations	16.7	36.0
9.现金政策性惠农补贴	The Cash Policy Subsidies for Agricultural	56.2	65.3
(二)转移性支出	Transfer Expenditure	772.2	779.3
1.个人所得税	Personal Income Tax	39.4	36.7
2.社会保障支出	Expenditure for Social Security	580.7	592.7
3.外来从业人员寄给家人的支出	Expenditure for Family from Migrant Workers	8.2	6.4
4.赡养支出	Expenditure for Alimony	96.0	97.9
5.其他	Others	47.9	45.5

10-4 全省居民人均生活消费支出
Per Capita Living Expenditure of All Households

单位：元 (yuan)

指 标	Item	2016	2017
生活消费支出	**Total Living Expenditure**	**13943.0**	**14899.7**
一、食品、烟酒	**Food,Tobacco and Alcohol**	**3857.2**	**4124.0**
1.食 品	Food	2525.8	2672.6
# 谷 物	Grain	458.5	483.4
薯 类	Potato	65.1	64.5
豆 类	Beans	49.1	53.8
食用油	Edible Oil	146.3	146.6
蔬菜和食用菌	Vegetables and Edible Mushrooms	382.7	386.7
肉 类	Meat	454.6	471.8
禽 类	Poultry	60.6	59.5
水产品	Aquatic Products	56.3	64.4
蛋 类	Eggs	63.8	65.3
奶 类	Milk	226.6	242.1
干鲜瓜果类	Fresh and Dried Fruits	287.7	321.4
糖果糕点类	Candy and Pastry	97.5	109.0
2.烟 酒	Tobacco and Alcohol	406.3	470.9
# 烟 草	Tobacco	282.2	322.0
酒 类	Alcohol	124.0	148.9
3.饮 料	Beverages	80.0	91.1
4.饮食服务	Catering Services	845.1	889.4
二、衣 着	**Clothing**	**1024.1**	**1084.0**
# 衣 类	Garments	797.1	843.3
鞋 类	Footwear	227.1	240.7
三、居 住	**Residence**	**2850.2**	**2978.6**
# 租赁房房租	Rental Housing Rent	159.2	151.0
住房维修及管理	Housing Repair and Management	491.7	528.6
水电燃料及其他	Water,Electric Power Fuel and Others	723.5	767.7
四、生活用品及服务	**Living Articles and Services**	**953.4**	**1036.2**
# 家具及室内装饰品	Furniture and External Decorations	200.8	194.2
家用器具	Household Appliances	237.2	271.0
家用纺织品	Household textile	82.9	87.7
家庭日用杂品	Household Articles of Daily Use	245.3	261.4
个人用品	Personal Items	153.7	178.6
家庭服务	Household Services	33.4	43.4
五、交通通信	**Transportation and Communications**	**1664.1**	**1760.7**
# 交 通	Transportation	1071.7	1167.2
通 信	Communications	592.5	593.5
六、教育文化娱乐	**Recreation, Education and Culture Services**	**1785.2**	**1857.6**
# 教 育	Education	1098.7	1187.8
文化娱乐	Recreation	686.6	669.8
七、医疗保健	**Medicine and Medical Services**	**1528.2**	**1704.8**
医疗器具及药品	Medical Instruments and Medicines	554.3	606.4
医疗服务	Medical Services	973.9	1098.4
八、其他用品和服务	**Others**	**280.7**	**353.7**

10-5 全省居民人均购买主要商品数量

Per Capita Annual Purchases of Major Commodities of All Households

品　名		Item		2016	2017
小　麦	(公斤)	Wheat	(kg)	2.0	0.9
面　粉	(公斤)	Flour	(kg)	26.6	28.6
大　米	(公斤)	Rice	(kg)	17.5	17.8
薯　类	(公斤)	Potato	(kg)	12.3	13.6
豆　类	(公斤)	Beans	(kg)	7.8	8.9
食用植物油	(公斤)	Edible Vegetable Oil	(kg)	9.9	10.3
鲜　菜	(公斤)	Fresh Vegetables	(kg)	68.8	74.4
猪　肉	(公斤)	Pork	(kg)	9.3	9.6
牛　肉	(公斤)	Beef	(kg)	0.6	0.7
羊　肉	(公斤)	Mutton	(kg)	1.2	1.1
鸡	(公斤)	Chicken	(kg)	2.0	1.9
鸭	(公斤)	Duck	(kg)	0.1	0.1
鱼　类	(公斤)	Fish	(kg)	1.6	1.8
虾　类	(公斤)	Shrimp	(kg)	0.2	0.2
鲜　蛋	(公斤)	Fresh Eggs	(kg)	6.4	7.4
鲜　奶	(公斤)	Fresh Milk	(kg)	8.5	9.2
酸　奶	(公斤)	Yogurt	(kg)	2.3	2.7
奶　粉	(公斤)	Milk Powder	(kg)	0.7	0.7
鲜瓜果	(公斤)	Fresh Fruits	(kg)	40.3	46.4
糕　点	(公斤)	Cake	(kg)	2.7	3.4
茶　叶	(公斤)	Tea	(kg)	0.3	0.3
卷　烟	(盒)	Cigarette	(box)	28.9	32.4
啤　酒	(公斤)	Beer	(kg)	3.1	2.8
白　酒	(公斤)	Liquor	(kg)	1.0	1.2
果　酒	(公斤)	Wine	(kg)	0.2	0.3
鞋	(双)	Footwear	(pair)	2.4	2.4
水	(吨)	Water	(ton)	19.2	18.5
电	(度)	Electricity	(kwh)	534.4	576.4
煤　炭	(公斤)	Coal	(kg)	121.1	110.4
管道天燃气	(立方米)	Pipeline Natural Gas	(cu.m)	45.7	47.3
罐装液化石油气	(公斤)	Canned Liquified Petroleum Gas	(kg)	3.0	3.7

10-6 全省居民家庭每百户耐用消费品拥有情况
Ownership of Major Durable Consumer Goods Per 100 All Households

指　　标		Item		2016	2017
家用汽车	(辆)	Automobile	(unit)	19.9	20.9
摩托车	(辆)	Motorcycle	(unit)	36.3	35.5
助力车	(台)	Strength-aid Cycle	(unit)	33.3	35.7
洗衣机	(台)	Washing Machine	(unit)	94.4	95.7
电冰箱(柜)	(台)	Refrigerator	(unit)	85.9	87.8
微波炉	(台)	Microwave Oven	(unit)	22.0	22.9
彩色电视机	(台)	Color TV Set	(unit)	108.5	109.5
# 接入有线电视		Cable TV Set		60.2	59.2
空　调	(台)	Air Conditioner	(unit)	63.8	68.3
热水器	(台)	Water Heater	(unit)	64.7	66.4
# 太阳能热水器		Solar Water Heater		35.5	36.3
消毒碗柜	(台)	Sterilizing Cupboard	(unit)	2.0	
洗碗机	(台)	Dish Washer	(unit)	0.3	0.4
排油烟机	(台)	Exhauster	(unit)	40.0	41.6
固定电话	(线)	Ordinary Telephone	(unit)	23.5	22.5
移动电话	(部)	Mobile Telephone	(unit)	243.8	244.9
# 接入互联网		Access to the Internet		112.5	121.2
计算机	(台)	Computer	(unit)	47.3	49.8
# 接入互联网		Access to the Internet		37.6	37.8
摄像机	(台)	Pickup Camera	(unit)	2.0	
照相机	(台)	Camera	(unit)	14.0	15.9
中高档乐器	(架)	High-end Instruments	(unit)	1.5	1.9
健身器材	(台)	Setting-up Apparatus	(unit)	1.3	1.6
组合音响	(套)	Music Center	(set)	2.5	
空气净化器(含新风系统)	(台)		(unit)		1.1
吸尘器	(台)		(unit)		1.0

10-7 全省居民家庭年末居住情况
Housing Conditions of All Households

指标	Item	2016	2017
调查户数 (户)	Number of Households Surveyed (household)	4339	4304
平均每户居住人口 (人)	Average Number of Resident Population (person)	3.2	3.1
平均每人建筑面积 (平方米)	The Average Floor Area Per Person (sq.m)	38.7	39.3
一、按住户居住空间样式分 (%)	By Style of Living Space (%)	100.0	100.0
单栋楼房	Dependent Building	17.9	18.1
单栋平房	Single-storey House	30.2	30.2
四居室及以上单元房	Four Bedrooms	0.6	0.6
三居室单元房	Three Bedrooms	14.9	14.7
二居室单元房	Two Bedrooms	21.5	21.6
一居室单元房	One Bedroom	1.4	1.4
筒子楼或连片平房	Tube-shaped Apartment or Lace Single-storey Houses	11.4	11.5
其他	Others	2.1	2.0
二、按主要建筑材料分 (%)	By Main Building Materials (%)	100.0	100.0
钢筋混凝土	Reinforced Concrete	15.9	16.0
砖混材料	Brick-and-concrete Buildings	66.6	66.6
砖瓦砖木	Brick and Brick-wood Structure	15.0	15.0
竹草土坯	Bamboo Grass and Sun-dried Mud Brick	1.0	1.0
其他	Others	1.5	1.4
三、按现住房房屋来源分 (%)	By Source of Housing (%)	100.0	100.0
租赁公房	Public-rent Housing	1.5	1.4
租赁私房	Private-rent Housing	7.5	7.3
自建住房	Self-establish Housing	53.3	53.2
购买商品房	Commercial Residential Housing	20.1	20.6
购买房改住房	Private Housing through Housing Reform	9.4	9.6
购买保障性住房	Indemnificatory Housing	2.5	2.4
拆迁安置房	Resettlement Housing	1.8	2.0
继承或获赠住房	Inheriting and Donation Housing	1.3	1.4
免费借用房	Free Housing	1.2	1.3
雇主提供免费住房	Free Housing from Employer	1.0	0.7
其他	Others	0.4	0.2
四、按住宅外道路路面情况分 (%)	By Pavement Condition Outside (%)	100.0	100.0
水泥或柏油路面	Cement or Asphalt Pavement	83.2	83.2
沙石或石板等硬质路面	Hard Sand or Stone Pavement	11.4	11.5
其他	Others	5.4	5.2
五、按住宅有管道供水情况分 (%)	By Piped Water Supply Condition (%)	100.0	100.0
管道供水入户	Pipe water into People's Homes	91.1	91.6
管道供水至公共取水点	Pipe water to Public Watering Points	1.5	1.5
没有管道设施	No Pipeline Facilities	7.4	6.9
六、按住户主要饮用水来源情况分 (%)	By Source of main Drinking Water (%)	100.0	100.0
经过净化处理的自来水	Purified Tap Water	75.8	76.0
受保护的井水和泉水	Protected Wells and Springs	16.5	16.7
不受保护的井水和泉水	Unprotected Wells and Springs	4.7	4.4
江河湖泊水	Rivers and Lakes Water	0.3	0.3
收集雨水	Collected Rainwater	1.4	1.4
桶装水	Barrels Water	0.1	0.1
其他	Others	1.2	1.1
七、按住户厕所类型分 (%)	By Household Lavatory Type (%)	100.0	100.0
水冲式卫生厕所	Sanitary Water Closet	53.1	53.6
水冲式非卫生厕所	Insanitary Water Closet	3.0	2.8
卫生旱厕	Sanitary Latrine	9.2	9.3
普通旱厕	Latrine	33.6	33.2
无厕所	No Lavatory	1.1	1.1
八、按住户主要取暖设备状况分 (%)	By Heating Facilities Condition (%)	100.0	100.0
由市政或小区集中供暖	Central Heating	21.2	21.5
自行供暖	Self Heating	54.1	68.8
无取暖设备	Without Heating Equipment	24.7	9.8
九、按主要炊用能源状况分 (%)	By Cooking Fuel Condition (%)	100.0	100.0
柴草	Firewood	21.8	21.7
煤炭	Coal	12.5	11.7
罐装液化石油气	Canned Liquified Petroleum Gas	8.6	7.4
管道液化石油气	Pipeline Liquified Petroleum Gas	0.4	0.3
管道煤气	Pipeline Gas	0.4	0.2
管道天然气	Pipeline Natural Gas	30.5	31.4
电	Electricity	24.3	25.7
沼气	Methane	0.8	0.8
其他	Others	0.7	0.7

10-8 城镇常住居民家庭基本情况
Basic Conditions of Urban Households

指　　标	Item	2013	2014	2015	2016	2017
调查户数　(户)	Number of Households Surveyed (household)	1760	1707	1729	1748	1715
调查户人口　(人)	Number of Residents in the Household Surveyed(person)					
1.常住人口	Permanent Residents	5277	5055	5085	5066	4939
2.平均每户常住人口	Average Household Size	3.0	3.0	2.9	2.9	2.9
3.平均每户劳动力人数	Labours Per Households	2.1	2.1	2.1	2.1	2.1
平均每户整劳动力人数	Ablebodied Labours Per Households	1.3	1.2	1.1	1.1	1.0
平均每户半劳动力人数	Semiablebodied Labours Per Households	0.8	0.9	1.0	1.0	1.0
4.平均每劳动力负担人口	Average Number of Persons Supported by a Laborer	1.5	1.4	1.4	1.4	1.4
平均每人可支配收入　(元)	Annual Per Capita Disposable Income (yuan)	22346	24366	26420	28440	30810
工资性收入	Wages Income	13987	14926	15742	16877	18106
经营净收入	Net Income from Business	1876	2031	2140	2014	2029
财产净收入	Property Income	1733	2019	2274	2056	2156
转移净收入	Transfer Income	4750	5390	6264	7493	8520
平均每人生活消费支出　(元)	Annual Per Capita Consumption Expenditure (yuan)	16399	17546	18464	19369	20388
食品、烟酒	Food,Tobacco and Alcohol	4484	4800	5146	5422	5799
衣　着	Clothing	1453	1470	1500	1542	1627
居　住	Residence	3426	3620	3823	3681	3797
生活用品及服务	Living Articles and Services	1085	1176	1298	1368	1487
交通通信	Transportation and Communications	2157	2447	2308	2456	2395
教育文化娱乐	Recreation, Education and Culture Services	2068	2148	2202	2474	2618
医疗保健	Medicine and Medical Services	1386	1496	1784	2017	2141
其他用品和服务	Others	340	389	403	409	526
平均每人年末现住房建筑面积 (平方米)	Floor Area per Capita at Year-end (sq.m)	29.9	30.6	31.3	32.6	32.7

10-9 城镇常住居民不同收入层次家庭基本情况(2017年)
Basic Conditions of Urban Households by Income Percentile(2017)

指　标	Item	总平均 Average	低收入户 Low Income Households	中低收入户 Lower Middle Income Households	中等收入户 Middle Income Households	中高收入户 Upper Middle Income Households	高收入户 High Income Households
调查户数　(户)	Number of Households Surveyed　(household)	1715	345	342	341	344	344
调查户人口　(人)	Number of Residents in the Household Surveyed (person)						
1.常住人口	Permanent Residents	4939	1198	1111	973	875	782
2.平均每户常住人口	Average Household Size	2.9	3.5	3.3	2.9	2.5	2.3
3.平均每户劳动力人数	Labours Per Households	2.1	2.3	2.3	2.0	2.0	1.8
平均每户整劳动力人数	Ablebodied Labours Per Households	1.0	1.4	1.3	1.0	0.8	0.7
平均每户半劳动力人数	Semiablebodied Labours Per Households	1.0	0.9	1.0	1.0	1.2	1.1
4.平均每劳动力负担人口	Average Number of Persons Supported by a Laborer	1.4	1.5	1.4	1.4	1.3	1.3
平均每人可支配收入　(元)	Per Capita Annual Disposable Income (yuan)	30810.3	12890.1	22185.6	30164.3	39094.9	61034.2
平均每人生活消费支出　(元)	Per Capita Annual Consumption Expenditure (yuan)	20388.2	11390.2	16840.1	20596.3	24143.6	34312.0
平均每人年末现住房建筑面积 (平方米)	Housing Area per Capita at Year-end　(sq.m)	32.7	26.4	29.6	31.7	38.1	41.6

10-10 城镇常住居民不同收入层次家庭人均可支配收入（2017年）
Per Capita Annual Disposable Income of Urban Households by Income Percentile(2017)

单位：元 (yuan)

指 标	Item	总平均 Average	低收入户 Low Income House-holds	中低收入户 Lower Middle Income House-holds	中等收入户 Middle Income House-holds	中高收入户 Upper Middle Income House-holds	高收入户 High Income House-holds
可支配收入	**Disposable Income**	**30810.3**	**12890.1**	**22185.6**	**30164.3**	**39094.9**	**61034.2**
一、工资性收入	**Wages Income**	**18105.7**	**8903.3**	**15236.1**	**17027.4**	**20938.5**	**33957.1**
(一)工资	Wage	17025.3	8700.7	14665.9	16280.0	19759.5	30583.7
1.按月发放的工资	The wages by monthly	15838.7	7926.5	13829.1	15175.6	18636.4	28140.0
2.补发工资	Retroactive pay	200.4	77.2	124.1	201.6	251.9	430.4
3.不按月发放的奖金、津贴、过节费等	The Bonus,allowance,holiday fee etc.by no-monthly	986.2	697.0	712.7	902.7	871.2	2013.3
(二)实物福利	Benefits in kind	58.1	14.2	66.1	29.3	53.1	152.9
1.从单位或雇主得到的实物产品折价	The Discount of Real Products from the Company or Employer	23.1	9.3	26.1	14.4	21.9	51.3
2.从单位或雇主得到的服务折价	The Discount of Services from the Company or Employer	35.1	4.9	40.0	14.9	31.2	101.6
(三)其他	Others	1022.3	188.4	504.0	718.2	1125.9	3220.5
1.住房公积金	Housing Funds	871.4	70.9	364.9	625.8	1087.1	2811.9
2.辞退金	Dismissal Payments	36.1		2.4			218.2
3.自由职业劳动所得(如稿费、翻译费)	Income by liberal work (Such as Remuneration, Translation Fee)	16.3	10.6	20.7	32.3	10.5	6.4
4.安家费	Settling-in Allowance						
5.股票期权	Stock Options						
6.其他劳动所得	Others	98.4	106.9	116.1	60.1	28.4	184.0
二、经营净收入	**Net Income from Business**	**2029.1**	**1050.8**	**1108.5**	**1829.0**	**1981.6**	**5028.2**
(一)第一产业经营净收入	Net Income from Primary Industry Business	77.5	118.8	45.4	45.2	55.5	121.6
(二)第二产业经营净收入	Net Income from Secondary Industry Business	118.8	87.2	85.8	-0.1		481.7
(三)第三产业经营净收入	Net Income from Tertiary Industry Business	1832.8	844.8	977.2	1783.9	1926.1	4424.9
1.批发和零售业	Wholesale and Retail Trades	1200.3	289.7	582.3	885.3	1161.2	3816.6
2.交通运输、仓储和邮政业	Transport, Storage and Post	148.4	179.4	115.9	214.1	210.6	
3.住宿和餐饮业	Hotels and Catering Services	113.8	99.0	117.3	58.0	361.1	-71.1
4.房地产业	Real Estate	18.0				101.6	
5.租赁和商务服务业	Leasing and Business Services	20.5	-4.2	16.1	84.1	-6.7	17.2
6.居民服务、修理和其他服务业	Services to Households and Other Services	297.5	272.0	144.1	391.4	85.1	662.8
7.农林牧渔服务业	Services to Agriculture, Forestry, Animal Husbandry and Fishery	2.5	9.0	1.7	-0.1		
8.其他	Others	31.7		-0.1	151.2	13.2	-0.5

10-10 续表 continued

单位：元 (yuan)

指 标	Item	总平均 Average	低收入户 Low Income Households	中低收入户 Lower Middle Income Households	中等收入户 Middle Income Households	中高收入户 Upper Middle Income Households	高收入户 High Income Households
三、财产净收入	**Net Income from Properties**	**2155.7**	**1023.2**	**1236.9**	**2257.4**	**2704.7**	**4373.2**
# 利息净收入	Net Interests	89.1	-41.5	-46.8	-63.3	60.5	681.4
红利收入	Bonus	188.3	121.1	81.1	269.5	258.0	261.2
储蓄性保险净收益	Net Benefits of Savings Insurance	2.3	4.6	1.1		3.1	2.4
出租房屋财产性收入	The Property Income by Renting House	881.9	390.6	492.5	1105.1	1151.3	1584.0
出租机械、专利、版权等资产的收入	The Income by Renting Assets like Mechanical,Patents,Copyright ect.	2.4	1.1		9.7	1.2	
四、转移净收入	**Net Income from Transfer**	**8519.8**	**1912.8**	**4604.1**	**9050.4**	**13470.1**	**17675.7**
(一)转移性收入	Income from Transfer	9807.3	2396.5	5515.1	10218.2	15084.1	20462.6
1.养老金或离退休金	Pension or Retired Pension	8378.9	1608.8	4683.8	8803.4	13535.8	17382.4
# 离退休金	Retired Pension	8202.1	1439.0	4540.3	8571.1	13326.9	17251.7
城镇居民社会养老保险	Urban Employee Social Pension Insurance	93.5	105.2	88.0	73.6	124.3	73.7
2.社会救济和补助	Social Relief and Aid	92.9	274.2	19.3	80.9	25.0	9.3
3.政策性生活补贴	Policy Allowance	61.2	23.6	30.9	49.4	96.8	133.8
4.报销医疗费	Reimbursement of Medical treatment	563.5	103.7	163.0	509.1	738.0	1667.7
5.家庭外出从业人员寄回带回收入	Income from Family Outings Employees	269.5	166.0	359.8	262.3	362.0	209.8
6.赡养收入	Alimony Income	305.5	87.2	195.8	346.8	188.4	858.5
7.其他经常转移收入	Others Recurring Income from Transfer	97.0	92.4	18.2	135.7	104.2	156.2
8.从政府和组织得到的实物产品和服务折价	The Discount of Real Products and Services from the Governments and Organizations	33.2	29.8	33.8	29.4	30.5	44.8
9.其他	Others	5.8	10.7	10.6	1.1	3.3	
(二)转移性支出	Transfer Expenditure	1287.6	483.7	911.0	1167.8	1614.1	2786.9
1.个人所得税	Personal Income Tax	71.8	0.6	7.7	45.6	104.1	261.2
2.社会保障支出	Expenditure for Social Security	953.5	416.9	727.8	909.0	1090.7	1965.1
(1)个人缴纳的养老保险	Pension Insurance Personal Rendered	669.0	292.2	492.1	635.0	743.8	1431.2
(2)个人缴纳的医疗保险	Medical Care Insurance Personal Rendered	229.8	117.0	208.9	213.0	263.5	410.3
(3)个人缴纳的失业保险	Unemployment Insurance Personal Rendered	37.2	7.7	23.8	36.6	55.3	80.8
(4)其他社会保障支出	Others	17.4	0.1	2.9	24.5	28.1	42.8
3.外来从业人员寄给家人的支出	Expenditure for Family from Migrant Workers	11.7			0.5	9.5	60.9
4.赡养支出	Expenditure for Alimony	171.2	51.0	95.9	132.5	288.9	370.9
5.其他	Others	79.3	15.2	79.7	80.1	120.8	128.8

10-11 城镇常住居民不同收入层次家庭人均生活消费支出(2017年)
Per Capita Living Expenditure of Urban Households by Income Percentile(2017)

单位：元 (yuan)

指 标	Item	总平均 Average	低收入户 Low Income Households	中低收入户 Lower Middle Income Households	中等收入户 Middle Income Households	中高收入户 Upper Middle Income Households	高收入户 High Income Households
生活消费支出	**Total Living Expenditure**	**20388.2**	**11390.2**	**16840.1**	**20596.3**	**24143.6**	**34312.0**
一、食品、烟酒	**Food,Tobacco and Alcohol**	**5798.6**	**3562.6**	**5225.6**	**6094.3**	**6961.9**	**8299.8**
1.食 品	Food	3569.9	2500.9	3238.2	3857.8	4065.6	4734.6
#谷 物	Grain	580.5	454.9	514.6	577.6	694.3	737.1
薯 类	Potato	70.2	58.5	70.3	78.2	79.9	67.6
豆 类	Beans	71.2	62.9	63.0	71.8	78.8	85.8
食用油	Edible Oil	159.1	146.1	148.7	168.7	167.4	172.2
蔬菜和食用菌	Vegetables and Edible Mushrooms	546.1	410.2	510.2	579.0	615.3	683.3
肉 类	Meat	619.4	410.1	579.2	673.8	743.4	787.3
禽 类	Poultry	87.7	58.5	71.5	99.0	96.0	130.8
水产品	Aquatic Products	110.2	48.3	85.8	127.8	128.7	194.8
蛋 类	Eggs	87.0	63.2	84.0	93.6	98.0	106.7
奶 类	Milk	321.1	194.6	269.1	417.5	379.7	401.7
干鲜瓜果类	Fresh and Dried Fruits	490.5	297.4	419.6	527.5	556.5	759.1
糖果糕点类	Candy and Pastry	164.5	99.8	161.0	177.2	162.6	253.0
2.烟 酒	Tobacco and Alcohol	572.7	326.0	522.4	546.0	893.8	692.1
#烟 草	Tobacco	370.6	236.0	338.0	341.6	568.8	434.9
酒 类	Alcohol	202.1	90.0	184.4	204.4	325.0	257.2
3.饮 料	Beverages	125.3	76.4	116.0	150.3	136.2	169.7
4.饮食服务	Catering Services	1530.6	659.3	1348.9	1540.1	1866.3	2703.3
二、衣 着	**Clothing**	**1627.0**	**918.4**	**1295.7**	**1773.8**	**1835.7**	**2732.7**
#衣 类	Garments	1275.2	692.1	1023.1	1359.1	1454.8	2193.2
鞋 类	Footwear	351.7	226.3	272.6	414.6	380.9	539.5
三、居 住	**Residence**	**3796.5**	**2340.4**	**3162.8**	**3844.4**	**4292.0**	**6235.5**
#租赁房房租	Rental Housing Rent	263.9	229.8	237.5	189.9	239.2	465.8
住房维修及管理	Housing Repair and Management	628.8	317.0	522.7	684.4	520.8	1290.1
水电燃料及其他	Water,Electric Power Fuel and Others	1026.8	634.9	903.1	1101.2	1203.6	1499.1
四、生活用品及服务	**Living Articles and Services**	**1486.6**	**672.3**	**1136.1**	**1457.9**	**1609.0**	**3080.2**
#家具及室内装饰品	Furniture and External Decorations	270.0	84.9	150.2	205.2	224.1	836.0
家用器具	Household Appliances	371.7	166.1	254.9	320.3	390.7	877.6
家用纺织品	Household textile	123.2	58.5	79.2	151.3	166.3	199.0
家庭日用杂品	Household Articles of Daily Use	352.1	209.2	319.2	372.4	409.6	523.5
个人用品	Personal Items	295.6	137.3	291.7	306.8	307.7	511.5
家庭服务	Household Services	74.1	16.3	40.9	101.9	110.5	132.6
五、交通通信	**Transportation and Communications**	**2394.7**	**1050.2**	**1746.1**	**1858.6**	**3266.8**	**4973.3**
#交 通	Transportation	1591.4	552.5	1045.1	1025.9	2257.2	3834.0
通 信	Communications	803.3	497.7	701.0	832.7	1009.7	1139.2
六、教育文化娱乐	**Recreation, Education and Culture Services**	**2617.9**	**1759.0**	**2460.2**	**2525.5**	**2752.0**	**4080.6**
#教 育	Education	1484.1	1388.0	1685.1	1410.5	1403.8	1531.4
文化娱乐	Recreation	1133.8	370.9	775.1	1115.0	1348.2	2549.3
七、医疗保健	**Medicine and Medical Services**	**2140.8**	**921.4**	**1373.8**	**2596.4**	**2772.3**	**3771.4**
医疗器具及药品	Medical Instruments and Medicines	891.1	411.2	566.9	960.7	1236.2	1588.8
医疗服务	Medical Services	1249.7	510.3	806.9	1635.6	1536.1	2182.6
八、其他用品和服务	**Others**	**526.1**	**165.9**	**440.0**	**445.4**	**653.9**	**1138.5**

10-12 城镇常住居民不同收入层次家庭人均购买主要商品数量(2017年)
Per Capita Annual Purchases of Major Commodities of Urban Households by Income Percentile(2017)

品名		Item		总平均 Average	低收入户 Low Income Households	中低收入户 Lower Middle Income Households	中等收入户 Middle Income Households	中高收入户 Upper Middle Income Households	高收入户 High Income Households
小麦	(公斤)	Wheat	(kg)	0.1	0.0	0.1	0.4	0.1	0.1
面粉	(公斤)	Flour	(kg)	26.4	27.7	26.2	27.8	28.1	21.1
大米	(公斤)	Rice	(kg)	20.2	21.5	18.9	19.0	22.0	19.6
薯类	(公斤)	Potato	(kg)	18.6	17.7	18.7	18.7	20.1	17.8
豆类	(公斤)	Beans	(kg)	11.5	11.4	10.5	11.2	12.3	12.7
食用植物油	(公斤)	Edible Vegetable Oil	(kg)	10.7	11.0	10.3	11.5	10.9	9.5
鲜菜	(公斤)	Fresh Vegetables	(kg)	103.5	82.0	100.0	110.1	118.2	116.5
猪肉	(公斤)	Pork	(kg)	11.8	9.2	11.6	12.7	13.4	12.8
牛肉	(公斤)	Beef	(kg)	1.1	0.5	0.9	1.3	1.6	1.7
羊肉	(公斤)	Mutton	(kg)	1.5	1.0	1.3	1.7	1.9	2.0
鸡	(公斤)	Chicken	(kg)	2.9	2.1	2.4	3.3	3.0	4.2
鸭	(公斤)	Duck	(kg)	0.1	0.1	0.1	0.1	0.1	0.1
鱼类	(公斤)	Fish	(kg)	2.9	1.6	2.4	3.2	3.2	4.8
虾类	(公斤)	Shrimp	(kg)	0.4	0.1	0.3	0.6	0.4	0.7
鲜蛋	(公斤)	Fresh Eggs	(kg)	9.9	7.6	9.6	10.6	11.1	11.7
鲜奶	(公斤)	Fresh Dairy Products	(kg)	14.4	9.3	13.8	15.3	17.3	18.8
酸奶	(公斤)	Yogurt	(kg)	4.3	2.4	3.6	4.9	4.5	7.4
奶粉	(公斤)	Milk Powder	(kg)	0.7	0.4	0.6	1.0	1.1	0.7
鲜瓜果	(公斤)	Fresh Fruit	(kg)	64.1	46.7	58.2	68.3	73.3	83.2
糕点	(公斤)	Cake	(kg)	5.1	3.6	5.1	5.4	5.0	7.1
茶叶	(公斤)	Tea	(kg)	0.3	0.3	0.4	0.4	0.4	0.3
卷烟	(盒)	Cigarette	(box)	27.8	24.2	27.7	25.9	37.6	24.8
啤酒	(公斤)	Beer	(kg)	2.4	2.2	2.5	2.7	2.3	2.2
白酒	(公斤)	Liquor	(kg)	1.3	0.7	1.6	1.3	1.8	1.5
果酒	(公斤)	Wine	(kg)	0.2	0.2	0.2	0.2	0.2	0.3
鞋	(双)	Footwear	(pair)	2.7	2.4	2.4	3.1	2.6	3.2
水	(吨)	Water	ton)	28.2	19.0	26.5	30.2	35.2	34.2
电	(度)	Electricity	(kwh)	714.9	510.2	696.7	828.5	758.5	862.8
煤炭	(公斤)	Coal	(kg)	50.5	70.0	65.2	49.3	36.5	18.1
管道天燃气	立方米)	Gas pipeline	(cu.m)	89.0	52.8	86.4	90.1	107.4	125.0
罐装液化石油气	(公斤)	Bottled LPG	(kg)	3.4	3.5	3.1	3.9	4.6	1.7

10-13 城镇常住居民不同收入层次家庭每百户耐用消费品拥有情况（2017年） Ownership of Major Durable Consumer Goods Per 100 Urban Households by Income Percentile(2017)

指　　标		Item		总平均 Average	低收入户 Low Income House-holds	中　低 收入户 Lower Middle Income House-holds	中　等 收入户 Middle Income House-holds	中　高 收入户 Upper Middle Income House-holds	高收入户 High Income House-holds
家用汽车	（辆）	Automobile	(unit)	26.9	16.9	23.9	25.3	28.9	39.6
摩托车	（辆）	Motorcycle	(unit)	13.1	18.7	16.6	11.9	9.0	9.5
助力车	（台）	Strength-aid Cycle	(unit)	28.6	29.7	42.2	29.9	27.3	13.8
洗衣机	（台）	Washing Machine	(unit)	98.0	95.8	100.1	98.6	96.6	99.0
电冰箱(柜)	（台）	Refrigerator	(unit)	94.4	87.3	92.8	98.5	97.1	96.2
微波炉	（台）	Microwave Oven	(unit)	38.3	20.1	31.9	37.2	42.1	59.8
彩色电视机	（台）	Color TV Set	(unit)	105.1	100.8	105.6	104.7	104.0	110.5
#接入有线电视		Cable TV Set		75.6	57.1	73.5	85.8	80.6	81.1
空　调	（台）	Air Conditioner	(unit)	98.1	55.0	90.3	103.7	106.2	135.0
热水器	（台）	Water Heater	(unit)	80.3	59.6	80.5	80.7	89.5	91.0
#太阳能热水器		Solar Water Heater		32.2	27.0	36.4	29.8	38.9	28.8
洗碗机	（台）	Dish Washer	(unit)	0.6			1.2	1.0	0.8
排油烟机	（台）	Exhauster	(unit)	68.6	51.7	64.5	71.4	74.8	80.6
固定电话	（线）	Ordinary Telephone	(unit)	28.5	14.0	23.8	32.1	33.2	39.3
移动电话	（部）	Mobile Telephone	(unit)	223.3	247.2	234.2	218.6	216.3	200.5
#接入互联网		Access to the Internet		128.4	138.3	147.2	121.7	123.1	111.7
计算机	（台）	Computer	(unit)	71.0	60.9	66.0	68.4	75.8	83.7
#接入互联网		Access to the Internet		55.6	45.0	52.3	54.1	61.5	65.0
照相机	（台）	Camera	(unit)	26.7	11.9	20.2	24.6	31.3	45.2
中高档乐器	（架）	High-end Instruments	(unit)	3.3	1.3	4.5	1.8	2.5	6.3
健身器材	（台）	Setting-up Apparatus	(unit)	2.4	1.3	1.7	2.6	1.8	4.7
空气净化器（含新风系统）	（台）	Air Cleaner (Including Fresh Air System)	(unit)	1.9	0.5	0.3	3.2	2.9	2.7
吸尘器	（台）	Vacuum Cleaners	(unit)	1.8	0.5	0.8	1.2	4.6	2.1

10-14 城镇常住居民家庭年末居住情况
Housing Conditions of Urban Households

指标		Item		2016	2017
调查户数	(户)	Number of Households Surveyed	(household)	1748	1715
平均每户居住人口	(人)	Average Number of Resident Population	(person)	2.9	2.9
平均每人建筑面积	(平方米)	The Average Floor Area Per Person	(sq.m)	32.6	32.7
一、按住户居住空间样式分	(%)	By Style of Living Space	(%)	100.0	100.0
单栋楼房		Dependent Building		9.6	9.9
单栋平房		Single-storey House		8.2	8.1
四居室及以上单元房		Four Bedrooms		1.0	1.0
三居室单元房		Three Bedrooms		27.4	27.2
二居室单元房		Two Beedrooms		39.8	39.7
一居室单元房		One Beedroom		2.5	2.5
筒子楼或连片平房		Tube-shaped Apartment or Lace Single-storey Houses		11.0	11.2
其他		Others		0.3	0.3
二、按主要建筑材料分	(%)	By Main Building Materials	(%)	100.0	100.0
钢筋混凝土		Reinforced Concrete		24.8	25.1
砖混材料		Brick-and-concrete Buildings		68.9	68.7
砖瓦砖木		Brick and Brick-wood Structure		5.7	5.7
竹草土坯		Bamboo Grass and Sun-dried Mud Brick		0.01	0.1
其他		Others		0.6	0.5
三、按现住房房屋来源分	(%)	By Source of Housing	(%)	100.0	100.0
租赁公房		Public-rent Housing		2.7	2.4
租赁私房		Private-rent Housing		13.3	12.4
自建住房		Self-establish Housing		16.5	16.9
购买商品房		Commercial Residential Housing		36.7	37.5
购买房改住房		Private Housing through Housing Reform		17.1	17.6
购买保障性住房		Indemnificatory Housing		4.6	4.6
拆迁安置房		Resettlement Housing		3.1	3.4
继承或获赠住房		Inheriting and Donation Housing		1.4	1.5
免费借用房		Free Housing		2.0	2.3
雇主提供免费住房		Free Housing from Employer		1.8	1.2
其他		Others		0.6	0.2
四、按住宅外道路路面情况分	(%)	By Pavement Condition Outside	(%)	100.0	100.0
水泥或柏油路面		ement or Asphalt Pavement		91.4	91.4
沙石或石板等硬质路面		Hard Sand or Stone Pavement		7.4	7.5
其他		Others		1.1	1.1
五、按住宅有管道供水情况分	(%)	By Piped Water Supply Condition	(%)	100.0	100.0
管道供水入户		Pipe water into People's Homes		97.0	97.0
管道供水至公共取水点		Pipe water to Public Watering Points		1.4	1.4
没有管道设施		No Pipeline Facilities		1.6	1.6
六、按住户主要饮用水来源情况分	(%)	By Source of main Drinking Water	(%)	100.0	100.0
经过净化处理的自来水		Purified Tap Water		92.9	92.8
受保护的井水和泉水		Protected Wells and Springs		6.1	6.3
不受保护的井水和泉水		Unprotected Wells and Springs		0.6	0.5
江河湖泊水		Rivers and Lakes Water		0.05	0.04
收集雨水		Collected Rainwater			
桶装水		Barrels Water		0.2	0.2
其他		Others		0.1	0.1
七、按住户厕所类型分	(%)	By Household Lavatory Type	(%)	100.0	100.0
水冲式卫生厕所		Sanitary Water Closet		88.1	88.5
水冲式非卫生厕所		Insanitary Water Closet		2.5	2.2
卫生旱厕		Sanitary Latrine		1.6	1.7
普通旱厕		Latrine		7.0	6.9
无厕所		No Lavatory		0.7	0.7
八、按住户主要取暖设备状况分	(%)	By Heating Facilities Condition	(%)	100.0	100.0
由市政或小区集中供暖		Central Heating		39.5	39.5
自行供暖		Self Heating		48.1	53.5
无取暖设备		Without Heating Equipment		12.3	7.1
九、按主要炊用能源状况分	(%)	By Cooking Fuel Condition	(%)	100.0	100.0
柴草		Firewood		0.8	0.8
煤炭		Coal		4.9	4.6
罐装液化石油气		Canned Liquified Petroleum Gas		10.7	8.7
管道液化石油气		Pipeline Liquified Petroleum Gas		0.6	0.5
管道煤气		Pipeline Gas		0.6	0.4
管道天然气		Pipeline Natural Gas		55.6	57.3
电		Electricity		25.1	26.6
沼气		Methane			
其他		Others		1.5	1.1

10-15 农村常住居民家庭基本情况
Basic Conditions of Urban Households

指 标	Item	2013	2014	2015	2016	2017
调查户数 (户)	Number of Households Surveyed (household)	2591	2585	2580	2591	2589
调查户人口 (人)	Number of Residents in the Household Surveyed(person)					
1.常住人口	Permanent Residents	8975	8734	8677	8631	8432
2.平均每户常住人口	Average Household Size	3.5	3.4	3.4	3.3	3.3
3.平均每户劳动力人数	Labours Per Households	2.3	2.2	2.3	2.3	2.3
平均每户整劳动力人数	Ablebodied Labours Per Households	1.2	1.1	1.1	1.0	0.9
平均每户半劳动力人数	Semiablebodied Labours Per Households	1.0	1.1	1.2	1.3	1.3
4.平均每劳动力负担人口	Average Number of Persons Supported by a Laborer	1.5	1.5	1.5	1.5	1.4
平均每人可支配收入 (元)	Annual Per Capita Disposable Income (yuan)	7092	7932	8689	9396	10265
工资性收入	Wages Income	2887	3217	3548	3916	4272
经营净收入	Net Income from Business	2530	2751	2909	3058	3242
财产净收入	Property Income	90	120	152	159	185
转移净收入	Transfer Income	1585	1844	2080	2263	2566
平均每人生活消费支出 (元)	Annual Per Capita Consumption Expenditure (yuan)	6488	7252	7901	8568	9306
食品、烟酒	Food,Tobacco and Alcohol	1772	2112	2199	2307	2417
衣 着	Clothing	418	457	496	511	531
居 住	Residence	1432	1627	1786	2026	2145
生活用品及服务	Living Articles and Services	406	444	491	543	577
交通通信	Transportation and Communications	660	691	793	880	1114
教育文化娱乐	Recreation, Education and Culture Services	863	900	1037	1103	1083
医疗保健	Medicine and Medical Services	803	884	959	1044	1260
其他用品和服务	Others	134	137	140	154	178
平均每人年末现住房建筑面积 (平方米)	Floor Area per Capita at Year-end (sq.m)	39.6	41.0	42.6	44.7	46.0

10-16 农村常住居民不同收入层次家庭基本情况(2017年)
Basic Conditions of Rural Households by Income Percentile(2017)

指标	Item	总平均 Average	低收入户 Low Income Households	中低收入户 Lower Middle Income Households	中等收入户 Middle Income Households	中高收入户 Upper Middle Income Households	高收入户 High Income Households
调查户数（户）	Number of Households Surveyed (household)	2589	518	519	517	518	517
调查户人口（人）	Number of Residents in the Household Surveyed (person)						
1.常住人口	Permanent Residents	8432	1830	1862	1797	1610	1332
2.平均每户常住人口	Average Household Size	3.3	3.5	3.6	3.5	3.1	2.6
3.平均每户劳动力人数	Labours Per Households	2.3	2.3	2.3	2.3	2.3	2.1
平均每户整劳动力人数	Ablebodied Labours Per Households	0.9	1.0	1.0	1.0	1.0	0.6
平均每户半劳动力人数	Semiablebodied Labours Per Households	1.3	1.3	1.3	1.3	1.3	1.5
4.平均每劳动力负担人口	Average Number of Persons Supported by a Laborer	1.4	1.6	1.5	1.5	1.4	1.2
平均每人可支配收入（元）	Per Capita Annual Disposable Income (yuan)	10264.5	2222.7	6795.5	9647.7	13562.8	22889.2
平均每人生活消费支出（元）	Per Capita Annual Consumption Expenditure (yuan)	9305.6	7889.0	7648.0	8481.6	10226.6	13530.1
平均每人年末现住房建筑面积（平方米）	Housing Area per Capita at Year-end (sq.m)	46.0	40.7	41.4	41.7	49.4	60.9

10-17 农村常住居民不同收入层次家庭人均可支配收入(2017年)
Per Capita Annual Disposable Income of Rural Households by Income Percentile(2017)

单位：元 (yuan)

指标	Item	总平均 Average	低收入户 Low Income House-holds	中低收入户 Lower Middle Income House-holds	中等收入户 Middle Income House-holds	中高收入户 Upper Middle Income House-holds	高收入户 High Income House-holds
可支配收入	**Disposable Income**	**10264.5**	**2222.7**	**6795.5**	**9647.7**	**13562.8**	**22889.2**
一、工资性收入	**Wages Income**	**4271.5**	**1626.4**	**3133.0**	**4462.0**	**6225.7**	**6839.4**
(一)工资	Wage	4039.1	1525.2	2950.7	4269.5	5918.3	6395.0
1.按月发放的工资	The wages by monthly	2204.7	702.4	1496.4	2216.4	3407.4	3765.9
2.补发工资	Retroactive pay	44.3	42.4	21.4	44.9	40.4	82.2
3.不按月发放的奖金、津贴、过节费等	The Bonus, allowance, holiday fee etc.by no-monthly	1790.2	780.4	1432.9	2008.2	2470.5	2546.9
(二)实物福利	Benefits in kind	6.9	1.8	5.1	2.4	8.0	21.0
1.从单位或雇主得到的实物产品折价	The Discount of Real Products from the Company or Employer	3.3	1.3	1.9	0.8	3.1	11.4
2.从单位或雇主得到的服务折价	The Discount of Services from the Company or Employer	3.6	0.6	3.2	1.5	4.9	9.6
(三)其他	Others	225.6	99.3	177.2	190.1	299.5	423.4
1.住房公积金	Housing Funds	16.2	13.9	7.0	11.9	16.4	37.6
2.辞退金	Dismissal Payments	0.7			1.0	0.3	2.6
3.自由职业劳动所得(如稿费、翻译费)	Income by liberal work (Such as Remuneration,Translation Fee)	12.6	9.5	9.8	15.0	4.8	26.7
4.安家费	Settling-in Allowance						
5.股票期权	Stock Options						
6.其他劳动所得	Others	196.1	75.9	160.4	162.1	278.0	356.4
二、经营净收入	**Net Income from Business**	**3241.5**	**-435.5**	**1642.9**	**2830.1**	**4035.6**	**10068.8**
(一)第一产业经营净收入	Net Income from Primary Industry Business	2339.3	365.3	1227.3	1854.0	2557.9	6963.0
1.农业	Agricultural	2044.4	468.8	1096.3	1532.2	2205.1	6003.7
2.林业	Forestry	75.3	49.6	27.0	65.4	100.1	160.6
3.牧业	Animal Husbandry	213.5	-158.1	97.2	255.3	252.4	778.7
4.渔业	Fishery	6.0	5.0	6.9	1.0	0.2	20.0
(二)第二产业经营净收入	Net Income from Secondary Industry Business	42.2	-35.4	37.1	66.8	105.3	45.7
(三)第三产业经营净收入	Net Income from Tertiary Industry Business	860.1	-765.3	378.5	909.4	1372.3	3060.1
1.批发和零售业	Wholesale and Retail Trades	333.9	-570.0	118.8	412.4	647.3	1381.4
2.交通运输、仓储和邮政业	Transport, Storage and Post	238.0	-24.2	93.0	169.3	362.8	738.5
3.住宿和餐饮业	Hotels and Catering Services	68.5	-87.0	21.9	78.7	139.5	245.4
4.房地产业	Real Estate						
5.租赁和商务服务业	Leasing and Business Services	13.3			7.5	-0.1	74.2
6.居民服务、修理和其他服务业	Services to Households and Other Services	148.5	-88.5	114.9	132.4	167.5	517.4
7.农林牧渔服务业	Services to Agriculture, Forestry, Animal Husbandry and Fishery	54.3	4.5	28.3	104.9	44.0	102.7
8.其他	Others	3.5	-0.03	1.5	4.1	11.4	0.5

10-17 续表 continued

单位：元 (yuan)

指标	Item	总平均 Average	低收入户 Low Income Households	中低收入户 Lower Middle Income Households	中等收入户 Middle Income Households	中高收入户 Upper Middle Income Households	高收入户 High Income Households
三、财产净收入	**Net Income from Properties**	**185.1**	**25.8**	**115.6**	**145.2**	**186.8**	**550.6**
# 利息净收入	Net Interests	6.9	-32.6	1.4	17.6	5.8	55.4
红利收入	Bonus	27.1	14.4	16.0	26.4	43.8	40.7
储蓄性保险净收益	Net Benefits of Savings Insurance	0.9	1.4	0.1	1.9	1.0	
转让承包土地经营权租金净收入	The Rent Income by Transfer of Land Rights	64.0	31.3	50.6	59.0	72.3	124.1
出租房屋财产性收入	The Property Income by Renting House	49.0	6.9	32.5	30.9	58.1	142.9
出租机械、专利、版权等资产的收入	The Income by Renting Assets like Mechanical, Patents,Copyright ect.	7.5	3.2	2.5	0.6	0.4	38.5
四、转移净收入	**Net Income from Transfer**	**2566.3**	**1006.0**	**1904.0**	**2210.4**	**3114.7**	**5430.4**
(一)转移性收入	Income from Transfer	2827.5	1242.9	2112.7	2460.1	3413.6	5767.0
1.养老金或离退休金	Pension or Retired Pension	773.4	261.1	331.1	588.7	735.3	2380.0
# 离退休金	Retired Pension	517.1		85.7	298.9	519.2	2111.5
新型农村养老保险	Urban Employee Social Pension Insurance	29.0	0.9	1.7	79.2	25.3	41.8
2.社会救济和补助	Social Relief and Aid	129.2	102.9	102.6	163.7	128.1	156.7
3.政策性生活补贴	Policy Allowance	52.4	29.8	31.9	60.9	54.7	97.2
4.报销医疗费	Reimbursement of Medical treatment	173.7	111.2	161.4	135.2	188.4	310.2
5.家庭外出从业人员寄回带回收入	Income from Family Outings Employees	1237.8	479.9	1119.7	1174.5	1734.6	1920.6
6.赡养收入	Alimony Income	250.9	110.8	157.8	193.2	338.8	542.4
7.其他经常转移收入	Others Recurring Income from Transfer	45.3	13.5	32.4	32.9	85.4	74.6
8.从政府和组织得到的实物产品和服务折价	The Discount of Real Products and Services from the Governments and Organizations	38.8	19.1	19.1	20.9	26.2	132.6
9.现金政策性惠农补贴	The Cash Policy Subsidies for Agricultural	126.1	114.5	156.7	90.2	122.0	152.8
(二)转移性支出	Transfer Expenditure	261.2	237.0	208.7	249.7	298.9	336.6
1.个人所得税	Personal Income Tax	1.0	1.0	0.7	1.1	0.1	2.1
2.社会保障支出	Expenditure for Social Security	225.1	199.4	200.6	224.0	237.6	280.3
(1)个人缴纳的养老保险	Pension Insurance Personal Rendered	76.4	54.7	62.7	80.2	80.8	114.5
(2)个人缴纳的医疗保险	Medical Care Insurance Personal Rendered	144.8	140.7	136.9	141.8	144.9	165.5
(3)个人缴纳的失业保险	Unemployment Insurance Personal Rendered	0.8	0.3	0.3	1.6	1.4	0.2
(4)其他社会保障支出	Others	3.1	3.7	0.7	0.4	10.4	0.1
3.外来从业人员寄给家人的支出	Expenditure for Family from Migrant Workers	1.0			1.5	2.0	1.7
4.赡养支出	Expenditure for Alimony	23.2	21.2	6.7	18.1	45.2	29.2
5.其他	Others	10.9	15.3	0.6	5.0	14.0	23.4

10-18 农村常住居民不同收入层次家庭人均生活消费支出(2017年)
Per Capita Living Expenditure of Rual Households by Income Percentile(2017)

单位：元 (yuan)

指　标	Item	总平均 Average	低收入户 Low Income Households	中低收入户 Lower Middle Income Households	中等收入户 Middle Income Households	中高收入户 Upper Middle Income Households	高收入户 High Income Households
生活消费支出	**Total Living Expenditure**	**9305.6**	**7889.0**	**7648.0**	**8481.6**	**10226.6**	**13530.1**
一、食品、烟酒	**Food,Tobacco and Alcohol**	**2417.3**	**2124.6**	**1980.6**	**2313.5**	**2636.3**	**3296.0**
1.食　品	Food	1758.0	1551.8	1504.2	1688.6	1923.0	2284.9
# 谷　物	Grain	384.4	360.3	351.1	357.7	382.5	501.9
薯　类	Potato	58.8	52.6	56.6	63.8	59.6	62.4
豆　类	Beans	36.2	32.6	30.4	34.8	40.6	45.6
食用油	Edible Oil	133.8	129.2	115.1	129.5	145.3	157.9
蔬菜和食用菌	Vegetables and Edible Mushrooms	224.2	182.5	189.6	214.7	256.7	302.6
肉　类	Meat	321.2	283.0	263.7	306.6	361.1	424.8
禽　类	Poultry	30.7	26.2	22.4	29.4	29.9	51.1
水产品	Aquatic Products	17.6	12.6	14.3	17.9	20.3	25.4
蛋　类	Eggs	43.2	33.9	38.0	43.3	47.2	58.2
奶　类	Milk	161.6	154.0	127.6	160.4	192.9	182.8
干鲜瓜果类	Fresh and Dried Fruits	149.0	116.6	125.1	139.9	166.7	217.2
糖果糕点类	Candy and Pastry	52.4	45.4	43.8	45.8	59.5	73.9
2.烟　酒	Tobacco and Alcohol	367.2	321.5	273.7	352.7	383.0	559.6
# 烟　草	Tobacco	272.5	237.5	201.3	263.5	289.0	410.9
酒　类	Alcohol	94.7	84.0	72.3	89.2	94.1	148.6
3.饮　料	Beverages	56.2	47.0	44.7	55.2	63.4	77.5
4.饮食服务	Catering Services	235.8	204.2	158.1	217.0	266.9	374.1
二、衣　着	**Clothing**	**530.6**	**449.6**	**450.6**	**518.1**	**592.2**	**694.2**
# 衣　类	Garments	403.0	340.1	338.5	390.9	451.1	536.4
鞋　类	Footwear	127.6	109.5	112.0	127.2	141.1	157.8
三、居　住	**Residence**	**2144.9**	**1919.9**	**1652.5**	**1983.8**	**2302.6**	**3160.0**
# 租赁房房租	Rental Housing Rent	35.9	39.8	28.6	22.9	56.7	33.0
住房维修及管理	Housing Repair and Management	426.5	416.8	193.6	424.7	459.4	724.2
水电燃料及其他	Water,Electric Power Fuel and Others	503.7	416.5	400.2	474.8	509.3	797.9
四、生活用品及服务	**Living Articles and Services**	**577.1**	**439.7**	**446.3**	**496.4**	**673.2**	**938.7**
# 家具及室内装饰品	Furniture and External Decorations	116.9	89.6	79.9	80.1	111.3	262.0
家用器具	Household Appliances	168.3	106.5	128.6	145.4	216.7	280.1
家用纺织品	Household textile	51.5	36.8	37.6	45.7	65.3	82.0
家庭日用杂品	Household Articles of Daily Use	169.0	145.6	141.3	156.6	194.5	225.0
个人用品	Personal Items	59.4	49.8	47.1	59.5	69.8	76.7
家庭服务	Household Services	12.0	11.3	11.8	9.1	15.7	12.8
五、交通通信	**Transportation and Communications**	**1114.4**	**772.4**	**929.8**	**991.1**	**1032.1**	**2102.8**
# 交　通	Transportation	734.8	445.2	624.4	644.2	606.5	1560.4
通　信	Communications	379.6	327.1	305.4	346.9	425.6	542.4
六、教育文化娱乐	**Recreation, Education and Culture Services**	**1082.8**	**904.4**	**973.3**	**1092.5**	**1345.5**	**1147.0**
# 教　育	Education	885.8	747.3	838.1	909.9	1095.7	854.6
文化娱乐	Recreation	197.0	157.1	135.2	182.7	249.7	292.4
七、医疗保健	**Medicine and Medical Services**	**1260.4**	**1113.7**	**1101.8**	**922.1**	**1420.3**	**1942.9**
医疗器具及药品	Medical Instruments and Medicines	316.2	302.9	272.8	261.3	310.7	474.8
医疗服务	Medical Services	944.3	810.7	829.0	660.9	1109.6	1468.1
八、其他用品和服务	**Others**	**178.0**	**164.8**	**113.2**	**164.1**	**224.4**	**248.3**

10-19 农村常住居民不同收入层次家庭人均购买主要商品数量(2017年)
Per Capita Annual Purchases of Major Commodities of Rural Households by Income Percentile(2017)

品名		Item		总平均 Average	低收入户 Low Income Households	中低收入户 Lower Middle Income Households	中等收入户 Middle Income Households	中高收入户 Upper Middle Income Households	高收入户 High Income Households
小麦	(公斤)	Wheat	(kg)	1.6	1.4	1.1	1.6	1.6	2.5
面粉	(公斤)	Flour	(kg)	30.8	30.2	28.7	29.4	30.2	37.4
大米	(公斤)	Rice	(kg)	15.4	14.7	15.0	15.2	15.5	16.6
薯类	(公斤)	Potato	(kg)	8.6	7.9	8.2	8.3	8.8	10.2
豆类	(公斤)	Beans	(kg)	6.2	5.3	5.4	5.9	6.9	8.2
食用植物油	(公斤)	Edible Vegetable Oil	(kg)	9.9	9.5	8.5	9.7	11.0	11.4
鲜菜	(公斤)	Fresh Vegetables	(kg)	44.7	35.4	38.8	43.0	50.3	61.2
猪肉	(公斤)	Pork	(kg)	7.5	6.7	6.1	6.8	8.6	10.0
牛肉	(公斤)	Beef	(kg)	0.2	0.2	0.2	0.2	0.2	0.4
羊肉	(公斤)	Mutton	(kg)	0.7	0.7	0.6	0.8	0.8	0.9
鸡	(公斤)	Chicken	(kg)	1.0	0.8	0.7	0.9	1.0	1.5
鸭	(公斤)	Duck	(kg)	0.0	0.0	0.0	0.0	0.0	0.1
鱼类	(公斤)	Fish	(kg)	0.8	0.7	0.6	0.8	0.8	0.9
虾类	(公斤)	Shrimp	(kg)	0.0	0.0	0.0	0.1	0.0	0.1
鲜蛋	(公斤)	Fresh Eggs	(kg)	4.9	3.7	4.3	5.0	5.5	6.7
鲜奶	(公斤)	Fresh Dairy Products	(kg)	3.9	3.0	3.6	3.6	4.4	5.0
酸奶	(公斤)	Yogurt	(kg)	1.1	1.0	1.0	1.0	1.3	1.5
奶粉	(公斤)	Milk Powder	(kg)	0.8	0.6	0.6	1.0	1.0	0.7
鲜瓜果	(公斤)	Fresh Fruit	(kg)	28.4	22.1	25.0	27.0	32.0	39.3
糕点	(公斤)	Cake	(kg)	1.7	1.5	1.4	1.4	1.9	2.3
茶叶	(公斤)	Tea	(kg)	0.2	0.2	0.2	0.2	0.3	0.3
卷烟	(盒)	Cigarette	(box)	37.0	33.8	28.4	36.9	39.8	50.1
啤酒	(公斤)	Beer	(kg)	3.3	3.0	2.7	3.3	3.6	4.0
白酒	(公斤)	Liquor	(kg)	1.2	1.3	0.9	1.1	1.1	1.5
果酒	(公斤)	Wine	(kg)	0.3	0.2	0.6	0.1	0.3	0.4
鞋	(双)	Footwear	(pair)	2.1	2.0	2.0	2.1	2.2	2.4
水	(吨)	Water	ton)	8.5	6.8	6.0	9.0	9.1	13.2
电	(度)	Electricity	(kwh)	435.3	385.6	356.9	421.9	459.7	600.3
煤炭	(公斤)	Coal	(kg)	171.5	164.1	156.1	163.7	159.9	227.8
管道天燃气	立方米)	Gas pipeline	(cu.m)	4.9	3.2	1.8	5.3	7.4	8.2
罐装液化石油气	(公斤)	Bottled LPG	(kg)	4.1	3.9	3.2	4.0	4.1	5.5

10-20 农村常住居民不同收入层次家庭每百户耐用消费品拥有情况（2017年） Ownership of Major Durable Consumer Goods Per 100 Rural Households by Income Percentile(2017)

品名		Item		总平均 Average	低收入户 Low Income Households	中低收入户 Lower Middle Income Households	中等收入户 Middle Income Households	中高收入户 Upper Middle Income Households	高收入户 High Income Households
家用汽车	(辆)	Automobile	(unit)	13.9	11.8	11.7	14.2	12.4	19.7
摩托车	(辆)	Motorcycle	(unit)	61.6	58.3	58.4	65.8	62.3	63.0
助力车	(台)	Strength-aid Cycle	(unit)	44.0	39.8	42.0	48.3	45.7	44.3
洗衣机	(台)	Washing Machine	(unit)	93.0	89.8	91.1	92.6	97.2	94.4
电冰箱(柜)	(台)	Refrigerator	(unit)	80.2	73.3	78.0	81.2	81.9	86.6
微波炉	(台)	Microwave Oven	(unit)	5.1	4.3	3.7	6.0	4.0	7.4
彩色电视机	(台)	Color TV Set	(unit)	114.6	110.4	115.3	115.7	112.4	119.4
#接入有线电视		Cable TV Set		40.2	29.0	37.2	43.3	40.6	50.7
空调	(台)	Air Conditioner	(unit)	33.7	26.7	27.2	31.4	41.2	42.0
热水器	(台)	Water Heater	(unit)	50.2	38.1	45.6	53.3	58.3	55.5
#太阳能热水器		Solar Water Heater		41.2	31.4	38.0	43.5	46.9	46.0
洗碗机	(台)	Dish Washer	(unit)	0.3	0.3	0.2	0.3	0.2	0.4
排油烟机	(台)	Exhauster	(unit)	10.3	9.8	7.1	9.6	11.4	13.7
固定电话	(线)	Ordinary Telephone	(unit)	15.6	14.8	12.9	16.3	17.6	16.2
移动电话	(部)	Mobile Telephone	(unit)	270.1	255.1	267.4	276.0	279.4	272.4
#接入互联网		Access to the Internet		112.9	96.3	104.9	117.8	124.2	121.2
计算机	(台)	Computer	(unit)	25.2	21.7	22.8	23.9	24.1	33.7
#接入互联网		Access to the Internet		17.2	14.4	15.2	17.7	14.9	23.7
照相机	(台)	Camera	(unit)	3.3	3.2	1.1	5.7	2.9	3.7
中高档乐器	(架)	High-end Instruments	(unit)	0.4	0.5		0.2	0.6	0.5
健身器材	(台)	Setting-up Apparatus	(unit)	0.6	0.4	0.4	0.5	0.6	0.8
空气净化器（含新风系统）	(台)	Air Cleaner (Including Fresh Air System)	(unit)	0.2	0.2	0.2	0.2	0.2	0.3
吸尘器	(台)	Vacuum Cleaners	(unit)	0.1	0.2	0.2	0.0	0.2	

10-21 农村常住居民家庭年末居住情况
Housing Conditions of Rural Households

指标		Item		2016	2017
调查户数	(户)	Number of Households Surveyed	(household)	2591	2589
平均每户居住人口	(人)	Average Number of Resident Population	(person)	3.3	3.3
平均每人建筑面积	(平方米)	The Average Floor Area Per Person	(sq.m)	44.7	46.0
一、按住户居住空间样式分	(%)	By Style of Living Space	(%)	100.0	100.0
单栋楼房		Dependent Building		27.5	27.6
单栋平房		Single-storey House		55.6	55.8
四居室及以上单元房		Four Bedrooms		0.1	0.1
三居室单元房		Three Bedrooms		0.3	0.3
二居室单元房		Two Beedrooms		0.4	0.5
一居室单元房		One Beedroom		0.1	0.1
筒子楼或连片平房		Tube-shaped Apartment or Lace Single-storey Houses		11.8	11.8
其他		Others		4.2	3.9
二、按主要建筑材料分	(%)	By Main Building Materials	(%)	100.0	100.0
钢筋混凝土		Reinforced Concrete		5.6	5.5
砖混材料		Brick-and-concrete Buildings		63.9	64.2
砖瓦砖木		Brick and Brick-wood Structure		25.7	25.7
竹草土坯		Bamboo Grass and Sun-dried Mud Brick		2.2	2.1
其他		Others		2.6	2.5
三、按现住房房屋来源分	(%)	By Source of Housing	(%)	100.0	100.0
租赁公房		Public-rent Housing		0.2	0.2
租赁私房		Private-rent Housing		0.8	1.4
自建住房		Self-establish Housing		95.9	95.3
购买商品房		Commercial Residential Housing		0.9	0.9
购买房改住房		Private Housing through Housing Reform		0.3	0.3
购买保障性住房		Indemnificatory Housing			
拆迁安置房		Resettlement Housing		0.3	0.3
继承或获赠住房		Inheriting and Donation Housing		1.1	1.2
免费借用房		Free Housing		0.3	0.1
雇主提供免费住房		Free Housing from Employer			
其他		Others		0.2	0.2
四、按住宅外道路路面情况分	(%)	By Pavement Condition Outside	(%)	100.0	100.0
水泥或柏油路面		Cement or Asphalt Pavement		73.6	73.7
沙石或石板等硬质路面		Hard Sand or Stone Pavement		16.0	16.2
其他		Others		10.4	10.1
五、按住宅有管道供水情况分	(%)	By Piped Water Supply Condition	(%)	100.0	100.0
管道供水入户		Pipe water into People's Homes		84.3	85.2
管道供水至公共取水点		Pipe water to Public Watering Points		1.6	1.6
没有管道设施		No Pipeline Facilities		14.1	13.1
六、按住户主要饮用水来源情况分	(%)	By Source of main Drinking Water	(%)	100.0	100.0
经过净化处理的自来水		Purified Tap Water		56.1	56.6
受保护的井水和泉水		Protected Wells and Springs		28.4	28.7
不受保护的井水和泉水		Unprotected Wells and Springs		9.5	8.9
江河湖泊水		Rivers and Lakes Water		0.6	0.5
收集雨水		Collected Rainwater		3.0	3.0
桶装水		Barrels Water			
其他		Others		2.4	2.3
七、按住户厕所类型分	(%)	By Household Lavatory Type	(%)	100.0	100.0
水冲式卫生厕所		Sanitary Water Closet		12.7	13.1
水冲式非卫生厕所		Insanitary Water Closet		3.5	3.4
卫生旱厕		Sanitary Latrine		17.9	18.2
普通旱厕		Latrine		64.3	63.7
无厕所		No Lavatory		1.6	1.6
八、按住户主要取暖设备状况分	(%)	By Heating Facilities Condition	(%)	100.0	100.0
由市政或小区集中供暖		Central Heating		0.1	0.5
自行供暖		Self Heating		60.9	86.6
无取暖设备		Without Heating Equipment		39.0	12.9
九、按主要炊用能源状况分	(%)	By Cooking Fuel Condition	(%)	100.0	100.0
柴草		Firewood		46.0	46.0
煤炭		Coal		21.2	20.1
罐装液化石油气		Canned Liquified Petroleum Gas		6.2	5.8
管道液化石油气		Pipeline Liquified Petroleum Gas		0.1	0.2
管道煤气		Pipeline Gas		0.1	0.0
管道天然气		Pipeline Natural Gas		1.3	1.4
电		Electricity		23.3	24.7
沼气		Methane		1.7	1.6
其他		Others		0.1	0.2

主要统计指标解释

住户 指居住在一个住宅内，共同分享生活开支或收入的一群人。居住在同一房间内、不共同分享生活开支的人群，每个人都视为一个住户。住家保姆、住家家庭帮工视为单独的住户。

常住居民 指住户成员中，经常在家居住、或者调查期内居住时间超过一半的人员，以及本住户供养的学生。常住居民是住户收支的调查对象。

整、半劳动力 整劳动力是指男子 18 周岁到 50 周岁，女子 18 周岁到 45 周岁；半劳动力是指男子 16 周岁到 17 周岁，51 周岁到 60 周岁；女子 16 周岁到 17 周岁，46 周岁到 55 周岁，同时具有劳动能力的人。虽然在劳动年龄之内，但已丧失劳动能力的人，不应算为劳动力；超过劳动年龄，但能经常参加劳动，计入半劳动力数内。常住人口中的职工，若这些职工为劳动力，就包括在本户的整半劳动力中。

居民人均可支配收入 指调查期内居民家庭成员人均获得的、可用于最终消费支出和储蓄的总和，即居民可以用来自由支配的收入，既包括现金收入，也包括实物收入。全体居民可支配收入可以体现各地区城乡一体的居民收入及生活水平变化情况。按照收入的来源，可支配收入包含四项，分别为：工资性收入、经营净收入、财产净收入、转移净收入。

工资性收入 指就业人员通过各种途径得到的全部劳动报酬和各种福利，包括受雇于单位或个人、从事各种自由职业、兼职和零星劳动得到的全部劳动报酬和福利。

经营净收入 指住户或住户成员从事生产经营活动所获得的净收入，是全部经营收入中扣除经营费用、生产性固定资产折旧和生产税净额（生产税减去生产补贴）之后得到的净收入。计算公式为：

经营净收入 = 经营收入 - 经营费用 - 生产性固定资产折旧 - 生产税净额（生产税-生产补贴）

财产净收入 指住户或住户成员将其所拥有的金融资产和自然资源交由其他机构单位、住户或个人支配而获得的回报并扣除相关的费用之后得到的净收入。计算公式为：财产净收入 = 财产性收入 - 财产性支出

转移净收入 指国家、单位、社会团体对住户的各种经常性转移支付和住户之间的经常性收入转移。包括政府、非行政事业单位、社会团体对居民转移的养老金或退休金、社会救济和补助、政策性生活补贴、救灾款、经常性捐赠和赔偿以及报销医疗费等；住户之间的赡养收入、经常性捐赠和赔偿以及农村地区（村委会）在外（含国外）工作的本住户非常住成员寄回带回的收入等。计算公式为：转移净收入=转移性收入-转移性支出

居民收入五等份分组 指将所有调查户按人均收入水平从低到高顺序排列，平均分为五个等份，处于最高 20%的收入群体为高收入组，依此类推依次为中高收入组、中等收入组、中低收入组、低收入组。

居民人均生活消费支出 指住户用于满足家庭日常生活消费需要的全部支出，包括用于消费品的支出和用于服务性消费的支出。根据用途不同，消费支出可划分为食品烟酒、衣着、居住、生活用品及服务、交通通信、教育文化娱乐、医疗保健、其他用品及服务八大类。

城镇居民人均可支配收入（老口径） 指城镇家庭总收入扣除交纳的个人所得税和个人交纳的各项社会保障支出之后，按照城镇居民家庭人口平均的收入水平。其中家庭总收入是指该家庭中生活在一起的所有家庭人员从各种渠道得到的所有收入之和。计算公式为：

可支配收入= 家庭总收入- 交纳个人所得税-个人交纳的社会保障支出-记账补贴

农村居民人均纯收入（老口径） 指农村住户当年从各个来源得到的家庭总收入扣除有关费用性支出后，最终归农村居民所有的收入总和，按照农村住户人口平均的纯收入水平。计算公式为：

纯收入 = 总收入-家庭经营费用支出-税费支出-生产性固定资产折旧-赠送农村内部亲友

Explanatory Notes on Main Statistical Indicators

Households refer to persons living and sharing economically together in one house. When people don't share living expenses, every single person are deemed to be one household. Live-in Nanny and family helpers are deemed to be one household.

Usual Resident Population refers to persons staying at home regularly or for over half of time in survey period and students provided by the household. Usual resident population is the respondent of household living expenses.

Full/Semi Labour Force Full labour force refers to persons capable of work, aged 18-50 for males and 18-45 for females. Semi labour force refers to persons capable of work, aged 16-17 and 51-60 for males and 16-17 and 46-55 for females. Persons at their working ages but not capable of work are not to be included as labour force. Persons not at working ages but participating regularly in work are included in semi labour force. For staff and workers who are usual residents, are included as full or semi labour force of the household if they are in the labour force.

Disposable Income of Residents refers to the actual income at the disposal of members of the households which can be used for final consumption and savings in survey period, residents can use that at their disposal. It includes cash income and physical income. This income demonstrates the situation about incomes of both rural and urban residents and living standard in various regions. According to the source of income, disposable income include wage income, net business income, net property income and net transferability income.

Wages Income refers to the work reward and all benefits received in various ways by the members of rural households,include the work reward and all benefits received from employed by other units or individuals,liberal professions, part-time job and sporadic labor.

Net Business Income refers to the net income received by households engaged in manufacturing & managing activities.This equals to total business income minus operating costs, depreciation for productive plant assets and net product tax(production taxes minus production subsidies).The following formula is used:

Net business income=business income-operating costs-depreciation for productive plant assets- net product tax(production taxes-production subsidies)

Net Property Income refers to the income received as returns by owners of financial assets or nature sources by providing nature sources to other institutional units,households and individuals. The following formula is used:

Net property income = property income - property expenditure

Net Transferability Income refers to various current transfers of nation, units and social organizations pay to households and recurring revenue transfer between households. This income includes pension transferred from government, the non administrative institutions and social organizations to households, social assistance, policy living allowance, disaster relief funds, regular donation and compensation, recoverable medical cost; alimony income, regular donation and compensation, income from the ones who are not resident in rural areas between the households.The following formula is used:

Net transferability income = transfer income - transfer expenditure

Five Equal Groups of Resident Income According to income per head, all investigative households are arranged from low to high. Divided five groups equally, the maximum 20% of the income groups is high-income groups, and so on, there are middle and upper-income groups, middle-income groups, medium-low-income groups and low-income groups.

Consumption Expenditure of Households refers to total expenditure of households for consumption in daily life, including expenditure on the eight categories of food; clothing; housing; household appliances and services; health care and medical services; transport and communications; recreation, education and cultural services; and miscellaneous goods and services.

The Per Capita Disposable Income(the old range) This equals to total income minus income tax, personal contribution to social security and subsidy for keeping diaries in being a sample household. The following formula is used:

Disposable income = total household income - income tax - personal contribution to social security - subsidy for keeping diaries for a sampled household

The Average Per Capita Net Income of Rural Residents(the old range) refers to the total income of rural households from all sources minus all corresponding expenses. The formula for calculation is as follows:

Net income = total income - household operation expenses - taxes and fees paid - taxes and fees depreciation of fixed assets for production - gifts to non-rural relatives

十一、环境和城市

Environment and Cities

资料整理：冉妮平　梁珠荣

简要说明

一、本篇资料主要反映陕西环境保护事业发展情况和城市公用事业基本情况。

环境保护事业发展情况主要包括供水、用水情况以及工业废水和生活污水的排放及治理情况；城市空气质量，废气排放及处理情况；工业固体废物的产生、处理及利用情况；城市生活垃圾清运及处理情况；城市道路交通和区域环境噪声监测情况；造林及自然保护基本情况；地质、地震、海洋、森林灾害及突发环境事件情况；环境污染治理投资等情况。

城市公用事业基本情况主要包括城市建设、供水、供气、供热、市政设施、城市绿化、环境卫生等情况。

二、本篇资料由省国土资源厅、省环境保护厅、省住房和城乡建设厅、省水利厅、省林业厅等提供。

Brief Introduction

I. This chapter reflects the development of environment protection and public utilities in Shaanxi Province.

The development of environment protection mainly include water supply and utilization, discharge and treatment of industrial and other waste water; urban air quality, emission and treatment of waste gas; production, treatment and utilization of industrial solid wastes, collection and disposal of consumption wastes in cities; national monitoring of road traffic noise and urban environmental noise in key cities; forestation, grassland construction and natural protection; incidences of geological, seismic, marine and forest disasters, environmental emergency investment in environment pollution treatment, etc.

The public utilities mainly include urban construction, water supply, gas supply, heat supply, public facilities, urban greening and environmental hygiene, etc.

Ⅱ. The data resources are provided by Shaanxi Province Department of Land and Resources, Shaanxi Province Environmental Protection Department, Shaanxi Province Housing and Urban-Rural Development, Shaanxi Province Department of Water Resources and Shaanxi Province Forestry Department.

11.环境和城市

2017年全省城市		
人均公园绿地面积	12.66	平方米
人均城市道路面积	16.51	平方米
人均日生活用水量	163.77	升
用水普及率	97.90	%
燃气普及率	93.60	%

人均城市道路面积（平方米）
（2017年）

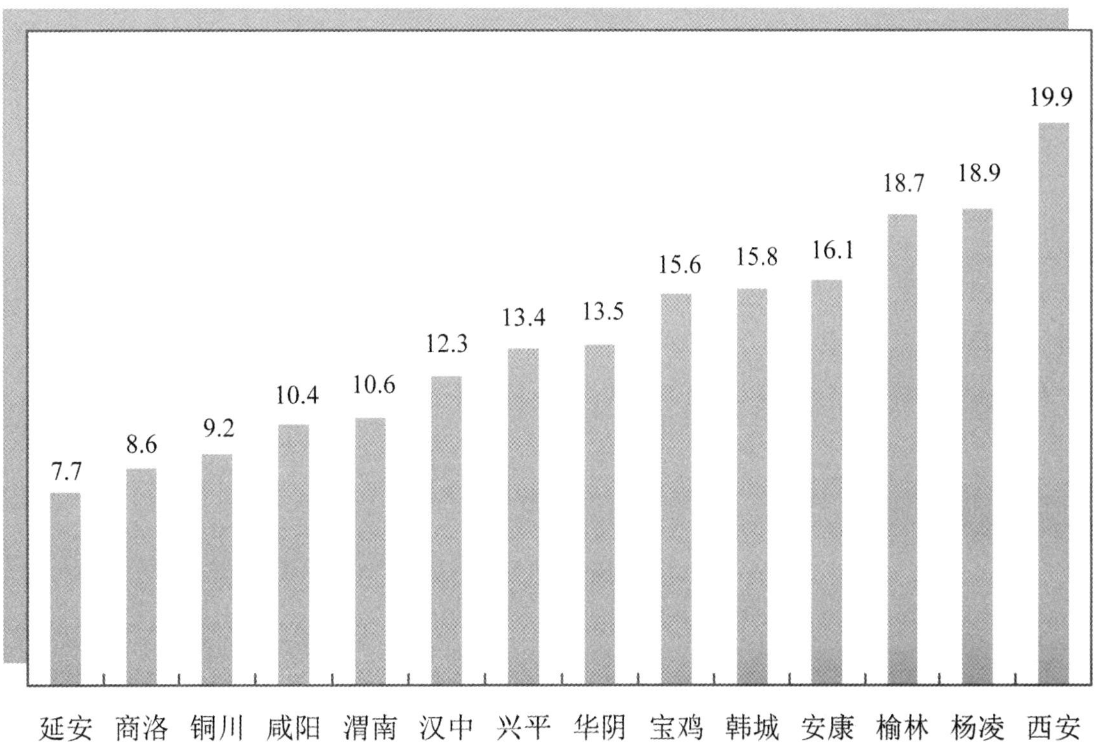

11-1 环境保护基本情况
Basic Statistics on Environmental Protection

指 标	Item	2016	2017
水环境	**Water Environment Conditions**		
水资源总量 (亿立方米)	Total Amount of Water Resources (100 million cu. m)	271.48	449.13
地表水资源量	Surface Water	249.17	422.56
地下水资源量	Ground-Water	107.39	141.57
地表水与地下水资源重复量	Duplicated Measurement between Surface and Underground	85.08	115.00
人均水资源量 (立方米/人)	Per Capita Water Resources (cu.m/person)	713.91	1174.49
用水总量 (亿立方米)	Water Consumption (100 million cu. m)	90.83	92.99
# 农业用水	Water Consumption of Agriculture	57.62	58.18
工业用水	Water Consumption of Industry	13.69	14.34
生活用水	Water Consumption of Consumption	16.43	16.97
生态环境补水	Water Consumption of Ecological Protection	3.09	3.51
废水排放总量 (万吨)	Total Volume of Waste Water Discharged (10 000 tons)	166565.04	175954.54
# 工业废水排放量	Volume of Industrial Waste Water Discharged	28416.76	30875.52
城镇生活污水排放量	Volume of Consumption Waste Water Discharged	138026.82	144973.63
集中式治理设施污水排放量	Volume of Sewage Discharged from Centralized Treatment Facilities	121.46	105.39
化学需氧量(COD)排放量 (吨)	COD Discharge (ton)	187348	196390
# 工业废水中COD排放量	COD Discharge by Industrial Waste Water	20297	13870
农业COD排放量	COD Discharge by Agriculture	5176	4376
城镇生活污水中COD排放量	COD Discharge by Consumption Waste Water	160442	177118
集中式治理设施COD排放量	Volume of COD Discharged by Centralized Treatment Facilities	1434	1027
氨氮排放量 (吨)	Ammonia Nitrogen Discharge (ton)	25062	26470
# 工业废水中氨氮排放量	Ammonia Nitrogen Discharge by Industrial Waste Water	1806	821
农业氨氮排放量	Ammonia Nitrogen Discharge by Agriculture	157	67
生活污水中氨氮排放量	Ammonia Nitrogen Discharge by Consumption Waste Water	22925	25452
集中式治理设施氨氮排放量	Volume of Ammonia Nitrogen Discharged by Centralized Treatment Facilities	174	129
大气环境	**Atmospheric Environment Conditions**		
二氧化硫(SO2)排放量 (吨)	Sulphur Dioxide (SO2) Emission (ton)	318012	279359
# 工业SO2排放量	Volume of Sulphur Dioxide Emission by Industry	190806	158154
城镇生活SO2排放量	Volume of Sulphur Dioxide Emission by Consumption	127198	121193
集中式治理设施SO2排放量	Volume of SO2 Discharged by Centralized Treatment Facilities	8	12
氮氧化物排放量 (吨)	Volume of Nitrogen oxides (ton)	380301	339803
# 工业氮氧化物排放量	Volume of Nitrogen oxides by Industry	197263	167482
城镇生活氮氧化物排放量	Volume of Nitrogen oxides by Consumption	22598	20444
机动车氮氧化物排放量	Volume of Nitrogen oxides by Motor Vehicles	160407	151841
集中式治理设施氮氧化物排放量	Volume of Nitrogen oxides by Centralized Treatment Facilities	33	35
烟(粉)尘排放量 (吨)	Volume of Soot Emission (ton)	287431	236687
# 工业烟(粉)尘排放量	Volume of Industrial Soot Emission	182045	139168
城镇生活烟尘排放量	Volume of Consumption Soot Emission	92085	83880
机动车烟尘排放量	Volume of Soot Emission by Motor Vehicles	13252	13633
集中式治理设施烟尘排放量	Volume of Soot Emission by Centralized Treatment Facilities	49	6

11-1 续表 1 continued

指标		Item		2016	2017
固体废物		**Solid Wastes**			
一般工业固体废物产生量	(万吨)	Volume of Industrial Solid Wastes Produced	(10 000 tons)	8647.85	10080.70
一般工业固体废物综合利用量	(万吨)	Volume of Industrial Solid Wastes Utilized	(10 000 tons)	6639.24	3424.57
# 综合利用往年贮存量		The Comprehensive Utilization Stored Quantity in Early Years		9.48	176.82
一般工业固体废物综合利用率	(%)	Ratio of Industrial Solid Wastes Utilized	(%)	76.77	33.97
一般工业固体废物处置量	(万吨)	Volume of Industrial Solid Wastes Treated	(10 000 tons)	1440.66	5555.41
# 处置往年贮存量		Stored Quantity Treated in Early Years		1.99	683.25
一般工业固体废物处置率	(%)	Ratio of Industrial Solid Wastes Treated	(%)	16.66	55.11
一般工业固体废物贮存量	(万吨)	Industrial Solid Wastes Stored Quantity	(10 000 tons)	579.38	1960.70
危险废物产生量	(吨)	Volume of Hazardous Wastes	(ton)	652581	1115597
危险废物综合利用量	(吨)	Volume of Hazardous Wastes Utilized	(ton)	183599	346519
# 综合利用往年贮存量		The Comprehensive Utilization Stored Quantity in Early Years		28432	17134
危险废物综合利用率	(%)	Ratio of Hazardous Wastes Utilized	(%)	28.13	31.06
危险废物处置量	(吨)	Volume of Hazardous Wastes Treated	(ton)	359006	744250
危险废物处置率	(%)	Ratio of Hazardous Wastes Treated	(%)	55.01	66.71
危险废物贮存量	(吨)	Hazardous Wastes Stored Quantity	(ton)	152122	89188
生态环境		**Ecological Environment Conditions**			
森林面积	(万公顷)	Area of Forest	(1 0000 hectares)	886.67	886.67
森林覆盖率	(%)	Forest Coverage Rate	(%)	43.06	43.06
累计水土流失治理面积	(千公顷)	Accumulative Area of Water and Soil Conservation	(1 000 hectares)	7571.21	7820.06
当年造林面积	(公顷)	The Area of Afforestation	(hectare)	297642	320828
人工造林		Man-made Forests		184108	163099
飞播造林		Afforestation by Air Seeding		33602	34002
无林地和疏林地新封山育林		Non-forest Land and Close Hillsides to Facilitate Afforestation		63865	44445
退化林分修复		Degradation of Forest Restoration		16067	75057
人工更新		Reforestation area of Man-made Forests			4225
自然保护区数	(个)	Number of Nature Reserves	(unit)	61	61
# 国家级		Nation Level		25	25
自然保护区面积	(万公顷)	Area of Nature Reserves	(10 000 hectares)	115.74	115.74
自然灾害		**Natural Disasters**			
地质灾害次数	(次)	Number of Geologic Hazards	(time)	45	152
地质灾害伤亡人数	(人)	Number of Geologic Hazard Casualties	(person)	10	50
地质灾害直接经济损失	(万元)	Direct Economic Losses of Geologic Hazard	(10 000 yuan)	1075	6242
森林火灾次数	(次)	Number of Forest Fires	(time)	52	181
森林火灾受害森林面积	(公顷)	Danaged Forest Area	(hectare)	87	148
环境污染与治理		**Investment in the Treatment of Environmental Pollution**			
突发环境事件次数	(次)	Environmental Disasters	(time)	45	33

11-1 续表 2 continued

指 标		Item		2016	2017
环境污染治理投资总额	(万元)	Total Investment in the Treatment of Environmental Pollution	(10 000 yuan)	3173903	3112585
城镇环境基础设施投资		Investment in Urban Environmental Infrastructure		1903342	2099805
燃 气		Gas		185458	360041
集中供热		Centralized Heating		222869	225119
排 水		Drainage Works		298650	355904
园林绿化		Gardening and Greening		1045812	1033994
市容环境卫生		Environmental Sanitation		150553	124747
工业污染防治投资		Investment in the Treatment of Industrial Pollution		194913	172274
治理废水		Treatment of Waste Water		18884	21936
治理废气		Treatment of Waste Gas		157196	110400
治理固体废物		Treatment of Solid Waste		2302	1322
治理噪声		Treatment of Noise Pollution		1036	263
治理其他		Treatment of Other Pollution		15495	38353
完成环保验收项目环保投资	(万元)	Investment in Completion Acceptance of Environmental Protection	(10 000 yuan)	1075648	840506
环境污染治理投资占GDP比重	(%)	Total Investment in the Treatment of Environmental Pollution as Percent of GDP	(%)	1.64	1.42
工业废气治理设施运行费用	(万元)	Operating Costs of Industrial Waste Gas Treatment Facilities	(10 000 yuan)	354871	458286
工业废水治理设施运行费用	(万元)	Operating Costs of Industrial Waste Water Treatment Facilities	(10 000 yuan)	107977	167114
排污费收入总额	(万元)	Total Pollution Charges	(10 000 yuan)	65880	64286
本年林业投资完成额	(万元)	Investment Completed This Year for Afforestation	(10 000 yuan)	1330824	1293529
生态建设与保护		Ecological Construction and Protection		907845	824993
林业支撑与保障		Forestry Support and Protection		73310	147830
林业产业发展		Development of Forestry		242340	294976
林业民生工程		Forestry of the people's livelihood projects		35982	14869
其 他		Others		71347	10861
城市环境		**Urban Environmental**			
城区面积	(平方公里)	Total Urban Area	(sq.km)	2334.76	2620.92
# 建成区面积		Developed Areas		1127.35	1287.05
城市建设用地面积	(平方公里)	City Areas and Floor Space of Buildings	(sq.km)	1096.26	1229.90
城市供水总量	(万立方米)	Total Water Supply	(10 000 cu.m)	104173.59	137916.76
城市用水普及率	(%)	Coverage Rate of Urban Population with Access to Tap Water	(%)	95.61	95.95
城市污水排放量	(万立方米)	Volume of City Sewage	(10 000 cu.m)	92129	97919
城市污水处理量	(万立方米)	Disposal of City Sewage	(10 000 cu.m)	84168	90518
城市污水处理厂集中处理率	(%)	Treatment Rate of City Sewage	(%)	91.36	92.44
城市生活垃圾清运量)	(万吨)	Urban Consumption Wastes Collected and Transported	(10 000 tons)	532.79	379.23
城市生活垃圾无害化处理量	(万吨)	Volume of City Consumption Wastes	(10 000 tons)	524.98	375.30
城市生活垃圾无害化处理率	(%)	Treatment Rate of City Consumption Wastes	(%)	98.53	98.96
城市燃气普及率	(%)	Coverage Rate of Urban Population with Access to Gas	(%)	94.66	93.61
城市集中供热面积	(万平方米)	Area of Centralized Heating in Urban	(10 000 sq.m)	27919	39579
城市人均公园绿地面积	(平方米)	Per Capita Public Green Area	(sq.m)	12.30	12.64
建成区绿化覆盖率	(%)	Green Covered Area as % of Completed Area	(%)	40.14	39.88

注：城市环境部分，统计范围为全省设区市和杨凌示范区及兴平、华阴、韩城、神木4个县级市。

a)Data of urban enviromental include those of cities at prefecture level,Yangling,Xingping,Huayin,Hancheng and Shenmu.

11-2 各市(区)工业固体废物排放及处理情况(2017年)

Production and Treatment of Industrial Solid Wastes by City(District)(2017)

单位：万吨 (10 000 tons)

地区	Region	一般工业固体废物产生量 Volume of Industrial Solid Wastes Produced	危险废物产生量 Volume of Hazardous Wastes Produced	一般工业固体废物贮存量 Volume of Industrial Solid Wastes in Stocks	危险废物贮存量 Volume of Hazardous Wastes in Stocks	一般工业固体废物处置量 Volume of Industrial Solid Wastes Disposed	#处置往年贮存量 Storage Capacity Disposed in Former Years	危险废物处置量 Volume of Hazardous Wastes Disposed	一般工业固体废物综合利用量 Volume of Industrial Solid Wastes Utilized
全　省	**Shaanxi**	**10080.70**	**111.56**	**1960.70**	**8.92**	**5555.41**	**683.25**	**74.42**	**3424.57**
西安市	Xi'an	185.03	5.25	2.49	0.03	27.63	2.45	2.88	158.60
铜川市	Tongchuan	400.98	0.01	78.26	0.00	20.89	0.02	0.01	307.84
宝鸡市	Baoji	597.33	3.40	101.63	0.43	389.65	116.09	0.79	340.07
咸阳市	Xianyang	664.17	0.96	44.20	0.05	136.10	0.11	0.79	484.35
渭南市	Weinan	3776.13	18.11	358.37	3.55	2769.00	0.21	2.10	651.65
#韩城市	Hancheng	807.42	2.04	158.76	0.00	433.16	0.00	0.02	217.10
延安市	Yan'an	264.34	19.79	19.92	0.71	170.90	59.00	19.77	132.53
汉中市	Hanzhong	549.91	23.00	247.01	1.61	345.03	155.14	16.67	113.62
榆林市	Yulin	2785.57	22.46	760.86	1.87	1466.59	308.97	13.99	910.85
安康市	Ankang	60.86	0.38	17.23	0.05	0.35	0.02	0.07	44.19
商洛市	Shangluo	538.37	18.11	330.72	0.61	226.89	41.24	17.28	25.24
杨凌示范区	Yangling	55.99	0.00	0.00	0.00	0.89	0.00	0.00	55.10
西咸新区	Xixian	202.03	0.08	0.02	0.01	1.48	0.00	0.07	200.52

11-3 各市(区)工业废水排放及处理量(2017年)

Discharge and Treatment of Industrial Waste Water by City(District)(2017)

地区	Region	工业用水总量(万吨) Total Water Use in Industry (10 000 tons)	工业废水排放总量(万吨) Total Volume of Industrial Waste Water Discharged (10 000 tons)	化学需氧量排放量(吨) COD Discharge (ton)	氨氮排放量(吨) Ammonia Nitrogen Discharge (ton)	工业废水处理量(万吨) Volume of Treated Industrial Waste Water (10 000 tons)	废水治理设施数(套) Number of Facilities for Treatment of Waste Water (set)	废水治理设施处理能力(万吨/日) Treatment Capacity of Facilities for Treatment of Waste Water (10 000 tons/day)	废水治理设施运行费用(万元) Operate Expenditure for Facilities for Treatment of Waste Water (10 000 yuan)
全　省	**Shaanxi**	**76865.47**	**30875.52**	**13869.51**	**821.10**	**49429.45**	**1750**	**330.47**	**167114**
西安市	Xi'an	9197.07	4247.57	1246.92	77.04	4448.08	275	29.62	27057
铜川市	Tongchuan	953.26	312.40	315.28	2.66	302.47	27	4.07	1140
宝鸡市	Baoji	6822.65	2528.02	2074.24	153.47	3635.46	149	29.45	8606
咸阳市	Xianyang	5992.76	2685.64	1657.80	114.26	4578.19	151	41.55	16733
渭南市	Weinan	13833.56	3503.57	2503.01	149.60	8867.88	169	56.92	29037
#韩城市	Hancheng	3807.18	935.26	1054.96	28.88	3545.68	45	14.24	14530
延安市	Yan'an	7443.50	1961.59	2001.28	68.28	4008.14	122	22.79	19113
汉中市	Hanzhong	2855.56	529.93	409.84	53.17	5688.86	110	34.24	5199
榆林市	Yulin	23733.47	13691.14	2490.37	130.10	15728.25	569	90.18	49022
安康市	Ankang	340.38	169.11	410.93	26.12	193.43	76	2.72	922
商洛市	Shangluo	832.10	583.47	452.62	34.41	1077.96	43	12.83	6407
杨凌示范区	Yangling	399.55	88.71	167.15	7.49	137.31	26	1.21	759
西咸新区	Xixian	4461.61	574.38	140.06	4.53	763.43	33	4.89	3120

11-4 各市(区)工业废气排放及处理情况(2017年)
Emission and Treatment of Industrial Waste Gas by City(District)(2017)

地区	Region	工业废气排放总量(亿立方米) Total Volume of Industrial Waste Gas Emission (100 million cu.m)	二氧化硫排放量(吨) Volume of Industrial Sulphur Dioxide Emission (ton)	氮氧化物排放量(吨) Volume of Nitrogen Oxides Emission (ton)	烟(粉)尘排放量(吨) Volume of Soot Emission (ton)	废气治理设施数(套) Number of Facilities for Treatment of Waste Gas (set)	废气治理设施处理能力(万立方米/时) Treatment Capacity of Facilities for Treatment of Waste Gas (10 000 cu.m/hour)	废气治理设施运行费用(万元) Operate Expenditure for Facilities for Treatment of Waste Gas (10 000 yuan)	空气日报优良率(%) Air Quality Fine Rate (%)
全省	**Shaanxi**	**19455.77**	**158153.89**	**167482.38**	**139168.27**	**6677**	**51671.13**	**458286**	**65.3**
西安市	Xi'an	1444.73	3904.17	7402.60	2757.54	1048	5580.79	58786	49.3
铜川市	Tongchuan	723.15	8481.91	16512.06	12691.71	511	3296.05	10252	66.3
宝鸡市	Baoji	1394.85	7772.80	16018.55	7605.54	976	3448.27	46178	67.7
咸阳市	Xianyang	1468.92	3712.45	12003.18	2775.36	785	2209.67	35411	42.2
渭南市	Weinan	5699.03	34880.59	40466.00	48844.48	863	9361.48	109363	98.6
# 韩城市	Hancheng	4149.67	22297.22	27024.67	40107.77	135	5727.35	68924	53.4
延安市	Yan'an	509.56	9363.20	8406.55	3299.42	307	1094.14	23908	85.8
汉中市	Hanzhong	1599.22	20100.61	9699.87	18305.09	586	4205.07	32117	73.7
榆林市	Yulin	5734.95	60124.50	50305.58	36623.06	835	19971.24	99557	78.1
安康市	Ankang	160.36	2531.30	1677.45	3108.14	344	723.33	5512	86.6
商洛市	Shangluo	121.54	5097.35	1753.96	2458.28	233	481.02	5538	90.7
杨凌示范区	Yangling	109.98	289.89	554.01	28.44	6	141.22	3720	62.2
西咸新区	Xixian	489.47	1895.13	2682.57	671.22	183	1158.85	27946	48.2

11-5 城市设施水平(2017年)
Level of Public Facilities in Cities(2017)

城市	City	人均公园绿地面积(平方米) Per Capita Public Green Area (sq.m)	人均城市道路面积(平方米) Per Capita Area of Paved Roads (sq.m)	人均日生活用水量(升) Per Capita Daily Consumption of Tap Water for Residential Use (liter)	用水普及率(%) Coverage Rate of Population with Access to Tap Water (%)	燃气普及率(%) Coverage Rate of Population with Access to Gas (%)
全省	**Shaanxi**	**12.66**	**16.51**	**163.77**	**97.90**	**93.60**
西安市	Xi'an	12.05	19.90	200.95	99.39	96.08
铜川市	Tongchuan	11.53	9.19	77.60	90.41	93.73
宝鸡市	Baoji	12.32	15.55	155.94	97.66	98.59
咸阳市	Xianyang	15.52	10.37	168.28	94.01	99.00
兴平市	Xingping	11.63	13.36	112.43	90.13	99.81
渭南市	Weinan	13.51	10.62	158.11	100.00	84.80
韩城市	Hancheng	9.20	15.75	97.76	100.00	98.25
华阴市	Huayin	11.50	13.52	80.76	100.00	81.41
延安市	Yan'an	10.33	7.69	160.09	85.03	99.02
汉中市	Hanzhong	14.28	12.27	171.18	82.23	88.56
榆林市	Yulin	14.35	18.69	86.32	86.42	79.03
安康市	Ankang	13.03	16.10	126.75	93.26	96.14
商洛市	Shangluo	13.21	8.61	86.91	99.01	61.91
杨凌示范区	Yangling	14.39	18.91	119.98	95.71	80.53

11-6 城市市政设施(2017年)
Municipal Infrastructure in Cities(2017)

城 市	City	道路长度 (公里) Length of Paved Roads (km)	道路面积 (万平方米) Area of Paved Roads (10 000 sq.m)	城市桥梁 (座) City Bridges (set)	# 立交桥 Flyover	城市道路照明灯盏数 (盏) Number of Street Lights (unit)	城市排水管道长度 (公里) Length of City Sewage Pipes (km)
全 省	**Shaanxi**	**7630.70**	**17033.81**	**785**	**176**	**710723**	**9589.68**
西 安 市	Xi'an	4276.67	9829.39	475	127	375561	5652.51
铜 川 市	Tongchuan	243.63	384.31	31	4	22035	477.60
宝 鸡 市	Baoji	537.72	1358.68	56	4	61891	611.85
咸 阳 市	Xianyang	316.04	1057.00	17	14	43641	307.00
兴 平 市	Xingping	200.45	288.52	12	3	12100	96.17
渭 南 市	Weinan	374.66	581.17	11	4	29658	446.93
韩 城 市	Hancheng	135.21	270.62	2		4110	157.99
华 阴 市	Huayin	81.49	157.83	21		5980	120.96
延 安 市	Yan'an	177.5	314.74	35	2	20285	156.82
汉 中 市	Hanzhong	271.63	544.67	9	1	17026	254.93
榆 林 市	Yulin	517.61	1193.35	41	7	82123	771.97
安 康 市	Ankang	235.68	558.55	24		24296	236.80
商 洛 市	Shangluo	142.91	208.54	26	1	7217	106.61
杨凌示范区	Yangling	119.50	286.44	25	9	4800	191.54

11-7 城市供水情况(2017年)
Basic Statistics on Tap Water Supply in Cities (2017)

城 市	City	综合生产能力 (万立方米/日) Production Capacity (10 000 cu.m/day)	# 地下水 Groundwater	全年供水总量 (万立方米) Annual Volume of Tap Water Supply (10 000 cu.m)	# 生产运营用水 Water Consumption of Production and Operations	# 公共服务用水 Water Consumption of Public Services	# 居民家庭用水 Water Consumption of Household
全 省	**Shaanxi**	**442.76**	**170.98**	**136304.76**	**59536.65**	**9412.17**	**52005.60**
西 安 市	Xi'an	201.43	61.57	87738.00	42500.74	1728.83	34272.88
铜 川 市	Tongchuan	14.30	1.90	1828.10	395.30	154.42	916.19
宝 鸡 市	Baoji	37.00	12.10	7454.65	1588.20	1593.30	3243.70
咸 阳 市	Xianyang	66.60	28.60	14523.00	7765.00	2531.00	3352.00
兴 平 市	Xingping	11.50	11.50	3220.74	2071.20	171.40	627.20
渭 南 市	Weinan	25.80	17.01	6450.60	2618.00	845.20	2092.70
韩 城 市	Hancheng	10.00	5.00	1013.00	230.00	90.00	523.00
华 阴 市	Huayin	8.45	8.45	703.00	246.00	62.00	282.00
延 安 市	Yan'an	9.00		2553.69	75.04	894.70	1139.97
汉 中 市	Hanzhong	10.00	10.00	2984.45	115.14	728.62	1537.26
榆 林 市	Yulin	17.75	7.75	2889.53	645.53	214.60	1523.70
安 康 市	Ankang	12.74		2385.00	692.50	189.10	1308.00
商 洛 市	Shangluo	6.10	6.10	1391.00	329.00	119.00	642.00
杨凌示范区	Yangling	12.09	1.00	1170.00	265.00	90.00	545.00

11-8 城市园林绿化情况(2017年)
Basic Statistics on Parks, Gardens and Green Areas in Cities(2017)

城 市	City	园林绿化覆盖面积(公顷) Covered area of Gardening and Greening (hectare)	#建成区 Developed Areas	园林绿地面积(公顷) Areas of Green Land (hectare)	#建成区 Developed Areas	公园绿地面积(公顷) Capita Public Green Area (hectare)	公园个数(个) Number of Parks (unit)	公园面积(公顷) Area of Parks (hectare)
全 省	**Shaanxi**	**79986**	**50177**	**67965**	**44964**	**13337**	**253**	**7677**
西安市	Xi'an	35171	27177	30076	24533	5952	100	3178
铜川市	Tongchuan	2189	1903	1897	1713	482	14	107
宝鸡市	Baoji	4955	3857	4244	3587	1077	27	875
咸阳市	Xianyang	20294	2831	17771	2470	1582	6	732
兴平市	Xingping	863	792	691	689	251	2	143
渭南市	Weinan	3071	2574	2383	2257	739	9	673
韩城市	Hancheng	930	706	687	615	158	7	36
华阴市	Huayin	735	621	541	540	134	5	49
延安市	Yan'an	1712	1671	1574	1545	423	24	352
汉中市	Hanzhong	2318	1714	1784	1453	634	5	121
榆林市	Yulin	3381	2806	2745	2405	915	13	764
安康市	Ankang	2193	1788	1659	1633	452	27	384
商洛市	Shangluo	1093	827	1017	732	320	9	242
杨凌示范区	Yangling	1080	909	897	794	218	5	21

11-9 城市环境卫生情况(2017年)
Basic Statistics on Urban Sanitation in Cities(2017)

城 市	City	道路清扫保洁面积(万平方米) Area of Paved Roads under Cleaning Program (10 000 sq.m)	#机械清扫 Machinery Cleaning	生活垃圾清运量(万吨) Consumption Wastes Collected and Transported (10 000 tons)	公厕数量(座) Number of Public Lavatories (set)	#三类以上 Third Grade and Above	市容环卫专用车辆设备总数(辆) Number of Special Vehicles for Environmental Sanitation (coach)
全 省	**Shaanxi**	**18732**	**14623**	**370.18**	**5256.00**	**4903**	**4073**
西安市	Xi'an	11998	10104	183.35	3073.00	3060	2519
铜川市	Tongchuan	421	311	14.36	68.00	61	127
宝鸡市	Baoji	1490	682	21.42	521.00	521	208
咸阳市	Xianyang	1010	809	27.88	337.00	210	200
兴平市	Xingping	249	171	7.74	46.00	46	43
渭南市	Weinan	638	530	17.50	145.00	142	212
韩城市	Hancheng	260	203	6.92	60.00	60	62
华阴市	Huayin	69	62	5.03	50.00	39	64
延安市	Yan'an	330	297	17.79	176.00	176	150
汉中市	Hanzhong	423	267	16.04	127.00	116	56
榆林市	Yulin	1192	734	24.27	462.00	433	283
安康市	Ankang	226	81	15.20	125.00	107	113
商洛市	Shangluo	140	90	7.08	24.00	24	12
杨凌示范区	Yangling	286	282	5.60	42.00	24	24

11-10 城市燃气情况(2017年)
Basic Statistics on Supply of Gas in Cities(2017)

城市	City	天然气 Natural Gas				液化石油气 Liquefied Petroleum Gas			
		供气总量(万立方米) Volume of Gas Supply (10 000 cu.m)	销售气量(万立方米) Volume of Gas Sold (10 000 cu.m)	#居民家庭 Consumption for Residential Use	用气人口(万人) Population with Access to Gas (10 000 persons)	供气总量(吨) Volume of Gas Supply (ton)	销售气量(吨) Volume of Gas Sold (ton)	#居民家庭 Consumption for Residential Use	用气人口(万人) Population with Access to Gas (10 000 persons)
全省	**Shaanxi**	**378752**	**370736**	**160149**	**921.41**	**27299**	**26991**	**19059**	**64.47**
西安市	Xi'an	228044	221302	103651	463.80	4964	4868	3471	10.70
铜川市	Tongchuan	14416	14413	4331	39.19	318	310		
宝鸡市	Baoji	24593	24516	6966	86.10	103	98	6	0.03
咸阳市	Xianyang	23907	23667	9375	91.09	5002	4992	4992	9.77
兴平市	Xingping	3544	3393	2826	15.35	1115	1115	1115	6.20
渭南市	Weinan	14654	14333	6487	39.30	2726	2707	2707	7.10
韩城市	Hancheng	5386	5296	2350	13.80	497	495	485	3.08
华阴市	Huayin	374	370	211	5.30	535	530	530	4.20
延安市	Yan'an	14744	14396	7334	40.48	6135	6135	13	0.07
汉中市	Hanzhong	5920	5917	2634	24.06	3439	3340	3340	15.25
榆林市	Yulin	34715	34655	11654	50.45				
安康市	Ankang	1162	1127	577	25.29	2465	2400	2400	8.07
商洛市	Shangluo	4171	4141	1046	15.00				
杨凌示范区	Yangling	3213	3210	672	12.20				

11-11 国家级风景名胜区(2017年)
State Scenic Spots at National Level (2017)

风景区名称	Name of Scenic Spots	风景区面积(平方公里) Area of Scenic Spots (sq.km)	#供游览面积 Area of Visiting	游人量(万人次) Number of Visitor (10 000 person-times)	#境外游人 Number of Oversea Visitor Arrivals
总计	**Total**	**741**	**358**	**1606.80**	**278.00**
骊山风景区	LishanHill Scenic Spot	90	90	929.40	266.00
宝鸡天台山	BaojiTiantaishan	134	40	16.00	
合阳洽川风景区	Heyangqiachuan Scenic Spot	177	165	90.20	
华山	Mountain Hua	159	50	262.60	3.70
黄河壶口瀑布	The Yellow River Hu-kou Falls	178	12	173.00	8.30
黄帝陵	The Huangdi Tomb	3	1	135.60	

主要统计指标解释

水资源总量 指评价区内降水形成的地表和地下产水总量，即地表产流量与降水入渗补给地下水量之和，不包括过境水量。

地表水资源量 指评价区内河流、湖泊、冰川等地表水体中可以逐年更新的动态水量，即当地天然河川径流量。

地下水资源量 指评价区内降水和地表水对饱水岩土层的补给量，包括降水入渗补给量和河道、湖库、渠系、渠灌田间等地表水体的入渗补给量。

地表水与地下水资源重复量 指地表水和地下水相互转化的部分，即天然河川径流量中的地下水排泄量和地下水补给量中来源于地表水的入渗补给量。

用水总量 指分配给各类用户的包括输水损失在内的毛用水量之和，不包括海水直接利用量。

农业用水 指农田灌溉用水、林果地灌溉用水、草地灌溉用水和鱼塘补水。

工业用水 指工矿企业在生产过程中用于制造、加工、冷却、空调、净化、洗涤等方面的用水，按新水取用量计，不包括企业内部的重复利用水量。

生活用水 包括城镇生活用水和农村生活用水。城镇生活用水由居民用水和公共用水（含第三产业及建筑业等用水）组成；农村生活用水除居民生活用水外，还包括牲畜用水在内。

生态补水 仅包括人为措施供给的城镇环境用水和部分河湖、湿地补水，而不包括降水、径流自然满足的水量。

工业废水排放量 指经过企业厂区所有排放口排到企业外部的工业废水量。包括生产废水、外排的直接冷却水、超标排放的矿井地下水和与工业废水混排的厂区生活污水，不包括外排的间接冷却水(清污不分流的间接冷却水应计算在内)。

工业废水排放达标量 指报告期内废水中各项污染物指标都达到国家或地方排放标准的外排工业废水量，包括未经处理外排达标的，经废水处理设施处理后达标排放的，以及经污水处理厂处理后达标排放的。

生活污水排放量 指城镇居民每年排放的生活污水。用人均系数法测算。测算公式为:

$$\frac{\text{生活污水}}{\text{排放量}}=\frac{\text{城镇生活污水}}{\text{排放系数}}\times\frac{\text{市镇非}}{\text{农业人口}}\times 365$$

化学需氧量(COD) 指用化学氧化剂氧化水中有机污染物时所需的氧量。COD 值越高，表示水中有机污染物污染越重。

工业废气排放量 指报告期内企业厂区内燃料燃烧和生产工艺过程中产生的各种排入大气的含有污染物的气体的总量，以标准状态(273K，101325Pa)计算。测算公式为:

$$\frac{\text{工业废气}}{\text{排放量}}=\frac{\text{燃料燃烧过程}}{\text{中废气排放量}}+\frac{\text{生产工艺过程}}{\text{中废气排放量}}$$

生活及其他 SO_2 排放量 以生活及其他煤炭消费量和其含硫量为基础，根据以下公式计算:

$$\frac{\text{生活及其他}}{SO_2\text{排放量}}=\frac{\text{生活及其他}}{\text{煤炭消费量}}\times\text{含硫量}\times 0.8\times 2$$

工业 SO_2 排放量 指报告期内企业在燃料燃烧和生产工艺过程中排入大气的 SO_2 总量，计算公式为:

$$\frac{\text{工业}SO_2}{\text{排放量}}=\frac{\text{燃料燃烧过程}}{\text{中}SO_2\text{排放量}}+\frac{\text{生产工艺过程}}{\text{中}SO_2\text{排放量}}$$

工业烟尘排放量 指企业厂区内燃料燃烧过程中产生的烟气中夹带的颗粒物排放量。

生活及其他烟尘排放量 指除工业生产活动以外的所有社会、经济活动及公共设施的经营活动中燃烧所排放的烟尘纯重量。以生活及其他煤炭消费量为基础进行测算。

工业粉尘排放量 指企业在生产工艺过程中排放的能在空气中悬浮一定时间的固体颗粒物排放量。如钢铁企业的耐火材料粉尘、焦化企业的筛焦系统粉尘、烧结机的粉尘、石灰窑的粉尘、建材企业的水泥粉尘等。不包括电厂排入大气的烟尘。

工业固体废物产生量 指报告期内企业在生产过程中产生的固体状、半固体状和高浓度液体状废弃物的总量，包括危险废物、冶炼废渣、粉煤灰、炉渣、煤矸石、尾矿、放射性废物和其他废物等；不包括矿山开采的剥离废石和掘进废石(煤矸石和呈酸性或碱性的废石除外)。酸性或碱性废石指采掘的废石其流经水、雨淋水的 pH 值小于 4 或 pH 值大于 10.5 者。

危险废物 指列入国家危险废物名录或根据国家规定的危险废物鉴别标准和鉴别方法认定的，具有爆炸性、易燃性、易氧化性、毒性、腐蚀性、易传染疾病等危险特性之一的废物。

工业固体废物综合利用量 指报告期内企业通过回收、加工、循环、交换等方式，从固体废物中提取或者使其转化为可以利用的资源、能源和其他原材料的固体废物量(包括当年利用往年的工业固体废物贮存量)，如用作农业肥料、生产建筑材料、筑路等。综合利用量由原产生固体废物的单位统计。

工业固体废物综合利用率 指工业固体废物综合利用量占工业固体废物产生量(包括综合利用往年贮存量)的百分率。计算公式为:

$$\frac{\text{工业固体废物}}{\text{综合利用率}}=\frac{\text{工业固体废物综合利用量}}{\text{工业固体废物产生量}+\text{综合利用往年贮存量}}\times 100\%$$

工业固体废物贮存量 指报告期内企业以综合利用或

处置为目的，将固体废物暂时贮存或堆存在专设的贮存设施或专设的集中堆存场所内的数量。专设的固体废物贮存场所或贮存设施必须有防扩散、防流失、防渗漏、防止污染大气、水体的措施。

工业固体废物处置量 指报告期内企业将固体废物焚烧或者最终置于符合环境保护规定要求的场所，并不再回取的工业固体废物量(包括当年处置往年的工业固体废物贮存量)。处置方式有填埋(其中危险废物应安全填埋)、焚烧、专业贮存场(库)封场处理、深层灌注、回填矿井及海洋处置(经海洋管理部门同意投海处置)等。

工业固体废物排放量 指报告期内企业将所产生的固体废物排到固体废物污染防治设施、场所以外的数量，不包括矿山开采的剥离废石和掘进废石(煤矸石和呈酸性或碱性的废石除外)。

“三废”综合利用产品产值 指报告期内利用“三废”作为主要原料生产的产品价值(现行价)；已经销售或准备销售的应计算产品价值，留作生产自用的不应计算产品价值。

自然保护区 指为了保护自然环境和自然资源，促进国民经济的持续发展，将一定面积的陆地和水体划分出来，并经各级人民政府批准而进行特殊保护和管理的区域个数。根据保护对象，自然保护区分为自然生态系统类、野生生物类、自然遗迹类。风景名胜区、文物保护区不计在内。

湿地 指天然或人工、长久或暂时性的沼泽地、泥炭地或水域地带，包括静止或流动、淡水、半咸水、咸水体，低潮时水深不超过6米的水域以及海岸地带地区的珊瑚滩和海草床、滩涂、红树林、河口、河流、淡水沼泽、沼泽森林、湖泊、盐沼及盐湖。

环境突发事件 指由于违反环境保护法规的经济、社会活动与行为，以及意外因素的影响或不可抗拒的自然灾害等原因，致使环境受到污染，国家重点保护的野生动植物、自然保护区受到破坏，人体健康受到危害，社会经济和人民财产受到损失，造成不良社会影响的突发性事件。

环境污染治理投资 指在污染源治理和城市环境基础设施建设的资金投入中，用于形成固定资产的资金，其中污染源治理投资包括工业污染源治理投资和“三同时”项目环保投资两部分。环境污染治理投资为城市环境基础设施投资、工业污染源治理投资与“三同时”项目环保投资之和。

城市桥梁 指为跨越天然或人工障碍物而修建的构筑物。包括跨河桥、立交桥、人行天桥以及人行地下通道等。按使用年限分为永久性桥和半永久性桥。

城市园林绿地面积 指报告期末用作园林和绿化的各种绿地面积。包括公园绿地、生产绿地、防护绿地、附属绿地和其他绿地的面积。

Explanatory Notes on Main Statistical Indicators

Total Water Resources refers to total volume of water resources measured as run-off for surface water from rainfall and recharge for groundwater in a given area, excluding transit water.

Surface Water Resources refers to total renewable resources which exist in rivers, lakes, glaciers and other collectors from rainfall and are measured as run-off of rivers.

Groundwater Resources refers to replenishment of aquifers with rainfall and surface water.

Duplicated Measurement between Surface Water and Groundwater refers to mutual exchange between surface water and groundwater, i.e. run-off of rivers includes some depletion into groundwater while groundwater includes some replenishment from surface water.

Water Use refers to gross water use distributed to users, including loss during transportation, broken down into use by agriculture, industry, living consumption and ecological protection.

Water Use by Agriculture includes uses of water by irrigation of farming fields and by forestry, animal husbandry and fishing. Water use by forestry, animal husbandry and fishery includes irrigation of forestry and orchards, irrigation of grassland and replenishment of fishing farms.

Water Use by Industry refers to new withdrawals of water, excluding reuse of water within enterprises.

Water Use by Living Consumption includes use of water for living consumption in both urban and rural areas. Urban water use by living consumption is composed of household use and public use (including services, commerce, restaurants, cargo transportation, posts, telecommunications and construction). Rural water use by living consumption includes both households and animals.

Water Use by Ecological Protection includes replenishment of rivers and lakes and use for urban environment.

Waste Water Discharged by Industry refers to the volume of waste water discharged by industrial enterprises through all their outlets, including waste water from production process, directly cooled water, groundwater from mining wells which does not meet discharge standards and sewage from households mixed with waste water produced by industrial activities, but excluding indirectly cooled water discharged (It should be included if the discharge is not separated from waste water).

Industrial Waste Water Meeting Discharge Standards refers to volume of industrial waste water discharge which, with or without treatment, reaches national or local standards with regard to all pollutants.

Urban Non-industrial Waste Water Discharge refers to annual discharge of non-industrial waste water by urban households. It is estimated by per capita coefficient using the formula:

$$\begin{matrix}\text{Urban non-industrial}\\ \text{waste water discharge}\end{matrix} = \begin{matrix}\text{urban non-industrial waste}\\ \text{water discharge coefficient}\end{matrix} \times \frac{\text{urban non-agricultural}}{\text{population}} \times 365$$

Chemical Oxygen Demand (COD) refers to the amount of oxygen required when chemical oxidants are used to oxidize organic pollutants in water. A higher value of COD corresponds to more serious pollution by organic pollutants.

Industrial Waste Air Emission refers to the discharge into atmosphere of waste air containing pollutants generated from fuel burning and production processes in enterprises within a given period of time. It is calculated at standard status (273K, 101325Pa) as:

$$\begin{matrix}\text{Industrial waste}\\ \text{air emission}\end{matrix} = \begin{matrix}\text{emission through}\\ \text{fuel burning}\end{matrix} + \begin{matrix}\text{emission through}\\ \text{production process}\end{matrix}$$

SO_2 Emission through Non-industrial and Other Activities is calculated on the basis of consumption of coal by households and other activities and the sulphur content of coal with the following formula:

$$\begin{matrix}SO_2\text{ emission}\\ \text{through non-}\\ \text{industrial and}\\ \text{other activities}\end{matrix} = \begin{matrix}\text{of coal by}\\ \text{households}\\ \text{and other}\\ \text{activities}\end{matrix} \times \begin{matrix}\text{sulphur}\\ \text{content}\end{matrix} \times 0.8 \times 2$$

SO_2 Emission through Industrial Activities refers to volume of sulphur dioxide emission from fuel burning and production process by enterprises during a given period of time. It is calculated as:

$$\begin{matrix}SO_2\text{ emission}\\ \text{through industrial}\\ \text{activities}\end{matrix} = \begin{matrix}SO_2\text{ emission from}\\ \text{fuel burning}\end{matrix} + \begin{matrix}SO_2\text{ emission from}\\ \text{production process}\end{matrix}$$

Industrial Soot Emission refers to the volume of soot in smoke emitted in the process of fuel burning in the premises of enterprises.

Soot Emission by Consumption and Others refers to the net volume of soot emitted by fuel burning from all social and economic activities and operations of public facilities other than industrial activities. It is calculated on the basis of coal consumption by households and others.

Industrial Dust Emission refers to volume of dust emitted by production process of enterprises and suspended in the air for a given period of time, including dust from refractory material of iron and steel works, dust from coke-screening systems and sintering machines of coke plants, dust from lime kilns and dust from cement production in building material enterprises, but excluding soot and dust emitted from power plants.

Industrial Solid Wastes Produced refers to total volume of solid, semi-solid and high concentration liquid residues produced by industrial enterprises from production process in a given period of time, including hazardous wastes, slag, coal ash, gangue, tailings, radioactive residues and other wastes, but excluding stones stripped or dug out in mining - gangue and acid or alkaline stones not included (a stone is acid or alkaline according to the pH value of the water being below 4 or above 10.5 when the stone is in, or soaked by water).

Hazardous Wastes refers to those included in the national hazardous wastes catalogue or specified as any one of the following properties in the national hazardous wastes identification standards: explosive, ignitable, oxidizable, toxic, corrosive or liable to cause infectious diseases or lead to other dangers.

Industrial Solid Wastes Utilized refers to volume of solid wastes from which useful materials can be extracted or which can be converted into usable resources, energy or other materials by means of reclamation, processing, recycling and exchange (including utilizing in the year the stocks of industrial solid wastes of the previous year). Examples of such utilizations include fertilizers, building materials and road materials. The information shall be collected by the producing units of the wastes.

Rate of Utilization of Industrial Solid Wastes refers to the percentage of industrial solid wastes utilized over industrial solid wastes produced (including stocks of the previous years). It is calculated as:

$$\text{Rate of utilization of industrial solid wastes} = \frac{\text{volume of industrial solid wastes utilized}}{\text{industrial solid wastes produced + stock of previous years}} \times 100\%$$

Stock of Industrial Solid Wastes refers to the volume of solid wastes placed in special facilities or special sites for purposes of utilization or disposal. The sites or facilities should take measures against dispersion, loss, seepage, and air and water contamination.

Industrial Solid Wastes Disposed refers to the quantity of industrial solid wastes which are burnt or placed ultimately in the sites meeting the requirements for environmental protection and not salvaged or recycled (including disposition in the year of those wastes of previous years). The disposition includes landfill (Safe landfills should be conducted for hazardous wastes), incineration, containment spaces, deep underground disposal, backfill in mining pits and disposal at sea.

Natural Reserves refer to certain areas of land, waters or sea demarked and approved by relevant governments at all levels to put under special protection and management in order to protect the natural environment and natural resources and to promote the sustainable development of the national economy. According to the objects be protected, the natural reserves are classified into classes of natural ecosystem, wild life and natural heritage. Scenic spots and cultural preservation zones are not included.

Wetlands refer to marshland and peat bog, whether natural or man-made, permanent or temporary; water covered areas, whether stagnant or flowing, with fresh or semi-fresh or salty water that is less than 6 meters deep at low tide; as well as coral beach, weed beach, mud beach, mangrove, river outlet, rivers, fresh-water marshland, marshland forests, lakes, salty bog and salt lakes along the coastal areas.

Sudden Accidents Effecting Environment refer to sudden accidents, due to economic or social activities that are contrary to environment protection laws or due to unforeseen factors or natural disasters, that lead to environment pollution, destruction of protected wild animals, plants or nature reserves, damage to human health, economic and property losses, and other negative impacts on the society.

Investment in Environment Pollution Harnessing Projects refers to the proportion of investment in fixed assets in the total investment in harnessing pollution and in the construction of urban environment infrastructure facilities. The investment in harnessing pollution It includes investment in harnessing sources of industrial pollution and investment in environment protection facilities designed concurrently with construction projects. Investment in environment pollution harnessing is the total of investment in harnessing pollution and investment in urban environment infrastructure facilities.

Urban Bridges refer to bridges built to cross over natural or man-made barriers, including bridges over rivers, overpasses for traffic and for pedestrians, underpasses for pedestrians, etc. Both permanent and semi-permanent bridges are included.

Area of Parks and Green Land refers to the total area occupied for green projects at the end of the reference period, including park green land, production green land, protection green land, green land attached to institutions, and other green areas.

十二、农　业

Agriculture

资料整理：闫宇婕　赵胜利　孔庆惠
郑月霞　姜亦武　陈　伟

简 要 说 明

一、本篇资料反映陕西农业生产和农村经济的基本情况，内容主要包括耕地、农林牧渔业产值、主要农产品产量、造林、水利水保、农业机械拥有量、农业基地县等方面的统计资料。

二、农业统计范围包括除县城关镇以外所有乡镇的社会经济活动。

三、粮食播种面积及产量、主要畜禽产品产量全省为抽样调查数。

四、造林情况及2010年以后林产品产量由省林业厅提供，水利水保情况由省水利厅提供，灾情由省民政厅提供。

Brief Introduction

I. This chapter reflects the basic conditions of agricultural production and rural economy of Shaanxi Province, mainly including cultivated land, output of agriculture, forestry, animal husbandry and fishery, output of major products, forestation, water conservancy and protection, quantity of agricultural machinery and agricultural base county.

Ⅱ. Rural social and economic statistics cover social and economic activities in all townships except county towns.

Ⅲ. The sown area and output of grain and output of main animal products of Shaanxi Province are collected with sample survey.

Ⅳ. The forestation situation and output of forest product after 2010 are provided by Shaanxi Province Forestry Department. The situation of water conservancy and protection are provided by Shaanxi Province Department of Water Resources Department. The data on disasters are provided by Shaanxi Provincial Department of Civil Affairs.

12.农 业

2017年全省				
年末耕地面积	3014.38	千公顷	占全省土地面积	14.7%
农林牧渔业总产值	3070.45	亿　元	比上年增长	4.6%
农作物播种面积	4286.33	千公顷	比上年增长	0.2%
粮食产量	1216.20	万　吨	比上年下降	0.1%
园林水果产量	1801.02	万　吨	比上年增长	5.1%

果园面积和水果产量

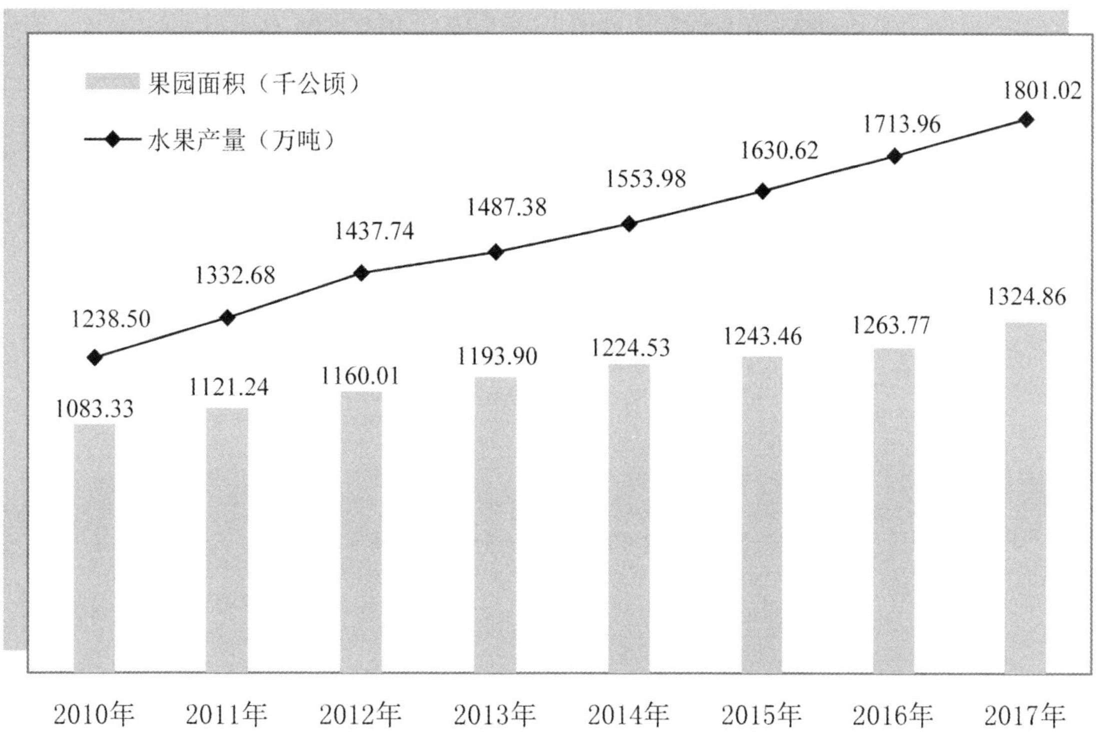

12-1 常用耕地面积
Area of Cultivated Land

年 份 Year	年末常用耕地面积(千公顷) Area of Cultivated Land (1 000 hectares)	#水 田 Paddy Field	#水浇地 Irrigated Field	每一乡村人口占有耕地(公顷) The Average Area of Cultivated Land per Rural Person (hectare)	#水田、水浇地 Paddy Field and Irrigated Field
1978	3853.60	170.07	1047.93	0.16	0.05
1980	3815.67	169.93	1095.80	0.16	0.05
1985	3627.07	166.13	1003.33	0.15	0.05
1990	3533.00	171.47	998.20	0.13	0.04
1995	3393.44	176.04	995.59	0.12	0.04
2000	3113.96	172.53	997.22	0.11	0.04
2001	2965.83	163.95	968.66	0.11	0.04
2002	2854.81	159.27	974.22	0.10	0.04
2003	2795.82	154.22	916.21	0.10	0.04
2004	2795.52	156.68	897.56	0.10	0.04
2005	2788.45	155.04	926.44	0.10	0.04
2006	2783.30	153.45	921.44	0.10	0.04
2007	2840.73	152.64	900.97	0.10	0.04
2008	2848.37	151.69	899.50	0.10	0.04
2009	2860.04	148.22	906.41	0.10	0.04
2010	2860.53	146.65	900.43	0.10	0.04
2011	2860.98	144.65	934.44	0.10	0.04
2012	2864.29	143.76	965.95	0.11	0.04
2013	2870.98	141.97	958.44	0.11	0.04
2014	2865.99	142.70	979.39	0.11	0.04
2015	2904.11	140.13	964.53	0.11	0.04
2016	2915.08	136.11	987.36	0.11	0.04
2017	3014.38	139.68	995.69	0.11	0.04

12-2 各市(区)常用耕地面积(2017年)
Area of Cultivated Land by City(District)(2017)

地 区	Region	年末常用耕地面积(千公顷) Cultivated Land (1 000 hectares)	#水 田 Paddy Field	#水浇地 Irrigated Field	每一乡村人口占有耕地(公顷) The Average Area of Cultivated Land per Rural Person (hectare)	#水田、水浇地 Paddy Field and Irrigated Field
全 省	**Shaanxi**	**3014.38**	**139.68**	**995.69**	**0.11**	**0.04**
西 安 市	Xi'an	249.63	0.41	161.42	0.06	0.04
铜 川 市	Tongchuan	68.51	0.00	5.55	0.15	0.01
宝 鸡 市	Baoji	294.49	0.43	120.51	0.11	0.04
咸 阳 市	Xianyang	318.62	0.17	159.95	0.10	0.05
渭 南 市	Weinan	487.79	1.10	326.74	0.12	0.08
#韩城市	Hancheng	24.57	0.36	14.12	0.11	0.06
延 安 市	Yan'an	255.44	0.86	7.51	0.16	0.01
汉 中 市	Hanzhong	210.21	98.99	4.65	0.07	0.03
榆 林 市	Yulin	788.30	3.38	179.34	0.30	0.07
安 康 市	Ankang	195.32	32.54	0.75	0.08	0.01
商 洛 市	Shangluo	133.73	1.80	16.98	0.06	0.01
杨凌示范区	Yangling	5.19	0.00	5.16	0.05	0.05

12-3　农林牧渔业总产值

Gross Output Value of Agriculture, Forestry, Animal Husbandry and Fishery

单位：万元　(10 000 yuan)

年份 Year	农林牧渔业总产值 Total	农业 Farming	林业 Forestry	牧业 Animal Husbandry	渔业 Fishery	农林牧渔服务业 Service in Support of Agriculture
1978	362748	309084	11717	41802	145	
1980	418773	349984	16625	51996	168	
1985	795777	611883	50751	131815	1328	
1990	1699568	1243236	90170	357676	8486	
1995	3816465	2578674	168848	1046501	22442	
2000	4648889	3277761	272175	1063900	35053	
2001	4788356	3374163	235930	1140722	37541	
2002	5090762	3532131	266225	1251170	41236	
2003	5112543	3343544	268260	1455952	44787	
2004	6512051	4137371	263525	1794364	51236	265555
2005	7307239	4729047	250070	1989982	54879	283261
2006	8215406	5234189	289488	2141302	34427	516000
2007	10028501	6293403	337745	2740463	42427	614463
2008	12778611	7758512	414721	3852637	60582	692159
2009	13372200	8236000	456300	3879000	65000	735900
2010	16660575	11072354	351824	4349944	82909	803544
2011	20586024	13606649	423402	5534045	106249	915679
2012	23032043	15262805	584353	5987160	146109	1051616
2013	25625051	17147882	676185	6436731	177625	1186628
2014	27418168	18707841	735734	6482713	198949	1292931
2015	28134967	19107065	757926	6654948	236132	1378896
2016	29857636	20275626	855406	6959327	262453	1504824
2017	30704511	21193539	968798	6639876	274518	1627780

注：1.2002年及以前农林牧渔业总产值含农民家庭兼营工业产值，按当年市场价格计算。
2.2003年及以后不含农民家庭兼营工业产值，按生产者价格计算，2004年及以后含农林牧渔服务业产值.

a) Before 2002 Gross Output Value of Agriculture, Forestry, Animal Husbandry and Fishery included commodity industry run by Rural Household, Data in this table are calculated at current prices.

b) Since 2003 it exclude commodity industry run by Rural Household,Data in this table are calculated at producer's price. Since 2004 it include services for Agriculture, Forestry,Animal Husbandry and Fishery.

12-4　各市(区)农林牧渔业总产值(2017年)

Gross Output Value of Agriculture, Forestry, Animal Husbandry and Fishery by City(District)(2017)

单位：万元　(10 000 yuan)

地区	Region	农林牧渔业总产值 Total	农业 Farming	林业 Forestry	牧业 Animal Husbandry	渔业 Fishery	农林牧渔服务业 Service in Support of Agriculture
全　省	**Shaanxi**	**30704511**	**21193539**	**968798**	**6639876**	**274518**	**1627780**
西安市	Xi'an	4973925	3248677	135570	1045793	22700	521185
铜川市	Tongchuan	455534	348808	6824	76913	2420	20569
宝鸡市	Baoji	3098458	1796972	125368	1022668	12764	140686
咸阳市	Xianyang	5525964	4245439	66139	892237	15592	306557
渭南市	Weinan	4305531	3129992	84138	818962	64012	208427
#韩城市	Hancheng	315781	240620	10761	32309	1414	30677
延安市	Yan'an	2140939	1695247	77211	305217	7178	56086
汉中市	Hanzhong	3713299	2282598	160607	1083256	59655	127183
榆林市	Yulin	2922115	1615422	120764	1051057	20959	113913
安康市	Ankang	1848597	1121561	111499	510257	62183	43097
商洛市	Shangluo	1811445	1010123	131253	578082	7728	84259
杨凌示范区	Yangling	134451	84657	11825	27881	0	10088

注：本表按当年价格计算。

a) Data in this table are calculated at current prices.

12-5 农林牧渔业总产值指数(1978年=100)

Indices of Gross Output Value of Agriculture, Forestry, Animal Husbandry and Fishery (year of 1978=100)

年 份 Year	农林牧渔业 总 产 值 Total	农 业 Farming	林 业 Forestry	牧 业 Animal Husbandry	渔 业 Fishery	农林牧渔服务业 Service in Support of Agriculture
1978	100.0	100.0	100.0	100.0	100.0	
1980	97.0	92.0	123.3	107.7	113.7	
1985	148.2	152.7	189.0	159.6	303.5	
1990	191.7	204.0	176.7	231.9	992.9	
1995	250.8	250.8	251.7	364.6	1834.7	
2000	320.0	336.8	322.1	403.7	2795.2	
2001	328.0	341.5	328.6	426.3	2937.7	
2002	348.4	361.7	363.4	452.3	3193.3	
2003	366.1	371.8	389.2	503.4	3404.1	
2004	399.8	416.8	383.6	526.1	3482.4	
2005	432.2	448.9	359.7	587.1	3844.6	
2006	463.8	484.4	367.9	627.1	4063.7	
2007	487.0	508.1	409.9	652.1	4336.0	
2008	525.4	547.7	446.8	707.6	4713.2	
2009	551.2	568.5	499.0	755.0	5080.8	
2010	583.1	605.7	512.4	789.1	5540.0	
2011	615.8	645.7	562.1	788.3	6925.0	
2012	652.7	683.8	617.2	831.7	8213.1	
2013	684.0	709.8	719.0	875.8	9592.9	
2014	718.9	748.1	764.3	905.6	10772.8	
2015	754.8	793.7	864.4	911.0	12076.3	
2016	785.7	832.6	990.6	908.3	13126.9	
2017	821.8	877.6	1129.3	914.7	13573.2	

注：本表按可比价格计算。

a) Data in this table are calculated at constant prices.

12-6 农林牧渔业总产值指数(上年=100)

Indices of Gross Output Value of Agriculture, Forestry, Animal Husbandry and Fishery (preceding year=100)

年 份 Year	农林牧渔业 总 产 值 Total	农 业 Farming	林 业 Forestry	牧 业 Animal Husbandry	渔 业 Fishery	农林牧渔服务业 Service in Support of Agriculture
1978	102.7	101.6	94.4	100.5	94.3	
1980	85.9	81.2	109.2	95.7	100.6	
1985	102.8	100.8	113.7	115.6	148.9	
1990	106.1	107.6	93.8	108.6	115.3	
1995	104.0	104.8	100.0	102.8	113.1	
2000	104.6	103.8	105.5	106.8	99.7	
2001	102.5	101.4	102.0	105.6	105.1	
2002	106.2	105.9	110.6	106.1	108.7	
2003	105.1	102.8	107.1	111.3	106.6	
2004	109.2	112.1	98.6	104.5	102.3	
2005	108.1	107.7	93.8	111.6	110.4	104.2
2006	107.3	107.9	102.3	106.8	105.7	105.8
2007	105.0	104.9	111.4	104.0	106.7	106.1
2008	107.9	107.8	109.0	108.5	108.7	106.2
2009	104.9	103.8	111.7	106.7	107.8	105.5
2010	105.8	106.5	102.7	104.5	109.0	105.2
2011	105.6	106.6	109.7	99.9	125.0	107.0
2012	106.0	105.9	109.8	105.5	118.6	107.6
2013	104.8	103.8	116.5	105.3	116.8	107.8
2014	105.1	105.4	106.3	103.4	112.3	108.2
2015	105.0	106.1	113.1	100.6	112.1	105.3
2016	104.1	104.9	114.6	99.7	108.7	106.8
2017	104.6	105.4	114.0	100.7	103.4	106.2

注：本表按可比价格计算。

a) Data in this table are calculated at constant prices.

12-7 农林牧渔业分项产值

Gross Output Value of Agriculture, Forestry, Animal Husbandry and Fishery by Item

单位：万元 (10 000 yuan)

指 标	Item	2015	2016	2017
农林牧渔业总产值	**Gross Output Value of Agriculture, Forestry, Animal Husbandry and Fishery**	**28134967**	**29857636**	**30704511**
一、农业总产值	Output Value of Farming	19107065	20275626	21193539
# 粮食作物	Grain	3458821	3780954	3615571
(一) 谷物及其他作物	Cereals and Other Crops	4441137	4497064	4633644
1.谷 物	Cereal	2524731	2546031	2618836
2.薯 类	Tubers	795834	807849	754553
3.豆 类	Beans	138256	427074	242182
4.油 料	Oil-bearing	437201	178621	473042
5.棉 花	Cotton	50016	45994	38346
6.麻 类	Fiber Crops	673	694	783
7.糖 料	Sugar Crops	588	771	669
8.烟 草	Tobacco	106975	105457	88941
9.其他农作物	Others	386863	384573	416292
(二)蔬菜、园艺作物	Vegetables Gardening Crops	5737963	6177784	6248751
# 1.蔬 菜	Vegetables	5622451	6013724	6051277
2.花 卉	Flowers	56062	88266	116546
(三)水果、坚果、茶叶和香料作物	Fruits,Nuts Tea and Spices Crops	8244468	8890879	9567718
# 1.水 果	Fruits	7171594	7707597	8298409
# 园林水果	Garden Fruit	6394702	6874494	7415743
# 苹 果	Apples	3927966	4077043	4296365
果用瓜类	Melon	776892	833103	882666
2.坚 果	Nuts	421787	489667	525387
3.茶 叶	Tea	358122	379140	421778
4.香料作物	Spices Crops	292965	314475	322144
(四)中药材	Chinese Herbal Medicines	683497	709899	743426
二、林业产值	Output Value of Forestry	757926	855406	968798
(一)林木的培育和种植	Cultivation and Planting of Trees	516380	613567	721734
(二)竹木采运	Logging andTransport of Bamboo	39933	37079	43000
(三)林产品	Forestry Products	201613	204760	204064
三、牧业产值	Output Value of Animal Husbandry	6654948	6959327	6639876
(一)牲畜的饲养	Stock Breeding	2453853	2621131	2595286
1.牛的饲养	Cattle	591885	606418	675998
2.羊的饲养	Sheep	738150	796119	826836
3.其他牲畜饲养	Others	76362	81336	89074
4.奶产品	Milk Products	940895	1044908	938364
5.毛绒产品	Feather and Cashmere Products	106561	92350	65014
(二)猪的饲养	Pigs Breeding	2912672	3005863	2809190
(三)家 禽	Poultry Breeding	976430	1054450	959888
# 禽 蛋	Egg	649706	702921	600873
(四)狩猎和捕捉动物	Animal Hunting and Trapping	3145	3218	3070
(五)其它畜牧业	Other Animal Husbandry	308848	294665	272442
四、渔业产值	Output Value of Fishery	236132	262453	274518
五、农林牧渔服务业	Service in Support of Agriculture	1378896	1504824	1627780

注：本表按当年生产者价格计算。

a) Data in this table are calculated at producer's price.

12-8 农林牧渔业增加值
Value Added of Agriculture, Forestry, Animal Husbandry and Fishery

单位：万元 (10 000 yuan)

指 标	Item	2015	2016	2017
农林牧渔业增加值	**Total**	**16732203**	**17762855**	**18286229**
农 业	Farming	11785654	12515686	13077019
林 业	Forestry	469696	519105	583763
牧 业	Animal Husbandry	3587879	3756081	3579594
渔 业	Fishery	133124	147563	154117
农林牧渔服务业	Service in Support of Agriculture	755850	824420	891736

12-9 各市(区)农林牧渔业增加值(2017年)
Value Added of Farming, Forestry, Animal Husbandry Fishery by City(District)(2017)

单位：万元 (10 000 yuan)

地 区	Region	农林牧渔业 Total	农 业 Farming	林 业 Forestry	牧 业 Animal Husbandry	渔 业 Fishery	农林牧渔服务业 Service in Support of Agriculture	农林牧渔业增加值比上年增长% Growth Rate as Last Year (%)
全 省	**Shaanxi**	**18286229**	**13077019**	**583763**	**3579594**	**154117**	**891736**	**4.7**
西安市	Xi'an	3124573	2132397	76489	590546	11740	313401	4.8
铜川市	Tongchuan	255506	196599	3685	43709	1374	10139	4.8
宝鸡市	Baoji	1839645	1067482	75105	603205	7370	86483	4.4
咸阳市	Xianyang	3311573	2597560	33249	481651	9256	189857	4.5
渭南市	Weinan	2429890	1733636	45750	488853	36724	124927	4.9
# 韩城市	Hancheng	173386	129080	5592	20771	802	17141	4.8
延安市	Yan'an	1230018	986019	44534	164090	4105	31270	5.1
汉中市	Hanzhong	2169876	1379183	101034	584685	34887	70087	5.0
榆林市	Yulin	1745967	999252	70480	595006	12096	69133	5.2
安康市	Ankang	1066877	684719	58529	265145	37851	20633	4.9
商洛市	Shangluo	1030515	609853	78958	288627	4383	48694	4.6
杨凌示范区	Yangling	81837	59048	3784	14667	0	4338	4.7

注：本表按当年价格计算,增长速度按可比价计算。
a) Data in this table are calculated at current prices. Growth rate are calculated at constant prices.

12-10 主要农作物播种面积
Total Sown Areas of Major Farm Crops

单位：千公顷 (1 000 hectares)

年 份 Year	总播种面积 Total Sown Area	粮食作物播种面积 Sown Area of Grain Crops	夏 粮 Summer Grain	#小 麦 Wheat	秋 粮 Autumn Grain	#稻 谷 Rice	#玉 米 Corn	#大 豆 Soja
1978	5254.67	4488.00	1949.33	1604.67	2493.33	160.00	1090.67	206.00
1980	5072.67	4310.37	1906.67	1590.67	2404.00	162.67	1076.67	211.33
1985	4663.33	3965.33	1928.00	1693.33	2037.33	156.67	950.67	202.00
1990	4860.00	4134.67	1925.33	1690.67	2209.33	159.33	1024.67	288.67
1995	4496.85	3807.73	1805.33	1600.23	2002.40	139.35	902.63	240.51
2000	4555.49	3821.59	1716.62	1537.26	2104.97	144.81	1056.96	246.96
2001	4264.84	3517.63	1590.29	1424.24	1927.34	140.78	1005.06	229.06
2002	4198.37	3397.29	1512.25	1356.75	1885.04	130.52	999.93	224.25
2003	4090.26	3157.28	1402.71	1255.11	1754.57	123.35	940.53	198.19
2004	4303.04	3362.01	1324.90	1152.70	2037.11	135.25	1132.56	237.58
2005	4391.24	3453.33	1389.53	1211.53	2063.77	133.79	1148.37	232.51
2006	3983.48	3081.27	1338.76	1181.61	1742.51	106.50	1041.63	180.77
2007	4044.74	3099.81	1329.43	1167.22	1770.38	109.70	1060.32	171.21
2008	4274.45	3234.70	1317.33	1140.00	1917.37	119.01	1112.90	184.25
2009	4154.10	3133.97	1319.33	1145.97	1814.64	125.33	1164.00	187.33
2010	4185.58	3159.70	1320.67	1148.90	1839.03	121.60	1182.40	178.60
2011	4181.04	3134.87	1314.67	1136.67	1820.20	120.93	1177.80	151.79
2012	4190.27	3127.53	1286.73	1127.60	1840.80	123.33	1167.40	166.80
2013	4183.48	3105.13	1237.40	1094.80	1867.73	123.72	1166.23	153.13
2014	4262.13	3076.47	1223.07	1082.87	1853.40	123.42	1153.73	112.45
2015	4284.22	3073.50	1224.67	1085.60	1848.83	122.80	1151.70	111.10
2016	4276.85	3068.7	1221.6	1082.60	1847.1	122.72	1150.21	111.49
2017	4286.33	3045.26	1199.29	1063.13	1845.97	120.68	1148.31	112.02

12-10 续表 continued

单位：千公顷 (1 000 hectares)

年 份 Year	棉 花 Cotton	油 料 Oil-bearing	#油菜籽 Rapeseeds	#花 生 Peanuts	麻 类 Fiber Crops	糖 料 Sugar Crops	烤 烟 Flue-cured Tobacco	蔬 菜 Vegetables	瓜 类 Melon
1978	252.67	130.00	73.33	4.7	7.13	2.60	7.60	78.67	14.67
1980	242.00	160.00	89.33	8.7	3.73	3.30	3.33	79.33	20.27
1985	94.67	240.00	114.00	47.67	2.20	4.33	34.67	121.33	30.60
1990	112.67	269.33	132.00	39.56	2.88	3.53	72.13	145.33	22.87
1995	72.75	302.18	169.77	32.87	1.50	2.28	48.33	174.23	27.63
2000	30.09	303.63	163.75	33.45	0.91	1.43	47.08	228.71	33.49
2001	50.38	291.14	167.70	30.86	0.75	1.52	40.60	219.43	37.07
2002	42.81	280.63	166.05	29.63	0.68	1.27	31.26	263.70	37.56
2003	65.06	285.58	165.82	29.51	0.51	0.33	30.95	276.80	43.52
2004	80.09	283.32	173.21	28.04	0.76	0.24	30.40	301.30	44.87
2005	70.23	276.86	178.71	29.55	1.06	0.10	32.58	331.70	51.04
2006	85.30	249.21	160.60	28.87	1.05	0.09	32.93	356.38	59.92
2007	89.13	252.12	163.39	27.57	0.68	0.09	31.18	368.91	61.84
2008	85.15	277.16	178.31	32.56	0.51	0.19	33.42	385.59	58.60
2009	61.84	295.48	194.63	31.14	0.38	0.06	36.81	428.67	64.83
2010	50.88	301.24	201.78	31.15	0.49	0.07	31.06	443.99	70.37
2011	50.28	300.84	203.32	32.05	0.49	0.05	35.74	458.28	78.42
2012	48.30	302.30	202.09	32.92	0.49	0.06	40.01	477.10	74.26
2013	36.72	298.82	204.42	32.71	0.48	0.05	36.61	489.96	76.91
2014	31.04	300.83	203.64	33.92	0.48	0.07	32.71	502.61	84.74
2015	27.43	298.75	204.30	32.57	0.49	0.09	30.86	521.43	88.35
2016	24.07	304.60	203.85	33.09	0.51	0.11	30.49	527.04	84.38
2017	16.97	311.05	203.57	33.45	0.52	0.09	25.40	543.78	83.93

注：2009年及以后粮食播种面积为抽样调查数。
a) Since 2009 sown area of grain crops are sample survey data.

12-11 各市(区)主要农作物播种面积(2017年)
Total Sown Areas of Major Farm Crops by City(District)(2017)

单位：千公顷 (1 000 hectares)

地区	Region	总播种面积 Total Sown Area	粮食作物播种面积 Sown Area of Grain Crops	夏粮 Summer Grain	#小麦 Wheat	秋粮 Autumn Grain	#稻谷 Rice	#玉米 Corn	#大豆 Soja
全省	**Shaanxi**	**4286.33**	**3045.26**	**1199.29**	**1063.13**	**1845.97**	**120.68**	**1148.31**	**112.02**
西安市	Xi'an	487.00	379.97	200.69	199.16	179.28	0.08	167.75	6.56
铜川市	Tongchuan	80.71	63.32	24.40	24.40	38.93		35.36	1.72
宝鸡市	Baoji	403.71	324.76	185.71	183.88	139.05	0.14	121.39	9.32
咸阳市	Xianyang	458.90	340.08	195.24	194.94	144.83		132.57	5.54
渭南市	Weinan	682.43	505.71	288.35	288.10	217.36	0.57	198.07	9.15
#韩城市	Hancheng	24.99	19.94	12.12	12.12	7.82	0.17	6.80	0.28
延安市	Yan'an	254.45	201.28	7.33	2.66	193.95	0.62	73.74	26.39
汉中市	Hanzhong	522.22	265.12	87.20	43.46	177.92	77.57	73.41	14.22
榆林市	Yulin	623.75	488.19	14.72	2.45	473.47	1.27	153.48	50.23
安康市	Ankang	483.00	267.47	117.97	47.05	149.51	28.92	80.28	10.65
商洛市	Shangluo	279.89	201.74	94.60	50.55	107.14	0.36	72.39	19.96
杨凌示范区	Yangling	5.62	3.04	1.51	1.51	1.53		1.50	

12-11 续表 continued

单位：千公顷 (1 000 hectares)

地区	Region	棉花 Cotton	油料 Oil-bearing	#油菜籽 Rapeseeds	#花生 Peanuts	麻类 Fiber Crops	糖料 Sugar Crops	烤烟 Flue-cured Tobacco	蔬菜 Vegetables
全省	**Shaanxi**	**16.97**	**311.05**	**203.57**	**33.45**	**0.52**	**0.09**	**25.40**	**543.78**
西安市	Xi'an	0.17	4.29	4.12	0.14				88.19
铜川市	Tongchuan		4.63	4.58					6.82
宝鸡市	Baoji	0.03	10.07	8.52	0.01	0.19		2.94	48.40
咸阳市	Xianyang	0.14	23.71	22.34	0.11			0.76	84.90
渭南市	Weinan	15.30	28.95	17.23	7.18				
#韩城市	Hancheng	0.06	1.18	0.66	0.03				
延安市	Yan'an	1.01	12.35	3.17	2.35			1.17	28.11
汉中市	Hanzhong	0.01	83.68	77.12	4.25	0.01	0.01	3.84	66.57
榆林市	Yulin	0.28	53.72	0.24	6.99	0.15	0.05		32.90
安康市	Ankang	0.02	74.28	59.86	7.28	0.13	0.03	9.45	78.07
商洛市	Shangluo	0.00	15.31	6.36	5.12	0.05		7.24	20.76
杨凌示范区	Yangling		0.02	0.02					2.17

注：本表全省粮食面积为抽样调查数。
a) The sown area of grain crops of Shaanxi in this table are sample survey data.

12-12 主要农作物产品产量
Output of Major Farm Products

单位：万吨 (10 000 tons)

年 份 Year	粮 食 Grain	夏 粮 Summer Grain	#小 麦 Wheat	秋 粮 Autumn Grain	#稻 谷 Rice	#玉 米 Corn	#大 豆 Soja
1978	800.00	293.50	251.00	542.00	81.50	292.00	19.95
1980	757.00	264.00	229.90	493.00	75.70	274.70	17.86
1985	951.90	459.20	423.30	492.70	88.30	291.60	18.35
1990	1070.70	501.70	463.70	569.00	100.40	333.80	30.75
1995	913.40	457.80	410.40	455.60	64.20	282.30	20.46
2000	1089.10	445.50	418.60	643.60	94.70	413.70	22.20
2001	976.61	432.74	406.63	543.87	92.05	352.81	19.60
2002	1005.60	440.10	405.30	565.50	80.30	374.50	21.20
2003	968.40	440.60	395.50	527.80	75.50	373.20	15.90
2004	1160.36	449.00	407.90	711.40	80.83	475.36	30.18
2005	1139.50	436.80	401.20	702.70	79.30	470.10	31.79
2006	1041.90	429.39	392.63	612.51	66.36	448.57	22.12
2007	1067.91	393.29	356.99	674.62	66.93	498.77	22.93
2008	1150.90	438.80	391.50	712.10	67.88	504.31	24.56
2009	1131.40	426.00	383.10	705.40	82.50	526.10	42.36
2010	1164.90	449.30	403.80	715.60	81.01	532.20	39.71
2011	1194.70	455.10	410.10	739.60	84.50	550.70	24.39
2012	1245.10	472.50	435.50	772.60	87.35	566.90	36.01
2013	1215.80	423.60	389.80	792.20	90.95	586.73	24.95
2014	1197.78	451.30	417.24	746.48	90.87	539.57	18.11
2015	1226.80	491.70	458.10	735.10	91.90	543.10	12.30
2016	1228.30	479.10	445.03	749.20	91.93	545.39	17.93
2017	1216.20	482.49	448.60	733.71	92.04	528.78	17.63

12-12 续表 continued

单位：万吨 (10 000 tons)

年 份 Year	棉 花 Cotton	油 料 Oil-bearing	#油菜籽 Rapeseeds	#花 生 Peanuts	麻 类 Fiber Crops	糖 料 Sugar Crops	烤 烟 Flue-cured Tobacco	蔬 菜 Vegetables
1978	10.54	5.65	4.01	0.51	0.50	1.89	1.38	
1980	8.08	10.97	7.72	1.15	0.27	3.11	0.57	
1985	4.30	29.86	16.40	10.05	0.24	7.85	6.26	297.16
1990	7.78	33.39	19.25	7.03	0.18	5.92	12.32	367.30
1995	3.99	38.15	25.45	6.02	0.11	1.03	6.34	362.86
2000	2.74	38.76	22.40	7.33	0.09	1.79	7.36	556.53
2001	4.98	37.54	23.13	7.09	0.07	1.94	6.29	525.46
2002	4.30	41.08	24.58	7.01	0.11	3.10	5.10	660.48
2003	5.27	41.33	27.05	6.90	0.07	0.80	4.88	708.94
2004	8.23	46.06	29.45	7.18	0.11	0.67	5.32	785.34
2005	7.78	45.35	30.33	7.58	0.09	0.30	5.88	869.93
2006	8.83	41.36	27.29	7.55	0.14	0.24	5.99	848.48
2007	8.98	39.15	26.97	6.94	0.08	0.31	5.56	928.10
2008	10.07	49.46	33.35	8.20	0.06	0.30	7.14	1067.12
2009	8.58	54.38	35.63	9.71	0.05	0.17	7.31	1257.59
2010	6.92	56.08	37.27	8.98	0.06	0.20	6.73	1384.02
2011	6.74	58.97	38.36	9.28	0.06	0.16	7.67	1432.50
2012	6.72	60.33	39.94	9.76	0.07	0.17	9.15	1525.62
2013	5.79	59.52	39.67	9.64	0.07	0.16	8.54	1629.36
2014	4.22	62.30	41.56	10.13	0.06	0.15	7.20	1724.68
2015	3.86	62.66	43.19	9.75	0.06	0.15	7.21	1822.53
2016	3.38	63.80	42.39	10.40	0.07	0.16	6.74	1896.18
2017	2.33	66.88	43.28	10.81	0.07	0.17	5.69	1974.75

注：2009年及以后粮食产量为抽样调查数。
a) Since 2009 grain products are sample survey data.

12-13 各市(区)主要农产品产量(2017年)
Output of Major Farm Products by City(District)(2017)

地区	Region	粮食(万吨) Grain (10 000 tons)	夏粮 Summer Grain	#小麦 Wheat	秋粮 Autumn Grain	#稻谷 Rice	#玉米 Corn	#大豆 Soja
全省	**Shaanxi**	**1216.20**	**482.49**	**448.60**	**733.71**	**92.04**	**528.78**	**17.63**
西安市	Xi'an	187.88	98.58	97.98	89.29	0.04	85.36	1.28
铜川市	Tongchuan	24.29	7.25	7.25	17.04		16.00	0.33
宝鸡市	Baoji	142.90	81.29	80.68	61.61	0.09	57.51	1.53
咸阳市	Xianyang	163.25	88.54	88.43	74.71		71.00	1.19
渭南市	Weinan	211.54	114.06	114.01	97.48	0.48	91.41	1.79
#韩城市	Hancheng	6.51	3.79	3.79	2.72	0.09	2.26	0.08
延安市	Yan'an	76.71	2.65	0.99	74.06	0.38	46.28	5.32
汉中市	Hanzhong	104.28	26.80	14.08	77.47	50.92	21.51	1.80
榆林市	Yulin	165.89	5.09	0.51	160.80	0.70	78.84	9.45
安康市	Ankang	87.63	31.82	12.63	55.81	20.30	25.11	1.96
商洛市	Shangluo	61.67	27.17	13.38	34.50	0.23	25.90	3.30
杨凌示范区	Yangling	1.96	0.96	0.96	0.99		0.97	

12-13 续表 continued

地区	Region	棉花(吨) Cotton (ton)	油料(吨) Oil-bearing (ton)	#油菜籽 Rapeseeds	#花生 Peanuts	麻类(吨) Fiber Crops (ton)	糖料(吨) Sugar Crops (ton)	烤烟(吨) Flue-cured Tobacco (ton)	蔬菜(万吨) Vegetables (10 000 tons)
全省	**Shaanxi**	**23284**	**668787**	**432773**	**108142**	**705**	**1729**	**56912**	**1974.75**
西安市	Xi'an	239	9275	8607	492				445.43
铜川市	Tongchuan		7691	7591					18.84
宝鸡市	Baoji	47	19634	16399	20	201		5598	150.17
咸阳市	Xianyang	8	49866	46785	298			1765	361.86
渭南市	Weinan	21980	73826	36531	27809				282.19
#韩城市	Hancheng	121	1561	1500	61				14.19
延安市	Yan'an	773	28246	7292	5081			2692	138.46
汉中市	Hanzhong	53	194722	178172	12926	7	695	11013	255.91
榆林市	Yulin	134	101421	478	24406	250	267		93.12
安康市	Ankang	27	155369	121255	21366	198	767	20582	160.80
商洛市	Shangluo	2	28399	9599	15531	49		15262	53.23
杨凌示范区	Yangling		128	64					14.75

注：全省粮食产量为抽样调查数。
a) The sown area of grain crops of Shaanxi in this table are sample survey data.

12-14 主要农产品单位面积产量
Output of Major Farm Products Per Hectare

单位：公斤/公顷 (kg/hectare)

年份 Year	粮食 Grain	夏粮 Summer Grain	#小麦 Wheat	秋粮 Autumn Grain	#稻谷 Rice	#玉米 Corn	#大豆 Soja
1978	1785	1395	1470	2175	5130	2520	970
1980	1755	1380	1440	2055	4650	2550	844
1985	2400	2385	2550	2415	5640	3060	908
1990	2595	2610	2745	2580	6300	3255	1066
1995	2399	2536	2565	2275	4609	3128	851
2000	2850	2595	2723	3057	6540	3914	899
2001	2776	2721	2855	2822	6539	3510	856
2002	2960	2910	2987	3000	6153	3745	945
2003	3067	3141	3151	3008	6121	3968	802
2004	3452	3389	3539	3492	5977	4197	1270
2005	3300	3144	3312	3405	5927	4094	1367
2006	3381	3207	3323	3515	6231	4307	1224
2007	3445	2958	3059	3811	6203	4704	1339
2008	3558	3331	3434	3714	5704	4531	1333
2009	3610	3229	3343	3887	6582	4520	2261
2010	3687	3402	3515	3891	6662	4501	2223
2011	3811	3462	3608	4063	6988	4676	1607
2012	3981	3672	3862	4197	7082	4856	2159
2013	3915	3423	3560	4242	7351	5031	1629
2014	3893	3690	3853	4028	7363	4677	1610
2015	3992	4015	4220	3976	7484	4716	1107
2016	4003	3922	4111	4056	7491	4742	1608
2017	3994	4023	4220	3975	7627	4605	1574

12-14 续表 continued

单位：公斤/公顷 (kg/hectare)

年份 Year	棉花 Cotton	油料 Oil-bearing	#油菜籽 Rapeseeds	#花生 Peanuts	麻类 Fiber Crops	糖料 Sugar Crops	烤烟 Flue-cured Tobacco	蔬菜 Vegetables
1978	420	435	555	1080	1065	7260	1815	
1980	330	690	855	1320	735	9600	1830	
1985	450	1245	1440	2155	1095	18210	1815	24450
1990	690	1245	1455	1770	615	16755	1710	25245
1995	548	1263	1499	1830	726	4531	1312	20827
2000	911	1277	1368	2192	985	12578	1564	24334
2001	989	1290	1379	2297	960	12724	1550	23946
2002	1004	1464	1480	2367	1573	24389	1628	25047
2003	811	1447	1631	2340	1283	24147	1576	25612
2004	1027	1626	1700	2563	1451	27630	1749	26066
2005	1107	1638	1697	2563	883	29208	1805	26227
2006	1035	1660	1699	2615	1453	28565	1820	23808
2007	1007	1553	1650	2517	1240	33468	1783	25158
2008	1183	1785	1871	2520	1110	15898	2137	27675
2009	1395	1840	1831	3120	1275	28755	2040	29340
2010	1361	1861	1847	2884	1139	28144	2175	31172
2011	1341	1960	1887	2895	1335	31120	2147	31258
2012	1391	1996	1976	2966	1416	28350	2287	31977
2013	1577	1992	1940	2947	1438	35036	2332	33255
2014	1358	2071	2041	2987	1317	19777	2200	34314
2015	1407	2098	2114	2992	1308	16922	2336	34953
2016	1405	2094	2080	3144	1394	14836	2210	35978
2017	1372	2150	2126	3233	1346	19211	2241	36315

注：2009年及以后粮食单产为抽样调查数。
a) Since 2009 grain products per hectare are sample survey data.

12-15 各市(区)主要农作物单位面积产量(2017年)
Output of Major Farm Products Per Hectare by City(District)(2017)

单位: 公斤／公顷 (kg/hectare)

地区	Region	粮食 Grain	夏粮 Summer Grain	#小麦 Wheat	秋粮 Autumn Grain	#稻谷 Rice	#玉米 Corn	#大豆 Soja
全省	**Shaanxi**	**3994**	**4023**	**4220**	**3975**	**7627**	**4605**	**1574**
西安市	Xi'an	4944	4912	4919	4981	4511	5089	1950
铜川市	Tongchuan	3835	2970	2970	4377		4524	1913
宝鸡市	Baoji	4400	4377	4388	4431	6099	4738	1637
咸阳市	Xianyang	4800	4535	4536	5158		5355	2154
渭南市	Weinan	4183	3956	3957	4485	8453	4615	1960
#韩城市	Hancheng	3265	3129	3129	3475	5340	3324	3037
延安市	Yan'an	3811	3622	3720	3818	6149	6276	2014
汉中市	Hanzhong	3933	3074	3241	4355	6564	2930	1268
榆林市	Yulin	3398	3459	2067	3396	5540	5137	1881
安康市	Ankang	3276	2698	2684	3733	7021	3127	1838
商洛市	Shangluo	3057	2872	2647	3221	6367	3577	1652
杨凌示范区	Yangling	6441	6401	6401	6480		6475	

12-15 续表 continued

单位: 公斤／公顷 (kg/hectare)

地区	Region	棉花 Cotton	油料 Oil-bearing	#油菜籽 Rapeseeds	#花生 Peanuts	麻类 Fiber Crops	糖料 Sugar Crops	烤烟 Flue-cured Tobacco	蔬菜 Vegetables
全省	**Shaanxi**	**1372**	**2150**	**2126**	**3233**	**1346**	**19211**	**2241**	**36315**
西安市	Xi'an	1420	2160	2091	3630				50507
铜川市	Tongchuan		1661	1657					27627
宝鸡市	Baoji	1533	1950	1925	3371	1043		1903	31028
咸阳市	Xianyang	59	2103	2094	2815			2326	42623
渭南市	Weinan	1436	2550	2120	3872				32474
#韩城市	Hancheng	2063	1320	2281	2128				37747
延安市	Yan'an	768	2287	2298	2164			2303	49258
汉中市	Hanzhong	4969	2327	2310	3044	583	48488	2871	38440
榆林市	Yulin	480	1888	2017	3494	1724	5270		28309
安康市	Ankang	1594	2092	2026	2935	1579	30680	2178	20596
商洛市	Shangluo	1500	1855	1509	3032	1007		2108	25642
杨凌示范区	Yangling		6000	3000					67891

注：全省粮食单产为抽样调查数。
a) The grain products per hectare of Shaanxi in this table are sample survey data.

12-16 茶、桑、果面积及产量
Areas and Output of Tea Plantation, Cocoon, Orchards

年 份 Year	茶园面积 (千公顷) Area of Tea Plantations (1 000 hectares)	茶叶产量 (吨) Output of Tea (ton)	桑园面积 (千公顷) Area of Mulberry Field (1 000 hectares)	果园面积 (千公顷) Area of Orchards (1 000 hectares)	水果产量 (万吨) Output of Fruits (10 000 tons)	#苹 果 Apples	#柑 桔 Citrus
1978	31.07	1408	12.00	98.60	33.41	9.92	0.12
1980	24.00	1428	17.40	104.27	28.00	8.93	0.30
1985	26.16	2822	46.75	109.93	33.53	14.09	0.52
1990	29.19	4548	37.31	304.78	62.03	34.93	0.89
1995	30.64	5252	76.83	685.35	283.96	233.76	1.12
2000	35.28	6126	58.76	664.76	493.79	388.57	3.52
2001	38.23	6273	65.59	680.11	534.19	408.57	5.85
2002	43.28	7003	71.43	703.75	577.35	440.59	6.40
2003	50.86	7952	75.23	750.51	621.14	461.79	9.86
2004	56.34	10239	78.30	788.47	735.61	555.21	11.75
2005	59.47	11382	79.83	817.45	765.74	560.12	16.76
2006	62.94	12827	97.50	860.49	881.95	649.98	16.32
2007	67.33	14400	91.75	884.91	940.23	701.57	22.43
2008	69.06	16025	104.47	950.69	1067.67	745.51	23.73
2009	78.12	20153	105.96	1011.36	1150.45	805.17	30.80
2010	85.38	25052	105.83	1083.33	1238.50	856.01	28.68
2011	90.79	28430	101.59	1121.24	1332.68	902.93	34.28
2012	97.14	35195	97.49	1160.01	1437.74	965.09	36.80
2013	109.74	40656	94.72	1193.90	1487.38	942.82	47.69
2014	121.39	49128	82.89	1224.53	1553.98	988.01	50.36
2015	127.54	54854	83.69	1243.46	1630.62	1037.30	53.13
2016	136.14	62136	79.47	1263.77	1713.96	1100.78	51.06
2017	146.46	67652	77.32	1324.86	1801.02	1153.94	54.06

12-17 水果生产情况
Production of Fruit

品 种	Item	2015		2016		2017	
		面 积 (公顷) Area of Orchards (hectare)	产 量 (吨) Output (ton)	面 积 (公顷) Area of Orchards (hectare)	产 量 (吨) Output (ton)	面 积 (公顷) Area of Orchards (hectare)	产 量 (吨) Output (ton)
水果合计	**Total**	**1243456**	**16306155**	**1263767**	**17139636**	**1324865**	**18010157**
1.苹 果	Apples	695159	10372974	704755	11007822	725236	11539402
2.柑 桔	Citrus	37803	531257	37354	510639	34131	540625
3.梨	Pears	48740	1041293	47695	1042170	49367	1103748
4.葡 萄	Grapes	49202	630944	51744	660494	54212	681540
5.桃	Peach	36734	757221	38623	787780	40444	846084
6.红 枣	Jujube	185637	725849	190901	831005	221969	872281
7.杏	Apricot	55056	190610	54960	195846	54270	202117
8.柿 子	Persimmon	30474	415250	30914	382068	30863	406306
9.猕猴桃	Kiwi	62070	1243515	63161	1312506	66669	1389726
10.石 榴	Pomegranate	4667	95677	4702	95801	4977	103387
11.其他水果	Others	37913	301566	38959	313504	42727	324941

注：本表为果业监测结果。
a) Data in this table are the results of fruits monitoring.

12-18 各市(区)茶、桑、果面积及产量(2017年)
Areas and Output of Tea Plantation, Cocoon, Orchards by City(District)(2017)

地 区	Region	茶园面积(公顷) Area of Tea Plantations (Hectares)	茶叶产量(吨) Output of Tea (ton)	桑园面积(公顷) Area of Orchards (Hectares)	果园面积(公顷) Area of Orchards (Hectares)	水果产量(吨) Output of Fruits (ton)	苹果 Apples	柑桔 Citrus
全 省	**Shaanxi**	**146457**	**67652**	**77316**	**1324865**	**18010157**	**11539402**	**540625**
西安市	Xi'an			161	62646	1347706	131349	
铜川市	Tongchuan				61045	791624	753057	
宝鸡市	Baoji	7		142	79355	1494045	779411	
咸阳市	Xianyang				270938	5748504	4763278	
渭南市	Weinan				209799	3453566	2148145	
# 韩城市	Hancheng				6616	130674	103030	
延安市	Yan'an			3847	304662	3378659	3231505	
汉中市	Hanzhong	69436	39780	6412	38749	490377	5039	368308
榆林市	Yulin			16921	255143	957636	271992	
安康市	Ankang	50118	23605	45016	36601	239153	5145	87606
商洛市	Shangluo	26897	4259	4817	4656	66652	7931	1759
杨凌示范区	Yangling				1270	39590	6910	

12-18 续表 continued

地 区	Region	梨 Pears	葡萄 Grapes	桃 Peach	红枣 Jujube	杏 Apricot	柿子 Persimmon	猕猴桃 Kiwi	石榴 Pomegranate	其它水果 Others
全 省	**Shaanxi**	**1103748**	**681540**	**846084**	**872281**	**202117**	**406306**	**1389726**	**103387**	**324941**
西安市	Xi'an	57438	175293	217953	50016	65923	48648	456634	31257	113195
铜川市	Tongchuan	880	7905	6013	666	1467	9876		13	11747
宝鸡市	Baoji	6743	46244	44770		3869	24652	580343		8013
咸阳市	Xianyang	275477	163466	302659	20224	43835	94910	16536	24636	43483
渭南市	Weinan	461640	271037	156895	250106	25758	108929	6388	4791	19877
# 韩城市	Hancheng	965	3670	15500	225	2905	4140		98	141
延安市	Yan'an	48911	6505	6867	74256	6813	2704			1098
汉中市	Hanzhong	24680	5741	20845	111	3028	17009	23032	4	22580
榆林市	Yulin	57014	24917	11976	508081	48612				35044
安康市	Ankang	6275	5072	24383	2099	4785	25518	3147	115	75008
商洛市	Shangluo	1094	1899	5069	449	1074	37289	1385	46	8657
杨凌示范区	Yangling	22	1120	420		109		30925		84

注：本表全省水果产量为果业监测数据。
a) Data in this table are the results of fruits monitoring.

12-19 主要林产品产量
Output of Major Forest Products

单位：吨 (ton)

年 份 Year	生 漆 Lacquer	油桐籽 Tung-oil Seeds	五倍籽 Chinese Gall	棕 片 Palm Sheet	核 桃 Walnuts	板 栗 Chestnut	花 椒 Pepper
1978	668	14800	50		28275	3460	577
1980	930	17685	83		25700	2715	539
1985	635	17718	337	1448	12826	1777	694
1990	685	18672	1589	2265	16833	4770	2501
1995	773	15460	2922	3015	30599	8019	7135
2000	1176	12968	863	2962	34866	20098	16298
2001	893	13003	968	3060	10474	11211	16471
2002	821	9278	934	3183	34779	21352	25112
2003	975	9634	1034	3177	44091	24022	22781
2004	995	12068	1513	3059	54243	26290	28441
2005	1060	12562	1963	3044	55206	27855	28178
2006	1613	11631	2241	3333	43492	29232	31507
2007	1851	11496	2383	3511	46717	35778	34904
2008	1697	14534	2785	4164	74069	40435	44000
2009	2552	17871	3386	3989	88773	46315	48571
2010	1915	17096	3152	3202	60453	52037	44789
2011	2434	19664	3441	3147	141362	69132	52974
2012	3494	22622	3969	2987	162981	71985	61698
2013	4516	28421	4265	2536	161500	74491	52537
2014	2864	29114	4590	3473	181771	78984	61072
2015	3445	27764	4483	2962	221074	83272	66245
2016	3239	27549	4388	3575	265820	86579	64146
2017	885	21436	2472	3311	336099	89764	82842

注：2010年以后为林业部门统计数据。
a) Since 2010 data in this table are from forestry authorities.

12-20 各市(区)主要林产品产量(2017年)
Output of Major Forest Products by City(District)(2017)

单位：吨 (ton)

地 区	Region	生 漆 Lacquer	油桐籽 Tung-oil Seeds	五倍籽 Chinese Gall	棕 片 Palm Sheet	核 桃 Walnut	板 栗 Chestnut	花 椒 Pepper
全 省	**Shaanxi**	**885**	**21436**	**2472**	**3311**	**336099**	**89764**	**82842**
西 安 市	Xi'an					8010	6751	216
铜 川 市	Tongchuan					18555		4957
宝 鸡 市	Baoji					39632	3661	7251
咸 阳 市	Xianyang					31917		1294
渭 南 市	Weinan					33527	120	38170
# 韩城市	Hancheng					1870		26000
延 安 市	Yan'an					14148	120	2532
汉 中 市	Hanzhong	738	1519	1470	2469	29624	18817	699
榆 林 市	Yulin					866		12
安 康 市	Ankang		14800	643	842	26625	31423	646
商 洛 市	Shangluo	147	5117	359		131320	28872	1065
杨凌示范区	Yangling							

注：本表为林业部门统计数据。
a) Data in this table are from forestry authorities.

12-21 各市(区)造林情况(2017年)
Area of Afforestation by City(District)(2017)

地 区	Region	荒山荒(沙)地造林面积(公顷) Afforestation of Barren Hills and Wasteland Area (hectare)	按造林方式分 By Approach		按林种用途分 By Function of Forest		按经济成份分 By Economic Composition	
			#人工造林 Manual Planting	#飞播造林 Airplane Planting	#经济林 By-product Forests	#防护林 Protection Forests	公有经济造林 Afforestation of State-owned	非公有经济造林 Afforestation of Non-State-owned
全 省	**Shaanxi**	**334786**	**163099**	**34002**	**63392**	**172398**	**205413**	**34133**
西 安 市	Xi'an	2134	2134		240	1876	2116	
铜 川 市	Tongchuan	8392	3325	1000	998	2327	5557	548
宝 鸡 市	Baoji	25438	3268	4333	333	11496	11429	400
咸 阳 市	Xianyang	25464	12197	2666	4082	16715	19697	1100
渭 南 市	Weinan	36409	18788	2000	7410	20636	19251	8795
延 安 市	Yan'an	70353	42821	4668	720	55435	47255	8900
汉 中 市	Hanzhong	22533	6330	4335	4498	8340	6908	6530
榆 林 市	Yulin	46456	30114		8727	26993	31087	4633
安 康 市	Ankang	62094	31807	7667	30262	10600	40441	1167
商 洛 市	Shangluo	30844	12246	7333	6122	15131	21585	2060
杨凌示范区	Yangling	69	69			69	69	

12-21 续表 continued

地 区	Region	四旁(零星)植 树(万株) Four-side Tree Planting (10 000 trees)	幼林抚育作业面积(公顷) Area of Tending Growing Forest (hectares)	育苗面积(公顷) Area of Tending Seedlings (hectares)	当年苗木产 量(万株) Output of Nursery Stock (10 000 trees)	年末核桃面 积(公顷) Walnut Acreage (hectares)	年末板栗面 积(公顷) Chestnut Acreage (hectares)	年末花椒面 积(公顷) Pepper Acreage (hectares)
全 省	**Shaanxi**	**7764**	**150187**	**81039**	**482497**	**782604**	**319723**	**122425**
西 安 市	Xi'an	615		32249	35835	37533	3744	425
铜 川 市	Tongchuan	219	3001	1644	21595	57819		15112
宝 鸡 市	Baoji	776	14266	6232	153167	99647	3737	36557
咸 阳 市	Xianyang	914	10266	14710	24944	51253		1316
渭 南 市	Weinan	1082	15787	6066	69527	69426	133	58581
延 安 市	Yan'an	1067	28332	3201	15345	32757	1333	5733
汉 中 市	Hanzhong	768	20600	4029	35394	75665	51628	1832
榆 林 市	Yulin	983	13334	7840	37714	26173		43
安 康 市	Ankang	445	15600	2963	66641	114063	80480	2016
商 洛 市	Shangluo	895	9667	1030	22326	217677	178668	809
杨凌示范区	Yangling			1060	2			

注：本表除花椒面积之外均为林业部门统计数据。
a)Data except epper area in this table are from forestry authorities.

12-22 畜牧业和渔业生产情况
Production of Animal Husbandry and Fishery

指 标		Item		2015	2016	2017
一、牲畜年末头数		**Number of Large Animals**	**(year-end)**			
(一)大牲畜	(万头)	Large Animals	(10 000 heads)	163.88	163.78	166.48
1.牛		Cattle and Buffaloes		146.75	147.98	151.23
# 奶 牛		Muich Cows		43.46	43.72	41.62
2.马		Horses		0.71	0.71	0.70
3.驴		Donkeys		12.85	11.74	11.39
4.骡		Mules		3.57	3.35	3.16
(二)猪存栏数	(万头)	Hogs	(10 000 heads)	846.00	827.93	854.42
# 母 猪		Sow		80.94	79.01	82.25
(三)羊存栏数	(万只)	Sheep and Goats	(10 000 heads)	701.93	678.53	868.52
1.山 羊		Goats		573.22	555.35	712.04
# 奶山羊		Muich Goats		94.22	85.16	90.72
2.绵 羊		Sheep		128.71	123.18	156.48
(四)家禽存栏数	(万只)	Poultry	(10 000 heads)	6733.60	6626.43	7315.58
(五)养蜂箱数	(万箱)	Bee	(10 000 boxes)	55.39	64.40	78.76
(六)家兔存栏数	(万只)	Rabbit	(10 000 heads)	286.00	247.43	220.07
二、畜产品产量		**Output of Livestock Products**				
肉类总产量	(万吨)	Output of Meat	(10 000 tons)	116.15	111.68	111.84
# 猪 肉		Pork		90.42	85.90	85.83
牛 肉		Beef		7.90	8.03	8.33
羊 肉		Mutton		7.81	7.99	7.96
奶类产量	(万吨)	Milk	(10 000 tons)	189.92	189.14	184.48
# 牛 奶		Cow Milk		141.19	140.20	134.82
山羊毛产量	(吨)	Goat Wool	(ton)	4343.69	4212.70	3236.49
# 羊 绒		Cashmere		1971.84	1886.68	1492.48
绵羊毛产量	(吨)	Sheep Wool	(ton)	5934.47	5015.68	3107.61
禽蛋产量	(万吨)	Poultry Eggs	(10 000 tons)	58.06	59.32	60.08
蜂蜜产量	(吨)	Honey	(ton)	6550.13	7362.12	9563.71
蚕茧产量	(吨)	Silkworm Cocoon	(ton)	11526	8519	8826
三、渔 业		**Fisheries**				
1.水产品产量	(吨)	Output of Aquatic Products	(ton)	175819	184217	184947
2.水产养殖面积	(公顷)	Cultivatable area of Aquatic Products	(hectare)	50633	53694	53183

注：本表主要畜禽存栏和畜禽产品产量为抽样调查数，水产品产量及面积为渔业部门数据。
a) The number of main livestock and the output of livestock products are sample survey data. Aquatic production and area data from the fisheries secto

12-23 各市(区)牲畜存栏情况 (2017年)
Livestock by City(District)(2017)

地 区	Region	大牲畜年末头数(头) Large Animals (year-end) (head)	牛 Cattle and Buffaloes	#奶牛 Dairy cow	马 Horses	驴 Donkeys	骡 Mules	家禽(万只) Poultry (10 000 heads)
全 省	**Shaanxi**	**1664790**	**1512320**	**416224**	**6954**	**113898**	**31618**	**7316**
西安市	Xi'an	184125	184104	96160	21			1243
铜川市	Tongchuan	68651	68331	13568		320		181
宝鸡市	Baoji	472255	467690	180513	2386	1899	280	929
咸阳市	Xianyang	440191	437036	217283	95	632	2428	893
渭南市	Weinan	273834	273506	117643	98	139	91	1203
#韩城市	Hancheng	11275	11157	608	38	29	51	61
延安市	Yan'an	195048	151016	1817	112	32659	11261	381
汉中市	Hanzhong	298320	297771	4128	504	6	39	1125
榆林市	Yulin	248953	149697	27659	3725	78019	17512	564
安康市	Ankang	251641	251624	65	12		5	952
商洛市	Shangluo	120027	119800	366	1	224	2	834
杨凌示范区	Yangling	17562	17562	6626				19

12-23 续表 continued

地 区	Region	猪年末头数(头) Hogs (year-end) (head)	#母猪 Sow	羊(只) Sheep and Goats (head)	#山羊 Goats	#奶山羊 Dairy Goat	蜂(箱) Bee (box)	兔(万只) Rabbit (10 000 heads)
全 省	**Shaanxi**	**8544238**	**822494**	**8685210**	**7120424**	**907200**	**787580**	**220**
西安市	Xi'an	969132	94356	310242	299349	255571	20607	7
铜川市	Tongchuan	71787	9343	74470	74375	2644	506	13
宝鸡市	Baoji	1012744	103197	555531	547191	136653	121387	8
咸阳市	Xianyang	1750190	168767	1043831	870609	336114	6565	109
渭南市	Weinan	1976013	214708	1038098	660477	516766	59520	11
#韩城市	Hancheng	75150	11830	63870	23310	1270	2900	1
延安市	Yan'an	668075	72483	621071	565195	9768	119871	7
汉中市	Hanzhong	2569512	240792	341091	340075	2697	216760	17
榆林市	Yulin	918059	121999	6561335	5472849	30714	36340	25
安康市	Ankang	2233706	226986	943376	943063		109359	10
商洛市	Shangluo	977001	107472	376687	364401	938	96669	13
杨凌示范区	Yangling	41266	11410	2292	1758			

注：本表全省主要畜禽存栏为抽样调查数。
a) The number of main livestock of Shaanxi in this table are sample survey data.

12-24 各市(区)主要畜产品和水产品产量(2017年)
Output of Livestock and Aquatic Products by City(District)(2017)

地 区	Region	肉类总产量(吨) Output of Meat (ton)	#猪肉 Pork	#牛肉 Beef	#羊肉 Mutton	#禽肉 Poultry	奶类产量(吨) Milk (ton)	牛奶 Cow Milk	羊奶 Sheep Milk
全 省	**Shaanxi**	**1118360**	**858342**	**83330**	**79648**	**86427**	**1844816**	**1348222**	**496594**
西安市	Xi'an	183100	130906	13786	5143	24767	558412	394813	163599
铜川市	Tongchuan	16906	7776	5561	1113	2314	27223	25431	1792
宝鸡市	Baoji	179763	115521	35078	8152	17677	618888	553953	64935
咸阳市	Xianyang	189624	142128	14730	10148	13609	633983	529023	104960
渭南市	Weinan	216651	176410	12868	10359	16643	393017	246334	146683
#韩城市	Hancheng	9588	6895	745	679	1219	1978	1490	488
延安市	Yan'an	74585	54591	7120	5746	5864	7545	5332	2213
汉中市	Hanzhong	326375	282661	15398	4343	23801	13361	11533	1828
榆林市	Yulin	182957	102731	5936	61975	8348	85994	77082	8912
安康市	Ankang	274694	224203	12137	16307	21973	300	300	
商洛市	Shangluo	149992	123633	9407	6426	9778	1490	986	504
杨凌示范区	Yangling	5371	4188	477	24	549	24739	23571	1168

12-24 续表 continued

地 区	Region	山羊毛(吨) Goat Wool (ton)	#羊绒 Cashmere	绵羊毛(吨) Sheep Wool (ton)	禽蛋(吨) Poultry Eggs (ton)	蜂蜜(公斤) Honey (kg)	蚕茧(吨) Silkworm Cocoon (ton)	水产品(吨) Aquatic Products (ton)	水产养殖面积(公顷) Water Area for Breeding Aquatics(hactare)
全 省	**Shaanxi**	**3236**	**1492**	**3108**	**600824**	**9563713**	**8826**	**184947**	**53183**
西安市	Xi'an				146273	240238		13832	1495
铜川市	Tongchuan				16444	2680		1405	574
宝鸡市	Baoji	4		3	76526	942162	2	8002	3015
咸阳市	Xianyang	9	4	40	95796	101933		8360	1858
渭南市	Weinan	16	5	68	110866	1423117		48305	5903
#韩城市	Hancheng	10	4	16	3694	30980		1050	267
延安市	Yan'an	188	66	35	29964	1778574	450	3062	2530
汉中市	Hanzhong				74659	2202599	1070	42625	7627
榆林市	Yulin	3015	1418	2959	51671	731673	106	8910	14837
安康市	Ankang				40119	1268077	6398	45130	14463
商洛市	Shangluo	4		3	77058	872660	800	4266	614
杨凌示范区	Yangling				2125				

注：本表全省主要畜禽产品产量为抽样调查数，水产品产量及面积为渔业部门数据。

a) The output of livestock products of Shaanxi in this table are sample survey data.Aquatic production and area data from the fisheries sector.

12-25 粮食生产大县情况
Large County of Food Production

县 区	Region	2015		2016		2017	
		播种面积 (千公顷) Sown Area (1 001 hectares)	产 量 (万吨) Output (10 001 tons)	播种面积 (千公顷) Sown Area (1 001 hectares)	产 量 (万吨) Output (10 001 tons)	播种面积 (千公顷) Sown Area (1 001 hectares)	产 量 (万吨) Output (10 001 tons)
全 省	**Shaanxi**	**3073.50**	**1226.80**	**3068.71**	**1228.29**	**3045.26**	**1216.20**
生产大县合计	Total of Large Counties	1471.36	695.50	1456.67	678.72	1380.21	639.08
生产大县占全省%	As Percentage of Shaanxi	47.90	56.70	47.46	55.26	45.32	52.55
阎良区	Yanliang	14.27	8.82	13.97	8.68	14.02	8.48
临潼区	Lintong	66.83	32.86	65.47	31.69	63.69	30.48
长安区	Changan	67.18	34.59	65.51	33.24	53.19	26.53
高陵区	Gaoling	27.03	19.28	26.64	18.78	25.52	17.92
鄠邑区	Huyi	58.07	30.49	57.86	29.78	26.91	13.75
蓝田县	Lantian	63.24	26.04	62.89	25.57	62.21	25.39
周至县	Zhouzhi	49.85	23.17	48.66	22.26	45.10	20.66
陈仓区	Chencang	58.10	23.34	57.44	22.67	57.42	22.41
凤翔县	Fengxiang	55.01	26.40	54.34	25.64	54.30	25.32
岐山县	Qishan	48.20	27.00	47.59	26.23	47.53	25.86
扶风县	Fufeng	48.48	28.09	47.90	27.30	47.92	26.96
眉 县	Meixian	22.31	12.33	21.57	11.76	21.28	11.61
千阳县	Qianyang	18.56	5.89	18.24	5.67	17.87	5.50
三原县	Sanyuan	40.51	20.11	40.19	19.60	39.82	19.50
泾阳县	Jingyang	50.47	24.72	50.10	24.08	34.42	16.32
乾 县	Qianxian	54.52	26.29	54.18	25.59	53.82	25.16
武功县	Wugong	39.43	20.31	39.14	19.80	38.87	19.42
兴平市	Xingping	42.95	22.40	42.65	21.81	38.66	19.47
临渭区	Linwei	82.97	34.95	81.82	34.20	81.45	34.23
华州区	Huazhou	27.63	11.76	27.81	11.46	27.93	11.40
大荔县	Dali	62.21	28.64	61.32	27.55	61.54	27.87
合阳县	Heyang	49.60	20.76	50.10	20.31	50.16	20.40
澄城县	Chengcheng	43.40	17.44	43.34	17.58	42.94	17.25
蒲城县	Pucheng	83.64	35.30	82.76	34.22	82.15	34.54
富平县	Fuping	80.56	37.24	79.97	36.02	79.53	36.04
韩城市	Hancheng	21.37	7.26	21.29	6.87	19.94	6.51
汉台区	Hantai	17.76	10.76	17.42	10.79	17.18	11.01
南郑区	Nanzheng	33.38	14.82	33.24	14.88	32.94	14.78
城固县	Chenggu	26.59	14.10	26.46	14.14	26.17	14.15
洋 县	Yangxian	33.03	15.71	32.90	15.78	32.63	15.73
勉 县	Mianxian	30.46	13.20	30.32	13.25	30.03	13.15
汉滨区	Hanbin	53.75	21.43	53.58	21.52	53.07	21.28

注：全省为抽样调查数。
a) The data of Shaanxi are sample survey data.

12-26　商品棉基地县情况
Base County of Marketable Cotton

县　区	Region	2015 播种面积(公顷) Sown Area (hectare)	2015 产　量(吨) Output (ton)	2016 播种面积(公顷) Sown Area (hectare)	2016 产　量(吨) Output (ton)	2017 播种面积(公顷) Sown Area (hectare)	2017 产　量(吨) Output (ton)
全　省	**Shaanxi**	**27428**	**38591**	**244073**	**33819**	**16974**	**23284**
基地县合计	Total of Base Counties	15156.0	21390.0	13246.0	18787.0	11502.0	16872.0
基地县占全省%	As Percentage of Shaanxi	55.3	55.4	54.3	55.6	67.8	72.5
阎良区	Yanliang	21	34	3	4	1	2
临潼区	Lintong						
临渭区	Linwei	5698	7488	5595	7141	4698	6715
华州区	Huazhou	319	502	219	355	201	332
大荔县	Dali	2778	3686	1641	2552	997	1571
蒲城县	Pucheng	6007	9130	5648	8472	5604	8249
富平县	Fuping	333	550	140	263	1	3

12-27　烤烟主产县情况
Base County of Flue-cured Tobacco

县　区	Region	2015 播种面积(公顷) Sown Area (hectare)	2015 产　量(吨) Output (ton)	2016 播种面积(公顷) Sown Area (hectare)	2016 产　量(吨) Output (ton)	2017 播种面积(公顷) Sown Area (hectare)	2017 产　量(吨) Output (ton)
全　省	**Shaanxi**	**30857**	**72088**	**30492**	**67389**	**25396**	**56912**
基地县合计	Total of Base Counties	20262	47963	20086	44402	16191	35424
基地县占全省%	As Percentage of Shaanxi	65.7	66.5	66.5	65.9	63.8	62.2
宜君县	Yijun						
陇　县	Longxian	2387	4008	2146	3938	2130	3793
乾　县	Qianxian						
永寿县	Yongshou						
彬　县	Binxian	262	716	259	704	259	707
长武县	Changwu						
旬邑县	Xunyi	541	1136	507	1066	500	1058
合阳县	Heyang						
澄城县	Chengcheng						
宝塔区	Baota	194	450	267	631	266	633
富　县	Fuxian	800	4625	867	1805	713	1500
洛川县	Luochuan						
宜川县	Yichuan	302	670	87	180	53	100
黄龙县	Huanglong	140	420	160	522	136	459
洋　县	Yangxian	790	4435	802	4441	723	3471
西乡县	Xixiang	944	2839	915	2885	945	3161
平利县	Pingli	895	1689	902	1443	817	1438
旬阳县	Xunyang	6766	13120	6900	13141	4827	8841
洛南县	Luonan	6241	13855	6274	13646	4822	10263

12-28 苹果基地县情况

Base County of Apple

县 区	Region	2015 苹果园面积(公顷) Area of Apple Orchards (hectare)	2015 产 量(吨) Output (ton)	2016 苹果园面积(公顷) Area of Apple Orchards (hectare)	2016 产 量(吨) Output (ton)	2017 苹果园面积(公顷) Area of Apple Orchards (hectare)	2017 产 量(吨) Output (ton)
全 省	**Shaanxi**	**628549**	**10372974**	**704755**	**11007822**	**725236**	**11539402**
基地县合计	Total of Base Counties	572188	9612956	578597	10287080	585885	10768904
基地县占全省%	As Percentage of Shaanxi	82.3	92.7	82.1	93.5	80.8	93.3
印台区	Yintai	20470	243797	20744	250691	20720	259743
耀洲区	Yaozhou	17944	230980	19188	243554	19306	265296
宜君县	Yijun	16335	180510	14286	184964	13953	187146
陈仓区	Chencang	7156	93500	7309	96263	7257	91145
凤翔县	Fengxiang	8807	144803	8982	145655	9123	147780
岐山县	Qishan	5616	101010	5616	106050	5416	111000
扶风县	Fufeng	9427	295650	9425	300071	9425	300349
陇 县	Longxian	4642	26970	4462	26340	4619	27093
千阳县	Qianyang	6101	13556	6101	15129	6415	38498
乾 县	Qianxian	28493	503607	28493	509880	28446	543748
礼泉县	Liquan	30312	1178869	30312	1144506	30312	1129778
永寿县	Yongshou	26950	431300	26950	432674	27000	459675
彬 县	Binxian	21432	440353	21630	447025	21789	468355
长武县	Changwu	18667	287000	18667	304500	18667	349600
旬邑县	Xunyi	33530	550927	33532	554377	33530	585482
淳化县	Chunhua	34046	860000	34046	864930	34046	877194
合阳县	Heyang	13403	281313	13411	298552	13553	321339
澄城县	Chengcheng	27416	393995	27416	408468	29282	452291
蒲城县	Pucheng	14692	154142	15372	155915	17239	176247
白水县	Baishui	22849	562692	25938	585904	26138	594524
富平县	Fuping	12439	220159	12306	225842	12362	236586
韩城市	Hancheng	4986	95857	5167	99392	5300	103030
宝塔区	Baota	32068	244000	32734	296000	33068	330000
安塞区	Ansai	26667	47000	26667	90000	26667	126000
延长县	Yanchang	20483	240900	20483	232000	20707	260000
延川县	Yanchuan	13780	66800	14447	78500	14780	86360
富 县	Fuxian	24133	507700	24481	563743	24708	576245
洛川县	Luochuan	34275	801000	34275	864700	35089	888494
宜川县	Yichuan	18904	438000	19659	453200	20135	475000
黄陵县	Huangling	16165	286000	16498	317000	16832	335000

注：本表基地县产量为监测推算结果。

a) The outputs of Base Counties are calculateed results by monitoring.

12-29　梨基地县情况
Base County of Pear

县　区	Region	2015 梨园面积(公顷) Area of Pears Orchards (hectare)	2015 产　量(吨) Output (ton)	2016 梨园面积(公顷) Area of Pears Orchards (hectare)	2016 产　量(吨) Output (ton)	2017 梨园面积(公顷) Area of Pears Orchards (hectare)	2017 产　量(吨) Output (ton)
全　省	**Shaanxi**	**48740**	**1041293**	**47695**	**1042170**	**49367**	**1103748**
基地县合计	Total of Base Counties	26797	605845	26814	573348	26400	594894
基地县占全省%	As Percentage of Shaanxi	55.0	58.2	56.2	55.0	53.5	53.9
秦都区	Qindu	780	25560	740	24490	260	8230
乾　县	Qianxian	1600	31951	1533	33005	1533	33650
礼泉县	Liquan	3938	183563	3938	182655	3938	184255
彬　县	Binxian	1525	14420	1525	14614	1435	14951
临渭区	Linwei	2338	65980	2211	69019	1966	68207
蒲城县	Pucheng	11555	138877	12221	155077	12779	166031
富平县	Fuping	878	31905	878	30996	879	31264
子长县	Zichang	2243	6320	1937	5296	1770	4800
宜川县	Yichuan	584	956	584	10040	599	5025
洋　县	Yangxian	1357	13311	1247	13376	1240	13211

注：本表基地县产量为监测推算结果。
a) The outputs of Base Counties are calculateed results by monitoring.

12-30　猕猴桃基地县情况
Base County of Kiwi

县　区	Region	2015 猕猴桃园面积(公顷) Area of Kiwi Orchards (hectare)	2015 产　量(吨) Output (ton)	2016 猕猴桃园面积(公顷) Area of Kiwi Orchards (hectare)	2016 产　量(吨) Output (ton)	2017 猕猴桃园面积(公顷) Area of Kiwi Orchards (hectare)	2017 产　量(吨) Output (ton)
全　省	**Shaanxi**	**62070**	**1243515**	**63161**	**1312506**	**66669**	**1389726**
基地县合计	Total of Base Counties	45777	1038959	45843	1116064	46936	1107057
基地县占全省%	As Percentage of Shaanxi	73.8	83.6	72.6	85.0	70.4	79.7
灞桥区	Baqiao	503	22317	503	21686	566	27267
长安区	Chang'an	210	4443	218	4723	107	3626
鄠邑区	Huyi	718	22000	672	21278	739	21204
周至县	Zhouzhi	24682	371031	24748	388623	24877	395536
眉　县	Meixian	18130	456315	18167	475924	18198	475977
城固县	Chenggu	1534	8782	1534	14476	2450	17606

注：本表基地县产量为监测推算结果。
a) The outputs of Base Counties are calculateed results by monitoring.

12-31 各市(区)灾情(2017年)
Conditions in Natural Disaster by City(District)(2017)

地区	Region	受灾人口(万人次) Disaster Population Covered (10 000 persons-times)	死亡失踪人口(人) Population of Death and Absconcence (persons)	农作物受灾面积(千公顷) Disaster Areas of Farm Crops (1 000 hectares)	农作物绝收面积(千公顷) Disaster Areas of Farm Crops of No Harvest (1 000 hectares)	倒塌民房(万间) Broken Civil Buildings (10 000 units)	直接经济损失(亿元) Direct Economic Losses (100 million yuan)
全　省	**Shaanxi**	**689.02**	**69**	**733.77**	**106.42**	**0.65**	**162.93**
西安市	Xi'an	3.18	1	2.11	0.20		0.5
铜川市	Tongchuan	0.84		3.36			0.2
宝鸡市	Baoji	20.36	3	23.77	0.91		1.9
咸阳市	Xianyang	64.68		74.77	0.58	0.01	3.3
渭南市	Weinan	241.70	1	233.96	42.34		10.4
延安市	Yan'an	28.96	1	30.94	4.33	0.01	7.6
汉中市	Hanzhong	29.20	3	23.49	3.78	0.03	2.1
榆林市	Yulin	119.00	22	221.20	38.07	0.18	96.2
安康市	Ankang	113.92	31	95.89	14.63	0.27	36.9
商洛市	Shangluo	67.17	7	24.28	1.57	0.14	3.8
杨凌示范区	Yangling						

12-32 农业现代化情况
Agriculture Modernization

指标	Item	2015	2016	2017
农业机械总动力合计 (万千瓦)	**Total Agricultural Machinery Power (10 000 kw)**	**2667.27**	**2171.91**	**2242.51**
大中型拖拉机 (万台)	Number of Large and Medium Tractors (10 000 units)	11.11	11.82	12.38
小型拖拉机 (万台)	Number of Small Tractors (10 000 units)	21.81	21.72	21.36
大中型拖拉机配套农具 (万部)	Large and Medium Tractors Towing (10 000 units)	19.93	21.24	22.41
小型拖拉机配套农具 (万部)	Small Tractors Towing Farm Machinery(10 000 units)	29.86	30.57	31.18
农用排灌电动机 (万台)	Agricultural Drainage and Irrigation Motor(10 000 units)	33.33	34.07	33.88
农用排灌柴油机 (万台)	Agricultural Drainage and Irrigation Diesel Engine (10 000 units)	5.72	5.98	4.98
联合收割机 (万台)	Number of Combine Harvesters (10 000 units)	4.11	4.27	4.33
机动脱粒机 (万台)	Number of Mobile Thresher (10 000 units)	41.85	48.89	48.85
节水灌溉类机械 (万套)	Watersaving Irrigation Machinery (10 000 units)	4.41	4.45	4.39
农用水泵 (万台)	Number of Agricultural Pumps (10 000 units)	33.26	33.81	33.64
当年机耕地面积 (千公顷)	Area Cultivated by Mechanical (1 000 hectares)	2882.88	2774.30	2780.94
当年机械播种面积 (千公顷)	Area Sown by Mechanical (1 000 hectares)	2029.62	2075.82	2075.82
当年机械收获面积 (千公顷)	Mechanical harvest Area (1 000 hectares)	1821.77	1832.78	1876.21
农用化肥施用量(折纯量) (万吨)	Consumption of Chemical Fertilizers (10 000 tons)	231.95	233.05	232.15
氮　肥	Nitrogenous Fertilizer	93.52	92.20	90.02
磷　肥	Phosphate Fertilizer	18.52	19.08	18.64
钾　肥	Potash Fertilizer	24.40	24.69	24.26
复合肥	Compound Fertilizer	95.50	97.09	99.24
农用塑料薄膜使用量 (吨)	Plastic Film Consumption (ton)	43068	43717	43954
# 地膜使用量	Film Consumption	22147	22313	22322
地膜覆盖面积 (千公顷)	Film Coverage Area (1 000 hectares)	454.14	437.53	436.92
农用柴油使用量 (万吨)	Diesel Consumption (10 000 tons)	92.32	92.77	93.43
农药使用量 (吨)	Pesticides Consumption (ton)	13092	13190	13335

注：本表为农机部门数据。

a) Data in this table come from Agricultural Machinery Bureau.

12-33 各市(区)农业现代化情况（2017）
Agriculture Modernization by City(District) (2017)

地 区	Region	农用机械总动力合计(万千瓦) Total Agricultural Machinery Power (10 000 kw)	大中型拖拉机(台) Large and Medium Tractors (unit)	小 型拖拉机(台) Small Tractors (unit)	大中型机配农具(部) Large and Medium Tractors Towing Farm Machinery (unit)	小 型机配农具(部) Small Tractors Towing Farm Machinery (unit)	农用排灌电动机(台) Agricultural Drainage and Irrigation Motor (unit)	农用排灌柴油机(台) Agricultural Drainage and Irrigation Diesel Engine (unit)
全 省	**Shaanxi**	**2243**	**123783**	**213571**	**224091**	**311760**	**338776**	**49827**
西 安 市	Xi'an	254	9275	8501	31726	18833	80899	1467
铜 川 市	Tongchuan	33	4730	3835	11535	6726	880	152
宝 鸡 市	Baoji	241	18496	21918	38748	47540	20013	2434
咸 阳 市	Xianyang	268	16425	16334	34327	26638	32625	2046
渭 南 市	Weinan	553	30809	75815	57144	107676	67265	5419
延 安 市	Yan'an	160	7373	50585	11130	61866	10208	5574
汉 中 市	Hanzhong	184	5870	4000	3772	4693	36461	6754
榆 林 市	Yulin	279	28016	18366	32747	27084	39236	6320
安 康 市	Ankang	193	1714	10483	917	3515	26436	17907
商 洛 市	Shangluo	69	418	3544	803	6169	24251	1754
杨凌示范区	Yangling	8	657	190	1242	1020	502	

12-33 续表 continued

地 区	Region	联 合收割机(台) Combine Harvesters (unit)	机 动脱粒机(台) Mobile Thresher (unit)	节水灌溉类机械(套) Watersaving Irrigation Machinery (unit)	农 用水 泵(台) Pumps (unit)	化肥施用折纯量(吨) Consumption of Chemical Fertilizers (ton)	农用塑料薄膜使用量(吨) Plastic Film Consumption (ton)
全 省	**Shaanxi**	**43298**	**488517**	**43892**	**336426**	**2321487**	**43954**
西 安 市	Xi'an	7656	14169	2366	76916	255267	3158
铜 川 市	Tongchuan	464	2361	1547	998	55236	683
宝 鸡 市	Baoji	7528	47561	316	20325	253248	1632
咸 阳 市	Xianyang	8386	19281	11921	33120	445085	6256
渭 南 市	Weinan	17043	24688	13518	47228	709163	15486
延 安 市	Yan'an	217	6768	6453	13443	148509	3786
汉 中 市	Hanzhong	963	89781	886	34953	136611	2792
榆 林 市	Yulin	712	43857	960	57294	144865	4675
安 康 市	Ankang	204	169713	2801	29816	111667	3051
商 洛 市	Shangluo	21	70265	3124	21831	57330	1765
杨凌示范区	Yangling	104	73		502	4506	670

注：本表为农机部门数据。
a) Data in this table come from Agricultural Machinery Bureau.

12-34 各市、县(市、区)农村经济主要指标(2017年)
Main Indicators of Rural Economy by City and County (City and District) (2017)

地 区	Region	农林牧渔业总产值(万元) Gross Output Value of Farming, Forestry, Animal Husbandry and Fishery (10 000 yuan)	农林牧渔业增加值(万元) Value Added of Farming, Forestry, Animal Husbandry and Fishery (10 000 yuan)	年末常用耕地面积(公顷) Area of Cultivated Land (hectares)	农用机械总动力(千瓦) Total Agricultural Machinery Power (kw)	农用化肥施用折纯量(吨) Consumption of Chemical Fertilizers (ton)	农用塑料薄膜使用量(吨) Plastic Film Consumption (ton)
全 省	**Shaanxi**	**30704511**	**18286229**	**3014378**	**22425057**	**2321487**	**43954**
西安市	**Xi'an**	**4973925**	**3124573**	**249631**	**2543023**	**255267**	**3158**
新城区	Xincheng						
碑林区	Beilin						
莲湖区	Lianhu						
灞桥区	Baqiao	364717	241944	4840	142018	7484	13
未央区	Weiyang	13836	7887	121	46873	239	33
雁塔区	Yanta				61955		
阎良区	Yanliang	412635	269657	15285	155777	27921	1360
临潼区	Lintong	588206	358616	45862	408257	40008	232
长安区	Chang'an	556509	373960	32215	351578	17602	106
高陵区	Gaoling	607588	379723	14605	213281	13885	39
鄠邑区	Huyi	496405	310795	35244	490827	31960	582
蓝田县	Lantian	539025	328571	39248	245672	46769	335
周至县	Zhouzhi	591455	367857	32840	332877	52752	99
西咸新区	Xixian	803549	485563	29370	93908	16647	360
铜川市	**Tongchuan**	**455534**	**255506**	**68509**	**330114**	**55236**	**683**
王益区	Wangyi	23925	13559	5327	34165	1526	14
印台区	Yintai	98900	56609	9550	61211	8131	88
耀州区	Yaozhou	212775	117313	31644	136913	33047	250
宜君县	Yijun	119934	68025	21987	97825	12532	330
宝鸡市	**Baoji**	**3098458**	**1839645**	**294486**	**2414145**	**253248**	**1632**
渭滨区	Weibin	80909	46551	5427	56591	5149	15
金台区	Jintai	48336	30209	10127	130390	4781	4
陈仓区	Chencang	456435	270039	44450	393860	31731	140
凤翔县	Fengxiang	432245	261805	45587	367350	43400	101
岐山县	Qishan	408461	255331	35286	336350	24404	135
扶风县	Fufeng	383283	219491	30838	422518	48329	40
眉 县	Meixian	390844	216695	23173	239165	44096	130
陇 县	Longxian	346775	203730	35360	180614	14488	421
千阳县	Qianyang	184024	109707	18637	116900	12325	146
麟游县	Linyou	120994	77502	29546	46999	14785	175
凤 县	Fengxian	132856	80856	9585	61600	5438	149
太白县	Taibai	113296	67729	6470	61808	4322	176
咸阳市	**Xianyang**	**5525964**	**3311573**	**318625**	**2684502**	**445085**	**6256**
秦都区	Qindu	131851	75921	3573	188259	7863	144
渭城区	Weicheng				136141		
三原县	Sanyuan	541711	330957	32836	246724	29175	447
泾阳县	Jingyang	528502	328162	30607	385407	25168	1354
乾 县	Qianxian	564452	333356	46959	292077	112176	148
礼泉县	Liquan	887487	568656	28866	202800	89582	923

注：全省粮食和猪牛羊禽相关数据为抽样调查数据。
a) The Shaanxi data of grain, pig, cattle, sheep are sample survey data.

12-34 续表 1 continued

地　区	Region	农林牧渔业总产值(万元) Gross Output Value of Farming, Forestry, Animal Husbandry and Fishery (10 000 yuan)	农林牧渔业增加值(万元) Value Added of Farming, Forestry, Animal Husbandry and Fishery (10 000 yuan)	年末常用耕地面积(公顷) Area of Cultivated Land (hectares)	农用机械总动力(千瓦) Total Agricultural Machinery Power (kw)	农用化肥施用折纯量(吨) Consumption of Chemical Fertilizers (ton)	农用塑料薄膜使用量(吨) Plastic Film Consumption (ton)
永寿县	Yongshou	329220	174437	20538	198158	30638	143
彬　县	Binxian	338547	195411	31755	150320	20010	896
长武县	Changwu	353680	173415	11831	127600	33494	726
旬邑县	Xunyi	542244	318306	27786	96988	30430	1024
淳化县	Chunhua	506629	295525	28762	154639	24862	195
武功县	Wugong	407256	253508	26967	273128	26629	154
兴平市	Xingping	394385	263919	28145	232262	15058	102
渭南市	**Weinan**	**4305531**	**2429890**	**487794**	**5527357**	**709163**	**15486**
临渭区	Linwei	704352	390993	61591	1011939	67834	1686
华州区	Huazhou	184469	106108	23632	295313	27001	385
潼关县	Tongguan	71616	40320	10703	125908	10601	49
大荔县	Dali	648934	357780	67571	1143508	86202	2986
合阳县	Heyang	374359	207057	58406	298307	24695	962
澄城县	Chengcheng	412496	230477	47193	348223	35731	633
蒲城县	Pucheng	493902.0	289863.0	88571	997797	65320.0	5647.0
白水县	Baishui	450236	262903	26387	315395	64105	753
富平县	Fuping	532776	304747	66601	624270	301907	1966
韩城市	Hancheng	315781	173386	24573	259906	18068	173
华阴市	Huayin	116610	66256	12567	79580	7699	246
延安市	**Yan'an**	**2140939**	**1230018**	**255445**	**1595085**	**148509**	**3786**
宝塔区	Baota	221711	133366	31685	79213	7272	263
安塞区	Ansai	158052	84690	37243	89794	5211	284
延长县	Yanchang	150874	90182	14715	99011	5739	140
延川县	Yanchuan	136680	80764	22818	125847	4048	170
子长县	Zichang	128829	74693	31651	112372	3855	769
志丹县	Zhidan	101002	55426	30225	87131	2801	262
吴起县	Wuqi	86403	50922	25652	137126	2819	904
甘泉县	Ganquan	83317	48098	6013	67983	3734	240
富　县	Fuxian	249351	142016	10054	112082	11140	416
洛川县	Luochuan	387282	216350	9885	256697	59923	69
宜川县	Yichuan	203724	120507	14923	180710	19208	75
黄龙县	Huanglong	87846	51777	11611	72220	11222	79
黄陵县	Huangling	145868	81227	8971	174898	11537	115
汉中市	**Hanzhong**	**3713299**	**2169876**	**210211**	**1843910**	**136611**	**2792**
汉台区	Hantai	336786	196491	13787	180173	12356	685
南郑区	Nanzheng	449362	255528	34351	225100	16491	437
城固县	Chenggu	819382	486159	23908	242968	34018	207
洋　县	Yangxian	436301	259291	28031	195576	17180	466
西乡县	Xixiang	362564	210986	21950	267161	12926	160
勉　县	Mianxian	410295	231572	28034	174770	22514	171
宁强县	Ningqiang	343467	204702	21296	202000	10206	194

注：2017年渭南市农业机械总动力合计数据包括了渭南农垦管理处数据。

12-34 续表 2 continued

地 区	Region	农林牧渔业总产值(万元) Gross Output Value of Farming, Forestry, Animal Husbandry and Fishery (10 000 yuan)	农林牧渔业增加值(万元) Value Added of Farming, Forestry, Animal Husbandry and Fishery (10 000 yuan)	年末常用耕地面积(公顷) Area of Cultivated Land (hectares)	农用机械总动力(千瓦) Total Agricultural Machinery Power (kw)	农用化肥施用折纯量(吨) Consumption of Chemical Fertilizers (ton)	农用塑料薄膜使用量(吨) Plastic Film Consumption (ton)
略阳县	Lueyang	177005	100588	10046	220100	3577	137
镇巴县	Zhenba	295207	176704	23814	71060	5930	269
留坝县	Liuba	57788	33891	3144	37511	804	50
佛坪县	Foping	25142	13964	1849	27491	609	16
榆林市	**Yulin**	**2922115**	**1745967**	**788301**	**2786025**	**144865**	**4675**
榆阳区	Yuyang	512097	299944	82310	393931	22900	390
横山区	Hengshan	286790	169606	81393	192067	12239	204
府谷县	Fugu	117485	70169	43263	230399	6900	53
靖边县	Jingbian	412931	241770	85785	471114	16724	1321
定边县	Dingbian	363114	208819	212526	525281	34221	873
绥德县	Suide	193974	118389	48323	165014	14827	158
米脂县	Mizhi	123884	76044	27870	146472	5239	193
佳 县	Jiaxian	186577	116223	58808	126173	3159	160
吴堡县	Wubu	53581	34499	8089	43159	907	19
清涧县	Qingjian	217007	134996	27319	137313	5328	627
子洲县	Zizhou	212211	132237	30473	99607	14571	426
神木市	Shenmu	242464	143271	82142	255495	7850	250
安康市	**Ankang**	**1848597**	**1066877**	**195320**	**1930527**	**111667**	**3051**
汉滨区	Hanbin	421483	252314	40841	581891	52155	782
汉阴县	Hanyin	230978	136569	22919	236324	10729	214
石泉县	Shiquan	126860	74385	13129	135937	4835	195
宁陕县	Ningshan	85387	46985	3404	58687	344	51
紫阳县	Ziyang	209496	121243	24036	169402	4726	179
岚皋县	Langao	124159	71309	17057	98018	4415	435
平利县	Pingli	200479	111176	18245	154538	4387	512
镇坪县	Zhenping	63301	34558	4933	45728	1352	53
旬阳县	Xunyang	249653	137488	36659	307200	22859	449
白河县	Baihe	136801	80850	14096	142802	5865	181
商洛市	**Shangluo**	**1811445**	**1030515**	**133729**	**686193**	**57330**	**1765**
商州区	Shangzhou	262074	151022	21112	104149	8660	425
洛南县	Luonan	388553	226257	32018	151376	16908	435
丹凤县	Danfeng	222008	120424	12118	49900	5219	113
商南县	Shangnan	247066	131824	14080	84703	4952	186
山阳县	Shanyang	333186	204006	23971	122480	8965	114
镇安县	Zhen'an	219282	123954	21746	126000	8122	299
柞水县	Zhashui	139276	73028	8684	47586	4504	193
杨凌示范区	**Yangling**	**134451**	**81837**	**5195**	**84177**	**4506**	**670**

12-34 续表 3 continued

地 区	Region	粮食播种面积(公顷) Sown Area of Grain (hectares)	粮食产量(吨) Output of Grain (ton)	油料产量(吨) Output of Oil-bearing (ton)	棉花产量(吨) Output of Cotton (ton)	蔬菜产量(吨) Output of Vegetables (ton)	水果产量(吨) Output of Fruits (ton)	#苹果 Output of Apples
全 省	**Shaanxi**	**3045260**	**12162000**	**668787**	**23284**	**19747468**	**18010157**	**11539402**
西安市	**Xi'an**	**379970**	**1878757**	**9275**	**239**	**4454267**	**1347706**	**131349**
新城区	Xincheng							
碑林区	Beilin							
莲湖区	Lianhu							
灞桥区	Baqiao	10339	49645	357	53	309367	131721	50
未央区	Weiyang	22	112			1881	73	
雁塔区	Yanta							
阎良区	Yanliang	14019	84826	105	2	838845	72358	6346
临潼区	Lintong	63695	304775	1258		504384	77315	2883
长安区	Chang'an	53187	265260	2111		567769	53870	408
高陵区	Gaoling	25519	179220			540322	74734	7345
鄠邑区	Huyi	26912	269000	569		283068	102078	307
蓝田县	Lantian	62208	253850	2805	178	191702	132793	7090
周至县	Zhouzhi	45097	206556	1262		219399	453345	2820
西咸新区	Xixian	53463	265513	808	6	997530	249419	104100
铜川市	**Tongchuan**	**63323**	**242850**	**7691**		**188391**	**791624**	**753057**
王益区	Wangyi	3857	10363	295		14610	45089	40872
印台区	Yintai	10595	36086	1500		31440	261156	259743
耀州区	Yaozhou	30457	89983	5177		111222	298194	265296
宜君县	Yijun	18414	106418	719		31119	187185	187146
宝鸡市	**Baoji**	**324763**	**1428965**	**19634**	**47**	**1501698**	**1494045**	**779411**
渭滨区	Weibin	4768	13512	959		6913	25868	95
金台区	Jintai	11206	35000	855		3352	4546	878
陈仓区	Chencang	57425	224139	2685		200312	117834	91145
凤翔县	Fengxiang	54301	253150	3322		152494	163201	147780
岐山县	Qishan	47526	258649	2105	14	182846	186920	111000
扶风县	Fufeng	47916	269563	935	33	38500	342869	300349
眉 县	Meixian	21280	116083	1242		37608	509106	2132
陇 县	Longxian	31944	100000	2460		116747	33768	27093
千阳县	Qianyang	17867	55023	1194		123334	43891	38498
麟游县	Linyou	22485	73787	2633		32997	3287	2132
凤 县	Fengxian	5995	23000	757		153629	60193	58000
太白县	Taibai	2051	7059	487		452966	2562	309
咸阳市	**Xianyang**	**340078**	**1632513**	**49866**	**8**	**3618571**	**5748504**	**4763278**
秦都区	Qindu	6365	30056	108		34057	42320	29050
渭城区	Weicheng							
三原县	Sanyuan	39816	194981	3863		1227188	209611	116769
泾阳县	Jingyang	34416	163222	2373		1362544	87182	15015
乾 县	Qianxian	53820	251617	9386		50875	631219	543748
礼泉县	Liquan	26036	120158	5171		82025	1571964	1129778

12-34 续表 4 continued

地 区	Region	粮食播种面积(公顷) Sown Area of Grain (hectares)	粮食产量(吨) Output of Grain (ton)	油料产量(吨) Output of Oil-bearing (ton)	棉花产量(吨) Output of Cotton (ton)	蔬菜产量(吨) Output of Vegetables (ton)	水果产量(吨) Output of Fruits (ton)	# 苹果 Output of Apples
永寿县	Yongshou	19197	86696	3487		27104	487803	459675
彬 县	Binxian	26820	121458	11858		46320	521482	468355
长武县	Changwu	12279	56266	1546		24759	370008	349600
旬邑县	Xunyi	20167	105721	2668		80564	605838	585482
淳化县	Chunhua	23637	113476	6243		51786	986037	877194
武功县	Wugong	38870	194191	2343	8	224030	98926	81914
兴平市	Xingping	38655	194671	820		407319	136114	106698
渭南市	**Weinan**	**505708**	**2115422**	**73826**	**21980**	**2821858**	**3453566**	**2148145**
临渭区	Linwei	81452	342311	6191	6715	676830	302230	75631
华州区	Huazhou	27925	114008	1707	332	609372	33000	1730
潼关县	Tongguan	13456	44056	4845	622	41686	11637	2060
大荔县	Dali	61545	278689	27573	1571	426754	670823	184707
合阳县	Heyang	50164	204038	5458	2774	201273	420885	321339
澄城县	Chengcheng	42938	172478	9005	493	64647	537100	452291
蒲城县	Pucheng	82154	345384	4769	8249	161699	376049	176247
白水县	Baishui	28224	109004	8240		78635	596866	594524
富平县	Fuping	79535	360364	3232	3	363608	364542	236586
韩城市	Hancheng	19936	65086	1561	121	141867	130674	103030
华阴市	Huayin	18379	80004	1245	1100	55487	9760	
延安市	**Yan'an**	**201280**	**767087**	**28246**	**773**	**1384632**	**3378659**	**3231505**
宝塔区	Baota	26761	92859	1286		200852	335703	330000
安塞区	Ansai	29034	68544	4639		316321	276070	260000
延长县	Yanchang	10821	30027	4085	424	122280	173705	86360
延川县	Yanchuan	16966	31780	897	343	35345	37072	30000
子长县	Zichang	25628	78154	6564		133806	131028	126000
志丹县	Zhidan	19820	56573	526		85909	54188	45000
吴起县	Wuqi	17600	69380	1650		77578	13540	12006
甘泉县	Ganquan	9511	47180	65		156000	6818	5400
富 县	Fuxian	6286	36609			117190	577199	576245
洛川县	Luochuan	12754	105112	890		35662	890122	888494
宜川县	Yichuan	6729	35217	749	6	48280	483091	475000
黄龙县	Huanglong	9477	69900	3148		11721	62340	62000
黄陵县	Huangling	9894	45752	3747		43688	337783	335000
汉中市	**Hanzhong**	**265117**	**1042780**	**194722**	**53**	**2559066**	**490377**	**5039**
汉台区	Hantai	17176	110074	15946		248857	36959	
南郑区	Nanzheng	32942	147828	35882		215326	15175	60
城固县	Chenggu	26166	141453	23667		770371	303379	204
洋 县	Yangxian	32625	157255	29354	52	752105	91931	1607
西乡县	Xixiang	30238	104724	26680	1	114938	6590	
勉 县	Mianxian	30027	131460	31636		157228	10065	47
宁强县	Ningqiang	30846	87409	13179		62259	5480	521

12-34 续表 5 continued

地 区	Region	粮食播种面积(公顷) Sown Area of Grain (hectares)	粮食产量(吨) Output of Grain (ton)	油料产量(吨) Output of Oil-bearing (ton)	棉花产量(吨) Output of Cotton (ton)	蔬菜产量(吨) Output of Vegetables (ton)	水果产量(吨) Output of Fruits (ton)	#苹果 Output of Apples
略阳县	Lueyang	20167	49104	5069		60960	9451	1469
镇巴县	Zhenba	38953	91886	11874		129367	9696	828
留坝县	Liuba	3171	12323	953		29069	872	259
佛坪县	Foping	2803	9264	482		18586	779	44
榆林市	**Yulin**	**488187**	**1658921**	**101421**	**134**	**931226**	**957636**	**271992**
榆阳区	Yuyang	45711	242138	2887		166451	42604	4207
横山区	Hengshan	63395	176943	1774		58093	19455	10035
府谷县	Fugu	28941	60521	2196	57	33263	38020	768
靖边县	Jingbian	53448	255321	10941		232413	24711	8656
定边县	Dingbian	110842	292126	25050		174605	3926	1310
绥德县	Suide	27757	95077	22888		56757	181493	101945
米脂县	Mizhi	29513	106311	6273		15385	55008	28782
佳 县	Jiaxian	25277	87436	2480		33730	206678	3595
吴堡县	Wubu	6782	25778	887	4	15054	38609	1113
清涧县	Qingjian	30764	83284	11038	73	78196	295305	72270
子洲县	Zizhou	33382	104062	8392		39706	45957	39072
神木市	Shenmu	32376	129924	6615		27573	5870	239
安康市	**Ankang**	**267472**	**876330**	**155369**	**27**	**1607977**	**239153**	**5145**
汉滨区	Hanbin	53067	212784	45326	12	460132	66231	869
汉阴县	Hanyin	24923	100412	30370	15	195740	41714	115
石泉县	Shiquan	19338	71180	15520		77644	6445	264
宁陕县	Ningshan	5151	19667	884		45352	1268	262
紫阳县	Ziyang	41935	112260	12731		248529	6719	58
岚皋县	Langao	24828	68582	7987		167867	4723	
平利县	Pingli	24765	78199	11348		111429	7888	370
镇坪县	Zhenping	9416	27949	1845		40105	1595	320
旬阳县	Xunyang	45365	126397	22325		157766	53196	2505
白河县	Baihe	18683	58900	7033		103413	49374	382
商洛市	**Shangluo**	**201737**	**616734**	**28399**	**2**	**532322**	**66652**	**7931**
商州区	Shangzhou	28758	97768	397		50680	10655	361
洛南县	Luonan	48047	159840	2989		171370	9035	270
丹凤县	Danfeng	21074	60907	1080		23111	9276	1620
商南县	Shangnan	20716	58938	15172		79296	7053	485
山阳县	Shanyang	35962	107437	3135		68107	10420	1271
镇安县	Zhen'an	34148	89283	5203	2	76142	11556	2817
柞水县	Zhashui	13033	42561	423		63616	8657	1107
杨凌示范区	**Yangling**	**3035**	**19550**	**128**		**147460**	**39590**	**6910**

12-34 续表 6 continued

地 区	Region	肉类产量(吨) Output of Meat (ton)	禽蛋产量(吨) Output of Poultry Eggs (ton)	奶类产量(吨) Output of Milk (ton)	牛存栏(万头) Stocked Cattle (10 000 heads)	#奶牛 Dairy cow	猪存栏(万头) Stocked Hogs (10 000 heads)	羊存栏(万只) Stocked (10 000 heads)	家禽存栏(万只) Stocked (10 000 heads)
全 省	**Shaanxi**	**1118360**	**600824**	**1844816**	**151.23**	**41.62**	**854.42**	**868.52**	**7316**
西安市	**Xi'an**	**183100**	**146273**	**558412**	**18.41**	**9.62**	**84.36**	**31.02**	**1243**
新城区	Xincheng								
碑林区	Beilin								
莲湖区	Lianhu								
灞桥区	Baqiao	7820	4582	30815	0.63	0.61	4.33	1.03	35
未央区	Weiyang	2510	27	270	0.00	0.00	0.11	0.01	
雁塔区	Yanta								
阎良区	Yanliang	7734	6769	103187	1.88	1.81	3.84	5.39	63
临潼区	Lintong	46275	38038	211056	4.71	4.09	9.37	8.10	266
长安区	Chang'an	15072	25406	24731	0.56	0.25	10.76	1.65	239
高陵区	Gaoling	9512	18433	55070	2.13	1.03	5.11	2.67	164
鄠邑区	Huyi	17300	12615	14035	0.69	0.20	12.54	0.66	115
蓝田县	Lantian	21899	10519	43297	3.75	0.30	7.95	7.38	125
周至县	Zhouzhi	25818	10057	13676	2.88	0.26	16.00	1.15	100
西咸新区	Xixian	29159	19827	62275	1.18	1.07	14.36	2.99	136
铜川市	**Tongchuan**	**16906**	**16444**	**27223**	**6.83**	**1.36**	**7.18**	**7.45**	**181**
王益区	Wangyi	1359	981	1104	0.28	0.09	0.84	0.32	23
印台区	Yintai	5441	9829	4178	1.03	0.20	2.51	1.46	100
耀州区	Yaozhou	5172	5280	21941	3.76	1.07	2.87	3.09	38
宜君县	Yijun	4934	432		1.77		0.95	2.58	20
宝鸡市	**Baoji**	**179763**	**76526**	**618888**	**46.77**	**18.05**	**101.27**	**55.55**	**929**
渭滨区	Weibin	1751	602	954	0.07	0.03	1.19	0.46	15
金台区	Jintai	3548	817	9727	0.76	0.23	2.21	0.99	17
陈仓区	Chencang	53601	22718	54280	6.40	1.15	26.03	5.03	186
凤翔县	Fengxiang	20994	11336	90937	8.86	2.73	9.07	8.10	139
岐山县	Qishan	21298	15119	68922	5.20	2.49	18.18	4.01	128
扶风县	Fufeng	22999	14733	26006	1.35	0.69	17.26	2.55	238
眉 县	Meixian	15686	4869	81320	3.73	2.73	13.47	3.46	85
陇 县	Longxian	9772	2379	163873	6.98	4.40	2.54	10.10	26
千阳县	Qianyang	7115	1937	122667	5.23	3.50	1.66	7.01	25
麟游县	Linyou	8554	273	58	5.85	0.05	1.10	11.21	27
凤 县	Fengxian	10940	180		1.90		6.73	3.03	56
太白县	Taibai	3505	687	144	0.55	0.01	1.77	1.80	12
咸阳市	**Xianyang**	**189624**	**95796**	**633983**	**43.70**	**21.73**	**175.02**	**104.38**	**893**
秦都区	Qindu	3716	1032	8775	0.41	0.37	2.66	0.32	10
渭城区	Weicheng								
三原县	Sanyuan	16923	22939	54396	5.18	0.92	11.56	16.36	185
泾阳县	Jingyang	18250	8639	189927	7.00	7.00	12.82	12.05	113
乾 县	Qianxian	16455	5151	134672	5.02	4.81	16.08	5.15	52
礼泉县	Liquan	9551	2368	26109	1.88	1.10	7.51	9.91	27

12-34 续表 7 continued

地 区	Region	肉类产量(吨) Output of Meat (ton)	禽蛋产量(吨) Output of Poultry Eggs (ton)	奶类产量(吨) Output of Milk (ton)	牛存栏(万头) Stocked Cattle (10 000 heads)	#奶牛 Dairy Cow	猪存栏(万头) Stocked Hogs (10 000 heads)	羊存栏(万只) Stocked (10 000 heads)	家禽存栏(万只) Stocked (10 000 heads)
永寿县	Yongshou	9849	2804	12409	5.71	0.08	5.90	15.74	41
彬 县	Binxian	5232	4471	5801	1.63	0.07	3.34	4.31	34
长武县	Changwu	4547	4269	13227	2.78	0.57	2.18	7.00	48
旬邑县	Xunyi	26121	5137	4157	4.11	0.22	48.30	9.81	53
淳化县	Chunhua	13885	10744	26232	3.06	0.61	9.00	17.91	99
武功县	Wugong	25076	13540	132252	5.00	4.89	26.27	2.92	93
兴平市	Xingping	40019	14702	26026	1.92	1.09	29.42	2.92	138
渭南市	**Weinan**	**216651**	**110866**	**393017**	**27.35**	**11.76**	**197.60**	**103.81**	**1203**
临渭区	Linwei	32048	31228	95129	7.84	2.84	26.05	11.00	243
华州区	Huazhou	8160	5015	3946	1.01	0.12	7.08	2.55	88
潼关县	Tongguan	7115	1808	159	0.47	0.01	6.70	0.76	23
大荔县	Dali	37317	18846	23399	4.91	1.31	34.59	22.81	147
合阳县	Heyang	11649	4859	72951	4.11	3.70	11.70	5.47	66
澄城县	Chengcheng	55637	10190	440	0.36	0.01	56.40	3.70	86
蒲城县	Pucheng	15750	6322	41205	2.36	1.03	14.57	8.16	207
白水县	Baishui	16459	1600	2291	1.03	0.03	16.79	4.41	37
富平县	Fuping	19069	22750	136209	3.27	2.03	14.27	36.45	205
韩城市	Hancheng	9588	3694	1978	1.12	0.06	7.52	6.39	61
华阴市	Huayin	3859	4554	15310	0.87	0.63	1.95	2.13	40
延安市	**Yan'an**	**74585**	**29964**	**7545**	**15.10**	**0.18**	**66.81**	**62.11**	**381**
宝塔区	Baota	6538	4112	3188	1.95	0.09	4.10	2.53	56
安塞区	Ansai	8918	2691	818	2.78	0.03	6.68	8.16	26
延长县	Yanchang	3208	1977	176	0.90	0.01	3.18	6.92	26
延川县	Yanchuan	3250	1477	93	2.18	0.01	1.97	7.18	25
子长县	Zichang	3132	1453	434	1.29	0.02	2.84	3.41	21
志丹县	Zhidan	3232	1790	188	0.49	0.01	3.03	13.71	23
吴起县	Wuqi	5880	1523	34	0.46	0.00	3.67	10.03	21
甘泉县	Ganquan	4472	6983	193	0.89	0.00	2.11	5.98	97
富 县	Fuxian	3374	1918	96	1.98	0.00	2.13	0.48	22
洛川县	Luochuan	24953	1556	1939	0.52	0.01	30.30	1.21	17
宜川县	Yichuan	2178	1608	70	0.43	0.00	2.25	0.97	14
黄龙县	Huanglong	2695	1104		0.86		1.67	0.88	15
黄陵县	Huangling	2755	1772	316	0.36	0.01	2.87	0.65	19
汉中市	**Hanzhong**	**326375**	**74659**	**13361**	**29.78**	**0.41**	**250.27**	**34.11**	**1125**
汉台区	Hantai	18903	9680	6268	1.01	0.17	10.91	0.26	137
南郑区	Nanzheng	37889	7569	1022	3.62	0.03	30.56	2.69	108
城固县	Chenggu	47491	10079	475	3.09	0.03	30.24	1.41	153
洋 县	Yangxian	43627	8392	706	6.00	0.02	36.99	4.97	113
西乡县	Xixiang	48195	5630	21	3.31	0.00	34.44	5.81	80
勉 县	Mianxian	42773	15552	4869	3.01	0.15	35.99	1.12	178
宁强县	Ningqiang	34461	6978		3.95		29.61	2.03	112

12-34 续表 8 continued

地 区	Region	肉类产量(吨) Output of Meat (ton)	禽蛋产量(吨) Output of Poultry Eggs (ton)	奶类产量(吨) Output of Milk (ton)	牛存栏(万头) Stocked Cattle (10 000 heads)	#奶牛 Dairy Cow	猪存栏(万头) Stocked Hogs (10 000 heads)	羊存栏(万只) Stocked (10 000 heads)	家禽存栏(万只) Stocked (10 000 heads)
略阳县	Lueyang	15521	6227		1.41		9.15	2.30	149
镇巴县	Zhenba	31316	3540		3.74		28.58	12.86	72
留坝县	Liuba	3716	713		0.53		2.52	0.26	16
佛坪县	Foping	2484	299		0.10		1.27	0.39	6
榆林市	**Yulin**	**182957**	**51671**	**85994**	**14.97**	**2.77**	**91.81**	**656.13**	**564**
榆阳区	Yuyang	60951	9692	26185	3.72	0.83	37.53	138.21	125
横山区	Hengshan	20442	4428	2056	0.85	0.04	5.45	97.03	55
府谷县	Fugu	5288	5010	577	0.69	0.02	2.99	16.90	27
靖边县	Jingbian	28617	4920	8781	0.93	0.31	14.88	130.76	74
定边县	Dingbian	19646	5121	12220	0.70	0.41	9.38	88.78	52
绥德县	Suide	4591	4499	6751	0.59	0.18	2.71	14.81	46
米脂县	Mizhi	6045	3181	2537	0.92	0.09	1.91	19.34	53
佳 县	Jiaxian	4378	3481	1878	0.91	0.04	2.06	15.85	26
吴堡县	Wubu	1276	1557	426	0.08	0.01	0.49	3.24	8
清涧县	Qingjian	5877	2050	3437	1.07	0.10	3.42	12.22	22
子洲县	Zizhou	7313	2500	10000	0.50	0.26	4.16	30.40	31
神木市	Shenmu	18533	5232	11146	4.03	0.48	6.84	88.60	43
安康市	**Ankang**	**274694**	**40119**	**300**	**25.16**	**0.01**	**223.37**	**94.34**	**952**
汉滨区	Hanbin	57826	9097	300	5.40	0.01	48.23	13.55	200
汉阴县	Hanyin	33003	7400		3.65		27.51	5.26	129
石泉县	Shiquan	20788	2880		3.31		17.19	5.67	68
宁陕县	Ningshan	4621	637		0.43		3.73	2.70	22
紫阳县	Ziyang	33019	4298		0.69		27.72	10.03	87
岚皋县	Langao	20900	4419		0.21		18.09	8.78	122
平利县	Pingli	28822	2556		0.79		19.03	14.71	72
镇坪县	Zhenping	15091	504		0.36		12.89	2.62	35
旬阳县	Xunyang	44930	4488		9.28		37.23	22.32	153
白河县	Baihe	15694	3841		1.03		11.77	8.71	64
商洛市	**Shangluo**	**149992**	**77058**	**1490**	**11.98**	**0.04**	**97.70**	**37.67**	**834**
商州区	Shangzhou	19687	7542	1205	0.94	0.03	12.34	2.60	57
洛南县	Luonan	37505	15230	13	4.01	0.00	22.94	5.52	114
丹凤县	Danfeng	19851	6944	213	1.39	0.00	13.37	2.98	296
商南县	Shangnan	21799	13717		1.90		16.68	3.94	110
山阳县	Shanyang	28458	21292		1.23		250.27	10.30	143
镇安县	Zhen'an	13682	6457	59	1.51		6.55	9.08	60
柞水县	Zhashui	9010	6305		1.00		6.94	2.85	56
杨凌示范区	**Yangling**	**5371**	**2125**	**24739**	**1.76**	**0.66**	**4.13**	**0.23**	**19**

主要统计指标解释

农林牧渔业总产值 指以货币表现的农、林、牧、渔业全部产品和对农林牧渔业生产活动进行的各种支持性服务活动的价值总量，它反映一定时期内农林牧渔业生产总规模和总成果。1957年以前的农林牧渔业总产值中包括了厩肥和农民自给性手工业(如农民自制衣服、鞋、袜，自己从事粮食初步加工等)。1958年及以后，林业中增加了村及村以下竹木采伐产值；牧业中取消了厩肥产值；副业中取消了农民自给性手工业产值，增加了村及村以下办的工业产值； 渔业中增加了海洋捕捞水产品产值。1980年及以后，在副业中增加了农民家庭兼营工业商品部分的产值。从1984年起村及村以下工业产值划归工业。从1993年起取消副业，将野生动物的捕猎划入牧业，野生植物采集和农民家庭兼营商品性工业划归农业。从2003年起，执行新的国民经济行业分类标准，农林牧渔业总产值中包括了农林牧渔服务业产值。林业中增加了森林采运业产值。农业中取消了家庭兼营商品性工业产值，将野生林产品的采集划归林业。第一次农业普查以后，由于畜牧业产品年报数据与普查数据之间存在一定的差距，根据农业普查结果对畜牧业年报数据进行了修正，对畜牧业产值进行了相应修正。

农林牧渔业总产值的计算方法通常是按农、林、牧、渔业产品及其副产品的产量分别乘以各自单位产品价格求得；少数生产周期较长，当年没有产品或产品产量不易统计的，则采用间接方法匡算其产值；然后将四业产品产值及农林牧渔服务业产值相加即为农林牧渔业总产值。

粮食产量 指全社会的产量。包括国有经济经营的、集体统一经营的和农民家庭经营的粮食产量，还包括工矿企业办的农场和其他生产单位的产量。粮食除包括稻谷、小麦、玉米、高粱、谷子及其他杂粮外，还包括薯类和豆类。其产量计算方法，豆类按去豆荚后的干豆计算；薯类(包括甘薯和马铃薯，不包括芋头和木薯)1963年以前按每4公斤鲜薯折1公斤粮食计算，从1964年开始改为按5公斤鲜薯折1公斤粮食计算。城市郊区作为蔬菜的薯类(如马铃薯等)按鲜品计算，并且不作粮食统计。其他粮食一律按脱粒后的原粮计算。1989年以前全国粮食产量数据主要靠全面报表取得，1989年开始使用抽样调查数据。

棉花产量 指全社会的产量。包括春播棉和夏播棉。产量按皮棉计算。不包括木棉。

油料产量 指全部油料作物的生产量。包括花生、油菜籽、芝麻、向日葵籽、胡麻籽（亚麻籽）和其他油料。不包括大豆、木本油料和野生油料。花生以带壳干花生计算。

水产品产量 指人工养殖的水产品和天然生长的水产品的捕捞量。包括海水的鱼类、虾蟹类、贝类和藻类以及内陆水域的鱼类、虾蟹类和贝类，不包括淡水生植物。水产品产量是通过各级水产和统计部门逐级上报取得数据。1995年及以前，贝类中牡蛎按鲜肉计算；蚶、蛤、蛙按5斤鲜品折1斤计算。1996年以后则统一按鲜品计算。

猪、牛、羊肉产量 指当年出栏并已屠宰、除去头蹄下水后带骨肉(即胴体重)的重量。包括全社会范围内的产量。1996年前为各级逐级上报数据。1996年第一次农业普查以后，由于畜牧业产品年报数据与普查数据之间存在一定的差距，根据普查结果对畜牧业年报数据进行了修正。1999年以后，国家统计局在部分地区开展了猪、牛、羊、禽等主要畜禽品种的抽样调查，并用抽样数据作为国家定案数据使用。未开展抽样调查的地区和品种，仍使用各级统计部门逐级上报数据。2007年，根据第二次农业普查结果，对2000—2006年畜牧业年报数据进行了修正。2008年，建立了主要畜禽监测调查制度，猪、牛、羊、禽等主要畜牧业数据均以抽样调查数为法定数据。

期初(末)畜禽存栏头(只)数 指报告期初(末)农村各种合作经济组织和国营农场、农民个人、机关、团体、学校、工矿企业、部队等单位以及城镇居民饲养的大牲畜、猪、羊、家禽等畜禽的存栏数。数据上报方式及数据调整情况同猪、牛、羊肉产量。

农作物播种面积 指实际播种或移植有农作物的面积。凡是实际种植有农作物的面积，不论种植在耕地上还是种植在非耕地上，均包括在农作物播种面积中。在播种季节基本结束后，因遭灾而重新改种和补种的农作物面积，也包括在内。它是反映我国耕地面积利用情况的一个重要指标。目前，农作物播种面积主要包括粮食、棉花、油料、糖料、麻类、烟叶、蔬菜和瓜类、药材和其他农作物九大类。

农用化肥施用量 指本年内实际用于农业生产的化肥数量，包括氮肥、磷肥、钾肥和复合肥。化肥施用量要求按折纯量计算数量。折纯量是指把氮肥、磷肥、钾肥分别按含氮、含五氧化二磷、含氧化钾的百分之百成份进行折算后的数量。复合肥按其所含主要成分折算。公式为:

折纯量=实物量×某种化肥有效成份含量的百分比

农业机械总动力 指主要用于农、林、牧、渔业的各种动力机械的动力总和。包括耕作机械、排灌机械、收获机械、农用运输机械、植物保护机械、牧业机械、林业机械、渔业机械和其他农业机械〔内燃机按引擎马力折成瓦(特)计算、电动机按功率折成瓦(特)计算〕。不包括专门用于乡、镇、村、组办工业、基本建设、非农业运输、科学试验和教学等非农业生产方面用的动力机械与作业机械。这个指标的统计数据主要来源于农机部门。

Explanatory Notes on Main Statistical Indicators

Gross Output Value of Agriculture, Forestry, Animal Husbandry and Fishery refers to the total value of products of agriculture, forestry, animal husbandry and fishery, and total value of services in support of agriculture, forestry, animal husbandry and fishery activities. It reflects the total scale and results of agricultural production during a given period. Prior to 1957, China's gross agricultural output value included barnyard manure and handicraft products for self-consumption (clothes, shoes, stockings, and initial grain processing undertaken by peasants). Since 1958, cutting and felling of bamboo and trees by villages and other cooperative organizations under villages have been included in forestry; value of barnyard manure has been excluded from animal husbandry; self consumed handicrafts have not been included from sideline occupations, while the output value of industries run by villages and cooperative organizations under village has been included in sideline occupations; and the output value of fish catches by motor fishing boats has been added to fishery. Since 1980, the value of handicraft products made for sale by individuals in households has been added to sideline occupations. Since 1984, industries run by villages and under villages have been included in the sector of industry. Since 1993, the subdivision of sideline occupations has been cancelled, and the hunting of wild animals has been classified into animal husbandry, and the gathering of wild plants and commodity industry run by rural household have been included in farming. A new industrial classification of economic activities was introduced in 2003. Under the new classification, value of services to agriculture, forestry, animal husbandry and fishery is included in the gross output value of agriculture, value of wood felling and transport is included in forestry, value of industrial output by rural households is not included in agriculture, and the collection of wild forest products is taken from agriculture and included in forestry. The First Agriculture Census of China revealed some discrepancy between the production of animal products from the annual reports and that from the census. According to the result of the First Agriculture census, efforts were made to adjust the output value of animal husbandry to make the figures from the annual reports consistent with the census data.

Gross output value of agriculture is obtained by multiplying the output of each product or by-product by its price, resulting in the output value of each single item. For a small number of products, annual output of which is not available or difficult to get due to the long production (growing) process involved, the output value is estimated through an indirect approach. The sum of output values of all products of agriculture, forestry, animal husbandry and fishery and services in support to those industries is then equal to the gross output value of agriculture.

Grain Output refers to the total output in the whole country including grains produced by State farms, collective units, rural households, as well as by farms affiliated to industrial and mining enterprises and other production units. Grain includes rice, wheat, corn, sorghum, millet and other miscellaneous grains as well as tubers and beans. Output of beans refers to dry beans without pods. The output of tubers (sweet potatoes and potatoes, not including taros and cassava) are converted into that of grain at the ratio 4:1, i.e. 4 kilograms of fresh tubers were equivalent to 1 kilogram of grain up to 1963. Since 1964 the ratio for conversion has been 5:1. Tubers supplied as vegetables (such as potatoes) in cities and suburbs are calculated as fresh vegetables and their output is not included in the output of grain. Output of all other grains refers to husked grain. Data on grain production before 1989 were obtained through the Comprehensive Statistical Reporting System. Since 1989, data from sample surveys are used.

Cotton Output refers to cotton production in the whole country including cotton planted in spring and in autumn. Output is measured as the weight of ginned cotton. Ceiba is not included.

Output of Oil-bearing Crops refers to the total production of oil-bearing crops of various kinds, including peanuts (dry, in shell), rapeseeds, sesame, sunflower seeds, flax seeds, and other oil-bearing crops. Soybeans, oil-bearing woody plants, and wild oil-bearing crops are not included.

Output of Aquatic Products refers to catches of both artificially cultured and naturally grown aquatic products, including fish, shrimps, crabs and shellfish in sea and inland water as well as seaweed. Freshwater plants are not included. Data on output of aquatic products are reported by aquatic product and statistical agencies level by level. Before 1995, among the shellfish, oyster was counted as fresh meat; 5 kilograms of ark shell, clams and frogs are equivalent to 1 kilogram of fresh aquatic products; they have all been counted as fresh aquatic products since 1996.

Output of Pork, Beef, and Mutton refers to the meat of slaughtered hogs, cattle, sheep and goats with head, feet, and offal taken away. Data refers to the production of the whole country. The First Agricultural Census of China in 1996 revealed some discrepancy between the production of animal products from the annual reports and that from the census. Efforts were made to adjust the output value of animal husbandry to make the figures from the annual reports consistent with the census data. Since 1999, the NBS conducted sample surveys for the major animal husbandry products, such as hogs, cattle, sheep and goats and fowls, and the data from sample surveys are used as national finalized data. Those products, which are not covered by the sample survey, are still reported by statistical agencies level by level. In 2007, the data on animal husbandry from 2000 to 2006 were revised according to the results of the Second Agriculture Census of China. In 2008, A Monitoring and Survey Program was set up on main livestock, the data on the main livestock such as hog, cattle, sheep and poultry became the official data based on the sampling survey.

Number of Livestock or Poultry in Stock at Beginning (or End) of Period refers to the total number of large animals, pigs, sheep, fowls, etc. raised by rural cooperative organizations, State farms, rural individuals, government agencies, schools, industrial and mining enterprises, army, and urban residents at the beginning (or end) of the reference period. Data reporting system and data adjustment are the same as that in the output of pork, beef and mutton.

Sown Area of Crops refers to area of land sown or transplanted with crops regardless of being in cultivated area or non-cultivated area. Area of land re-sown due to natural disasters is also included. This is an important indicator that can reflect the utilization condition of the cultivated land in China. At present, the sown area of crops mainly include the following 9 categories of crops: grain, cotton, oil-bearing crops, sugar crops, flax crops, tobacco, vegetables and melons, medicinal materials and other farm crops.

Consumption of Chemical Fertilizers in Agriculture refers to the quantity of chemical fertilizers applied in agriculture in the year, including nitrogenous fertilizer, phosphate fertilizer, potash fertilizer, and compound fertilizer. The consumption of chemical fertilizers is calculated in terms of volume of effective components by means of converting the gross weight of the respective fertilizers into weight containing effective component (e.g. nitrogen content in nitrogenous fertilizer, phosphorous pentoxide contents in phosphate fertilizer, and potassium oxide contents in potash fertilizer). Compound fertilizer is converted in regard to its major components. The formula is:

Volume of effective component= physical quantity × effective component of certain chemical fertilizer (%)

Total Power of Agricultural Machinery refers to total mechanical power of machinery used in agriculture, forestry, animal husbandry and fishery, including machinery for ploughing, irrigation and drainage, harvesting, transport, plant protection, animal husbandry, forestry and fishery and other agricultural machineries. (For the power of internal combustion engines, it is converted from its horsepower into watts while for electric motors the output power is converted into watts.) Machinery employed for non-agricultural purposes, such as the machines used in township-run and village-run industry, construction, non-agricultural transport, scientific experiments and teaching, are not included. Data are mainly from agricultural machinery agencies.

十三、工　业

Industry

资料整理：杨　琨

简要说明

一、本篇资料反映陕西工业经济方面的基本情况，内容包括全部工业总产值，规模以上工业企业按企业登记注册类型、轻重工业、企业规模、工业行业大类分组的主要经济指标和经济效益指标，主要工业产品产量。

二、规模以上工业企业统计范围

1998年至2006年为全部国有及年主营业务收入在500万元以上非国有工业企业。

2007至2010年为年主营业务收入在500万元以上工业企业。

2011年起提高到年主营业务收入在2000万元以上工业企业。

三、按照2011年《统计上大中小微型企业划分办法》，工业企业大中小微型划分标准是：

大型：从业人员1000人及以上、营业收入40000万元及以上。

中型：从业人员300–1000人、营业收入2000–40000万元。

小型：从业人员20–300人、营业收入300–2000万元。

微型：从业人员20人以下、营业收入300万元以下。

Brief Introduction

I. This chapter reflects the basic conditions of the industrial sector, mainly including economic indicators of industrial enterprises above designated size; as well as their economic indicators, efficiency indicators, output and production capacity of key industrial products classified by type of registration, by light and heavy industries, by size of enterprise, by branch of industry.

II. The Scopes of Industrial Statistics

The scopes of industrial statistics are all State-owned industrial enterprises and non-State-owned industrial enterprises with revenue from principal business over 5 million yuan from 1998 to 2006.

The scopes of industrial statistics are all industrial enterprises with revenue from principal business over 5 million yuan form 2007 to 2010.

The scopes of industrial statistics are raised to all industrial enterprises with revenue from principal business over 20 million yuan from 2011.

III. According to "*the Division Standard of Large/Medium/Small/Mini Sized Enterprises*" in 2011, the division standard of large/medium/small/mini sized enterprises is:

Large sized enterprises:

Number of employed persons:1000 person and above.

Amount of operating revenue:400 million yuan and above.

Medium sized enterprises:

Number of employed persons: 300-1000 person.

Amount of operating revenue: 20-400 million yuan.

Small sized enterprises:

Number of employed persons: 20-300 person.

Amount of operating revenue: 3-20 million yuan.

Mini sized enterprises:

Number of employed persons: 20 person and below.

Amount of operating revenue: 3 million yuan and below.

13.工　业

2017年全省		
规模以上工业企业单位数	6208	个
# 大中型工业企业	871	个
全部工业总产值	24726.17	亿元
# 规模以上工业	23825.18	亿元

规模以上工业利润总额（亿元）

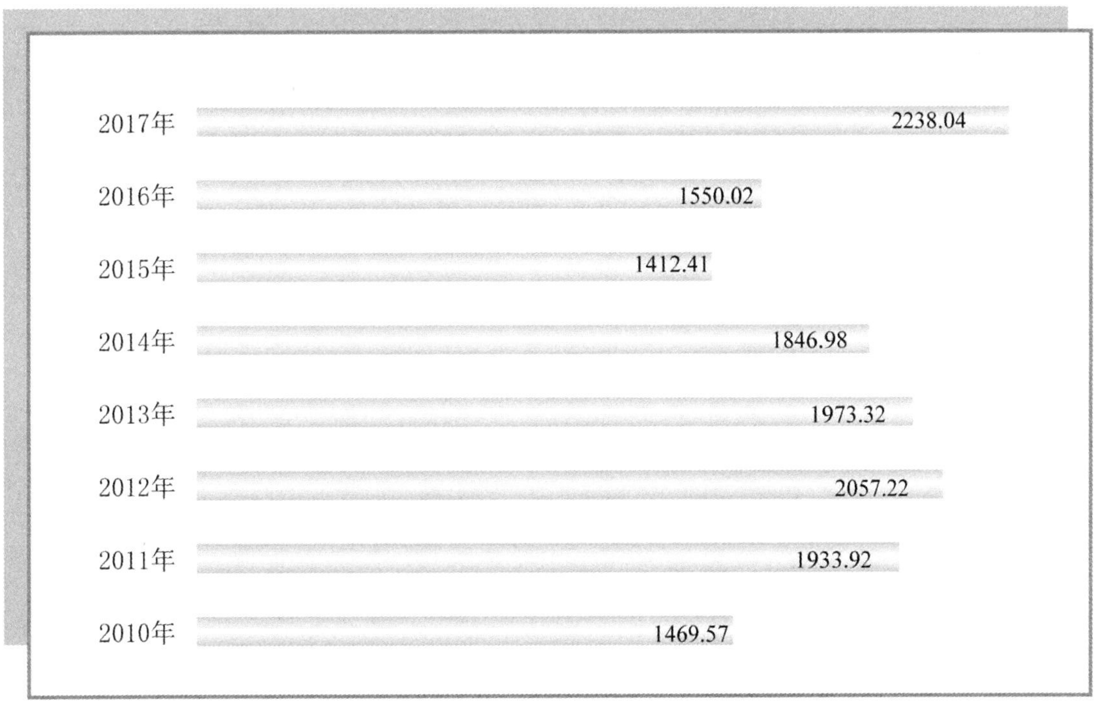

13-1 全部工业总产值
Gross Industrial Output Value

单位：亿元 (100 million yuan)

年 份 Year	全部工业总产值 Gross Industrial Output Value	国有工业 State-owned Enterprises	集体工业 Collective-owned Enterprises	其他经济类型工业 Other Enterprises	城乡个体工业 Urban and Rural Individual-owned Enterprises	轻工业 Light Industry	重工业 Heavy Industry
1978	96.48	81.26	15.22			43.06	53.42
1979	105.79	90.19	15.61			47.23	58.56
1980	109.96	92.57	17.37	0.02		55.09	54.86
1981	108.64	91.22	17.32	0.10		59.24	49.39
1982	117.71	98.16	19.41	0.13		58.99	58.72
1983	131.77	110.38	21.24	0.15		61.86	69.90
1984	150.70	119.65	29.14	0.22	1.68	64.55	86.14
1985	192.08	145.69	42.39	0.29	3.72	80.11	111.98
1986	219.26	159.66	51.48	0.53	7.60	92.44	126.82
1987	258.44	185.25	60.79	0.81	11.59	108.09	150.35
1988	331.74	235.54	78.10	1.11	16.99	139.95	191.79
1989	406.71	284.91	94.48	2.36	24.95	168.70	238.01
1990	442.58	304.17	102.86	3.72	31.83	188.02	254.55
1991	508.81	348.64	114.40	8.17	37.59	214.41	294.40
1992	599.54	396.02	137.54	15.07	50.92	239.85	359.69
1993	793.78	483.97	194.74	37.70	77.37	281.03	512.75
1994	1009.76	585.08	257.39	57.81	109.48	370.67	639.08
1995	1068.71	627.99	266.78	112.73	61.21	398.13	670.58
1996	1168.54	671.48	309.90	115.30	71.87	426.52	742.02
1997	1284.14	680.18	335.03	172.10	96.82	489.77	794.37
1998	1318.81	727.42	361.64	140.92	88.82	508.72	810.09
1999	1501.05	839.29	401.43	159.79	100.54	581.16	919.90
2000	1714.18	974.75	446.00	183.38	110.04	602.35	1111.82
2001	1946.94	1106.23	483.07	233.73	123.91	674.97	1271.98
2002	2205.98	1247.29	521.63	299.00	138.05	736.57	1469.42
2003	2708.86	1526.71	603.29	424.87	153.99	816.83	1892.03
2004	3389.88	1878.00	687.52	651.98	172.38	932.13	2457.75
2005	4109.32	2332.47	785.71	822.00	169.15	988.16	3121.16
2006	5248.39	3165.22	954.71	936.98	191.49	1152.02	4096.37
2007	6587.41	4010.54	1136.90	1227.20	212.76	1371.40	5216.01
2008	8358.86	4900.65	1463.22	1748.76	246.24	1639.11	6719.76
2009	9553.70	5221.58	1642.76	2431.86	257.50	1920.50	7633.20
2010	12421.80	6900.46	1955.27	3275.61	290.46	2345.73	10076.07
2011	15811.48	8797.96	2338.01	4312.30	363.21	2958.11	12853.37
2012	18591.89	10216.05	2809.09	5170.89	395.87	3510.70	15081.19
2013	20820.07	10934.77	3075.93	6372.57	436.80	4139.23	16680.84
2014	21944.58	12286.42	3131.29	6068.42	458.45	4672.00	17272.58
2015	21060.03	11270.15	2617.31	6999.99	172.58	4522.94	16537.09
2016	22549.34	11069.82	2766.62	8543.72	169.18	4985.32	17564.02
2017	24726.17	10726.73	3082.11	10703.16	214.17	5388.36	19337.81

13-2 规模以上工业企业主要经济指标(1998-2017年)
Main Indicators of Industrial Enterprises above Designated Size (1998-2017)

单位：亿元 (100 million yuan)

年 份 Year	企业单位数(个) Number of Enterprises (unit)	工业总产值 Gross Industrial Output Value	资产总计 Total Assets	主营业务收入 Revenue from Principal Business	利润总额 Total Profits
1998	2685	960.81	2158.36	867.48	-11.40
1999	2589	1097.45	2514.49	950.36	6.92
2000	2553	1268.43	2683.07	1133.82	63.80
2001	2440	1457.62	3071.06	1292.71	62.96
2002	2461	1667.10	3227.24	1503.30	93.18
2003	2493	2118.17	3672.72	1843.33	158.62
2004	3012	2735.22	4432.45	2632.18	253.90
2005	2997	3397.71	5085.90	3302.50	400.70
2006	3375	4442.81	6130.02	4380.18	523.95
2007	3372	5692.33	7494.03	5512.63	691.83
2008	3526	7322.92	9163.02	6944.88	872.63
2009	4480	8470.40	12119.26	8188.52	854.11
2010	4564	11199.84	14688.70	10888.80	1469.57
2011	3684	14283.48	17234.61	13790.12	1933.92
2012	4284	16926.49	20591.16	16328.25	2057.22
2013	4489	18982.47	22443.11	17763.00	1973.32
2014	5017	20015.88	24371.44	18622.14	1846.98
2015	5350	20333.98	26393.17	18823.01	1412.41
2016	5799	21837.61	28939.56	20110.64	1550.02
2017	6208	23825.18	30642.94	22090.99	2238.04

13-3 规模以上工业企业主要经济效益指标(1998-2017年)
Main Indicators on Economic Benefit of Industrial Enterprises above Designated Size(1998-2017)

年 份 Year	总资产贡献率(%) Ratio of Profits, Taxes and Interests to Average Assets (%)	资产负债率(%) Ratio of Debts to Assets (%)	流动资产周转次数(次/年) Turnover of Current Assets (times/year)	成本费用利润率(%) Ratio of Profits to Total Industrial Costs (%)	产品销售率(%) Sales Ratio of Products (%)
1998	4.96	71.53	0.99	-1.31	95.79
1999	6.06	68.86	1.03	0.74	96.00
2000	7.83	68.17	1.12	6.06	96.70
2001	7.58	66.01	1.15	5.19	97.17
2002	8.40	65.75	1.29	6.74	97.69
2003	10.40	63.94	1.34	9.71	97.59
2004	14.10	65.40	1.60	10.90	97.40
2005	15.38	62.15	1.72	14.46	97.74
2006	16.60	59.80	1.90	14.00	98.20
2007	17.27	57.35	1.97	14.54	97.49
2008	17.30	55.80	1.90	14.80	96.60
2009	13.60	56.00	1.60	12.30	95.90
2010	17.11	56.84	1.67	16.14	96.91
2011	18.84	56.61	1.82	16.97	96.52
2012	18.03	56.91	1.87	14.95	96.34
2013	16.00	56.06	2.02	12.86	95.20
2014	15.67	56.79	2.19	11.50	95.52
2015	12.20	56.04	2.08	8.44	95.20
2016	11.11	56.08	1.98	8.62	95.65
2017	13.48	54.13	1.99	11.48	96.42

13-4 规模以上工业企业主要经济指标(2017年)

单位：万元

分组	Item	企业单位数(个) Number of Enterprises (unit)	#亏损企业 Unprofitable Enterprises	工业总产值 Gross Industrial Output Value	工业销售产值 Sales Output Value
总计	**Total**	**6208**	**838**	**238251752**	**229730577**
按登记注册类型分	**By Status of Registration**				
内资企业	Domestic Funded	5995	798	221914605	214339636
国有企业	State-owned Enterprises	95	24	12358310	12057130
中央企业	Central	19	5	8631087	8613603
地方企业	Local	76	19	3727223	3443526
集体企业	Collective-owned Enterprises	49	10	1040089	993789
股份合作企业	Cooperative Enterprises	18	4	135864	133418
联营企业	Joint Ownership Enterprises	2	1	70629	66151
国有联营企业	State Joint Ownership Enterprises	1	1	9850	9306
国有与集体联营企业	Joint State-collective Enterprises	1		60779	56845
有限责任公司	Limited Liability Corporations	3004	461	127589989	123256595
国有独资公司	State Sole Funded Corporations	126	41	23366533	23009431
其他有限责任公司	Other Limited Liability Corporations	2878	420	104223456	100247164
股份有限公司	Share-holding Corporations Limited	312	57	35713834	34903386
私营企业	Private Enterprises	2486	237	44569980	42467197
私营独资企业	Private-funded Enterprises	92	8	1189145	1149959
私营合伙企业	Private Partnership Enterprises	46	10	946155	951986
私营有限责任公司	Private Limited Liability Corporations	2189	207	38808287	36988151
私营股份有限公司	Private Share-holding Corporations Ltd.	159	12	3626393	3377100
其他企业	Other Enterprises	29	4	435911	461970
港、澳、台商投资企业	Enterprises with Funds from Hong Kong, Macao and Taiwan	62	10	4906573	4599514
合资经营企业(港或澳、台资)	Joint-venture Enterprises	25	6	3270562	3241174
合作经营企业(港或澳、台资)	Cooperative Enterprises	1		2356	2740
港澳台商独资经营企业	Enterprises with Sole Investment	25	2	1246983	1043933
港澳台商投资股份有限公司	Share-holding Corporations Ltd.	4		147443	127520
其他港澳台商投资企业	Other Enterprises with Funds from Hong Kong, Macao and Taiwan	7	2	239229	184147
外商投资企业	Foreign Funded Enterprises	151	30	11430575	10791428
中外合资经营企业	Joint-venture Enterprises	75	15	4565935	4205424
中外合作经营企业	Cooperation Enterprises	3	1	210257	195883
外资企业	Enterprises with Sole Funds	62	14	5327692	5225275
外商投资股份有限公司	Share-holding Corporations Ltd.	5		1084825	980088
其他外商投资企业	Other Foreign Funded Enterprises	6		241866	184757

Main Indicators of Industrial Enterprises above Designated Size(2017)

(10 000 yuan)

资产总计 Total Assets	流动资产 合计 Total Current Assets	#应收账款 Accounts Receivable	#存货 Inventories	#产成品 Finished products	固定资产 合计 Total of Fixed Assets	固定资产 原价 Original Value of Fixed Assets	累计折旧 Total Depreciation
306429430	**112334896**	**23446788**	**20572773**	**8604305**	**126804333**	**227162223**	**100370622**
287670790	104672021	21756307	18627537	7855290	118181385	212215740	93818158
20187502	7287122	2093874	1205693	580706	10177817	16592810	7688829
12794298	4125049	1449341	806382	370441	8284824	13496096	6461374
7393204	3162073	644533	399311	210265	1892993	3096715	1227455
790711	367691	55018	35820	19918	275005	505053	215833
321361	117703	34975	4703	2249	89107	92432	26199
30219	7242	2831	1599	264	17003	29694	12692
24150	6060	2442	806		13358	24243	10886
6069	1182	389	793	264	3646	5451	1806
165435758	68500667	13374763	12589788	5067945	53473933	87345056	32054162
60872886	22967320	2982289	3430512	1057732	16031035	27119051	10414421
104562872	45533346	10392474	9159277	4010214	37442898	60226006	21639741
71661017	15526791	2450837	2062632	771926	44355832	83868046	39423779
28923744	12673210	3661075	2714991	1402929	9688068	23641910	14354762
735600	282692	66879	64310	40218	241084	311161	99090
1195282	456659	140933	20058	16123	388153	644255	213407
23262448	10601577	3117281	2401697	1234123	8342474	21641083	13640935
3730413	1332283	335983	228926	112466	716358	1045412	401329
320478	191595	82933	12311	9353	104619	140739	41903
4053101	1924261	325910	323655	120252	1407054	2142393	795647
2747085	1312651	135141	237764	95179	872101	1329134	512539
2755	2499	1206	556	196	256	935	679
711935	332977	130656	56949	18396	313469	484117	176485
320942	140467	14646	13506	1705	149113	220796	71995
270383	135667	44261	14881	4776	72114	107410	33949
14705539	5738614	1364571	1621581	628762	7215894	12804090	5756816
4733445	2413917	687154	640479	271095	1791911	2609412	952822
74790	18933	6775	5252	978	48060	155803	108925
8254982	2686636	559969	672990	105166	4733716	9095730	4397235
1182043	512722	91160	280848	248592	498259	473750	181584
460279	106406	19513	22013	2931	143949	469394	116251

13-4 续表 1

单位：万元

分　组	Item	企业单位数(个) Number of Enterprises (unit)	#亏损企业 Unprofitable Enterprises	工业总产值 Gross Industrial Output Value	工业销售产值 Sales Output Value
按经济组织类型分	**By Economic Type of Orgnization**				
独资企业	Appropratorship	323	58	21162220	20470086
国有企业	State-owned Enterprises	95	24	12358310	12057130
集体企业	Collective-owned Enterprises	49	10	1040089	993789
私营独资企业	Private-funded Enterprises	92	8	1189145	1149959
港澳台商独资经营企业	Enterprises with Sole Investment	25	2	1246983	1043933
外资企业	Enterprises with Sole Funds	62	14	5327692	5225275
合作、合伙企业	Partnership	112	22	2282266	2181052
股份合作企业	Cooperative Enterprises	18	4	135864	133418
国有联营企业	State Joint Ownership Enterprises	1	1	9850	9306
国有与集体联营企业	Joint State-collective Enterprises	1		60779	56845
私营合伙企业	Private Partnership Enterprises	46	10	946155	951986
合作经营企业(港或澳、台资)	Cooperative Enterprises	1		2356	2740
中外合作经营企业	Cooperation Enterprises	3	1	210257	195883
其他企业(内资)	Other Enterprises	29	4	435911	461970
其他港澳台商投资企业	Other Enterprises with Funds from Hong Kong, Macao and Taiwan	7	2	239229	184147
其他外商投资企业	Other Foreign Funded Enterprises	6		241866	184757
股份有限公司	Share-holding Corporations Limited	480	69	40572495	39388095
股份有限公司(内资)	Share-holding Corporations Ltd.	312	57	35713834	34903386
私营股份有限公司	Private Share-holding Corporations Ltd.	159	12	3626393	3377100
港澳台商投资股份有限公司	Share-holding Corporations Ltd.with Funds from Hong Kong, Macao and Taiwan	4		147443	127520
外商投资股份有限公司	Share-holding Corporations Ltd.with Foreign Investment	5		1084825	980088
有限责任公司	Limited Liability Corporations	5293	689	174234772	167691345
国有独资公司	State Sole Funded Corporations	126	41	23366533	23009431
私营有限责任公司	Private Limited Liability Corporations	2189	207	38808287	36988151
合资经营企业(港或澳、台资)	Joint-venture Enterprises	25	6	3270562	3241174
中外合资经营企业	Joint-venture Enterprises	75	15	4565935	4205424
其他有限责任公司	Other Corporations	2878	420	104223456	100247164
按轻重工业分	**Grouped by Light & Heavy Industries**				
轻工业	Light Industry	2157	181	48842544	45974683
重工业	Heavy Industry	4051	657	189409209	183755894
按企业规模分	**Grouped by Size of Enterprises**				
大型企业	Large Enterprises	172	23	108039396	105749073
中型企业	Medium-sized Enterprises	699	111	47635920	45495811
小型企业	Small Enterprises	4951	613	79707328	75723674
微型企业	Mini Enterprises	386	91	2869108	2762019

continued

(10 000 yuan)

资产总计 Total Assets	流动资产合计 Total Current Assets	#应收账款 Accounts Receivable	#存货 Inventories	#产成品 Finished products	固定资产合计 Total of Fixed Assets	固定资产原价 Original Value of Fixed Assets	累计折旧 Total Depreciation
30680730	10957118	2906397	2035762	764404	15741091	26988871	12577472
20187502	7287122	2093874	1205693	580706	10177817	16592810	7688829
790711	367691	55018	35820	19918	275005	505053	215833
735600	282692	66879	64310	40218	241084	311161	99090
711935	332977	130656	56949	18396	313469	484117	176485
8254982	2686636	559969	672990	105166	4733716	9095730	4397235
2675547	1036703	333426	81372	36870	863262	1640662	554005
321361	117703	34975	4703	2249	89107	92432	26199
24150	6060	2442	806		13358	24243	10886
6069	1182	389	793	264	3646	5451	1806
1195282	456659	140933	20058	16123	388153	644255	213407
2755	2499	1206	556	196	256	935	679
74790	18933	6775	5252	978	48060	155803	108925
320478	191595	82933	12311	9353	104619	140739	41903
270383	135667	44261	14881	4776	72114	107410	33949
460279	106406	19513	22013	2931	143949	469394	116251
76894416	17512263	2892627	2585912	1134689	45719561	85608004	40078687
71661017	15526791	2450837	2062632	771926	44355832	83868046	39423779
3730413	1332283	335983	228926	112466	716358	1045412	401329
320942	140467	14646	13506	1705	149113	220796	71995
1182043	512722	91160	280848	248592	498259	473750	181584
196178737	82828812	17314338	15869728	6668342	64480419	112924686	47160458
60872886	22967320	2982289	3430512	1057732	16031035	27119051	10414421
23262448	10601577	3117281	2401697	1234123	8342474	21641083	13640935
2747085	1312651	135141	237764	95179	872101	1329134	512539
4733445	2413917	687154	640479	271095	1791911	2609412	952822
104562872	45533346	10392474	9159277	4010214	37442898	60226006	21639741
31433768	15605405	3508559	4719580	1986483	10538428	25329341	15676799
274995662	96729491	19938229	15853193	6617821	116265905	201832882	84693823
179415385	59489627	9913981	9832067	3705051	82169131	157226438	74705512
57358429	21705569	5251329	4419934	1920202	21995179	37446916	15203684
63414952	29388505	7666345	6120753	2875079	20664102	29765483	9715928
6240665	1751194	615132	200019	103973	1975921	2723386	745498

13-4 续表 2

单位：万元

分 组	Item	负债合计 Total Liabilities	#流动负债 Total Working Liabilities	所有者权益合计 Owners' Equity
总　计	**Total**	**165857833**	**111231441**	**139222721**
按登记注册类型分	**By Status of Registration**			
内资企业	Domestic Funded	157538531	105600675	128816917
国有企业	State-owned Enterprises	12014157	9815139	8164576
中央企业	Central	7179682	5902480	5614616
地方企业	Local	4834475	3912659	2549960
集体企业	Collective-owned Enterprises	341598	269252	449112
股份合作企业	Cooperative Enterprises	114202	89393	120220
联营企业	Joint Ownership Enterprises	15953	7827	14266
国有联营企业	State Joint Ownership Enterprises	14953	6827	9197
国有与集体联营企业	Joint State-collective Enterprises	1000	1000	5069
有限责任公司	Limited Liability Corporations	95913720	65962856	69247691
国有独资公司	State Sole Funded Corporations	33300347	20647758	27567640
其他有限责任公司	Other Limited Liability Corporations	62613374	45315098	41680051
股份有限公司	Share-holding Corporations Limited	35154551	19610052	36445278
私营企业	Private Enterprises	13756641	9669819	14283006
私营独资企业	Private-funded Enterprises	277401	139337	425983
私营合伙企业	Private Partnership Enterprises	625626	336530	547512
私营有限责任公司	Private Limited Liability Corporations	11496726	8415980	11669664
私营股份有限公司	Private Share-holding Corporations Ltd.	1356888	777972	1639846
其他企业	Other Enterprises	227709	176338	92768
港、澳、台商投资企业	Enterprises with Funds from Hong Kong, Macao and Taiwan	2216367	1719364	1822784
合资经营企业(港或澳、台资)	Joint-venture Enterprises	1680910	1336180	1063470
合作经营企业(港或澳、台资)	Cooperative Enterprises	305	305	2451
港澳台商独资经营企业	Enterprises with Sole Investment	254352	186831	457583
港澳台商投资股份有限公司	Share-holding Corporations Ltd.	204407	154916	105291
其他港澳台商投资企业	Other Enterprises with Funds from Hong Kong, Macao and Taiwan	76393	41134	193990
外商投资企业	Foreign Funded Enterprises	6102935	3911402	8583019
中外合资经营企业	Joint-venture Enterprises	2509601	1867194	2204261
中外合作经营企业	Cooperation Enterprises	32661	22828	42129
外资企业	Enterprises with Sole Funds	2639367	1332914	5615614
外商投资股份有限公司	Share-holding Corporations Ltd.	713669	510255	468374
其他外商投资企业	Other Foreign Funded Enterprises	207638	178212	252641

continued

(10 000 yuan)

主营业务收入 Revenue from Principal Business	主营业务成本 Cost of Principal Business	销售费用 Operating Expenses	管理费用 Management Expenses	财务费用 Financial Expenses	利润总额 Total Profits	亏损企业亏损额 Losses of Unprofitable Enterprises	全部从业人员年平均人数(人) Annual Average Employed Persons (person)
220909947	**173283923**	**5741858**	**9595206**	**3389304**	**22380389**	**1837368**	**1532748**
206192911	161239946	5123866	8741866	3245236	20696767	1729030	1432498
11738147	9794920	258292	579198	138758	988873	39156	132350
8668064	7787886	167656	303411	81730	349392	20517	78771
3070083	2007034	90635	275788	57028	639482	18640	53579
906160	739288	27731	39937	2968	82839	1701	9579
156921	82755	2823	20249	507	37087	1318	1344
62207	48661	2789	6241	1224	2579	3029	338
4093	5948		837	352	-3029	3029	217
58114	42713	2789	5405	872	5608		121
119710089	94763074	3099902	4910068	2105922	10709102	973740	760755
24060028	17394142	584934	1240773	721473	1495175	240307	152516
95650061	77368932	2514967	3669295	1384449	9213927	733434	608239
32563424	22424120	471964	1577769	615326	5157313	580017	225479
40681470	33091194	1254913	1586026	374660	3682348	127373	298979
1185595	919917	39270	53981	8983	136849	2359	9675
890831	568589	47611	92094	19573	117051	10480	8175
35171777	28925648	1058971	1303550	310396	3098205	108257	260550
3433268	2677040	109062	136402	35709	330242	6277	20579
374494	295935	5452	22376	5872	36627	2695	3674
4219447	3600070	144336	222346	30616	183015	29485	40278
3079008	2784157	55971	110282	23252	68343	27577	29609
2729	2133	143	236	-28	233		75
907666	655366	71081	98177	1314	84385	447	7223
111685	90714	3335	5233	4635	10057		1670
118359	67700	13807	8419	1443	19997	1462	1701
10497589	8443907	473656	630995	113452	1500607	78853	59972
3920727	3177639	168961	227148	19009	380373	51685	27767
143702	129069	2264	4573	584	5610	5612	987
5227978	4318588	119199	311946	63237	1004118	21556	24070
999679	657071	179236	79346	26359	77791		5178
205505	161540	3997	7980	4263	32714		1970

13-4 续表 3

单位：万元

分组	Item	负债合计 Total Liabilities	#流动负债 Total Working Liabilities	所有者权益合计 Owners' Equity
按经济组织类型分	**By Economic Type of Orgnization**			
独资企业	Appropratorship	15526874	11743473	15112869
国有企业	State-owned Enterprises	12014157	9815139	8164576
集体企业	Collective-owned Enterprises	341598	269252	449112
私营独资企业	Private-funded Enterprises	277401	139337	425983
港澳台商独资经营企业	Enterprises with Sole Investment	254352	186831	457583
外资企业	Enterprises with Sole Funds	2639367	1332914	5615614
合作、合伙企业	Partnership	1300486	852565	1265977
股份合作企业	Cooperative Enterprises	114202	89393	120220
国有联营企业	State Joint Ownership Enterprises	14953	6827	9197
国有与集体联营企业	Joint State-collective Enterprises	1000	1000	5069
私营合伙企业	Private Partnership Enterprises	625626	336530	547512
合作经营企业(港或澳、台资)	Cooperative Enterprises	305	305	2451
中外合作经营企业	Cooperation Enterprises	32661	22828	42129
其他企业(内资)	Other Enterprises	227709	176338	92768
其他港澳台商投资企业	Other Enterprises with Funds from Hong Kong, Macao and Taiwan	76393	41134	193990
其他外商投资企业	Other Foreign Funded Enterprises	207638	178212	252641
股份有限公司	Share-holding Corporations Limited	37429515	21053195	38658789
股份有限公司(内资)	Share-holding Corporations Ltd.	35154551	19610052	36445278
私营股份有限公司	Private Share-holding Corporations Ltd.	1356888	777972	1639846
港澳台商投资股份有限公司	Share-holding Corporations Ltd.with Funds from Hong Kong, Macao and Taiwan	204407	154916	105291
外商投资股份有限公司	Share-holding Corporations Ltd.with Foreign Investment	713669	510255	468374
有限责任公司	Limited Liability Corporations	111600958	77582209	84185085
国有独资公司	State Sole Funded Corporations	33300347	20647758	27567640
私营有限责任公司	Private Limited Liability Corporations	11496726	8415980	11669664
合资经营企业(港或澳、台资)	Joint-venture Enterprises	1680910	1336180	1063470
中外合资经营企业	Joint-venture Enterprises	2509601	1867194	2204261
其他有限责任公司	Other Corporations	62613374	45315098	41680051
按轻重工业分	**Grouped by Light & Heavy Industries**			
轻工业	Light Industry	13994650	10446458	17274296
重工业	Heavy Industry	151863183	100784983	121948425
按企业规模分	**Grouped by Size of Enterprises**			
大型企业	Large Enterprises	97610471	64327836	81804913
中型企业	Medium-sized Enterprises	30856069	22198506	26502355
小型企业	Small Enterprises	33429415	23002294	29949023
微型企业	Mini Enterprises	3961878	1702805	966429

continued

(10 000 yuan)

主营业务收 入 Revenue from Principal Business	主营业务成 本 Cost of Principal Business	销售费用 Operating Expenses	管理费用 Manage-ment Expenses	财务费用 Financial Expenses	利润总额 Total Profits	亏损企业亏损额 Losses of Unprofitable Enterprises	全部从业人员年平均人数(人) Annual Average Employed Persons (person)
19965545	16428080	515573	1083239	215260	2297064	65220	182897
11738147	9794920	258292	579198	138758	988873	39156	132350
906160	739288	27731	39937	2968	82839	1701	9579
1185595	919917	39270	53981	8983	136849	2359	9675
907666	655366	71081	98177	1314	84385	447	7223
5227978	4318588	119199	311946	63237	1004118	21556	24070
1954746	1356381	78885	162168	33437	251899	24595	18264
156921	82755	2823	20249	507	37087	1318	1344
4093	5948		837	352	-3029	3029	217
58114	42713	2789	5405	872	5608		121
890831	568589	47611	92094	19573	117051	10480	8175
2729	2133	143	236	-28	233		75
143702	129069	2264	4573	584	5610	5612	987
374494	295935	5452	22376	5872	36627	2695	3674
118359	67700	13807	8419	1443	19997	1462	1701
205505	161540	3997	7980	4263	32714		1970
37108056	25848945	763597	1798751	682028	5575403	586294	252906
32563424	22424120	471964	1577769	615326	5157313	580017	225479
3433268	2677040	109062	136402	35709	330242	6277	20579
111685	90714	3335	5233	4635	10057		1670
999679	657071	179236	79346	26359	77791		5178
161881601	129650517	4383804	6551048	2458579	14256023	1161260	1078681
24060028	17394142	584934	1240773	721473	1495175	240307	152516
35171777	28925648	1058971	1303550	310396	3098205	108257	260550
3079008	2784157	55971	110282	23252	68343	27577	29609
3920727	3177639	168961	227148	19009	380373	51685	27767
95650061	77368932	2514967	3669295	1384449	9213927	733434	608239
43746574	34402844	2354003	1851293	329660	3633124	143816	353973
177163373	138881079	3387856	7743913	3059644	18747265	1693552	1178775
104660210	80139492	2073382	4407551	1862409	11070611	970422	691952
41449475	31455800	1382186	1980563	680320	5394550	424187	364702
72088629	59458932	2220799	3110165	755688	5730630	393844	470048
2711634	2229699	65491	96927	90886	184597	48915	6046

13-5 规模以上工业企业分行业主要经济指标(2017年)

单位：万元

分 组	Item	企业单位数(个) Number of Enterprises (unit)	#亏损企业 Unprofitable Enterprises	工业总产值 Gross Industrial Output Value
总 计	**Total**	**6208**	**838**	**238251752**
煤炭开采和洗选业	Mining and Washing of Coal	503	102	30812328
石油和天然气开采业	Extraction of Petroleum and Natural Gas	5	3	13254503
黑色金属矿采选业	Mining and Processing of Ferrous Metal Ores	56	10	2042934
有色金属矿采选业	Mining and Processing of Non-Ferrous Metal Ores	81	9	4120609
非金属矿采选业	Mining and Processing of Non-metal Ores	100	4	1794432
开采辅助活动	Support Activities for Mining	40	4	817179
农副食品加工业	Processing of Food from Agricultural Products	615	32	13617071
食品制造业	Manufacture of Foods	273	18	5972969
酒、饮料和精制茶制造业	Manufacture of Liquor, Beverages and Refined Tea	331	14	6499159
烟草制品业	Manufacture of Tobacco	3		1923702
纺织业	Manufacture of Textile	125	17	2866845
纺织服装、服饰业	Manufacture of Textile, Wearing Apparel and Accessories	61	1	730749
皮革、毛皮、羽毛及其制品和制鞋业	Manufacture of Leather, Fur, Feather and Related Products and Footwear	16	1	258852
木材加工和木、竹、藤、棕、草制品业	Processing of Timber, Manufacture of Wood, Bamboo, Rattan, Palm and Straw Products	41	2	635785
家具制造业	Manufacture of Furniture	55	2	492553
造纸及纸制品业	Manufacture of Paper and Paper Products	93	13	1659249
印刷和记录媒介复制业	Printing and Reproduction of Recording Media	81	9	1662882
文教、工美、体育和娱乐用品制造业	Manufacture of Articles for Culture, Education, Arts and Crafts, Sport and Entertainment Activities	31	2	484429
石油加工、炼焦及核燃料加工业	Processing of Petroleum, Coking and Processing of Nuclear Fuel	102	36	15505915
化学原料及化学制品制造业	Manufacture of Raw Chemical Materials and Chemical Products	375	59	14754434
医药制造业	Manufacture of Medicines	205	31	7381157
化学纤维制造业	Manufacture of Chemical Fibres	4		170515
橡胶和塑料制品业	Manufacture of Rubber and Plastics Products	169	16	4673671
非金属矿物制品业	Manufacture of Non-metallic Mineral Products	737	97	12591904
黑色金属冶炼和压延加工业	Smelting and Pressing of Ferrous Metals	101	27	6961723
有色金属冶炼和压延加工业	Smelting and Pressing of Non-ferrous Metals	201	34	14215267
金属制品业	Manufacture of Metal Products	195	28	2873084
通用设备制造业	Manufacture of General Purpose Machinery	237	37	4889565
专用设备制造业	Manufacture of Special Purpose Machinery	315	48	7359558
汽车制造业	Manufacture of Automobiles	135	14	15763772
铁路、船舶、航空航天和其他运输设备制造业	Manufacture of Railway, Ship, Aerospace and Other Transport Equipments	106	6	4385020
电气机械和器材制造业	Manufacture of Electrical Machinery and Apparatus	256	39	10071832
计算机、通信和其他电子设备制造业	Manufacture of Computers, Communication and Other Electronic Equipment	136	17	8377840
仪器仪表制造业	Manufacture of Measuring Instruments and Machinery	64	10	971795
其他制造业	Other Manufacture	28	7	310617
废弃资源综合利用业	Utilization of Waste Resources	24	4	232919
金属制品、机械和设备修理业	Repair Service of Metal Products, Machinery and Equipment	7	3	31998
电力、热力生产和供应业	Production and Supply of Electric Power and Heat Power	201	61	13819485
燃气生产和供应业	Production and Supply of Gas	63	10	2904844
水的生产和供应业	Production and Supply of Water	37	11	358608

Main Indicators of Industrial Enterprises above Designated Size by Industrial Sector (2017)

(10 000 yuan)

工业销售产值 Sales Output Value	资产总计 Total Assets	流动资产合计 Total Current Assets	#应收账款 Accounts Receivable	#存货 Inventories	#产成品 Finished products	固定资产合计 Total of Fixed Assets	固定资产原价 Original Value of Fixed Assets	累计折旧 Total Depreciation
229730577	**306429430**	**112334896**	**23446788**	**20572773**	**8604305**	**126804333**	**227162223**	**100370622**
29871139	47858301	20134680	2378952	949025	396687	12728998	23123905	8923960
13263647	42213128	2403019	91185	256155	86531	34618325	69273503	34257440
1977228	1520041	644385	111088	84563	58599	569132	637092	232736
3825100	4792885	1572874	142067	351573	191322	1558994	2319262	844743
1721321	688729	343330	79981	78203	53579	255150	340143	99943
822557	1561148	1111143	523688	79251	19738	300687	651751	332960
12983380	5726312	2970135	482842	1083200	470141	1804229	2573832	840538
5543218	3062350	1151859	303223	277323	131552	1187604	1631193	466334
6198352	4522258	2093988	418325	726198	407584	1642513	2368235	776957
1927171	1904792	1417682	294944	703919	36262	293416	741191	447738
2729482	1849860	761688	85144	265559	108155	827391	1032458	284856
711970	458510	241595	61096	80017	29952	159916	190310	45168
249998	147349	73176	16902	25091	12243	28873	35956	7046
575726	607127	221856	34786	45181	22871	172284	274139	114730
470733	279411	140281	44344	48623	22912	105835	146820	54148
1522091	878948	298698	86658	77780	46753	404827	847430	497402
1575319	1182727	582295	125447	129337	58213	397726	923974	536194
435499	115319	73685	24163	24852	10224	19663	26323	7082
15838249	36511908	13051661	981015	1166618	413689	6606387	9738786	3557703
14167209	24238274	6783657	1273041	1051394	465242	13051732	18036277	5110422
6654480	5865138	3300883	684374	824441	429429	1733836	11889602	10558030
171936	175248	87771	3585	44375	21682	81583	148420	67180
4360470	4357537	1781111	480914	541368	324582	2039393	2680235	961777
12201892	8593498	3470100	1266323	740200	328214	3581157	6824131	3058633
6863817	4751064	2209513	548500	760957	454837	1327561	3218421	1013138
13693449	11179028	5273681	600636	2086440	590162	3481588	4985605	1639869
2650660	3304506	1436169	534979	361414	166077	696156	1063850	385099
4614696	5880989	3789355	927184	979985	379685	1232936	2036925	973581
6533220	10734486	5391986	1878617	1408799	670048	3572482	4973137	1548373
15783329	10458350	7348531	1364973	1681882	1200943	2309994	3320085	1118044
4009474	3827990	2608825	1050898	596394	151620	689166	1190228	438354
10515194	11545168	7649727	3422528	1297623	568768	2987748	4297435	1987270
7452921	9229822	3745971	1197342	843875	152607	4434354	8917143	4417250
909680	1032624	710318	290854	133257	54107	184882	288025	98029
303782	329792	213827	101831	30675	9891	90383	123477	42357
209957	204197	101698	22034	15250	11049	78361	94557	16155
30205	66803	45927	16552	7804	527	13532	19285	9817
13177780	29273227	5576556	1307778	617002	24912	19124499	32359441	13327774
2833411	3899403	1108920	156130	87921	22592	1809338	2916275	945838
350835	1601184	412342	31868	9252	324	601706	903367	325956

13-5 续表

单位：万元

分组	Item	负债合计 Total Liabilities	#流动负债 Total Working Liabilities
总　计	**Total**	**165857833**	**111231441**
煤炭开采和洗选业	Mining and Washing of Coal	23102239	14652354
石油和天然气开采业	Extraction of Petroleum and Natural Gas	22884448	11404555
黑色金属矿采选业	Mining and Processing of Ferrous Metal Ores	827913	639491
有色金属矿采选业	Mining and Processing of Non-Ferrous Metal Ores	1532561	1119898
非金属矿采选业	Mining and Processing of Non-metal Ores	311264	205871
开采辅助活动	Support Activities for Mining	857162	821646
农副食品加工业	Processing of Food from Agricultural Products	2685797	2149257
食品制造业	Manufacture of Foods	1251456	866115
酒、饮料和精制茶制造业	Manufacture of Liquor, Beverages and Refined Tea	2017284	1565567
烟草制品业	Manufacture of Tobacco	488527	487620
纺织业	Manufacture of Textile	839328	492219
纺织服装、服饰业	Manufacture of Textile, Wearing Apparel and Accessories	154137	115734
皮革、毛皮、羽毛及其制品和制鞋业	Manufacture of Leather, Fur, Feather and Related Products and Footwear	59201	46009
木材加工和木、竹、藤、棕、草制品业	Processing of Timber, Manufacture of Wood, Bamboo, Rattan, Palm and Straw Products	270130	186955
家具制造业	Manufacture of Furniture	94104	77630
造纸及纸制品业	Manufacture of Paper and Paper Products	340677	199923
印刷和记录媒介复制业	Printing and Reproduction of Recording Media	405829	280129
文教、工美、体育和娱乐用品制造业	Manufacture of Articles for Culture, Education, Arts and Crafts, Sport and Entertainment Activities	45402	39651
石油加工、炼焦及核燃料加工业	Processing of Petroleum, Coking and Processing of Nuclear Fuel	21966886	13952041
化学原料及化学制品制造业	Manufacture of Raw Chemical Materials and Chemical Products	14740600	8243589
医药制造业	Manufacture of Medicines	2645435	2147907
化学纤维制造业	Manufacture of Chemical Fibres	110638	83308
橡胶和塑料制品业	Manufacture of Rubber and Plastics Products	2278355	1388361
非金属矿物制品业	Manufacture of Non-metallic Mineral Products	4344106	3573405
黑色金属冶炼和压延加工业	Smelting and Pressing of Ferrous Metals	4323081	4065818
有色金属冶炼和压延加工业	Smelting and Pressing of Non-ferrous Metals	6205059	4409802
金属制品业	Manufacture of Metal Products	1558682	1078700
通用设备制造业	Manufacture of General Purpose Machinery	3114290	2694849
专用设备制造业	Manufacture of Special Purpose Machinery	5464127	4789148
汽车制造业	Manufacture of Automobiles	6773235	6182444
铁路、船舶、航空航天和其他运输设备制造业	Manufacture of Railway, Ship, Aerospace and Other Transport Equipments	1881391	1778228
电气机械和器材制造业	Manufacture of Electrical Machinery and Apparatus	6138556	5413811
计算机、通信和其他电子设备制造业	Manufacture of Computers, Communication and Other Electronic Equipment	2997442	1937628
仪器仪表制造业	Manufacture of Measuring Instruments and Machinery	547336	437865
其他制造业	Other Manufacture	88721	67638
废弃资源综合利用业	Utilization of Waste Resources	110153	92725
金属制品、机械和设备修理业	Repair Service of Metal Products, Machinery and Equipment	34685	34685
电力、热力生产和供应业	Production and Supply of Electric Power and Heat Power	19371926	11712476
燃气生产和供应业	Production and Supply of Gas	2150297	1485705
水的生产和供应业	Production and Supply of Water	845376	310685

continued

(10 000 yuan)

所有者权益合 计 Owners' Equity	主营业务收 入 Revenue from Principal Business	主营业务成 本 Cost of Principal Business	销售费用 Operating Expenses	管理费用 Manage-ment Expenses	财务费用 Financial Expenses	利润总额 Total Profits	亏损企业亏损额 Losses of Unprofitable Enterprises	全部从业人员年平均人数(人) Annual Average Employed Persons (person)
139222721	**220909947**	**173283923**	**5741858**	**9595206**	**3389304**	**22380389**	**1837368**	**1532748**
24637005	27927733	15409656	452612	1717865	458759	8209220	126656	185590
19303178	11635272	8143025	7937	685205	352516	1324071	483409	113243
692128	1260053	1062637	18714	56719	14023	92736	21772	11912
3260325	3524779	2782113	36939	176334	23214	454729	5912	24923
370850	1658178	1343036	105023	82846	9177	102559	548	11495
680535	840299	715849	6316	46890	-820	56770	605	21300
2974335	12261479	10746345	320492	300582	74181	752625	15746	69916
1799648	5128106	4015020	290593	253638	23524	472077	16775	47230
2493961	5750737	4298132	382129	270296	32572	733832	10340	45644
1416265	1916382	741186	51127	114932	-1882	58761		8477
991525	2751880	2358244	31668	51708	31496	268361	19530	38966
304373	688568	541034	34045	34330	11870	72499	205	9934
85964	250962	206494	7029	10226	1583	23855	137	3062
336798	511473	403434	15224	21026	9046	48177	789	5163
185307	442876	356014	17898	18831	2311	44827	44	5790
515259	1214160	1048779	29844	36634	11787	77032	2000	15084
776897	1604780	1300282	62711	101681	15090	120721	1178	13360
69917	463049	432053	5167	8459	814	14659	195	2639
14545022	16963550	12026878	394810	495620	613115	567481	249107	59581
9433270	13724622	11147518	362578	561991	401608	1117477	140035	71964
3212657	6224977	4152076	894828	376985	58327	707924	17458	46226
64609	172863	149204	1166	5022	3666	14280		647
2076938	4322829	3626830	172745	244016	35371	222480	13616	40063
4165647	11700014	9812326	340251	435104	120837	926168	32884	90951
427463	6753880	5965553	107581	128451	110489	312096	40226	36802
4973967	15355598	14047430	93062	397094	185499	679587	51940	58679
999334	2646249	2217915	69023	108353	26899	206010	18980	25091
2765066	4230855	3586193	139897	268490	36346	258254	34270	48022
5241901	5724252	4697178	234799	367709	75484	331098	81567	56339
3685112	14981612	13374635	326342	416053	3231	705573	43592	90341
1946599	3897255	3270195	68082	238159	9250	381729	3049	25286
5383286	8979421	7546700	395958	547212	63560	483091	57463	67107
6188577	7357195	6318392	92461	403219	61699	1156189	20531	51154
485288	846967	630273	39177	94501	8661	80143	33846	9471
241071	308553	248521	5304	11484	2229	39061	2311	2165
94044	216562	191058	5157	7992	2187	9595	153	1953
32118	34365	27930	518	6356	588	-1091	2437	842
9876323	13487961	11726029	29977	354666	432829	992578	250351	92577
1749105	2807316	2347038	74948	100342	45630	257345	22781	14585
741057	342286	270719	17730	38190	22535	5809	14934	9174

13-6 国有及国有控股工业企业主要经济指标(2017年)

单位：万元

分 组	Item	企业单位数（个）Number of Enterprises (unit)	#亏损企业 Unprofitable Enterprises	工业总产值 Gross Industrial Output Value
总 计	**Total**	**743**	**195**	**107267272**
煤炭开采和洗选业	Mining and Washing of Coal	74	8	17533966
石油和天然气开采业	Extraction of Petroleum and Natural Gas	5	3	13254503
黑色金属矿采选业	Mining and Processing of Ferrous Metal Ores	7	2	773718
有色金属矿采选业	Mining and Processing of Non-Ferrous Metal Ores	17	3	1834137
非金属矿采选业	Mining and Processing of Non-metal Ores	4	1	100143
开采辅助活动	Support Activities for Mining	5		636460
农副食品加工业	Processing of Food from Agricultural Products	18	7	707583
食品制造业	Manufacture of Foods	12	3	327081
酒、饮料和精制茶制造业	Manufacture of Liquor, Beverages and Refined Tea	11		805039
烟草制品业	Manufacture of Tobacco	3		1923702
纺织业	Manufacture of Textile	9	6	294980
纺织服装、服饰业	Manufacture of Textile, Wearing Apparel and Accessories	1		8648
皮革、毛皮、羽毛及其制品和制鞋业	Manufacture of Leather, Fur, Feather and Related Products and Footwear	1		34262
木材加工和木、竹、藤、棕、草制品业	Processing of Timber, Manufacture of Wood, Bamboo, Rattan, Palm and Straw Products	2		3090
造纸及纸制品业	Manufacture of Paper and Paper Products	1		6787
印刷和记录媒介复制业	Printing and Reproduction of Recording Media	6	1	250801
文教、工美、体育和娱乐用品制造业	Manufacture of Articles for Culture, Education, Arts and Crafts, Sport and Entertainment Activities	1		2668
石油加工、炼焦及核燃料加工业	Processing of Petroleum, Coking and Processing of Nuclear Fuel	14	9	10168952
化学原料及化学制品制造业	Manufacture of Raw Chemical Materials and Chemical Products	63	17	7581035
医药制造业	Manufacture of Medicines	14	4	375007
化学纤维制造业	Manufacture of Chemical Fibres	2		71728
橡胶和塑料制品业	Manufacture of Rubber and Plastics Products	12	3	1006781
非金属矿物制品业	Manufacture of Non-metallic Mineral Products	43	7	1255567
黑色金属冶炼和压延加工业	Smelting and Pressing of Ferrous Metals	12	2	4584721
有色金属冶炼和压延加工业	Smelting and Pressing of Non-ferrous Metals	40	7	7248179
金属制品业	Manufacture of Metal Products	24	6	546529
通用设备制造业	Manufacture of General Purpose Machinery	33	11	1821596
专用设备制造业	Manufacture of Special Purpose Machinery	46	17	2932614
汽车制造业	Manufacture of Automobiles	25	4	9666790
铁路、船舶、航空航天和其他运输设备制造业	Manufacture of Railway, Ship, Aerospace and Other Transport Equipments	28	1	2936693
电气机械和器材制造业	Manufacture of Electrical Machinery and Apparatus	34	9	3217345
计算机、通信和其他电子设备制造业	Manufacture of Computers, Communication and Other Electronic Equipment	22	5	655874
仪器仪表制造业	Manufacture of Measuring Instruments and Machinery	7	3	129262
其他制造业	Other Manufacture	1		40171
废弃资源综合利用业	Utilization of Waste Resources	4		100584
金属制品、机械和设备修理业	Repair Service of Metal Products, Machinery and Equipment	4	2	26675
电力、热力生产和供应业	Production and Supply of Electric Power and Heat Power	93	40	12590621
燃气生产和供应业	Production and Supply of Gas	15	4	1523744
水的生产和供应业	Production and Supply of Water	30	10	289236

Main Indicators of State-owned and State-holding Industrial Enterprises (2017)

(10 000 yuan)

工业销售产值 Sales Output Value	资产总计 Total Assets	流动资产合计 Total Current Assets	#应收账款 Accounts Receivable	#存货 Inventories	#产成品 Finished products	固定资产合计 Total of Fixed Assets	固定资产原价 Original Value of Fixed Assets	累计折旧 Total Depreciation
105004768	**201118858**	**64914981**	**11550541**	**10987342**	**4260302**	**90513255**	**160975808**	**68845751**
16846246	29297663	12101695	1452968	424771	66537	8335820	16833821	7089191
13263647	42213128	2403019	91185	256155	86531	34618325	69273503	34257440
790858	440588	89758	22097	17412	15870	220211	245770	109551
1607451	3708186	1234808	103675	278969	145137	1120711	1728723	675062
96097	87232	35726	6358	9827	5184	47026	81426	32411
642782	1198868	881160	403433	64189	19202	214430	474255	256904
625640	563687	351747	27082	137378	36995	191739	214478	50175
325884	152888	74513	45195	14161	7406	44634	116320	47838
804573	826100	540035	14318	178610	48046	103427	255422	96333
1927171	1904792	1417682	294944	703919	36262	293416	741191	447738
282651	855673	422513	21326	104921	50059	319930	401942	93285
8648	3791	1567	51	1071	964	2224	2316	93
34262	54333	32741	7041	13266	7301	4145	8279	4133
3090	22613	4221	254	752	281	3302	6073	2774
6787	1482	830	392	260	260	310	310	124
246074	397736	264116	27646	51225	24053	108537	314695	205925
2974	2640	2279	451	956	765	361	401	398
10775252	31067785	10886001	660660	588768	162349	4647007	7100290	2644913
7367764	17333685	3867382	579927	576809	226829	10496235	13545942	3075094
323625	302579	175010	40780	79661	27519	71259	94442	33192
70262	60805	38812	1015	20586	7725	19668	70928	51260
997174	2439049	1244489	306222	368044	230228	809489	782638	238908
1234733	1724235	497528	162379	130708	43396	873523	1764949	783974
4535451	3327217	1499504	388663	564069	365510	792642	2452828	718361
7128116	7540140	3358334	289155	1445870	305304	2386160	3319364	993394
517811	745844	472264	177612	190696	94841	181937	346448	169687
1717047	3752269	2687256	557120	606744	236705	582153	1034092	602368
2382181	6473199	3178536	1323550	850206	428504	2582813	3232853	731041
9769535	6706788	5404490	1042707	1358221	1084553	1130420	1722325	605618
2721221	2672094	1913150	757926	461638	96326	469840	899463	323325
3244558	5738364	4028271	1568251	708259	309846	1422557	1807729	778321
620304	1020930	556727	143045	111258	45347	119536	362823	194776
97329	162732	107204	32273	19370	9972	13638	38554	23152
40183	9783	8693	2565	3515	2479	590	996	407
98435	71847	26684	3359	3186	2426	38247	46413	8166
25093	45634	31600	12223	6738	474	9581	13738	8221
12018738	24162540	4002464	835871	568988	10903	16478107	28988606	12540664
1520604	2524685	690596	118355	57371	18009	1165617	1794943	644559
284519	1505258	381578	28468	8798	209	593692	856522	306977

13-6 续表

单位：万元

分组	Item	负债合计 Total Liabilities	#流动负债 Total Working Liabilities
总计	**Total**	**114248458**	**75556158**
煤炭开采和洗选业	Mining and Washing of Coal	12968818	9321004
石油和天然气开采业	Extraction of Petroleum and Natural Gas	22884448	11404555
黑色金属矿采选业	Mining and Processing of Ferrous Metal Ores	261824	226400
有色金属矿采选业	Mining and Processing of Non-Ferrous Metal Ores	1199572	882304
非金属矿采选业	Mining and Processing of Non-metal Ores	33774	27047
开采辅助活动	Support Activities for Mining	711487	710341
农副食品加工业	Processing of Food from Agricultural Products	441134	374888
食品制造业	Manufacture of Foods	83179	69054
酒、饮料和精制茶制造业	Manufacture of Liquor, Beverages and Refined Tea	360975	317640
烟草制品业	Manufacture of Tobacco	488527	487620
纺织业	Manufacture of Textile	482320	268340
纺织服装、服饰业	Manufacture of Textile, Wearing Apparel and Accessories	1158	1158
皮革、毛皮、羽毛及其制品和制鞋业	Manufacture of Leather, Fur, Feather and Related Products and Footwear	24275	18387
木材加工和木、竹、藤、棕、草制品业	Processing of Timber, Manufacture of Wood, Bamboo, Rattan, Palm and Straw Products	11026	8382
造纸及纸制品业	Manufacture of Paper and Paper Products	24	24
印刷和记录媒介复制业	Printing and Reproduction of Recording Media	57011	45295
文教、工美、体育和娱乐用品制造业	Manufacture of Articles for Culture, Education, Arts and Crafts, Sport and Entertainment Activities	1857	1857
石油加工、炼焦及核燃料加工业	Processing of Petroleum, Coking and Processing of Nuclear Fuel	18791425	11337357
化学原料及化学制品制造业	Manufacture of Raw Chemical Materials and Chemical Products	11403398	6088720
医药制造业	Manufacture of Medicines	114930	109702
化学纤维制造业	Manufacture of Chemical Fibres	15234	13546
橡胶和塑料制品业	Manufacture of Rubber and Plastics Products	1530569	1065023
非金属矿物制品业	Manufacture of Non-metallic Mineral Products	871263	700386
黑色金属冶炼和压延加工业	Smelting and Pressing of Ferrous Metals	3302152	3161815
有色金属冶炼和压延加工业	Smelting and Pressing of Non-ferrous Metals	4501538	3326345
金属制品业	Manufacture of Metal Products	540447	467230
通用设备制造业	Manufacture of General Purpose Machinery	2194469	1930008
专用设备制造业	Manufacture of Special Purpose Machinery	3302741	3052154
汽车制造业	Manufacture of Automobiles	4608052	4467738
铁路、船舶、航空航天和其他运输设备制造业	Manufacture of Railway, Ship, Aerospace and Other Transport Equipments	1508513	1436786
电气机械和器材制造业	Manufacture of Electrical Machinery and Apparatus	2708286	2272666
计算机、通信和其他电子设备制造业	Manufacture of Computers, Communication and Other Electronic Equipment	704712	646590
仪器仪表制造业	Manufacture of Measuring Instruments and Machinery	142056	102229
其他制造业	Other Manufacture	2375	2375
废弃资源综合利用业	Utilization of Waste Resources	47453	39397
金属制品、机械和设备修理业	Repair Service of Metal Products, Machinery and Equipment	20703	20703
电力、热力生产和供应业	Production and Supply of Electric Power and Heat Power	15586247	9849504
燃气生产和供应业	Production and Supply of Gas	1536343	1019372
水的生产和供应业	Production and Supply of Water	804145	282217

continued

(10 000 yuan)

所有者权益合计 Owners' Equity	主营业务收入 Revenue from Principal Business	主营业务成本 Cost of Principal Business	销售费用 Eelling Expenses	管理费用 Manage-ment Expenses	财务费用 Financial Expenses	利润总额 Total Profits	亏损企业亏损额 Losses of Unpro-fitable Enterprises	全部从业人员年平均人数(人) Annual Average Employed Persons (person)
86804505	**103752972**	**78033541**	**1781842**	**4898891**	**2239504**	**11200177**	**1413107**	**720465**
16328844	15622338	7110416	166769	1093132	263909	6069369	57207	118441
19303178	11635272	8143025	7937	685205	352516	1324071	483409	113243
178764	453282	351828	6929	32210	8189	45757	18366	2976
2508614	1402179	1104315	11398	90526	13434	157920	5244	14708
53159	95243	42632	30464	11998	595	7467	156	1278
487381	653633	577197	843	31864	-3565	41076		17498
113784	806965	729728	31711	25963	5356	18450	7767	2935
69709	319699	263937	20735	20455	954	12560	6849	2697
465125	882239	569190	85343	42053	-861	130591		7703
1416265	1916382	741186	51127	114932	-1882	58761		8477
373353	284260	276853	4280	16219	8905	-15305	18025	15582
2633	8248	7506	159	392	30	150		191
30058	34262	29364	1102	2499	130	3395		591
11587	7107	6776	35	512	-1	61		310
1458	6080	5320	210	191	29	146		36
340724	255156	185360	5395	33756	-2207	32802	680	3271
782	2974	2263	70	98		540		72
12276360	12215235	8070152	265676	390941	555071	375374	221097	30282
5930287	7589892	6153975	163871	290683	333791	504707	122402	37667
187649	313779	182680	39287	14937	1484	79635	1504	3128
45571	71188	61009	471	3047	23	6468		348
908480	1026775	915817	48396	47233	19261	11616	8326	19824
850838	1151362	896449	32361	76238	28335	126693	10094	12044
25065	4523850	3925325	85271	76152	91641	229828	426	21044
3038601	8972473	8373941	46295	246527	137834	223282	39158	28444
200028	489469	423222	17800	30502	7287	10364	9176	7627
1556171	1528873	1325771	53685	164520	12899	57326	16952	22713
3165323	1857221	1612054	63832	158527	29696	4704	74025	23609
2098736	9283695	8386626	245488	246614	-27159	325109	12595	46854
1163581	2632701	2213138	45858	179481	4460	252596	1147	16279
3015615	2828301	2258886	151492	281591	22397	177595	9566	31163
318526	521310	413290	25998	69011	8451	18280	16451	9086
20676	100665	89893	1542	38044	398	-26272	30857	1200
7407	40184	37422	171	778	62	1738		190
24394	98338	93567	1363	2724	1623	1329		436
24931	25029	20645	239	5052	306	-1445	2295	641
8571394	12350702	10916668	14317	293536	326159	834543	208953	80816
988342	1467943	1296470	39303	46096	18822	96613	15510	8417
701112	278668	219647	14620	34658	21135	2283	14871	8644

13-7 外商及港澳台商投资工业企业主要经济指标(2017年)

单位：万元

行　　业	Sector	企业单位数（个）Number of Enterprises (unit)	#亏损企业 Unprofitable Enterprises	工业总产值 Gross Industrial Output Value (at current prices)
总　　计	**Total**	**213**	**40**	**16337147**
煤炭开采和洗选业	Mining and Washing of Coal	3		159260
黑色金属矿采选业	Mining and Processing of Ferrous Metal Ores	2	1	17198
农副食品加工业	Processing of Food from Agricultural Products	13	3	767048
食品制造业	Manufacture of Foods	13	2	1430298
酒、饮料和精制茶制造业	Manufacture of Liquor, Beverages and Refined Tea	24	4	1415520
纺织服装、服饰业	Manufacture of Textile, Wearing Apparel and Accessories	1		78473
造纸及纸制品业	Manufacture of Paper and Paper Products	4	1	126642
印刷和记录媒介复制业	Printing and Reproduction of Recording Media	2		151566
文教、工美、体育和娱乐用品制造业	Manufacture of Articles for Culture, Education, Arts and Crafts, Sport and Entertainment Activities	2		79145
石油加工、炼焦及核燃料加工业	Processing of Petroleum, Coking and Processing of Nuclear Fuel	1		5271
化学原料及化学制品制造业	Manufacture of Raw Chemical Materials and Chemical Products	17	2	398890
医药制造业	Manufacture of Medicines	8	2	1141055
化学纤维制造业	Manufacture of Chemical Fibres	2		111863
橡胶和塑料制品业	Manufacture of Rubber and Plastics Products	4	2	675333
非金属矿物制品业	Manufacture of Non-metallic Mineral Products	16	1	728035
黑色金属冶炼和压延加工业	Smelting and Pressing of Ferrous Metals	3		78221
有色金属冶炼和压延加工业	Smelting and Pressing of Non-ferrous Metals	6	2	501423
金属制品业	Manufacture of Metal Products	3	1	40010
通用设备制造业	Manufacture of General Purpose Machinery	10	1	204526
专用设备制造业	Manufacture of Special Purpose Machinery	13	2	424226
汽车制造业	Manufacture of Automobiles	10	3	2729721
铁路、船舶、航空航天和其他运输设备制造业	Manufacture of Railway, Ship, Aerospace and Other Transport Equipments	9		290472
电气机械和器材制造业	Manufacture of Electrical Machinery and Apparatus	14	7	568915
计算机、通信和其他电子设备制造业	Manufacture of Computers, Communication and Other Electronic Equipment	15	3	3529930
仪器仪表制造业	Manufacture of Measuring Instruments and Machinery	3		85522
其他制造业	Other Manufacture	4	1	70897
金属制品、机械和设备修理业	Repair Service of Metal Products, Machinery and Equipment	1	1	5663
电力、热力生产和供应业	Production and Supply of Electric Power and Heat Power	5	1	79040
燃气生产和供应业	Production and Supply of Gas	3		424094
水的生产和供应业	Production and Supply of Water	2		18891

Main Indicators of Industrial Enterprises with Hong Kong, Macao, Taiwan and Foreign Funds (2017)

(10 000 yuan)

工业销售产值 Sales Output Value (at current prices)	资产总计 Total Assets	流动资产合计 Total Working Capitals	#应收账款 Accounts Receivable	#存货 Inventories	#产成品 Finished products	固定资产合计 Total of Fixed Assets	固定资产原价 Original Value of Fixed Assets	累计折旧 Total Depreciation
15390941	**18758640**	**7662875**	**1690481**	**1945236**	**749015**	**8622948**	**14946483**	**6552464**
133725	283118	122103	18542	3720	353	98376	156567	65716
13312	12236	9635	253	143	130	985	1787	923
754371	385838	230523	41239	116488	64098	121632	155253	53656
1211666	809806	287333	81445	45935	14254	235605	347856	106596
1353144	1467805	573805	185719	191258	158149	635817	951412	354721
75815	16256	882	318	301	251	15374	27089	11715
91518	58926	16614	5664	4805	1594	15252	29118	10588
144369	106419	46571	19001	10152	1456	36284	57753	21469
79135	8046	5798	3734	3		1160	2516	1356
5271	40163	63				40100	2029	744
395552	684427	227317	60998	22938	6500	411026	581280	171226
985452	1038572	583108	139236	252148	194118	328504	220293	111873
113285	151416	79166	2042	40603	20746	69194	134044	64850
581585	401155	65551	27171	27348	1738	335262	458846	122787
710924	876870	283045	38408	53432	16910	512208	960013	465373
69640	75223	67049	2216	37980	18459	1810	39464	32419
458158	221930	173462	20334	145933	78422	30320	39600	9842
40188	60233	24365	8899	8414	3085	32310	50418	18108
178311	219147	150309	46696	43209	21688	43197	97409	58638
402671	735403	394603	70369	107552	26946	255527	385115	133339
2732755	2397791	1151449	69844	182127	55542	752188	1054439	374854
278575	373646	342013	189713	43655	15593	22358	29459	19019
494534	802276	446282	141347	88765	24592	301598	336341	90007
3461040	5951981	1859923	383732	472736	22422	3700221	7611762	3881483
85399	99370	93283	18466	4389	1023	5857	17988	12428
68018	164520	126649	71369	1098	387	35520	62587	27066
6734	11251	6385	820	1096	60	3618	3618	976
79040	388145	22554	4256	1266		354798	532648	190975
367863	841817	247807	19197	37675	502	219936	542548	110721
18891	74857	25232	19454	67		6909	57232	28998

13-7 续表

单位：万元

行业	Sector	负债合计 Total Liabilities	#流动负债 Total Working Liabilities
总计	**Total**	**8319302**	**5630766**
煤炭开采和洗选业	Mining and Washing of Coal	64775	57601
黑色金属矿采选业	Mining and Processing of Ferrous Metal Ores	5231	4202
农副食品加工业	Processing of Food from Agricultural Products	226763	179141
食品制造业	Manufacture of Foods	365410	188054
酒、饮料和精制茶制造业	Manufacture of Liquor, Beverages and Refined Tea	692263	539305
纺织服装、服饰业	Manufacture of Textile, Wearing Apparel and Accessories	405	
造纸及纸制品业	Manufacture of Paper and Paper Products	25099	4245
印刷和记录媒介复制业	Printing and Reproduction of Recording Media	44300	43975
文教、工美、体育和娱乐用品制造业	Manufacture of Articles for Culture, Education, Arts and Crafts, Sport and Entertainment Activities	5468	5439
石油加工、炼焦及核燃料加工业	Processing of Petroleum, Coking and Processing of Nuclear Fuel	23914	16116
化学原料及化学制品制造业	Manufacture of Raw Chemical Materials and Chemical Products	315125	132275
医药制造业	Manufacture of Medicines	562444	423315
化学纤维制造业	Manufacture of Chemical Fibres	105354	79712
橡胶和塑料制品业	Manufacture of Rubber and Plastics Products	298063	50562
非金属矿物制品业	Manufacture of Non-metallic Mineral Products	427332	387164
黑色金属冶炼和压延加工业	Smelting and Pressing of Ferrous Metals	30376	30245
有色金属冶炼和压延加工业	Smelting and Pressing of Non-ferrous Metals	59884	38228
金属制品业	Manufacture of Metal Products	41152	41152
通用设备制造业	Manufacture of General Purpose Machinery	68329	66069
专用设备制造业	Manufacture of Special Purpose Machinery	373946	282103
汽车制造业	Manufacture of Automobiles	1639532	1327820
铁路、船舶、航空航天和其他运输设备制造业	Manufacture of Railway, Ship, Aerospace and Other Transport Equipments	184471	179626
电气机械和器材制造业	Manufacture of Electrical Machinery and Apparatus	539092	503434
计算机、通信和其他电子设备制造业	Manufacture of Computers, Communication and Other Electronic Equipment	1366748	496301
仪器仪表制造业	Manufacture of Measuring Instruments and Machinery	22062	22062
其他制造业	Other Manufacture	10446	10446
金属制品、机械和设备修理业	Repair Service of Metal Products, Machinery and Equipment	3928	3928
电力、热力生产和供应业	Production and Supply of Electric Power and Heat Power	317120	58072
燃气生产和供应业	Production and Supply of Gas	470528	430431
水的生产和供应业	Production and Supply of Water	29742	29742

continued

(10 000 yuan)

所有者权益合计 Owners' Equity	主营业务收入 Revenue from Principal Business	主营业务成本 Cost of Principal Business	销售费用 Eelling Expenses	管理费用 Manage-ment Expenses	财务费用 Financial Expenses	利润总额 Total Profits	亏损企业亏损额 Losses of Unpro-fitable Enterprises	全部从业人员年平均人数(人) Annual Average Employed Persons (person)
10405803	**14717036**	**12043977**	**617992**	**853340**	**144067**	**1683621**	**108338**	**100250**
218343	119505	48346	2808	6341	713	53034		681
7005	13292	13241	14	240	0	-210	243	51
159075	705371	631380	21162	12958	-3196	28911	1999	3783
433152	1071258	784836	102928	103086	-1907	65803	8563	6307
772836	1120241	885784	80092	41795	9033	167923	3014	8555
15851	76653	42868	9688	7524	8120	7747		490
33827	61866	46675	2173	2500	395	6755	138	959
62119	138937	126863	4067	3687	1031	5561		1204
2578	79135	78771	12	194	3	209		184
16248	5012	4122		603	-144	365		4630
369301	399027	319111	13191	17585	10110	38676	2045	1006
476127	959106	546481	209685	93627	19972	76431	6394	6775
46062	113285	96532	1011	4363	3632	8144		392
103093	543449	433637	7029	60643	-3	33879	312	1598
449539	681249	524574	9326	30880	4658	122806	688	4807
44848	69585	59386	4139	3440	-257	963		486
162046	467638	448434	2664	8818	1840	6956	1327	668
19081	55230	49056	1231	3564	947	-180	2344	613
150818	188183	165386	6384	9345	970	5387	1219	1970
341874	398239	300779	15117	25994	5686	46525	623	3385
758258	2599667	2381691	51409	98231	23256	7669	29884	27536
189175	269982	200582	8044	14073	1837	35666		1452
263184	478520	407526	27753	45998	6602	-2713	40475	3901
4585233	3458142	2950330	11696	224540	40448	863784	1331	13203
77307	85452	51741	5626	4258	20	24071		684
154074	67943	40811	1269	1454	161	23631	107	217
7322	6734	5884		2627	304	-2022	2022	65
71025	73015	56773	624	3505	9550	-1179	5612	352
371289	392830	328472	18071	19763	-357	57734		3783
45115	18489	13907	780	1705	645	1295		513

13-8 大中型工业企业主要经济指标(2017年)

单位：万元

行　　业	Sector	企业单位数(个) Number of Enterprises (unit)	#亏损企业 Unprofitable Enterprises	工业总产值 Gross Industrial Output Value (at current prices)
总　　计	**Total**	**871**	**134**	**155675317**
煤炭开采和洗选业	Mining and Washing of Coal	113	12	21708817
石油和天然气开采业	Extraction of Petroleum and Natural Gas	3	1	13211253
黑色金属矿采选业	Mining and Processing of Ferrous Metal Ores	11	2	914138
有色金属矿采选业	Mining and Processing of Non-Ferrous Metal Ores	17	1	2664487
非金属矿采选业	Mining and Processing of Non-metal Ores	7		205768
开采辅助活动	Support Activities for Mining	5	2	596096
农副食品加工业	Processing of Food from Agricultural Products	44	2	3516028
食品制造业	Manufacture of Foods	39	3	2811891
酒、饮料和精制茶制造业	Manufacture of Liquor, Beverages and Refined Tea	22	2	2160260
烟草制品业	Manufacture of Tobacco	2		1913078
纺织业	Manufacture of Textile	32	8	1506349
纺织服装、服饰业	Manufacture of Textile, Wearing Apparel and Accessories	10		351657
皮革、毛皮、羽毛及其制品和制鞋业	Manufacture of Leather, Fur, Feather and Related Products and Footwear	3		99599
木材加工和木、竹、藤、棕、草制品业	Processing of Timber, Manufacture of Wood, Bamboo, Rattan, Palm and Straw Products	5		327693
家具制造业	Manufacture of Furniture	3		104531
造纸及纸制品业	Manufacture of Paper and Paper Products	13	3	754217
印刷和记录媒介复制业	Printing and Reproduction of Recording Media	10	1	544139
石油加工、炼焦及核燃料加工业	Processing of Petroleum, Coking and Processing of Nuclear Fuel	37	8	13756749
化学原料及化学制品制造业	Manufacture of Raw Chemical Materials and Chemical Products	51	14	9208919
医药制造业	Manufacture of Medicines	39	1	4653997
橡胶和塑料制品业	Manufacture of Rubber and Plastics Products	19	1	2491574
非金属矿物制品业	Manufacture of Non-metallic Mineral Products	53	4	3162543
黑色金属冶炼和压延加工业	Smelting and Pressing of Ferrous Metals	11	2	5315226
有色金属冶炼和压延加工业	Smelting and Pressing of Non-ferrous Metals	42	7	10797869
金属制品业	Manufacture of Metal Products	17	4	798706
通用设备制造业	Manufacture of General Purpose Machinery	29	6	2556707
专用设备制造业	Manufacture of Special Purpose Machinery	44	9	4153503
汽车制造业	Manufacture of Automobiles	31	4	14095330
铁路、船舶、航空航天和其他运输设备制造业	Manufacture of Railway, Ship, Aerospace and Other Transport Equipments	17		2837773
电气机械和器材制造业	Manufacture of Electrical Machinery and Apparatus	39	8	6545955
计算机、通信和其他电子设备制造业	Manufacture of Computers, Communication and Other Electronic Equipment	34	4	7039712
仪器仪表制造业	Manufacture of Measuring Instruments and Machinery	9		505154
金属制品、机械和设备修理业	Repair Service of Metal Products, Machinery and Equipment	1	1	8245
电力、热力生产和供应业	Production and Supply of Electric Power and Heat Power	43	21	12328134
燃气生产和供应业	Production and Supply of Gas	11	1	1881516
水的生产和供应业	Production and Supply of Water	5	2	147703

Main Indicators of Large and Medium-sized Industrial Enterprises(2017)

(10 000 yuan)

工业销售产值 Sales Output Value (at current prices)	资产总计 Total Assets	流动资产合计 Total Working Capitals	#应收账款 Accounts Receivable	#存货 Inventories	#产成品 Finished products	固定资产合计 Total of Fixed Assets	固定资产原价 Original Value of Fixed Assets	累计折旧 Total Depreciation
151244885	**236773813**	**81195197**	**15165311**	**14252001**	**5625253**	**104164309**	**194673354**	**89909196**
20959234	35084251	14762203	1603582	661974	209303	9404960	18556916	7701620
13220397	42108118	2402000	91185	256054	86472	34617362	69246733	34231633
925464	702222	204051	41029	31884	24913	331735	329269	156122
2415895	4111979	1311709	113312	281364	153090	1325006	1991094	734235
198070	93910	41731	7990	8667	4467	49246	80704	31459
602275	945535	608412	125372	66986	17280	223350	514586	277754
3355678	1654595	972413	141881	380305	175190	507956	781060	294049
2524780	1602218	561251	171655	99642	42146	626403	863559	244994
2165383	2289726	1084455	194011	372812	204279	738408	1142671	392557
1915869	1880251	1406013	290546	701141	34221	290172	734057	443849
1455007	1252930	530755	36807	180978	63148	562038	719421	210852
345477	174359	98363	17294	46129	13264	69987	81165	23793
98571	69007	37929	7929	14812	8144	8542	13630	5084
281291	412300	142063	16254	20474	10600	110579	184930	87288
104104	54405	20374	2995	9569	2637	22522	25992	10202
673841	342670	93299	26788	29376	17579	195812	587513	429719
517708	590596	339469	48180	65347	24633	221091	480020	267774
14166575	34785560	12278671	843067	931903	281408	6126940	9074514	3321706
8923763	20482272	5075247	872417	658318	273351	11689053	15970376	4404483
4184312	3808122	2249670	465735	539040	302918	1045420	11025967	10278605
2316085	3095055	1389718	355527	417524	242979	1310827	1557159	529800
3068842	2849663	905020	165820	214478	104255	1466519	3272945	1644520
5268138	3832045	1682890	412583	584211	352693	1078143	2862020	883803
10489075	9180874	4173037	366738	1616320	356655	2872965	4280707	1425658
735237	792740	432255	150359	141721	71005	221039	441486	215980
2421055	4098837	2708523	547408	672730	262485	812240	1299500	658804
3521810	6873891	3391147	1416673	970964	512614	2990070	3956113	1057246
14188219	9522481	6750924	1184775	1535181	1125841	2062489	2970850	1006042
2630299	2408828	1806252	738029	435573	94721	401190	802781	295222
7174240	9013823	6023747	2775291	966323	425632	2546426	3700767	1811906
6210447	8143555	3117158	1008189	677210	92476	4224153	8523681	4231824
492435	353916	233323	73243	31848	13942	108781	149978	42122
8189	17340	12034	5638	3044	154	5306	8546	6330
11719342	21184073	3526915	702957	565965	14278	14575480	26103490	11726315
1821799	2634795	670605	121511	56922	6479	1171823	2018441	621326
145981	326872	151571	22540	5215		150278	320715	204521

13-8 续表

单位：万元

行 业	Sector	负债合计 Total Liabilities	#流动负债 Total Working Liabilities
总 计	**Total**	**128466540**	**86526342**
煤炭开采和洗选业	Mining and Washing of Coal	15332404	10384476
石油和天然气开采业	Extraction of Petroleum and Natural Gas	22797455	11395913
黑色金属矿采选业	Mining and Processing of Ferrous Metal Ores	418767	325877
有色金属矿采选业	Mining and Processing of Non-Ferrous Metal Ores	1216867	889878
非金属矿采选业	Mining and Processing of Non-metal Ores	33822	28743
开采辅助活动	Support Activities for Mining	397660	392514
农副食品加工业	Processing of Food from Agricultural Products	959526	819737
食品制造业	Manufacture of Foods	649120	387945
酒、饮料和精制茶制造业	Manufacture of Liquor, Beverages and Refined Tea	1124989	868627
烟草制品业	Manufacture of Tobacco	485782	484875
纺织业	Manufacture of Textile	609775	356500
纺织服装、服饰业	Manufacture of Textile, Wearing Apparel and Accessories	70198	66891
皮革、毛皮、羽毛及其制品和制鞋业	Manufacture of Leather, Fur, Feather and Related Products and Footwear	29204	21668
木材加工和木、竹、藤、棕、草制品业	Processing of Timber, Manufacture of Wood, Bamboo, Rattan, Palm and Straw Products	183051	132554
家具制造业	Manufacture of Furniture	14499	13445
造纸及纸制品业	Manufacture of Paper and Paper Products	125231	72989
印刷和记录媒介复制业	Printing and Reproduction of Recording Media	152621	141141
石油加工、炼焦及核燃料加工业	Processing of Petroleum, Coking and Processing of Nuclear Fuel	20752641	13024231
化学原料及化学制品制造业	Manufacture of Raw Chemical Materials and Chemical Products	12967501	6933284
医药制造业	Manufacture of Medicines	1677152	1431115
橡胶和塑料制品业	Manufacture of Rubber and Plastics Products	1844952	1101977
非金属矿物制品业	Manufacture of Non-metallic Mineral Products	1399828	1203062
黑色金属冶炼和压延加工业	Smelting and Pressing of Ferrous Metals	3787790	3623308
有色金属冶炼和压延加工业	Smelting and Pressing of Non-ferrous Metals	5221502	3652685
金属制品业	Manufacture of Metal Products	467118	413186
通用设备制造业	Manufacture of General Purpose Machinery	2264118	2015467
专用设备制造业	Manufacture of Special Purpose Machinery	3484674	3154695
汽车制造业	Manufacture of Automobiles	6265546	5731243
铁路、船舶、航空航天和其他运输设备制造业	Manufacture of Railway, Ship, Aerospace and Other Transport Equipments	1417169	1353652
电气机械和器材制造业	Manufacture of Electrical Machinery and Apparatus	4887359	4398813
计算机、通信和其他电子设备制造业	Manufacture of Computers, Communication and Other Electronic Equipment	2573881	1608712
仪器仪表制造业	Manufacture of Measuring Instruments and Machinery	172987	131919
金属制品、机械和设备修理业	Repair Service of Metal Products, Machinery and Equipment	9255	9255
电力、热力生产和供应业	Production and Supply of Electric Power and Heat Power	13246114	8942359
燃气生产和供应业	Production and Supply of Gas	1256901	899163
水的生产和供应业	Production and Supply of Water	169083	114444

continued

(10 000 yuan)

所有者权益合计 Owners' Equity	主营业务收入 Revenue from Principal Business	主营业务成本 Cost of Principal Business	销售费用 Eelling Expenses	管理费用 Management Expenses	财务费用 Financial Expenses	利润总额 Total Profits	亏损企业亏损额 Losses of Unprofitable Enterprises	全部从业人员年平均人数(人) Annual Average Employed Persons (person)
108307268	**146109685**	**111595292**	**3455568**	**6388114**	**2542729**	**16465162**	**1394610**	**1056654**
19751846	19244557	9284491	224717	1222993	309043	6948547	65926	152591
19310664	11614457	8119947	7244	684431	352422	1334192	473288	113243
283454	557575	429259	7789	36915	9404	64494	17778	6794
2895112	2177536	1717380	15718	103052	14409	301077	4956	19218
60088	198821	128314	39352	16258	798	11297		2977
547875	661617	586122	1381	30075	-3090	38628	489	18499
695069	3201022	2800123	94013	72439	17001	206302	3408	26763
953098	2296906	1657968	193161	158181	6211	255325	9146	25166
1164736	1983019	1331268	211766	97711	6950	353701	2365	19360
1394469	1903051	731451	50945	112392	-1849	57889		8298
643155	1484736	1250740	13713	29737	22698	163697	18079	27821
104161	318162	235420	16598	14055	9404	41392		4963
39803	97659	79152	2083	5323	402	11614		1629
229249	230537	167422	7467	9635	6511	25619		2255
39907	105784	81174	5123	4853	380	12792		1596
217439	444414	377644	9051	10704	4556	36295	726	7510
437975	519761	377812	29521	55006	7859	49066	11	6103
14032919	15460609	10655106	356028	449704	598527	538052	230438	53243
7514771	8732618	7000066	188969	355024	362040	737698	120314	46223
2130970	4106983	2541865	720537	257704	38747	519790	391	29235
1250103	2308996	1975499	74567	135456	19606	104987	2455	26285
1449835	2863298	2338885	98026	129058	41711	251556	11697	31547
44255	5188346	4530275	90882	94699	99748	254645	35931	26811
3959372	12312395	11339523	60025	302523	158301	498876	37571	44995
325622	704833	540702	20499	32007	6392	99994	8651	9339
1834719	2258269	1923642	77252	172363	17902	147350	21239	28213
3389217	2971280	2461424	124259	213323	52719	132061	53810	32541
3256936	13443403	12061727	281408	351620	-5604	602396	33266	79760
991659	2554688	2153269	42031	170527	3791	209170		15977
4126464	5655304	4744475	262531	371036	39683	331835	40680	48317
5569674	6133869	5329440	41887	310880	54701	1074268	9582	40621
180928	440578	336123	16007	17055	1042	68976		3704
8085	8125	6809	99	1245	-8	-273	273	337
7937959	12044451	10715522	14293	288077	265938	796183	186523	80425
1377893	1742178	1466389	48197	54253	21473	182359	4699	9745
157789	139849	118866	8429	17800	2912	3314	919	4550

13-9 规模以上工业企业主要经济效益指标(2017年)
Main Indicators on Economic Benefit of Industrial Enterprises above Designated Size (2017)

分组	Item	总资产贡献率(%) Ratio of Profits, Taxes and Interests to Average Assets (%)	资产负债率(%) Ratio of Debts to Assets (%)	流动资产周转率(次/年) Turnover of Current Assets (times/year)	成本费用利润率(%) Ratio of Profits to Total Industrial Cost (%)	工业产品销售率(%) Sales Ratio of Products (%)
总计	**Total**	**13.48**	**54.13**	**1.99**	**11.48**	**96.42**
按登记注册类型分	**By Status of Registration**					
内资企业	Domestic Funded	13.57	54.76	2.00	11.44	96.59
国有企业	State-owned Enterprises	9.08	59.51	1.66	8.99	97.56
中央企业	Central	6.41	56.12	2.15	4.13	99.80
地方企业	Local	13.70	65.39	1.04	25.22	92.39
集体企业	Collective-owned Enterprises	17.13	43.20	2.59	9.74	95.55
股份合作企业	Cooperative Enterprises	18.76	35.54	1.34	34.77	98.20
联营企业	Joint Ownership Enterprises	24.19	52.79	8.63	4.36	93.66
国有联营企业	State Joint Ownership Enterprises	-10.81	61.92	0.72	-40.85	94.48
国有与集体联营企业	Joint State-collective Enterprises	163.47	16.48	49.17	10.83	93.53
有限责任公司	Limited Liability Corporations	12.94	57.98	1.78	10.05	96.60
国有独资公司	State Sole Funded Corporations	10.75	54.70	1.06	7.39	98.47
其他有限责任公司	Other Limited Liability Corporations	14.21	59.88	2.13	10.67	96.18
股份有限公司	Share-holding Corporations Limited	14.01	49.06	2.12	20.18	97.73
私营企业	Private Enterprises	18.93	47.56	3.22	10.10	95.28
私营独资企业	Private-funded Enterprises	30.20	37.71	4.19	13.36	96.70
私营合伙企业	Private Partnership Enterprises	20.02	52.34	1.95	16.06	100.62
私营有限责任公司	Private Limited Liability Corporations	19.47	49.42	3.33	9.76	95.31
私营股份有限公司	Private Share-holding Corporations Ltd.	12.95	36.37	2.59	11.14	93.13
其他企业	Other Enterprises	21.29	71.05	1.99	10.91	105.98
港、澳、台商投资企业	Enterprises with Funds from Hong Kong, Macao and Taiwan	8.34	54.68	2.28	4.43	93.74
合资经营企业(港或澳、台资)	Joint-venture Enterprises	6.43	61.19	2.44	2.22	99.10
合作经营企业(港或澳、台资)	Cooperative Enterprises	13.57	11.06	1.10	9.37	116.32
港澳台商独资经营企业	Enterprises with Sole Investment	15.71	35.73	2.77	10.14	83.72
港澳台商投资股份有限公司	Share-holding Corporations Ltd.	5.17	63.69	0.80	9.66	86.49
其他港澳台商投资企业	Other Enterprises with Funds from Hong Kong, Macao and Taiwan	12.00	28.25	1.05	17.11	76.98
外商投资企业	Foreign Funded Enterprises	13.12	41.50	1.86	15.30	94.41
中外合资经营企业	Joint-venture Enterprises	11.61	53.02	1.67	10.40	92.10
中外合作经营企业	Cooperation Enterprises	19.19	43.67	7.61	4.11	93.16
外资企业	Enterprises with Sole Funds	13.80	31.97	1.96	20.55	98.08
外商投资股份有限公司	Share-holding Corporations Ltd.	15.57	60.38	1.95	8.25	90.35
其他外商投资企业	Other Foreign Funded Enterprises	9.29	45.11	2.02	17.72	76.39

13-9　续表　continued

分　组	Item	总资产贡献率(%) Ratio of Profits, Taxes and Interests to Average Assets (%)	资　产负债率(%) Ratio of Debts to Assets (%)	流动资产周转率(次/年) Turnover of Current Assets (times/year)	成本费用利润率(%) Ratio of Profits to Total Industrial Cost (%)	工业产品销售率(%) Sales Ratio of Products (%)
按经济组织类型分	**By Economic Type of Orgnization**					
独资企业	Appropratorship	11.22	50.61	1.87	12.35	96.73
国有企业	State-owned Enterprises	9.08	59.51	1.66	8.99	97.56
集体企业	Collective-owned Enterprises	17.13	43.20	2.59	9.74	95.55
私营独资企业	Private-funded Enterprises	30.20	37.71	4.19	13.36	96.70
港澳台商独资经营企业	Enterprises with Sole Investment	15.71	35.73	2.77	10.14	83.72
外资企业	Enterprises with Sole Funds	13.80	31.97	1.96	20.55	98.08
合作、合伙企业	Partnership	17.38	48.61	1.93	15.08	95.57
股份合作企业	Cooperative Enterprises	18.76	35.54	1.34	34.77	98.20
国有联营企业	State Joint Ownership Enterprises	-10.81	61.92	0.72	-40.85	94.48
国有与集体联营企业	Joint State-collective Enterprises	163.47	16.48	49.17	10.83	93.53
私营合伙企业	Private Partnership Enterprises	20.02	52.34	1.95	16.06	100.62
合作经营企业(港或澳、台资	Cooperative Enterprises	13.57	11.06	1.10	9.37	116.32
中外合作经营企业	Cooperation Enterprises	19.19	43.67	7.61	4.11	93.16
其他企业(内资)	Other Enterprises	21.29	71.05	1.99	10.91	105.98
其他港澳台商投资企业	Other Enterprises with Funds from Hong Kong, Macao and Taiwan	12.00	28.25	1.05	17.11	76.98
其他外商投资企业	Other Foreign Funded Enterprises	9.29	45.11	2.02	17.72	76.39
股份有限公司	Share-holding Corporations Limited	13.95	48.68	2.14	18.86	97.08
股份有限公司(内资)	Share-holding Corporations Ltd.	14.01	49.06	2.12	20.18	97.73
私营股份有限公司	Private Share-holding Corporations Ltd.	12.95	36.37	2.59	11.14	93.13
港澳台商投资股份有限公司	Share-holding Corporations Ltd.with Funds from Hong Kong, Macao and Taiwan	5.17	63.69	0.80	9.66	86.49
外商投资股份有限公司	Share-holding Corporations Ltd.with Foreign Investment	15.57	60.38	1.95	8.25	90.35
有限责任公司	Limited Liability Corporations	13.59	56.89	1.98	9.83	96.24
国有独资公司	State Sole Funded Corporations	10.75	54.70	1.06	7.39	98.47
私营有限责任公司	Private Limited Liability Corporations	19.47	49.42	3.33	9.76	95.31
合资经营企业(港或澳、台资	Joint-venture Enterprises	6.43	61.19	2.44	2.22	99.10
中外合资经营企业	Joint-venture Enterprises	11.61	53.02	1.67	10.40	92.10
其他有限责任公司	Other Corporations	14.21	59.88	2.13	10.67	96.18
按轻重工业分	**Grouped by Light & Heavy Industries**					
轻工业	Light Industry	20.97	44.52	2.82	9.27	94.13
重工业	Heavy Industry	12.62	55.22	1.86	12.04	97.02
按企业规模分	**Grouped by Size of Enterprises**					
大型企业	Large Enterprises	13.05	54.40	1.80	12.24	97.88
中型企业	Medium-sized Enterprises	14.87	53.80	1.94	15.00	95.51
小型企业	Small Enterprises	14.27	52.72	2.46	8.69	95.00
微型企业	Mini Enterprises	4.99	63.48	1.57	7.31	96.27

13-10 规模以上工业企业分行业主要经济效益指标(2017年)
Main Indicators on Economic Benefit of Industrial Enterprises above Designated Size by Industrial Sector (2017)

分组	Item	总资产贡献率(%) Ratio of Profits, Taxes and Interests to Average Assets(%)	资产负债率(%) Ratio of Debts to Assets (%)	流动资产周转率(次/年) Turnover of Current Assets (times/year)	成本费用利润率(%) Ratio of Profits to Total Industrial Cost (%)	工业产品销售率(%) Sales Ratio of Products (%)
总计	**Total**	**13.48**	**54.13**	**1.99**	**11.48**	**96.42**
煤炭开采和洗选业	Mining and Washing of Coal	26.13	48.27	1.40	45.14	96.95
石油和天然气开采业	Extraction of Petroleum and Natural Gas	8.43	54.21	4.94	13.86	100.07
黑色金属矿采选业	Mining and Processing of Ferrous Metal Ores	10.62	54.47	1.97	8.00	96.78
有色金属矿采选业	Mining and Processing of Non-Ferrous Metal Ores	14.49	31.98	2.26	14.99	92.83
非金属矿采选业	Mining and Processing of Non-metal Ores	24.54	45.19	4.83	6.65	95.93
开采辅助活动	Support Activities for Mining	4.70	54.91	0.81	6.87	100.66
农副食品加工业	Processing of Food from Agricultural Products	18.30	46.90	4.14	6.56	95.35
食品制造业	Manufacture of Foods	21.53	40.87	4.50	10.10	92.81
酒、饮料和精制茶制造业	Manufacture of Liquor, Beverages and Refined Tea	24.04	44.61	2.76	14.63	95.37
烟草制品业	Manufacture of Tobacco	65.10	25.65	1.36	6.46	100.18
纺织业	Manufacture of Textile	19.28	45.37	3.62	10.82	95.21
纺织服装、服饰业	Manufacture of Textile, Wearing Apparel and Accessories	22.67	33.62	2.87	11.64	97.43
皮革、毛皮、羽毛及其制品和制鞋业	Manufacture of Leather, Fur, Feather and Related Products and Footwear	22.11	40.18	3.83	9.46	96.58
木材加工和木、竹、藤、棕、草制品业	Processing of Timber, Manufacture of Wood, Bamboo, Rattan, Palm and Straw Products	13.21	44.49	2.31	10.41	90.55
家具制造业	Manufacture of Furniture	21.09	33.68	3.18	11.29	95.57
造纸及纸制品业	Manufacture of Paper and Paper Products	13.68	38.76	4.14	6.69	91.73
印刷和记录媒介复制业	Printing and Reproduction of Recording Media	16.95	34.31	2.77	8.13	94.73
文教、工美、体育和娱乐用品制造业	Manufacture of Articles for Culture, Education, Arts and Crafts, Sport and Entertainment Activities	15.45	39.37	6.29	3.27	89.90
石油加工、炼焦及核燃料	Processing of Petroleum, Coking and Processing of Nuclear Fuel	12.56	60.16	1.33	4.10	102.14
化学原料及化学制品制造业	Manufacture of Raw Chemical Materials and Chemical Products	8.15	60.82	2.07	8.77	96.02
医药制造业	Manufacture of Medicines	20.27	45.10	1.89	12.90	90.15
化学纤维制造业	Manufacture of Chemical Fibres	9.53	63.13	2.07	8.59	100.83
橡胶和塑料制品业	Manufacture of Rubber and Plastics Products	8.18	52.29	2.46	5.42	93.30
非金属矿物制品业	Manufacture of Non-metallic Mineral Products	16.68	50.55	3.39	8.61	96.90
黑色金属冶炼和压延加工业	Smelting and Pressing of Ferrous Metals	12.83	90.99	3.12	4.83	98.59
有色金属冶炼和压延加工业	Smelting and Pressing of Non-ferrous Metals	10.42	55.51	2.95	4.55	96.33
金属制品业	Manufacture of Metal Products	9.31	47.17	1.86	8.45	92.26
通用设备制造业	Manufacture of General Purpose Machinery	7.92	52.96	1.13	6.35	94.38
专用设备制造业	Manufacture of Special Purpose Machinery	5.67	50.90	1.08	6.09	88.77
汽车制造业	Manufacture of Automobiles	10.01	64.76	2.10	4.84	100.12
铁路、船舶、航空航天和其他运输设备制造业	Manufacture of Railway, Ship, Aerospace and Other Transport Equipments	14.67	49.15	1.52	10.56	91.44
电气机械和器材制造业	Manufacture of Electrical Machinery and Apparatus	6.79	53.17	1.20	5.57	104.40
计算机、通信和其他电子设备制造业	Manufacture of Computers, Communication and Other Electronic Equipment	13.99	32.48	1.98	16.69	88.96
仪器仪表制造业	Manufacture of Measuring Instruments and Machinery	11.99	53.00	1.20	9.93	93.61
其他制造业	Other Manufacture	17.38	26.90	1.45	14.59	97.80
废弃资源综合利用业	Utilization of Waste Resources	12.61	53.94	2.14	4.63	90.14
金属制品、机械和设备修理业	Repair Service of Metal Products, Machinery and Equipment	1.14	51.92	0.75	-3.06	94.40
电力、热力生产和供应业	Production and Supply of Electric Power and Heat Power	7.39	66.18	2.45	7.83	95.36
燃气生产和供应业	Production and Supply of Gas	8.20	55.14	2.61	9.76	97.54
水的生产和供应业	Production and Supply of Water	2.61	52.80	0.91	1.56	97.83

13-11　国有及国有控股工业企业主要经济效益指标(2017年)

Main Indicators on Economic Benefit of State-owned and State-holding Industrial Enterprises(2017)

分　组	Item	总资产贡献率(%) Ratio of Profits, Taxes and Interests to Average Assets(%)	资　产负债率(%) Ratio of Debts to Assets (%)	流动资产周转率(次/年) Turnover of Current Assets (times/year)	成本费用利润率(%) Ratio of Profits to Total Industrial Cost (%)	工业产品销售率(%) Sales Ratio of Products (%)
总　计	**Total**	**12.36**	**56.81**	**1.64**	**12.57**	**97.89**
煤炭开采和洗选业	Mining and Washing of Coal	30.56	44.27	1.31	69.28	96.08
石油和天然气开采业	Extraction of Petroleum and Natural Gas	8.43	54.21	4.94	13.86	100.07
黑色金属矿采选业	Mining and Processing of Ferrous Metal Ores	16.77	59.43	5.12	11.30	102.22
有色金属矿采选业	Mining and Processing of Non-Ferrous Metal Ores	7.56	32.35	1.15	12.80	87.64
非金属矿采选业	Mining and Processing of Non-metal Ores	18.41	38.72	2.69	8.62	95.96
开采辅助活动	Support Activities for Mining	3.69	59.35	0.80	6.26	100.99
农副食品加工业	Processing of Food from Agricultural Products	7.42	78.26	2.30	2.33	88.42
食品制造业	Manufacture of Foods	13.95	54.40	4.38	4.01	99.63
酒、饮料和精制茶制造业	Manufacture of Liquor, Beverages and Refined Tea	30.51	43.70	1.65	18.33	99.94
烟草制品业	Manufacture of Tobacco	65.10	25.65	1.36	6.46	100.18
纺织业	Manufacture of Textile	-2.28	56.37	0.69	-4.90	95.82
纺织服装、服饰业	Manufacture of Textile, Wearing Apparel and Accessories	6.25	30.54	5.26	1.85	100.00
皮革、毛皮、羽毛及其制品和制鞋业	Manufacture of Leather, Fur, Feather and Related Products and Footwear	7.96	44.68	1.94	5.67	100.00
木材加工和木、竹、藤、棕、草制品业	Processing of Timber, Manufacture of Wood, Bamboo, Rattan, Palm and Straw Products	2.81	48.76	1.84	0.79	100.00
造纸及纸制品业	Manufacture of Paper and Paper Products	27.76	1.62	7.33	2.54	100.00
印刷和记录媒介复制业	Printing and Reproduction of Recording Media	13.38	14.33	0.98	14.68	98.12
文教、工美、体育和娱乐用品制造业	Manufacture of Articles for Culture, Education, Arts and Crafts, Sport and Entertainment Activities	20.45	70.36	1.31	22.20	111.47
石油加工、炼焦及核燃料	Processing of Petroleum, Coking and Processing of Nuclear Fuel	13.59	60.49	1.15	3.92	105.96
化学原料及化学制品制造业	Manufacture of Raw Chemical Materials and Chemical Products	6.97	65.79	2.03	7.03	97.19
医药制造业	Manufacture of Medicines	32.05	37.98	1.83	33.40	86.30
化学纤维制造业	Manufacture of Chemical Fibres	12.66	25.05	1.83	10.02	97.95
橡胶和塑料制品业	Manufacture of Rubber and Plastics Products	1.92	62.75	0.86	1.11	99.05
非金属矿物制品业	Manufacture of Non-metallic Mineral Products	12.19	50.53	2.35	12.18	98.34
黑色金属冶炼和压延加工业	Smelting and Pressing of Ferrous Metals	13.91	99.25	3.08	5.36	98.93
有色金属冶炼和压延加工业	Smelting and Pressing of Non-ferrous Metals	6.78	59.70	2.73	2.49	98.34
金属制品业	Manufacture of Metal Products	3.82	72.46	1.05	2.15	94.75
通用设备制造业	Manufacture of General Purpose Machinery	3.88	58.48	0.59	3.63	94.26
专用设备制造业	Manufacture of Special Purpose Machinery	1.65	51.02	0.61	0.25	81.23
汽车制造业	Manufacture of Automobiles	7.39	68.71	1.78	3.54	101.06
铁路、船舶、航空航天和其他运输设备制造业	Manufacture of Railway, Ship, Aerospace and Other Transport Equipments	14.27	56.45	1.41	10.23	92.66
电气机械和器材制造业	Manufacture of Electrical Machinery and Apparatus	5.52	47.20	0.74	6.32	100.85
计算机、通信和其他电子设备制造业	Manufacture of Computers, Communication and Other Electronic Equipment	4.60	69.03	1.01	3.31	94.58
仪器仪表制造业	Manufacture of Measuring Instruments and Machinery	-13.03	87.29	0.96	-20.14	75.30
其他制造业	Other Manufacture	28.64	24.28	4.62	4.52	100.03
废弃资源综合利用业	Utilization of Waste Resources	18.45	66.05	3.70	1.34	97.86
金属制品、机械和设备修理业	Repair Service of Metal Products, Machinery and Equipment	-0.51	45.37	0.80	-5.46	94.07
电力、热力生产和供应业	Production and Supply of Electric Power and Heat Power	7.85	64.51	3.12	7.18	95.46
燃气生产和供应业	Production and Supply of Gas	4.72	60.85	2.22	6.73	99.79
水的生产和供应业	Production and Supply of Water	2.30	53.42	0.82	0.73	98.37

13-12 外商及港澳台商投资工业企业主要经济效益指标(2017年)
Main Indicators on Economic Benefit of Industrial Enterprises with Hong Kong, Macao, Taiwan and Foreign Funds (2017)

分 组	Item	总资产贡献率(%) Ratio of Profits, Taxes and Interests to Average Assets(%)	资产负债率(%) Ratio of Debts to Assets (%)	流动资产周转率(次/年) Turnover of Current Assets (times/year)	成本费用利润率(%) Ratio of Profits to Total Industrial Cost (%)	工业产品销售率(%) Sales Ratio of Products (%)
总　计	**Total**	**12.09**	**44.35**	**1.96**	**12.08**	**94.21**
煤炭开采和洗选业	Mining and Washing of Coal	26.91	22.88	0.99	89.59	83.97
黑色金属矿采选业	Mining and Processing of Ferrous Metal Ores	-1.53	42.75	1.38	-1.56	77.41
农副食品加工业	Processing of Food from Agricultural Products	10.61	58.77	3.07	4.29	98.35
食品制造业	Manufacture of Foods	12.59	45.12	3.83	6.38	84.71
酒、饮料和精制茶制造业	Manufacture of Liquor, Beverages and Refined Tea	15.02	47.16	1.98	16.30	95.59
纺织服装、服饰业	Manufacture of Textile, Wearing Apparel and Accessories	115.91	2.49	86.92	11.36	96.61
造纸及纸制品业	Manufacture of Paper and Paper Products	18.17	42.59	5.05	8.96	72.27
印刷和记录媒介复制业	Printing and Reproduction of Recording Media	9.16	41.63	3.00	4.09	95.25
文教、工美、体育和娱乐用品制造业	Manufacture of Articles for Culture, Education, Arts and Crafts, Sport and Entertainment Activities	3.35	67.96	13.65	0.27	99.99
石油加工、炼焦及核燃料	Processing of Petroleum, Coking and Processing of Nuclear Fuel	-3.85	59.54	79.56	7.93	100.00
化学原料及化学制品制造业	Manufacture of Raw Chemical Materials and Chemical Products	7.62	46.04	1.77	10.68	99.16
医药制造业	Manufacture of Medicines	18.71	54.16	1.65	8.79	86.36
化学纤维制造业	Manufacture of Chemical Fibres	6.81	69.58	1.54	7.23	101.27
橡胶和塑料制品业	Manufacture of Rubber and Plastics Products	12.28	74.30	8.41	6.76	86.12
非金属矿物制品业	Manufacture of Non-metallic Mineral Products	19.26	48.73	2.48	21.13	97.65
黑色金属冶炼和压延加工业	Smelting and Pressing of Ferrous Metals	1.94	40.38	1.07	1.40	89.03
有色金属冶炼和压延加工业	Smelting and Pressing of Non-ferrous Metals	5.44	26.98	2.70	1.51	91.37
金属制品业	Manufacture of Metal Products	3.73	68.32	2.30	-0.33	100.45
通用设备制造业	Manufacture of General Purpose Machinery	4.03	31.18	1.28	2.90	87.18
专用设备制造业	Manufacture of Special Purpose Machinery	8.42	50.85	1.02	13.11	94.92
汽车制造业	Manufacture of Automobiles	4.20	68.38	2.36	0.29	100.11
铁路、船舶、航空航天和其他运输设备制造业	Manufacture of Railway, Ship, Aerospace and Other Transport Equipments	15.08	49.37	0.79	15.88	95.90
电气机械和器材制造业	Manufacture of Electrical Machinery and Apparatus	2.11	67.20	1.08	-0.55	86.93
计算机、通信和其他电子设备制造业	Manufacture of Computers, Communication and Other Electronic Equipment	15.31	22.96	1.86	26.71	98.05
仪器仪表制造业	Manufacture of Measuring Instruments and Machinery	25.50	22.20	0.93	39.05	99.86
其他制造业	Other Manufacture	18.47	6.35	0.54	54.05	95.94
金属制品、机械和设备修理业	Repair Service of Metal Products, Machinery and Equipment	-17.69	34.92	1.09	-22.43	118.91
电力、热力生产和供应业	Production and Supply of Electric Power and Heat Power	3.69	81.70	3.26	-1.67	100.00
燃气生产和供应业	Production and Supply of Gas	8.60	55.89	1.82	14.53	86.74
水的生产和供应业	Production and Supply of Water	4.80	39.73	0.75	7.57	100.00

13-13 大中型工业企业主要经济效益指标(2017年)
Main Indicators on Economic Benefit of Large and Medium-sized Industrial Enterprises(2017)

分 组	Item	总资产贡献率(%) Ratio of Profits, Taxes and Interests to Average Assets(%)	资产负债率(%) Ratio of Debts to Assets (%)	流动资产周转率(次/年) Turnover of Current Assets (times/year)	成本费用利润率(%) Ratio of Profits to Total Industrial Cost (%)	工业产品销售率(%) Sales Ratio of Products (%)
总 计	**Total**	**13.49**	**54.26**	**1.83**	**13.02**	**97.15**
煤炭开采和洗选业	Mining and Washing of Coal	29.33	43.70	1.32	62.20	96.55
石油和天然气开采业	Extraction of Petroleum and Natural Gas	8.47	54.14	4.93	14.01	100.07
黑色金属矿采选业	Mining and Processing of Ferrous Metal Ores	14.99	59.63	2.77	13.18	101.24
有色金属矿采选业	Mining and Processing of Non-Ferrous Metal Ores	11.19	29.59	1.68	16.13	90.67
非金属矿采选业	Mining and Processing of Non-metal Ores	24.38	36.02	4.79	6.08	96.26
开采辅助活动	Support Activities for Mining	4.54	42.06	1.10	6.26	101.04
农副食品加工业	Processing of Food from Agricultural Products	17.45	57.99	3.30	6.91	95.44
食品制造业	Manufacture of Foods	21.60	40.51	4.15	12.38	89.79
酒、饮料和精制茶制造业	Manufacture of Liquor, Beverages and Refined Tea	23.43	49.13	1.86	21.12	100.24
烟草制品业	Manufacture of Tobacco	65.84	25.84	1.36	6.46	100.15
纺织业	Manufacture of Textile	16.84	48.67	2.81	12.39	96.59
纺织服装、服饰业	Manufacture of Textile, Wearing Apparel and Accessories	35.54	40.26	3.24	14.98	98.24
皮革、毛皮、羽毛及其制品和制鞋业	Manufacture of Leather, Fur, Feather and Related Products and Footwear	20.74	42.32	3.35	10.21	98.97
木材加工和木、竹、藤、棕、草制品业	Processing of Timber, Manufacture of Wood, Bamboo, Rattan, Palm and Straw Products	11.47	44.40	1.62	12.51	85.84
家具制造业	Manufacture of Furniture	32.22	26.65	5.19	13.98	99.59
造纸及纸制品业	Manufacture of Paper and Paper Products	15.23	36.55	5.00	8.53	89.34
印刷和记录媒介复制业	Printing and Reproduction of Recording Media	15.33	25.84	1.55	10.36	95.14
石油加工、炼焦及核燃料	Processing of Petroleum, Coking and Processing of Nuclear Fuel	12.95	59.66	1.29	4.35	102.98
化学原料及化学制品制造业	Manufacture of Raw Chemical Materials and Chemical Products	7.08	63.31	1.77	9.06	96.90
医药制造业	Manufacture of Medicines	23.01	44.04	1.83	14.60	89.91
橡胶和塑料制品业	Manufacture of Rubber and Plastics Products	5.70	59.61	1.70	4.72	92.96
非金属矿物制品业	Manufacture of Non-metallic Mineral Products	14.27	49.12	3.20	9.57	97.04
黑色金属冶炼和压延加工业	Smelting and Pressing of Ferrous Metals	13.07	98.85	3.16	5.14	99.11
有色金属冶炼和压延加工业	Smelting and Pressing of Non-ferrous Metals	9.71	56.87	3.00	4.14	97.14
金属制品业	Manufacture of Metal Products	18.32	58.92	1.65	16.57	92.05
通用设备制造业	Manufacture of General Purpose Machinery	6.33	55.24	0.85	6.65	94.69
专用设备制造业	Manufacture of Special Purpose Machinery	4.36	50.69	0.90	4.55	84.79
汽车制造业	Manufacture of Automobiles	9.28	65.80	2.06	4.59	100.66
铁路、船舶、航空航天和其他运输设备制造业	Manufacture of Railway, Ship, Aerospace and Other Transport Equipments	13.91	58.83	1.45	8.73	92.69
电气机械和器材制造业	Manufacture of Electrical Machinery and Apparatus	5.59	54.22	0.97	6.01	109.60
计算机、通信和其他电子设备制造业	Manufacture of Computers, Communication and Other Electronic Equipment	14.35	31.61	1.99	18.57	88.22
仪器仪表制造业	Manufacture of Measuring Instruments and Machinery	24.78	48.88	1.89	17.17	97.48
金属制品、机械和设备修理业	Repair Service of Metal Products, Machinery and Equipment	2.10	53.37	0.68	-3.33	99.31
电力、热力生产和供应业	Production and Supply of Electric Power and Heat Power	8.60	62.53	3.46	6.99	95.06
燃气生产和供应业	Production and Supply of Gas	8.15	47.70	2.69	11.24	96.83
水的生产和供应业	Production and Supply of Water	3.89	51.73	1.09	2.06	98.83

13-14 主要工业产品产量
Output of Major Industrial Products

产品名称		Item		2016	2017
原　煤	(万吨)	Coal	(10 000 tons)	51151.37	56959.93
天然原油	(万吨)	Crude Petroleum Oil	(10 000 tons)	3502.43	3489.82
天然气	(亿立方米)	Natural Gas	(100 million cu.m)	411.91	419.40
铁矿石原矿	(万吨)	Crude Quantity of Iron Ore	(10 000 tons)	2206.38	2395.22
锌金属含量	(万吨)	Zinc Metal Content	(10 000 tons)	32.32	29.53
钼精矿折合量	(万吨)	Reduced Quantity of Molybdenum Concentrate	(10 000 tons)	4.47	5.07
发电量	(亿千瓦小时)	Electricity	(100 million kwh)	1734.79	1781.39
小麦粉	(万吨)	Wheat Meal	(10 000 tons)	622.75	631.42
精制食用植物油	(万吨)	Refined Edible Vegetable Oil	(10 000 tons)	157.05	190.69
饲　料	(万吨)	Feed	(10 000 tons)	469.00	452.82
乳制品	(万吨)	Dairy Products	(10 000 tons)	143.73	143.42
白　酒	(万千升)	Spirits	(10 000 kiloliter)	14.25	16.51
啤　酒	(万千升)	Beer	(10 000 kiloliter)	92.79	91.73
软饮料	(万吨)	Soft Drinks	(10 000 tons)	670.05	728.55
卷　烟	(亿支)	Cigarettes	(100 million pieces)	861.22	819.77
化学纤维	(万吨)	Chemical Fiber	(10 000 ton)	2.03	1.39
纱	(万吨)	Yarn	(10 000 tons)	39.22	42.60
布	(万米)	Cloth	(10 000 m)	80358.50	92169.50
印染布	(万米)	Dyed Fabric	(10 000 m)	2392.10	3610.00
服　装	(万件)	Garments	(10 000 cases)	2421.10	3240.40
机制纸及纸板	(万吨)	Machine-made Paper and Paperboard	(10 000 tons)	72.15	75.95
纸制品	(万吨)	Paper Products	(10 000 tons)	107.24	124.90
原油加工量	(万吨)	Crude Runs	(10 000 tons)	1766.19	1770.63
#汽　油		Gasoline		621.77	612.73
柴　油		Diesel Oil		744.20	722.63
焦　炭	(万吨)	Coke	(10 000 tons)	3921.17	4050.41
硫酸(折100%)	(万吨)	Sulfuric Acid	(10 000 tons)	145.89	139.51
氢氧化钠(烧碱)	(万吨)	Caustic Soda	(10 000 tons)	105.06	99.89
碳化钙(电石)	(万吨)	Soda Ash	(10 000 tons)	244.01	271.36
合成氨	(万吨)	Synthetic Ammonia	(10 000 tons)	213.77	153.56

13-14 续表 continued

产品名称		Item		2016	2017
化肥总计	（万吨）	Chemical Fertilizers	(10 000 tons)	153.10	148.39
氮 肥		Nitrogen Fertilizers		133.01	124.13
磷 肥		Phosphate Fertilizers		18.25	22.70
合成洗涤剂	（万吨）	Synthetic Detergents	(10 000 ton)	9.14	7.49
化学药品原药	（万吨）	Chemical Medicines	(10 000 ton)	2.42	2.49
精甲醇	（万吨）	Extract Methanol	(10 000 tons)	475.84	542.63
中成药	（万吨）	Traditional Chinese Medicine	(10 000 ton)	5.76	7.95
塑料制品	（万吨）	Plastic Articles	(10 000 tons)	66.42	82.21
水 泥	（万吨）	Cement	(10 000 tons)	7555.86	7476.09
平板玻璃	（万重量箱）	Plain Glass	(10 000 weight cases)	2053.57	2157.30
生 铁	（万吨）	Pig Iron	(10 000 tons)	855.99	1137.06
粗 钢	（万吨）	Crude Steel	(10 000 tons)	924.67	1184.26
钢 材	（万吨）	Rolled Steel	(10 000 tons)	1233.79	1377.61
铝 材	（万吨）	Rolled Aluminum	(10 000 tons)	19.63	25.03
铁合金	（万吨）	Ferroalloy	(10 000 tons)	72.65	84.91
十种有色金属	（万吨）	Ten Kinds of Nonferrous Metals	(10 000 tons)	229.38	232.60
原铝(电解铝)	（万吨）	Electrolyzed Aluminum	(10 000 tons)	72.79	77.32
锌	（万吨）	Zinc Metal	(10 000 tons)	105.00	101.00
金属切削机床	（台）	Metal-cutting Machine Tools	(unit)	14708	22005
# 数控机床		Computer Numerical Control Machine Tools		7354	10629
金属成型机床(锻压设备)	（台）	Metal Forming Machines(Forging Equipment)	(unit)	8534	12583
汽 车	（万辆）	Motor Vehicles	(unit)	42.04	61.63
#基本型乘用车(轿车)		Basic Type Passenger Vehicle(Car)		19.59	18.14
载货汽车		Trucks		10.99	19.06
交流电动机	（万千瓦）	Alternating Current Motors	(10 000 kw)	318.23	196.31
变压器	（万千伏安）	Transformers	(10 000 KVA)	14238.64	14966.11
光 缆	（万芯千米）	Fiber Optic Cable	(10 000 Core.km)	501.91	586.35
电子元件	（亿只）	Electronic Components	(100 million units)	37.39	29.85

13-15 各市(区)规模以上工业企业工业总产值(1998-2017年)
Gross Industrial Output Value above Designated Size by City(District)(1998-2017)

单位：亿元 (100 million yuan)

年 份 Year	全 省 Shaanxi	西安市 Xi'an	铜川市 Tongchuan	宝鸡市 Baoji	咸阳市 Xianyang	渭南市 Weinan
1998	960.81	355.15	26.97	125.62	182.22	89.60
1999	1097.45	376.72	29.21	126.21	202.89	95.79
2000	1268.43	433.43	30.84	139.98	208.70	100.27
2001	1457.62	505.02	30.11	155.13	217.24	112.93
2002	1667.10	546.24	33.38	183.76	231.22	136.04
2003	2118.17	676.93	42.13	252.95	286.13	191.74
2004	2735.22	892.60	59.91	315.47	309.65	257.79
2005	3397.71	952.18	70.49	409.95	359.16	337.71
2006	4442.81	1194.60	99.53	536.67	458.52	377.63
2007	5692.33	1623.85	124.34	672.20	565.61	474.27
2008	7480.79	2030.76	166.84	895.77	860.24	638.00
2009	8470.40	2490.50	195.02	995.99	1038.83	767.22
2010	11199.84	3130.15	249.05	1340.45	1401.92	1039.83
2011	14283.48	3552.21	335.76	1701.80	1854.54	1360.03
2012	16926.49	4066.31	461.80	1986.69	2293.52	1634.36
2013	18982.47	4497.62	549.66	2258.52	2633.00	1728.47
2014	20015.88	4420.06	565.91	2274.97	3002.05	1959.32
2015	20333.98	4346.16	565.23	2599.43	3164.89	2053.87
2016	21837.61	4669.32	559.83	2929.65	3541.50	2141.37
2017	23825.18	5423.06	363.17	2856.12	3024.29	2052.56

13-15 续表 continued

单位：亿元 (100 million yuan)

年 份 Year	延安市 Yan'an	汉中市 Hanzhong	榆林市 Yulin	安康市 Ankang	商洛市 Shangluo	杨凌示范区 Yangling
1998	69.83	63.80	22.48	15.93	7.92	1.29
1999	83.90	62.58	24.60	16.37	9.45	1.28
2000	131.00	68.43	36.61	20.06	11.47	2.07
2001	160.78	76.31	68.20	20.63	14.19	3.58
2002	188.52	89.11	119.20	25.03	16.40	5.52
2003	255.93	110.07	142.27	30.45	22.00	13.34
2004	348.10	142.76	278.39	37.71	26.82	16.29
2005	537.00	165.41	360.04	43.57	32.76	16.53
2006	764.07	204.37	528.20	56.28	41.39	19.57
2007	905.20	241.11	773.87	81.56	60.08	28.17
2008	1053.51	260.60	1269.86	97.48	74.43	34.74
2009	969.50	310.79	1392.56	132.47	104.56	40.30
2010	1227.31	404.41	1917.70	192.15	176.99	40.09
2011	1504.86	545.42	2613.53	309.22	265.07	60.26
2012	1646.76	718.09	3130.98	482.20	365.04	79.87
2013	1612.32	856.10	3120.82	634.82	479.93	88.32
2014	1708.57	873.56	3449.20	787.97	634.11	110.86
2015	1417.24	922.03	3206.37	945.07	793.37	133.41
2016	1090.42	992.02	3272.50	1129.48	935.31	159.52
2017	1302.77	1171.69	4142.71	1379.51	1070.68	183.73

13-16 各市(区)规模以上工业企业主要经济指标(2017年)
Main Indicators of Industrial Enterprises above Designated Size by City(District)(2017)

单位：万元 (10 000 yuan)

地 区	Sector	企业单位数(个) Number of Enterprises (unit)	#亏损企业 Unprofitable Enterprises	资产总计 Total Assets	负债合计 Total Liabilities	所有者权益合计 Owners' Equity	主营业务收入 Revenue from Principal Business
全 省	**Shaanxi**	**6208**	**838**	**306429430**	**165857833**	**139222721**	**220909947**
西安市	Xi'an	1366	254	65264578	34103012	30361957	50564144
铜川市	Tongchuan	211	39	4751194	3159919	1549887	3336866
宝鸡市	Baoji	730	85	25494751	12897590	12592916	26467979
咸阳市	Xianyang	725	32	23475173	9997358	13207718	28926168
渭南市	Weinan	573	94	25955877	18002467	7939338	18134793
#韩城市	Hancheng	112	25	7949804	5939529	2003929	6704951
延安市	Yan'an	171	28	41250089	24279441	16970646	13403374
汉中市	Hanzhong	565	56	9683504	6141379	3512698	11804491
榆林市	Yulin	833	203	81246576	43232787	37873695	38941706
安康市	Ankang	647	6	6526147	2496595	3981284	13024792
商洛市	Shangluo	259	20	6280634	3404805	2875480	9996525
杨凌示范区	Yangling	123	21	2126678	1205273	920082	1585315

13-16 续表 continued

单位：万元 (10 000 yuan)

地 区	Sector	主营业务成本 Cost of Principal Business	销售费用 Eelling Expenses	管理费用 Management Expenses	财务费用 Financial Expenses	利润总额 Total Profits	亏损企业亏损额 Losses of Unprofitable Enterprises
全 省	**Shaanxi**	**173283923**	**5741858**	**9595206**	**3389304**	**22380389**	**1837368**
西安市	Xi'an	43219081	1919551	2527460	345929	3430132	303541
铜川市	Tongchuan	2753709	98414	212678	63408	153479	56776
宝鸡市	Baoji	21711707	625114	1245791	229685	2153354	56643
咸阳市	Xianyang	22467422	937848	989728	261885	3126824	122616
渭南市	Weinan	15092926	327081	554541	369229	1066307	215548
#韩城市	Hancheng	5182723	94442	120940	132902	484166	42142
延安市	Yan'an	9159399	250328	839784	519737	790442	548668
汉中市	Hanzhong	10155263	238881	389022	165577	579408	83945
榆林市	Yulin	25024224	684100	1875756	1055557	8085041	405833
安康市	Ankang	10497373	388259	465417	99571	1446449	458
商洛市	Shangluo	8803938	196533	263846	102392	562129	29131
杨凌示范区	Yangling	1282058	73127	63746	20144	138005	14209

主要统计指标解释

工业 指从事自然资源的开采，对采掘品和农产品进行加工和再加工的物质生产部门。具体包括：(1)对自然资源的开采，如采矿、晒盐等(但不包括禽兽捕猎和水产捕捞)；(2)对农副产品的加工、再加工，如粮油加工、食品加工、缫丝、纺织、制革等；(3)对采掘品的加工、再加工，如炼铁、炼钢、化工生产、石油加工、机器制造、木材加工等，以及电力、自来水、煤气的生产和供应等；(4)对工业品的修理、翻新，如机器设备的修理、交通运输工具(如汽车)的修理等。

轻工业 指主要提供生活消费品和制作手工工具的工业。按其所使用的原料不同，可分为两大类：(1)以农产品为原料的轻工业，是指直接或间接以农产品为基本原料的轻工业。主要包括食品制造、饮料制造、烟草加工、纺织、缝纫、皮革和毛皮制作、造纸以及印刷等工业；(2)以非农产品为原料的轻工业，是指以工业品为原料的轻工业。主要包括文教体育用品、化学药品制造、合成纤维制造、日用化学制品、日用玻璃制品、日用金属制品、手工工具制造、医疗器械制造、文化和办公用机械制造等工业。

重工业 指为国民经济各部门提供物质技术基础的主要生产资料的工业。按其生产性质和产品用途，可以分为下列三类：(1)采掘(伐)工业，是指对自然资源的开采，包括石油开采、煤炭开采、金属矿开采、非金属矿开采等工业；(2)原材料工业，指向国民经济各部门提供基本材料、动力和燃料的工业。包括金属冶炼及加工、炼焦及焦炭、化学、化工原料、水泥、人造板以及电力、石油和煤炭加工等工业；(3)加工工业，是指对工业原材料进行再加工制造的工业。包括装备国民经济各部门的机械设备制造工业、金属结构、水泥制品等工业，以及为农业提供的生产资料如化肥、农药等工业。

根据上述划分原则，修理业中以重工业产品为修理作业对象的划为重工业，反之划为轻工业。

国有及国有控股企业 指国有企业加上国有控股企业。国有企业(即原全民所有制工业或国营工业)指企业全部资产归国家所有，并按《中华人民共和国企业法人登记管理条例》规定登记注册的非公司制的经济组织。包括国有企业、国有独资公司和国有联营企业。1957年以前的公私合营和私营工业，后均改造为国营工业，1992年改为国有工业，这部分工业的资料不单独分列时，均包括在国有企业内。国有控股企业是对混合所有制经济的企业进行的“国有控股”分类。它是指这些企业的全部资产中国有资产(股份)相对其他所有者中的任何一个所有者占资(股)最多的企业。该分组反映了国有经济控股情况。

工业总产值

(1)定义：

工业总产值是以货币形式表现的，工业企业在一定时期内生产的工业最终产品或提供工业性劳务活动的总价值量。它反映一定时间内工业生产的总规模和总水平。

(2)计算原则：

工业生产的原则，即凡是企业在报告期生产的经检验合格的产品，不管是否在报告期销售，均包括在内。

最终产品的原则，即凡是计入工业总产值的产品，必须是本企业生产的经检验合格的，不需要再进行任何加工的最终产品。如果企业有中间产品(半成品)对外销售，则对外销售的中间产品应视为企业的最终产品。

工厂法原则，即工业总产值是以工业企业作为基本计算(核算)单位，即按企业的最终产品计算工业总产值。按这种方法计算的工业总产值，不允许同一产品价值在企业内部重复计算，不能把企业内部各个车间(分厂)生产的成果相加，但允许企业间的重复计算。

(3)内容及计算方法：

1995年全国工业普查对工业总产值(原规定)的内容及计算原则和方法做了某些修订，修订后的工业总产值(新规定)包括三项内容：即本期生产成品价值、对外加工费收入、在制品半成品期末期初差额价值三部分。

工业增加值 指工业企业在报告期内以货币表现的工业生产活动的最终成果。

工业增加值有两种计算方法：一是生产法，即工业总产出减去工业中间投入加上应交增值税；二是收入法，即从收入的角度出发，根据生产要素在生产过程中应得到的收入份额计算，具体构成项目有固定资产折旧、劳动者报酬、生产税净额、营业盈余，这种方法也称要素分配法。本年鉴中的工业增加值是以生产法计算的。

生产法工业增加值的计算方法为：

工业增加值=工业总产出-工业中间投入+应交增值税

资产总计 指企业拥有或控制的能以货币计量的经济资源，包括各种财产、债权和其他权利。资产按流动性分为流动资产、长期投资、固定资产、无形资产、递延资产和其他资产。该指标根据企业会计“资产负债表”中“资产总计”项目的期末数填列。

流动资产 指企业可以在一年内或者超过一年的一个生产周期内变现或者耗用的资产，包括现金及各种存款、短期投资，应收及预付款项、存货等。

流动资产平均余额 指企业在报告期内全部流动资产的平均余额。

固定资产原价 指企业在建造、购置、安装、改建、扩建、技术改造某项固定资产时所支出的全部货币总额。它一般包括买价、包装费、运杂费和安装费等。

固定资产净值年平均余额 指固定资产净值在报告期内余额的平均数。计算公式为：

$$\text{固定资产净值年平均余额}=\frac{\text{1至12月各月月初、月末固定资产净值之和}}{24}$$

固定资产净值 指固定资产原价减去历年已提折旧后的净额。计算公式为:

固定资产净值=固定资产原价-累计折旧

负债合计 指企业所承担的能以货币计量，将以资产或劳务偿付的债务，偿还形式包括货币、资产或提供劳务。负债一般按偿还期长短分为流动负债和长期负债。根据会计“资产负债表”中“负债合计”的年末数填列。

所有者权益 指企业投资人对企业净资产的所有权。企业净资产等于企业全部资产减去全部负债后的余额，包括企业投资人对企业的最初投入的实际到位的资产及资本公积金、盈余公积金和未分配利润。所有者权益合计数小于零，表示企业资不抵债。

主营业务收入 指会计“利润表”中对应指标的本年累计数。未执行 2001 年《企业会计制度》的企业，用“产品销售收入”的本期累计数代替。

主营业务成本 指会计“利润表”中对应指标的本年累计数。未执行 2001 年《企业会计制度》的企业，用“产品销售成本”的本期累计数代替。

主营业务税金及附加 指会计“利润表”中对应指标的本年累计数。未执行 2001 年《企业会计制度》的企业，用“产品销售税金及附加” 的本期累计数代替。

利润总额 指企业生产经营活动的最终成果，是企业在一定时期内实现的盈亏相抵后的利润总额(亏损以“-”号表示),它等于营业利润加上补贴收入加上投资收益加上营业外净收入再加上以前年度损益调整。

本年应交增值税 指企业在报告期内应交纳的增值税额。它等于本年销项税额加上出口退税加上进项税额转出数减去本年进项税额。小规模纳税企业直接按全年计税销售额乘以征收率计算取得。

从业人员平均人数 是指报告期内每天拥有的从业人员人数。其计算公式为:

$$\text{月平均人数}=\frac{\text{报告月内每天实有人数之和}}{\text{报告月日历日数}}$$

$$\text{季平均人数}=\frac{\text{季内各月平均人数之和}}{3}$$

$$\text{年平均人数}=\frac{\text{年内各月平均人数之和}}{12}$$

总资产贡献率 反映企业全部资产的获利能力，是企业经营业绩和管理水平的集中体现，是评价和考核企业盈利能力的核心指标。计算公式为:

$$\text{总资产贡献率(\%)}=\frac{\text{利润总额}+\text{税金总额}+\text{利息支出}}{\text{平均资金总额}}\times 100\%$$

公式中：税金总额为产品销售税金及附加与应交增值税之和；平均资产总额为期初期末资产之和的算术平均值。

资产负债率 该指标既反映企业经营风险的大小，也反映企业利用债权人提供的资金从事经营活动的能力。计算公式为:

$$\text{资产负债率(\%)}=\frac{\text{负债总额}}{\text{资产总额}}\times 100\%$$

资产与负债均为报告期期末数。

流动资产周转次数 指一定时期内流动资产完成的周转次数，反映投入工业企业流动资金的周转速度。计算公式为:

$$\text{流动资产周转次数}=\frac{\text{产品销售收入}}{\text{全部流动资产平均余额}}$$

公式中：全部流动资产平均余额为期初和期末的流动资产之和的算术平均值。

成本费用利润率 反映企业投入的生产成本及费用的经济效益，同时也反映企业降低成本所取得的经济效益。计算公式为:

$$\text{成本费用利润率(\%)}=\frac{\text{利润总额}}{\text{成本费用总额}}\times 100\%$$

公式中：成本费用总额为产品销售成本、销售费用、管理费用、财务费用之和。

产品销售率 该指标反映工业产品已实现销售的程度，是分析工业产销衔接情况，研究工业产品满足社会需求的指标。计算公式为:

$$\text{产品销售率(\%)}=\frac{\text{工业销售产值}}{\text{工业总产值(现价)}}\times 100\%$$

Explanatory Notes on Main Statistical Indicators

Industry refers to the material production sector which is engaged in the extraction of natural resources and processing and reprocessing of minerals and agricultural products, including (1) extraction of natural resources, such as mining, salt production (but not including hunting and fishing); (2) processing and reprocessing of farm and sideline produces, such as rice husking, flour milling, wine making, oil pressing, silk reeling, spinning and weaving, and leather making; (3) manufacture of industrial products, such as steel making, iron smelting, chemicals manufacturing, petroleum processing, machine building, timber processing; water and gas production and electricity generation and supply; (4)repairing of industrial products such as the repairing of machinery and means of transport (including cars).

Light Industry refers to the industry that produces consumer goods and hand tools. It consists of two categories, depending on the materials used:

(1) Industries using farm products as raw materials. These are the branches of light industry which directly or indirectly use farm products as basic raw materials, including the manufacture of food and beverages, tobacco processing, textile, clothing, fur and leather manufacturing, paper making, printing, etc.

(2) Industries using non-farm products as raw materials. These are the branches of light industry which use manufactured goods as raw materials, including the manufacture of cultural, educational articles and sports goods, chemicals, synthetic fibre, chemical products for daily use, glass products for daily use, metal products for daily use, hand tools, medical apparatus and instruments, and the manufacture of cultural and office machinery.

Heavy Industry refers to the industry which produces capital goods, and provides various sectors of the national economy with necessary material and technical basis for production. It consists of the following three branches according to the purpose of production or the use of products:

(1) Mining, quarrying and logging industry, which refers to the industry that extracts natural resources, including extraction of petroleum, coal, metal and non-metal ores.

(2) Raw materials industry refers to the industry that provides various sectors of the national economy with raw materials, fuels and power. It includes smelting and processing of metals, coking and coke chemistry, chemical materials and building materials such as cement, plywood, and power, petroleum refining and coal dressing.

(3) Manufacturing industry which refers to the industry that processes raw materials. It includes machine-building industries which equip sectors of the national economy; industries producing metal structure and cement products; and industries producing means of agricultural production, such as chemical fertilizers and pesticides.

In accordance with the above principles of classification, the repairing trades, which are engaged primarily in repairing products of heavy industry, are classified as heavy industry while those which are engaged in repairing products of light industry are classified as light industry.

State-owned and State-holding Enterprises refer to state-owned enterprises plus State-holding enterprises. State-owned enterprises (originally known as State-run enterprises with ownership by the whole society) are non-corporate economic entities registered in accordance with the *Regulation of the People's Republic of China on the Management of Registration of Legal Enterprises*, where all assets are owned by the State. Included in this category are State-owned enterprises, State-funded corporations and State-owned joint-operation enterprises. Joint State-private industries and private industries, which existed before 1957, were transformed into state-run industries since 1957, and into State-owned industries after 1992. Statistics on those enterprises are included in the State-owned industries instead of being grouped them separately. State-holding enterprises are a sub-classification of enterprises with mixed ownership, referring to enterprises where the percentage of State assets (or shares by the State) is larger than any other single share holder of the same enterprise. This sub-classification illustrates the control of the State over a particular industry.

Gross Industrial Output Value

(1) Definition: Gross industrial output value is the total volume of final industrial products produced and industrial services provided during a given period. It reflects the total achievements and overall scale of industrial production during a given period.

(2) Principles for calculation:

Statistics on industrial production follow the principle that all products produced by the enterprises and accepted through quality check during the reference period are to be included no matter whether they are sold or not during the reference period.

Determination of final products follows the principle that all products that are included in the calculation of gross industrial output value are the final products of the enterprise which have been accepted through quality check and require no further processing. If an enterprise has intermediate (semi-finished) products to sell, these intermediate products are considered as the final products of the enterprise.

Gross industrial output value is calculated following the principle of factory approach, i.e. industrial enterprise is used as the basic accounting unit in calculating the gross industrial output value. By this approach, value of the same product is not to be double-counted, and the output value of different workshops (branch factories) within the enterprise should not be added. However, this approach allows the possibility of double counting between enterprises.

(3) Content and method of calculation: The old definition of gross industrial output value was modified during the 1995 National Industrial Census. The revised (new) definition of gross industrial output value consists of 3 components: value of the finished products during the reference period, income from processing for external parties, and value of change in semi-finished products between the end and the beginning of the reference period.

Value-added of Industry refers to the final results of industrial production of industrial enterprises in money terms during the reference period.

Industrial value-added can be calculated by two approaches: the production approach, i.e. gross industrial output value minus intermediate input plus value-added tax, and the income approach, i.e. income for various factors used in the course of production, including depreciation of fixed assets, remuneration of labourers, net of production tax, and operating surplus. Value-added of industry in the Yearbook is calculated by the production approach as follows:

Value-added of industry = gross industrial output - industrial intermediate input + value-added tax

Total Assets refer to all economic resources, in monetary term, these are owned or controlled by enterprises, including properties, creditor's equity and other economic rights of all forms. Classified by the degree of liquidity, total assets include working capitals, long-term investment, fixed assets, intangible assets, deferred assets and other assets. Data on this indicator can be obtained by the year-end figures of total assets in the *Assets and Liability Table* of accounting records of enterprises.

Working Capital refers to capital that an enterprise can cash or use during one year or one production cycle that may exceed one year, including cash and savings deposits of various forms, short-term investment, money receivable and prepaid money, inventories, etc.

Annual Average Value of Working Capital refers to the average value of all working capital of the enterprise during the reference period.

Original Value of Fixed Assets refers to the total value, in monetary terms, that an enterprise spent on fixed assets, through construction, purchase, installation, transformation, expansion or technical upgrading. Generally, it covers cost of purchase, packing, transportation and installation, etc.

Annual Average of Net Value of Fixed Assets refers to the average of the net value of fixed assets during the reference period, calculated with the following formula:

$$\text{Annual Average of Net Value of Fixed Assets} = \frac{\text{sum of net value of fixed assets at the beginning and at the end of each month from January to December}}{24}$$

Net value of fixed assets refers to the original value of fixed assets minus depreciation over the years, i.e.:

Net value of fixed assets = original value of fixed assets - cumulative depreciation

Total Liabilities refer to payable liabilities of enterprises that have to be repaid in terms of money, assets or labour services. In terms of payment, it can be divided into liquid liabilities and long-term liabilities. Data on this item is obtained from the ending figures on total liabilities from the Assets and Liability Table from the enterprises.

Owner's Equity refers to the ownership of net assets of enterprise by its investors. Net assets equal total assets minus total liabilities of the enterprise, including the actual assets invested into the enterprise by investors, accumulation of capital and operating surplus and non-distributed profits. The enterprise's assets are less than its liabilities if the sum of owner's equity is smaller than zero.

Revenue from Principal Business refers to the annual accumulation of the corresponding item in the "profit table" of the accountant. For enterprises that do not follow the *2001 Enterprise Accounting Standards*, the year-end accumulation of revenue from the sales of products is used as a substitute.

Cost of Principal Business refers to the annual accumulation of the corresponding item in the "profit table" of the accountant. For enterprises that do not follow the *2001 Enterprise Accounting Standards*, the year-end accumulation of cost for the sales of products is used as a substitute.

Tax and Extra Charges from Principal Business refer to the annual accumulation of the corresponding item in the "profit table" of the accountant. For enterprises that do not follow the *2001 Enterprise Accounting Standards*, the year-end accumulation of tax and extra charges from the sales of products is used as a substitute.

Total Profits refer to the final achievement of production and operation activities of the enterprises, represented by total profits after deducting losses (loss is expressed by the negative figure). It is the sum of profits from operation, income from subsidies, investment earnings, net income from activities other than operation, and adjustment of profits and losses of previous years.

Value-added Tax Payable in the Current Year refers to the amount of the value-added tax which should be paid by the enterprises during the reference period. It is the sum of tax on sales, export rebate, and transferred tax on purchases of the current year, minus the tax on purchases of the current year. Value-added tax payable of small-size enterprises is determined by the taxable sales of the year multiplied by the tax rate.

Average Annual Number of Employed Persons Employed persons refer to all those who are employed in enterprises and receive remunerations there from, including currently working employees, retirees who are re-employed, teachers of local-run schools, as well as foreigners, staff from Hong Kong, Macao and Taiwan, part-time employees and persons with second job who are employed by the enterprise, and employees of other units temporarily working in the enterprises, but excluding former employees who left the enterprise with their employment records still being kept by the enterprises.

Average number of employed persons refers to the number of employee everyday during the reference period, calculated with the following formula:

$$\text{Monthly average number} = \frac{\text{sum of actual employees everyday in reference month}}{\text{number of calendar dates in reference month}}$$

$$\text{Quarterly average number} = \frac{\text{sum of monthly average number in reference quarter}}{3}$$

$$\text{Annual average number} = \frac{\text{sum of monthly average number in reference year}}{12}$$

Ratio of Profits, Taxes and Interests to Average Assets reflects the profit-making capability of all assets of the enterprise and is a key indicator manifesting the performance and management and evaluating the profit-making potential of the enterprise. It is calculated as follows:

$$\text{Ratio of Profits, Taxes and Interests to Average Assets (\%)} = \frac{\text{total profits} + \text{total taxes} + \text{interest payment}}{\text{average assets}} \times 100\%$$

In the above formula, total taxes is the sum of tax and extra charges on the sales of products and value-added tax payable; and average assets is the arithmetic mean of the sum of beginning assets and ending assets.

Ratio of Debts to Assets reflects both the operation risk and the capability of the enterprise in making use of the capital from the creditors. It is calculated as follows:

$$\text{Ratio of Debts to Assets (\%)} = \frac{\text{total debts}}{\text{total assets}} \times 100\%$$

Both assets and debts are figures at the end of the reference period.

Turnover of Working Capital refers to the number of times of turnover of working capital in a given period of time, which reflects the speed of the turnover of working capital of industrial enterprises, and is calculated as follows:

$$\text{Turnover of Working Capital} = \frac{\text{sales revenue of products}}{\text{average balance of total working capital}}$$

In the above formula, average balance of total working capital refers to the arithmetic mean of the sum of working capital at the beginning and at the end of the reference period.

Ratio of Profits to Total Industrial Costs refers to the ratio of profits realized in a given period to the total costs in the same period, which reflects the economic efficiency of input cost and is calculated as follows:

$$\text{Ratio of Profits to Total Industrial Cost (\%)} = \frac{\text{total profits}}{\text{total costs}} \times 100\%$$

Total costs in the above formula are the sum of cost of products sold, marketing cost, management cost and financial cost.

Sales Ratio of Products is an indicator reflecting the actual sale of industrial products, analyzing the production-selling and supply-demand relations. It is calculated as:

$$\text{Sales Ratio of Products (\%)} = \frac{\text{value of industrial sales}}{\text{gross industrial output value (current prices)}} \times 100\%$$

十四、建筑业

Construction

资料整理：王　东　郭　涛

简 要 说 明

一、本篇资料反映陕西建筑业概况和发展情况。内容包括：建筑业企业基本情况和生产经营情况。主要指标有企业个数、从业人员数、建筑业总产值、建筑业增加值、房屋建筑面积、利润税金、劳动生产率等。

二、本篇资料的统计范围：根据建筑业发展的实际情况，建筑业统计范围从 2002 年年报起由原具有建筑业资质等级四级及四级以上的独立核算的建筑业企业调整为具有建筑业资质的独立核算建筑业企业。

Brief Introduction

I. This chapter reflects the general situation and the development of the construction industry of Shaanxi Province. They cover the situation of production and management of the construction enterprises, including the number of enterprises, number of employed persons, gross output value and value added of the construction industry, floor space of buildings under construction, profits and taxes and labour productivity etc.

II. Scope of Statistics

In view of the development of the construction industry, starting from 2002 the scope of construction statistics has been adjusted to include all the construction enterprises of various types of ownership with qualification certificates and independent accounting systems, replacing the previous criteria that required construction enterprises of various types of ownership to have qualification certificates at or above Class 4 with independent accounting systems.

14.建筑业

2017年全省具有建筑业资质等级的建筑施工企业		
企业个数	2543	个
# 国有及国有控股企业	274	个
总产值	6243.17	亿 元
# 国有及国有控股企业	3801.27	亿 元
房屋建筑竣工面积（不含劳务分包企业）	6981.57	万平方米
房屋建筑面积竣工率（不含劳务分包企业）	25.9	%

建筑施工企业总产值（亿元）

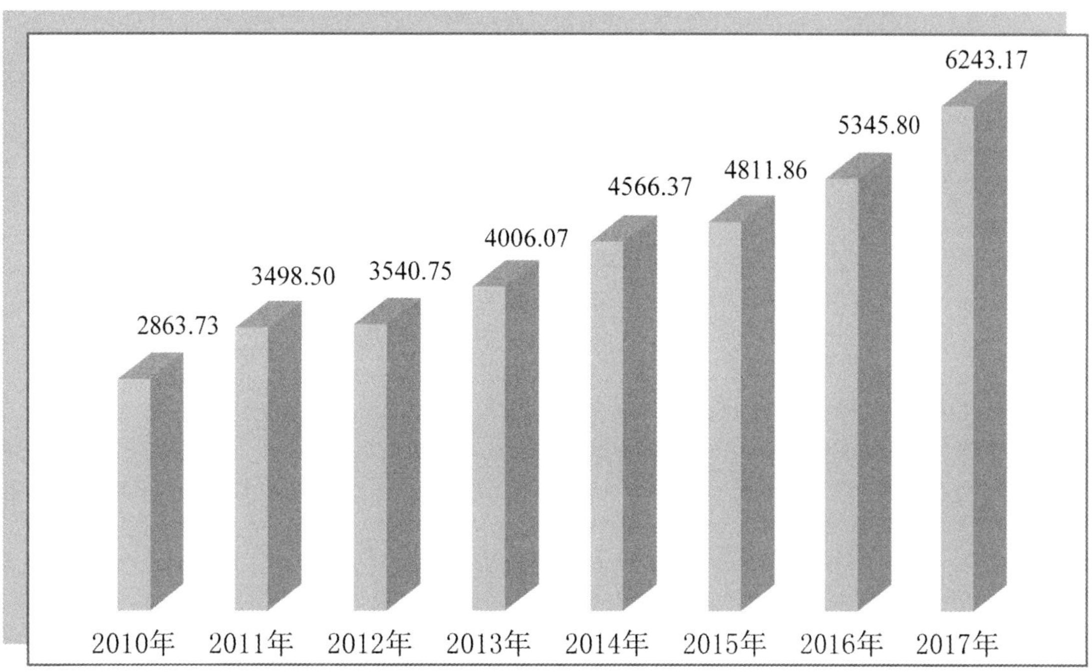

14-1 建筑业总产值
Gross Output Value of Construction

单位：万元 (10 000 yuan)

年 份 Year	建筑业总产值 Gross Output Value of Construction	# 地方属企业 Local-owned	国有企业 State-owned	集体企业 Collective-owned
1978	86642	60131	75082	11560
1979	91932	66057	77854	14078
1980	97607	71142	80505	17102
1981	82528	65171	65789	16739
1982	98176	70799	79749	18427
1983	110401	75874	85828	24573
1984	139234	92633	111271	27963
1985	164405	100322	132119	32286
1986	183081	112965	150795	38357
1987	208180	125264	165971	42209
1988	242409	134927	197920	44489
1989	273554	144417	230069	43485
1990	325034	155840	278358	46676
1991	360774	173400	306098	54676
1992	479806	228929	410445	69361
1993	751613	331449	650865	100649
1994	980260	414949	856685	121941
1995	1065612	501076	914782	143870
1996	1294502	735145	940012	335948
1997	1642493	928341	1158205	461272
1998	1879804	983440	1399161	394712
1999	2183009	1188225	1640515	432628
2000	2423046	1205275	1843456	439089
2001	2797388	1424557	1970842	479810
2002	3473536	1735125	2474524	490351
2003	4409564	2076800	3138878	456851
2004	5231639	2688405	3878423	439996
2005	6586411	3011102	5068215	443869
2006	8306966	3918215	6108524	686188
2007	11734648	5906626	7794313	931517
2008	16556239	8501607	11138979	1036447
2009	23092674	11391659	16741395	1201810
2010	28637317	15426858	20021853	2220240
2011	34984999	20712510	24518351	3152250
2012	35407509	24154390	22000114	3849886
2013	40060698	15161904	24898794	2184911
2014	45663737	17620611	28043125	2177236
2015	48118597	18562290	29556307	1986698
2016	53458015	20002390	33455625	4714710
2017	62431659	24418939	38012720	5657725

注：1.1996年以后建筑业年报统计范围由往年的县及县以上(含县级建制镇)各种经济类型的建筑企业，改为具有建筑业资质等级四级及以上的各种经济类型的建筑施工企业；2002年改为具有建筑业资质等级的各种经济类型的建筑施工企业。
2.1998年以后国有经济为国有及国有控股企业。
3.本表资料含劳务分包企业。

a) Since 1996, the statistical range of construction annual report have changed from construction enterprises of all economic types in counties and above counties level (contain county towns) to the construction enterprises of all economic types at fourth or higher quality grades, since 2002 which have changed to the all economic types construction enterprises which possess qualification grades.
b) Since 1998, the state-owned enterprises are the state-owned and the state holding enterprises.
c) Data in the table include the subcontractor of labour services.

14-2 具有资质等级的建筑业企业主要指标(2017年)

指　标	Item	企业数 (个) Number of Enterprises (unit)	总产值 (万元) Total Output Value (10 000 yuan)	#建筑工程 Construction	#安装工程 Installation
总　计	**Total**	**2543**	**62431659**	**55475099**	**4824151**
#国有及国有控股企业	State-owned and State-holding Enterprises	274	38012720	34937935	2175934
按登记注册类型分	**By Status of Registration**				
内资企业	Domestic Funded	2539	62420243	55474447	4813387
国有企业	State-owned Enterprises	81	3809358	3389540	343518
集体企业	Collective-owned Enterprises	123	2159308	1905702	181142
股份合作企业	Cooperative Enterprises	4	150061	120264	23637
联营企业	Joint Ownership Enterprises	2	18316	18316	
集体联营企业	Collective Joint Ownership Enterprises	1	15353	15353	
国有与集体联营企业	Joint State-collective Enterprises	1	2963	2963	
有限责任公司	Limited Liability Corporations	906	41268033	37529122	2802619
国有独资公司	State Sole Funded Corporations	56	8169852	7661867	440113
其他有限责任公司	Other Limited Liability Corporations	850	33098181	29867255	2362506
股份有限公司	Share-holding Corporations Limited	69	3662619	2878169	438814
私营企业	Private Enterprises	1351	11332693	9614465	1022673
私营独资企业	Private-funded Enterprises	14	29426	22318	6782
私营合伙企业	Private Partnership Enterprises	1	408	408	
私营有限责任公司	Private Limited Liability Corporations	1278	10247628	8740221	944843
私营股份有限公司	Private Share-holding Corporations Ltd.	58	1055231	851517	71048
其他企业	Other Enterprises	3	19855	18870	985
港、澳、台商投资企业	Enterprises with Funds from Hong Kong, Macao and Taiwan	2	11197	432	10764
合资经营企业(港或澳、台资)	Joint-venture Enterprises	2	11197	432	10764
外商投资企业	Foreign-invested Enterprise	2	220	220	
中外合资经营企业	Joint-venture Enterprises	1	220	220	
外资企业	Enterprises with Sole Funds	1			
按国民经济行业分	**By Sector**				
房屋建筑业	Building	1452	33103571	30204955	2139137
土木工程建筑业	Building and Civil Engineering	626	24180498	22443521	1049529
铁路、道路、隧道和桥梁工程建筑	Railway Road Tunnel and Bridge Engineering Construction	371	18942104	18538351	61128
水利和内河港口工程建筑	Water Conservancy and Inland Port	67	2414370	2215973	64949
工矿工程建筑	Industrial and Mining Engineering	62	1098401	674795	273783
架线和管道工程建筑	Wiring and Piping Engineering	71	955502	319407	630734
其他土木工程建筑	Other Civil Engineering Construction	55	770121	694995	18936
建筑安装业	Construction Installation	225	3625823	1772316	1356283
电气安装	Electrical Installation	96	850708	485153	287365
管道和设备安装	Piping and Equipment Installation	47	202330	104819	75094
其他建筑安装业	Other Construction and Installation Industry	82	2572784	1182344	993824

Main Production Indicators of Construction Enterprises Which Possess Qualification Grades(2017)

从事主营业务活动从业人员平均人数(人) The Average Number of Employed Persons (person)	从事主营业务活动从业人员年末人数(人) Number of Employed Persons at Year-end (person)	利润总额 (万元) Total Profits (10 000 yuan)	税金 (万元) Tax (10 000 yuan)	按总产值计算劳动生产率 (元/人) Overall Labor Productivity by Gross Output Value (yuan/person)	产值利润率 (%) Ratio of Profit to Gross Output Value (%)	产值利税率 (%) Ratio of Pre-tax Profit to Gross Output Value (%)	资产总计 (万元) Total Assets (10 000 yuan)	负债合计 (万元) Total Liabilities (10 000 yuan)	实收资本 (万元) Paid-in Capitals (10 000 yuan)	资产负债率 (%) Assets-Liability Ratio (%)
1541317	**1383268**	**1719753**	**1717705**	**405054**	**2.8**	**5.5**	**62131021**	**44803996**	**11608064**	**72.1**
724109	659704	880257	871377	524959	2.3	4.6	41082739	33660178	4444253	81.9
1541065	1382966	1719175	1717583	405046	2.8	5.5	62122784	44799632	11604941	72.1
107085	101091	133531	130678	355732	3.5	6.9	3228807	2331155	289924	72.2
78970	74645	97874	112452	273434	4.5	9.7	1297836	669245	454872	51.6
6577	5809	5017	5245	228160	3.3	6.8	92290	23144	68628	25.1
884	889	6334	636	207191	34.6	38.1	31535	6883	13847	21.8
760	761	6350	421	202011	41.4	44.1	22162	3357	8000	15.1
124	128	-16	215	238944	-0.6	6.7	9373	3526	5847	37.6
902210	805140	1011020	988959	457411	2.4	4.8	43545029	34155745	6172994	78.4
136884	115382	187472	202521	596845	2.3	4.8	7968914	6117170	1112094	76.8
765326	689758	823548	786438	432472	2.5	4.9	35576115	28038575	5060900	78.8
49878	49933	86291	73950	734316	2.4	4.4	2543330	1925231	377665	75.7
394729	344810	378985	404333	287101	3.3	6.9	11381137	5687498	4224939	50.0
903	946	1466	835	325864	5.0	7.8	29981	12084	16470	40.3
16	17	-206	19	255250	-50.5	-45.9	2251	451	1800	20.0
363795	318239	341589	387009	281687	3.3	7.1	10735153	5276509	4068830	49.2
30015	25608	36136	16471	351568	3.4	5.0	613752	398454	137840	64.9
732	649	124	1330	271243	0.6	7.3	2821	732	2072	25.9
218	266	684	46	513601	6.1	6.5	5278	3600	1185	68.2
218	266	684	46	513601	6.1	6.5	5278	3600	1185	
34	36	-106	76	64706	-48.0	-13.3	2958	764	1939	25.8
32	33	-19	76	68750	-8.7	26.0	2372	869	1500	36.7
2	3	-87					587	-105	439	-17.9
935443	829466	849499	1038382	353881	2.6	5.7	25350267	16481823	5720849	65.0
509581	469417	713577	549694	474517	3.0	5.2	31986661	25043322	4885602	78.3
396606	369706	510099	378863	477605	2.7	4.7	25133672	20295770	3473776	80.8
47446	45128	108882	100883	508867	4.5	8.7	3184641	2350073	475591	73.8
29163	26741	37174	19293	376642	3.4	5.1	1768277	1194569	452163	67.6
23107	19909	26158	28602	413512	2.7	5.7	1209208	753577	340709	62.3
13259	7933	31263	22054	580829	4.1	6.9	690863	449334	143363	65.0
50203	45352	112396	86631	722232	3.1	5.5	3616872	2594989	650868	71.7
13797	11884	27451	21990	616589	3.2	5.8	997167	744621	191489	74.7
6928	5759	8294	10806	292047	4.1	9.4	339875	185647	91558	54.6
29478	27709	76651	53835	872781	3.0	5.1	2279830	1664721	367822	73.0

14-2 续表

指 标	Item	企业数 (个) Number of Enter-prises (unit)	总产值 (万元) Total Output Value (10 000 yuan)	# 建筑工程 Construc-tion	# 安装工程 Install-ation
建筑装饰和其他建筑业	Building Decoration and Other Construction	240	1521768	1054307	279202
建筑装饰业	Construction Decoration	160	649188	408745	148472
工程准备活动	Engineering Preparation	27	385854	379090	764
提供施工设备服务	Construction Equipment Services	9	83904	75703	
其他未列明的建筑活动	Other Construction Activities Unlisted	44	402822	190769	129966
按隶属关系分	**By Jurisdiction of Management**				
中 央	Central	63	20650370	19699988	578152
省	Provincial	97	12826063	11300950	1171981
市及以下	Cities at Prefecture Level and Below	295	6833615	5747214	824952
县级及以下	Counties and Below	307	6146822	5482680	468518
其 他	Others	1781	15974789	13244268	1780548
按企业资质等级分	**By Qualification Grade**				
施工总承包	The General Contractor	1991	57201393	51936609	3633908
特 级	Special Grade	10	7850906	7714851	63772
一 级	First Grade	253	32098282	29095014	2216628
二 级	Second Grade	1123	12813101	11248913	1020693
三级及以下	Third Grade and Below	605	4439104	3877831	332816
专业承包	The Specialized Contractor	512	5073298	3538490	1190243
一 级	First Grade	155	2865809	2325880	436368
二 级	Second Grade	210	1521619	936720	474794
三级及以下	Third Grade and Below	146	685650	275710	279042
劳务分包	The Subcontractor of Labour Services	40	156969		
一 级	First Grade	26	110832		
二 级	Second Grade	7	43219		
三级及以下	Third Grade and Below	7	2918		
按营业状态分	**By Business State**				
营 业	Operating	2520	62413494	55461343	4824098
停业(歇业)	Suspension	18	8201	3858	
当年关闭	Closure in This Year	4	3812	3746	53
其 他	Others	1	6152	6152	
按控股情况分	**By Holding Situation**				
国有控股	State-holding	274	38012720	34937935	2175934
集体控股	Group Holdings	185	5657725	4687178	763928
私人控股	Private Holdings	1994	17623391	14868603	1746265
港澳台商控股	Holdings Hong Kong, Macao,Taiwan	1	432	432	
外商控股	Foreign Holdings	2	220	220	
其 他	Others	87	1137171	980731	138024

continued

从事主营业务活动从业人员平均人数(人) The Average Number of Employed Persons (person)	从事主营业务活动从业人员年末人数(人) Number of Employed Persons at Year-end (person)	利润总额 (万元) Total Profits (10 000 yuan)	税 金 (万元) Tax (10 000 yuan)	按总产值计算劳动生产率 (元/人) Overall Labor Productivity by Gross Output Value (yuan/person)	产 值 利润率 (%) Ratio of Profit to Gross Output Value (%)	产 值 利税率 (%) Ratio of Pre-tax Profit to Gross Output Value (%)	资产总计 (万元) Total Assets (10 000 yuan)	负债合计 (万元) Total Liabilities (10 000 yuan)	实收资本 (万元) Paid-in Capitals (10 000 yuan)	资 产 负债率 (%) Assets-Liability Ratio (%)
46090	39033	44281	42998	330173	2.9	5.7	1177221	683863	350745	58.1
27086	24400	25334	20773	239677	3.9	7.1	722714	376147	256684	52.0
8872	8015	13569	17767	434912	3.5	8.1	281446	202249	43816	71.9
1278	779	947	1198	656523	1.1	2.6	16667	8003	4103	48.0
8854	5839	4431	3260	454961	1.1	1.9	156395	97463	46141	62.3
406157	379040	571892	397635	508433	2.8	4.7	25700663	21783461	2496823	
209846	168942	225547	252339	611213	1.8	3.7	10237198	7760384	1402696	75.8
144782	142042	100352	191374	471993	1.5	4.3	7170896	5394292	1105991	75.2
205480	192985	319588	319807	299145	5.2	10.4	2885970	1199991	1025011	41.6
575052	500259	502374	556551	277797	3.1	6.6	16136294	8665867	5577544	53.7
1416431	1286862	1547372	1572862	403842	2.7	5.5	57639376	41857525	10625056	72.6
141038	120076	216088	171716	556652	2.8	4.9	15189826	12511397	1481012	82.4
622221	552542	687416	703758	515866	2.1	4.3	26770813	20965487	3764685	78.3
477514	439645	437826	538804	268329	3.4	7.6	12503482	6789099	4204429	54.3
175658	174599	206043	158583	252713	4.6	8.2	3175255	1591542	1174930	50.1
110058	96366	160753	138211	460966	3.2	5.9	4395631	2877373	971514	65.5
50319	41137	87818	72931	569528	3.1	5.6	2540207	1845267	453908	72.6
40780	40845	53173	50684	373129	3.5	6.8	1274416	724065	325141	56.8
18951	14375	19740	14589	361802	2.9	5.0	580811	308042	192465	53.0
14828	40	11628	6633	105860	7.4	11.6	96015	69098	11494	72.0
9928	26	3185	4057	111636	2.9	6.5	83987	67162	9160	80.0
4625	7	8271	2312	93446	19.1	24.5	10543	1683	1236	16.0
275	7	172	264	106102	5.9	15.0	1485	252	1098	17.0
1540039	1382358	1720821	1717038	405272	2.8	5.5	62085298	44784529	11584484	72.1
603	409	582	206	136007	7.1	9.6	39259	16724	19859	42.6
465	410	-1909	188	81972	-50.1	-45.2	5519	2490	3029	45.1
210	91	259	274	292952	4.2	8.7	945	254	691	26.9
724109	659704	880257	871377	524959	2.3	4.6	41082739	33660178	4444253	81.9
135485	124618	130855	171855	417591	2.3	5.4	3591160	2577610	761016	71.8
645918	569763	672937	631944	272843	3.8	7.4	16811798	8197359	6178454	48.8
5	6	30	15	864800	6.8	10.3	435	580	661	133.3
34	36	-106	76	64706	-48.0	-13.3	2958	764	1939	25.8
35766	29141	35780	42437	317947	3.1	6.9	641930	367505	221742	57.3

14-3 施工总承包和专业承包建筑业企业主要指标(2017年)

指　标	Item	企业数(个) Number of Enterprises (unit)	从事主营业务活动从业人员平均人数(人) The Average Number of Employed Persons (person)	从事主营业务活动从业人员年末人数(人) Number of Employed Persons at Year-end (person)	# 工程技术人员 Engineers	# 现场施工人员 On-site Construction Personnel
总　计	**Total**	**2503**	**1526489**	**1380725**	**199918**	**760052**
# 国有及国有控股企业	State-owned and State-holding Enterprises	274	724109	659430	91066	431569
按登记注册类型分	**By Status of Registration**					
内资企业	Domestic Funded	2499	1526237	1380427	199893	760026
国有企业	State-owned Enterprises	81	107085	101010	12819	72623
集体企业	Collective-owned Enterprises	123	78970	74522	10247	35052
股份合作企业	Cooperative Enterprises	4	6577	5805	437	1881
联营企业	Joint Ownership Enterprises	2	884	887	252	550
集体联营企业	Collective Joint Ownership Enterprises	1	760	760	230	530
国有与集体联营企业	Joint State-collective Enterprises	1	124	127	22	20
有限责任公司	Limited Liability Corporations	889	897752	804234	111378	454792
国有独资公司	State Sole Funded Corporations	56	136884	115326	21262	68647
其他有限责任公司	Other Limited Liability Corporations	833	760868	688908	90116	386145
股份有限公司	Share-holding Corporations Limited	69	49878	49864	5653	25256
私营企业	Private Enterprises	1328	384359	343459	58987	169347
私营独资企业	Private-funded Enterprises	13	899	932	273	274
私营合伙企业	Private Partnership Enterprises	1	16	16	6	6
私营有限责任公司	Private Limited Liability Corporations	1260	358748	316961	55409	158285
私营股份有限公司	Private Share-holding Corporations Ltd.	54	24696	25550	3299	10782
其他企业	Other Enterprises	3	732	646	120	525
港、澳、台商投资企业	Enterprises with Funds from Hong Kong,	2	218	264	4	1
合资经营企业(港或澳、台	Joint-venture Enterprises	2	218	264	4	1
外商投资企业	Foreign-invested Enterprise	2	34	34	21	25
中外合资经营企业	Joint-venture Enterprises	1	32	32	20	25
外资企业	Enterprises with Sole Funds	1	2	2	1	
按国民经济行业分	**By Sector**					
房屋建筑业	Building	1434	929359	828014	118378	397710
土木工程建筑业	Building and Civil Engineering	621	505274	468791	65325	319315
铁路、道路、隧道和桥梁工程建筑	Railway Road Tunnel and Bridge Engineering Construction	367	393649	369335	47657	259141
水利和内河港口工程建筑	Water Conservancy and Inland Port Engineering Construction	67	47446	45061	8858	27497
工矿工程建筑	Industrial and Mining Engineering	62	29163	26679	3332	17743
架线和管道工程建筑	Wiring and Piping Engineering	71	23107	19838	4061	10770
其他土木工程建筑	Other Civil Engineering Construction	54	11909	7878	1417	4164
建筑安装业	Construction Installation	218	46591	45127	10846	26464
电气安装	Electrical Installation	95	13749	11788	2909	7369
管道和设备安装	Piping and Equipment Installation	44	5766	5712	845	2044
其他建筑安装业	Other Construction and Installation Industry	79	27076	27627	7092	17051

Main Indicators of General Contracting and Professional Contracting in Construction Enterprises (2017)

建筑业总产值(万元) Total Output Value (10 000 yuan)	建筑工程 Construction	安装工程 Installation	其他 Others	竣工产值(万元) Output Value ofCompleted Construction (10 000 yuan)	房屋建筑施工面积(万平方米) Floor Space of Buildings under Construction (10 000 sq.m)	#本年新开工面积 New Buildings	房屋建筑竣工面积(万平方米) Floor Space of Buildings Completed (10 000 sq.m)	#住宅 Residential Housing	房屋建筑面积竣工率(%) Rate of Floor Space of Buildings Completed (%)
62274691	**55475099**	**4824151**	**1975441**	**22993441**	**26977.30**	**9907.24**	**6981.57**	**5032.00**	**25.9**
38012720	34937935	2175934	898851	12852364	16710.33	4911.34	3027.24	2116.03	18.1
62263274	55474447	4813387	1975441	22992866	26977.30	9907.24	6981.57	5032.00	25.9
3809358	3389540	343518	76301	1380700	1501.78	609.94	358.10	297.39	23.8
2159308	1905702	181142	72464	1188971	1213.14	704.87	660.86	462.65	54.5
150061	120264	23637	6160	83840	64.46	46.86	34.76	31.39	53.9
18316	18316			14818	16.63	13.49	1.48	1.48	8.9
15353	15353			13018	15.35	12.21	1.48	1.48	9.6
2963	2963			1800	1.28	1.28			
41239794	37529122	2802619	908053	14854877	18361.58	5844.25	4130.93	2927.69	22.5
8169852	7661867	440113	67873	3458317	4731.48	1399.93	954.00	633.73	20.2
33069942	29867255	2362506	840180	11396560	13630.10	4444.32	3176.93	2293.96	23.3
3662619	2878169	438814	345637	790987	875.98	238.62	271.49	211.43	31.0
11203963	9614465	1022673	566825	4669705	4926.78	2446.42	1521.07	1097.10	30.9
29394	22318	6782	293	15998	10.25	5.73	7.13	4.93	69.6
408	408								
10164175	8740221	944843	479111	4376063	4336.71	1999.21	1417.66	1028.13	32.7
1009986	851517	71048	87421	277645	579.81	441.48	96.28	64.03	16.6
19855	18870	985		8970	16.95	2.78	2.88	2.88	17.0
11197	432	10764		355					
11197	432	10764		355					
220	220			220					
220	220			220					
33019146	30204955	2139137	675055	14617208	25355.63	9425.72	6769.79	4913.01	26.7
24137257	22443521	1049529	644207	6769354	1135.17	277.33	161.26	96.94	14.2
18913384	18538351	61128	313905	5241573	544.07	127.22	110.23	73.73	20.3
2414370	2215973	64949	133449	470508	392.68	96.88	15.89	11.73	4.0
1098401	674795	273783	149824	434253	175.72	35.65	15.24	4.63	8.7
955502	319407	630734	5361	322078	2.63	0.38	7.62	0.00	289.8
755600	694995	18936	41669	300942	20.08	17.19	12.28	6.86	61.1
3612771	1772316	1356283	484172	895789	404.49	161.20	21.42	4.22	5.3
849556	485153	287365	77038	263552	30.76	8.54	3.01	2.78	9.8
194216	104819	75094	14303	55165	7.88	6.08	2.22	1.19	28.2
2568999	1182344	993824	392831	577073	365.86	146.58	16.19	0.25	4.4

14-3 续表 1

指　　标	Item	企业数（个） Number of Enterprises (unit)	从事主营业务活动从业人员平均人数(人) The Average Number of Employed Persons (person)	从事主营业务活动从业人员年末人数(人) Number of Employed Persons at Year-end (person)	# 工程技术人员 Engineer	# 现场施工人员 On-site Construction Personnel
建筑装饰和其他建筑业	Building Decoration and Other Construction	230	45265	38793	5369	16563
建筑装饰业	Construction Decoration	155	26749	24240	3268	9526
工程准备活动	Engineering Preparation	27	8872	7988	1000	3911
提供施工设备服务	Construction Equipment Services	6	794	770	224	432
其他未列明的建筑活动	Other Construction Activities Unlisted	42	8850	5795	877	2694
按隶属关系分	**By Jurisdiction of Management**					
中　央	Central	63	406157	378977	44738	274734
省	Provincial	97	209846	168845	31374	92534
市	Cities at Prefecture Level and Below	293	144692	141747	24834	63819
县级及以下	Counties and Below	303	205063	192678	22386	94375
其　他	Others	1747	560731	498478	76586	234590
按企业资质等级分	**By Qualification Grade**					
施工总承包	The General Contractor	1991	1416431	1284871	182092	712585
特　级	Special Grade	10	141038	120066	19450	73982
一　级	First Grade	253	622221	552289	75680	366911
二　级	Second Grade	1123	477514	438522	63880	199676
三级及以下	Third Grade and Below	605	175658	173994	23082	72016
专业承包	The Specialized Contractor	512	110058	95854	17826	47467
一　级	First Grade	155	50319	40982	9382	23995
二　级	Second Grade	210	40780	40635	5757	15093
三级及以下	Third Grade and Below	146	18951	14229	2679	8373
按营业状态分	**By Business State**					
营　业	Operating	2481	1525521	1379838	199823	759609
停业(歇业)	Suspension	17	293	391	38	201
当年关闭	Closure in This Year	4	465	406	37	212
其　他	Others	1	210	90	20	30
按控股情况分	**By Holding Situation**					
国有控股	State-holding	274	724109	659430	91066	431569
集体控股	Group Holdings	185	135485	124433	16813	57732
私人控股	Private Holdings	1957	631414	567769	87444	254595
港澳台商控股	Holdings Hong Kong, Macao,Taiwan	1	5	5	4	1
外商控股	Foreign Holdings	2	34	34	21	25
其　他	Others	84	35442	29054	4570	16130

continued

建筑业总产值(万元) Total Output Value (10 000 yuan)	建筑工程 Construction	安装工程 Installation	其 他 Others	竣工产值(万元) Output Value ofCompleted Construction (10 000 yuan)	房屋建筑施工面积(万平方米) Floor Space of Buildings under Construction (10 000 sq.m)	# 本年新开工面积 New Buildings	房屋建筑竣工面积(万平方米) Floor Space of Buildings Completed (10 000 sq.m)	# 住宅 Residential Housing	房屋建筑面积竣工率(%) Rate of Floor Space of Buildings Completed (%)
1505516	1054307	279202	172007	711091	82.00	42.99	29.10	17.83	35.5
642293	408745	148472	85076	278267	23.69	22.07	12.34	12.34	52.1
385854	379090	764	6000	262049	2.34	2.14	1.10	1.10	47.0
79725	75703		4021	2371					
397644	190769	129966	76909	168404	55.97	18.77	15.67	4.40	28.0
20650370	19699988	578152	372230	5418113	4000.35	1008.55	358.31	285.80	9.0
12826063	11300950	1171981	353133	5464595	9167.94	2912.06	2070.59	1387.88	22.6
6830579	5747214	824952	258413	2558848	4201.84	1354.90	892.12	686.41	21.2
6138455	5482680	468518	187258	2978445	3484.08	1973.40	1562.68	1149.12	44.9
15829223	13244268	1780548	804407	6573439	6123.08	2658.33	2097.86	1522.81	34.3
57201393	51936609	3633908	1630876	21136953	26572.31	9674.48	6793.82	4901.49	25.6
7850906	7714851	63772	72284	2168512	3559.76	932.77	711.94	468.50	20.0
32098282	29095014	2216628	786641	10793425	14847.53	4862.17	2972.36	2151.74	20.0
12813101	11248913	1020693	543495	6282436	6606.21	2945.63	2333.54	1697.88	35.3
4439104	3877831	332816	228457	1892580	1558.81	933.91	775.98	583.36	49.8
5073298	3538490	1190243	344565	1856488	404.99	232.76	187.75	130.52	46.4
2865809	2325880	436368	103561	1290392	182.32	75.15	75.58	26.04	41.5
1521619	936720	474794	110106	360671	186.93	134.53	98.60	97.31	52.7
685650	275710	279042	130898	205425	35.74	23.08	13.56	7.17	37.9
62260857	55461343	4824098	1975416	22981789	26970.07	9901.31	6979.36	5032.00	25.9
3870	3858		12	1557	0.00				
3812	3746	53	12	3942	2.80	1.49	2.21		79.0
6152	6152			6152	4.43	4.43			
38012720	34937935	2175934	898851	12852364	16710.33	4911.34	3027.24	2116.03	18.1
5657725	4687178	763928	206619	2140825	2140825	1152.16	1075.96	766.93	0.1
17474050	14868603	1746265	859182	7498591	7498591	3636.91	2720.03	2020.69	0.0
432	432			355	355				
220	220			220	220				
1129544	980731	138024	10788	501087	501087	206.84	158.33	128.36	0.0

14-3 续表 2

单位：万元

指　标	Item	资产总计 Total Assets	# 流动资产 Circulating Funds	# 固定资产 Fixed Assets	固定资产原价 Original Value of Fixed Assets
总　计	**Total**	**62035006**	**51042431**	**4383348**	**6596005**
# 国有及国有控股企业	State-owned and State-holding Enterprises	41082739	34583595	1773823	3593650
按登记注册类型分	**By Status of Registration**				
内资企业	Domestic Funded	62026770	51034551	4383299	6595792
国有企业	State-owned Enterprises	3228807	2641301	212307	304112
集体企业	Collective-owned Enterprises	1297836	987380	231047	279735
股份合作企业	Cooperative Enterprises	92290	71955	16038	5984
联营企业	Joint Ownership Enterprises	31535	28432	980	1437
集体联营企业	Collective Joint Ownership Enterprises	22162	21557	49	228
国有与集体联营企业	Joint State-collective Enterprises	9373	6875	932	1209
有限责任公司	Limited Liability Corporations	43522547	36174336	2515056	4297696
国有独资公司	State Sole Funded Corporations	7968914	6647520	410992	895112
其他有限责任公司	Other Limited Liability Corporations	35553632	29526816	2104064	3402584
股份有限公司	Share-holding Corporations Limited	2543330	2157999	169335	257236
私营企业	Private Enterprises	11307605	8972762	1236101	1447119
私营独资企业	Private-funded Enterprises	29877	23127	2926	3895
私营合伙企业	Private Partnership Enterprises	2251	539	676	676
私营有限责任公司	Private Limited Liability Corporations	10669630	8485942	1164278	1347111
私营股份有限公司	Private Share-holding Corporations Ltd.	605847	463154	68222	95438
其他企业	Other Enterprises	2821	385	2436	2474
港、澳、台商投资企业	Enterprises with Funds from Hong Kong,	5278	5231	38	167
合资经营企业(港或澳、台资)	Joint-venture Enterprises	5278	5231	38	167
外商投资企业	Foreign-invested Enterprise	2958	2649	11	46
中外合资经营企业	Joint-venture Enterprises	2372	2076	10	36
外资企业	Enterprises with Sole Funds	587	574	0	11
按国民经济行业分	**By Sector**				
房屋建筑业	Building	25284531	21113421	2140534	2372077
土木工程建筑业	Building and Civil Engineering	31977484	25792413	1930947	3742026
铁路、道路、隧道和桥梁工程建筑	Railway Road Tunnel and Bridge Engineering Construction	25127149	20386427	1259069	2742135
水利和内河港口工程建筑	Water Conservancy and Inland Port Engineering Construction	3184641	2552535	276168	503940
工矿工程建筑	Industrial and Mining Engineering	1768277	1363680	188225	194390
架线和管道工程建筑	Wiring and Piping Engineering	1209208	938367	155923	229226
其他土木工程建筑	Other Civil Engineering Construction	688209	551403	51562	72336
建筑安装业	Construction Installation	3611240	3213476	197253	324125
电气安装	Electrical Installation	996207	879409	61894	84965
管道和设备安装	Piping and Equipment Installation	337366	271816	25363	42333
其他建筑安装业	Other Construction and Installation Industry	2277667	2062251	109997	196826

continued

(10 000 yuan)

负债合计 Total Liabilities	所有者权益合计 Owners' Equity	# 实收资本 Paid-in Capitals	营业收入 Operating Revenue	营业成本 Cost of Operating Revenue	营业税金及附加 Taxes and Other Charges on Operating Revenue	管理费用 Management Expenses	营业利润 Operating Profit	利润总额 Total Profits	应付职工薪酬 Accrued Employee Payroll
44734899	**17300108**	**11596570**	**62300396**	**57623932**	**613924**	**1883700**	**1717450**	**1708125**	**7093685**
33660178	7422561	4444253	42679848	40312376	188158	1140989	874826	880257	4680757
44730535	17296235	11593446	62286989	57611595	613879	1883218	1716884	1707546	7091531
2331155	897652	289924	3968686	3614345	42046	117546	131162	133531	511057
669245	628591	454872	2073879	1756751	69708	91278	99034	97874	286132
23144	69146	68628	94581	80080	4401	846	5032	5017	7782
6883	24652	13847	31143	23392	306	1084	6353	6334	3096
3357	18805	8000	25044	17742	95	841	6362	6350	2362
3526	5847	5847	6099	5650	211	243	-9	-16	734
34142417	9380129	6168186	44013387	41285599	285000	1242669	1009459	1009280	4714777
6117170	1851745	1112094	7866459	7367501	47879	202403	186225	187472	979442
28025247	7528385	5056092	36146928	33918098	237121	1040266	823234	821808	3735335
1925231	618099	377665	2271065	2078676	22216	61079	86029	86291	243364
5631728	5675877	4218253	9814393	8754416	188880	368672	379691	369097	1322998
12084	17792	16430	27566	24320	152	850	1458	1458	1395
451	1800	1800	456	408	2	183	-206	-206	96
5220739	5448891	4062784	9196017	8199875	176278	354107	351023	339991	1261604
398454	207394	137240	590354	529812	12449	13531	27416	27854	59903
732	2089	2072	19855	18336	1324	45	124	124	2325
3600	1678	1185	11198	10232	33	263	690	684	1841
3600	1678	1185	11198	10232	33	263	690	684	1841
764	2194	1939	2210	2105	11	219	-124	-106	313
869	1502	1500	2210	2105	11	112	-19	-19	272
-105	692	439				107	-105	-87	41
16428420	8856111	5715139	28082489	25658477	449873	759571	862008	846686	3551745
25042191	6935293	4884597	29757055	27923673	131831	943180	700319	705326	3065031
20294639	4832510	3472771	24268222	22996362	93385	667714	499232	505355	2458066
2350073	834568	475591	2965421	2683014	19308	122747	108989	108882	294715
1194569	573708	452163	994534	902399	5200	43648	38044	37174	135483
753577	455631	340709	919058	794277	9699	86690	25840	26158	117458
449334	238875	143363	609821	547621	4240	22382	28214	27755	59309
2592231	1019010	649368	3273503	2972757	15546	135983	111459	112113	321280
744495	251712	190689	855869	769877	4121	41729	27693	27442	74371
183893	153473	91458	229738	197053	1185	17127	7932	8183	26017
1663843	613824	367222	2187896	2005828	10239	77128	75834	76488	220892

14-3 续表 3

单位：万元

指 标	Item	资产总计 Total Assets	# 流动资产 Circulating Funds	# 固定资产 Fixed Assets	固定资产原价 Original Value of Fixed Assets
建筑装饰和其他建筑业	Building Decoration and Other Construction	1161751	923121	114614	157778
建筑装饰业	Construction Decoration	710029	548237	72097	100130
工程准备活动	Engineering Preparation	281446	249189	17416	22015
提供施工设备服务	Construction Equipment Services	15464	9082	4799	7546
其他未列明的建筑活动	Other Construction Activities Unlisted	154813	116613	20302	28087
按隶属关系分	**By Jurisdiction of Management**				
中 央	Central	25700663	21195668	1093352	2686562
省	Provincial	10237198	8843220	456445	636110
市	Cities at Prefecture Level and Below	7170476	6204182	480469	593544
县级及以下	Counties and Below	2872558	2061510	509296	521447
其 他	Others	16054112	12737852	1843787	2158343
按企业资质等级分	**By Qualification Grade**				
施工总承包	The General Contractor	57639376	47392229	4037415	6156451
特 级	Special Grade	15189826	11648196	371078	656306
一 级	First Grade	26770813	23669079	1431920	2995978
二 级	Second Grade	12503482	9825800	1685143	1812967
三级及以下	Third Grade and Below	3175255	2249154	549274	691200
专业承包	The Specialized Contractor	4395631	3650202	345933	439555
一 级	First Grade	2540207	2289059	143126	242992
二 级	Second Grade	1274416	938304	107057	123327
三级及以下	Third Grade and Below	580811	422839	95552	73236
按营业状态分	**By Business State**				
营 业	Operating	61989865	51009684	4377125	6587164
停业(歇业)	Suspension	38678	30210	4499	6115
当年关闭	Closure in This Year	5519	2039	1276	2296
其 他	Others	945	498	447	430
按控股情况分	**By Holding Situation**				
国有控股	State-holding	41082739	34583595	1773823	3593650
集体控股	Group Holdings	3591160	2942659	377734	496051
私人控股	Private Holdings	16724236	13020895	2137241	2382369
港澳台商控股	Holdings Hong Kong, Macao,Taiwan	435	432	3	31
外商控股	Foreign Holdings	2958	2649	11	46
其 他	Others	633478	492202	94537	123858

continued

(10 000 yuan)

负债合计 Total Liabilities	所有者权益合计 Owners' Equity	# 实收资本 Paid-in Capitals	营业收入 Operating Revenue	营业成本 Cost of Operating Revenue	营业税金及附加 Taxes and Other Charges on Operating Revenue	管理费用 Management Expenses	营业利润 Operating Profit	利润总额 Total Profits	应付职工薪酬 Accrued Employee Payroll
672056	489695	347465	1187349	1069025	16674	44966	43665	44000	155629
365103	344926	255294	666532	595401	9557	28341	24859	25149	97448
202249	79197	43816	390229	363415	5639	6166	13667	13569	39144
7934	7530	3103	14023	12189	425	520	858	858	2739
96770	58042	45251	116565	98019	1053	9939	4281	4424	16299
21783461	3917202	2496823	25747063	24407211	58879	719426	554977	571892	2822022
7760384	2476813	1402696	12146938	11589585	53087	203900	225065	225547	1426055
5394199	1776276	1105635	5213520	4753126	69543	242020	97367	100324	458549
1191391	1681167	1023503	5458502	4670535	171319	162076	322530	318399	627580
8605463	7448649	5567913	13734374	12203475	261096	556279	517511	491963	1759480
41857525	15781851	10625056	57863378	53661728	561812	1674464	1557676	1547372	6647645
12511397	2678429	1481012	13807906	13409352	35816	244153	203555	216088	1151497
20965487	5805326	3764685	28729318	26853860	153048	769721	699616	687416	3644793
6789099	5714382	4204429	11633658	10203290	288822	512424	440217	437826	1374460
1591542	1583714	1174930	3692496	3195227	84126	148167	214288	206043	476895
2877373	1518257	971514	4437019	3962204	52112	209236	159774	160753	446040
1845267	694941	453908	2813727	2581865	15272	100577	87134	87818	235822
724065	550351	325141	1193771	1020784	29175	80114	53393	53173	155425
308042	272768	192465	429309	359375	7657	28544	19224	19740	54791
44715447	17274418	11572990	62279759	57604570	613577	1881946	1718616	1709281	7090698
16708	21970	19859	10987	9011	59	1109	483	493	971
2490	3029	3029	4610	5868	14	636	-1908	-1909	1526
254	691	691	5040	4484	274	9	259	259	490
33660178	7422561	4444253	42679848	40312376	188158	1140989	874826	880257	4680757
2577610	1013550	761016	3661632	3167490	96939	181451	132241	130855	450471
8135021	8589215	6168618	14994931	13280433	309414	523388	674743	661338	1859280
580	-145	661	434	354	2	32	41	30	20
764	2194	1939	2210	2105	11	219	-124	-106	313
360745	272732	220083	961342	861174	19399	37622	35724	35751	102845

14-4 劳务分包建筑业企业主要指标(2017年)

单位：万元

指 标	Item	企业数(个) Number of Enterprises (unit)	建筑业总产值 Total Output Value	直接从事生产经营活动平均人数(人) Number of Engaged Persons (person)	年末从业人数(人) Number of Engaged Persons (person)	#工程技术人员 Engineer	#现场施工人员 Site Construction Personnel
总 计	**Total**	**40**	**156969**	**14248**	**14828**	**1595**	**7553**
按登记注册类型分	**By Status of Registration**						
内资企业	Domestic Funded	40	156969	14248	14828	1595	7553
有限责任公司	Limited Liability Corporations	17	28239	2441	4458	114	1826
其他有限责任公司	Other Limited Liability Corporations	17	28239	2441	4458	114	1826
私营企业	Private Enterprises	23	128730	11807	10370	1481	5727
私营独资企业	Private-funded Enterprises	1	32	4	4		
私营有限责任公司	Private Limited Liability Corporations	18	83453	6541	5047	1173	3721
私营股份有限公司	Private Share-holding Corporations Ltd.	4	45245	5262	5319	308	2006
按国民经济行业分	**By Sector**						
房屋建筑业	Building	18	84424	7584	6084	1429	4515
土木工程建筑业	Building and Civil Engineering	5	43241	4279	4307	25	1269
铁路、道路、隧道和桥梁工程建筑	Railway Road Tunnel and Bridge Engineering Construction	4	28720	2939	2957	25	1269
其他土木工程建筑	Construction Installation	1	14521	1340	1350		
建筑安装业	Construction Installation	7	13051	1512	3612	109	1354
电气安装	Electrical Installation	1	1152	48	48	3	36
管道和设备安装	Piping and Equipment Installation	3	8114	1162	1162	76	1044
其他建筑安装业	Other Construction and Installation Industry	3	3785	302	2402	30	274
建筑装饰和其他建筑业	Building Decoration and Other Construction	10	16252	873	825	32	415
建筑装饰业	Construction Decoration	5	6895	324	337	20	255
提供施工设备服务	Construction Equipment Services	3	4179	539	484	10	158
其他未列明的建筑活动	Other Construction Activities Unlisted	2	5178	10	4	2	2
按隶属关系分	**By Jurisdiction of Management**						
市	Cities at Prefecture Level and Below	2	3035	90	90	7	75
县级及以下	Counties and Below	4	8367	480	417	26	298
其 他	Others	34	145566	13678	14321	1562	7180
按企业资质等级分	**By Qualification Grade**						
一 级	First Grade	26	110832	9415	9928	1517	6055
二 级	Second Grade	7	43219	4579	4625	62	1472
三级及以下	Third Grade and Below	7	2918	254	275	16	26
按营业状态分	**By Business State**						
营 业	Operating	39	152637	13938	14518	1535	7345
停业(歇业)	Suspension	1	4331	310	310	60	208
按控股情况分	**By Holding Situation**						
私人控股	Private Holdings	37	149342	13924	14504	1576	7257
其 他	Others	3	7627	324	324	19	296

Main Production Indicators of Labor Subcontracting in Construction Enterprises (2017)

(10 000 yuan)

固定资产原价 Original Value of Fixed Assets	本年折旧 Depreciation of Fixed Assets	资产总计 Total Assets	负债合计 Total Liabilities	实收资本 Paid-in Capitals	主营业务收入 Revenue from Principal Business	主营业务成本 Cost of Principal Business	主营业务税金及附加 Taxes and Other Charges on Principal Business	营业利润 Operating Profit	利润总额 Total Profits
7461	**972**	**96015**	**69098**	**11494**	**170908**	**147743**	**3088**	**11737**	**11628**
7461	972	96015	69098	11494	170908	147743	3088	11737	11628
4332	456	22483	13328	4809	28041	24109	795	1845	1740
4332	456	22483	13328	4809	28041	24109	795	1845	1740
3129	516	73532	55770	6686	142867	123635	2293	9892	9888
80	8	104		40	32	24	0	8	8
1503	361	65523	55770	6046	97590	89420	485	1602	1599
1547	148	7905		600	45245	34192	1807	8282	8282
3792	534	65736	53402	5710	84389	74380	777	2812	2814
1373	144	9177	1131	1005	43241	32241	1685	8251	8251
148	88	6523	1131	1005	28720	22027	1031	4744	4744
1225	56	2654			14521	10214	654	3508	3508
1041	115	5631	2758	1500	12889	12005	164	385	283
79	10	960	126	800	1104	1005	6	10	9
319	45	2509	1754	100	8499	8132	125	110	110
643	59	2162	878	600	3285	2868	32	265	164
1256	179	15470	11806	3280	30389	29118	462	288	281
404	112	12685	11044	1390	21032	20567	94	190	185
820	66	1203	69	1000	4179	3421	346	89	89
31	2	1582	693	890	5178	5130	23	10	7
11	0	420	93	355	3035	2936	14	28	28
2814	241	13412	8601	1508	8362	6438	152	1191	1189
4636	732	82182	60404	9631	159511	138370	2922	10518	10412
4850	671	83987	67162	9160	124802	113339	976	3294	3185
1843	250	10543	1683	1236	43219	32147	1855	8271	8271
769	52	1485	252	1098	2888	2258	257	172	172
7221	932	95434	69082	11494	166577	143536	3087	11648	11540
240	40	581	16		4331	4208	1	89	89
7193	894	87562	62338	9836	163329	140407	3057	11705	11599
268	78	8452	6760	1658	7580	7336	31	32	30

14-5 各市(区)建筑业企业个数(2017年)
Number of Construction Enterprises by City(District) (2017)

单位：个 (unit)

地区	Region	企业个数 Number of Enterprises	中央企业 Central	地方企业 Local	施工总承包 General Contracting	专业承包 Professional Contracting	国有及国有控股企业 State-owned and State-holding	集体企业 Collective Owned
全　省	**Shaanxi**	**2503**	**63**	**2440**	**1991**	**512**	**274**	**185**
西安市	Xi'an	1042	50	992	661	381	148	56
铜川市	Tongchuan	38		38	36	2	14	7
宝鸡市	Baoji	160	2	158	115	45	16	21
咸阳市	Xianyang	103	7	96	91	12	20	16
渭南市	Weinan	140	4	136	127	13	22	17
延安市	Yan'an	160		160	158	2	16	14
汉中市	Hanzhong	155		155	142	13	13	12
榆林市	Yulin	436		436	410	26	4	14
安康市	Ankang	136		136	128	8	10	15
商洛市	Shangluo	94		94	93	1	7	13
杨凌示范区	Yangling	39		39	30	9	4	

注：本表资料不含劳务分包企业，下表同。

a) Data in the table do not include the subcontractor of labour services. The same applies to the table following.

14-6 各市(区)建筑业企业直接从事主营业务活动平均人数(2017年)
The Average Number of Employed Persons Directly Engaged in the Main Business Activities at Year-end of Construction Enterprises by City(District)(2017)

单位：人 (person)

地区	Region	直接从事主营业务活动平均人数(人) The Average Number of Employed Persons	中央企业 Central	地方企业 Local	施工总承包 General Contracting	专业承包 Professional Contracting	国有及国有控股企业 State-owned and State-holding	集体企业 Collective Owned
全　省	**Shaanxi**	**1526489**	**406157**	**1120332**	**1416431**	**110058**	**724109**	**135485**
西安市	Xi'an	802677	379576	423101	719006	83671	556255	36807
铜川市	Tongchuan	10325		10325	10073	252	4224	2952
宝鸡市	Baoji	129433	2339	127094	119573	9860	25985	25458
咸阳市	Xianyang	115140	18167	96973	106046	9094	36635	26251
渭南市	Weinan	82292	6075	76217	80433	1859	30859	9492
延安市	Yan'an	57941		57941	57895	46	20892	4474
汉中市	Hanzhong	70313		70313	68212	2101	9133	5104
榆林市	Yulin	111858		111858	110563	1295	11634	6259
安康市	Ankang	56583		56583	55688	895	9346	11435
商洛市	Shangluo	55480		55480	55472	8	14261	7253
杨凌示范区	Yangling	34447		34447	33470	977	4885	

14-7 各市(区)建筑业企业年末从业人数(2017年)
Annual Average Persons of Construction Enterprises by City(District)(2017)

单位：人 (person)

地　区	Region	从事主营业务活动从业人员年末人数(人) Number of Employed Persons at Year-end	中央企业 Central	地方企业 Local	施工总承包 General Contracting	专业承包 Professional Contracting	国有及国有控股企业 State-owned and State-holding	集体企业 Collective Owned
全　省	**Shaanxi**	**1380725**	**378977**	**1001748**	**1284871**	**95854**	**659430**	**124433**
西 安 市	Xi'an	703169	350754	352415	632497	70672	492421	33423
铜 川 市	Tongchuan	14352		14352	14100	252	9127	2587
宝 鸡 市	Baoji	113015	2449	110566	104603	8412	24766	20208
咸 阳 市	Xianyang	120938	19685	101253	111400	9538	38297	26365
渭 南 市	Weinan	79320	6089	73231	77527	1793	30070	8414
延 安 市	Yan'an	46911		46911	46865	46	15380	4554
汉 中 市	Hanzhong	67300		67300	65003	2297	9053	5037
榆 林 市	Yulin	91752		91752	90437	1315	10703	5431
安 康 市	Ankang	62508		62508	61628	880	10987	11753
商 洛 市	Shangluo	51658		51658	51650	8	12935	6661
杨凌示范区	Yangling	29802		29802	29161	641	5691	

注：本表资料不含劳务分包企业，下表同。
a) Data in the table do not include the subcontractor of labour services. The same applies to the table following.

14-8 各市(区)建筑业企业总产值(2017年)
Gross Output Value of Construction Enterprises by City(District)(2017)

单位：万元 (10 000 yuan)

地　区	Region	总产值 Gross Output Value	中央企业 Central	地方企业 Local	施工总承包 General Contracting	专业承包 Professional Contracting	国有及国有控股企业 State-owned and State-holding	集体企业 Collective Owned
全　省	**Shaanxi**	**62274691**	**20650370**	**41624320**	**57201393**	**5073298**	**38012720**	**5657725**
西 安 市	Xi'an	33045416	16239841	16805576	29711840	3333576	25881768	1343401
铜 川 市	Tongchuan	350668		350668	344325	6343	157326	80443
宝 鸡 市	Baoji	8308454	1134062	7174392	7203666	1104787	2239802	2407652
咸 阳 市	Xianyang	6820885	2065731	4755153	6428720	392165	4310917	832705
渭 南 市	Weinan	3377077	1210737	2166340	3318643	58434	2087133	256422
延 安 市	Yan'an	1247622		1247622	1243065	4557	510557	50671
汉 中 市	Hanzhong	2299270		2299270	2238199	61071	689356	104181
榆 林 市	Yulin	2349376		2349376	2310684	38692	553529	134286
安 康 市	Ankang	1492339		1492339	1467327	25012	275228	276945
商 洛 市	Shangluo	1685954		1685954	1685734	220	665913	171019
杨凌示范区	Yangling	1297632		1297632	1249190	48442	641193	

14-9 各市(区)建筑业企业房屋建筑施工面积(2017年)
Floor Space of Building under Construction in Construction Enterprises by City(District)(2017)

单位：万平方米 (10 000 sq.m)

地区	Region	房屋建筑施工面积 Floor Space of Building under Construction	中央企业 Central	地方企业 Local	施工总承包 General Contracting	专业承包 Professional Contracting	国有及国有控股企业 State-owned and State-holding	集体企业 Collective Owned
全省	**Shaanxi**	**26977.30**	**4000.35**	**22976.95**	**26572.31**	**404.99**	**16710.33**	**2370.49**
西安市	Xi'an	13491.49	3975.35	9516.14	13338.73	152.76	10639.44	436.28
铜川市	Tongchuan	339.15		339.15	339.15		173.45	123.57
宝鸡市	Baoji	2490.39		2490.39	2443.44	46.94	1095.45	648.53
咸阳市	Xianyang	3339.16	9.27	3329.89	3179.60	159.56	2136.45	428.34
渭南市	Weinan	1504.87	15.73	1489.14	1500.41	4.47	574.58	118.17
延安市	Yan'an	938.09		938.09	938.09		575.78	67.51
汉中市	Hanzhong	1483.90		1483.90	1454.06	29.84	456.76	72.80
榆林市	Yulin	869.15		869.15	860.19	8.96	351.10	81.03
安康市	Ankang	1220.91		1220.91	1218.61	2.30	172.71	288.32
商洛市	Shangluo	1104.55		1104.55	1104.55		501.59	105.95
杨凌示范区	Yangling	195.62		195.62	195.47	0.16	33.01	

注：本表资料不含劳务分包企业，下表同。
a) Data in the table do not include the subcontractor of labour services. The same applies to the table following.

14-10 各市(区)建筑业企业房屋建筑竣工面积(2017年)
Floor Space of Building Completed in Construction Enterprises by City(District)(2017)

单位：万平方米 (10 000 sq.m)

地区	Region	房屋建筑竣工面积 Floor Space of Building Completed	中央企业 Central	地方企业 Local	施工总承包 General Contracting	专业承包 Professional Contracting	国有及国有控股企业 State-owned and State-holding	集体企业 Collective Owned
全省	**Shaanxi**	**6981.57**	**358.31**	**6623.25**	**6793.82**	**187.75**	**3027.24**	**1075.96**
西安市	Xi'an	2553.10	349.74	2203.36	2468.06	85.04	1583.52	272.18
铜川市	Tongchuan	72.82		72.82	72.82		23.94	30.22
宝鸡市	Baoji	835.27		835.27	807.66	27.61	257.56	200.68
咸阳市	Xianyang	1176.63	4.99	1171.64	1118.00	58.63	526.40	280.00
渭南市	Weinan	511.00	3.58	507.42	509.14	1.85	233.34	55.98
延安市	Yan'an	221.85		221.85	221.85		45.09	13.51
汉中市	Hanzhong	593.60		593.60	582.15	11.45	171.33	40.43
榆林市	Yulin	233.57		233.57	232.85	0.72	50.66	41.11
安康市	Ankang	349.47		349.47	347.17	2.30	52.80	91.72
商洛市	Shangluo	378.00		378.00	378.00		76.38	50.14
杨凌示范区	Yangling	56.26		56.26	56.12	0.14	6.22	

14-11 各市(区)建筑业企业竣工房屋价值(2017年)
Valuation of Building Completed in Construction Enterprises by City(District)(2017)

单位: 万元 (10 000 yuan)

地区	Region	竣工房屋价值 Valuation of Building Completed	中央企业 Central	地方企业 Local	施工总承包 General Contracting	专业承包 Professional Contracting	国有及国有控股企业 State-owned and State-holding	集体企业 Collective Owned
全　省	**Shaanxi**	**12345132**	**850546**	**11494586**	**12050436**	**294696**	**6151567**	**1489482**
西安市	Xi'an	5024277	833671	4190607	4925987	98290	3375874	407109
铜川市	Tongchuan	123688		123688	123688		48506	43737
宝鸡市	Baoji	1338190		1338190	1278301	59889	453401	222028
咸阳市	Xianyang	2034547	9762	2024785	1921049	113497	1061791	381391
渭南市	Weinan	798173	7113	791060	794450	3723	372200	84909
延安市	Yan'an	414014		414014	414014		124592	28455
汉中市	Hanzhong	919905		919905	903139	16766	299581	56652
榆林市	Yulin	471833		471833	471661	172	159852	60348
安康市	Ankang	583442		583442	581257	2185	125763	139146
商洛市	Shangluo	531357		531357	531357		111513	65708
杨凌示范区	Yangling	105707		105707	105532	174	18493	

注：本表资料不含劳务分包企业，下表同。

a) Data in the table do not include the subcontractor of labour services. The same applies to the table following.

14-12 各市(区)建筑业企业资产合计(2017年)
Total Assets of Construction Enterprises by City(District)(2017)

单位: 万元 (10 000 yuan)

地区	Region	资产合计 Total Assets	中央企业 Central	地方企业 Local	施工总承包 General Contracting	专业承包 Professional Contracting	国有及国有控股企业 State-owned and State-holding	集体企业 Collective Owned
全　省	**Shaanxi**	**62035006**	**25700663**	**36334343**	**57639376**	**4395631**	**41082739**	**3591160**
西安市	Xi'an	42391102	22022872	20368230	38769803	3621299	32030816	2027377
铜川市	Tongchuan	406235		406235	398555	7680	240055	75587
宝鸡市	Baoji	3140177	820423	2319754	2691265	448913	1430578	614375
咸阳市	Xianyang	4346600	1881978	2464622	4250329	96271	3352301	221842
渭南市	Weinan	2347614	975390	1372224	2314528	33086	1395451	138625
延安市	Yan'an	2339588		2339588	2330278	9311	1030271	33545
汉中市	Hanzhong	1088597		1088597	1048004	40594	216058	42597
榆林市	Yulin	3180998		3180998	3099363	81635	298479	107463
安康市	Ankang	1039098		1039098	1006819	32279	142555	179703
商洛市	Shangluo	830592		830592	830395	197	313804	150048
杨凌示范区	Yangling	924406		924406	900039	24366	632372	

14-13 各市(区)建筑业企业固定资产(2017年)
Fixed Assets of Construction Enterprises by City(District)(2017)

单位：万元 (10 000 yuan)

地区	Region	固定资产 合计 Total Fixed Assets	中央企业 Central	地方企业 Local	施工总承包 General Contracting	专业承包 Professional Contracting	国有及国有控股企业 State-owned and State-holding	集体企业 Collective Owned
全省	**Shaanxi**	**4383348**	**1093352**	**3289996**	**4037415**	**345933**	**1773823**	**377734**
西安市	Xi'an	2096191	902770	1193421	1860544	235646	1265531	100807
铜川市	Tongchuan	29016		29016	28848	168	3596	10743
宝鸡市	Baoji	330974	27075	303899	288038	42936	59431	55069
咸阳市	Xianyang	462078	137472	324606	432225	29853	242279	63488
渭南市	Weinan	176488	26036	150453	165514	10974	49402	24636
延安市	Yan'an	273360		273360	270593	2767	17694	10385
汉中市	Hanzhong	152977		152977	147068	5910	13351	3319
榆林市	Yulin	418845		418845	406518	12327	3489	27739
安康市	Ankang	176571		176571	173127	3444	10559	38570
商洛市	Shangluo	152786		152786	152589	197	25828	42977
杨凌示范区	Yangling	114062		114062	112351	1711	82665	

注：本表资料不含劳务分包企业，下表同。
a) Data in the table do not include the subcontractor of labour services. The same applies to the table following.

14-14 各市(区)建筑业企业流动资产(2017年)
Circulating Assets of Construction Enterprises by City(District)(2017)

单位：万元 (10 000 yuan)

地区	Region	流动资产 合计 Circulating Assets	中央企业 Central	地方企业 Local	施工总承包 General Contracting	专业承包 Professional Contracting	国有及国有控股企业 State-owned and State-holding	集体企业 Collective Owned
全省	**Shaanxi**	**51042431**	**21195668**	**29846763**	**47392229**	**3650202**	**34583595**	**2942659**
西安市	Xi'an	35134017	17741800	17392217	32027636	3106380	26416974	1809766
铜川市	Tongchuan	345192		345192	337750	7442	221906	52462
宝鸡市	Baoji	2498428	789264	1709164	2170954	327473	1350031	468676
咸阳市	Xianyang	3745821	1722782	2023039	3683542	62279	3043940	136216
渭南市	Weinan	2104431	941822	1162609	2084817	19615	1315291	108616
延安市	Yan'an	1972039		1972039	1965675	6364	1000041	22201
汉中市	Hanzhong	858541		858541	826072	32469	192728	30572
榆林市	Yulin	2373663		2373663	2327195	46468	249183	74437
安康市	Ankang	731510		731510	712336	19175	108245	136184
商洛市	Shangluo	511640		511640	511640		163658	103529
杨凌示范区	Yangling	767150		767150	744613	22537	521599	

14-15 各市(区)建筑业企业负债合计(2017年)
Total Liability of Construction Enterprises by City(District)(2017)

单位：万元 (10 000 yuan)

地　区	Reion	负债合计 Total Liability	中央企业 Central	地方企业 Local	施工总承包 General Contracting	专业承包 Professional Contracting	国有及国有控股企业 State-owned and State-holding	集体企业 Collective Owned
全　省	**Shaanxi**	**44734899**	**21783461**	**22951437**	**41857525**	**2877373**	**33660178**	**2577610**
西安市	Xi'an	32200146	18585360	13614787	29811437	2388709	26292667	1632692
铜川市	Tongchuan	327872		327872	322429	5443	213469	56741
宝鸡市	Baoji	2392724	763659	1629065	2026870	365854	1240321	490710
咸阳市	Xianyang	3232358	1640311	1592047	3193396	38962	2803986	64726
渭南市	Weinan	1706076	794132	911944	1698250	7826	1139125	88279
延安市	Yan'an	1585948		1585948	1581460	4488	1004958	14392
汉中市	Hanzhong	557582		557582	534497	23085	161965	18564
榆林市	Yulin	1451988		1451988	1427184	24803	254067	52888
安康市	Ankang	496373		496373	485495	10878	122637	108118
商洛市	Shangluo	225464		225464	225464		26714	50500
杨凌示范区	Yangling	558368		558368	551043	7325	400270	

注：本表资料不含劳务分包企业，下表同。
a) Data in the table do not include the subcontractor of labour services. The same applies to the table following.

14-16 各市(区)建筑业企业实收资本(2017年)
Contributed Capital of Construction Enterprises by City(District)(2017)

单位：万元 (10 000 yuan)

地　区	Region	实收资本 Contributed Capital	中央企业 Central	地方企业 Local	施工总承包 General Contracting	专业承包 Professional Contracting	国有及国有控股企业 State-owned and State-holding	集体企业 Collective Owned
全　省	**Shaanxi**	**11596570**	**2496823**	**9099747**	**10625056**	**971514**	**4444253**	**761016**
西安市	Xi'an	6952213	2133379	4818834	6146558	805655	3463834	392607
铜川市	Tongchuan	66256		66256	65201	1055	16718	17923
宝鸡市	Baoji	529218	36873	492345	470466	58752	129309	70783
咸阳市	Xianyang	714798	162133	552665	693518	21279	348246	100265
渭南市	Weinan	469724	164438	305286	451050	18674	230984	30360
延安市	Yan'an	408478		408478	408189	289	17168	15785
汉中市	Hanzhong	410816		410816	394652	16164	39557	21543
榆林市	Yulin	1337138		1337138	1308886	28252	33000	32733
安康市	Ankang	312470		312470	306366	6104	17478	33804
商洛市	Shangluo	188250		188250	188250		25460	45213
杨凌示范区	Yangling	207209		207209	191919	15290	122500	

14-17 各市(区)建筑业主营业务收入(2017年)
Revenue from Principal Business of Construction Enterprises by City(District)(2017)

单位：万元 (10 000 yuan)

地　区	Region	主营业务收入 Revenue from Principal Business	中央企业 Central	地方企业 Local	施工总承包 General Contracting	专业承包 Professional Contracting	国有及国有控股企业 State-owned and State-holding	集体企业 Collective Owned
全　省	**Shaanxi**	**62300396**	**25747063**	**36553333**	**57863378**	**4437019**	**42679848**	**3661632**
西安市	Xi'an	39511747	21853413	17658334	36154881	3356866	31868699	1380803
铜川市	Tongchuan	341012		341012	332552	8460	156028	74922
宝鸡市	Baoji	4118401	918825	3199576	3568302	550100	1941311	481150
咸阳市	Xianyang	6696708	2148460	4548248	6354306	342402	4229163	806966
渭南市	Weinan	2666274	826366	1839908	2619855	46419	1648878	182394
延安市	Yan'an	1385912		1385912	1380063	5849	435798	95593
汉中市	Hanzhong	1714644		1714644	1659196	55448	468127	91816
榆林市	Yulin	2563953		2563953	2524796	39157	542083	156047
安康市	Ankang	1195135		1195135	1173079	22056	294492	207090
商洛市	Shangluo	1486005		1486005	1485793	212	657257	184849
杨凌示范区	Yangling	620605		620605	610555	10050	438011	

注：本表资料不含劳务分包企业，下表同。

a) Data in the table do not include the subcontractor of labour services. The same applies to the table following.

14-18 各市(区)建筑业企业利润总额(2017年)
Total Profits of Construction Enterprises by City(District)(2017)

单位：万元 (10 000 yuan)

地　区	Region	利润总额 Total Profits	中央企业 Central	地方企业 Local	施工总承包 General Contracting	专业承包 Professional Contracting	国有及国有控股企业 State-owned and State-holding	集体企业 Collective Owned
全　省	**Shaanxi**	**1708125**	**571892**	**1136233**	**1547372**	**160753**	**880257**	**130855**
西安市	Xi'an	936441	498989	437452	805082	131358	683428	32845
铜川市	Tongchuan	3619		3619	2831	788	3479	126
宝鸡市	Baoji	108065	20007	88058	93035	15030	32754	13178
咸阳市	Xianyang	271532	38347	233185	266501	5031	94051	55503
渭南市	Weinan	59290	14549	44741	57163	2127	21147	2555
延安市	Yan'an	9678		9678	9268	410	-39988	3268
汉中市	Hanzhong	49364		49364	46920	2443	5682	1056
榆林市	Yulin	99369		99369	98183	1186	8915	5045
安康市	Ankang	44987		44987	43532	1455	3930	8877
商洛市	Shangluo	100675		100675	100652	23	49106	8402
杨凌示范区	Yangling	25105		25105	24203	902	17755	

14-19 各市(区)建筑业企业税金总额(2017年)
Total Tax of Construction Enterprises by City(District)(2017)

单位: 万元 (10 000 yuan)

地 区	Region	税金总额 Total Tax	中央企业 Central	地方企业 Local	施工总承包 General Contracting	专业承包 Professional Contracting	国有及国有控股企业 State-owned and State-holding	集体企业 Collective Owned
全 省	**Shaanxi**	**1749447**	**400851**	**1348596**	**1608617**	**140830**	**878321**	**181354**
西安市	Xi'an	856971	344937	512034	755538	101433	572208	56352
铜川市	Tongchuan	16058		16058	15934	124	5880	3301
宝鸡市	Baoji	112279	17270	95009	95897	16383	37535	11568
咸阳市	Xianyang	202381	21753	180628	189372	13009	82605	47862
渭南市	Weinan	64584	16891	47693	61488	3096	33459	7539
延安市	Yan'an	70701		70701	70601	100	14201	6710
汉中市	Hanzhong	82735		82735	79458	3277	10748	6955
榆林市	Yulin	186607		186607	185356	1251	73897	9351
安康市	Ankang	70153		70153	68364	1789	16964	14467
商洛市	Shangluo	66391		66391	66383	8	18723	17251
杨凌示范区	Yangling	20588		20588	20228	360	12103	

注：本表资料不含劳务分包企业，下表同。
a) Data in the table do not include the subcontractor of labour services. The same applies to the table following.

14-20 各市(区)建筑业企业年末应收工程款(2017年)
Account Receivable of Projects at Year-end of Construction Enterprises by City(District)(2017)

单位: 万元 (10 000 yuan)

地 区	Region	年末应收工程款 Account Receivable of Projects at Year-end	中央企业 Central	地方企业 Local	施工总承包 General Contracting	专业承包 Professional Contracting	国有及国有控股企业 State-owned and State-holding	集体企业 Collective Owned
全 省	**Shaanxi**	**16124254**	**5951196**	**10173058**	**14722191**	**1402064**	**10936180**	**647543**
西安市	Xi'an	10311516	4934574	5376942	9144428	1167088	7832959	322655
铜川市	Tongchuan	172967		172967	167741	5225	116040	28340
宝鸡市	Baoji	768199	128407	639792	609826	158373	377064	88485
咸阳市	Xianyang	1365770	559170	806599	1344632	21137	1125488	29390
渭南市	Weinan	748493	329045	419448	742780	5714	443500	23286
延安市	Yan'an	960342		960342	957010	3332	573245	6065
汉中市	Hanzhong	323275		323275	310508	12767	58931	5608
榆林市	Yulin	655864		655864	644260	11604	40937	41373
安康市	Ankang	224732		224732	215117	9615	43308	54290
商洛市	Shangluo	270257		270257	270257		98585	48051
杨凌示范区	Yangling	322841		322841	315632	7209	226124	

14-21 各市(区)建筑业企业主要经济效益指标(2017年) Main Indicators on Economic Efficiency of Construction Enterprises by City(District)(2017)

地 区	Region	人均利润 (元/人) Per Capita Profits (yuan/person)	人均利税 (元/人) Per Capita Pre-tax Profit (yuan/person)	人均竣工产值 (元/人) Per Capita Output Value ofCompleted Construction (yuan/person)	人均施工面积 (平方米/人) Per Capita Floor Space of Buildings under Construction (sq.m/person)	人均竣工面积 (平方米/人) Per Capita Floor Space of Buildings Completed (sq.m/person)
全 省	**Shaanxi**	**12371**	**25042**	**166532**	**195.4**	**50.6**
西安市	Xi'an	13317	25505	162282	191.9	36.3
铜川市	Tongchuan	2522	13710	129235	236.3	50.7
宝鸡市	Baoji	9562	19497	170787	220.4	73.9
咸阳市	Xianyang	22452	39186	293923	276.1	97.3
渭南市	Weinan	7475	15617	153416	189.7	64.4
延安市	Yan'an	2063	17134	137238	200.0	47.3
汉中市	Hanzhong	7335	19628	187124	220.5	88.2
榆林市	Yulin	10830	31168	119111	94.7	25.5
安康市	Ankang	7197	18420	125792	195.3	55.9
商洛市	Shangluo	19489	32341	140941	213.8	73.2
杨凌示范区	Yangling	8424	15332	61982	65.6	18.9

14-21 续表 continued

地 区	Region	产值利润率 (%) Ratio of Profits to Output Value (%)	产值利税率 (%) Ratio of Pre-tax Profit to Gross Output Value (%)	资本利润率 (%) Ratio of Profits to Captitals (%)	资本利税率 (%) Ratio of Pre-tax Profits to Captitals (%)	资产负债率 (%) Assets-Liability Ratio (%)
全 省	**Shaanxi**	**2.7**	**5.6**	**14.7**	**29.8**	**72.1**
西安市	Xi'an	2.8	5.4	13.5	25.8	76.0
铜川市	Tongchuan	1.0	5.6	5.5	29.7	80.7
宝鸡市	Baoji	1.3	2.7	20.4	41.6	76.2
咸阳市	Xianyang	4.0	6.9	38.0	66.3	74.4
渭南市	Weinan	1.8	3.7	12.6	26.4	72.7
延安市	Yan'an	0.8	6.4	2.4	19.7	67.8
汉中市	Hanzhong	2.1	5.7	12.0	32.2	51.2
榆林市	Yulin	4.2	12.2	7.4	21.4	45.6
安康市	Ankang	3.0	7.7	14.4	36.8	47.8
商洛市	Shangluo	6.0	9.9	53.5	88.7	27.1
杨凌示范区	Yangling	1.9	3.5	12.1	22.1	60.4

注：本表资料不含劳务分包企业。

a) Data in the table do not include the subcontractor of labour services. The same applies to the table following.

主要统计指标解释

建筑业统计单位 指从事房屋、构筑物建造和设备安装活动的法人企业。建筑业法人企业应具有建筑业资质并能够独立核算，同时其应具备以下条件：①依法成立，有自己的名称、组织机构和场所，能够承担民事责任；②独立拥有和使用资产，承担负债，有权与其他单位签订合同；③独立核算盈亏，能够编制资产负债表。

建筑业总产值 是以货币形式表现的建筑业企业在一定时期内生产的建筑业产品和提供的服务的总和。建筑业总产值包括：

⑴建筑工程产值：指列入建筑工程预算内的各种工程价值。

⑵安装工程产值：指设备安装工程价值，不包括被安装设备本身的价值。

⑶其他产值：建筑业总产值中除建筑工程、安装工程以外的产值。包括房屋构筑物修理产值、非标准设备制造产值、总包企业向分包企业收取的管理费以及不能明确划分的施工活动所完成的产值。

a.房屋构筑物修理产值：指房屋和构筑物修理所完成的产值，但不包括被修理房屋、构筑物本身价值和生产设备的修理价值。

b.非标准设备制造产值：指加工制造没有定型的非标准生产设备的加工费和原材料价值(如化工厂、炼油厂用的各种罐、槽，矿井生产统一使用的各种漏斗、三角槽、阀门等)以及附属加工厂为本企业承建工程制作的非标准设备的价值。

建筑业增加值 指建筑业企业在报告期内以货币形式表现的建筑业生产经营活动的最终成果。

从 2004 年第一次全国经济普查开始，建筑业现价增加值按生产法和分配法(收入法)两种方法计算，以收入法的计算结果为准，即从收入的角度出发，根据生产要素在生产过程中应得的收入份额计算。具体计算方法：经济普查年度建筑业增加值按照《经济普查年度 GDP 核算方案》计算，非经济普查年度建筑业增加值按照《非经济普查年度 GDP 核算方案》计算。

房屋建筑施工面积 指在报告期内施过工的全部房屋建筑面积，包括本期新开工的房屋面积、上期施工跨入本期继续施工的房屋面积、上期停缓建在本期恢复施工的房屋面积、本期竣工的房屋面积及本期施工后又停缓建的房屋面积。

房屋建筑竣工面积 指在报告期内房屋建筑按照设计要求全部完工，达到了使用条件，经验收鉴定合格，正式移交使用单位的房屋建筑面积。

Explanatory Notes on Main Statistical Indicators

Statistical Unit in the Construction Industry refers to a corporate enterprise engaged in the construction of buildings and structures and in the installation of equipment. A corporate construction enterprise should have qualification certificates with independent accounting system, and should meet the following 3 requirements: a) being set up in line with relevant legal basis, having its full name, organization and location, and capable of taking civil liabilities; b) independently possessing and using its assets and assuming its liabilities, and entitled to sign contracts with other institutions; and c) making independent accounts of its profits and losses, and capable of compiling its own balance sheet.

Gross Output Value of Construction refers to total of construction products and services, expressed in money terms, produced or rendered by construction and installation enterprises during a given period of time. It includes:

(1) Output value of construction projects: the value of projects covered by the project budgets;

(2) Output value of installation projects: the value of the installation of equipment, (excluding the value of the equipment to be installed);

(3) Other output values: the output value of construction industry apart from that of construction projects and installation projects. It includes: output value of repair of buildings and structures; output value of non-standard equipment manufacturing; overhead expenses received by contracted enterprises from the sub-contracted enterprises and the completed output value of construction activities for which there is no clear definition.

a. Output value of repair of buildings and structures: the value created through the repairs of buildings or structures. It does not include the value of buildings or structures being repaired and the value of the repair of production equipment;

b. Output value of manufactured non-standard equipment: the value of non-standard production equipment, including raw materials and manufacturing cost, made for the construction project (i.e., chemical plant; kettles or tanks used by refineries; various fillers, triangle tanks, valves used by mines). It also includes the output value of equipment manufactured by subsidiary workshops.

Value-added of Construction refers to the final result of the activities of production and operation of enterprises of the construction industry in monetary terms during the reference period.

Starting from the 2004 economic census, value-added of construction is calculated by both production approach and income approach, with the figures from the income approach as the final figures. Under the income approach, calculation starts from the perspective of income and is based on the share of income derived from the production process by the relevant factors of production. Specifically, value-added of construction for the Census years is calculated in accordance with the *Programme of Compilation of GDP and National Accounts for the Year of Economic Census*, and value-added of construction for other years is calculated in accordance with the *Programme of Compilation of GDP and National Accounts for the Non Economic Census Years*.

Floor Space of Buildings Under Construction refers to floor space of buildings under construction during the reference period, including the floor space of buildings for which construction has newly started; buildings for which construction has started earlier and is continuing during the reference period; and buildings for which construction has been suspended earlier but has restarted during the reference period; buildings completed during the reference period; and buildings under construction but construction has subsequently been during the reference period.

Floor Space of Buildings Completed refers to the floor space of buildings that are completed in the reference period in accordance with the requirements of the design, up to the standard for being put into use, and having been checked and accepted by departments concerned as qualified ones.

十五、运输、邮电和服务业

Transport, Post and Telecommunication Services, and Service Industry

资料整理：巨振强　王晓飞　李护堂

简 要 说 明

一、本篇资料反映陕西交通运输业和邮政、电信发展的基本状况，服务业及企业信息化和电子商务情况。

二、规模以上服务业统计范围：

年营业收入1000万元及以上，或年末从业人员50人及以上服务业法人单位。包括：交通运输、仓储和邮政业，信息传输、软件和信息技术服务业，租赁和商务服务业，科学研究和技术服务业，水利、环境和公共设施管理业，教育，卫生和社会工作；以及物业管理、房地产中介服务，自有房地产经营活动，其他房地产业等行业。

年营业收入500万元及以上，或年末从业人员50人及以上服务业法人单位。包括：居民服务、修理和其他服务业，文化、体育和娱乐业。

三、信息化及电子商务情况统计范围是2017年末营业的规模以上企业。

四、本篇交通运输资料来源于西安铁路局、西延铁路公司、省交通运输厅、东方航空公司西北分公司、长安航空有限责任公司、省公安厅车管所等。邮政电信资料来源于省通信管理局、省电信公司、省移动通信公司、省联通公司、省邮政管理局、省邮政公司等。

Brief Introduction

I. This chapter reflects the basic conditions of transportation industry, post and communication industry, service industry, enterprises informationization and electronic commerce of Shaanxi Province.

Ⅱ. The Scopes of Service Industry above Designated Size:

Service industry activity unit with business revenue over 10 million yuan per year or number of employed persons over 50 at year-end. include: transport, storage and post, information transmission, software and information technology, leasing and business services, scientific research and technical services, water conservancy, environment and public facilities administration, education, health and social services, property management, real estate agency services, own real estate business activities and other real estate services..

Service industry activity unit with business revenue over 5 million yuan per year or number of employed persons over 50 at year-end. include: services to households, repair and other services, culture, sports and entertainment.

Ⅲ. The Scopes of enterprises informationization and electronic commerce is enterprises above designated size which have business at the end of 2017.

Ⅳ. Data on transportation industry are obtained from Xi'an Railway Bureau, Xi Yan Railway Company, the Ministry of Transport of Shaanxi Province, Northwest Branch of China Eastern Airlines, Chang'an Airlines and the DMV (deportment of motor vehicles) of Public Security Department of Shaanxi Province, etc.

Data on post and telecommunication are obtained from Shaanxi Communications Administration, Shaanxi Telecommunication Company, Shaanxi Mobile Communication Company, Shaanxi Unicom Company, Shanxi Provincial Postal Administration and Shaanxi Post, etc.

15.运输、邮电和服务业

2017年全省		
客运量	71138	万人
货运量	163086	万吨
邮电业务总量	952.31	亿元
每百人拥有固定电话	16.2	部
每百人拥有移动电话	110.0	部

快递业务量（万件）

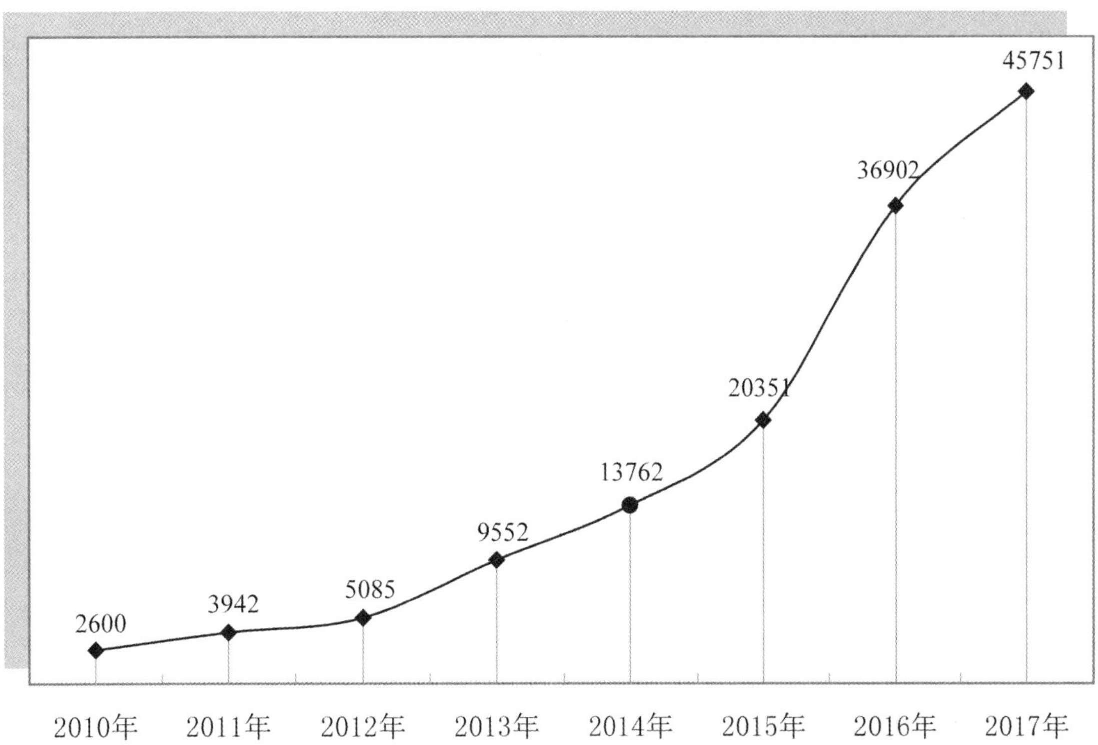

15-1 运输线路里程、质量和运输网密度
Length, Quality and Density of Transportation Routes

指　　标	Item	2015	2016	2017
一、运输线路里程　（公里）	**Length of Transport Routes　(km)**			
铁路延展里程	Extension Length of the railway Lines	9938	10186	11108
# 铁路正线延展里程	Extension Length of the Trunk Lines	7590	7807	8655
# 营业里程	Railways in Operation	4676	4748	5108
公路通车里程	Total Length of Highways	170069	172471	174395
内河航道里程	Navigable Inland Waterways	1066	1066	1066
# 机动船航道	Motor Vessels	558	558	558
二、运输线路质量	**Quality of Transport Routes**			
铁路营业里程　(公里)	Length of Railways in Operation　(km)	4676	4748	5108
# 复线里程	Double-Tracking Length	2905	3025	3445
复线里程比重　(%)	Proportion　(%)	62.1	63.7	67.4
公路线路里程　(公里)	Length of Highways　(km)	170069	172471	174395
# 等级公路	Expressway and Class I to IV Highways	153845	156844	159026
等级公路比重　(%)	Proportion　(%)	90.5	90.9	91.2
内河航道里程　(公里)	Length of Navigable Inland Waterways　(km)	1066	1066	1066
# 水深一米以上	Depth of Water Above 1 m	558	558	558
水深一米以上比重 (%)	Proportion　(%)	50.7	50.7	50.7
三、运输网密度	**Transport Density**			
1.铁　路	Railways			
省内营业里程　(公里)	Length of Province Railways in Operation(km)	4549	4623	5108
密　度　(公里/平方公里)	Density　(km/sq.km)	0.022	0.023	0.025
2.公　路	Highways			
线路长度　(公里)	Length of Routes　(km)	170069	172471	174395
密　度　(公里/平方公里)	Density　(km/sq.km)	0.827	0.839	0.848
3.水　路	Waterways			
通航里程　(公里)	Length of Waterways in Operation　(km)	1066	1066	1066
密　度　(公里/平方公里)	Density　(km/sq.km)	0.005	0.005	0.005

注：铁路线路为西安铁路局管线路。
a) The transport routes are managed by Xi'an Railway Bureau.

15-2　铁路、公路线路长度及民航航线
Length of Railways, Highways and Civil Aviation

指　　标	Item	2015	2016	2017
一、铁路线路长度	**Railways**			
正线延展里程　(公里)	Extension Length　(km)	7590	7807	8655
# 省境内	In Shaanxi	7272	7512	8315
营业里程　(公里)	Length of Railways in operation　(km)	4676	4748	5108
# 省境内	In Shaanxi	4549	4633	4972
二、公路线路长度	**Highways**			
公路线路里程　(公里)	Length of Highways　(km)	170069	172471	174395
# 高级路面	High Class and Sub-senior Class Pavement	107366	113804	120312
等级公路　(公里)	Expressway and Class Ⅰ to Ⅳ Highways (km)	153845	156844	159026
# 高速公路	Expressway	5094	5181	5279
一级公路	Class Ⅰ Highway	1260	1580	1575
二级公路	Class Ⅱ Highway	8523	8990	9393
三级公路	Class Ⅲ Highway	15190	15340	15776
四级公路	Class Ⅳ Highway	123779	125752	127003
三、民用航空	**Civil Aviation**			
航线条数　(条)	Numbers of Routes　(line)	869	566	279
# 国际航线	International Routes	48	41	45
通航城市　(个)	Number of Cities　(unit)	168	119	186
# 国　际	International Routes	19	14	69

注：铁路线路省境内长度为国家反馈陕西省境内数据。
a) Data of the length of railways in Shaanxi province refer to those responsed to Shaanxi.

15-3 运 输 工 具
Transportation

指 标	Item	2015	2016	2017
一、铁路运输工具	**Means of Railway Transportations**			
机 车 (台)	Locomotives (unit)	1171	1226	1271
# 蒸 汽	Steam Locomotives			
内 燃	Diesel Locomotives	232	228	225
电 力	Electric Locomotives	939	998	1046
客 车 (辆)	Passenger Coaches (coach)	2559	2924	3083
二、公路运输工具	**Means of Highway Transportations**			
民用汽车 (辆)	Civil Vehicles (coach)	4520799	5014827	5573292
# 新注册	New Registrations	632212	711227	850467
载客汽车 (辆)	Passenger Vehicles (coach)	3830307	4356970	4896337
载货汽车 (辆)	Trucks (coach)	514201	518688	560368
汽车挂车 (辆)	Trailer Trucks (coach)	44768	49559	63402
拖拉机 (辆)	Tractors (coach)	329251	335577	337354
三、水运运输工具	**Means of Waterway Transportations**			
机动船 (艘)	Motor Vessels (unit)	1173	1160	1159
客船载客量 (客位)	Passenger Capacity of Passenger Ships (seat)	18600	18871	18915
货船净载重量 (吨)	Dead Weight Tonnage of Cargo Ships (ton)	23862	25598	22430
拖轮功率 (千瓦)	Drawing Power (kw)	519	405	395
驳 船 (艘)	Barges (unit)	267	199	196
四、民航运输工具	**Means of Civil Aviation Transportations**			
民航飞机 (架)	Civil Aircraft (unit)	63	57	64

15-4 各市(区)公路里程(2017年末)
Length of Highways by City(District)(2017)

单位：公里 (km)

地 区	Region	公路里程 Length of Highways	# 等级公路 Expressway and Class Ⅰ to Ⅳ Highways	# 高速公路 Expressway	# 一级公路 Class Ⅰ Highway	# 二级公路 Class Ⅱ Highway	# 三级公路 Class Ⅲ Highway
全 省	**Shaanxi**	**174395**	**159026**	**5279**	**1575**	**9393**	**15776**
西安市	Xi'an	13383	12884	572	325	1404	1232
铜川市	Tongchuan	3996	3576	236	26	361	311
宝鸡市	Baoji	16563	15328	285	132	1046	1586
咸阳市	Xianyang	15899	14159	527	288	813	1844
渭南市	Weinan	19262	16324	367	246	890	1271
延安市	Yan'an	18162	17207	802	31	1457	2954
汉中市	Hanzhong	20494	18738	573	78	832	1035
榆林市	Yulin	29380	28180	1006	375	1655	3309
安康市	Ankang	23053	19565	525	2	485	1151
商洛市	Shangluo	13803	12675	373	68	382	991
杨凌示范区	Yangling	398	390	12	4	70	93

15-5 客运量、旅客周转量及构成
Passenger Traffic, Passenger-Kilometers and Composition

指　标	Item	2015	2016	2017
一、客运量　（万人）	**Passenger Traffic　(10 000 persons)**	**70806**	**70822**	**71138**
铁　路	Railways	7866	8302	8908
公　路	Highways	61436	61093	60724
水　运	Waterways	378	425	393
民用航空	Civil Aviation	1125	1002	1113
二、旅客周转量（百万人公里）	**Passenger-Kilometers (million passenger-km)**	**90858**	**88684**	**90765**
铁　路	Railways	46444	46417	47103
公　路	Highways	29323	29080	28915
水　运	Waterways	64	70	68
民用航空	Civil Aviation	15029	13117	14679
三、客运量构成　(%)	**Composition of Passenger Traffic　(%)**	**100.00**	**100.00**	**100.00**
铁　路	Railways	11.11	11.72	12.52
公　路	Highways	86.77	86.26	85.36
水　运	Waterways	0.53	0.60	0.55
民用航空	Civil Aviation	1.59	1.41	1.56
四、旅客周转量构成　(%)	**Composition of passenger-Kilometers　(%)**	**100.00**	**100.00**	**100.00**
铁　路	Railways	51.12	52.34	51.90
公　路	Highways	32.27	32.79	31.86
水　运	Waterways	0.07	0.08	0.07
民用航空	Civil Aviation	16.54	14.79	16.17

注：本表资料为国家返馈陕西省境数。
a) Data in this table refer to those responsed to Shaanxi.

15-6 货运量、货物周转量及构成
Freight Traffic, Freight Ton-Kilometers and Composition

指　标	Item	2015	2016	2017
一、货运量　（万吨）	**Freight Traffic　(10 000 tons)**	**140908**	**149049**	**163086**
铁　路	Railways	32951	35459	39162
公　路	Highways	107731	113360	123721
水　运	Waterways	218	224	196
民用航空	Civil Aviation	8	7	6
二、货物周转量（百万吨公里）	**Freight Ton-Kilometers　(million ton-km)**	**326464**	**344591**	**376163**
铁　路	Railways	143591	151827	164177
公　路	Highways	182680	192583	211821
水　运	Waterways	80	83	66
民用航空	Civil Aviation	113	99	99
三、货运量构成　(%)	**Composition of Freight Traffic　(%)**	**100.00**	**100.00**	**100.00**
铁　路	Railways	23.39	23.79	24.01
公　路	Highways	76.45	76.06	75.86
水　运	Waterways	0.15	0.15	0.12
民用航空	Civil Aviation	0.01	0.00	0.00
四、货物周转量构成　(%)	**Composition of Freight Ton-Kilometers　(%)**	**100.00**	**100.00**	**100.00**
铁　路	Railways	43.98	44.06	43.65
公　路	Highways	55.96	55.89	56.31
水　运	Waterways	0.02	0.02	0.02
民用航空	Civil Aviation	0.03	0.03	0.03

注：本表资料为国家返馈陕西省境数。
a) Data in this table refer to those responsed to Shaanxi.

15-7 民用车辆拥有量(2017年末)
Possession of Civil Vehicles(2017)

单位：辆 (unit)

地区	Region	民用汽车 总计 Total	# 新注册 New Registrations	载客汽车 Passenger Vehicles	载货汽车 Trucks	其他汽车 Others	摩托车 Motorcycles	# 普通 Normal Motorcycles
全省	**Shaanxi**	**5573292**	**850467**	**4896337**	**560368**	**116587**	**1221227**	**1201515**
西安市	Xi'an	2713651	366689	2449826	243374	20451	145476	142223
铜川市	Tongchuan	88845	13785	73637	11551	3657	25251	24786
宝鸡市	Baoji	321963	55685	289636	26071	6256	86796	85062
咸阳市	Xianyang	405132	64773	369636	29775	5721	81187	80270
渭南市	Weinan	526579	75284	431771	62512	32296	90140	89654
延安市	Yan'an	310707	41831	264519	35999	10189	16751	16632
汉中市	Hanzhong	265384	63776	233828	24362	7194	324363	316706
榆林市	Yulin	618668	77398	506592	92588	19488	36713	36258
安康市	Ankang	154496	61813	126932	21996	5568	336932	332586
商洛市	Shangluo	87200	22179	74380	8301	4519	70128	69872
杨凌示范区	Yangling	64643	6624	60372	3467	804	3824	3800

15-8 私人车辆拥有量(2017年末)
Possession of Private Vehicles(2017)

单位：辆 (unit)

地区	Region	汽车总计 Total	# 载客汽车 Passenger Vehicles	# 载货汽车 Trucks	摩托车 Motorcycles	# 普通 Normal Motorcycles
全省	**Shaanxi**	**5008570**	**4527320**	**409437**	**1211331**	**1191646**
西安市	Xi'an	2464878	2266273	187145	144841	141591
铜川市	Tongchuan	77903	66489	8142	25196	24734
宝鸡市	Baoji	282582	261301	16877	86535	84801
咸阳市	Xianyang	366829	343920	19744	80934	80018
渭南市	Weinan	460703	405568	41912	89903	89418
延安市	Yan'an	275891	245574	25585	16525	16406
汉中市	Hanzhong	242940	217381	19232	323905	316251
榆林市	Yulin	561485	480589	64038	36424	35969
安康市	Ankang	139794	116289	19114	335856	331526
商洛市	Shangluo	77406	66651	6839	67405	67149
杨凌示范区	Yangling	58156	57282	809	3806	3782

15-9 公路部门营运载客车拥有量(2017年末)

Possession of Vehicles in Operation for Highway Transportation(2017)

地 区	Region	载客汽车合 计(辆) Total (unit)	班车客运车辆 Scheduled Coach 辆 数 (unit)	客 位 (seat)	#高 级 Senior 辆 数 (unit)	客 位 (seat)	#中 级 Medium 辆 数 (unit)	客 位 (seat)
全 省	**Shaanxi**	**69472**	**15723**	**434064**	**5098**	**181886**	**7250**	**170109**
西 安 市	Xi'an	27020	2710	109472	1075	46109	832	19790
铜 川 市	Tongchuan	1899	429	10946	131	5261	107	2356
宝 鸡 市	Baoji	6673	1608	39985	233	8048	848	22736
咸 阳 市	Xianyang	6312	1917	48408	897	30066	750	15095
渭 南 市	Weinan	6296	2165	54114	509	19540	1246	27247
延 安 市	Yan'an	4702	1412	34453	374	11453	881	20259
汉 中 市	Hanzhong	4049	1386	37970	589	16822	781	20828
榆 林 市	Yulin	6165	1384	37437	580	18471	674	16465
安 康 市	Ankang	3443	1543	28276	357	12156	414	8090
商 洛 市	Shangluo	2552	1075	30241	325	12879	655	16025
杨凌示范区	Yangling	361	94	2762	28	1081	62	1218

15-9 续表 continued

地 区	Region	#普 通 Ordinary 辆 数 (unit)	客 位 (seat)	旅游客车 Tourist Bus 辆 数 (unit)	客 位 (seat)	其它客车 Others 辆 数 (unit)	客 位 (seat)	公共汽车(辆) Bus (unit)	出租客车(辆) Taxi (unit)
全 省	**Shaanxi**	**3375**	**82069**	**2888**	**110798**	**155**	**775**	**14711**	**35960**
西 安 市	Xi'an	803	43573	2071	80686			7780	14459
铜 川 市	Tongchuan	191	3329	16	666			343	1081
宝 鸡 市	Baoji	527	9201	275	10409			1572	3218
咸 阳 市	Xianyang	270	3247	170	6824			862	3358
渭 南 市	Weinan	410	7327	104	3903			891	3136
延 安 市	Yan'an	157	2741	57	803			757	2476
汉 中 市	Hanzhong	16	320	61	2804			711	1891
榆 林 市	Yulin	130	2501	66	2445			922	3793
安 康 市	Ankang	772	8030	24	809			464	1412
商 洛 市	Shangluo	95	1337	44	1449	155	775	342	936
杨凌示范区	Yangling	4	463					67	200

注：本表数字为在运管部门注册登记的全社会载客汽车数。

a) Data in this table refers to the whole society's for-hire vehicles registered in operation administration departments.

15-10 公路部门营运载货车拥有量(2017年末)
Possession of Vehicles in Operation for Highway Transportation(2017)

地区 Region		载货汽车合计 Total		普通载货车辆 Ordinary Trucks		# 大型 Heavy		# 重型 Heavy		# 中型 Medium	
		辆数 (unit)	吨位 (ton)	辆数 (unit)	吨位 (ton)	辆数 (unit)	吨位 (ton)	辆数 (unit)	吨位 (ton)	辆数 (unit)	吨位 (ton)
全　省	**Shaanxi**	**391442**	**2562947**	**303022**	**1391473**	**82492**	**1096140**	**63962**	**975102**	**9964**	**32279**
西安市	Xi'an	200932	758198	186379	543649	31953	354401	23952	303291	1953	6555
铜川市	Tongchuan	9268	122633	4525	48749	3218	46579	2890	44388	87	298
宝鸡市	Baoji	21524	171345	16129	94952	6777	80684	5251	71635	417	1234
咸阳市	Xianyang	24840	219231	14725	74374	8021	64415	5719	50235	855	2657
渭南市	Weinan	45732	451507	28800	205253	12806	180573	10255	160459	613	2078
延安市	Yan'an	6689	58194	3822	22534	1685	18160	1197	14821	822	2401
汉中市	Hanzhong	17432	71124	14523	36428	2213	21384	1132	13540	602	1720
榆林市	Yulin	42614	560659	13241	229936	10133	223463	9427	218566	742	2072
安康市	Ankang	13885	42161	13460	38914	1927	17787	837	11791	2713	9162
商洛市	Shangluo	6318	97206	5868	89880	3242	84068	3046	82818	817	2783
杨凌示范区	Yangling	2208	10689	1550	6804	517	4626	256	3558	343	1319

15-10 续表 continued

地区 Region		专用载货车辆 Dedicated Trucks		# 集装箱 Container		其他机动车 Others		轮胎式拖拉机 Wheeled Tractor	
		辆数 (unit)	吨位 (ton)	辆数 (unit)	TEU	辆数 (unit)	吨位 (ton)	辆数 (unit)	吨位 (ton)
全　省	**Shaanxi**	**11590**	**138776**	**44**	**87**	**20775**	**22515**	**909**	**2339**
西安市	Xi'an	5635	74170	44	87				
铜川市	Tongchuan	396	4332			144	156		
宝鸡市	Baoji	410	3319			6	9		
咸阳市	Xianyang	375	2707						
渭南市	Weinan	669	5968			2735	2410	435	1038
延安市	Yan'an	2234	27270						
汉中市	Hanzhong	415	3150			5191	7139	474	1301
榆林市	Yulin	682	10888						
安康市	Ankang	286	1286			5384	8867		
商洛市	Shangluo	209	3912			7315	3934		
杨凌示范区	Yangling	279	1774						

注：本表数字为在运管部门注册登记的全社会营运载货车数。

a) Data in this table refers to the whole society's for-hire vehicles registered in operation administration departments.

15-11 城市公共汽车情况(2017年)

Basic Statistics on Bus in Cities (2017)

地 区 Region	运营车数 (辆) Number of Operations (unit)	#汽油车 Gasoline	#柴油车 Diesel Cars	#天然气车 Natural Gas Vehicles	#双燃料车 Dual-fuel Vehicles	标准运营车数 (标台) Number of Standard Operations (unit)	运营线路总长度 (公里) Network Length (km)	客运量 (万人次) Passengers Transported (10 000 person-times)	运营里程 (万公里) Operating Distance (10 000 km)
全 省 Shaanxi	**14711**	**35**	**1216**	**7609**	**1157**	**16907**	**18389**	**240427**	**89883**
西 安 市 Xi'an	7780		14	4941	274	9233	6371	133465	45208
铜 川 市 Tongchuan	343		2	66	135	372	264	3628	2094
宝 鸡 市 Baoji	1572		217	665	346	1817	2463	27271	10262
咸 阳 市 Xianyang	862		49	295	223	1027	1327	14983	5212
渭 南 市 Weinan	891	10	144	205	31	923	1070	9651	5658
延 安 市 Yan'an	757		34	406	16	878	1066	17666	5111
汉 中 市 Hanzhong	711		277	178	50	747	1575	6574	4171
榆 林 市 Yulin	922	24	77	521	82	1051	1797	17808	6118
安 康 市 Ankang	464		202	192		471	1403	5297	3253
商 洛 市 Shangluo	342	1	198	79		326	879	3965	2498
杨凌示范区 Yangling	67		2	61		61.9	172.8	120	298

15-12 城市出租汽车情况(2017年)

Basic Statistics on Taxi in Cities (2017)

地 区	Region	运营车数 (辆) Number of Operations (unit)	客运量 (万人次) Passengers Transported (10 000 person-times)	运营里程 (万公里) Operating Distance (10 000 km)	载客里程 (万公里) Passenger Milesdistance (10 000 km)
全 省	**Shaanxi**	**35960**	**122891**	**464036**	**314022**
西 安 市	Xi'an	14459	45934	206593	134285
铜 川 市	Tongchuan	1081	4185	13588	9422
宝 鸡 市	Baoji	3218	9947	37225	24542
咸 阳 市	Xianyang	3358	12509	41307	26152
渭 南 市	Weinan	3136	10986	37128	26471
延 安 市	Yan'an	2476	9551	37782	28229
汉 中 市	Hanzhong	1891	4707	19383	13082
榆 林 市	Yulin	3793	14324	46729	34531
安 康 市	Ankang	1412	6615	10998	8006
商 洛 市	Shangluo	936	3345	9910	6821
杨凌示范区	Yangling	200	789	3394	2482

15-13 城市轨道交通情况
Urban Rail Transit

指　　标		Item		2015	2016	2017
一、运营车辆		Operating Vechicles				
运营车数	（辆）	Number of Operating Vechicles	(vechicles)	324	630	750
地　铁		Metro		324	630	750
标准运营车数	（标台）	Number of Standard Operating Vechicles	(vechicles)	810	1575	1875
编组列数	（列）	Number of Train Formation	(trains)	54	105	125
额定载客量	（人）	Rated Passenger Capacity	(people)	79272	154140	183500
二、场站设施		Station Facilities				
停车场保养场占地面积	（平方米）	Parking and Maintenance Area	(sq.m)	850482	1269000	1269000
三、运营线路		Operating Routes				
运营线路条数	（条）	Number of Operating Routes	(line)	2	3	3
地　铁		Metro		2	3	3
运营线路总长度	（公里）	Length of Operating Routes	(km)	50.9	89.0	89.0
地　铁		Metro		50.9	89.0	89.0
四、运营服务		Operating Services				
客运量	（万人次）	Passenger Traffic	(10 000 persons)	34209	40816	60534
旅客周转量	（万人公里）	Total Passenger Turnover	(10 000 passengers-km)	290780	302609	467032
运营里程	（万列公里）	Operating Mileage	(1 0000 vechicles-km)	660	906	1518
	（万车公里）		(10 000 trains-km)	3962	5437	9107
五、运营能耗		Operating Energy consumption				
电能消耗量	（万千瓦时）	Electrical Energy Consumption	(10 000 kwh)	15847.79	18788.61	29125.05
# 行车电能消耗量		Traffic Electrical Energy Consumption		7532.09	9529.58	15553.68

15-14 全省公路客货运输量(2017年)

Passenger and Freight Traffic of Highway Departments(2017)

地 区	Region	客运量(万人) Passenger Traffic (10 000 persons)	客运周转量(万人公里) passenger-Kilometers (10 000 passenger-km)	货运量(万吨) Freight Traffic (10 000 tons)	货运周转量(万吨公里) Freight Ton-Kilometers (10 000 ton-km)
全 省	**Shaanxi**	**60724**	**2891504**	**123721**	**21182073**
西安市	Xi'an	15601	900328	24477	3509694
铜川市	Tongchuan	1355	64396	9568	972628
宝鸡市	Baoji	9434	197848	12956	1141374
咸阳市	Xianyang	8508	221275	12944	3298573
渭南市	Weinan	10539	298240	20063	3857470
延安市	Yan'an	3105	208734	4508	241626
汉中市	Hanzhong	2311	234322	4197	672338
榆林市	Yulin	2763	339670	27261	6774646
安康市	Ankang	3416	219028	4050	168394
商洛市	Shangluo	3302	195129	3416	500910
杨凌示范区	Yangling	390	12534	281	44420

15-15 铁路客货运输量

Passenger and Freight Traffic of Railways

指 标	Item	2015	2016	2017
一、路局范围	Railways Bureau			
客运量 (万人)	Passenger Traffic (10 000 persons)	7966	8398	9000
旅客周转量(百万人公里)	passenger-Kilometers(million passenger-km)	52477	52041	52382
货运量 (万吨)	Freight Traffic (10 000 tons)	12108	12195	14195
货物周转量(百万吨公里)	Freight Ton-Kilometers (million ton-km)	144695	151367	163947
二、省境内	In Shaanxi Province			
客运量 (万人)	Passenger Traffic (10 000 persons)	7866	8302	8908
旅客周转量(百万人公里)	Passenger-Kilometers(million passenger-km)	46444	46417	47103
货运量 (万吨)	Freight Traffic (10 000 tons)	32951	35459	39162
货物周转量(百万吨公里)	Freight Ton-Kilometers (million ton-km)	143591	151827	164177

注：本表路局范围为西安铁路局数字，省境内及合资铁路为国家反馈数。

a) Bureau means jointly owned railway bureau of Xi'an. The data in Shaanxi province refer to the number responsed from nation.

15-16 铁路运输主要经济技术指标

Principal Economic and Technical Indicators of Railway Transport

指　　标	Item	2015	2016	2017
货车平均静载重 (吨)	Average Static Load of Freight Cars (ton)	64.0	62.2	63.3
货车周转时间 (天)	Turning Around Time of Freight Cars (day)	2.3	2.3	2.2
货运机车日产量 (万吨公里)	Average Daily Ton-kilometers of Freight Locomotives (10 000 ton-km)	98.9	98.7	103.4
内燃机车耗油 (公斤/万吨公里)	Oil Consumption of Diesel Locomotives (kg/10 000 ton-km)	46.4	66.3	66.8
电力机车耗电 (千瓦小时/万吨公里)	Electricity Consumption of Electric Locomotives (kwh/10 000 ton-km)	131.6	126.6	138.2
货物列车出发正点率 (%)	Punctuality Rate of Freight Trains at Departure (%)	98.6	99.2	99.1
货物列车运行正点率 (%)	Punctuality Rate of Freight Trains in Running (%)	99.4	99.6	99.3
旅客列车出发正点率 (%)	Punctuality Rate of Passenger Trains at Departure(%)	99.8	99.8	100.0
旅客列车运行正点率 (%)	Punctuality Rate of Passenger Trains in Running (%)	99.9	99.9	99.9
客运密度 (万人公里/公里)	Density of Passenger Traffic (10 000 person-km/km)	1122.3	1096.1	1025.5
每万名旅客拥有座卧车数 (辆)	Number of Seat Trains and Sleeping Trains Per 10 000 Passengers (unit)	6.6	5.8	5.8
每百万旅客人公里拥有座卧车数 (辆)	Number of Seat Trains and Sleeping Trains Per million Passenger-km (unit)	20.5	17.8	17.0
货物列车旅行速度 (公里/小时)	Running Speed of Freight Trains (km/hr)	33.4	32.9	35.6
货运密度 (万吨公里/公里)	Density of Freight Traffic (10 000 ton-km/km)	3094.5	3188.0	3209.7
一次货物作业时间 (小时)	Handling Time of Freigh (hour)	15.7	15.9	16.0

15-17 铁路分品类货物发送量

Volume of Freight Dispatched of Railways by Category of Cargo

品　种	Item	2015	2016	2017
合　计	**Total**	**12104**	**12191**	**14195**
煤	Coal	8548	8310	10191
焦　炭	Coke	538	607	688
石　油	Petroleum	1022	938	800
钢铁及有色金属	Steel and Iron, and Non-Ferrous Metal	316	396	611
金属矿石	Metal Ores	76	70	68
非金属矿石	Non-metal Ores	108	100	105
矿建材料	Mineral Building Materials	228	179	176
水　泥	Cement	1	4	1
木　材	Timber	5	8	14
化肥及农药	Chemical Fertilizers and Pesticides	244	237	234
粮　食	Grain	205	273	78
其　他	Others	813	1068	1228

15-18 邮电业务总量
Total Business Volume of Post and Telecommunication Services

年 份 Year	邮电业务总量(万元) Business Volume of Postal and Telecommunication Services (10 000 yuan)	函 件(万件) Number of Letters (10 000 pcs)	报 刊期发数(万份) Number of Newspapers and Magazines Issued (10 000 copies)	快 递(万件) Pieces of Express Mail Services (10 000 pcs)	移动电话(户) Number of Subscribers of Mobile Telephones (subscriber)	城市电话(户) Number of Urban Fixed Telephone Subscribers (subscriber)	乡村电话(户) Number of Rural Fixed Telephone Subscribers (subscriber)	互联网宽带用户(户) Number of Internet Users (subscriber)
1978	5025	9188	319			32356	14100	
1980	5595	10386	494			36521	14668	
1985	7871	13275	869			53828	15978	
1990	16936	15955	506			96573	21184	
1995	145408	24277	1017			601136	78244	
1996	206467	26456	1122			882485	153767	
1997	278942	15787	888			1174607	237720	
1998	395410	14281	1335			1507041	311724	
1999	538640	15678	521		601260	1822476	499096	
2000	850392	17444	454	227	1516687	2528584	923865	198744
2001	945861	18518	386	285	2917135	2905202	1285409	697869
2002	1331745	20323	347	298	4813341	3444609	1798321	1106756
2003	1741428	20307	312	335	6110004	4577207	2147725	1687600
2004	2447665	19915	283	366	7886903	5412164	2507240	1946200
2005	3311322	15119	286	397	9381001	5618420	2974747	2369000
2006	4242336	16072	276	489	11835813	5805703	3339014	1613600
2007	5294031	11677	279	607	16126583	5834313	3422573	1936310
2008	6287289	11219	301	767	19122464	5647062	3165318	2351717
2009	7455960	8690	365	883	23373712	5257253	2892457	2550542
2010	9028500	9734	517	2600	25182317	5195501	2623352	3688265
2011	3482544	5877	335	3942	29071848	5190462	2564357	3890780
2012	3855369	6061	337	5085	32647663	5413043	2307643	4395866
2013	4174992	4914	346	9552	35124609	5550224	2142652	5062419
2014	5666602	3310	375	13762	36072076	5566123	1941734	5524403
2015	7570868	2499	379	20351	36496502	5580357	1652401	6054228
2016	12038145	2176	316	36902	38132907	5241524	1557072	8029617
2017	9523115	1908	302	45751	42206130	4839282	1388628	9032156

注：邮电业务总量按不变价格计算，2011-2016年按2010年不变价格计算，2017年按2015年不变价格计算。

a) The total amount of post and telecommunications services is calculated at the constant price, from 2011 to 2016 at the constant price in 2010 and 2017 at the constant price in 2015.

15-19 邮电通信水平
Level of Post and Telecommunication Services

指 标	Item	2015	2016	2017
邮政通信水平	**Postal Services Available**			
平均每一营业网点服务面积(平方公里)	Average Area Served by Every Postal Office (sq.km)	115.55	114.14	113.89
平均每一营业网点服务人口 (万人)	Average People Served by Every Postal Office (10 000 persons)	2.20	2.11	2.12
平均每人每年发函件数 (件)	Annual Number of Letters Mailed per Capita (piece)	0.70	0.57	1.00
平均每百人订有报刊数 (份)	Number of Newspaper and Magazine Subscribed per 100 Persons(copy)	10.00	13.00	8.00
电信通信水平	**Telecommunication Services Available**			
电话普及率(包括移动电话)(部/百人)	Popularization Rate of Telephone (sets/100 persons)	115.29	117.84	126.28
固定电话普及率 (部/百人)	Popularization Rate of Fixed Telephone (sets/100 persons)	19.07	17.83	16.24
移动电话数普及率 (部/百人)	Popularization Rate of Mobile Telephone (sets/100 persons)	96.22	100.02	110.04

15-20 各市(区)邮政业务量(2017年)
Total Business Volume of Post Services by City(District)(2017)

地区	Region	邮政业务总量(万元) Business Volume of Postal cation Services (10 000 yuan)	函件(万件) Number of Letters (10 000 pcs)	包裹(万件) Package (10 000 pcs)	快递(万件) Pieces of Express Mail Services (10 000 pcs)	报刊累计数(万份) Number of Total Newspapers and Magazines (10 000 copies)
全省	**Shaanxi**	**1163092**	**1908**	**100**	**45751**	**48086**
西安市	Xi'an	669765	1360	48	33956	14744
铜川市	Tongchuan	11339	17	1	273	1851
宝鸡市	Baoji	76058	96	10	2264	4158
咸阳市	Xianyang	120638	160	10	4081	3615
渭南市	Weinan	74540	71	7	1749	6977
延安市	Yan'an	29811	15	3	711	3627
汉中市	Hanzhong	75138	79	14	954	3042
榆林市	Yulin	42029	37	4	824	4476
安康市	Ankang	36308	27	2	617	2304
商洛市	Shangluo	27465	46	2	321	3292

15-21 各市(区)电信业务量(2017年)
Total Business Volume of Telecommunication Services by City(District)(2017)

地区	Region	电信业务总量(万元) Business Volume of Telecommunication Services (10 000 yuan)	移动电话(户) Number of Subscribers of Mobile Telephones (subscriber)	固定电话用户(户) Number of Subscribers of Fixed Telephones (subscriber)	互联网宽带用户(户) Number of Subscribers of Internet Services (subscriber)
全省	**Shaanxi**	**8360024**	**42206130**	**6227910**	**9032156**
西安市	Xi'an	3560822	15996070	2732174	3434158
铜川市	Tongchuan	131809	725576	85294	162646
宝鸡市	Baoji	609390	3321692	554898	767355
咸阳市	Xianyang	808333	4311151	412071	958768
渭南市	Weinan	738228	4486244	649638	1072095
延安市	Yan'an	530976	2618178	326236	472946
汉中市	Hanzhong	508350	2983880	460539	656360
榆林市	Yulin	816096	3907920	497241	714836
安康市	Ankang	393244	2248974	300340	481887
商洛市	Shangluo	262775	1606445	209479	311105

15-22 各市(区)邮电局所及邮递线路(2017年)

Postal and Telecommunication Offices and Postal Routes by City(District)(2017)

地区	Region	邮电局所总计(个) Total Number of Postal and Telecommunication Offices(unit)	邮政自办局(所) Number of Self-postal Offices	邮政代办所 Number of Sub-postal Offices	电信自办局(所) Number of Branch Post Offices	电信代办所 Number of Sub-Telecommunication Offices	邮路长度(公里) Length of Postal Routes (km)	农村投递线路总长度(公里) Total Length of Rural Delivery Routes(km)
全省	**Shaanxi**	**34713**	**368**	**782**	**1331**	**32232**	**64425**	**2311**
西安市	Xi'an	10789	159	60	397	10173	35056	1286
铜川市	Tongchuan	1144	9	26	44	1065	805	54
宝鸡市	Baoji	2602	48	53	168	2333	3476	170
咸阳市	Xianyang	3394	10	63	71	3250	2534	142
渭南市	Weinan	4369	20	63	152	4134	3365	174
延安市	Yan'an	2519	67	92	86	2274	4380	78
汉中市	Hanzhong	2753	18	108	85	2542	3124	89
榆林市	Yulin	3751	17	166	169	3399	5110	166
安康市	Ankang	1630	16	89	78	1447	3665	84
商洛市	Shangluo	1762	4	62	81	1615	2911	68

15-23 邮电通信企业主要财务指标

Principal Financial Indicators of Postal and Telecommunication Services Enterprises

单位：万元 (10 000 yuan)

指标	Item	2015	2016	2017
邮电业务收入总计	Total Revenue from Postal and Telecommunication Services	3861029	4118602	4412991
# 主营业务收入	Revenue from Principal Business	3822694	4033913	4382404
业务支出	Business Expenditure	2831745	3221468	3414768
营业外损益净额	Net Amount of Non Operating Profit and Loss	101362	-10322	-22411
税金	Tax	140040	209000	148156
教育附加费	Extra Charges for Education	4438	2339	457
收支差额	Balance of Revenue and Expenditure	368624	279081	472995
年末固定资产原值	Original Value of Fixed Assets at Year-end	9154649	9656178	10235523

15-24 规模以上服务业主要经济指标(2017年)

单位：万元

分 组	Item	单位数(个) Number of Enterprises (unit)	资产总计 Total Assets	负债合计 Total Liabilities	所有者权益合计 Owners' Equity
总 计	**Total**	**3236**	**119973253**	**64692316**	**55280937**
按登记注册类型分	**By Status of Registration**				
内资企业	Domestic Funded	3162	117367964	63094575	54273389
国有企业	State-owned Enterprises	177	27430010	8600469	18829541
集体企业	Collective-owned Enterprises	34	438787	333963	104824
股份合作企业	Cooperative Enterprises	6	16053	10518	5536
联营企业	Joint Ownership Enterprises	2	23258	6129	17129
国有联营企业	State Joint Ownership Enterprises	1	21573	4858	16715
其他联营企业	Other Joint Ownership Enterprises	1	1685	1271	414
有限责任公司	Limited Liability Corporations	1489	76191371	48453794	27737577
国有独资公司	State Sole Funded Corporations	162	39898911	26452364	13446547
其他有限责任公司	Other Limited Liability Corporations	1327	36292460	22001430	14291030
股份有限公司	Share-holding Corporations Limited	135	7995541	2763344	5232197
私营企业	Private Enterprises	1113	4647798	2564713	2083085
私营独资企业	Private-funded Enterprises	72	60257	28115	32142
私营合作企业	Private Partnership Enterprises	11	56308	38093	18215
私营有限责任公司	Private Limited Liability Corporations	968	4262232	2395063	1867169
私营股份有限公司	Private Share-holding Corporations Ltd.	62	269001	103442	165560
其他企业	Other Enterprises	206	625146	361645	263501
港、澳、台商投资企业	Enterprises with Funds from Hong Kong, Macao and Taiwan	30	1177589	820541	357048
合资经营企业(港或澳、台资)	Joint-venture Enterprises	10	298621	169931	128691
合作经营企业(港或澳、台资)	Cooperative Enterprises	1	31253	21620	9633
港澳台商独资经营企业	Enterprises with Sole Investment	12	435722	396897	38825
港澳台商投资股份有限公司	Share-holding Corporations Ltd.	5	407318	231623	175696
其他港、澳、台商投资企业	Other Enterprises with Funds from Hong Kong, Macao and Taiwan	2	4674	470	4205
外商投资企业	Foreign Funded Enterprises	44	1427700	777200	650500
中外合资经营企业	Joint-venture Enterprises	10	202030	146320	55710
中外合作经营企业	Cooperation Enterprises	3	16192	3820	12372
外资企业	Enterprises with Sole Funds	22	733998	363465	370533
外商投资股份有限公司	Share-holding Corporations Ltd.	4	310506	166461	144045
其他外商投资企业	Other Foreign Funded Enterprises	5	164974	97134	67840

Main Indicators of Service Industry Enterprises above Designated Size(2017)

(10 000 yuan)

营业收入 Revenue from Business	营业成本 Cost of Business	销售费用 Operating Expenses	管理费用 Manage-ment Expenses	财务费用 Financial Expenses	投资收益 Investment Income	营业利润 Operating Profit	利润总额 Total Profits	应付职工薪酬 Accrued Employee Payroll	全部从业人员年平均人数(人) Annual Average Employed Persons (person)
31712890	**23753607**	**1624269**	**2878442**	**1343171**	**306210**	**2278184**	**2336472**	**6754914**	**700015**
29586053	22270245	1477201	2666829	1304999	306060	2070557	2136107	6113550	666683
6896275	6360055	71807	450904	58033	96537	147681	150689	2000495	160389
324261	254947	9777	41678	256	114	14169	14962	64480	11356
5904	1199	121	4532	-39	263	221	373	1884	524
7719	2269	715	3232	8		1371	1378	967	188
7561	2114	715	2849	-43		1803	1801	760	128
158	155		384	51		-432	-423	206	60
15343798	11004128	884488	1438432	1162404	175607	899759	974403	2740875	292738
2846208	1689288	108955	241233	892322	77775	-8622	8252	507142	57946
12497590	9314840	775532	1197199	270082	97833	908380	966151	2233733	234792
3797203	2413306	269330	291499	32772	23208	781297	750596	662394	60345
2776919	1922753	225202	366188	39921	11831	203782	220396	534760	116556
57744	35864	5083	9165	478	30	6738	6806	15493	4565
61036	37232	1654	16078	1537		4435	4414	17102	2200
2493861	1742419	210515	315402	37002	11642	171805	185508	458523	102767
164278	107238	7950	25544	905	160	20804	23669	43642	7024
433974	311589	15763	70364	11644	-1500	22277	23311	107695	24587
686373	463222	75719	66384	25619	47	31025	29037	80002	9945
124699	104974	6188	15355	6111	38	-10838	-10755	22222	2767
1633			740	717		166	166	133	9
337070	189624	40905	37066	11828	9	53087	52423	32224	3330
219456	167378	27184	12537	6943		-11498	-12907	24070	3443
3514	1245	1443	686	20		109	111	1352	396
1440464	1020141	71348	145229	12553	103	176602	171327	561362	23387
96176	80963	11165	10575	5311	3	-14418	-13994	18070	1658
13817	4885	141	666	142	25	7646	7645	1155	211
902072	675940	22983	120936	7009	73	66468	68604	476073	16709
269347	167789	24616	7045	50	2	67521	59931	38667	2611
159052	90565	12443	6007	42		49385	49141	27398	2198

15-24 续表

单位：万元

分　　组	Item	单位数（个）Number of Enterprises (unit)	资产总计 Total Assets	负债合计 Total Liabilities	所有者权益合计 Owners' Equity
按国民经济行业分	**By Sector**				
铁路运输业	Railway Transport	10	28353481	8884215	19469265
道路运输业	Road Transport	448	27025085	19987454	7037632
水上运输业	Water Transport	2	1373	237	1136
航空运输业	Air Transport	16	3697213	1005851	2691362
管道运输业	Transport Via Pipelines	2	95424	51042	44382
装卸搬运和运输代理业	Loading,Unloading and Forwarding Agency	40	524271	353687	170584
仓储业	Storage	119	1769231	1300328	468903
邮政业	Post	31	831856	510494	321362
电信、广播电视和卫星传输服务	Telecommunication, Radio and Television and Satellite Transmission Service	49	12074543	5254041	6820502
互联网和相关服务	Internet and Related Service	41	276017	101004	175013
软件和信息技术服务业	Software and Information Technology	180	2901181	1556278	1344903
物业管理	Property Management	296	1120710	729199	391511
房地产中介服务	Real Estate Intermediary Service	8	20322	9830	10492
自有房地产经营活动	Own Real Estate Business Activities	29	639482	422392	217089
其他房地产业	Other Real Estate	1	3709	1846	1863
租赁业	Leasing	16	98102	82561	15541
商务服务业	Business Services	450	21957258	13669179	8288079
研究和试验发展	Research and Experimental Development	24	1063094	383234	679860
专业技术服务业	Professional Technical Services	313	5691287	3664025	2027263
科技推广和应用服务业	Science and Technology Popularization and Application Services	49	793526	415337	378189
水利管理业	Management of Water Conservancy	8	750357	389247	361110
生态保护和环境治理业	Ecological Protection and Environmental	10	176335	88738	87597
公共设施管理业	Management of Public Facilities	183	3700537	2303605	1396933
居民服务业	Services to Households	62	206250	188506	17744
机动车、电子产品和日用产品修理业	Repair of Motor Vehicle,Electronics and Household Products	83	243698	175904	67795
其他服务业	Other Services	23	23099	10602	12497
教　育	Education	151	291181	175401	115780
卫　生	Health	186	869891	524998	344893
社会工作	Social Service	9	16004	5586	10418
新闻和出版业	Journalism and Publishing Activities	33	470388	266665	203722
广播、电视、电影和影视录音制作业	Radio, Television, Motion Picture and Videotape Programme Production Services	118	785500	407971	377529
文化艺术业	Cultural and Art Activities	129	2826157	1353087	1473071
体　育	Sports Activities	17	111025	46780	64245
娱乐业	Entertainment	100	565667	372994	192673

continued

(10 000 yuan)

营业收入 Revenue from Business	营业成本 Cost of Business	销售费用 Operating Expenses	管理费用 Manage-ment Expenses	财务费用 Financial Expenses	投资收益 Investment Income	营业利润 Operating Profit	利润总额 Total Profits	应付职工薪酬 Accrued Employee Payroll	全部从业人员年平均人数(人) Annual Average Employed Persons (person)
5230490	4495282	4714	196243	159090	22136	371216	341894	1484392	90547
2782431	1918394	44299	237035	803871	29574	-36490	7159	646755	102207
457	575		26	1		-146	-146	339	109
459102	399621	7785	45412	8465	10120	1578	16887	155830	9409
53988	51720		2559	901		-1310	-1362	8453	638
423364	363365	8096	29947	617	6	18627	19836	49533	7627
1028407	938072	31903	55669	20858	-2100	-9718	20436	43205	7617
1009821	803277	6074	140672	2679		44150	43473	302803	37642
6313810	4262896	806059	320844	58787	4734	771124	691735	856489	67466
419232	281805	15553	38799	1938	-131	77789	79214	32138	3938
2976182	2011462	160214	536341	10204	1603	218908	281881	1188674	54056
674639	524863	29392	94559	9039	1742	11425	12181	231165	58603
21058	6689	2057	5968	-26	718	6819	7231	6482	686
111913	41562	2089	24258	8829	4864	35565	9275	14642	1652
7256	3221		3116	-4		871	319	710	130
77880	68338	3838	4095	2785	22	-1316	-728	13583	1132
2471641	1820258	124081	258801	138273	127059	229286	208753	333085	64555
611025	460513	9435	73987	2175	14437	71907	77120	128160	9675
3998478	3188731	111190	366336	3181	55613	342528	349091	604481	55081
173511	132099	6562	20475	3189	2081	11381	14724	23187	3138
47416	32616	1951	6318	16475	230	-9280	-8930	10598	1381
42069	24503	6923	5291	1028	9	3501	5981	9074	1195
767939	528673	46002	100670	30598	2601	69431	72108	144703	30616
69893	48107	6802	12541	634	1	1089	1949	24197	7146
117781	90660	6705	11813	2633	1945	6849	8439	16993	3857
27724	20897	1291	4022	-17		1187	1198	14315	4407
206019	129892	10570	40153	3390	10	20900	21117	71469	16140
632422	466685	41589	95774	8771	2823	19604	20483	166813	29606
4088	2442	305	944	114		267	290	1381	590
275994	209801	22889	39014	-800	1005	2086	10416	42596	4132
342521	237088	36609	38882	8182	734	14379	21397	42228	6619
200650	112970	40955	40041	23131	23555	-1695	11804	53735	10018
31209	19777	4710	3541	164	223	2958	2914	5376	1282
102481	56752	23626	24295	14018	597	-17287	-11667	27333	7118

15-25 各市(区)规模以上服务业主要经济指标(2017年)

单位：万元

地　区	Region	单位数(个) Number of Enterprises (unit)	资产总计 Total Assets	负债合计 Total Liabilities	所有者权益合计 Owners' Equity	营业收入 Revenue from Business	营业成本 Cost of Business
全　省	**Shaanxi**	**3236**	**119973253**	**64692316**	**55280937**	**31712890**	**23753607**
西安市	Xi'an	1476	77529287	48616486	28912801	20974313	15203863
铜川市	Tongchuan	65	344235	260592	83644	193328	176440
宝鸡市	Baoji	236	1400143	777905	622238	719692	559252
咸阳市	Xianyang	189	1205158	647586	557572	886410	610518
渭南市	Weinan	219	2568863	1393735	1175128	1025962	752309
延安市	Yan'an	210	2285975	1509660	776315	841702	661558
汉中市	Hanzhong	243	1111708	628333	483375	588840	402235
榆林市	Yulin	210	8112348	3577902	4534446	1952149	1234836
安康市	Ankang	297	1059913	500606	559307	474152	308802
商洛市	Shangluo	74	2662899	1705303	957595	255175	205664
杨凌示范区	Yangling	16	79351	37798	41553	69787	59669
省　直	Others	1	21613373	5036410	16576963	3731379	3578462

Main Indicators of Service Industry Enterprises above Designated Size by City(District)(2017)

(10 000 yuan)

销售费用 Operating Expenses	管理费用 Manage-ment Expenses	财务费用 Financial Expenses	投资收益 Investment Income	营业利润 Operating Profit	利润总额 Total Profits	应付职工薪酬 Accrued Employee Payroll	全部从业人员年平均人数(人) Annual Average Employed Persons (person)
1624269	**2878442**	**1343171**	**306210**	**2278184**	**2336472**	**6754914**	**700015**
1200831	2076754	1177358	209108	1481897	1566692	4216265	404669
14631	19869	1054	-81	-19199	-17780	57161	10420
52002	71077	12388	345	19398	28635	123465	24465
55768	84776	11212	335	118774	124117	141392	25286
71830	80321	27129	2821	75949	74252	160239	31086
56110	101363	15781	-508	-1681	5987	118575	25595
42107	64148	8143	3469	72764	48794	135431	27194
70849	185288	48011	68327	458254	452632	348060	38397
34926	62365	3995	2197	49610	49792	94455	21531
17570	26697	8968	432	-5553	-3540	48340	8284
3126	5463	318	69	834	2196	6748	1404
4520	100322	28816	19699	27137	4696	1304784	81684

15-26　按行业分企业信息化及电子商务情况(2017年)

行　业	Industry	企业数 (个) Number of Enterprises (unit)	期末使用计算机数 (台) Computers Used at the End of Period (unit)
总　计	**Total**	**21068**	**1061206**
采矿业	Mining	753	79770
制造业	Manufacturing	5040	237097
电力、热力、燃气及水生产和供应业	Production and Supply of Electricity, Heat, Gas and Water	293	82105
建筑业	Construction	2505	105407
批发和零售业	Wholesale and Retail Trades	4874	109215
交通运输、仓储和邮政业	Transport, Storage and Post	685	62848
住宿和餐饮业	Hotels and Catering Services	2113	37023
信息传输、软件和信息技术服务业	Information Transmission, Software and Information Technology	275	180644
房地产业	Real Estate	2489	48448
租赁和商务服务业	Leasing and Business Services	488	18926
科学研究和技术服务业	Scientific Research and Technical Services	385	54045
水利、环境和公共设施管理业	Management of Water Conservancy, Environment and Public Facilities	212	7058
居民服务、修理和其他服务业	Service to Households, Repair and Other Services	172	2547
教　育	Education	166	9842
卫生和社会工作	Health and Social Service	198	13991
文化、体育和娱乐业	Culture, Sports and Entertainment	420	12240

15-27　各市(区)企业信息化及电子商务情况(2017年)

地　区	Region	企业数 (个) Number of Enterprises (unit)	期末使用计算机数 (台) Computers Used at the End of Period (unit)	每百人使用计算机数 (台) Computers Used Per 100 Persons (unit)	企业拥有网站数 (个) Websites of Enterprises (unit)
全　省	**Shaanxi**	**21068**	**1061206**	**30**	**11571**
西安市	Xi'an	6824	704225	44	4623
铜川市	Tongchuan	583	14303	19	267
宝鸡市	Baoji	2256	64413	21	1397
咸阳市	Xianyang	1744	44444	13	765
渭南市	Weinan	1771	46432	18	883
延安市	Yan'an	1087	36567	19	519
汉中市	Hanzhong	1712	33048	17	813
榆林市	Yulin	2122	64438	23	975
安康市	Ankang	2034	27599	16	714
商洛市	Shangluo	659	18032	16	418
杨凌示范区	Yangling	276	7705	26	197

注：有电子商务交易活动的企业是指通过互联网开展电子商务销售或电子商务采购的企业。

a) Enterprises with E-Commerce Transactions refers to those enterprises which performed sales or purchases through Internet.

Informatization and E-Commerce of Enterprises by Industrial Sector(2017)

每百人使用计算机数(台) Computers Used Per 100 Persons (unit)	企业拥有网站数(个) Websites of Enterprises (unit)	每百家企业拥有网站数(个) Websites Per 100 Enterprises (unit)	有电子商务交易活动 With Ecommerce Transactions		电子商务销售额(万元) Sales of Ecommerce (10 000 yuan)		电子商务采购额(万元) Perchases of Ecommerce (10 000 yuan)	
			企业数(个) Enterprises (unit)	比重(%) Proportion (%)		# 大陆以外区域销售 Sourcing Outside Mainland Area		# 大陆以外区域采购 Sourcing Outside Mainland Area
30	**11571**	**55**	**2311**	**11.0**	**12136716**	**103520**	**7344360**	**15712**
22	322	43	25	3.3	66796		11617	
23	3738	74	607	12.0	2405689	74986	305878	3445
71	154	53	13	4.4	2		84401	
13	1274	51	116	4.6	7512		1397681	
35	2271	47	610	12.5	7229061	18680	5068583	11941
24	255	37	48	7.0	873088		2216	83
25	853	40	555	26.3	170333	3320	3059	18
147	283	103	68	24.7	172509	547	28975	200
35	1116	45	64	2.6	632		51505	1
25	311	64	37	7.6	1134106	5980	338472	
76	285	74	24	6.2	1544		34610	5
23	136	64	41	19.3	19497		14805	10
16	92	53	16	9.3	661		687	
57	103	62	11	6.6	20552		392	7
46	146	74	10	5.1	805		163	
42	232	55	66	15.7	33930	7	1318	3

Informatization and E-Commerce of Enterprises by City(District)(2017)

每百家企业拥有网站数(个) Websites Per 100 Enterprises (unit)	有电子商务交易活动 With E-commerce Transactions		电子商务销售额(万元) Sales of Ecommerce (10 000 yuan)		电子商务采购额(万元) Perchases of Ecommerce (10 000 yuan)	
	企业数(个) Enterprises (unit)	比重(%) Proportion (%)		# 大陆以外区域销售 Sourcing Outside Mainland Area		# 大陆以外区域采购 Sourcing Outside Mainland Area
55	**2311**	**11.0**	**12136716**	**103520**	**7344360**	**15712**
68	856	12.5	6569133	38138	4074239	1793
46	62	10.6	90345		105441	4
62	277	12.3	1504761	48007	489883	6513
44	167	9.6	660940	6081	950028	905
50	140	7.9	563856	2359	525618	10
48	97	8.9	602667	257	178403	6
47	214	12.5	876029	1643	298233	19
46	140	6.6	515683	5147	464333	405
35	203	10.0	403291	1803	27271	283
63	99	15.0	294162		190924	5775
71	56	20.3	55851	85	39988	

主要统计指标解释

铁路营业里程 又称营业长度(包括正式营业和临时营业里程)，指办理客货运输业务的铁路正线总长度。凡是全线或部分建成双线及以上的线路，以第一线的实际长度计算；复线、站线、段管线、岔线和特殊用途线以及不计算运费的联络线都不计算营业里程。该指标可以反映铁路运输业基础设施的发展水平，也是计算客货周转量、运输密度和机车车辆运用效率等指标的基础资料。

铁路电气化里程 指在全部铁路营业里程中已安装了供电线路及设备，可以供电力机车牵引列车运行的区段的总里程。

公路里程 指在一定时期内实际达到《公路工程[WTBZ]技术标准 JTJ01-88》规定的等级公路，并经公路主管部门正式验收交付使用的公路里程数。包括大中城市的郊区公路以及通过小城镇街道部分的公路里程和桥梁、渡口的长度，不包括大中城市的街道、厂矿、林区生产用道和农业生产用道的里程。两条或多条公路共同经由同一路段，只计算一次，不得重复计算里程长度。该指标可以反映公路建设的发展规模，也是计算运输网密度等指标的基础资料。

内河航道里程 也称内河通航里程，指在一定时期内，能通航运输船舶及排筏的天然河流、湖泊水库、运河及通航渠道的长度。包括全年季节性通航累计三个月以上的航道，不包括仅供零散流放竹、木排的河道。该指标可以反映内河水运网的规模、水平和发展情况。

民用航空航线里程 指统计期间内全部民用航空航线的航线总长度。航线长度指民用航空航线的计费距离。计算航线里程可按重复和不重复两种方法，前者是指各航线长度相加的总和；后者则要扣除各航线之间相同航段重复计算的部分。

货(客)运量 指在一定时期内，各种运输工具实际运送的货物(旅客)数量。该指标是反映运输业为国民经济和人民生活服务的数量指标，也是制定和检查运输生产计划、研究运输发展规模和速度的重要指标。货运按吨计算，客运按人计算。货物不论运输距离长短、货物类别，均按实际重量统计。旅客不论行程远近或票价多少，均按一人一次客运量统计；半价票、小孩票也按一人统计。

货物(旅客)周转量 指在一定时期内，由各种运输工具运送的货物(旅客)数量与其相应运输距离的乘积之总和。该指标可以反映运输业生产的总成果，也是编制和检查运输生产计划，计算运输效率、劳动生产率以及核算运输单位成本的主要基础资料。计算货物周转量通常按发出站与到达站之间的最短距离，也就是计费距离计算。计算公式为：

$$货物（旅客）周转量=\Sigma（货物（旅客）运输量\times 运输距离）$$

铁路货车平均静载重 指铁路货车在始发站静止状态下平均每车装载的货物重量，用以分析货车完成装车时车辆载重力的利用情况。计算公式为：

$$货车平均静载量=\frac{货物发送吨数}{装车数}$$

静载重的多少取决于运送货物的性质、种类、车辆的类型和装载技术的高低。根据货车的平均标记载重与静载重进行对比，可以反映货车载重能力的利用程度。计算公式为：

$$货车载重力利用率(\%)=\frac{货车平均静载重}{货车平均标记载重}\times 100\%$$

铁路货运机车日产量 指在一定时期内，平均每台货运机车在一昼夜内所完成的总重吨公里数，包括载运货物的重量和车辆本身的自重。该指标从时间和牵引能力两方面反映了机车运用效率。计算公式为：

$$货运机车平均日产量=\frac{货运总重吨公里数}{货运机车台日数}$$

民用汽车拥有量 指报告期末，在公安交通管理部门按照《机动车注册登记工作规范》，已注册登记领有民用车辆牌照的全部汽车数量。汽车拥有量统计的主要分类：根据汽车结构分为载客汽车、载货汽车及其他汽车；根据汽车所有者不同分为个人(私人)汽车、单位汽车；根据汽车的使用性质分为营运汽车、非营运汽车；根据汽车大小规格不同载客汽车分为大型、中型、小型和微型，载货汽车分为重型、中型、轻型和微型。

邮电业务总量 指以货币形式表示的邮电企业为社会提供各类邮电服务的总数量，是用于观察邮电业务发展变化总趋势的综合性总量指标。分别按邮政业务总量和电信业务总量统计。邮电业务总量是以各类业务的实物量分别乘以相应的不变单价，得出各类业务的货币量再加总求得。

移动电话用户 指在电信运营企业营业网点办理开户登记手续，通过移动电话交换机进入移动电话网，占用移动电话号码的各类电话用户。包括 GSM 数字移动电话用户、CDMA 数字移动电话用户和电信运营企业发行的报告期末已激活充值的能异地漫游的各种智能卡用户。

固定电话用户 指在电信运营企业营业网点办理开户登记手续并已接入固定电话网上的全部电话用户。包括普通电话用户、公用电话用户、窄带综合业务数字网（N—ISDN）用户、智能网专用接入终端用户等。按行政区划分为城市电话用户和农村电话用户。

城市电话用户 指直辖市、省辖市、地级市、县级市的市区、市郊区及县城范围内接入局用交换机的电话用户。包括分布在农村地区县团级以上建制的独立工矿区、林区、驻军等电话用户。

农村电话用户 指县城关镇以下的集镇和农村接入局用交换机的电话用户。

Explanatory Notes on Main Statistical Indicators

Length of Railways in Operation refers to the total length of the trunk line for passenger and freight transportation (including both full operation and temporary operation). The calculation is based on the actual length of the first line if this line has a full or partial double (or more). Not included are double tracks, station sidings, tracks under the charge of stations, branch lines, special-purpose lines and non-payable connecting lines. The length of railways in operation is an important indicator to show the development of the infrastructure of railway transport. It is also essential data to calculate volume of passenger freight transport, traffic density and utilization efficiency of locomotives and carriages.

Length of Electrified Railways refers to the length of the section of railways in operation in which the power supply lines and other equipment are installed for the running of electrified locomotives. The proportion of the length of electrified railways to the total length of railways in operation is an important indicator to show the modernization of railways.

Length of Highways refers to the length of highways which are built in conformity with the grades specified by the highway engineering standard [Highways WTBZ-Technical Standard JTJ01-88] formulated by the Ministry of Transport, and have been formally checked and accepted by the departments of highways and put into use. The length of highways includes that of the suburb highways at large and medium-sized cities, highways passing through streets at small cities and towns, and also the length of bridges and ferry piers. It does not include the length of streets in big and medium-sized cities and highways built for the production purpose at factories, mines, forest areas and agricultural areas. If two or more highways go the same section of the way, the length of the section is only calculated for once and no duplication is allowed. The length of highways is an indicator to show the development of the scale of highway construction and to provide essential information to calculate the transport network density.

Length of Navigable Inland Waterways is an indicator reflecting the size and development of inland water network. It refers to the length of the natural rivers, lakes, reservoirs, canals, and ditches open to navigation during a given period, which enables transportation by ships and rafts. It includes the channels open to navigation for over an accumulated period of 3 months in a year, yet this does not include the river courses which are only used to float odd logs and bamboo rafts. This indicator can reflect the scale, level and development situation of the inland waterway network.

Length of Civil Aviation Routes refers to the length of all routes for civil aviation flights, which is used to account the freight, during the period of statistics.. There are usually two ways to calculate the route length: duplicated calculation and non-duplicated calculation, the former is the sum of length of all civil aviation routes, and the latter should deduct the duplication length of same route among all routes.

Freight (Passenger) Traffic refers to the volume of freight (passenger) transported with various means within a specific period of time. This indicator reflects the service of the transport industry towards the national economy and people's living conditions, as well as an important indicator used in formulating and monitoring transport production plans and research into the scale and pace of transport development. Freight transport is calculated in tons and passenger traffic is calculated in terms of number of persons. Freight transport is calculated in terms of the actual weight of the goods and takes no account of the type of freight and distance of travel. Passenger traffic is calculated by the principle that one person can be counted only once in one trip and takes no account of the travelling distance and ticket price. The passengers who travel with a half price ticket or a child's ticket is also calculated as one person.

Freight Ton-kilometres (Passenger-kilometres) refers to the sum of the product of the volume of transported cargo (passengers) multiplied by the transport distance. It is an important indicator to reflect the achievement of the transportation industry. This is an important indicator to show the total results of the transport industry; to prepare and examine the transport plan; and to serve as the main basic data for calculating the efficiency, labour productivity and unit cost of transport. Normally, the shortest distance between the departure station and the destination station (i.e., the payable distance) is the basis in calculating the freight ton-kilometres. The formula is as follows:

$$\begin{matrix}\text{Freight ton-kilometres}\\ \text{(passenger-kilometres)}\end{matrix} = \Sigma \begin{matrix}\text{freight}\\ \text{(passenger) traffic}\end{matrix} \times \begin{matrix}\text{distance of}\\ \text{transportation}\end{matrix}$$

Average Static Load of Freight Cars refers to the average cargo weight as loaded by each freight car under the static condition at the departure station. It is used to show the utilization extent of the loading capacity of the freight cars. The formula is:

$$\begin{matrix}\text{Static load (ton)}\\ \text{of freight car}\end{matrix} = \frac{\text{tonnage of goods dispatched}}{\text{number of freight cars loaded}}$$

The static load of freight cars is determined by the nature and type of goods loaded the type of vehicles, and the technique of loading. Comparison of the average marked load with the static load of freight cars provides indication on the degree of utilization of loading capacity of freight cars. For its calculation the following formula is applied:

$$\begin{matrix}\text{Utilization rate of}\\ \text{capacity of freight cars (\%)}\end{matrix} = \frac{\text{Average static load}}{\text{Average marked load}} \times 100\%$$

Average Daily Haul of Freight Locomotives refers to the average total ton-kilometres accomplished by each freight transport locomotive over one day and night during a given period of time. It includes both the weight of the goods carried and the dead weight of the train itself. It is a comprehensive indicator reflecting the locomotive efficiency in terms of both time and the pulling force.

$$\begin{matrix}\text{Average daily haul of}\\ \text{freight transport locomotive}\\ \text{(ton - kilometre)}\end{matrix} = \frac{\text{Total ton - kilometres of freight}}{\text{Daily number of freight transport locomotive}}$$

Possession of Civil Motor Vehicles refer to the total numbers of vehicles that are registered and received vehicles license tags according to the *Work Standard for Motor Vehicles Registration* formulated by the Transport Management Office under the department of public security at the end of the reference period. They are divided into categories. According to the structure of motor vehicles, they are divided into passenger vehicles, trucks and others; according to ownership into private vehicles and vehicles for the unit's use; according to kind of usage into working vehicles and non-working vehicles; and according to size of vehicles into large passenger vehicles, medium-sized passenger vehicles, small passenger vehicles and mini passenger vehicles, heavy trucks, light-heavy trucks, light trucks and mini-trucks.

Business Volume of Post and Telecommunications refers to the total amount of postal and telecommunication services, expressed in value terms, provided by the post and telecommunications departments for society. This indicator reflects the overall results of development of postal and telecommunication services. It can be classificated as postal services and telecommunication services. Business volume of post and telecommunications is the sum of all services in kind multiplying with the unit price (constant price) to get the total business value.

Mobile Telephone Subscribers refer to persons who have gone through registration procedures in the operation points of enterprises engaged in telecommunications and are hence connected with the mobile telephone communication network through the mobile telephone switchboards and occupy mobile phone numbers. Included are GSM digital mobile phone subscribers, CDMA digital mobile phone subscribers and subscribers to intelligent phone cards with roaming facility issued by telecommunications enterprises and which have been subscribed to and activated at the end of the reference period.

Local Telephone Subscribers refer to all subscribers who have gone through registration procedures in the operation points of enterprises engaged in telecommunications and are hence connected to the local telecommunications service provider through fixed line network. Included are general subscribers, public telephones subscribers, N-ISDN subscribers and intelligent network terminal subscribers. They are also classified in terms of administrative districts as urban telephone subscribers and rural telephone subscribers according to location.

Urban Telephone Subscribers refer to the number of telephone subscribers, located at the different administrative districts of municipalities directly under the Central Government, cities under the jurisdiction of province, cities at prefecture level, downtown and suburb of city at county level town and county towns, that are connected to the public line telephone network, including rural mineral area, forest area, military area.

Rural Telephone Subscribers refer to telephone subscribers, located at the towns below the level of county town and villages, that are connected to the public line telephone network.

十六、批发、零售和住宿、餐饮业

Wholesale and Retail Trades, Hotels and Catering Services

资料整理：张　兵

简 要 说 明

一、本篇资料反映陕西批发和零售业、住宿和餐饮业的发展与经营状况，主要内容包括：社会消费品零售总额，限额以上批发和零售业、住宿和餐饮业基本情况、连锁经营情况，重点交易市场情况等。

二、限额以上企业指年主营业务收入2000万元及以上的批发企业（单位）；500万元及以上的零售业企业（单位）；200万元及以上的住宿和餐饮业企业（单位）。

三、批发业、零售业、住宿业、餐饮业大中小微型划分标准按照2011年《统计上大中小微型企业划分办法》标准执行。

Brief Introduction

I. This chapter reflects the management and development of wholesale and retail trades, hotels and catering services, mainly including: total retail sales of consumer goods, the basic conditions of enterprises above designated size in wholesale and retail trades, hotels and catering services, the conditions of chain stores, focus on transaction markets, etc.

II. Enterprises above designated size cover wholesale enterprises with revenue from principal business over 20 million yuan, retail enterprises with revenue from principal business over 5 million yuan, wholesale and retail enterprises with revenue from principal business over 2 million yuan.

III. The division standard of large/medium/small/mini sized enterprises of wholesale, retail trades,hotels and catering services is based on *the Division Standard of Large/Medium/Small/Mini Sized Enterprises* in 2011.

16.批发、零售和住宿、餐饮业

2017年全省			
限额以上法人企业数	7070	个	
批发业	1190	个	
零售业	3726	个	
住宿业	879	个	
餐饮业	1275	个	
社会消费品零售总额	8113.84	亿元	比上年增长 10.1%
商品零售	7273.75	亿元	比上年增长 9.9%
餐饮收入	840.09	亿元	比上年增长 11.9%

社会消费品零售总额构成

(2017年)

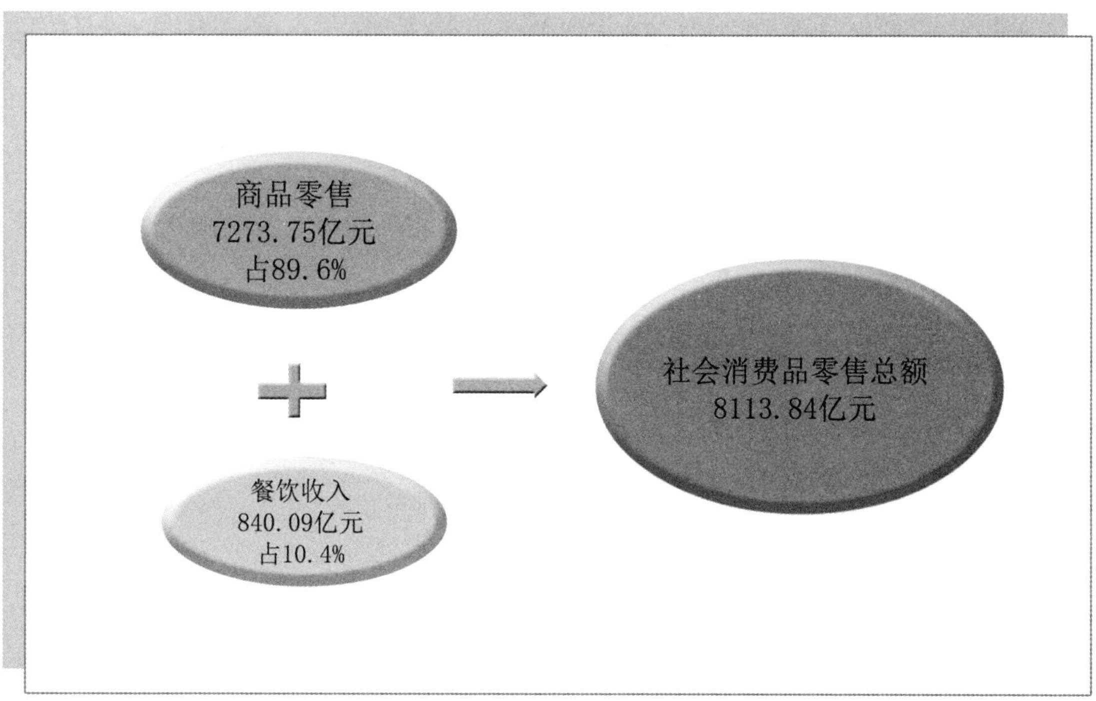

16-1 限额以上批发和零售业、住宿和餐饮业法人企业数和从业人员数(2017年)

Number of Corporation Enterprises above Designated Size in Wholesale and Retail Trades, Hotels and Catering Services and Employed Persons(2017)

地区	Region	法人企业数(个) Number of Corporation Enterprises (unit)	批发业 Wholesale Trade	零售业 Retail Trade	住宿业 Hotels	餐饮业 Catering Service
全省	**Shaanxi**	**7070**	**1190**	**3726**	**879**	**1275**
西安市	Xi'an	1932	519	742	303	368
铜川市	Tongchuan	197	21	120	29	27
宝鸡市	Baoji	902	117	522	100	163
咸阳市	Xianyang	663	41	444	37	141
渭南市	Weinan	699	73	427	67	132
# 韩城市	Hancheng	66	4	46	6	10
延安市	Yan'an	444	86	222	79	57
汉中市	Hanzhong	555	75	311	75	94
榆林市	Yulin	556	125	301	63	67
安康市	Ankang	835	97	468	81	189
商洛市	Shangluo	207	28	119	33	27
杨凌示范区	Yangling	80	8	50	12	10

16-1 续表 continued

地区	Region	从业人员数(人) Number of Employed Persons (person)	批发业 Wholesale Trade	零售业 Retail Trade	住宿业 Hotels	餐饮业 Catering Service
全省	**Shaanxi**	**474356**	**97212**	**223811**	**69665**	**83668**
西安市	Xi'an	233459	56650	100934	34306	41569
铜川市	Tongchuan	8971	1371	5230	1338	1032
宝鸡市	Baoji	45262	6893	25314	5728	7327
咸阳市	Xianyang	30523	3209	17473	2502	7339
渭南市	Weinan	34822	4276	18507	4632	7407
# 韩城市	Hancheng	4385	358	2683	928	416
延安市	Yan'an	20901	4240	9581	4301	2779
汉中市	Hanzhong	25551	4321	13929	4548	2753
榆林市	Yulin	32920	9382	13185	5693	4660
安康市	Ankang	28298	4240	13937	3265	6856
商洛市	Shangluo	10871	2340	4589	2646	1296
杨凌示范区	Yangling	2778	290	1132	706	650

16-2 社会消费品零售总额

Total Retail Sales of Consumer Goods in the Whole Province

单位：亿元 (100 million yuan)

年份 Year	社会消费品零售总额 Total Retail Sales of Consumer Goods	按地区分 By Region			按行业分 By Sector	
		市的零售额 City	县的零售额 County	县以下的零售额 Under County Level	#批发和零售业 Wholesale and Retail TradesTrades	#住宿和餐饮业 Hotels and Catering Services
1978	33.37	11.93	9.79	11.65	28.29	1.32
1980	43.38	17.47	12.18	13.73	35.86	1.78
1985	80.01	39.83	19.45	20.73	61.23	3.84
1990	159.67	91.21	34.29	34.17	118.55	7.99
1991	176.60	102.21	36.98	37.41	126.83	9.29
1992	227.53	132.25	47.31	47.97	156.17	16.22
1993	259.87	154.35	52.41	53.12	172.50	19.63
1994	318.70	192.44	62.69	63.58	203.73	24.57
1995	398.87	242.85	80.30	75.73	253.42	31.22
1996	474.87	289.83	93.90	91.14	308.35	39.50
1997	552.37	344.26	104.09	104.03	358.21	50.15
1998	601.89	371.47	114.28	116.14	386.19	62.37
1999	657.80	407.97	124.74	125.08	427.36	69.88
2000	725.64	454.84	135.78	135.02	476.18	81.27
2001	809.31	514.23	147.77	147.31	536.74	95.08
2002	907.64	585.01	162.28	160.36	616.17	105.10
2003	1010.95	649.27	183.56	178.12	878.03	113.87
2004	1162.80	756.54	206.49	199.77	1012.57	126.59
2005	1331.35	874.47	232.07	224.81	1162.77	141.93
2006	1542.37	1006.11	275.80	260.46	1344.44	167.76
2007	1837.25	1221.28	311.78	304.20	1598.15	204.31
2008	2317.11	1542.33	401.04	373.74	2013.65	262.94

年份 Year	社会消费品零售总额 Total Retail Sales of Consumer Goods	按销售单位所在地分 By Location of Establishments			按消费形态分 By Consumption Patterns	
		城镇 Urban Areas	#城区 Urban District	乡村 Rural Areas	商品零售 Retail Sales	餐饮收入 Catering income
2009	2725.67	2367.26	1588.16	358.42	2412.13	313.55
2010	3257.54	2834.08	1935.09	423.46	2886.52	371.02
2011	3900.58	3442.78	2492.10	457.80	3471.61	428.96
2012	4581.62	4037.26	3086.68	544.36	4078.21	503.41
2013	5245.04	4620.77	3552.88	624.27	4706.69	538.35
2014	5918.71	5233.56	3921.36	685.14	5336.86	581.85
2015	6578.14	5794.94	4295.96	783.20	5904.80	673.34
2016	7367.57	6489.03	4887.28	878.53	6616.96	750.61
2017	8113.84	7152.02	5215.61	961.82	7273.75	840.09

注：2009-2013年数据依据第三次经济普查结果进行了修订。

a) Data from 2009 to 2013 were adjusted according to the 3rd national economic census.

16-3 各市(区)社会消费品零售总额
Total Retail Sales of Consumer Goods by City(District)

单位：亿元 (100 million yuan)

年 份 Year	全 省 Shaanxi	西安市 Xi'an	铜川市 Tongchuan	宝鸡市 Baoji	咸阳市 Xianyang	渭南市 Weinan
1992	227.53	100.84	5.89	25.87	24.49	21.36
1993	259.87	116.73	6.43	30.58	25.75	23.61
1994	318.70	148.03	7.44	33.48	31.53	26.18
1995	398.87	186.60	9.06	42.04	40.49	33.87
1996	474.87	222.94	10.53	49.21	48.68	41.41
1997	552.37	264.47	11.90	55.60	55.54	48.04
1998	601.89	291.45	12.31	59.76	58.21	52.79
1999	657.80	323.37	12.95	65.01	63.78	55.15
2000	725.64	360.42	13.79	71.89	70.35	58.53
2001	809.31	406.21	14.64	80.61	79.16	62.37
2002	907.64	459.76	15.96	91.19	88.83	66.68
2003	1010.95	502.65	17.73	105.06	101.56	73.21
2004	1162.80	578.60	19.94	122.91	119.07	81.58
2005	1331.35	670.56	21.76	137.48	133.03	93.02
2006	1542.37	784.95	24.12	155.23	148.88	108.65
2007	1837.25	936.21	27.58	179.81	173.11	131.96
2008	2317.11	1176.58	33.54	220.90	212.67	175.03
2009	2725.67	1398.37	40.56	260.10	250.59	202.80
2010	3257.54	1678.01	49.15	307.52	296.35	240.77
2011	3900.58	2039.24	59.15	358.23	345.10	284.08
2012	4581.62	2400.67	71.12	412.83	401.08	335.00
2013	5245.04	2742.89	84.70	473.39	462.68	387.70
2014	5918.71	3093.89	96.64	539.67	528.84	441.98
2015	6578.14	3405.38	110.05	612.84	601.59	503.25
2016	7367.57	3917.79	134.97	702.16	537.96	574.01
2017	8113.84	4249.81	138.25	783.43	607.64	651.85

16-3 续表 continued

单位：亿元 (100 million yuan)

年 份 Year	延安市 Yan'an	汉中市 Hanzhong	榆林市 Yulin	安康市 Ankang	商洛市 Shangluo	杨凌示范区 Yangling
1992	6.65	17.92	8.68	8.93	6.19	0.72
1993	7.99	20.96	9.63	10.33	7.06	0.80
1994	10.33	27.06	13.03	12.31	8.42	0.89
1995	12.13	31.19	16.17	15.50	10.66	1.15
1996	14.02	34.97	20.59	18.54	12.63	1.37
1997	15.99	36.95	26.25	22.24	13.96	1.43
1998	17.79	38.82	29.18	24.55	15.59	1.42
1999	20.36	40.50	31.85	25.76	17.50	1.55
2000	22.63	42.91	35.77	27.68	19.91	1.77
2001	26.22	45.22	40.40	29.88	22.59	2.01
2002	30.78	48.31	46.02	32.36	25.40	2.35
2003	34.99	52.69	55.55	36.06	28.65	2.79
2004	41.10	57.23	65.08	41.19	32.71	3.38
2005	47.53	65.30	76.33	46.75	35.97	3.62
2006	54.70	76.10	91.98	53.83	40.01	3.92
2007	65.85	91.80	116.02	64.12	46.22	4.57
2008	84.80	116.66	154.11	80.72	56.70	5.40
2009	96.86	133.02	176.72	93.56	66.79	6.30
2010	117.06	157.50	213.64	110.78	79.19	7.54
2011	140.48	184.44	259.18	129.72	92.18	8.76
2012	168.30	216.05	307.70	151.49	107.28	10.11
2013	192.28	248.15	348.27	171.72	121.82	11.44
2014	218.24	281.65	374.74	193.18	136.92	12.95
2015	241.09	319.00	396.41	219.20	154.66	14.66
2016	257.95	369.17	422.05	259.81	174.93	16.76
2017	284.65	421.05	467.16	297.14	193.73	19.13

注：2017年西安市数据含西咸新区，2016年西安市、咸阳市为同口径修订数。

a) Data of Xi'an city in 2017 included xixian new area, while in 2016, Xi'an city and xianyang city were revised for the same caliber.

16-4 各市(区)按销售单位所在地和消费形态分的社会消费品零售总额(2017年)

Total Retail Sales of Consumer Goods by Location of Establishments and Consumption Patterns by City(District)(2017)

单位：万元 (10 000 yuan)

地区	Region	社会消费品零售总额 Total Retail Sales of Consumer Goods	#限额以上消费品零售额 Retail Sales of Enterprises above Designated Size	按销售单位所在地分 By Location of Establishments 城镇 Urban Areas	#城区 Urban District	乡村 Rural Areas	按消费形态分 By Consumption Patterns 商品零售 Retail Sales	餐饮收入 Catering Income
全省	**Shaanxi**	**81138396**	**52399420**	**71520231**	**52156069**	**9618166**	**72737546**	**8400850**
西安市	Xi'an	42498077	29095356	40980028	35243329	1518049	39161966	3336110
铜川市	Tongchuan	1382476	870968	1030484	712818	351992	1100323	282153
宝鸡市	Baoji	7834266	5223561	7103101	5331059	731165	6966834	867432
咸阳市	Xianyang	6076385	4339172	4604984	2234614	1471401	4946345	1130039
渭南市	Weinan	6518481	4064066	4897521	2912409	1620960	5780978	737503
#韩城市	Hancheng	552575	346936	387301	230316	165274	504200	48375
延安市	Yan'an	2846503	1456260	2231659	1015131	614845	2549022	297482
汉中市	Hanzhong	4210518	2449546	3412719	1408982	797800	3701951	508568
榆林市	Yulin	4671583	2340605	3120676	1904463	1550906	4170045	501537
安康市	Ankang	2971429	1893794	2520383	866734	451046	2469489	501940
商洛市	Shangluo	1937338	530916	1461654	369509	475684	1730280	207058
杨凌示范区	Yangling	191341	135180	157023	157023	34318	160314	31027

16-5 各市、县(市、区)社会消费品零售总额
Total Retail Sales of Consumer Goods by City and County(City and District)

单位：万元 (10 000 yuan)

地 区	Region	2016	2017	地 区	Region	2016	2017
全 省	**Shaanxi**	**73675653**	**81138396**	千阳县	Qianyang	99492	112485
西安市	**Xi'an**	**39177909**	**42498077**	麟游县	Linyou	66914	75758
新城区	Xincheng	6079842	6670304	凤 县	Fengxian	210939	242240
碑林区	Beilin	6105271	6259182	太白县	Taibai	47801	54708
莲湖区	Lianhu	4917248	5036823	**咸阳市**	**Xianyang**	**5379587**	**6076385**
灞桥区	Baqiao	2008157	2323082	秦都区	Qindu	1104715	1291359
未央区	Weiyang	4836494	5583431	渭城区	Weicheng	382133	383516
雁塔区	Yanta	7143663	7825882	三原县	Sanyuan	460223	535237
阎良区	Yanliang	412174	455934	泾阳县	Jingyang	56374	44526
临潼区	Lintong	846604	964690	乾 县	Qianxian	661175	705126
长安区	Chang'an	2024940	2314011	礼泉县	Liquan	539774	623929
高陵区	Gaoling	445415	517787	永寿县	Yongshou	208526	243279
鄠邑区	Huyi	699849	777533	彬 县	Binxian	336827	396648
蓝田县	Lantian	620818	704244	长武县	Changwu	172136	197795
周至县	Zhouzhi	506357	570809	旬邑县	Xunyi	222120	251007
西咸新区	Xixian	2531077	2494365	淳化县	Chunhua	175833	202889
铜川市	**Tongchuan**	**1349748**	**1382476**	武功县	Wugong	425042	482761
王益区	Wangyi	549369	531807	兴平市	Xingping	634708	718313
印台区	Yintai	244207	276357	**渭南市**	**Weinan**	**5740098**	**6518481**
耀州区	Yaozhou	450814	494785	临渭区	Linwei	1560768	1772398
宜君县	Yijun	105358	79528	华州区	Huazhou	225232	255760
宝鸡市	**Baoji**	**7021616**	**7834266**	潼关县	Tongguan	156679	177301
渭滨区	Weibin	2333330	2546325	大荔县	Dali	694628	785341
金台区	Jintai	1772906	1956993	合阳县	Heyang	373720	425136
陈仓区	Chencang	626003	710311	澄城县	Chengcheng	345757	391627
凤翔县	Fengxiang	481598	546013	蒲城县	Pucheng	688507	779058
岐山县	Qishan	523336	602455	白水县	Baishui	263575	299055
扶风县	Fufeng	330256	378659	富平县	Fuping	661500	754525
眉 县	Meixian	322356	371691	韩城市	Hancheng	482436	552575
陇 县	Longxian	206686	236628	华阴市	Hancheng	287296	325706

16-5 续表 continued

单位：万人 (10 000 persons)

地 区	Region	2016	2017	地 区	Region	2016	2017
延安市	**Yan'an**	**2579467**	**2846503**	靖边县	Jingbian	641528	718744
宝塔区	Baota	1173856	1267267	定边县	Dingbian	328398	351234
安塞区	Ansai	124557	137548	绥德县	Suide	125236	140892
延长县	Yanchang	89109	100016	米脂县	Mizhi	110044	126068
延川县	Yanchuan	118251	135124	佳 县	Jiaxian	29601	35863
子长县	Zichang	170615	188062	吴堡县	Wubu	53140	60622
志丹县	Zhidan	133322	148024	清涧县	Qingjian	82213	96215
吴起县	Wuqi	97018	109225	子洲县	Zizhou	76007	86736
甘泉县	Ganquan	58501	62769	神木市	Shenmu	510277	561134
富 县	Fuxian	115030	130524	**安康市**	**Ankang**	**2598136**	**2971429**
洛川县	Luochuan	219456	250245	汉滨区	Hanbin	1165194	1321991
宜川县	Yichuan	71248	79826	汉阴县	Hanyin	200466	230539
黄龙县	Huanglong	29075	32326	石泉县	Shiquan	130942	150981
黄陵县	Huangling	179431	205546	宁陕县	Ningshan	53395	61332
汉中市	**Hanzhong**	**3691688**	**4210518**	紫阳县	Ziyang	226124	260008
汉台区	Hantai	1454853	1663571	岚皋县	Langao	107091	122194
南郑区	Nanzheng	348278	395137	平利县	Pingli	137496	158375
城固县	Chenggu	413078	471445	镇坪县	Zhenping	45159	52192
洋 县	Yangxian	223779	256720	旬阳县	Xunyang	398050	459747
西乡县	Xixiang	221146	253124	白河县	Baihe	134220	154071
勉 县	Mianxian	357194	404557	**商洛市**	**Shangluo**	**1749280**	**1937338**
宁强县	Ningqiang	213193	245093	商州区	Shangzhou	429545	475506
略阳县	Lueyang	203193	230524	洛南县	Luonan	315229	348643
镇巴县	Zhenba	187537	211724	丹凤县	Danfeng	239637	266761
留坝县	Liuba	42326	47810	商南县	Shangnan	157004	174275
佛坪县	Foping	27112	30815	山阳县	Shanyang	277726	306054
榆林市	**Yulin**	**4220516**	**4671583**	镇安县	Zhen'an	217218	241547
榆阳区	Yuyang	1250501	1356721	柞水县	Zhashui	112920	124551
横山区	Hengshan	539063	606232	**杨凌示范区**	**Yangling**	**167609**	**191341**
府谷县	Fugu	474508	531120				

注：2017年西安市数据含西咸新区，2016年西安市、咸阳市为同口径修订数。

a) Data of Xi'an city in 2017 included Xixian new area, while in 2016, Xi'an city and Xianyang city were revised for the same caliber.

16-6 限额以上批发和零售企业(单位)商品零售类值

Total Sales of Enterprises above Designated Size in Retail Trades by Category of Commodities

单位：万元 (10 000 yuan)

类 别	Item	2016	2017
合 计	**Total**	**43380308**	**49897072**
1.粮油、食品类	Food	3942065	4822812
# 粮油类	Grain and Oil	1092592	1226531
肉禽蛋类	Meat, Poultry and Eggs	394561	511160
水产品类	Aquatic Products	300429	299093
蔬菜类	Vegetables	641462	703793
干鲜果品类	Dried and Fresh Melons and Fruits	864416	1211221
2.饮料类	Beverages	760600	836169
3.烟酒类	Tobacco and Liquor	1074308	1271284
4.服装、鞋帽、针纺织品类	Garments, Shoes and Hats, Knitwear and Textiles	5872122	6775918
(1)服装类	Garments	4547726	5259165
(2)鞋帽类	Shoes and Hats	816449	954839
(3)针纺织品类	Knitwear and Textiles	507947	561914
5.化妆品类	Cosmetics	649600	814421
6.金银珠宝类	Gold, Silver and Jewellery	764017	830601
7.日用品类	Daily Consumer Articles	1235200	1468046
# 儿童玩具类	Children Toys	154469	186856
8.五金、电料类	Hardware	363282	430031
9.体育、娱乐用品类	Sports and Recreation Articles	433881	709667
# 照相机类	Cameras	55993	96324
10.书报杂志类	Newspapers and Magazines	422755	510936
11.电子出版物及音像制品类	E-journals and Video Products	93298	78335
12.家用电器和音像器材类	Household Appliances and Audio/Video Equipments	2622685	3071578
13.中西药品类	Traditional Chinese and Western Medicines	1246947	1499541
# 西药类	Western Medicine	889490	986629
中草药及中成药类	Traditional Chinese Medicines	253191	334058
14.文化办公用品类	Cultural and Office Appliances	863421	1004021
# 计算机及其配套产品	Computers and Accessories	251368	319154
15.家具类	Furniture	1507767	1643213
16.通讯器材类	Communication Appliances	1053823	1298762
17.煤炭及制品类	Coal and Related Products	1442006	1576258
18.木材及制品类	Wood and Wooden Products		
19.石油及制品类	Petroleum and Related Products	6384601	7117776
20.化工材料及制品类	Chemical Materials and Related Products		
21.金属材料类	Metal Materials		
22.建筑及装潢材料类	Building and Decoration Materials	1457783	1566591
23.机电产品及设备类	Mechanical and Electrical Products	128425	165753
24.汽车类	Automobiles	10036537	11327526
25.种子饲料类	Seeds and Feedstuff		
26.棉麻类	Cotton and Hemp	526	6290
27.其他类	Others	1024660	1071546

16-7 限额以上批发业商品购进、销售、库存总额(2017年)

单位：万元

指　　标	Item	商品购进总额 Total Purchases Value	# 进口 Imports
总　　计	**Total**	**77664589**	**256850**
按批发行业分	**By Wholesale Trade Sector**		
农、林、牧产品批发	Wholesale of Farming, Forestry, Animal Husbandry Products	490632	
谷物、豆及薯类批发	Wholesale of Cereals, Beans and Tubers	323951	
种子批发	Wholesale of Seeds and Forages	45122	
饲料批发	Wholesale of Feedstuff	32027	
棉、麻批发	Wholesale of Cotton and Hemp	23955	
林业产品批发	Wholesale of Forestry Products	21175	
牲畜批发	Wholesale of Livestock	8506	
其他农牧产品批发	Others	35896	
食品、饮料及烟草制品批发	Wholesale of Food, Beverages and Tobaccos	6216786	13288
米、面制品及食用油批发	Wholesale of Rice, Flour and Edible Oil	293348	
糕点、糖果及糖批发	Wholesale of Cake and Sugar	80931	
果品、蔬菜批发	Wholesale of Vegetables and Fruits	1963464	13288
肉禽蛋奶及水产品批发	Wholesale of Poultry, Egg and Milk & Marine Products	68353	
盐及调味品批发	Wholesale of Salt and Condiments	19214	
营养和保健品批发	Wholesale of Nutrition and Health Products	4826	
酒、饮料及茶叶批发	Wholesale of Wines, Beverages and Tea	756245	
烟草制品批发	Wholesale of Tobaccos	2930493	
其他食品批发	Others	99913	
纺织服装及家庭用品批发	Wholesale of Textiles, Garments and Daily Consumer Articles	3959871	
纺织品、针织品及原料批发	Wholesale of Textiles, Knitwear and Textile Materials	23041	
服装批发	Wholesale of Garments	3054809	
鞋帽批发	Wholesale of Shoes and Hats	56593	
化妆品及卫生用品批发	Wholesale of Cosmetics and Health Consumer Articles	89355	
厨房、卫生间用具及日用杂货批发	Wholesale of Kitchen and Washroom Appliance and Various Household Supplies	2019	
家用电器批发	Wholesale of Domestic Appliances	734054	
文化、体育用品及器材批发	Wholesale of Culture, Sports Appliances and Equipment	498161	
文具用品批发	Wholesale of Stationary	108876	
体育用品及器材批发	Wholesale of Sports Goods and Equipments	37289	
图书批发	Wholesale of Books	157213	
首饰、工艺品及收藏品批发	Wholesale of Jewelry, Artwork and Collections	172213	
其他文化用品批发	Others	22570	
医药及医疗器材批发	Wholesale of Medicines and Medical Appliances	3880414	11741
西药批发	Wholesale of Western Medicine	2747759	3367
中药批发	Wholesale of Traditional Chinese Medicinal	907166	5
医疗用品及器材批发	Wholesale of Medical Treatment and Equipment	225489	8370
矿产品、建材及化工产品批发	Wholesale of Mineral Products, Building Materials and Chemical Products	58367535	144821
煤炭及制品批发	Wholesale of Coal and Related Products	19526706	
石油及制品批发	Wholesale of Petroleum and Related Products	16281113	3
非金属矿及制品批发	Wholesale of Metal Materials	21468	555
金属及金属矿批发	Wholesale of Metal Mine and Its Manufacture	19317437	120831
建材批发	Wholesale of Building Materials	1222230	
化肥批发	Wholesale of Garments	329549	
农药批发	Wholesale of Pesticides	29863	
农用薄膜批发	Wholesale of Agricultural Film	3132	
其他化工产品批发	Others	1636037	23432

Total Purchases, Sales and Inventory of Enterprises above Designated Size in Wholesale Trades(2017)

(10 000 yuan)

商品销售总额 Total Sales	# 公共网络商品销售额 Sales of Public Network	# 银行卡支付商品销售额 Sales of Bank Card Payment	# 批发 Wholesale Trades	# 出口 Exports	年末库存 Stock at Year-end
91292050	**8152728**	**5676912**	**83072637**	**917079**	**2666598**
544290	10643	10264	526960	13759	37122
336350		2005	328285	10922	23027
48902	8457	2021	48181		4529
36292			34384		1988
25781			25781		1027
38965		6238	37058		4638
11410			11097		569
46590	2186		42174	2837	1344
8434675	3496954	2963170	7769016	16904	423029
342865	32	3225	251248		17054
102656			83443		8101
2390739	36993	82274	1968153	16705	108651
135751		1876	131030		3934
21556			20404		3396
4977		659	4716		328
1005151	7473	11331	900598		113813
4321843	3452207	2862643	4318730		153066
109137	249	1164	90694	199	14688
4093712	426102	127020	2769422	164339	158611
23181			23181	2040	546
3099476	1601		1834314	123176	5689
99582			51842		32704
169760			161530		30764
3630			3630		105
698082	424501	127020	694925	39124	88804
575197	9566	928	560024	7756	53058
122430			120731		6313
38431			30490		4800
188256	2164	928	187348		26173
203996	7402		199372	7756	14135
22083			22083		1637
4794529	59357	135554	4434465	3733	370542
3524283	21270	57847	3271057	3733	257485
1003798	38087	51515	921311		91587
266449		26192	242097		21471
68363006	4093534	393368	62742853	184232	1460944
22726667	57640	134514	21595918	117220	415188
17978960	190444	93035	14087041	5	213932
57100			53637	17829	1184
23882310	3799333	103756	23369031	16273	702577
1325275	20240	12771	1261534	6847	35596
366244		13387	357888		11071
32905	3552		32678		6224
3685	3685		3685	3685	
1989860	18640	35905	1981440	22373	75172

16-7 续表

单位: 万元

指　　标	Item	商品购进总额 Total Purchases Value	#进口 Imports
机械设备、五金交电及电子产品批发	Wholesale of Machinery, Hardware and Electronic Equipment	4065756	86354
农业机械批发	Wholesale of Agricultural Machinery	85537	
汽车批发	Wholesale of Vehicles	2703753	
汽车零配件批发	Wholesale of Vehicle Parts	48778	
摩托车及零配件批发	Wholesale of Motorcycles and Motorcycle Parts	17357	
五金产品批发	Wholesale of Hardware Products	125822	19811
电气设备批发	Wholesale of Electrical Equipments	311054	56888
计算机、软件及辅助设备批发	Wholesale of Computer, Software and Peripherals	175764	
通讯及广播电视设备批发	Wholesale of Communications and Broadcast and Television Equipments	64767	
其他机械设备及电子产品批发	Others	532924	9654
贸易经纪与代理	Trade Broker and Agency	58597	642
贸易代理	Trade Agency	58597	642
其他批发	Others	126837	5
再生物资回收与批发	Recovery and Wholesale of Regeneration Material	71424	
其他未列明的批发	Any Other Wholesale	55413	5
按登记注册类型分	**By Status of Registration**		
内资企业	Domestic Funded Enterprises	72170733	233419
国有企业	State-owned Enterprises	6052504	642
集体企业	Collective-owned Enterprises	121764	
股份合作企业	Cooperative Enterprises	22540	
有限责任公司	Limited Liability Corporations	46134004	142293
国有独资公司	State Sole Funded Corporations	11702938	2944
其他有限责任公司	Other Limited Liability Corporations	34431066	139349
股份有限公司	Share-holding Corporations Ltd.	12244819	
私营企业	Private Enterprises	7430533	90484
私营独资企业	Private-funded Enterprises	23302	
私营有限责任公司	Private Limited Liability Corporations	6777600	90484
私营股份有限公司	Private Share-holding Corporations Ltd.	629631	
其他企业	Other Enterprises	164569	
港、澳、台商投资企业	Enterprises with Funds from Hong Kong, Macao & Taiwan	134305	
港澳台商合资经营企业	Joint-venture Enterprises	75312	
港澳台商独资经营企业	Enterprises with Sole Investment	58993	
外商投资企业	Foreign Funded Enterprises	5359551	23432
中外合资经营企业	Joint-venture Enterprises	5208871	
外资企业	Enterprises with Sole Fund	150681	23432
按控股情况分	**By Status of Share Holding**		
国有控股	State-holding	45168095	127869
集体控股	Collective-holding	356929	
私人控股	Private-holding	27863269	102868
港澳台商控股	Hong Kong, Macao & Taiwan-holding	68394	
外商控股	Foreign-holding	439315	23432
其　　他	Others	3768587	2682
按经营形式分	**By Form of Management**		
独立门店	Independent Stores	44597088	174579
连锁总店	General Chain Stores	655781	
连锁直营店	Chain Direct Store	80114	
其　　他	Others	32331607	82272
按单位规模分	**By Scale**		
大　型	Large	33573655	52751
中　型	Medium	36112580	49615
小　型	Small	7102048	90458
微　型	Mini	876306	64026

continued

(10 000 yuan)

商品销售总额 Total Sales	# 公共网络商品销售额 Sales of Public Network	# 银行卡支付商品销售额 Sales of Bank Card Payment	# 批发 Wholesale Trades	# 出口 Exports	年末库存 Stock at Year-end
4282973	53033	2020151	4135907	500805	153599
96263			71180		6436
2742827	14	1952089	2713588	214397	21934
62523	7660	2000	51478	1904	19035
19226			19226		2305
156171	6002	6002	154206	75277	17008
331832	7449		326132	142523	26927
193448	453	196	157029	32213	4292
57575		5153	57348	5142	11444
623109	31454	54711	585720	29349	44218
65280		26458	36230	25551	5679
65280		26458	36230	25551	5679
138388	3540		97761		4013
76414	3540		46773		1405
61974			50988		2608
85474554	8152543	5650343	77340912	917079	2574892
8011581	3923298	2899001	7654322	25551	225487
136695		11294	128791		3584
24265			21848		236
52003577	669799	2459354	47972659	570554	1425418
14585234	4984	47985	12769029	144364	326873
37418343	664815	2411369	35203629	426190	1098545
16752109	3406188	28803	13607685	220682	437663
8351056	124665	250690	7817316	97455	465243
28068	130	385	18766		1255
7686018	124535	228410	7239865	97455	444670
636970		21896	558685		19318
195271	28594	1202	138293	2837	17261
184813		3225	102880		32737
82006			47813		
102807		3225	55066		32737
5632683	185	23344	5628846		58969
5407575			5407575		47907
225108	185	23344	221271		11062
52779120	4175763	3044171	47726476	548314	1233606
379318		12411	357467		20433
29900262	3467530	2459669	27519964	368496	926609
115272		3225	65655		32737
564070	185	23344	546638		28370
7554009	509251	134091	6856438	269	424842
50002129	1995481	3334446	43817327	527662	1199383
680930			270128		6071
79362			40475		1036
40529628	6157248	2342466	38944707	389416	1460108
42100566	4519890	3023571	35375069	356920	1203454
40712511	3457091	2364523	39691537	359389	1085306
7573910	140793	287640	7112994	189656	366328
905063	34955	1177	893038	11113	11510

16-8 限额以上零售业商品购进、销售、库存总额(2017年)

单位：万元

指　标	Item	商品购进总额 Total Purchases Value	#进口 Imports
总　计	**Total**	**30964819**	**625668**
按零售行业分	**By Retail Trades Sector**		
综合零售	Integrated Retail	6614643	9029
百货零售	Retail of General Merchandise	3452497	8672
超级市场零售	Retail of Supermarkets	2740648	47
其他综合零售	Others	421498	310
食品、饮料及烟草制品专门零售	Special Retail of Food, Beverages and Tobaccos	1166948	27208
粮油零售	Retail of Grain and Oil	128672	
糕点、面包零售	Retail of Cake and Bread	15092	83
果品、蔬菜零售	Retail of Melons and Fruits,Vegetables	346399	25517
肉、禽、蛋及水产品零售	Retail of Meat, Poultry, Eggs and Aquatic Products	171707	
营养和保健品零售	Retail of Nourishment and Health Products	3341	452
酒、饮料及茶叶零售	Retail of Beverages and Tea	206379	
烟草制品零售	Retail of Tobaccos	94600	
其他食品零售	Others	200758	1157
纺织、服装及日用品专门零售	Special Retail of Textiles, Garments and Daily Consumer Articles	910509	36551
纺织品及针织品零售	Retail of Textiles and Knitwear	21450	
服装零售	Retail of Garments	637171	35423
鞋帽零售	Retail of Shoes and Hats	51870	
化妆品及卫生用品零售	Retail of Cosmetics and Health Consumer Articles	101427	1128
钟表、眼镜零售	Retail of Clocks and Watches,Spectacles	11042	
箱、包零售	Retail of Luggage and Bags	2754	
厨房用具及日用杂品零售	Retail of Kitchenware and Daily-use Sundry Goods	20124	
自行车零售	Retail of Bicycles	896	
其他日用品零售	Others	63776	
文化、体育用品及器材专门零售	Special Retail of Culture, Sports Appliances and Equipments	1071945	5268
文具用品零售	Retail of Stationery	15786	
体育用品及器材零售	Retail of Sports Goods	462783	
图书、报刊零售	Retail of Books	431817	5268
珠宝首饰零售	Retail of Jewelry	97589	
工艺美术品及收藏品零售	Retail of Artwork and Collections	53249	
乐器零售	Retail of Musical Instrument	4051	
照相器材零售	Retail of Photographic Equipment	309	
其他文化用品零售	Others	6361	
医药及医疗器材专门零售	Special Retail of Medicines and Medical Appliances	1097922	
药品零售	Retail of Medicines	1084847	
医疗用品及器材零售	Retail of Medical Supplies and Appliances	13074	
汽车、摩托车、燃料及零配件专门零售	Special Retail of Motor Vehicles, Motorcycles, Fuel and Parts	12145086	537913
汽车零售	Retail of Motor Vehicles	9743011	537913
汽车零配件零售	Retail of Motor Vehicles and Parts	82975	
摩托车及零配件零售	Retail of Motorcycles and Parts	106168	
机动车燃料零售	Retail of Fuel of Motor Vehicles	2212932	

Total Purchases, Sales and Inventory of Enterprises above Designated Size in Retail Trades (2017)

(10 000 yuan)

商品销售总额 Total Sales	# 公共网络商品销售额 Sales of Public Network	# 银行卡支付商品销售额 Sales of Bank Card Payment	# 批发 Wholesale Trades	# 出口 Exports	年末库存 Stock at Year-end
37269305	**3523048**	**5091679**	**1611856**	**77739**	**3048135**
8469911	40289	917207	96933		563746
4686996	28006	561003	48775		206610
3334716	9580	346295	29784		335877
448199	2704	9909	18374		21260
1393218	97090	73816	186001	909	119934
150551	44639	860	20158		13437
24279	3378	63	236		1173
426063	25832	9663	41492	909	38455
209768	9065	39802	28799		6934
4335	1327		365		969
249465	8274	7000	24325		29991
103815		9420	15757		10522
224942	4576	7007	54870		18454
1427366	66588	35794	53248		176139
24948	2005	1722	888		2844
938419	8321	27909	9035		97977
202683		330	11495		49542
132780	53923	1448	7838		9727
17049	17	4314			8021
4928					161
21196			17936		111
1113					136
84251	2321	72	6055		7621
1378536	3832	162422	283356	275	255701
18114	256	16	3679		979
717458	670	147180	241298		144285
450833		553	29101	275	84188
118194		3385	5943		23417
61507	966	10125	1021		1795
4335	1940	1164	388		303
549					214
7545			1927		520
1253421	17841	14835	105431		130942
1234257	15280	14830	103168		129328
19164	2561	5	2262		1614
13700021	489708	2690748	440955	47622	1386906
10869843	245731	2544608	290288		1265811
96426	1364	1697	1112		12126
144230	2778	19267	8228		8820
2589523	239835	125175	141327	47622	100150

16-8 续表 1

单位：万元

指　　标	Item	商品购进总额 Total Purchases Value	#进口 Imports
家用电器及电子产品专门零售	Special Retail of Household Appliances and Electronic Products	2979022	2852
家用视听设备零售	Retail of Home Audio-visual Equipment	1230652	
日用家电设备零售	Retail of Household Appliances	952353	
计算机、软件及辅助设备零售	Retail of Computer, Software and Peripherals	583715	
通信设备零售	Retail of Communication Equipment	167091	2852
其他电子产品零售	Others	45210	
五金、家具及室内装修材料专门零售	Special Retail of Hardware, Furniture and Decoration Materials	2384686	5147
五金零售	Retail of Hardware	140807	50
灯具零售	Retail of Light Fittings	165867	
家具零售	Retail of Furniture	1341664	
涂料零售	Retail of Dope	1432	
卫生洁具零售	Retail of Sanitary	2621	
木质装饰材料零售	Retail of Wooden Decorating Materials	13128	
陶瓷、石材装饰材料零售	Retail of Porcelainou Sand Stone Finishing Decorating Materials	67298	
其他室内装修材料零售	Other Domestic Decorating Materials	651870	5097
货摊无店铺及其他零售业	Non-shop and Other non-mentiones-above Retails	2594058	1701
互联网零售	E-commerce Retails	2470711	1701
邮购及电视电话零售	Mail-order & Phone-order Retails	49479	
生活用燃料零售	Retail of Life Fuels	61028	
其他未列明的零售	Other Retail Not Classified Elsewhere	12840	
按登记注册类型分	**By Status of Registration**		
内资企业	Domestic Funded Enterprises	25260381	444652
国有企业	State-owned Enterprises	1211650	
集体企业	Collective-owned Enterprises	448595	
股份合作企业	Cooperative Enterprises	98764	
联营企业	Joint Ownership Enterprises	1267	
集体联营企业	Collective Joint Ownership Enterprises	1267	
有限责任公司	Limited Liability Corporations	14558763	262773
国有独资公司	State Sole Funded Corporations	382183	5268
其他有限责任公司	Other Limited Liability Corporations	14176579	257504
股份有限公司	Share-holding Corporations Ltd.	1166091	32454
私营企业	Private Enterprises	7677720	144967
私营独资企业	Private-funded Enterprises	327988	
私营合伙企业	Private Partnership Enterprises	92894	
私营有限责任公司	Private Limited Liability Corporations	6916567	111921
私营股份有限公司	Private Share-holding Corporations Ltd.	340271	33046
其他企业	Other Enterprises	97531	4459
港、澳、台商投资企业	Enterprises with Funds from Hong Kong, Macao & Taiwan	2145921	173830
港澳台商合资经营企业	Joint-venture Enterprises	808400	
港澳台商独资经营企业	Enterprises with Sole Investment	1132847	148536
港澳台商投资股份有限公司	Share-holding Corporations Ltd.	82708	25294
其他港澳台投资企业	Other Enterprises with Funds from Hong Kong, Macao & Taiwan	121966	

continued

(10 000 yuan)

商品销售总额 Total Sales	# 公共网络商品销售额 Sales of Public Network	# 银行卡支付商品销售额 Sales of Bank Card Payment	# 批发 Wholesale Trades	# 出口 Exports	年末库存 Stock at Year-end
3917157	229331	372860	252419		288903
1259281	4959	51718	134927		49445
1519211	160905	304973	42782		142996
696219	9400	5020	26125		16594
376203	53233	9270	38235		71791
66244	834	1879	10350		8077
2788391	26871	745358	134651	28638	84209
158055	2048	7593	18242		9360
178877	860	93179	941		1284
1667504	20602	640576	26682		35843
1406		63			83
3074			1544		460
19377		332	860		1745
84595		3617	5693		3098
675503	3361		80689	28638	32336
2941284	2551499	78639	58864	294	41656
2784781	2551023	24556	47212	294	35676
55638		53844			1041
81264			7928		3469
19601	476	239	3724		1469
30330791	1366146	4256725	1364202	76830	2611869
1302250	3735	521977	149453		171699
500852	6117	1248	15740		25109
100918			186		801
1250					15
1250					15
18104665	583098	2501672	815224	76604	1616310
405147		28638	7898	275	71239
17699518	583098	2473034	807325	76329	1545071
1374210	61435	239999	3265		75844
8824829	703985	991830	371054	226	717484
365470	317	7248	10375		16440
93459	6967	985	885		6670
7987443	679460	910338	348272	226	659713
378457	17242	73259	11522		34662
121815	7776		9281		4606
2759248	53466	791402	206149	909	344331
1056157		425139	171154		186954
1493660	53466	286515	34904	909	133939
87068		39239			6335
122362		40510	91		17103

16-8 续表 2

单位：万元

指　　标	Item	商品购进总　额 Total Purchases Value	# 进 口 Imports
外商投资企业	Foreign Funded Enterprises	3558517	7185
中外合资经营企业	Joint-venture Enterprises	1189680	
外资企业	Enterprises with Sole Fund	2303879	7185
外商投资股份有限公司	Share-holding Corporations Ltd. with Foreign Investment	55080	
其他外商投资企业	Other Foreign Funded Enterprises	9878	
按控股情况分	**By Status of Share Holding**		
国有控股	State-holding	3818808	34627
集体控股	Collective-holding	1191596	7343
私人控股	Private-holding	18065408	343545
港澳台商控股	Hong Kong, Macao & Taiwan-holding	2138571	173830
外商控股	Foreign-holding	2428916	17185
其　他	Others	3321520	49138
按经营形式分	**By Form of Management**		
独立门店	Independent Stores	24145657	619010
连锁总店	General Chain Stores	1494255	83
连锁直营店	Chain Direct Store	230158	273
连锁加盟店	Chain Franchise	2309	
其　他	Others	5092440	6302
按单位规模分	**By Scale**		
大　型	Large	9432909	47
中　型	Medium	14470095	484471
小　型	Small	6103021	134387
微　型	Mini	958794	6763
按零售业态分	**By Business Categories**		
有店铺零售	Shop Retails	27967395	618419
食杂店	Grocery Store	112074	
便利店	Convenience Store	392352	4494
折扣店	Discount Store	1310	
超　市	Supermarket	1634522	736
大型超市	Hypermarket	1928530	20806
仓储会员店	Warehouse Club	11123	
百货店	Department Store	3808395	8509
专业店	Specialty Store	8768729	288532
专卖店	Franchised Store	7509322	259919
家居建材商店	Building Material Store	1749091	
购物中心	Shopping Center	1697688	35423
厂家直销中心	Factory Outlets Center	354259	
无店铺零售	Non-shop Retails	2997424	7249
# 电视购物	TV Shopping	49479	
邮　购	Mail-order	1118	452
网上商店	Web Storefronts	2531800	1701
电话购物	Telephone Shopping	3368	
其　他	Others	411659	5097

continued

(10 000 yuan)

商品销售总额 Total Sales	# 公共网络商品销售额 Sales of Public Network	# 银行卡支付商品销售额 Sales of Bank Card Payment	# 批发 Wholesale Trades	# 出口 Exports	年末库存 Stock at Year-end
4179266	2103435	43551	41505		91935
1560911					32937
2545921	2103435	40922	2638		56431
58292			38867		329
14142		2629			2238
4600838	155168	705535	322990	28913	379640
1357638	6928	85827	70635		64626
21119721	964174	2651574	785044	294	1933752
2747986	53466	791402	206058	909	345226
2765286	2103435	64422	60150		66846
4677837	239876	792918	166979	47622	258046
29001640	1050976	4110251	1014734	77445	2428110
1886543	67891	145568	61654		201308
297167	1430	48772	26800		22583
414874	11339	248924	9881		6675
5669081	2391411	538163	498787	294	389459
11893377	2074802	2446911	481698		657689
16935790	910647	2141642	621523	47898	1573937
7339753	445109	467879	434398	29773	726595
1100385	92491	35247	74237	68	89915
33907364	889215	5004095	1418154	47898	2974258
130425	2266	1514	52529		4446
421950	149036	9808	67001	47622	21287
1321					30
1886864	12347	80167	67962		193979
2430952	3297	331197	10521		237552
13674					1343
5078862	27232	579246	77891		200742
10484108	379098	1862440	482077	275	1041015
8872554	285497	1384812	457706		1105401
2082856	19518	735185	49228		49423
2091843	520	1079	99861		86414
411953	10406	18647	53378		32627
3361941	2633833	87584	193703	29841	73877
55638		53844			1041
2684	1735	20	365		1067
2860087	2614873	25637	61602	294	38706
3419					232
440113	17225	8083	131735	29547	32831

16-9 各市(区)限额以上批发业商品购进总额(2017年)
Total Purchases of Enterprises above Designated Size in Wholesale Trades by City(District)(2017)

单位：亿元 (100 million yuan)

地 区	Region	合 计 Total	# 国有控股 State-holding	内资企业 Domestic Funded Enterprises	国有企业 State-owned Enterprises	集体企业 Collective-owned Enterprises	股份合作企业 Cooperative Enterprises
全 省	**Shaanxi**	**7766.46**	**4516.81**	**7217.07**	**605.25**	**12.18**	**2.25**
西 安 市	Xi'an	4597.73	2318.41	4048.35	226.49	4.81	
铜 川 市	Tongchuan	39.07	23.07	39.07	5.55		
宝 鸡 市	Baoji	473.07	165.81	473.07	49.40	1.51	
咸 阳 市	Xianyang	89.59	68.40	89.60	32.30	0.60	
渭 南 市	Weinan	729.03	647.10	729.00	30.50	1.20	
# 韩城市	Hancheng	557.90	504.00	557.90			
延 安 市	Yan'an	126.49	63.40	126.50	17.50		
汉 中 市	Hanzhong	133.72	68.60	133.70	27.50	0.20	
榆 林 市	Yulin	1401.43	1067.50	1401.40	168.30	2.20	1.80
安 康 市	Ankang	103.93	45.70	103.90	18.00	1.60	
商 洛 市	Shangluo	64.08	42.90	64.10	27.30		0.50
杨凌示范区	Yangling	8.31	6.00	8.30	2.40		

16-9 续表 continued

单位：亿元 (100 million yuan)

地 区	Region	联营企业 State Joint Ownership Enterprises	有限责任公司 Limited Liability Corporations	股份有限公司 Share-holding Corporations Ltd.	私营企业 Private Enterprises	港、澳、台商投资企业 Enterprises with Funds from Hong Kong, Macao & Taiwan	外商投资企业 Enterprises with Foreign Investment
全 省	**Shaanxi**		**4613.40**	**1224.48**	**743.05**	**13.43**	**535.96**
西 安 市	Xi'an		2375.19	930.01	510.61	13.43	535.96
铜 川 市	Tongchuan		12.70	15.94	4.00		
宝 鸡 市	Baoji		273.62	126.65	15.09		
咸 阳 市	Xianyang		15.90	29.30	9.80		
渭 南 市	Weinan		690.30	0.60	6.00		
# 韩城市	Hancheng		557.90				
延 安 市	Yan'an		50.00	34.00	23.80		
汉 中 市	Hanzhong		62.80		43.20		
榆 林 市	Yulin		1073.10	50.90	100.90		
安 康 市	Ankang		45.20	22.50	16.60		
商 洛 市	Shangluo		10.60	13.10	12.70		
杨凌示范区	Yangling		3.90	1.60	0.40		

16-10 各市(区)限额以上零售业商品购进总额(2017年)

Total Purchases of Enterprises above Designated Size in Retail Trades by City(District)(2017)

单位：亿元 (100 million yuan)

地 区	Region	合 计 Total	# 国有控股 State-holding	内资企业 Domestic Funded Enterprises	国有企业 State-owned Enterprises	集体企业 Collective-owned Enterprises	股份合作企业 Cooperative Enterprises
全 省	**Shaanxi**	**3096.48**	**381.88**	**2526.04**	**121.17**	**44.86**	**9.88**
西 安 市	Xi'an	1814.35	250.82	1263.43	79.66	3.03	
铜 川 市	Tongchuan	38.63	8.63	38.63	0.32	0.55	
宝 鸡 市	Baoji	287.77	25.70	281.52	5.06	15.73	
咸 阳 市	Xianyang	232.00	23.00	220.20	9.00	7.70	9.90
渭 南 市	Weinan	186.02	30.40	185.70	16.60	4.40	
# 韩城市	Hancheng	19.00	1.40	19.00	0.90		
延 安 市	Yan'an	89.55	3.50	89.20	0.30		
汉 中 市	Hanzhong	156.58	28.60	156.60	8.10	11.00	
榆 林 市	Yulin	135.63	4.90	135.40	1.10	0.20	
安 康 市	Ankang	116.62	3.20	116.60	0.70	2.30	
商 洛 市	Shangluo	28.29	2.50	27.70	0.20	0.10	
杨凌示范区	Yangling	11.05	0.60	11.10	0.20		

16-10 续表 continued

单位：亿元 (100 million yuan)

地 区	Region	联营企业 State Joint Ownership Enterprises	有限责任公司 Limited Liability Corporations	股份有限公司 Share-holding Corporations Ltd.	私营企业 Private Enterprises	港、澳、台商投资企业 Enterprises with Funds from Hong Kong, Macao & Taiwan	外商投资企业 Enterprises with Foreign Investment
全 省	**Shaanxi**	**0.13**	**1455.88**	**116.61**	**767.77**	**214.59**	**355.85**
西 安 市	Xi'an		750.18	42.87	387.16	202.94	347.97
铜 川 市	Tongchuan		29.65	1.10	6.02		
宝 鸡 市	Baoji	0.13	198.78	22.95	36.08	0.35	5.91
咸 阳 市	Xianyang		62.80	7.10	121.70	10.50	1.40
渭 南 市	Weinan		100.50	23.50	40.30	0.30	
# 韩城市	Hancheng		14.60	0.80	2.60		
延 安 市	Yan'an		79.10	0.10	8.30	0.30	
汉 中 市	Hanzhong		73.90		63.30		
榆 林 市	Yulin		80.80	15.00	37.60	0.20	
安 康 市	Ankang		55.30	2.00	56.10		
商 洛 市	Shangluo		16.10	2.00	9.30		0.60
杨凌示范区	Yangling		8.70		2.00		

16-11 各市(区)限额以上批发业商品销售总额(2017年)
Total Sales of Enterprises above Designated Size in Wholesale Trades by City(District)(2017)

单位：亿元 (100 million yuan)

地区	Region	合计 Total	# 国有控股 State-holding	内资企业 Domestic Funded Enterprises	国有企业 State-owned Enterprises	集体企业 Collective-owned Enterprises	股份合作企业 Cooperative Enterprises
全省	**Shaanxi**	**9129.20**	**5277.91**	**8547.46**	**801.16**	**13.67**	**2.43**
西安市	Xi'an	5053.43	2612.44	4471.68	291.91	4.72	
铜川市	Tongchuan	50.08	26.90	50.08	8.85		
宝鸡市	Baoji	901.31	198.42	901.31	60.74	2.72	
咸阳市	Xianyang	110.12	88.20	110.10	44.90	0.70	
渭南市	Weinan	828.44	739.10	828.40	43.40	1.20	
# 韩城市	Hancheng	569.80	515.20	569.80			
延安市	Yan'an	148.11	77.50	148.10	29.30		
汉中市	Hanzhong	159.42	90.00	159.40	40.60	0.20	
榆林市	Yulin	1659.09	1321.10	1659.10	208.90	2.40	1.90
安康市	Ankang	134.43	64.70	134.40	34.90	1.70	
商洛市	Shangluo	75.37	52.90	75.40	34.50		0.50
杨凌示范区	Yangling	9.40	6.70	9.40	3.10		

16-11 续表 continued

单位：亿元 (100 million yuan)

地区	Region	联营企业 State Joint Ownership Enterprises	有限责任公司 Limited Liability Corporations	股份有限公司 Share-holding Corporations Ltd.	私营企业 Private Enterprises	港、澳、台商投资企业 Enterprises with Funds from Hong Kong, Macao & Taiwan	外商投资企业 Enterprises with Foreign Investment
全省	**Shaanxi**		**5200.36**	**1675.21**	**835.11**	**18.48**	**563.27**
西安市	Xi'an		2607.32	982.18	583.70	18.48	563.27
铜川市	Tongchuan		19.46	16.45	4.38		
宝鸡市	Baoji		297.39	511.55	20.56		
咸阳市	Xianyang		16.60	35.80	10.40		
渭南市	Weinan		774.90	0.60	7.80		
# 韩城市	Hancheng		569.80				
延安市	Yan'an		55.50	35.80	25.90		
汉中市	Hanzhong		73.10		45.50		
榆林市	Yulin		1287.20	51.20	102.90		
安康市	Ankang		54.20	24.20	19.40		
商洛市	Shangluo		10.70	15.70	14.00		
杨凌示范区	Yangling		4.00	1.70	0.60		

16-12 各市(区)限额以上零售业商品销售总额（2017年）
Total Sales of Enterprises above Designated Size in Retail Trades by City(District)(2017)

单位：亿元 (100 million yuan)

地区	Region	合计 Total	#国有控股 State-holding	内资企业 Domestic Funded Enterprises	国有企业 State-owned Enterprises	集体企业 Collective-owned Enterprises	股份合作企业 Cooperative Enterprises
全省	**Shaanxi**	**3726.93**	**460.08**	**3033.08**	**130.23**	**50.09**	**10.09**
西安市	Xi'an	2234.13	318.47	1561.42	85.22	3.19	
铜川市	Tongchuan	48.49	8.94	48.49	0.37	0.58	
宝鸡市	Baoji	349.33	28.11	343.05	6.10	16.70	
咸阳市	Xianyang	252.85	24.80	241.00	9.70	8.70	10.00
渭南市	Weinan	227.47	32.50	226.20	17.90	6.60	
#韩城市	Hancheng	23.80	1.60	23.80	1.00		
延安市	Yan'an	99.10	3.90	98.50	0.40		
汉中市	Hanzhong	186.98	31.20	187.00	8.20	11.50	
榆林市	Yulin	149.73	5.00	149.50	1.10	0.20	
安康市	Ankang	135.10	3.40	135.10	0.80	2.60	
商洛市	Shangluo	32.15	3.10	31.30	0.20		0.10
杨凌示范区	Yangling	11.61	0.70	11.60	0.20		

16-12 续表 continued

单位：亿元 (100 million yuan)

地区	Region	联营企业 State Joint Ownership Enterprises	有限责任公司 Limited Liability Corporations	股份有限公司 Share-holding Corporations Ltd.	私营企业 Private Enterprises	港、澳、台商投资企业 Enterprises with Funds from Hong Kong, Macao & Taiwan	外商投资企业 Enterprises with Foreign Investment
全省	**Shaanxi**	**0.13**	**1810.47**	**137.42**	**882.48**	**275.92**	**417.93**
西安市	Xi'an		965.86	58.39	447.88	263.48	409.23
铜川市	Tongchuan		37.73	1.08	6.76		
宝鸡市	Baoji	0.13	252.03	23.09	41.77	0.30	5.97
咸阳市	Xianyang		66.90	7.70	135.80	10.00	1.80
渭南市	Weinan		125.70	27.10	48.40	1.30	
#韩城市	Hancheng		18.80	0.90	2.90		
延安市	Yan'an		86.80	0.10	9.20	0.60	
汉中市	Hanzhong		91.70		75.30		
榆林市	Yulin		91.40	15.30	40.80	0.20	
安康市	Ankang		65.00	2.10	64.40		
商洛市	Shangluo		18.30	2.70	10.00		0.90
杨凌示范区	Yangling		9.00		2.10		

16-13 各市(区)限额以上批发业商品库存总额(2017年)
Total Inventory of Enterprises above Designated Size in Wholesale Trades by City(District)(2017)

单位：亿元 (100 million yuan)

地 区	Region	合 计 Total	# 国有控股 State-holding	内资企业 Domestic Funded Enterprises	国有企业 State-owned Enterprises	集体企业 Collective-owned Enterprises	股份合作企业 Cooperative Enterprises
全 省	**Shaanxi**	**266.66**	**123.36**	**257.49**	**22.55**	**0.36**	**0.02**
西 安 市	Xi'an	133.37	51.54	124.20	8.82	0.23	
铜 川 市	Tongchuan	2.79	0.76	2.79	0.50		
宝 鸡 市	Baoji	40.66	5.85	40.66	2.11	0.06	
咸 阳 市	Xianyang	3.24	2.40	3.20	1.50		
渭 南 市	Weinan	24.78	23.00	24.80	1.80		
# 韩城市	Hancheng	21.20	21.20	21.20			
延 安 市	Yan'an	8.33	2.00	8.30	1.00		
汉 中 市	Hanzhong	5.71	2.90	5.70	1.50		
榆 林 市	Yulin	38.81	31.30	38.80	2.80		
安 康 市	Ankang	6.01	1.70	6.00	1.20		
商 洛 市	Shangluo	2.54	1.70	2.50	1.20		
杨凌示范区	Yangling	0.42	0.20	0.40	0.20		

16-13 续表 continued

单位：亿元 (100 million yuan)

地 区	Region	联营企业 State Joint Ownership Enterprises	有限责任公司 Limited Liability Corporations	股份有限公司 Share-holding Corporations Ltd.	私营企业 Private Enterprises	港、澳、台商投资企业 Enterprises with Funds from Hong Kong, Macao & Taiwan	外商投资企业 Enterprises with Foreign Investment
全 省	**Shaanxi**		**142.54**	**43.77**	**46.52**	**3.27**	**5.90**
西 安 市	Xi'an		69.50	9.33	36.30	3.27	5.90
铜 川 市	Tongchuan		0.55	0.82	0.19		
宝 鸡 市	Baoji		6.39	29.42	1.95		
咸 阳 市	Xianyang		0.30	0.90	0.60		
渭 南 市	Weinan		22.60		0.30		
# 韩城市	Hancheng		21.20				
延 安 市	Yan'an		5.10	0.60	1.50		
汉 中 市	Hanzhong		2.60		1.60		
榆 林 市	Yulin		31.90	1.30	2.60		
安 康 市	Ankang		2.70	1.00	1.10		
商 洛 市	Shangluo		0.70	0.20	0.40		
杨凌示范区	Yangling		0.10	0.10			

16-14　各市(区)限额以上零售业商品库存总额(2017年)

Total Inventory of Enterprises above Designated Size in Retail Trades by City(District)(2017)

单位：亿元　　　(100 million yuan)

地　区	Region	合　计 Total	# 国有控股 State-holding	内资企业 Domestic Funded Enterprises	国有企业 State-owned Enterprises	集体企业 Collective-owned Enterprises	股份合作企业 Cooperative Enterprises
全　省	**Shaanxi**	**304.81**	**37.96**	**261.19**	**17.17**	**2.51**	**0.08**
西安市	Xi'an	179.25	29.37	138.43	15.49	0.18	
铜川市	Tongchuan	2.85	0.13	2.85	0.00	0.44	
宝鸡市	Baoji	28.14	1.56	27.36	0.43	0.69	
咸阳市	Xianyang	15.08	1.40	13.30	0.10	0.10	0.10
渭南市	Weinan	24.63	0.60	24.40	0.30	0.30	
# 韩城市	Hancheng	1.00	0.10	1.00	0.10		
延安市	Yan'an	9.27	0.50	9.20			
汉中市	Hanzhong	13.60	2.40	13.60	0.70	0.50	
榆林市	Yulin	15.01	1.30	15.00			
安康市	Ankang	12.41	0.30	12.40	0.10	0.30	
商洛市	Shangluo	3.66	0.40	3.60			
杨凌示范区	Yangling	0.90	0.10	0.90			

16-14　续表　continued

单位：亿元　　　(100 million yuan)

地　区	Region	联营企业 State Joint Ownership Enterprises	有限责任公司 Limited Liability Corporations	股份有限公司 Share-holding Corporations Ltd.	私营企业 Private Enterprises	港、澳、台商投资企业 Enterprises with Funds from Hong Kong, Macao & Taiwan	外商投资企业 Enterprises with Foreign Investment
全　省	**Shaanxi**	**0.00**	**161.63**	**7.58**	**71.75**	**34.43**	**9.19**
西安市	Xi'an		85.24	3.00	34.50	32.40	8.42
铜川市	Tongchuan		2.02	0.02	0.32		
宝鸡市	Baoji	0.00	20.94	0.74	4.46	0.07	0.71
咸阳市	Xianyang		4.30	0.20	8.50	1.70	
渭南市	Weinan		15.60	2.90	5.30	0.20	
# 韩城市	Hancheng		0.80		0.10		
延安市	Yan'an		8.40		0.80	0.10	
汉中市	Hanzhong		5.90		6.40		
榆林市	Yulin		10.20	0.40	4.30		
安康市	Ankang		6.20	0.20	5.70		
商洛市	Shangluo		2.10	0.20	1.30		
杨凌示范区	Yangling		0.70		0.20		

16-15 限额以上住宿业经营情况(2017年)

指标	Item	企业数(个) Number of Enterprises (unit)	营业额(万元) Business Value (10 000 yuan)	#银行卡支付营业额 Business Value of Bank Card Payment
总计	**Total**	**879**	**1233725**	**187387**
按住宿行业分	**By Hotels**			
旅游饭店	Tour Restaurant	498	874342	137205
一般旅馆	General Restaurant	348	312456	47051
其他住宿服务	Other Hotel Services	33	46926	3132
按登记注册类型分	**By Status of Registration**			
内资企业	Domestic Funded Enterprises	862	1130612	165784
国有企业	State-owned Enterprises	52	85208	13300
集体企业	Collective-owned Enterprises	7	6793	401
股份合作企业	Cooperative Enterprises	2	9493	4965
有限责任公司	Limited Liability Corporations	378	576340	89924
国有独资公司	State Sole Funded Corporations	14	54557	18744
其他有限责任公司	Other Limited Liability Corporations	364	521783	71181
股份有限公司	Share-holding Corporations Ltd.	20	21408	943
私营企业	Private Enterprises	396	421526	56078
私营独资企业	Private-funded Enterprises	35	32393	810
私营合伙企业	Private Partnership Enterprises	10	12230	257
私营有限责任公司	Private Limited Liability Corporations	326	335879	54217
私营股份有限公司	Private Share-holding Corporations Ltd.	25	41024	795
其他企业	Other Enterprises	7	9844	173
港、澳、台商投资企业	Enterprises with Funds from Hong Kong, Macao & Taiwan	7	47062	12138
与港澳台商合资经营企业	Joint-venture Enterprises	5	35643	8750
港澳台商独资经营企业	Enterprises with Sole Investment	2	11419	3389
外商投资企业	Foreign Funded Enterprises	10	56052	9465
中外合资经营企业	Joint-venture Enterprises	2	12732	442
中外合作经营企业	Cooperation Enterprises	1	2233	889
外资企业	Enterprises with Sole Fund	6	36128	5467
其他外商投资企业	Other Foreign Funded Enterprises	1	4959	2667
按控股情况分	**By Status of Share Holding**			
国有控股	State-holding	96	266719	44244
集体控股	Collective-holding	20	28335	2665
私人控股	Private-holding	666	694521	96747
港澳台商控股	Hong Kong, Macao & Taiwan-holding	6	46237	12138
外商控股	Foreign-holding	9	51396	9465
其他	Others	82	146518	22129
按经营形式分	**By Form of Management**			
独立门店	Independent Stores	803	1134870	163596
连锁总店(总部)	General Chain Stores	1	407	
连锁直营店	Chain Direct Store	8	9185	4813
连锁加盟店	Chain Franchise	21	13716	5249
其他	Others	46	75547	13729
按单位规模分	**By Scale**			
大型	Large	5	78712	16516
中型	Medium	119	513993	96441
小型	Small	719	631994	74352
微型	Mini	36	9026	79
按星级分	**By Star Rating**			
五星	Five-star Level	15	131082	22902
四星	Four-star Level	59	137066	29266
三星	Three-star Level	144	221486	14431
二星	Two-star Level	41	57624	5779
一星	One-star Level	3	1686	344
其他	Others	617	684781	114664

Management of Enterprises above Designated Size of Hotels(2017)

#客房收入 From Hotel Rooms	#公共网络客房收入 Public Network Income	#餐费收入 From Meals	#公共网络餐费收入 Public Network Income	#商品销售收入 From Commodities	客房间数(间) Number of Hotel Rooms (unit)	床位数(个) Number of Beds (unit)	餐位数(位) Number of Dining-seats (seat)	餐饮营业面积(平方米) Operating Area (sq.m)
594875	**60019**	**529640**	**7087**	**46608**	**164145**	**270201**	**271003**	**1528220**
400201	43110	386626	5633	34094	99249	174618	194236	1009151
174366	16817	120526	1455	10936	61385	89596	68631	464422
20309	92	22488		1578	3511	5987	8136	54647
547697	50635	489969	6506	42709	159128	262611	260842	1492011
36269	2220	42740	20	2189	6631	12346	23349	111948
2317	6	1866	65	1670	517	960	1211	7663
1186		8307			159	343	199	200
277099	21379	241089	3141	24738	56124	95724	124961	780531
25144	2129	26417	194	637	3690	6167	9969	39635
251956	19251	214672	2947	24101	52434	89557	114992	740896
8422	327	10827	6	758	2067	3759	5855	31014
218753	26683	180372	3274	13086	92826	148091	102336	541597
11871	203	18578	90	1168	2389	4378	6993	49907
4317	108	6799	146	729	580	1074	3270	18495
187085	25840	131996	3039	10064	87679	138667	84169	425659
15481	532	22999		1125	2178	3972	7904	47536
3651	21	4768		269	804	1388	2931	19058
16146	3069	19104	296	2531	1984	3303	5333	18592
9015	1822	15112	221	2531	1232	2121	3128	14065
7131	1246	3992	75		752	1182	2205	4527
31032	6315	20567	286	1367	3033	4287	4828	17617
6201	763	4817	40	902	467	708	2300	4400
1345	136	793			281	479	450	1865
21019	4856	12858	188	285	2031	2740	1463	8852
2466	559	2099	59	180	254	360	615	2500
113870	10084	120868	968	5819	18251	31994	50294	227518
9835	491	13634	105	3825	2501	4655	6288	38111
365581	38521	290021	5275	20443	126415	205012	169573	1033614
15744	3069	18684	296	2531	1803	3083	4813	18392
29656	6315	18188	286	465	2931	4089	4328	16317
60189	1540	68245	158	13524	12244	21368	35707	194268
541725	51398	492852	6654	44028	153955	253904	252113	1433511
407					56	106		
8619	4396	299	188	50	1807	2771	329	710
12150	2931	907	84	177	2634	3865	1065	7178
31974	1294	35582	162	2352	5693	9555	17496	86821
37157	4788	29750	155	431	2255	3375	7108	22759
210383	20877	256976	2889	12450	31109	51736	81937	449599
340856	34352	241719	4043	32917	129444	212788	181205	1025614
6480	2	1195		809	1337	2302	753	30248
60111	8359	58138	415	816	5690	8733	16050	56344
70585	7911	55907	384	4020	12707	21555	31102	144700
80440	4604	120231	1034	9074	18774	34807	51872	233400
20813	419	33601	73	2492	3325	6010	14978	78194
1502	265			166	277	397		
361424	38460	261762	5181	30040	123372	198699	157001	1015582

16-16 限额以上餐饮业经营情况(2017年)

指 标	Item	企业数(个) Number of Enterprises (unit)	营业额(万元) Business Value (10 000 yuan)	#银行卡支付营业额 Business Value of Bank Card Payment
总 计	**Total**	**1275**	**1796650**	**155645**
按餐饮行业分	**By Catering Services**			
正餐服务	Restaurant	1219	1601117	155355
快餐服务	Fast Food	28	166454	223
饮料及冷饮服务	Beverages and Cold Drinks	3	745	
咖啡馆服务	Café	2	282	
酒吧服务	Bar	1	463	
其他餐饮服务	Others	25	28334	67
小吃服务	Snack	17	20874	67
餐饮配送服务	Catering Distribution	4	2098	
其他未列明餐饮业	Other Catering Service not Classified	4	5362	
按登记注册类型分	**By Status of Registration**			
内资企业	Domestic Funded Enterprises	1259	1636783	152078
国有企业	State-owned Enterprises	14	24738	792
集体企业	Collective-owned Enterprises	5	19626	
联营企业	State Joint Ownership Enterprises	1	1785	
集体联营企业	Collective State Joint Ownership Enterprises	1	1785	
有限责任公司	Limited Liability Corporations	503	611119	61693
国有独资公司	State Sole Funded Corporations	8	18389	3361
其他有限责任公司	Other Limited Liability Corporations	495	592729	58332
股份有限公司	Share-holding Corporations Ltd.	26	230617	35986
私营企业	Private Enterprises	690	715049	53044
私营独资企业	Private-funded Enterprises	77	86676	2714
私营合伙企业	Private Partnership Enterprises	7	3922	198
私营有限责任公司	Private Limited Liability Corporations	583	601214	49206
私营股份有限公司	Private Share-holding Corporations Ltd.	23	23237	926
其他企业	Other Enterprises	20	33850	563
港、澳、台商投资企业	Enterprises with Funds from Hong Kong, Macao & Taiwan	9	40395	1387
与港澳台商合资经营企业	Joint-venture Enterprises	2	6560	488
与港澳台商合作经营企业	Cooperative Enterprises	1	22700	
港澳台商独资经营企业	Enterprises with Sole Investment	5	10477	899
其他港澳台投资企业	Other Enterprises with Funds from Hong Kong, Macao & Taiwan	1	657	
外商投资企业	Foreign Funded Enterprises	7	119473	2180
中外合资经营企业	Joint-venture Enterprises	1	211	
外资企业	Enterprises with Sole Fund	4	116636	1239
其他外商投资企业	Other Foreign Funded Enterprises	2	2626	941
按控股情况分	**By Status of Share Holding**			
国有控股	State-holding	30	112178	23384
集体控股	Collective-holding	17	65853	3756
私人控股	Private-holding	1117	1306540	93596
港澳台商控股	Hong Kong, Macao & Taiwan-holding	6	33177	899
外商控股	Foreign-holding	7	119473	2180
其 他	Others	98	159430	31830
按经营形式分	**By Form of Management**			
独立门店	Independent Stores	1200	1458983	119262
连锁总店	General Chain Stores	15	226139	11361
连锁直营店	Chain Direct Store	9	23276	4663
连锁加盟店	Chain Franchise	2	325	36
其 他	Others	49	87927	20323
按单位规模分	**By Scale**			
大 型	Large	11	296652	47672
中 型	Medium	81	484108	41774
小 型	Small	1087	996306	65188
微 型	Mini	96	19585	1010

Management of Enterprises above Designated Size of Catering Services(2017)

#客房收入 From Hotel Rooms	#公共网络客房收入 Public Network Income	#餐费收入 From Meals	#公共网络餐费收入 Public Network Income	#商品销售收入 From Commo-dities	客房间数(间) Number of Hotel Rooms (unit)	床位数(个) Number of Beds (unit)	餐位数(位) Number of Dining-seats (seat)	餐饮营业面积(平方米) Operating Area (sq.m)
151666	**6873**	**1500228**	**36113**	**111993**	**27240**	**52050**	**527726**	**2248270**
151591	6873	1311966	32643	111235	27207	51988	495493	2136803
		159558	3469	459			26012	89227
		745					630	3040
		282					150	1840
		463					480	1200
75		27960		299	33	62	5591	19200
75		20505		293	33	62	4839	15000
		2098					72	1850
		5356		5			680	2350
151273	6873	1348134	33776	111703	27181	51932	502347	2146611
4184	70	16188	118	3133	868	1577	4822	17763
7872		11728		27	154	290	630	8200
		1785					260	3000
		1785					260	3000
69073	2412	505853	7716	22870	13212	23903	214741	915695
1982	40	10815	126	4984	482	829	4070	17410
67091	2372	495038	7590	17886	12730	23074	210671	898285
9658	1176	184628	5522	29249	1297	2249	25739	146043
58160	3043	600957	20419	52054	11091	22794	250348	1031646
6270	269	69761	491	10528	1261	2365	25949	93623
149		3579		194	65	99	2586	9330
48073	2774	509410	19928	40016	9311	19468	215453	895917
3668		18208		1316	454	862	6360	32776
2327	173	26996		4370	559	1119	5807	24264
394		38993	1207	187	59	118	7849	43452
394		5162	1081	187	59	118	1387	15569
		22697					4500	18045
		10477	126				1845	9356
		657					117	482
		113101	1130	104			17530	58207
		211					350	400
		110264	1122	104			16457	53107
		2626	8				723	4700
6819	391	81009	3819	10815	1572	2747	22819	129578
10439		52012	19	1648	745	1395	17890	64993
113648	5473	1101942	27795	81298	21440	41482	412199	1742619
		33174	126				6345	27401
		113101	1130	104			17530	58207
20760	1009	118990	3224	18129	3483	6426	50943	225472
140360	6873	1192007	27913	94604	25410	48624	440338	1963940
		225993	5617	143			49542	137662
		23204	257	72			5441	18510
		325	267				250	1725
11306		58699	2059	17175	1830	3426	32155	126433
4608	250	266731	10419	18391	370	646	72317	270959
33433	2277	393528	5430	38789	4584	8216	89870	313104
111804	4304	822807	19786	54371	22048	42728	355501	1559228
1822	43	17163	477	443	238	460	10038	104979

16-17 各市(区)限额以上住宿业和餐饮业经营情况(2017年)

地 区	Region	企业数(个) Number of Enterprises (unit)	营业额(万元) Business Value (10 000 yuan)	# 银行卡支付营业额 Business Value of Bank Card Payment	# 客房收入 From Hotel Rooms	# 公共网络客房收入 Public Network Income
一、住宿业	**Hotels**					
全 省	**Shaanxi**	**879**	**1233725**	**187387**	**594875**	**60019**
西安市	Xi'an	303	599058	132856	328984	46771
铜川市	Tongchuan	29	33846	6131	12629	882
宝鸡市	Baoji	100	119181	9817	48782	3562
咸阳市	Xianyang	37	60513	5559	25159	262
渭南市	Weinan	67	108958	2530	28953	1206
# 韩城市	Hancheng	6	6897	228	2777	
延安市	Yan'an	79	57320	5283	35911	980
汉中市	Hanzhong	75	70412	8819	29704	2029
榆林市	Yulin	63	82946	6827	33338	1303
安康市	Ankang	81	62774	6290	33108	1880
商洛市	Shangluo	33	30064	1921	13673	674
杨凌示范区	Yangling	12	8655	1354	4635	471
二、餐饮业	**Catering Services**					
全 省	**Shaanxi**	**1275**	**1796650**	**155645**	**151666**	**6873**
西安市	Xi'an	368	675190	108758	21454	2838
铜川市	Tongchuan	27	27335	443	3448	
宝鸡市	Baoji	163	185256	12795	25385	2214
咸阳市	Xianyang	141	367317	8662	29922	101
渭南市	Weinan	132	200354	7070	14551	341
# 韩城市	Hancheng	10	9349		220	
延安市	Yan'an	57	42252	3150	8094	59
汉中市	Hanzhong	94	45438	2120	3195	382
榆林市	Yulin	67	57875	2891	12698	509
安康市	Ankang	189	167652	9560	25639	420
商洛市	Shangluo	27	20296	159	6325	11
杨凌示范区	Yangling	10	7685	38	957	

Management of Enterprises above Designated Size in Hotels and Catering Services by City(District)(2017)

# 餐费收入 From Meals	# 公共网络餐费收入 Public Network Income	# 商品销售收入 From Commodities	客房间数(间) Number of Hotel Rooms (unit)	床位数(个) Number of Beds (unit)	餐位数(位) Number of Dining-seats (seat)	餐饮营业面积(平方米) Operating Area (sq.m)
529640	**7087**	**46608**	**164145**	**270201**	**271003**	**1528220**
212973	3827	8727	80703	119503	89973	351354
19339	41	579	2370	4241	5838	43321
52131	967	17147	11118	19465	35554	292662
34196	10	788	3088	5524	14970	65647
70688	138	7946	6979	12601	24586	159352
4120			1088	1805	5980	26649
19229	396	1009	8503	15372	14144	109721
35713	378	3599	33377	62338	34404	119781
43733	143	1922	7356	12651	23362	168641
24588	972	3873	5367	9227	15210	127398
13864	88	764	3731	6496	10993	75214
3187	127	255	1553	2783	1969	15129
1500228	**36113**	**111993**	**27240**	**52050**	**527726**	**2248270**
600339	22753	29902	4084	7057	206002	849055
23550	0	337	305	517	7409	42242
149530	8994	7281	4493	10690	66571	263007
295463	1304	39953	3904	6878	54027	195358
167782	176	17339	3593	6725	52841	217672
9129			95	155	3321	10050
32337	369	340	1650	2979	17616	86055
39564	1279	2286	816	1493	30377	113789
43441	201	1388	3638	6703	34374	155019
128800	771	12142	3146	5804	48013	280319
12921	6	856	1230	2301	6438	34939
6503	260	171	381	903	4058	10815

16-18 限额以上批发业主要财务指标(2017年)

单位：万元

指　　标	Item	企业数(个) Number of Enterprises (unit)
总　计	**Total**	**1190**
按批发行业小类分	**By Subitem of Wholesale Trade**	
农、林、牧产品批发	Wholesale of Farm Produce and Livestock Products	58
谷物、豆及薯类批发	Wholesale of Cereals,Beans and Tubers	21
种子批发	Wholesale of Seeds and Forages	14
饲料批发	Wholesale of Feedstuff	4
棉、麻批发	Wholesale of Cotton and Hemp	2
林业产品批发	Wholesale of Forestry Products	7
牲畜批发	Wholesale of livestock	3
其他农牧产品批发	Others	7
食品、饮料及烟草制品批发	Wholesale of Food, Beverages and Tobaccos	277
米、面制品及食用油批发	Wholesale of Rice, Flour and Edible Oil	36
糕点、糖果及糖批发	Wholesale of Cake and Sugar	7
果品、蔬菜批发	Wholesale of Vegetables and Fruits	142
肉、禽、蛋、奶及水产品批发	Wholesale of Meat, Poultry, Eggs and AquaticProducts	13
盐及调味品批发	Wholesale of Salt and Condiments	10
营养和保健品批发	Wholesale of Nutrition and Health Products	3
酒、饮料及茶叶批发	Wholesale of Beverages and Tea	41
烟草制品批发	Wholesale of Tobaccos	12
其他食品批发	Others	13
纺织、服装及日用品批发	Wholesale of Textiles, Garments and Daily Consumer Articles	36
纺织品、针织品及原料批发	Wholesale of Textiles, Knitwear and Textile Materials	4
服装批发	Wholesale of Garments	7
鞋帽批发	Wholesale of Shoes and hats	1
化妆品及卫生用品批发	Wholesale of Cosmetics and Health Consumer Articles	11
厨房、卫生间用具及日用杂货批发	Wholesale of Livestock Kitchen, Bathroom Appliances and Groceries	1
家用电器批发	Wholesale of Household Appliances	12
文化、体育用品及器材批发	Wholesale of Culture, Sports Appliances and Equipment	31
文具用品批发	Wholesale of Stationary	7
体育用品及器材批发	Wholesale of Sports Goods	2
图书批发	Wholesale of Books	13
首饰、工艺品及收藏品批发	Wholesale of Jewelry, Artwork and Collections	8
其他文化用品批发	Others	1
医药及医疗器材批发	Wholesale of Medicines and Medical Appliances	146
西药批发	Wholesale of Western Medicine	79
中药批发	Wholesale of Traditional Chinese Medicinal Materials and Medicines	42
医疗用品及器材批发	Wholesale of Medical Materials and Medical Instruments	25
矿产品、建材及化工产品批发	Wholesale of Mineral Products, Building Materials and Chemical Products	483
煤炭及制品批发	Wholesale of Coal and Related Products	119
石油及制品批发	Wholesale of Petroleum and Related Products	73
非金属矿及制品批发	Wholesale of Metal Materials	4
金属及金属矿批发	Wholesale of Metal Materials	115
建材批发	Wholesale of Building Materials	74
化肥批发	Wholesale of Garments	34
农药批发	Wholesale of Pesticides	5
农用薄膜批发	Wholesale of Agricultural Film	1
其他化工产品批发	Others	58
机械设备、五金交电及电子产品批发	Wholesale of Machinery, Hardware and Electronic Equipment	136
农业机械批发	Wholesale of Agricultural Machinery	10
汽车批发	Wholesale of Motor Vehicles	17
汽车零配件批发	Wholesale of Motor Parts	9

Main Financial Indicators of Enterprises above Designated Size in Wholesale Trades(2017)

(10 000 yuan)

资产合计 Total Assets	# 流动资产 Working Capital	# 固定资产 Fixed Assets	负债合计 Total Liabilities	主营业务收入 Business Revenue	主营业务成本 Cost of Principal Business	销售费用 Business Expenditure	营业利润 Profits from Principal Business	利润总额 Total Profits
26467002	**20163541**	**1463818**	**17951516**	**81467569**	**76932649**	**1728628**	**1609012**	**1503833**
322673	188710	80131	198088	525208	490016	8340	14867	14989
125308	94929	26704	94421	329142	322815	2391	1235	1276
44211	20621	13858	12383	46440	39943	1657	1571	1796
5636	5452	177	3717	34322	32409	956	375	382
75370	33602	12656	63580	25169	23941	1069	-190	344
58816	24972	24520	18669	36822	25165	843	8641	8811
1736	1042	695	1083	10319	8096	206	1207	1207
11596	8094	1523	4235	42995	37648	1218	2028	1172
3047775	2438888	358786	977203	7590267	6039101	301087	512106	496855
136499	97541	21098	72358	312953	274014	12307	7414	10113
15888	14446	780	13601	91940	80381	3414	2558	2586
516194	273954	130620	179989	2326040	2224858	23674	42176	40972
37781	34472	3238	29692	129363	113142	7633	6399	6880
96075	70723	14355	33367	20252	13135	2681	722	1401
5621	4955	147	1057	4782	3213	216	1107	1275
888084	808914	39611	331417	868517	642065	113710	73222	73133
1302898	1106345	147710	296010	3733567	2615083	134156	357913	358383
48737	27540	1228	19711	102855	73211	3296	20595	2114
641583	584206	30720	549577	3343173	3200186	64034	42690	43024
10983	8164	2740	11239	23313	22371	288	-138	-161
92784	55258	22114	66054	2483539	2430724	12983	18639	18748
43478	40596	2882	37219	85184	52386	20463	3629	3659
68747	58584	1973	41825	147127	129350	13950	2778	2798
2050	1986	64	1279	2026	1894	16	2	2
423542	419618	947	391962	601984	563461	16333	17779	17978
305356	231004	13844	192792	522641	483106	18869	6675	6967
45019	42039	874	31331	112448	107587	2721	394	428
5974	5872	102	4750	31595	29220	1790	378	392
197674	128754	11524	110612	186422	162630	9646	5333	5473
49503	48300	197	40466	173302	166140	3877	348	339
7186	6038	1148	5633	18874	17530	836	222	336
2654905	2516137	52876	2309066	4294419	3958011	107334	92635	93352
1858546	1758746	30827	1656741	3129522	2907262	66609	78638	79198
571139	539447	18504	482612	930248	843533	32082	4872	5044
225219	217944	3545	169714	234650	207215	8643	9126	9110
17956599	12821260	843049	12449431	61245245	59002494	1154180	905206	810282
7094215	4240969	479261	4171529	20256000	19216601	542718	604749	490273
2544473	1268111	277656	1945634	16721465	16050067	392116	229466	217740
18186	17685	303	14495	51766	47625	2585	216	216
6685742	5955207	27684	5194118	20852926	20477919	169345	27638	56223
505054	450579	17184	367119	1168148	1108642	17109	19351	19554
85423	70058	11691	49684	346660	314889	15913	4974	7132
15644	14751	510	2235	32769	29315	1395	1410	1654
492	474	18	439	3685	3132		41	41
1007370	803426	28742	704180	1811826	1754305	12999	17361	17449
1459086	1316767	78638	1225746	3750142	3587085	66921	28099	31228
29465	19523	5374	11718	92259	83089	3427	1972	2223
447778	422503	8085	422589	2370893	2327290	26788	2984	4364
103436	38586	49711	74811	49692	44680	1062	192	214

16-18 续表

单位：万元

指　　标	Item	企业数（个） Number of Enterprises (unit)
机械设备、五金交电及电子产品批发	Wholesale of Machinery, Hardware and Electronic Equipment	136
农业机械批发	Wholesale of Agricultural Machinery	10
汽车批发	Wholesale of Motor Vehicles	17
汽车零配件批发	Wholesale of Motor Parts	9
摩托车及零配件批发	Hardware	2
五金产品批发	Wholesale of Household Appliances	18
电气设备批发	Wholesale of Electrical Appliance	6
计算机、软件及辅助设备批发	Wholesale of Computer, Software and Peripherals	13
通讯及广播电视设备批发	Wholesale of Communications and Broadcast and Television Equipments	7
其他机械设备及电子产品批发	Others	54
贸易经纪与代理	Trade Broker and Agency	3
贸易代理	Trade Agency	3
其他批发	Others	20
再生物资回收与批发	Recovery and Wholesale of Regeneration Material	5
其他未列明的批发	Any other Wholesale	15
按登记注册类型分	**By Status of Registration**	
内资企业	Domestic Funded Enterprises	1173
国有企业	State-owned Enterprises	69
集体企业	Collective-owned Enterprises	13
股份合作企业	Cooperative Enterprises	2
有限责任公司	Limited Liability Corporations	613
国有独资公司	State Sole Funded Corporations	37
其他有限责任公司	Other Limited Liability Corporations	576
股份有限公司	Share-holding Corporations Ltd.	38
私营企业	Private Enterprises	403
私营独资企业	Private-funded Enterprises	5
私营有限责任公司	Private Limited Liability Corporations	382
私营股份有限公司	Private Share-holding Corporations Ltd.	16
其他企业	Other Enterprises	35
港、澳、台商投资企业	Enterprises with Funds from Hong Kong, Macao & Taiwan	4
与港澳台商合资经营企业	Joint-venture Enterprises	2
港澳台商独资经营企业	Enterprises with Sole Investment	2
外商投资企业	Foreign Funded Enterprises	13
中外合资经营企业	Joint-venture Enterprises	4
外资企业	Enterprises with Sole Fund	9
按控股情况分	**By Status of Share Holding**	
国有控股	State-holding	207
集体控股	Collective-holding	27
私人控股	Private-holding	845
港澳台商控股	Hong Kong, Macao & Taiwan-holding	3
外商控股	Foreign-holding	12
其　　他	Others	96
按经营形式分	**By Form of Management**	
独立门店	Independent Stores	885
连锁总店	General Chain Stores	7
连锁直营店	Chain Direct Store	1
其　　他	Others	297
按单位规模分	**By Scale**	
大　型	Large	64
中　型	Medium	386
小　型	Small	672
微　型	Mini	68

continued

(10 000 yuan)

资产合计 Total Assets	#流动资产 Working Capital	#固定资产 Fixed Assets	负债合计 Total Liabilities	主营业务收入 Business Revenue	主营业务成本 Cost of Principal Business	销售费用 Business Expenditure	营业利润 Profits from Principal Business	利润总额 Total Profits
1459086	1316767	78638	1225746	3750142	3587085	66921	28099	31228
29465	19523	5374	11718	92259	83089	3427	1972	2223
447778	422503	8085	422589	2370893	2327290	26788	2984	4364
103436	38586	49711	74811	49692	44680	1062	192	214
8610	8587	23	8140	18564	17594	511	32	30
108508	96630	2925	74213	149922	131069	5738	4462	5794
310953	301550	3362	276970	301131	275291	4487	5959	6048
146537	145696	602	125611	172264	165131	2930	776	808
23001	21795	863	20782	51153	49793	805	289	315
280798	261897	7694	210913	544265	493148	21174	11432	11432
31146	30344	492	24314	65210	59194	3022	2070	2176
31146	30344	492	24314	65210	59194	3022	2070	2176
47879	36225	5282	25298	131264	113456	4840	4665	4961
13352	9122	411	8102	74314	67257	805	2909	2949
34527	27103	4871	17196	56950	46199	4035	1756	2012
25234727	19334695	1444559	16968976	75853108	71420364	1691553	1611940	1490129
2567475	1879748	274663	1138624	7051598	5822931	211297	359326	373546
31530	26777	4316	28034	129362	123391	2090	429	131
12836	12649	120	11346	24135	22104	57	831	960
15380702	11786004	802809	10759534	47422928	45199649	969818	1047880	938374
2810633	2265425	81649	2349292	13452702	12698894	458199	200989	200616
12570069	9520580	721161	8410242	33970227	32500755	511619	846891	737758
4300250	3123965	156042	3183375	13915638	13367737	334647	92900	67551
2886975	2475159	185290	1827483	7123313	6720403	169679	100743	100905
3365	3039	109	2205	26690	24925	882	-136	-116
2411570	2024178	183047	1696932	6482792	6109933	163386	85048	85157
472040	447942	2134	128346	613831	585545	5411	15830	15864
54958	30392	21319	20579	186135	164150	3966	9831	8661
80646	73305	6829	63110	158143	119552	24625	4243	4272
33147	28745	3917	24284	70091	64369	4012	789	788
47499	44560	2912	38826	88052	55183	20613	3454	3484
1151629	755541	12430	919430	5456318	5392733	12450	-7172	9432
1038480	657416	2587	851310	5244381	5203816	2592	-16057	482
113149	98125	9842	68121	211936	188917	9858	8885	8950
14756687	10582864	915864	9849543	48313065	45187264	1196025	1223814	1116292
177494	104698	21369	134346	353874	311983	10338	21216	3734
7859714	6185381	449294	5243795	25016102	24025062	375961	262851	279311
53779	46516	6809	42290	98707	63218	23039	3234	3259
294593	266890	12771	232648	505574	465755	14819	12760	12301
3324736	2977192	57712	2448893	7180248	6879367	108447	85137	88936
13525955	9881029	716803	9097822	44992641	42410303	1184440	988065	873932
149844	76445	18386	115641	739549	694975	22582	3677	3652
21550	1386	1963	19200	79698	70744	6552	2190	2200
12769654	10204681	726665	8718853	35655680	33756627	515054	615080	624049
13169482	9607279	809970	9059370	38908327	35973225	1164092	789632	767428
9696325	7454062	415454	6637615	34878603	33685940	393973	716440	632737
3198835	2773298	201936	1945708	6892480	6500913	163200	101757	102296
402360	328902	36458	308823	788159	772570	7363	1184	1372

16-19 限额以上零售业主要财务指标(2017年)

单位：万元

指 标	Item	企业数(个) Number of Enterprises (unit)
总 计	**Total**	**3726**
按零售行业小类分	**By Retail Trades**	
综合零售	Integrated Retail	787
百货零售	Retail of General Merchandise	392
超级市场零售	Retail of Supermarkets	314
其他综合零售	Others	81
食品、饮料及烟草制品专门零售	Special Retail of Food, Beverages and Tobaccos	466
粮油零售	Retail of Grain and Oil	64
糕点、面包零售	Retail of Cake and Bread	11
果品、蔬菜零售	Retail of Melons and Fruits, Vegetables	126
肉、禽、蛋及水产品零售	Retail of Meat, Poultry, Eggs and Aquatic Products	47
营养和保健品零售	Retail of Nourishment and Health Products	6
酒、饮料及茶叶零售	Retail of Beverages and Tea	122
烟草制品零售	Retail of Tobaccos	19
其他食品零售	Others	71
纺织、服装及日用品专门零售	Special Retail of Textiles, Garments and Daily Consumer Articles	165
纺织品及针织品零售	Retail of Textiles and Knitwear	20
服装零售	Retail of Garments	99
鞋帽零售	Retail of Shoes and Hats	7
化妆品及卫生用品零售	Retail of Cosmetics and Health Consumer Articles	16
钟表、眼镜零售	Retail of Clocks and Watches,Spectacles	8
箱、包零售	Retail of Luggage and Bags	2
厨房用具及日用杂品零售	Retail of Kitchenware and Daily-use Sundry Goods	2
自行车零售	Retail of Bicycles	1
其他日用品零售	Others	10
文化、体育用品及器材专门零售	Special Retail of Culture, Sports Appliances and Equipments	181
文具用品零售	Retail of Stationery	13
体育用品及器材零售	Retail of Sports Goods	13
图书、报刊零售	Retail of Books	91
珠宝首饰零售	Retail of Jewelry	37
工艺美术品及收藏品零售	Retail of Artwork and Collections	19
乐器零售	Retail of Musical Instrument	2
照相器材零售	Retail of Photographic Equipment	1
其他文化用品零售	Others	5
医药及医疗器材专门零售	Special Retail of Medicines and Medical Appliances	212
药品零售	Retail of Medicines	203
医疗用品及器材零售	Retail of Medical Supplies and Appliances	9
汽车、摩托车、燃料及零配件专门零售	Special Retail of Motor Vehicles, Motorcycles, Fuel and Parts	1051
汽车零售	Retail of Motor Vehicles	729
汽车零配件零售	Retail of Motor Vehicles and Parts	18
摩托车及零配件零售	Retail of Motorcycles and Parts	35
机动车燃料零售	Retail of Fuel of Motor Vehicles	269
家用电器及电子产品专门零售	Special Retail of Household Appliances and Electronic Products	359
家用视听设备零售	Retail of Home Audio-visual Equipment	36
日用家电设备零售	Retail of Household Appliances	177
计算机、软件及辅助设备零售	Retail of Computer, Software and Peripherals	84
通信设备零售	Retail of Communication Equipment	40
其他电子产品零售	Others	22
五金、家具及室内装修材料专门零售	Special Retail of Hardware, Furniture and Decoration Materials	278
五金零售	Retail of Hardware	66
灯具零售	Retail of Light Fittings	10
家具零售	Retail of Furniture	127
涂料零售	Retail of Dope	3
卫生洁具零售	Retail of Sanitary	3
木质装饰材料零售	Retail of Dooden Decorating Materials	11
陶瓷、石材装饰材料零售	Retail of Porcelainous, Stone Finishing Decorating Materials	15
其他室内装修材料零售	Others	43
货摊、无店铺及其他零售	Non-shop and Other Retails	227
互联网零售	E-commerce Retails	190
邮购及电视、电话零售	Mail-order & Phone-order Retails	1
生活用燃料零售	Retail of Life Fuels	25
其他未列明的零售	Other Retail not Classified Elsewhere	11

Main Financial Indicators of Enterprises above Designated Size in Retail Trades(2017)

(10 000 yuan)

资产合计 Total Assets	# 流动资产 Working Capital	# 固定资产 Fixed Assets	负债合计 Total Liabilities	主营业务收入 Business Revenue	主营业务成本 Cost of Principal Business	销售费用 Business Expenditure	营业利润 Profits from Principal Business	利润总额 Total Profits
16745992	**11312573**	**2501398**	**10817243**	**32864500**	**28559959**	**1980711**	**1172702**	**1134474**
5443497	3196555	1006672	3262938	7133335	6075254	654289	199906	200802
3197433	1650828	818822	1894322	3767403	3159983	301468	95525	95422
2163724	1489035	172654	1326524	2937378	2549742	323132	93112	100063
82339	56692	15196	42093	428554	365530	29690	11269	5316
691396	413650	195975	333121	1305201	1093607	67427	60474	51928
78354	55387	19237	39705	145212	125313	6526	6080	6469
10617	6986	3260	3719	21857	16950	1808	1176	1335
285073	136262	106209	106876	398230	319239	20499	26931	22684
62688	39849	17643	40814	198177	174897	10558	1805	-1183
2583	2039	520	1139	3983	3116	176	80	144
128812	90435	27692	67281	239078	195599	15027	14016	12750
33276	24860	5140	19149	97726	86332	3107	2572	2429
89992	57833	16275	54439	200937	172161	9727	7815	7299
565984	400454	58488	287169	1223448	1012929	108629	49467	45571
10649	7858	1508	5698	23030	18761	2111	782	795
384131	250721	34921	181927	784893	672505	53857	26060	22861
79155	65746	12801	25922	175051	134433	23778	10259	9963
54193	48983	2039	43089	124092	96205	15015	7861	7586
12843	9051	3413	10179	13643	7769	3485	813	824
2653	2200	18	2081	2814	2029	747	-158	-158
300	198	54	74	18116	14555	178	2601	2601
2298	1532	119	614	1073	908	57	55	55
19762	14165	3618	17586	80737	65766	9402	1193	1042
742322	498140	149906	428731	1224450	943461	150024	54866	57528
6152	5067	322	2773	17057	14908	579	749	666
159695	138960	6836	56192	610469	431574	104403	40378	40551
414667	268158	90896	250747	441479	360391	37761	15026	16622
65992	48443	8109	34252	113682	104480	4485	452	312
90959	33679	43353	81152	30867	22258	2522	-2293	-1174
1806	1380	7	1117	3987	3733	23	115	115
187	180		168	538	301	29	194	191
2865	2273	383	2330	6370	5816	221	244	244
579800	493204	43985	436596	1128977	935913	111255	38232	33050
555962	471863	41802	426192	1110263	924162	110692	34695	29513
23838	21340	2183	10404	18715	11751	563	3537	3537
5771517	4157308	702368	4223733	12290410	11228525	429050	320286	292623
4618726	3625619	510073	3627940	9865754	9212648	273871	149552	129444
41417	28288	9818	30429	89504	80510	3661	2120	2023
59940	30505	11584	20558	130294	111313	4306	8216	7436
1051434	472897	170893	544806	2204857	1824054	147213	160398	153720
1095148	787731	90409	526500	3479334	3017504	189356	131532	127402
157596	127558	28386	49939	1083445	912095	64303	39084	38902
502536	386090	46052	296217	1321877	1187741	83962	23551	22580
279886	134623	12612	81882	669523	540503	27551	63766	60633
105922	99759	1847	75283	349929	331164	11022	2378	2478
49208	39700	1512	23179	54558	46002	2518	2753	2808
924575	574924	181178	567862	2473254	1944646	86538	266741	271884
72471	61678	8135	37967	146603	128210	3482	9293	9068
11202	3867	4439	7739	154528	111223	15677	8097	8097
721363	433770	139532	455767	1477261	1096741	43012	219853	224427
1363	975	368	540	1389	1236	4	76	76
1533	1425	43	1028	2312	1988	137	122	109
6194	5363	463	3227	15730	11548	1980	2892	2800
14999	12446	1800	10684	76185	60628	7605	1746	1728
95451	55399	26399	50910	599246	533073	14640	24662	25579
931753	790607	72417	750593	2606092	2308120	184144	51199	53688
821421	730809	37486	689928	2453310	2180845	177185	41545	42981
17327	15035	180	7734	55638	49043	2387	1117	1514
80011	35334	31708	43532	78731	62971	2903	8799	8595
12994	9429	3043	9399	18414	15262	1669	-262	598

16-19 续表

单位：万元

指　　标	Item	企业数（个）Number of Enterprises (unit)
按登记注册类型分	**By Status of Registration**	
内资企业	Domestic Funded Enterprises	3663
国有企业	State-owned Enterprises	65
集体企业	Collective-owned Enterprises	89
股份合作企业	Cooperative Enterprises	3
联营企业	Joint Ownership Enterprises	1
集体联营企业	Collective Joint Ownership Enterprises	1
有限责任公司	Limited Liability Corporations	1724
国有独资公司	State Sole Funded Corporations	60
其他有限责任公司	Other Limited Liability Corporations	1664
股份有限公司	Share-holding Corporations Ltd.	78
私营企业	Private Enterprises	1659
私营独资企业	Private-funded Enterprises	173
私营合伙企业	Private Partnership Enterprises	24
私营有限责任公司	Private Limited Liability Corporations	1406
私营股份有限公司	Private Share-holding Corporations Ltd.	56
其他企业	Other Enterprises	44
港、澳、台商投资企业	Enterprises with Funds from Hong Kong, Macao & Taiwan	37
港澳台商合资经营企业	Joint-venture Enterprises	8
港澳台商独资经营企业	Enterprises with Sole Investment	23
港澳台商投资股份有限公司	Share-holding Corporations Ltd.	3
其他港澳台投资企业	Other Enterprises with Funds from Hong Kong, Macao & Taiwan	3
外商投资企业	Foreign Funded Enterprises	26
中外合资经营企业	Joint-venture Enterprises	6
外资企业	Enterprises with Sole Fund	15
外商投资股份有限公司	Share-holding Corporations Ltd. with Foreign Investment	3
其他外商投资企业	Other Foreign Funded Enterprises	2
按控股情况分	**By Status of Share Holding**	
国有控股	State-holding	216
集体控股	Collective-holding	145
私人控股	Private-holding	2997
港澳台商控股	Hong Kong, Macao & Taiwan-holding	34
外商控股	Foreign-holding	25
其　他	Others	309
按经营形式分	**By Form of Management**	
独立门店	Independent Stores	3340
连锁总店	General Chain Stores	69
连锁直营店	Chain Direct Store	27
连锁加盟店	Chain Franchise	1
其　他	Others	287
按单位规模分	**By Scale**	
大　型	Large	60
中　型	Medium	896
小　型	Small	2017
微　型	Mini	753
按零售业态分	**By Business Categories**	
有店铺零售	Shop Retails	3456
食杂店	Grocery Store	23
便利店	Convenience Store	71
折扣店	Discount Store	1
超　市	Supermarket	484
大型超市	Hypermarket	65
仓储会员店	Warehouse Club	7
百货店	Department Store	369
专业店	Specialty Store	1204
专卖店	Franchised Store	1003
家居建材商店	Building Material Store	136
购物中心	Shopping Center	30
厂家直销中心	Factory Outlets Center	63
无店铺零售	Non-shop Retails	270
电视购物	TV shopping	1
邮　购	Mail-order	6
网上商店	Web Storefronts	189
电话购物	Telephone Shopping	2
其　他	Others	72

continued

(10 000 yuan)

资产合计 Total Assets	# 流动资产 Working Capital	# 固定资产 Fixed Assets	负债合计 Total Liabilities	主营业务收入 Business Revenue	主营业务成本 Cost of Principal Business	销售费用 Business Expenditure	营业利润 Profits from Principal Business	利润总额 Total Profits
13263322	9073402	2241275	8493368	26870606	23506735	1412661	891373	857736
496427	421580	65258	379893	1168005	1047904	49348	25951	25965
90426	46628	22741	44460	473324	395848	28900	14212	13296
8330	2805	2472	81	98710	62293	7320	8969	8969
62	53	5	9	1250	1154	10	76	76
62	53	5	9	1250	1154	10	76	76
8161049	5432520	1512633	5362289	15802015	13898547	875087	477403	461697
329688	205717	81899	188478	392081	329625	31829	12578	13630
7831361	5226803	1430733	5173811	15409934	13568922	843258	464826	448067
845687	527749	86535	370859	1215384	1091662	55236	35196	29849
3626397	2623833	540350	2323257	7991834	6902946	392614	325552	314272
141631	104222	27394	45058	340242	300792	12241	15772	13874
27944	15472	11082	10563	88293	72167	3975	4502	4425
3216486	2371099	447382	2115194	7217171	6221003	361783	296461	286624
240335	133040	54492	152443	346128	308984	14615	8817	9349
34943	18234	11282	12519	120085	106381	4146	4014	3611
2035701	1258485	126187	1305940	2386194	1973226	269053	115860	111503
544465	462915	26306	263292	920280	715585	122723	52404	48992
1343737	723263	69084	931263	1287686	1100001	129210	59552	58636
92744	23789	26608	91861	71171	68732	3722	-1609	-1681
54755	48519	4190	19524	107057	88908	13399	5514	5557
1446969	980686	133936	1017935	3607700	3079998	298997	165469	165235
552581	206093	61759	244003	1337912	1073306	92505	145114	143647
877651	760112	69983	761482	2211519	1956601	194293	22439	23803
12239	11984	207	6570	45487	41134	7666	-2408	-2410
4499	2498	1987	5880	12782	8956	4534	325	195
1980514	1172234	350939	1226104	4128311	3544798	270403	186906	184418
499150	383038	65997	270429	1244335	1069133	69390	28554	25782
8803675	6086761	1513721	5773118	18947567	16493259	961586	686005	659629
2038570	1259452	127472	1309376	2375820	1966482	266685	115420	111158
1064953	854204	133126	845136	2405558	2111170	212048	41518	43558
2359130	1556884	310144	1393081	3762907	3375119	200600	114299	109929
13102736	8336999	2234137	8520192	25740528	22524210	1295644	999004	952688
1433513	1114563	95526	793582	1541418	1303216	192265	26051	28724
111582	75708	14992	54035	276185	220080	29106	16168	12358
133997	131010	363	131416	354593	311747	31537	5278	5374
1964164	1654292	156381	1318018	4951776	4200705	432159	126201	135331
5545407	3699214	524977	3418545	10072872	8564431	878709	479907	490450
7988674	5331524	1421126	5586105	14998317	13113227	802502	440526	414758
2760911	1944107	482773	1574043	6754879	5968939	266661	203787	179497
451000	337729	72522	238551	1038432	913361	32839	48483	49771
15606371	10377158	2404119	9939075	29876482	25899451	1779937	1119120	1078032
26480	18235	5768	13650	113139	101406	3219	3897	3739
207584	148624	24449	190366	304910	248802	28056	6466	6402
763	115	598	93	1289	1075	51	47	47
876641	663327	138355	424268	1764105	1489370	127655	51889	46858
1529810	917571	140838	1031081	2124811	1835806	267267	70159	77610
19912	17936	1527	5495	13064	10745	661	595	244
3547343	1860548	846494	2054153	3972957	3369200	289976	102801	91289
4629596	3269235	636269	3101328	9479087	8305207	521748	333810	316618
3505514	2711602	388817	2445087	7997617	7198973	370852	203564	184776
712324	415515	148652	450064	1827789	1464460	64229	193619	198555
325769	185326	32557	76789	1877388	1517203	88841	139999	139846
224636	169127	39795	146701	400326	357205	17382	12275	12050
1139621	935415	97280	878168	2988018	2660507	200773	53582	56443
17327	15035	180	7734	55638	49043	2387	1117	1514
2716	1568	1148	970	2536	2063	0	40	-39
878610	765139	74042	707103	2522515	2237537	180970	46921	48795
2646	2221	425	1068	3409	2883	187	143	146
238322	151451	21486	161294	403920	368982	17229	5361	6027

16-20 限额以上住宿业主要财务指标(2017年)

单位：万元

指 标	Item	企业数(个) Number of Enterprises (unit)	资产合计 Total Assets
总 计	**Total**	**879**	**3499168**
按住宿行业小类分	**By Subitem of Hotels**		
旅游饭店	Tour Restaurant	498	2822177
一般旅馆	General Restaurant	348	569987
其他住宿服务	Other Hotel Services	33	107004
按登记注册类型分	**By Status of Registration**		
内资企业	Domestic Funded Enterprises	862	3203570
国有企业	State-owned Enterprises	52	240012
集体企业	Collective-owned Enterprises	7	14341
股份合作企业	Cooperative Enterprises	2	1554
有限责任公司	Limited Liability Corporations	378	2162907
国有独资公司	State Sole Funded Corporations	14	234689
其他有限责任公司	Other Limited Liability Corporations	364	1928217
股份有限公司	Share-holding Corporations Ltd.	20	40332
私营企业	Private Enterprises	396	725696
私营独资企业	Private-funded Enterprises	35	29718
私营合伙企业	Private Partnership Enterprises	10	9060
私营有限责任公司	Private Limited Liability Corporations	326	624966
私营股份有限公司	Private Share-holding Corporations Ltd.	25	61953
其他企业	Other Enterprises	7	18727
港、澳、台商投资企业	Enterprises with Funds from Hong Kong, Macao & Taiwan	7	172589
与港澳台商合资经营企业	Joint-venture Enterprises	5	152197
港澳台商独资经营企业	Enterprises with Sole Investment	2	20392
外商投资企业	Foreign Funded Enterprises	10	123009
中外合资经营企业	Joint-venture Enterprises	2	12879
中外合作经营企业	Enterprises with Sole Fund	1	4143
外资企业	Share-holding Corporations Ltd. with Foreign Investment	6	104482
其他外商投资企业	Other Foreign Funded Enterprises	1	1507
按控股情况分	**By Status of Share Holding**		
国有控股	State-holding	96	1263847
集体控股	Collective-holding	20	49872
私人控股	Private-holding	666	1619091
港澳台商控股	Hong Kong, Macao & Taiwan-holding	6	169361
外商控股	Foreign-holding	9	117953
其 他	Others	82	279045
按经营形式分	**By Form of Management**		
独立门店	Independent Stores	803	3275749
连锁总店(总部)	General Chain Store	1	246
连锁直营店	Chain Direct Store	8	28009
连锁加盟店	Chain Franchise	21	22206
其 他	Others	46	172958
按单位规模分	**By Scale**		
大 型	Large	5	509019
中 型	Medium	119	1585029
小 型	Small	719	1390504
微 型	Mini	36	14616
按星级分	**By Star Rating**		
五 星	Five-star Level	15	465956
四 星	Four-star Level	59	396936
三 星	Three-star Level	144	349930
二 星	Two-star Level	41	45764
一 星	One-star Level	3	767
其 他	Others	617	2239815

Main Financial Indicators in Hotels above Designated Size(2017)

(10 000 yuan)

# 流动资产 Working Capital	# 固定资产 Fixed Assets	负债合计 Total Liabilities	主营业务收入 Business Revenue	主营业务成本 Cost of Principal Business	销售费用 Business Expenditure	营业利润 Profits from Principal Business	利润总额 Total Profits
1162084	**1666729**	**2606905**	**1171395**	**579435**	**302236**	**-27573**	**-25967**
948014	1363927	2222009	829859	394846	227702	-33196	-31129
191838	248139	339788	297750	165595	62886	7667	6401
22232	54664	45108	43786	18995	11648	-2044	-1239
1046125	1523068	2360136	1075468	540381	277987	-33752	-32032
41943	148269	119335	79307	34764	23328	-3101	-3416
9757	3198	21149	6452	3619	868	-147	-87
282	488	488	9493	6191	203	1106	0
682803	1080410	1783849	548823	259214	161127	-38098	-36281
40095	177182	203118	52139	15879	18282	-2774	-2675
642709	903229	1580731	496684	243336	142845	-35324	-33607
5691	29198	18056	21088	12872	4166	1258	1113
302883	248968	402834	400764	218072	86751	6334	7758
12187	14986	9807	31716	23147	2752	1973	2176
4801	3801	1978	11874	7326	2087	928	928
264733	194716	353561	318406	161349	77303	2402	2821
21162	35465	37489	38768	26250	4610	1032	1834
2766	12537	13766	9541	5650	1544	-1105	-1119
67395	75141	133625	44406	19788	10450	-317	-253
59775	64839	111724	33322	18572	6539	-1581	-1592
7621	10302	21902	11084	1217	3911	1264	1339
48564	68521	113144	51521	19266	13799	6496	6319
2366	10078	50250	12234	7084	1232	643	216
753	3389	18303	2107	539	737	-538	-537
43962	55030	43117	32497	10882	9717	6243	6492
1483	24	1474	4683	761	2113	148	148
164958	855122	993559	252214	123927	71124	-28794	-28392
22187	23571	63887	27649	17066	4602	-542	-680
747755	536254	1054933	662580	334789	162498	3402	5993
64812	74496	117880	43629	19663	9805	-29	35
48044	64191	110293	46905	16014	13151	6481	6304
114328	113095	266352	138418	67976	41058	-8092	-9227
1068920	1570572	2463503	1078493	541064	269756	-27417	-27540
86	155	5	359	290		5	
20744	3842	21977	8720	907	6078	683	1035
7969	10570	13022	13100	3926	4446	-491	-450
64364	81590	108398	70723	33250	21956	-354	988
66913	402922	373542	74541	40627	21248	-5550	-6883
557501	806859	1322954	488145	209896	129826	-20197	-20175
533134	451209	902200	600700	324459	150451	-3441	-418
4536	5739	8209	8010	4454	712	1614	1510
196284	223465	409967	125061	43251	33737	5582	7019
136166	209657	351626	129520	41764	40843	-6668	-4953
117951	165149	275739	211205	120432	47903	319	105
13504	23630	24807	55623	29533	10041	3709	2681
454	259	556	1646	786	670	38	37
697725	1044570	1544209	648340	343671	169043	-30553	-30857

16-21 限额以上餐饮业主要财务指标(2017年)

单位：万元

指标	Item	企业数(个) Number of Enterprises (unit)	资产合计 Total Assets
总计	**Total**	**1275**	**1655811**
按餐饮行业分	**By Catering Services**		
正餐服务	Restaurant	1219	1555538
快餐服务	Fast Food	28	80678
饮料及冷饮服务	Beverages and Cold Drinks	3	1163
咖啡馆服务	Café	2	653
酒吧服务	Bar	1	510
其他餐饮服务	Others	25	18433
小吃服务	Snack	17	8624
餐饮配送服务	Catering Distribution	4	7974
其他未列明餐饮业	Other Catering Service not Classified	4	1834
按登记注册类型分	**By Status of Registration**		
内资企业	Domestic Funded Enterprises	1259	1576800
国有企业	State-owned Enterprises	14	19397
集体企业	Collective-owned Enterprises	5	2349
联营企业	Joint Ownership Enterprises	1	63
集体联营企业	Collective Joint Ownership Enterprises	1	63
有限责任公司	Limited Liability Corporations	503	742213
国有独资公司	State Sole Funded Corporations	8	15910
其他有限责任公司	Other Limited Liability Corporations	495	726304
股份有限公司	Share-holding Corporations Ltd.	26	193046
私营企业	Private Enterprises	690	598006
私营独资企业	Private-funded Enterprises	77	49029
私营合伙企业	Private Partnership Enterprises	7	1595
私营有限责任公司	Private Limited Liability Corporations	583	529929
私营股份有限公司	Private Share-holding Corporations Ltd.	23	17454
其他企业	Other Enterprises	20	21727
港、澳、台商投资企业	Enterprises with Funds from Hong Kong, Macao & Taiwan	9	24299
与港澳台商合资经营企业	Joint-venture Enterprises	2	3959
与港澳台商合作经营企业	Cooperative Enterprises	1	13251
港澳台商独资经营企业	Enterprises with Sole Investment	5	7011
其他港澳台投资企业	Other Enterprises with Funds from Hong Kong, Macao & Taiwan	1	77
外商投资企业	Foreign Funded Enterprises	7	54712
中外合资经营企业	Joint-venture Enterprises	1	248
外资企业	Enterprises with Sole Fund	4	53897
其他外商投资企业	Other Foreign Funded Enterprises	2	567
按控股情况分	**By Status of Share Holding**		
国有控股	State-holding	30	173966
集体控股	Collective-holding	17	57381
私人控股	Private-holding	1117	1101026
港澳台商控股	Hong Kong, Macao & Taiwan-holding	6	20262
外商控股	Foreign-holding	7	54712
其他	Others	98	248464
按经营形式分	**By Form of Management**		
独立门店	Independent Stores	1200	1393504
连锁总店	General Chain Stores	15	126018
连锁直营店	Chain Direct Store	9	7929
连锁加盟店	Chain Franchise	2	118
其他	Others	49	128241
按单位规模分	**By Scale**		
大型	Large	11	293751
中型	Medium	81	451649
小型	Small	1087	896436
微型	Mini	96	13975

Main Financial Indicators of Enterprises above Designated Size in Catering Services(2017)

(10 000 yuan)

# 流动资产 Working Capital	# 固定资产 Fixed Assets	负债合计 Total Liabilities	主营业务收入 Business Revenue	主营业务成本 Cost of Principal Business	销售费用 Business Expenditure	营业利润 Profits from Principal Business	利润总额 Total Profits
709825	**587412**	**1006110**	**1716661**	**1072807**	**346554**	**84187**	**80871**
671673	555950	954007	1535945	976370	297450	67853	67769
30098	24669	43261	152035	76089	47395	12311	11838
241	905	50	709	423	308	-146	6
34	602	46	272	196	177	-153	
207	303	4	437	227	131	6	6
7812	5888	8792	27972	19926	1401	4170	1258
	4859	4859	20760	13198	1223	4388	1544
3742	437	3247	1889	1937	52	-310	-379
807	593	686	5323	4791	127	92	93
679212	566966	951375	1570817	1005198	293606	73871	71196
5612	11715	9083	23800	15552	3264	2686	2695
379	1336	2125	19565	19156	146	90	90
35	14	12	1774	1370	2	374	374
35	14	12	1774	1370	2	374	374
334824	291831	542167	584081	350548	128963	13082	11936
5298	9471	19090	16907	8875	6236	-2813	-2815
329526	282361	523077	567174	341672	122727	15895	14751
92298	34204	70395	223850	162526	34164	9855	10339
234159	219225	320801	684427	432028	123373	46565	44567
22552	16927	20974	83608	55035	7870	12405	12406
623	726	503	3896	2480	746	359	246
204845	194568	289320	575209	361366	111074	33195	31236
6139	7004	10004	21714	13148	3683	607	679
11905	8643	6793	33320	24018	3695	1219	1197
7672	8362	28901	38966	17381	18608	-41	-266
1476	207	8171	6160	3767	1851	-281	-266
1946	5450	13016	22697	6938	13494	659	476
4174	2705	7714	9480	6258	3214	-485	-543
77			629	418	50	66	66
22941	12084	25833	106878	50228	34340	10357	9941
248		47	211	92	119	-11	-10
22229	12004	25189	104140	48924	33125	10290	9993
464	80	597	2527	1212	1097	78	-42
68395	50342	90029	106295	64635	27949	2123	-196
25688	24553	54028	64032	40667	17305	-408	1404
480424	394652	641151	1255513	824406	205935	69813	66462
6119	8155	20730	32177	13196	16708	174	-67
22941	12084	25833	106878	50228	34340	10357	9941
106259	97626	174339	151765	79677	44318	2128	3327
589799	524069	834846	1395240	926914	233142	67634	63788
40854	25071	90128	215481	95586	82812	10621	11524
5218	1531	3814	21569	10277	4736	2261	1829
75	43	4	324	216	107	-8	171
73880	36697	77318	84047	39813	25756	3679	3559
118092	59155	147546	282017	128210	104190	17298	19602
204771	180786	354912	459051	296848	96167	2402	3989
380385	342328	499372	957560	634842	144899	62213	55410
6577	5143	4280	18034	12908	1297	2274	1871

16-22 批发和零售业、住宿和餐饮业连锁经营情况(2017年)
Chain Management of Enterprises of Wholesale, Retail Trades, Hotels and and Catering Services(2017)

类　别	Item	合　计 Total	直营店 Regular Chain	加盟店 Franchise Chain
批发和零售业	**Wholesale and Retail Trades**			
门店总数 (个)	Number of Stores (unit)	3014	2673	341
年末零售营业面积 (平方米)	Retail Operating Area at year-end (sq.m)	2529746	2501536	28210
年末从业人员数 (人)	Number of Employed Persons at year-end (person)	35424	34116	1308
连锁门店商品购进总额 (万元)	Total Purchases Value of General Chain Stores(10 000 yuan)	7615004	7569064	45939
# 统一配送商品购进额	Centralized Purchase and Delivery	5883054	5837114	45939
# 自有配送商品购进额	Self Centralized Purchase and Delivery	2976715	2946503	30212
非自有配送商品购进额	Non-self Centralized Purchase and Delivery	765421	765421	
连锁门店商品销售额 (万元)	Total Sale of General Chain Stores (10 000 yuan)	9853833	9805130	48703
# 零售额	Retail Value	4024070	3977051	47019
住宿和餐饮业	**Hotels and Catering Services**			
门店总数 (个)	Number of Stores (unit)	282	277	5
年末餐饮营业面积 (平方米)	Retail Operating Area at year-end (sq.m)	126332	125632	700
年末从业人员数 (人)	Number of Employed Persons at year-end (person)	11571	11248	323
餐位数 (位)	Number of Dining-seats (seat)	75214	75048	166
连锁门店商品购进总额 (万元)	Total Purchases Value of General Chain Stores (10 000 yuan)	72150	71126	1024
# 统一配送商品购进额	Centralized Purchase and Delivery	68798	68798	
# 自有配送商品购进额	Self Centralized Purchase and Delivery	53602	53602	
非自有配送商品购进额	Non-self Centralized Purchase and Delivery	6612	6612	
连锁门店营业额 (万元)	Business Revenue of General Chain Stores (10 000 yuan)	178215	176583	1632
餐费收入	Revenue From Meals	177344	175712	1632
商品销售额	Total Sales of Commodities	872	872	

16-23 限额以上产业活动单位和个体户批发业商品购、销、存总额(2017年)
Total Purchases, Sales and Inventory of Industrial Activity Units and Individuals above Designated Size in Wholesale Trades(2017)

单位：万元 (10 000 yuan)

指标	Item	商品购进总额 Total Purchases Value	商品销售总额 Total Sales	年末库存 Stock at Year-end
总计	**Total**	**43390**	**58894**	**2279**
按批发行业分	**By Wholesale Trade Sector**			
食品、饮料及烟草制品批发	Wholesale of Food, Beverages and Tobaccos	25144	38566	921
米、面制品及食用油批发	Wholesale of Rice, Flour and Edible Oil	4089	5496	201
果品、蔬菜批发	Wholesale of Fruit and Vegetables	11063	22056	20
肉、禽、蛋、奶及水产品批发	Wholesale of Meat, Poultry, Eggs, Milk and Aquatic Products	5834	6193	410
酒、饮料及茶叶批发	Wholesale of Beverages and Tea	4158	4821	290
纺织服装及家庭用品批发	Wholesale of Textiles, Garments and Daily	5033	4763	460
厨房、卫生间用具及日用杂货批发	Wholesale of Kitchen and Washroom Appliances and Groceries	5033	4763	460
文化、体育用品及器材批发	Wholesale of Culture, Sports Appliances and Equipments	2100	2290	590
文具用品批发	Wholesale of Stationery	2100	2290	590
医药及医疗器材批发	Wholesale of Medicines and Medical Appliances	2612	3672	214
西药批发	Wholesale of Western Medicine	2612	3672	214
矿产品、建材及化工产品批发	Wholesale of Mineral Products, Building Materials and Chemical Products	2146	2055	94
化肥批发	Wholesale of Garments	2146	2055	94
机械设备、五金交电及电子产品批发	Wholesale of Machinery, Hardware and Electronic Equipment	6356	7549	
农业机械批发	Wholesale of Agricultural Machinery	6356	7549	
按登记注册类型分	**By Status of Registration**			
内资企业	Domestic Funded Enterprises	22452	34368	480
集体企业	Collective-owned Enterprises	11063	22056	20
股份有限公司	Share-holding Corporations Ltd.	11389	12312	460
个体经营	Individual Business	20938	24526	1799
个体户	Individual	20938	24526	1799
按经营形式分	**By Form of Management**			
独立门店	Independent Stores	38357	54132	1819
其他	Others	5033	4763	460

16-24 限额以上产业活动单位和个体户零售业商品购、销、存总额(2017年) Total Purchases, Sales and Inventory of Industrial Activity Units and Individuals above Designated Size in Retail Trades(2017)

单位：万元 (10 000 yuan)

指　　标	Item	商品购进总额 Total Purchases Value	商品销售总额 Total Sales	年末库存 Stock at year-end
总　　计	**Total**	**1460880**	**1580110**	**72242**
按零售行业分	**By Retail Trades Sector**			
综合零售	Integrated Retail	269905	344868	23915
百货零售	Retail of General Merchandise	128192	189541	15571
超级市场零售	Retail of Supermarkets	114463	124977	6609
其他综合零售	Others	27251	30350	1736
食品、饮料及烟草制品专门零售	Special Retail of Food, Beverages and Tobaccos	137194	146592	5627
粮油零售	Retail of Grain and Oil	42779	43134	1293
糕点、面包零售	Retail of Cake and Bread	3374	3383	322
果品、蔬菜零售	Retail of Melons and Fruits,Vegetables	11611	13942	267
肉、禽、蛋及水产品零售	Retail of Meat, Poultry, Eggs and Aquatic Products	27700	27387	800
营养和保健品零售	Retail of Nourishment and Health Products	11153	12683	132
酒、饮料及茶叶零售	Retail of Beverages and Tea	32508	36780	2340
烟草制品零售	Retail of Tobaccos	929	928	9
其他食品零售	Others	7140	8355	463
纺织、服装及日用品专门零售	Special Retail of Textiles, Garments and Daily Consumer Articles	172506	178654	7816
纺织品及针织品零售	Retail of Textiles and Knitwear	9605	9626	503
服装零售	Retail of Garments	51577	57420	3865
鞋帽零售	Retail of Shoes and Hats	2696	3277	127
化妆品及卫生用品零售	Retail of Cosmetics and Health Consumer Articles	28219	29160	1226
自行车零售	Retail of Bicycle	2752	2743	29
其他日用品零售	Others	77658	76428	2067
文化、体育用品及器材专门零售	Special Retail of Culture, Sports Appliances and Equipments	79877	80763	3879
文具用品零售	Retail of Stationary	6144	6275	257
体育用品及器材零售	Retail of Sports Goods	2799	2699	100
图书、报刊零售	Retail of Books	2844	3092	114
珠宝首饰零售	Retail of Jewelry	65842	65919	2818
乐器零售	Retail of Musical Instrument	1783	2202	554
其他文化用品零售	Others	464	578	36
医药及医疗器材专门零售	Special Retail of Medicines and Medical Appliances	46489	49332	3637
药品零售	Retail of Medicines	46489	49332	3637
汽车、摩托车、燃料及零配件专门零售	Special Retail of Motor Vehicles, Motorcycles, Fuel and Parts	233461	242860	7147
汽车零售	Retail of Motor Vehicles	15260	16487	625
摩托车及零配件零售	Retail of Motor Vehicles and Parts	8624	8246	5420
机动车燃料零售	Retail of Fuel of Motor Vehicles	209576	218128	1102
家用电器及电子产品专门零售	Special Retail of Household Appliances and Electronic Products	437447	446697	15287
家用视听设备零售	Retail of Home Audio-visual Equipment	24091	26990	1063
日用家电设备零售	Retail of Household Appliances	112660	120836	6357
计算机、软件及辅助设备零售	Retail of Computer, Software and Peripherals	43043	43681	1905

16-24 续表 continued

单位：万元 (10 000 yuan)

指 标	Item	商品购进总额 Total Purchases Value	商品销售总额 Total Sales	年末库存 Stock at year-end
通信设备零售	Retail of Communication Equipment	254805	252582	5668
其他电子产品零售	Others	2849	2607	294
五金、家具及室内装修材料	Special Retail of Hardware, Furniture and Decoration Materials	80489	86808	4820
五金零售	Retail of Hardware	16301	17709	937
灯具零售	Retail of Light Fittings	3855	3753	322
家具零售	Retail of Furniture	39844	42173	2760
涂料零售	Retail of Coating	113	103	10
木质装饰材料零售	Retail of Dooden Decorating Materials	5693	6097	214
陶瓷、石材装饰材料零售	Retail of Porcelainous, Stone Finishing Decorating Materials	10454	12409	479
其他室内装修材料零售	Others	4231	4564	99
货摊无店铺及其他零售业	Non-shop and Other Retails	3512	3537	114
生活用燃料零售	Retail of Life Fuels	1041	1042	9
其他未列明的零售	Other Retail Not Classified Elsewhere	2470	2495	106
按登记注册类型分	**By Status of Registration**			
内资企业	Domestic Funded Enterprises	40213	98359	10513
国有企业	State-owned Enterprises	19928	23684	840
集体企业	Collective-owned Enterprises	3452	3935	110
有限责任公司	Limited Liability Corporations	16176	70097	9238
其他有限责任公司	Other Limited Liability Corporations	16176	70097	9238
私营企业	Private Enterprises	658	644	325
私营有限责任公司	Private Limited Liability Corporations	658	644	325
个体经营	Individual Business	1420667	1481751	61729
个体户	Individual	1333761	1396169	58998
个人合伙	Individual Partnership	86907	85582	2732
按经营形式分	**By Form of Management**			
独立门店	Independent Stores	1448429	1566169	71291
连锁直营店	Chain Direct Store	2235	2272	20
其 他	Others	10217	11670	931
按零售业态分	**By Business Categories**			
有店铺零售	Shop Retails	1460880	1580110	72242
食杂店	Grocery Store	11296	14779	662
便利店	Convenience Store	18681	19471	825
折扣店	Discount Store	1100	1030	307
超 市	Supermarket	237904	255707	13270
大型超市	Hypermarket	756	1357	132
百货店	Department Store	100849	161239	13232
专业店	Specialty Store	775168	790998	26390
专卖店	Franchised Store	286486	301652	15778
家居建材商店	Building Material Store	24729	28217	1368
购物中心	Shopping Center	3255	5011	251
厂家直销中心	Factory Outlets Center	656	651	29

16-25 限额以上产业活动单位和个体户住宿业经营情况(2017年)
Management of Industrial Activity Units and Individuals above Designated Size of Hotels(2017)

单位：万元 (10 000 yuan)

指　　标	Item	营业额 Business Value	# 客房收入 From Hotel Rooms	# 餐费收入 From Meals	# 商品销售收入 From Commodities
总　　计	**Total**	**151441**	**70069**	**66397**	**9333**
按住宿行业分	**By Hotels**				
旅游饭店	Tour Restaurant	105154	48488	44451	7552
一般旅馆	General Restaurant	44735	20739	21326	1767
其他住宿服务	Other Hotel Services	1552	843	620	14
按登记注册类型分	**By Status of Registration**				
内资企业	Domestic Funded Enterprises	98958	41277	45203	7727
国有企业	State-owned Enterprises	23650	7985	13610	1057
集体企业	Collective-owned Enterprises	477	255	221	
有限责任公司	Limited Liability Corporations	56806	27525	26177	164
其他有限责任公司	Other Limited Liability Corporations	56806	27525	26177	164
股份有限公司	Share-holding Corporations Ltd.	15877	4503	4070	6506
私营企业	Private Enterprises	2149	1009	1125	
私营有限责任公司	Private Limited Liability Corporations	2149	1009	1125	
港澳台商投资企业	Enterprises with Funds from Hong Kong, Macao & Taiwan	15006	8470	6126	
港澳台商独资企业	Enterprises with Sole Investment	15006	8470	6126	
个体经营	Individual Business	37477	20321	15068	1607
个体户	Individual	37477	20321	15068	1607
按经营形式分	**By Form of Management**				
独立门店	Independent Stores	139248	62980	61793	9192
连锁加盟店	Chain Franchise	281	281		
其　　他	Others	11912	6809	4604	142
按星级分	**By Star Rating**				
五　星	Five-star Level	38980	22640	14776	4
四　星	Four-star Level	8937	2914	5798	24
三　星	Three-star Level	5681	2400	2875	47
二　星	Two-star Level	3006	1198	1751	57
一　星	One-star Level	4286	1659	2151	477
其　他	Others	90551	39259	39046	8724

16-26 限额以上产业活动单位和个体户餐饮业经营情况(2017年)

Management of Industrial Activity Units and Individuals above Designated Size of Catering Services(2017)

单位：万元 (10 000 yuan)

指　标	Item	营业额 Business Revenue	# 客房收入 From Hotel Rooms	# 餐费收入 From Meals	# 商品销售收入 From Commodities
总　计	**Total**	**325410**	**30961**	**271239**	**20289**
按餐饮行业分	**By Catering Services**				
正餐服务	Restaurant	318398	30952	264757	19881
快餐服务	Fast Food	1125		1103	22
饮料及冷饮服务	Beverages and Cold Drinks	299		299	
咖啡馆服务	Café	299		299	
其他餐饮服务	Others	5588	9	5079	386
小吃服务	Snack	3078	9	2570	386
其他未列明餐饮业	Other Catering Service not Classified	2510		2510	
按登记注册类型分	**By Status of Registration**				
内资企业	Domestic Funded Enterprises	59548	25082	29063	2719
国有企业	State-owned Enterprises	11518	2836	7851	831
集体企业	Collective-owned Enterprises	734	248	486	
有限责任公司	Limited Liability Corporations	34573	15754	14604	1876
国有独资公司	State Sole Funded Corporations	468	107	360	
其他有限责任公司	Other Limited Liability Corporations	34105	15646	14244	1876
私营企业	Private Enterprises	1039	110	929	
私营独资企业	Private-funded Enterprises	1039	110	929	
其他企业	Other Enterprises	11684	6134	5192	12
个体经营	Individual Business	265862	5879	242176	17570
个体户	Individual	265209	5879	241523	17570
个人合伙	Individual Partnership	653		653	
按经营形式分	**By Form of Management**				
独立门店	Independent Stores	293995	16765	256059	18670
连锁直营店	Chain Direct Store	778		778	
连锁加盟店	Chain Franchise	299		299	
其　他	Others	30339	14196	14104	1619

16-27 重点交易市场情况(2017年)
Focus on Transaction Markets(2017)

分类	Item	市场数(个) Number of Markets (unit)	摊位数(个) Number of Booths (unit)	年末出租摊位数(个) Number of Rented Stall(unit)	营业面积(平方米) Operating Area (sq.m)	成交额(万元) Turnover (10 000 yuan)
总　计	**Total**	**51**	**36225**	**33945**	**3303294**	**8780334**
按市场类别分	**By Type of Markets**					
1.综合市场	Integrated Markets	8	6967	6659	334726	631136
工业消费品综合市场	Industrial Consumable Comprehensive Markets	2	2780	2548	123000	56459
农产品综合市场	Farm Produce Comprehensive Markets	5	3969	3893	187726	533612
其他综合市场	Other Comprehensive Markets	1	218	218	24000	41065
2.专业市场	Special Markets	43	29258	27286	2968568	8149198
生产资料市场	Production Markets	11	8318	7801	1321154	1201430
建材市场	Building Material Markets	9	7012	6625	1248600	731430
金属材料市场	Metallic Material Markets	1	160	131	7300	320000
机械设备市场	Mechanical Equipment Markets	1	1146	1045	65254	150000
农产品市场	Farm Produce Markets	12	5945	4959	459249	2227431
粮油市场	Grain and Oil Markets	1	270	270	9333	298421
水产品市场	Aquatic Product Markets	1	720	720	23000	23000
蔬菜市场	Vegetables Markets	6	2177	2092	195616	971754
干鲜果品市场	Dried and Fresh Melons and Fruits Markets	3	1728	827	191300	534256
其他农产品市场	Others	1	1050	1050	40000	400000
纺织、服装、鞋帽市场	Textiles, Clothing, Shoes and Hats Markets	6	7899	7899	468382	3665223
布料及纺织品市场	Cloth and Textiles Markets	1	330	330	20000	18124
服装市场	Clothing Markets	3	4768	4768	213200	1942509
鞋帽市场	Shoes and Hats Markets	2	2801	2801	235182	1704590
电器、通讯器材、电子设备市场	Electrical Appliances, Communication Appliances and Electronical Appliances Markets	5	2437	2436	131000	553426
通讯器材市场	Communication Appliances Markets	2	1037	1036	30800	148450
照相、摄像器材市场	Photographic and Camera Equipments Markets	1	560	560	40000	21920
计算机及辅助设备市场	Computer and Auxillary Equipments Markets	2	840	840	60200	383056
家具、五金及装饰材料市场	Furniture,Hardware and Decoration Materials Markets	7	2995	2529	547807	243046
家具市场	Furniture Markets	2	408	405	170929	40330
装饰材料市场	Decoration Materials Markets	3	1492	1219	345878	141828
灯具市场	Light Fittings Markets	1	295	295	20000	42858
五金材料市场	Hardware Materials Markets	1	800	610	11000	18030
汽车、摩托车及零配件市场	Cars, Motorcycles and Spare Parts Markets	2	1664	1662	40976	258642
汽车市场	Cars Markets	1	1166	1164	39576	128642
机动车零配件市场	Motor Vehicle Spare Parts Markets	1	498	498	1400	130000
按营业状态分	**By Operating Status**					
常年营业	Perennial Operating	51	36225	33945	3303294	8780334
按经营方式分	**By Mode of Management**					
以批发为主	Wholesale Trade	32	20750	19111	1700992	6877502
以零售为主	Retail Trade	19	15475	14834	1602302	1902832
按经营环境分	**By Environment of Management**					
露天式	Open air	13	7699	7508	938059	1415942
封闭式	Closed	30	22830	21780	1995954	6563529
其　他	Others	8	5696	4657	369281	800863

16-28 重点交易市场商品销售类值(2017年)
Total Sales at Main Trade Markets by Category of Commodities(2017)

类别	Item	年末出租摊位数(个) Number of Rented Stall(unit)	成交额(万元) Turnover (10 000 yuan)
总计	**Total**	**33945**	**8780334**
粮油、食品类	Food	8323	2756568
# 粮油类	Grain and Oil	865	389160
肉禽蛋类	Meat, Poultry and Eggs	913	271332
水产品类	Aquatic Products	709	62370
蔬菜类	Vegetables	3864	1423464
干鲜果品类	Dried and Fresh Melons and Fruits	1842	604883
饮料类	Beverages	572	19406
烟酒类	Tobacco and Liquor	262	12391
服装、鞋帽、针纺织品类	Garments, Shoes and Hats, Knitwear and Textiles	8929	3660007
服装类	Garments	5520	1947248
鞋帽类	Shoes and Hats	2117	1634921
针纺织品类	Knitwear and Textiles	1292	77838
化妆品类	Cosmetics	73	3946
日用品类	Daily Consumer Articles	655	32702
五金、电料类	Hardware	1093	45195
体育、娱乐用品类	Sports and Recreation Articles	435	19888
# 照相器材类	Photographic Equipments	370	16125
书报杂志类	Newspapers and Magazines	2	19
电子出版物及音像制品类	E-journals and Video Products	1	8
家用电器和音像器材类	Household Appliances and Audio/Video Equipments	257	20958
中西药品类	Chinese and Western Medicine	1	4
# 中草药及中成药类	Chinese Herbal Medicine and Chinese Traditional Patent Medicine	1	4
文化办公用品类	Cultural and Office Appliances	849	297486
# 计算机及其配套产品	Computer and Auxillary Equipments	590	238407
家具类	Furniture	720	68784
通讯器材类	Communication Appliances	1264	229175
煤炭及制品类	Coal and Coal Products	1	4
木材及制品类	Wood and Wooden Products	19	2649
化工材料及制品类	Chemical Materials and Products	36	150000
金属材料类	Metal Materials	134	174922
建筑及装潢材料类	Building and Decoration Materials	7392	858213
机电产品及设备类	Mechanical and Electrical Products and Equipments	1060	150261
汽车类	Automobiles	1662	258642
种子饲料类	Seeds and Feedstuff	9	119
棉麻类	Cottons and Linens	3	14
其他类	Others	193	18973

16-29 重点交易市场成交情况(2017年)
Turnover of Main Commodity Transaction Markets(2017)

市场 Market	年末出租摊位数(个) Number of Rented Stall(unit)	成交额(万元) Turnover (10 000 yuan)	市场 Market	年末出租摊位数(个) Number of Rented Stall(unit)	成交额(万元) Turnover (10 000 yuan)
海星手机市场	560	10834	西安大明宫五金机电灯饰城	610	18030
陕西义乌商城物业管理有限公司	952	25101	西北管材铝塑型材批发基地	112	19106
陕西银邦经营管理有限公司	2967	410543	(西安源兴实业有限公司)		
康复路交易广场	850	1476515	北三环大明宫建材家居市场	3500	425000
(陕西丹尼尔康复路大卖场有限公司)			(西安大明宫建材家居有限公司)		
丹尼尔商城	780	1474967	西安朱雀农副产品物流中心	1050	400000
(陕西丹尼尔市场股份有限公司)			西安海荣赛格电子市场有限公司	476	137616
锦绣国际商贸城有限公司	2021	229623	西安雨润农产品全球采购有限公司	384	456004
西安胡家庙果品批发市场	306	30000	底张农贸市场	102	441
西安粮油批发交易市场	270	298421	(西咸新区惠爱农贸市场管理有限公司)		
西安胡家庙蔬菜批发市场	298	38005	咸阳南郊装饰建材市场	180	7450
西安铁路局西铁大市场	321	9359	新阳光农贸市场	456	479884
西安市文艺南路纺织品批发市场	330	18124	(咸阳市新阳光农副产品有限公司)		
西安赛博数码广场有限公司	80	2512	咸阳新阳光西北农副产品交易中心	456	479884
西安赛格电脑城	760	380544	咸阳市秦都区嘉惠商业区	951	55451
(西安赛格商贸有限公司)			咸阳天元建材市场	600	76562
西安东新科技贸易中心	560	21920	陕西泾云现代农业股份有限公司	300	100779
西安市玉林汽配批发市场有限责任公司	498	130000	大荔县同州农副产品批发市场	1814	18818
西安海纳汽车服务有限公司西安汽配市场	1164	128642	向阳沟蔬菜批发市场	145	62402
西安蔚蓝机电市场有限公司	1045	150000	(延安恒丰农副产品有限公司)		
陕西三盟庆安建材市场	400	10600	居然之家(延安居然之家建材家居有限公司)	120	10130
西安市方欣冷冻市场	720	23000	新圣明宫(延安晨曦商贸有限公司)	359	111840
西安国亨市场	1200	25110	汉中市多联水果批发市场	137	48252
陕西省生产资料第一交易市场	131	320000	汉中市汽车运输总公司运达批发市场	1596	31358
振穆实业有限公司穆将王市场	391	36938	汉中皇冠过街楼蔬菜批发市场	502	253746
西安大明宫灞桥建材家具股份有限公司	411	15540	汉中华夏建材城	692	33976
贝斯特建材五金机电市场	551	10499	汉中汉森建材城	231	36397
同泰灯具城(陕西同泰实业有限公司)	295	42858	绥德县五一商城综合批发市场	218	41065
大明宫钻石店	285	30200	安康市兴华建设集团有限公司综合批发市场	251	12550
(西安大明宫家居实业有限公司)			安康市满意建材市场有限公司	557	113738

主要统计指标解释

批发业 指批发商向批发、零售单位及其他企事业、机关单位批量销售生活用品和生产资料的活动，以及从事进出口贸易和贸易经纪与代理的活动。批发商可以对所批发的货物拥有所有权，并以本单位、公司的名义进行交易活动；也可以不拥有货物的所有权，而以中介身份做代理销售商。还包括各类商品批发市场中固定摊位的批发活动。

零售业 指百货商店、超级市场、专门零售商店、品牌专卖店、售货摊等主要面向最终消费者（如居民等）的销售活动。包括以互联网、邮政、电话、售货机等方式的销售活动，还包括在同地点，后面加工生产，前面销售的店铺（如前店后厂的面包房）。不包括：谷物、种子、饲料、牲畜、矿产品、生产用原料、化工原料、农用化工产品、机械设备（用车、计算机及通信设备等除外）等生产资料的销售（批发业）；非零售单位附带的零售活动（如汽车修理单位销售汽车零件）；商业零售单位所在商厦的物业管理（物业管理）；商业零售单位所在的商品市场、商业大厦的市场管理活动（市场管理）。

住宿业 指有偿为顾客提供临时住宿的服务活动，不包括提供长期住宿场所的活动（如出租房屋、公寓等）。

餐饮业 指在一定场所，对食物进行现场烹饪、调制，并出售给顾客主要供现场消费的服务活动。

社会消费品零售总额 指批发和零售业、餐饮业、新闻出版业、邮政业和其他服务业等，售予城乡居民用于生活消费的商品和社会集团用于公共消费的商品之总量。社会消费品零售总额包括：

一、批发和零售业企业（单位）售予城乡居民用于生活消费和社会集团用于公共消费的商品。包括：

1.售予城乡居民的各种生活消费品；

2.售予入境旅游的外国人、华侨、港澳台同胞的各类商品；

3.售予行政事业单位、社会团体、军队和武警等机构的商品，以及以零售方式售予各类企业的商品。具体包括：用于非生产和社会交往的办公用品，如通讯设备、计算器具和设备、电讯网络设备、文印设备、音像视听器材和设备、纸张、本册、文具及装订文印材料、家具、日用电器、针纺织品、清洁卫生用品、文体用品、奖品、纪念品、礼品等；供内部人员乘坐的交通工具和燃料；用于办公设施修缮的各类配件、材料、工具等；用于取暖和防暑降温的设备、燃料、材料及食品等；专用于教学的用品和设备；非营利医疗机构的中、西药品、中药材和医疗设备器材；非专用的劳动保护用品；不对外营业的内部食堂用的餐具、炊具、设备、清洁卫生工具和食品、燃料等；军队、武警用于其人员生活的衣着品和个人用品；其他各类非生产性设备和用品。

二、餐饮业出售的主食、菜肴、烟酒饮料和其他商品。

三、新闻出版业、邮政业售予城乡居民、企事业单位、军队和武警等机构的书报杂志、音像制品、邮品等。

四、其他服务业出售的食品、烟酒饮料、服装鞋帽、日常生活用品、医药保健用品、艺术品、工艺美术品、玩具、殡葬用品以及其他消费品。

批发和零售业商品购进、销售、库存总额 指各种登记注册类型的批发和零售业企业(单位)以本企业(单位)为总体的，从国内、国外市场购进的商品总量，销售和出口的商品总量、库存的商品总量等情况。该指标可以反映商品流转过程中商品的购进、销售、库存之间的比例关系和存在的问题。

购进总额 指从本企业(单位)以外的单位和个人购进(包括从境外直接进口)作为转卖或加工后转卖的商品总额。它反映批发和零售业从国内、国外市场上购进商品的总量。商品购进包括：(1)从工农业生产者购进的商品；(2)从出版社、报社的出版发行部门购进的图书、杂志和报纸；(3)从各种登记注册类型的批发和零售业企业(单位)购进的商品；(4)从其他单位购进的商品，如从机关、团体、企业等单位购进的剩余物资，从住宿和餐饮业、其他服务业购进的商品，从海关、市场管理部门购进的缉私和没收的商品，从居民手中收购的废旧商品等；(5)从国(境)外直接进口的商品。不包括企业(单位)为自身经营用和未通过买卖行为而收入的商品以及销售退回、商品升溢等。

销售总额 指对本企业(单位)以外的单位和个人出售(包括对境外直接出口)的商品总额。它反映批发和零售业在国内市场上销售商品以及出口商品的总量。商品销售包括：(1)售给城乡居民和社会集团消费用的商品；(2)售给工业、农业、建筑业、运输邮电业、批发和零售业、住宿和餐饮业、其他服务业等作为生产、经营使用的商品；(3)售给批发和零售业作为转卖或加工后转卖的商品；(4)对国(境)外直接出口的商品。不包括出售本企业(单位)自用的废旧包装用品，未通过买卖行为付出的商品，经本单位介绍、由买卖双方直接结算、本单位只收取手续费的业务，购货退出的商品以及商品损耗和损失等。

库存总额 指报告期末各种登记注册类型的批发和零售业企业(单位)已取得所有权的商品。它反映批发和零售业企业(单位)的商品库存情况和对市场商品供应的保证程度。商品库存包括：(1)存放在批发和零售业经营单位(如门市部、批发站、经营处)仓库、货场、货柜和货架中的商品；(2)挑选、整理、包装中的商品；(3)已记入购进而尚未运到本单位的商品，即发货单或银行承兑凭证已到而货未到的商品；(4)寄放他处的商品，如因购货方拒绝承付而暂时存放在购货方的商品和已办完加工成品收回手续而未提回的商品；(5)委托其他单位代销(未作销售或调出)尚未售出的商品；(6)代其他单位购进尚未交付的商品。不包括所有权不属于本单位的商品、委托外单位加工生产尚未收回成品的商品、外贸企业代理其他单位从国外进口尚未付给订货单位的商品、代国家物资储备部门保管的商品等。

住宿和餐饮业营业额 指住宿和餐饮业法人企业（单位）在经营活动中因提供服务或销售商品等取得的收入。包括：客房收入、餐费收入、商品销售额和其他收入。客房收入指住宿和餐饮业法人企业（单位）在经营活动中因提供住宿服务取得的收入。餐费收入指住宿和餐饮业法人企业、(单位）因为顾客提供就餐服务取得的收入，包括经烹饪、调制加工后出售的各种食品，如主食、炒菜、凉拌菜等的收入。商品销售额指住宿和餐饮业法人企业（单位）伴随服务而出售商品所取得的收入（含增值税）。其他收入指营业收入中除客房收入、餐费收入、商品销售额以外的其他收入，包括娱乐、健身和商务服务等。

连锁企业（或称连锁店、连锁公司） 指在核心企业或总店的领导下，由分散的、经营同类商品或服务的企业或活动单位，采取共同方针，实行集中采购和分散销售的有机结合，通过规范化经营，实现规模效益的经济联合组织形式。一般连锁店应由若干个分店组成。其经营特征：(1)经营同类商品；(2)使用统一商号；(3)统一采购配送，采购与销售相分离（部分商品可根据物流合理和保质保鲜原则，由供应商直接送货到门店，其余均由总部统一配送）。

连锁门店的形式分为直营连锁和加盟连锁。

直营连锁也叫正规连锁。指连锁门店均由总部独资或控股开设，在总部的直接领导下统一经营。总部采取纵深似的管理方式，直接下令掌管所有的零售门店，零售门店也必须完全接受总部指挥。这是大型垄断商业资本通过吞并、兼并或独资、控股等途径，发展壮大自身实力和规模的一种形式。

加盟连锁包括特许连锁和自由连锁两种形式。

特许连锁指各连锁门店（被特许人）通过合同形式，取得使用总部（特许人）商标、商号、经营技术和销售总部开发的商品的特许权，各加盟连锁门店为独立法人，在总部指导下统一经营。

自由连锁也称自愿连锁。指连锁公司的门店均为独立法人，各自的资产所有权关系不变，在公司总部的指导下共同经营。各成员店使用共同的店名，与总部订阅有关购、销、宣传等方面的合同，并按合同开展经营活动。在合同规定的范围之外，各成员店可以自由活动。根据自愿原则，各成员店可自由加入连锁体系，也可自由退出。

Explanatory Notes on Main Statistical Indicators

Wholesale Trade refers to the activities of wholesaler selling at wholesale commodities for daily use and capital goods to enterprises of wholesale and retail trades and other enterprises, institutions and government offices, including the activities of wholesaler engaged in import and export and acting as a trade agent. The wholesaler may have the right of ownership over the commodities of wholesale and trade in the name of its own or a company, the wholesaler may not have the right of ownership, only acts an agent. The wholesale trade also include the activities of wholesaler at the fixed stalls of the wholesale market of different commodities.

Retail Trade refers to the activities of department store, supermarket, franchised store, brand store, retail stall and on-the-spot-making-selling store selling commodities to the final consumers (citizens) by any means including internet, post, telephone, sales machine. Retail trade excludes the activities of sales of capital goods such a grain, seed, feed, livestock, mineral products, raw material for production, industrial chemicals, chemical products for farm, machine and equipment (vehicle, computer and communication equipment), and the activities of supplementary sales of non-retailer such as the sales of spare parts of car repair business

Hotel Services refer to the activities of enterprises providing paid services of lodging to the customer, excluding the activities of providing long period of services of lodging (such as leased house and apartments).

Catering Services refer to the activities of enterprises providing on-the-spot services of selling food cooked and prepared to the customer in certain sites

Total Retail Sales of Consumer Goods refer to the sum of retail sales of commodities sold by wholesale and retail trades, catering services, publishing, post and telecommunications and other service industries to urban and rural households for household consumption and to social institutions for public consumption. Retail sales of consumer goods include:

1) Sales sold by wholesale and retail trades to urban and rural households for household consumption and to social institutions for public consumption.

a) Of commodities to urban and rural households;

b) Of commodities to foreigners, overseas Chinese and Chinese compatriots from Hong Kong, Macao and Taiwan visiting China;

c) Of commodities to government agencies, institutions, social organizations, military and armed police units, and commodities to enterprises in the form of retail sales. More specifically, they include: office facilities and articles for non-production purposes such as communications equipment, computing equipment and instruments, TV and network equipment, printing and copying equipment, audio-visual equipment and instruments, paper, notebooks, stationeries, furniture, electric appliances, knitwear, sanitation and cleaning articles, cultural and sport articles, articles for prizes, souvenirs, etc.; transport vehicles and fuels for employees; materials, spare parts and tools for the maintenance of office facilities; equipment, fuels, materials and food for winter heating or summer cooling purposes; articles and equipment for teaching purpose; Chinese and western medicines and medical equipment and facilities purchased by non profit-making medical institutes; non-specialized work safety articles; cooking utensils, tableware, equipment, cleaning articles, food and fuels purchased by in-house cafeterias; clothes and personal articles purchased by military or armed police units for their officials and soldiers; and other equipment and articles for non-production purposes.

2) Sales of stable food, cooked dishes, beverages, tobaccos and other articles by catering units.

3) Sales of books, newspapers, magazines, audio-visual products and post products by publishing, post and telecommunications departments to urban and rural households and to enterprises, institutions, military and armed police units.

4) Sales of food, beverages, tobaccos, clothing, hats, footwear, articles for daily use, medicines, medical and health articles, work of art, handicrafts, toys, funeral articles and other articles by other service industries.

Purchase, Sales and Stock of Commodities by Wholesale and Retail Trades refer to the total volume of commodities purchased, total volume of sales and exports, and the stock of commodities by wholesale and retail enterprises (establishments) of different status of registration from domestic and overseas markets. This indicator reflects the relationship among purchase, sales and stock of commodities in the circulation of goods and reveals the existing problems.

Total Purchases of Commodities refer to the total value of purchases of commodities by enterprises (establishments) from other establishments or individuals (including direct import from abroad) for the purpose of re-selling, either with or without further processing of the commodities purchased. The commodities include: (1) commodities purchased from agricultural and industrial producer, wholesaler, retailer, publishing house and other service business; (2) commodities purchased from institutions and government departments; (3) confiscated goods purchased from the customs authorities or market management agencies; (4) second-hand goods and wastes purchased from residents; The commodities exclude 1 commodities purchased by enterprises (establishments) for use in their own business operation, commodities obtained without buying or selling procedures such as materials, consumable goods of low value, office appliances, etc. 2 received goods without trading, such as goods handed over from others, borrowed goods, preserved goods for others, donated goods from others, processed and retrieved goods, etc. 3. Goods of direct settlement between buyer and seller with handling fees introduced by others, 4. Goods returned or refused to pay by the buyer, 5. Excessive goods.

Total Sales of Commodities refer to value of commodities sold by the establishments to other establishments and individuals (including goods sold for self consumption, including the value-added tax). The commodities include: (1) Commodities sold to urban and rural residents and social groups for their consumption; (2) Commodities sold to establishments in all industries for their production and operation, including agriculture, industry, construction, transportation, post and telecommunications, catering services, and public utility including commodities sold to wholesale and retail establishments for re-selling, with or without further processing; and (3) Commodities for direct export to abroad. Excluded are (1) Extended commodities without trading, such as goods handed over to other enterprises and institutions because of the change of organizations, lent goods, returned goods preserved for others, extended processing materials and samples donated to others, (2) Goods of direct settlement between buyer and seller with handling fees introduced by others, 3. Goods returned after purchase, (4) Damaged and spoiled goods, (5) waste and used goods of self use,

Total Stock of Commodities refers to total commodities possessed by wholesaler and retailer of various types of registration status at the end of the reference period, reflecting the commodity stock level of various wholesaler and retailer and the potential for market supply. It includes: (1) Commodities located in storage, garages, counters, and shelves of operating places (such as sale stores, wholesale centres, and operating offices); (2) Commodities in the process of being selected, sorted, and packed; (3) Commodities not arrived but recorded as purchase in the account, i.e. commodities not arrived but payment receipts for the commodities from the sellers or the banks arrived; (4)Commodities deposited in other places rather than places mentioned above, for instance: commodities in the hold of purchasers temporarily due to the refusal of payment and commodities not taken back after going through the formalities; (5) Commodities entrusted to other units to sell but not sold yet; (6) Commodities purchased for other units but not delivered yet. Commodities not included as stock are those not owned by the enterprises (units), commodities on commission for processing but not yet delivered, imported commodities of agency of foreign trade enterprise but not yet delivered to ordering units and finally those put in stock on behalf of the state material reserves units.

Business Revenue of Hotels and Catering Services refers to revenue received from providing services or selling commodities by corporate enterprises and establishments engaged in hotels and catering services, including income from hotels, from catering services, from selling of commodities and from other services. Income from hotels refers to income of corporate enterprises and establishments engaged in hotels and catering services by providing lodging services. Income from catering services refers to income of corporate enterprises and establishments engaged in hotels and catering services by providing catering services, including selling of cooked or prepared foods such as staple food, cooked dishes or cold dishes. Income from selling of commodities refers to income of corporate enterprises and establishments engaged in hotels and catering services by selling commodities (including value-added tax) that accompany the services they provide. Income from other activities refers to income received other than income from hotels, catering services or selling of commodities, such as income from providing recreation, fitness or business services.

Chain Head Stores (headquarter) refer to the core leading stores responsible for development, allocation, administration and utilization of resources (name of stores, brand of stores, operation model, service standard, management way, ect.) of chain stores. Chain stores refers to the stores engaged in providing homogeneous commodities or services, with the central leadership of head store and guided by common policies, conduct centralized purchase and distributed selling of commodities, in order to gain better efficiency through standardized operation. The chain stores include regular chain stores, franchise chain stores and voluntary chain stores.

Regular Chain store refers to chain stores that are invested or controlled by the headquarters. They operate under direct and unified management from the headquarters.

Franchise chain store refers to the chain stores (franchisees) which are franchised with operation resources such as trade marks, names, patent and operation know-how by the franchisors in form of contract and pay the operation fees to the franchisors

Voluntary chain store refers the stores operate jointly on the voluntary bases while maintaining their status of independent legal entities with full ownership of their assets. They sell goods of same brand from same channel of resource to the consumers.

十七、对外经济贸易和旅游

Foreign Trade and Tourism

资料整理：杨　毅　贾佩佩

简 要 说 明

一、本篇资料反映陕西对外贸易和旅游业发展状况，内容包括进出口总值，进出口货物的品种、数(重)量、金额，利用外资、旅游人数和旅游收入，星级饭店基本情况等。

二、进出口商品总值按经营单位所在地统计。经营单位所在地是指境内进出口企业报关注册的登记地。

三、本篇资料由西安海关、省商务厅、省旅游发展委提供。

Brief Introduction

I. This chapter reflects development of international trades and tourism of Shaanxi, including kind, quantity(weight) and value of imported and exported products, utilization of foreign funds, tourist number and tourism revenue, basic conditions of star hotels, etc.

II. Total value of imported and exported commodities are calculated according to the location of operating units. The location of operating units is the place of registration where the resident imported and exported enterprises declare and register at customs.

III. The data sources are provided by Xi’an Customs District, the Department of Commerce Shaanxi Province and Shaanxi Provincial Tourism Development Committee.

17.对外经济贸易和旅游

2017年全省				
进出口总值	2719.65	亿 元	比上年增长	37.6%
#出 口	1659.73	亿 元	比上年增长	58.8%
实际利用外商直接投资额	58.94	亿美元	比上年增长	17.6%
入境旅游人数	383.74	万人次	比上年增长	13.5%
国际旅游收入	27.04	亿美元	比上年增长	15.6%

实际利用外资额（亿美元）

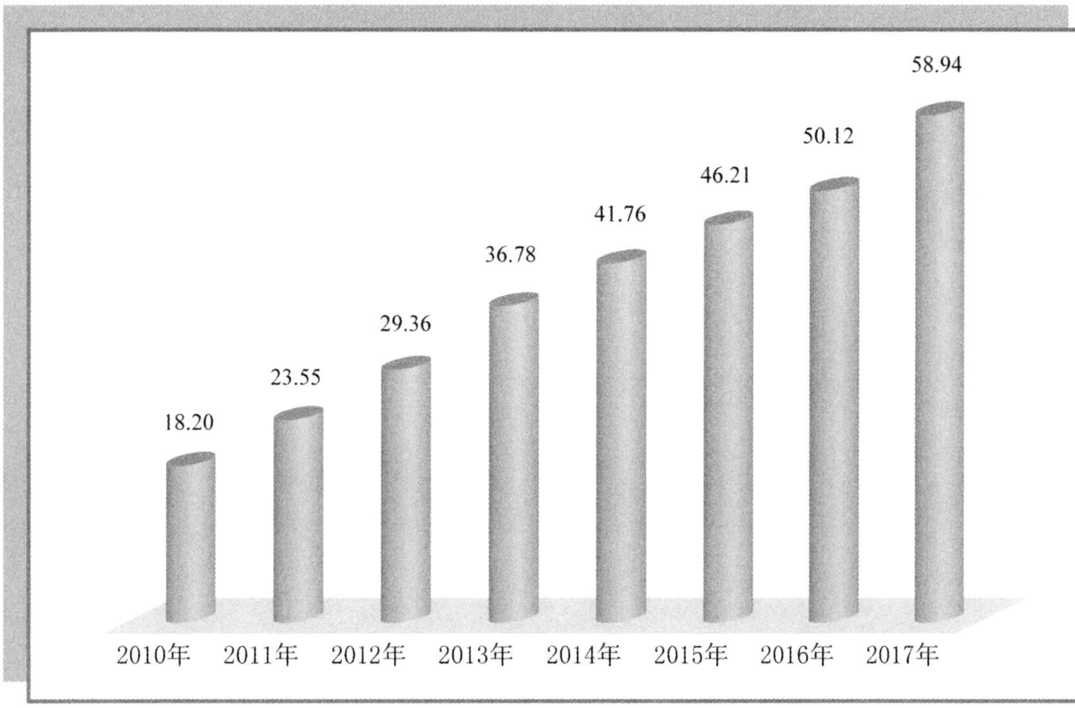

17-1 外贸进出口总值

Total Value of Imports and Exports in Foreign Trade

年份 Year	进出口总值(万美元) Total Value of Imports and Exports (USD 10 000)	出口 Exports	进口 Imports
1978		1190	
1980		973	
1985	15712	10359	5353
1990	57728	46059	11669
1991	81359	60502	20857
1992	111885	76531	35354
1993	149599	99347	50252
1994	160061	121615	38446
1995	173323	128261	45062
1996	178406	126922	51484
1997	173413	123120	50293
1998	205148	117668	87480
1999	200834	115225	85609
2000	214009	131003	83006
2001	206444	111044	95400
2002	222517	137717	84800
2003	278371	173523	104848
2004	364238	239658	124580
2005	457684	307581	150103
2006	536025	362960	173065
2007	688804	467244	221560
2008	832867	538066	294801
2009	840539	398815	441724
2010	1208283	620773	587510
2011	1462344	701085	761258
2012	1479854	865178	614677
2013	2012881	1022617	990265

年份 Year	进出口总值(万元人民币) Total Value of Imports and Exports (10 000 yuan)	出口 Exports	进口 Imports
2014	16807150	8554836	8252314
2015	18952493	9184651	9767842
2016	19763020	10450661	9312360
2017	27196506	16597326	10599180

17-2 按贸易方式分外贸进口总值
Total Value of Imports in Foreign Trade by Type of Trade

单位：万元 (10 000 yuan)

贸易方式类别	Type of Trade	2016	2017	2017年比2016年增长(%) Growth Rate in 2017 over 2016(%)
进口总值	**Total Imports**	**9312360**	**10599180**	**13.8**
1.一般贸易	General Trade	2391505	2887967	20.8
2.国家间、国际组织无偿援助和赠送的物资	Between Countries, International Organizations Aid and Donated Materials			
3.华侨、港澳台同胞、外籍华人捐赠物资	The overseas Chinese, Hong Kong, Macao, Taiwan,Chinese of foreign Donated Materials			
4.来料加工装配贸易	Assembly Processing Trade	40203	33853	-15.8
5.进料加工贸易	Processing With Imported Trade	5613786	6660873	18.7
6.来料加工装配进口的设备	Assembly Processing Trade Equipment		657	
7.租赁贸易	Lease Trade	25	67783	271032.0
8.外商投资企业作为投资进口的设备、物品	Foreign-invested Enterprises as the Import Investment of Equipment, Goods	47393	21120	-55.4
9.出料加工贸易	Material Processing	1216	4438	265.0
10.易货贸易	Barter			
11.保税监管场所进出境货物(保税仓库进出境货物)	Inward and Outward Goods of Free Trade Storehouse	19432	75002	286.0
12.海关特殊监管区域物流货物(保税区仓储转口货物)	Re-export Goods of Free Trade Zone Re-exports	343327	323659	-5.7
13.海关特殊监管区域进口设备(出口加工区进口设备)	Export Processing Zones Imported Equipment	838470	511874	-39.0
14.其　他	Other	17004	11952	-29.7

17-3 按贸易方式分外贸出口总值
Total Value of Exports in Foreign Trade by Type of Trade

单位：万元 (10 000 yuan)

贸易方式类别	Type of Trade	2016	2017	2017年比2016年增长(%) Growth Rate in 2017 over 2016(%)
出口总值	**Total Exports**	**10450661**	**16597326**	**58.8**
1.一般贸易	General Trade	2869142	3862090	34.6
2.国家间、国际组织无偿援助和赠送的物资	Between Countries, International Organizations Aid and Donated Materials	1248	4964	297.8
3.来料加工装配贸易	Assembly Processing Trade	41181	39743	-3.5
4.进料加工贸易	Processing With Imported Trade	7300299	10616219	45.4
5.对外承包工程出口货物	Exports Contracted Projects	122526	396587	223.7
6.租赁贸易	Lease Trade		866	
7.易货贸易	Barter			
8.出料加工贸易	Material Processing	733	1399	90.9
9.保税监管场所进出境货物(保税仓库进出境货物)	Inward and Outward Goods of Free Trade Storehouse	266	2812	957.1
10.海关特殊监管区域物流货物	Re-export Goods of Free Trade Zone	113327	1666547	1370.6
11.其　他	Others	1939	6100	214.6

17-4 按国别(地区)分外贸进出口总值(2017年)
Total Value of Imports and Exports in Foreign Trade by Country (Region)(2017)

单位：万元 (10 000 yuan)

国别(地区)	Country(Region)	进出口 Total	出口 Exports	进口 Imports
总值	**Total**	**27196507**	**16597326**	**10599180**
阿富汗	Afghanistan	239	239	
巴林	Bahrain	3862	3862	
孟加拉国	Bangladesh	28749	28627	122
不丹	Bhutan	46	46	
文莱	Brunei	297	297	
缅甸	Myanmar	25433	25431	3
柬埔寨	Cambodia	4909	4909	
塞浦路斯	Cyprus	1530	1081	449
朝鲜	Korea DPR	9094	9094	
中国香港	Hong Kong, China	4225540	4224020	1519
印度	India	298402	236596	61806
印尼	Indonesia	87427	70615	16812
伊朗	Iran	62694	57516	5178
伊拉克	Iraq	5723	5723	
以色列	Israel	50901	21703	29198
日本	Japan	1587132	612125	975007
约旦	Jordan	19243	18619	624
科威特	Kuwait	3904	3904	
老挝	Laos	17888	17888	
黎巴嫩	Lebanon	1951	1950	1
中国澳门	Macao, China	1939	1939	
马来西亚	Malaysia	326342	280675	45667
马尔代夫	Maldives	327	327	
蒙古	Mongolia	9816	6886	2930
尼泊尔联邦民主共和国	Nepal	1791	1789	2
阿曼	Oman	8380	7312	1068
巴基斯坦	Pakistan	358533	354476	4057
巴勒斯坦	Palestine	41	41	
菲律宾	Philippines	97241	66187	31054
卡塔尔	Qatar	2238	1254	984
沙特阿拉伯	Saudi Arabia	34973	31344	3629
新加坡	Singapore	644164	554723	89441
韩国	Korea Rep.	4999514	3051934	1947579
斯里兰卡	Sri Lanka	7090	7043	48
叙利亚	Syria	3725	3725	
泰国	Thailand	197030	178105	18925
土耳其	Turkey	56725	48114	8611
阿拉伯联合酋长国	United Arab Emirates	72800	70251	2549
也门	Republic of Yemen	502	502	
越南	Vietnam	182939	177509	5430
中国	P. R. China	150531		150531
中国台湾	Taiwan, China	5017494	761110	4256384
东帝汶	Timor Leste	1943	1943	
哈萨克斯坦	Kazakhstan	42245	31128	11117
吉尔吉斯	Kirghizia	10218	10218	
塔吉克斯坦	Tadzhikistan	4379	4379	
土库曼斯坦	Turkmenistan	265	265	
乌兹别克斯坦	Uzbekistan	12302	12143	158

17-4 续表 1 continued

单位：万元 (10 000 yuan)

国别(地区)	Country(Region)	进出口 Total	出 口 Exports	进 口 Imports
阿尔及利亚	Algeria	26647	26647	
安哥拉	Angola	18915	18843	72
贝 宁	Benin	1056	1056	
博茨瓦纳	Botswana	792	536	256
布隆迪	Burundi	21	21	
喀麦隆	Cameroon	3384	3366	18
中 非	Central Africa	5	5	
乍 得	Chad	1017	1017	
刚 果	Congo	2020	2020	
吉布提	Djibouti	5759	5759	
埃 及	Egypt	35579	35444	135
赤道几内亚	Eq. Guinea	8028	8028	
埃塞俄比亚	Ethiopia	1266	1266	
加 蓬	Gabon	1254	1254	
冈比亚	Gambia	171	171	
加 纳	Gambia	8857	8190	667
几内亚	Guinea	1635	1635	
可特迪瓦	Cote d'lvoire	1623	1539	84
肯尼亚	Kenya	8640	8599	41
利比里亚	Liberia	93	93	
利比亚	Libya	1702	1702	
马达加斯加	Madagascar	1986	1738	248
马拉维	Malawi	36	36	
马 里	Mali	598	598	
毛里塔尼亚	Mauritania	795	795	
毛里求斯	Mauritius	471	471	
摩洛哥	Morocco	11952	3615	8337
莫桑比克	Mozambique	3148	2476	672
纳米比亚	Namibia	1119	934	184
尼日尔	Niger	18	18	
尼日利亚	Nigeria	39589	38526	1063
留尼汪	Reunion	262	262	
卢旺达	Rwanda	2739	2739	
塞内加尔	Senegal	1617	1617	
塞舌尔	Seychelles	410	410	
塞拉利昂	Sierra Leone	256	256	
索马里	Somalia	241	241	
南 非	South Africa	126435	71432	55003
苏 丹	Sudan	35233	35195	39
坦桑尼亚	Tanzania	7204	7204	
多 哥	Togo	3538	3538	
突尼斯	Tunisia	2676	2524	152
乌干达	Uganda	2564	2564	
布基纳法索	Burkina Faso	112	112	
扎伊尔	Zaire	2913	2913	
赞比亚	Zambia	6921	4796	2125
津巴布韦	Zimbabwe	1396	1396	
莱索托	Lesotho	205	204	
斯威士兰	Swaziland	12	12	
厄立特里亚	Eritrea	1122	1122	
南苏丹	South Sudan	7	7	

17-4 续表 2 continued

单位：万元 (10 000 yuan)

国别(地区)	Country(Region)	进出口 Total	出口 Exports	进口 Imports
比利时	Belgium	100378	44584	55794
丹　麦	Denmark	41519	7012	34507
英　国	United Kingdom	320553	269857	50696
德　国	Germany	607607	223535	384072
法　国	France	541798	487868	53930
爱尔兰	Ireland	70002	23701	46301
意大利	Italy	180452	59765	120687
卢森堡	Luxembourg	148	1	147
荷　兰	Netherlands	314446	268468	45978
希　腊	Greece	5696	5670	26
葡萄牙	Portugal	2906	2724	182
西班牙	Spain	50645	36276	14369
阿尔巴尼亚	Albania	284	234	50
奥地利	Austria	128575	114895	13680
保加利亚	Bulgaria	4214	2547	1667
芬　兰	Finland	16841	11140	5701
匈牙利	Hungary	45439	41592	3847
冰　岛	Iceland	56	56	
列支敦士登	Liechtenstein	69	1	68
马耳他	Malta	833	813	20
摩纳哥	Monaco	20	20	
挪　威	Norway	5290	4372	918
波　兰	Poland	45342	31309	14033
罗马尼亚	Romania	23802	19091	4711
瑞　典	Sweden	74595	16872	57723
瑞　士	Switzerland	54552	5033	49519
爱沙尼亚	Estonia	4089	4055	34
拉脱维亚	Latvia	2709	2594	115
立陶宛	Lithuania	3192	2112	1080
格鲁吉亚	Georgia	4528	1810	2718
亚美尼亚	Armenia	517	517	
阿塞拜疆	Azerbaijan	605	496	109
白俄罗斯	Byelorussia	6949	4854	2095
摩尔多瓦	Moldavia	202	116	86
俄罗斯	Russia	188256	139376	48880
乌克兰	Ukraine	31332	17227	14105
斯洛文尼亚共和国	Slovenia	7525	5409	2116
克罗地亚共和国	Croatia	1297	1284	13
捷　克	Czech	84652	67636	17016
斯洛伐克	Slovak	8438	6588	1850
前南斯拉夫马其顿	Macedonia	4656	1490	3166
波斯尼亚-黑塞哥维那	Bosnia & Herzegovina	97	94	3
塞尔维亚	Serbia	868	866	2
黑山	Montenegro	167	167	
安提瓜和巴布达	Antigua & Barbuda	11	11	
阿根廷	Argentina	19564	11014	8550
阿鲁巴岛	Aruba	13	13	
巴哈马	Bahamas	94	94	
巴巴多斯	Barbados	98	98	
伯利兹	Belize	42	42	
玻利维亚	Bolivia	792	792	

17-4 续表 3 continued

单位：万元 (10 000 yuan)

国别(地区)	Country(Region)	进出口 Total	出口 Exports	进口 Imports
巴　西	Brazil	305021	104726	200295
智　利	Chile	126981	22711	104269
哥伦比亚	Colombia	7980	7979	
多米尼克	Dominica	33	33	
哥斯达黎加	Costa Rica	1019	994	26
古　巴	Cuba	6515	6515	1
库腊索岛	Curacao	1	1	
多米尼加	Dominica Rep.	2527	2524	4
厄瓜多尔	Ecuador	10899	10899	
瓜德罗普	Guadeloupe	41	41	
危地马拉	Guatemala	4414	4182	232
圭亚那	Guyana	997	995	2
海　地	Haiti	34	34	
洪都拉斯	Honduras	2761	2759	2
牙买加	Jamaica	556	556	
马提尼克	Martinique	2	2	
墨西哥	Mexico	157581	144546	13035
蒙特塞拉特	Montserrat	3	3	
尼加拉瓜	Nicaragua	884	884	
巴拿马	Panama	4602	4602	
巴拉圭	Paraguay	5187	5187	
秘　鲁	Peru	93861	11813	82048
波多黎各	Puerto Rico	3753	404	3350
圣卢西亚	Saint Lucia	38	38	
圣文森特和格林纳丁斯	Saint Vincent & Grenadines	45	45	
萨尔瓦多	El Salvador	538	537	
苏里南	Surinam	260	260	
特立尼达和多巴哥	Trinidad and Tobago	299	299	
乌拉圭	Uruguay	17665	17534	131
委内瑞拉	Venezuela	3814	3814	
荷属安地列斯群岛	Andreas Is. (N)	36	36	
加拿大	Canada	139691	84861	54829
美　国	United States	3644572	2796787	847785
百慕大	Bermuda	1	1	
澳大利亚	Australia	573063	81633	491430
斐　济	Fiji	581	581	
新喀里多尼亚	New Caledonia (Fr)	287	287	
瓦努阿图	Vanuatu	4	4	
新西兰	New Zealand	7772	6597	1175
巴布亚新几内亚	Papua New Guinea	488	488	
所罗门群岛	Solomon Is.	57	57	
汤加	Tonga	22	22	
萨摩亚	Samoa	99	99	
基里巴斯	Kiribati	4	4	
法属波利尼西亚	Polynesia (F)	252	252	
国(地)别不详	Others	23		23

17-5 进出口商品分类金额(2017年)
Value of Imports and Exports by HS Section and Division(2017)

单位：万元 (10 000 yuan)

商品分类	HS Section and Division	出口 Exports	进口 Imports
总　值	**Total**	**16597323**	**10599179**
第一类 活动物；动物产品	**Live Animals; Animal Products**		
第1章 活动物	Live Animals	1341	1137
第2章 肉及食用杂碎	Meat and Edible Meat Offal		3158
第3章 鱼、甲壳动物、软体动物及其他水生无脊椎动物	Fish and Crustaceans Molluscs and Other Aquatic Invertebrates		91
第4章 乳品；蛋品；天然蜂蜜；其他食用动物产品	Dairy Produce; Birds' Eggs; Natural Honey; Edible Products of Animal Origin, not ElsewhereSpecified or Included	930	3810
第5章 其他动物产品	Products of Animal Origin, not Elsewhere Specified or Included	223	
第二类 植物产品	**Vegetable Products**		
第6章 活树及其他活植物；鳞茎、根及类似品；插花及装饰用簇叶	Live Tree and Other Plants; Bulbs, Roots and the Like; Cut Flowers and Ornamental Foliage	31	68
第7章 食用蔬菜、根及块茎	Edible Vegetables and Certain Roots and Tubers	20270	
第8章 食用水果及坚果；甜瓜或柑桔属水果的果皮	Edible Fruit and Nuts; Peel of Citrus Fruit or Melons	71519	1261
第9章 咖啡、茶、马黛茶及调味香料	Coffee, Tea, Mate and Spices	4917	31
第10章 谷物	Cereals	558	762
第11章 制粉工业产品；麦芽；淀粉；菊粉；面筋	Products of The Milling Industry; Malt; Starches;Inulin; Wheat Gluten	628	635
第12章 含油子仁及果实；杂项子仁及果实；工业用或药用植物；稻草、秸秆及饲料	Oil Seeds and Oleaginous Fruits; Miscellaneous Grains, Seeds and Fruit; Industrial or Medicinal Plants; Straw and Fodder	4384	204804
第13章 虫胶；树胶、树脂及其他	Lac; Gums, Resins And Other Vegetable Saps and Extracts	73218	2753
第14章 编结用植物材料；其他植物产品	Vegetable Plaiting Materials; Vegetable Products Not Elsewhere Specified or Included	417	319
第三类 动、植物油、脂及其分解产品；精制的食用油脂	**Animal or Vegetable Fats and Oils and their Cleavage Products; Prepared**		
第15章 动、植物油、脂及其分解产品；精制的食用油脂；动、植物蜡	Animal or Vegetable Fats and Oils and Their Products; Prepared Edible Fats; Animal or Vegetable Waxes	131	2207
第四类 食品；饮料、酒及醋；烟草、烟草及烟草代用品的制品	**Prepared Foodstuffs; Beverages, Spirits And Vinegar; Tobacco and Manufactured Tobacco Substitutes**		
第16章 肉、鱼、甲壳动物、软体动物及其他水生无脊椎动物的制品	Preparations of Meat, of Fish or of Crustaceans, Molluscs or other Aquatic Invertebrates	36	
第17章 糖及糖食	Sugars and Sugar Confectionery	156	47
第18章 可可及可可制品	Cocoa and Cocoa Preparations	33	67
第19章 谷物、粮食粉、淀粉或乳的制品；糕饼点心	Preparations of Cereals, Flour, Starch or Milk; Pastry-Cooks' Products	32	8645
第20章 蔬菜、水果、坚果或植物其他部分的制品	Preparations of Vegetables, Fruit, Nuts or Other Parts of Plants	222543	1719
第21章 杂项食品	Miscellaneous Edible Preparations	5698	1883
第22章 饮料、酒及醋	Beverages, Spirits and Vinegar	202	1969
第23章 食品工业的残渣及废料；配制的动物饲料	Residues and Waste from The Food Industries; Prepared Animal Fodder	1948	1065
第24章 烟草、烟草及烟草代用品的制品	Tobacco and Manufactured Tobacco Substitutes	10986	

17-5 续表 1 continued

单位：万元 (10 000 yuan)

商品分类	HS Section and Division	出口 Exports	进口 Imports
第五类 矿产品	**Mineral Products**		
第25章 盐；硫磺；泥土及石料；石膏料、石灰及水泥	Salt; Sulphur; Earths and Stone; Plastering Materials, Lime and Cement	16144	10539
第26章 矿砂、矿渣及矿灰	Ores, Slag and Ash	413	771892
第27章 矿物燃料、矿物油及其蒸馏产品；沥青物质；矿物蜡	Mineral Fuels, Mineral Oils and Products of Their Distillation; Bituminous Substances; Mineral Waxes	87858	46363
第六类 化学工业及其相关工业的产品	**Products of The Chemical or Industries Allied**		
第28章 无机化学品；贵金属、稀土金属、放射性元素及其同位素的有机及无机化合物	Inorganic Chemicals; Organic or Inorganic Compounds of Precious Metals, of Rare-Earth Metals, of Radioactive Elements or of Isotopes	71481	250019
第29章 有机化学品	Organic Chemicals	206689	127108
第30章 药品	Pharmaceutical Products	4431	199423
第31章 肥料	Fertilizers	9788	
第32章 鞣料浸膏及染料浸膏；鞣酸及其衍生物；染料、颜料及其他着色料；油漆及清漆；油灰及其他类似胶粘剂；墨水、油墨	Tanning or Dyeing Extracts; Tannins and Their Derivatives; Dyes, Pigments and Other Colouring Matter;Paints and Varnishes; Putty and Other Mastics; Inks	11710	11472
第33章 精油及香膏；芳香料制品及化妆盥洗品	Essential Oils and Retinoid; Perfumery, Cosmetic or Toilet Preparations	4322	92
第34章 肥皂、有机表面活性剂、洗涤剂、润滑剂、人造蜡、调制蜡、光洁剂、蜡烛及类似品、塑型用膏、“牙科 用蜡”及牙科用熟石膏制剂	Soap,Organic Surface-Active Agents,Washing Preparations,Lubricating Preparations, Waxes, Polishing or Scouring Preparations, Candles and Similar Articles, Modelling Pastes, "Dental Waxes" And Dental Preparations With a Basis of Plast	4077	29241
第35章 蛋白类物质；改性淀粉；胶；酶	Albuminoidal Substances; Modified Starches; Glues; Enzymes	3324	3292
第36章 炸药；烟火制品；火柴；引火合金；易燃材料制品	Explosives; Pyrotechnic Products; Matches; Pyrophoric Alloys; Certain Combustible Preparations	16	16741
第37章 照相及电影用品	Photographic or Cinematographic Goods	328	35568
第38章 杂项化学产品	Miscellaneous Chemical Products	319888	119949
第七类 塑料及其制品；橡胶及其制品	**Plastics and Articles Thereof Rubber and Articles Thereof**		
第39章 塑料及其制品	Plastics and Articles Thereof	105129	109297
第40章 橡胶及其制品	Rubber and Articles Thereof	89361	15181
第八类 生皮、皮革、毛皮及其制品；鞍具及挽具；旅行用品、手提包及类似品；动物肠线(蚕胶丝除外)制品	**Raw Hides and Skins, Leather, Fur Skins and Thereof; Saddlery and Harness; Travel Goods,Articles Handbags and Similar Containers; Articles of Animal Gut (Other Than Silk- Worm Gut)**		
第41章 生皮(毛皮除外)及皮革	Raw Hides and Skins(Other Than Fur Skins) and Leather	130	
第42章 皮革制品；鞍具及挽具；旅行用品、手提包及类似容器；动物肠线(蚕胶丝除外)制品	Articles of Leather; Saddlery and Harness; Travel Goods, Handbags and Similar Containers; Articles of Animal Gut(Other Than Silk-Worm Gut)	35835	188
第43章 毛皮、人造毛皮及其制品	Fur Skins and Artificial Fur; Manufactures Thereof	72	12

17-5 续表 2 continued

单位：万元 (10 000 yuan)

商品分类	HS Section and Division	出口 Exports	进口 Imports
第九类 木及木制品；木炭；软木及软木制品；稻草、秸秆、针茅或其他编结材料制品；篮筐及柳条编结品	**Wood and Articles of Wood; Wood Charcoal; Cork and Articles of Cork; Manufactures of Straw, of Esparto or of Other Plaiting Materials; Basket Ware and Wickerwork**		
第44章 木及木制品；木炭	Wood and Articles of Wood; Wood Charcoal	6860	2374
第45章 软木及软木制品	Cork and Articles of Cork	1501	176
第46章 稻草、秸秆、针茅或其他编结材料制品；篮筐及柳条编结品	Manufactures of Straw, of Esparto or of Other Plaiting Materials; Basket Ware and Wickerwork	313	
第十类 木浆及其他纤维状纤维素浆；纸及纸板的废碎品；纸、纸板及其制品	**Pulp of Wood or of Other Fibrous Cellulosic Material; Waste and Scrap of Paper or Paperboard; Paper and Paperboard and Articles Thereof**		
第47章 木浆及其他纤维状纤维素浆；回收(废碎)纸或纸板	Pulp of Wood or of Other Fibrous Cellulosic Material; Waste and Scrap of Paper or Paperboard	4363	541
第48章 纸及纸板；纸浆、纸或纸板制品	Paper and Paperboard; Articles of Paper Pulp, of Paper or Paperboard	19195	6330
第49章 书籍、报纸、印刷图画及其他印刷品；手稿、打字稿及设计图纸	Printed Books, Newspapers, Pictures and Other Products of The Printing Industry; Manuscripts, Typescripts and Plans	2718	4971
第十一类 纺织原料及纺织制品	**Textiles and Textile Articles**		
第50章 蚕丝	Silk	1514	4
第51章 羊毛、动物细毛或粗毛；马毛纱线及其机织物	Wool, Fine or Coarse Animal Hair; Horsehair Yarn and Woven Fabric	3955	3
第52章 棉花	Cotton	34113	2641
第53章 其他植物纺织纤维；纸纱线及其机织物	Other Vegetable Textile Fibres; Paper Yarn and Woven Fabrics of Paper Yarn	223	14
第54章 化学纤维长丝	Man-Made Filaments	7707	164
第55章 化学纤维短纤	Man-Made Short Fibres	61466	168
第56章 絮胎、毡呢及无纺织物；特种纱线；线、绳、索、缆及其制品	Wadding, Felt and Nonwoven; Special Yarns; Twine, Cordage, Ropes and Cables and Articles Thereof	4907	542
第57章 地毯及纺织材料的其他铺地制品	Carpets and Other Textile Floor Coverings	1070	3
第58章 特种机织物；簇绒织物；花边；装饰毯；装饰带；刺绣品	Special Woven Fabrics; Tufted Textile Fabrics; Lace; Tapestries; Trimmings; Embroidery	1650	40
第59章 浸渍、涂布、包覆或层压的纺织物；工业用纺织制品	Impregnated, Coated, Covered or Laminated Textile Fabrics; Textile Articles of a Kind Suitable for Industrial Use	3906	1981
第60章 针织物及钩编织物	Knitted or Crocheted Fabrics	12714	10
第61章 针织或钩编的服装及衣着附件	Articles of Apparel and Clothing Accessories, Knitted or Crocheted	42421	200
第62章 非针织或非钩编的服装及衣着附件	Articles of Apparel and Clothing Accessories, not Knitted or Crocheted	49477	171
第63章 其他纺织制成品；成套物品；旧衣着及旧纺织品；碎织物	Other Made Up Textile Articles; Sets; Worn Clothing And Worn Textile Articles; Rags Articles; Rags	28364	867

17-5 续表 3 continued

单位：万元 (10 000 yuan)

商品分类	HS Section and Division	出口 Exports	进口 Imports
第十二类 鞋、帽、伞、杖、鞭及其零件；已加工的羽毛及其制品；人造花；人发制品	**Footwear, Headgear, Umbrellas, Sun Umbrellas, Walking-Sticks, Seat-Sticks, Whips, Riding-Crops and Parts Thereof; Prepared Feathers and Articles Made Therewith; Artificial Flowers; Articles of Human Hair**		
第64章 鞋靴、护腿和类似品及其零件	Footwear, Gaiters and The Like; Parts of Such Articles	31420	154
第65章 帽类及其零件	Headgear and Parts Thereof	2588	99
第66章 雨伞、阳伞、手杖、鞭子、马鞭及其零件	Umbrellas, Sun Umbrellas, Walking-Sticks, Seat-Sticks, Whips, Riding-Crops And Parts Thereof	735	397
第67章 已加工羽毛、羽绒及其制品；人造花；人发制品	Prepared Feathers and Down and Articles Made of Feathers or of Down; Artificial Flowers; Articles of Human Hair	11854	140
第十三类 石料、石膏、水泥、石棉、云母及类似材料的制品；陶瓷产品；玻璃及其制品	**Articles of Stone, Plaster, Cement, Asbestos, Mica or Similar Materials; Ceramic Products; Glass and Glassware**		
第68章 石料、石膏、水泥、石棉、云母及类似材料的制品	Articles of Stone, Plaster, Cement, Asbestos, Mica or Similar Materials; Ceramic Products; Glass and Glassware	17753	11424
第69章 陶瓷产品	Ceramic Products	21782	11102
第70章 玻璃及其制品	Glass and Glassware	64607	21599
第十四类 天然或养殖珍珠、宝石或半宝石、贵金属、包贵金属及其制品；仿首饰；硬币	**Natural or Cultured Pearls, Precious or Semi-Precious Stones, Precious Metals, Metals Clad With Precious Metal and Stones, Precious Metals, Metals Clad With Precious Metal and Articles Thereof; Imitation Jewellery; Coin**		
第71章 天然或养殖珍珠、宝石或半宝石、贵金属、包贵金属及其制品；仿首饰；硬币	Natural or Cultured Pearls, Precious or Semi-Precious Stones, Precious Metals, Metals Clad With Precious Metal and Articles Thereof; Imitation Jewellery; Coin	9662	19383
第十五类 贱金属及其制品	**Base Metals and Articles of Base Metal**		
第72章 钢铁	Iron and Steel	39670	17997
第73章 钢铁制品	Articles of Iron or Steel	197816	57704
第74章 铜及其制品	Copper and Articles Thereof	19875	249273
第75章 镍及其制品	Nickel and Articles Thereof	2092	8910
第76章 铝及其制品	Aluminium and Articles Thereof	33961	35567
第78章 铅及其制品	Lead and Articles Thereof	19	169
第79章 锌及其制品	Zinc and Articles Thereof	607	109
第80章 锡及其制品	Tin and Articles Thereof	64	51
第81章 其他贱金属、金属陶瓷及其制品	Other Base Metals; Cermets; Articles Thereof	179048	34956
第82章 贱金属工具、器具、利口器、餐匙、餐叉及其零件	Tools, Implements, Cutlery, Spoons and Forks, of Base Metal; Parts Thereof of Base Metal	37096	6076
第83章 贱金属杂项制品	Miscellaneous Articles of Base Metal	34025	4243
第十六类 机器、机械器具、电气设备及其零件；录音机及放声机、电视图像	**Machinery and Mechanical Appliances; Electrical Equipment; Parts Thereof; Sound Recorders and Reproducers, Television Image and Sound Recorders and Reproducers; and and Accessories of Recorders and Reproducers; and Parts and Accessories of Such Artic**		
第84章 核反应堆、锅炉、机器、机械器具及其零件	Nuclear Reactors, Boilers, Machinery and Mechanical Appliances; Parts Thereof	6243657	1072748

17-5 续表 4 continued

单位：万元 (10 000 yuan)

商品分类	HS Section and Division	出口 Exports	进口 Imports
第85章 电机、电气设备及其零件；录音机及放声机、电视图像、声音的录制和重放设备及其零件、附件	Electrical Machinery and Equipment and Parts Thereof; Sound Recorders and Reproducers, Television Image and Sound Recorders and Reproducers, and Parts and Accessories of Such Articles	7247451	6543337
第十七类 车辆、航空器、船舶及有关运输设备	**Vehicles, Aircraft, Vessels and Associated Transport Equipment**		
第86章 铁道及电车道机车、车辆及其零件；铁道及电车轨道固定装置及其零件、附件；各种机械(包括电动机械)交通信号设备	Railway or Tramway Locomotives, Rolling-Stock and Parts Thereof; Railway or Tramway Track Fixtures And Fittings and Parts Thereof; Mechanical(Including Electro-Mechanical) Traffic Signalling Equipment of All Kinds	4343	21069
第87章 车辆及其零件、附件，但铁道及电车道车辆除外	Vehicles Other Than Railway or Tramway Rolling-Associated Stock, and Parts and Accessories Thereof	381803	26906
第88章 航空器、航天器及其零件	Aircraft, Spacecraft, and Parts Thereof	37597	101432
第89章 船舶及浮动结构体	Ships, Boats and Floating Structures	108	466
第十八类 光学、照相、电影、计量、检验、医疗或外科用仪器及设备、精密仪器及设备；钟表；乐器；上述物品的零件、附件	**Optical, Photographic, Cinematographic, Measuring, Checking, Precision, Medical or Surgical Instruments and Apparatus; Clocks And Watches; Musical Instruments; Parts and Accessories Thereof**		
第90章 光学、照相、电影、计量、检验、医疗或外科用仪器及设备、精密仪器及设备；上述物品的零件、附件	Optical, Photographic, Cinematographic, Measuring, Checking, Precision Medical or Surgical Instruments and Apparatus; Parts and Accessories Thereof	139775	336501
第91章 钟表及其零件	Clocks and Watches and Parts Thereof	1853	183
第92章 乐器及其零件、附件	Musical Instruments; Parts and Accessories of Such Articles	1500	59
第十九类 武器、弹药及其零件、附件	**Arms and Ammunition; Parts and Accessories Thereof**		
第93章 武器、弹药及其零件、附件	Arms and Ammunition; Parts and Accessories Thereof	25	
第二十类 杂项制品	**Miscellaneous Manufactured Articles**		
第94章 家具；寝具、褥垫、弹簧床垫、软坐垫及类似的填充制品；未列名灯具及照明装置；发光标志、发光名牌及类似品；活动房屋	Furniture; Bedding, Mattresses, Mattress Supports, Cushions and Similar Stuffed Furnishings; Lamps and Lighting Fittings, not Elsewhere Specified or Included; Illuminated Signs, Illuminated	86393	6943
第95章 玩具、游戏品、运动用品及其零件、附件	Toys, Games and Sports Requisites; Parts and Accessories Thereof	52316	603
第96章 杂项制品	Miscellaneous Manufactured Articles	15447	1425
第二十一类 艺术品、收藏品及古物	**Works of Art, Collectors' Pieces and Antiques**		
第97章 艺术品、收藏品及古物	Works of Art, Collectors' Pieces and Antiques	426	1
第二十二类 特殊交易品及未分类商品	**Commodities and Transactions not Classified According to Kind**		
第98章 特殊交易品及未分类商品	Commodities and Transactions not Classified According to Kind	321	4145

17-6 主要出口商品数量、金额(2017年)
Main Export Commodities in Volume and Value(2017)

商品名称		Item		数量 Volume	金额(万元) Value
谷物及谷物粉	(千克)	Cereals and Cereals Flour	(kg)	1389918	562
#稻谷和大米		Rice		9000	43
玉　米		Maize		11448	22
蔬　菜	(千克)	Vegetable	(kg)	9432874	6251
#鲜或冷冻蔬菜		Fresh Vegetables		7064102	1831
干的食用菌类		Dry Edible Fungus		51487	637
干　豆	(千克)	Dried Beans	(kg)	9629962	14989
鲜的、干水果及坚果	(千克)	Fresh, Dried Fruits and Nuts	(kg)	111270868	71367
#橘、橙		Mandarins and Oranges		1058366	747
鲜苹果		Apples		88782618	56564
栗　子		Chestnuts		14000	19
食用油籽	(千克)	Edible Oil Seeds	(kg)	45465	60
#大　豆		Soybean		8548	12
花生、花生仁		Peanuts		35900	47
食用植物油(包括棕榈油)	(千克)	Edible Vegetable Oil	(kg)	12800	19
#豆　油		Soybean Oil		3680	4
菜子油		Rapeseed Oil		9120	15
天然蜂蜜	(千克)	Natural Honey	(kg)	162830	312
茶　叶	(千克)	Tea	(kg)	207463	2497
蘑菇罐头	(千克)	Canned Mushrooms	(kg)	142794	563
啤　酒	(升)	Beer	(L)	5000	1
猪　鬃	(千克)	Bristles	(kg)	8000	91
药　材	(千克)	Medical Materials	(kg)	432932	2194
烤　烟	(千克)	Flue-cured Tobacco	(kg)	4031796	7131
纸　烟	(五条)	Cigarette	(5 items)	74484	1152
锯　材	(立方米)	Wood Sawn	(cu.m)	67037	100
生　丝	(千克)	Raw Silk	(kg)	37195	1499
山羊绒	(千克)	Cashmere	(kg)	54153	3387
黏土及其他耐火矿物	(千克)	Clay and Other Refractory Mi	(kg)	2160993	476
#天然石墨		Natural Graphite		204000	96
天然碳酸镁；氧化镁		Natural Magnesium Carbonate;Magnesi		2120	5
天然硫酸钡(重晶石)	(千克)	Barite	(kg)	565050	90
氧化铝	(千克)	Aluminum Oxide	(kg)	7000	12
煤	(千克)	Coal	(kg)	47517	5
焦炭、半焦炭	(千克)	Coke and Semi-coke	(kg)	527860260	86250
成品油	(千克)	Petroleum Products Refined	(kg)	29834	53
糠　醛	(千克)	Furfural	(kg)	1657600	2984
合成有机染料	(千克)	Synthetic Organic Dyestuffs	(kg)	155200	622
锌钡白(立德粉)	(千克)	lithopone	(kg)	76000	41
医药品	(千克)	Medical and Pharmaceutical P	(kg)	1491011	38171
#抗菌素(制剂除外)		Antibiotics(Except Preparations)		191597	4374
中式成药		Medicaments of Chinese Type		29034	1532
医用敷料		Pharmaceutical Goods		16478	336

17-6 续表 1 continued

商品名称		Item		数 量 Volume	金 额 (万元) Value
美容化妆品及护肤品	(千克)	Beauty cosmetics and skin care products	(kg)	1023	3
口腔及牙齿清洁剂	(千克)	Oral and dental cleanser	(kg)	19010	33
洗衣粉	(千克)	Detergent	(kg)	6678	6
初级形状的聚氯乙烯	(千克)	The Primary PVC	(kg)	44759458	24338
新的充气橡胶轮胎	(条)	Rubber Tyres	(unit)	54034927	80702
家用或装饰用木制品	(千克)	Wood Articles for Household or Decoration Use	(kg)	2162282	3292
纸及纸板(未切成型的)	(千克)	Paper and Paperboard in Rolls	(kg)	5173209	7850
纺织纱线、织物及制品		Textiles			159108
#棉纱线	(千克)	Cotton Yarn	(kg)	1462754	2940
含合成短纤85%及以上的纱线	(千克)	Containing 85% or More by Synthetic Staple Fibers of Yarn	(kg)	3634494	7311
合成短纤与棉混纺纱线	(千克)	Synthetic Staple Fibers and Cotton Blended Yarn	(kg)	35095	58
丝织物	(米)	Silk fabrics	(m)	683	8
坯 绸	(米)	Grey silk		683	8
棉机织物	(米)	Cotton Cloth	(m)	40041653	31180
亚麻及苎麻机织物	(米)	Flax or Ramie Woven Fabric	(m)	109699	207
合成短纤与棉混纺机织物	(米)	Synthetic Short Fibre and Cotton-fibre Mixture Woven Fabric	(m)	43500286	21184
人造纤维短纤机织物	(米)	Man-made Short Fibre Fabric	(m)	7140259	3717
地 毯	(米)	Carpets	(m)	412075	1070
棉浴巾	(米)	Cotton Towel	(m)	2916373	5228
针织或钩编台布、盘垫	(件)	Tablecloth and Plate Pad,Knitted or Crocheted	(unit)	60604	37
塑料编织带(周转带除外)	(条)	Bags of PP or PE Strip (Except Turnover Bags)	(unit)	9311285	572
水 泥	(千克)	Cement	(kg)	77533	9
花岗岩石材及制品	(千克)	Granite Material and Products	(kg)	2325003	601
平板玻璃	(平方米)	Plate Glass	(sq.m)	978101	245
玻璃制品		Glass Products			37553
家用陶瓷器皿	(千克)	Porcelain and Pottery Wares for Household Use	(kg)	1531378	5598
装饰用陶瓷制品	(千克)	Porcelain and Pottery Wares for Decoration Use	(kg)	589564	1960
珍珠、宝石及半宝石	(千克)	Pearls、Gems and Semi-gems	(kg)	19985	3899
生铁及镜铁	(千克)	Cast iron and mirror iron	(kg)	320	1
硅 铁	(千克)	Ferrosilicon	(kg)	11517455	8027
钢坯及粗锻件	(千克)	Billet and rough forging	(kg)	3210	13
钢 材	(千克)	Rolled Steel	(kg)	102627360	98872
#钢铁棒材		Steel Bar		5609882	2988
角钢及型钢		Angle Iron and Steel		3766592	1960
钢铁板材		Steel Plate		13450262	10831
钢铁线材		Steel Wire		11569707	6878
钢铁管配件		Steel Tube Accessories		27709911	41650
废 钢		Steel Scrap		5795230	402
未锻造的铜及铜材	(千克)	Unwrought Copper and its Alloys	(kg)	4677833	17054
铜 材		Rolled Copper		4677833	17054
未锻造的铝及铝材	(千克)	Unwrought Aluminum and its Alloys	(kg)	7116755	13854
铝 材		Rolled Aluminum		7116755	13854
钢铁或铜制标准紧固件	(千克)	Iron or Copper Nails, Bolts, etc.	(kg)	5078933	6850

17-6 续表 2 continued

商品名称		Item		数 量 Volume	金 额（万元） Value
不锈钢厨具、餐具等家用器具	（千克）	Stainless Steel Kitchenware, Tableware and Other Household Appliances	(kg)	866441	4572
餐桌、厨房及其他家用搪瓷器	（千克）	Table, Enamel Kitchen and other Household Devices	(kg)	1120679	1446
手用或机用工具	（千克）	Hand Tools and Tools for Machines	(kg)	10040021	30331
锁	（千克）	Lock	(kg)	421505	1487
电 扇	（台）	Fans	(unit)	510790	4517
纺织机械及零件		Textile Machinery			4999
普通缝纫机	（台）	Sewing Machines	(unit)	18461	94
工业用缝纫机	（台）	Industrial Use Sewing Machines	(unit)	176501	57979
金属加工机床	（台）	Machine Tools	(unit)	30777	19300
#车 床		Lathes		1473	10562
铣 床		Milling Machines		96	241
电子计算器(包括具有计算功能)	（台）	Electric Calculator	(unit)	71109	48
自动数据处理设备及其部件	（台）	Automatic Data Processing Machines and Components	(unit)	34530363	2603649
#数字式自动数据处理设备		Digital Automatic Processing Equipments		316	4704
数字式中央处理部件		Digital Central Processing Unit		391	839
输入或输出部件		Input or Output Components		328950	1270
键盘、鼠标器		Keyboard, Mouse		327347	925
自动数据处理设备零件		Parts for Auto Data Processing Equipment			2864621
轴 承	（套）	Bearings	(unit)	42872867	22146
电动机及发电机	（台）	Electric Motors and Generators	(unit)	1963263	27044
变压器	（个）	Transformers	(unit)	3638510	31856
静止式变流气	（个）	Static Converters	(unit)	7110151	31165
原电池	（个）	Primary Cells and Batteries	(unit)	1510594	101
蓄电池	（个）	Electric Accumulators	(unit)	78277	2583
手电筒	（个）	Flashlights	(unit)	936983	887
有线电话机(包括无绳电话机)	（台）	Wireless Telephone Sets	(unit)	596965	37042
扬声器	（个）	Loudspeakers	(unit)	1479977	9042
录、放像机	（台）	VCR and videoplayers	(unit)	77069	1255
录音机及收录(放)音组合机	（台）	Sound Recording Apparatus	(unit)	107531	1926
收音机	（台）	Radio Sets	(unit)	43114	127
录放音、像机及唱机的零附件	（千克）	Parts of Sound Recorders, Video Tape Recorders and Phonographs	(kg)	39980	109
电视、收音机及无线电讯设备的		Parts of Television, Radio and Wireless			
电容器	（千克）	Electrical Capacitors	(kg)	1030175	14125
印刷电路	（块）	Printed Circuit	(unit)	2243693	14404
通断保护电路装置及零件		Electrical Apparatus for Swithing or		20637098	14551
		Protecting Electrical Circuit			131670
二极管及类似半导体器件	（个）	Diode and Semi Conductors	(unit)	441162559	273856
电线和电缆	（千克）	Insulated Wire or Cable	(kg)	3772057	19407
集装箱	（个）	Container	(unit)	17	1230
汽 车	（辆）	Motor Vehicles	(unit)	14724	207696
汽车零件		Parts of Motor Vehicles			116833

17-6 续表 3 continued

商品名称		Item		数量 Volume	金额(万元) Value
摩托车	(辆)	Motorcycle	(unit)	29569	4151
自行车	(辆)	Bicycles	(unit)	11747	319
摩托车及自行车的零件		Parts of Motorcycles and Bicycles			1745
船　舶	(艘)	Ships	(unit)	111	108
医疗仪器和器械		Medical Instruments and Appliances			15583
手　表	(只)	Wrist Watches	(set)	727877	699
电动手表		Electric Watches		727877	699
日用钟	(只)	Clocks	(set)	230659	516
家具及其零件		Furniture			24729
床垫、寝具及类似品		Mattresses and Bedding Articles			4518
灯具、照明装置及类似品		Lights and Lighting Apparatus			54226
旅行用品及箱包		Boxes,Bags and Travel Goods			34010
服装及衣着附件		Garments and Clothing Accessories			95872
#织物制服装		Textile Garments			85186
非针织钩编织物服装		Garments(Excluding Knitwear and Crochet)			46033
针织或钩编的服装		Garments, Knitted or Crocheted			39153
皮革服装	(件)	Leather Garments	(piece)	14174	38
裘皮服装	(千克)	Fur Garments	(kg)	57	3
皮革手套	(双)	Leather Gloves	(pair)	47687	282
织物制手套	(双)	Textiles Gloves	(pair)	4289602	2035
织物制袜子	(双)	Textiles Socks	(pair)	1867016	1277
帽　类	(个)	Hats	(unit)	6052798	2387
鞋　类		Footwear			31420
鞋	(双)	Shoes	(pair)	3774876	29653
鞋靴零件；护腿及类似品	(千克)	Shose Accessories, Leg Guards and Analogs	(kg)	349061	1766
塑料制品	(千克)	Plastic Articles	(kg)	16729378	45614
玩　具	(件)	Toys	(piece)		23302
游戏机	(件)	Game Machine	(piece)	108676	194
圣诞用品	(千克)	Articles for Christmas	(kg)	1455959	17034
足球、篮球、排球	(个)	Football,Basketball,Volleyball	(unit)	326937	284
铅　笔	(吨)	Penciles	(ton)	1269	4285
艺术品、收藏品及古董		Artwork, Collections and Antiques			426
贵金属或包贵金属的首饰		Precious Metal or Jewelry Clad with Precious Metal			1
伞	(把)	Umbrellas	(unit)	138423	434
鬃　刷	(把)	Bristles Brushes	(unit)	2703840	397
人造花	(千克)	Artificial Flowers	(kg)	739139	11739
热水瓶	(个)	Thermos	(unit)	69035	196
机电产品		Machanical and Electrical Products			14415605
金属制品		Metal Products			279267
机械设备		Machinery and Equipments			6243657
电器及电子产品		Electric and Electronic Products			7247451
运输工具		Transport Equipments			423851
仪器仪表		Instruments and Meters			139775
其　他		Others			81604

17-6 续表 4 continued

商 品 名 称		Item		数 量 Volume	金 额 (万元) Value
高新技术产品		High and New-tech Products			12793655
生物技术		Biotechnology			14711
生命科学技术		Life Sciences Technology			106727
光电技术		Photoelectric Technology			20614
计算机与通信技术		Computer and Communication Technology			5604585
电子技术		Electronic Technology			6519023
计算机集成制造技术		Computer Integrated Manufacturing			54068
材料技术		Material Technology			302972
航空航天技术		Aerospace Technology			157568
其他技术		Others			13588
钼矿砂及其精矿	(千克)	Molybdenum ore and its concentrate	(kg)	40000	293
粮 食	(千克)	Grain	(kg)	12050961	15768
#淀粉块茎及薯类		Tubers		1022533	203
豆 类		Beans		9638510	15002
苹 果	(千克)	Apples	(kg)	88782618	56564
乳 品	(千克)	Milk and Dairy Products	(kg)	65000	493
果蔬汁	(千克)	Vegetable and Fruit Juice	(kg)	328479958	214946
#苹果汁		Apple Juice		316289288	206820
菜子油和芥子油	(千克)	Rapeseed Oil and Mustard Oil	(kg)	9120	15
稀土及其制品	(千克)	Rare earth and its products	(kg)	68035	249
钨 品	(千克)	Tungsten Products	(kg)	154826	7060
钨及其制品		Tungsten and its Products		154826	7060
碳酸钠(纯碱)	(千克)	Sodium carbonate (pure alkali)	(kg)	1022500	151
维生素C	(千克)	Vitamin C	(kg)	5146	65
农 药	(千克)	Pesticide	(kg)	2127364	4978
初级形状的聚氯乙烯	(千克)	The Primary PVC	(kg)	44759458	24338
牛皮纸	(千克)	Kraft Paper	(kg)	143999	349
铁合金	(千克)	Ferroalloy	(kg)	16676679	16372
冰 箱	(台)	Refrigerator	(unit)	1365	203
洗衣机	(台)	Washing Machine	(unit)	68	5
打印机(包括多功能一体机)	(台)	Printer(Including Multi-function Printer)	(unit)	936	110
液晶显示板	(个)	Liquid Crystal Display	(unit)	881713	572
节能灯	(只)	Energy-saving Lamps	(unit)	363257	296
处理器及控制器	(个)	Processor and controller	(unit)	108962936	14175
存储器	(个)	Memorizer	(unit)	2252435086	6040912
放大器	(个)	Amplifier	(unit)	83588941	5496
装有引擎的汽车底盘	(台)	A car chassis fitted with an engine	(unit)	3	62
照相机	(架)	Cameras	(unit)	2724	504
数字式照相机		Digital Cameras		2724	504
箱包及类似容器		Suitcases,Bags and Similar Containers			34010
小轿车(包括整套散件)	(辆)	Cars(including a Complete Set of Spare Parts)	(unit)	8454	31920
小客车(9座及以下)	(辆)	Minibus (9 seats and below)	(unit)	108	914
货车(包括整套散件)	(辆)	Trucks(including a Complete Set of Spare Par	(unit)	4978	132629
打火机	(个)	Lighters	(unit)	7303454	510

17-7 主要进口商品数量、金额(2017年)
Main Import Commodities in Volume and Value(2017)

商品名称		Item		数 量 Volume	金 额 (万元) Value
冻 鱼	(千克)	Frozen Chicken	(kg)	77760	77
鲜、干水果及坚果	(千克)	Fresh, Dried Fruits and Nuts	(kg)	227909	229
谷物及谷物粉	(千克)	Grain and grain powder	(kg)	9187729	1357
大 豆	(千克)	Soybean	(kg)	709428688	200545
食用植物油	(千克)	Edible Vegetable Oil	(kg)	4161230	2164
#菜子油及芥子油		Vegetable oil and mustard oil		1683300	862
饲料用鱼粉	(千克)	The Fishmeal for Feed	(kg)	892110	914
天然橡胶(包括胶乳)	(千克)	Natural Rubber (including Latex)	(kg)	806400	828
合成橡胶(包括胶乳)	(千克)	Synthetic Rubber (including Latex)	(kg)	580550	800
原 木	(立方米)	Logs	(cu.m)	3146845	639
锯 材	(立方米)	Wood Sawn	(cu.m)	1508088	741
纸 浆	(千克)	Pulp	(kg)	1029623	541
棉 花	(千克)	Cotton	(kg)	345656	449
纺织用合成纤维	(千克)	Synthetic Fibers Suitabl	(kg)	12500	60
铁矿砂及其精矿	(千克)	Iron Ore	(kg)	9868538318	485409
锰矿砂及其精矿	(千克)	Manganese ores	(kg)	9443888	492
铜矿砂及其精矿	(千克)	Copper Ores	(kg)	21082649	26992
铬矿砂及其精矿	(千克)	Chromium ores	(kg)	18270706	3817
氧化铝	(千克)	Aluminum Oxide	(kg)	191264	352
煤	(千克)	Coal	(kg)	525271500	32694
成品油	(千克)	Petroleum Products Refined	(kg)	4196942	2052
苯乙烯	(千克)	Styrene	(kg)	5452212	4632
医药品	(千克)	Pharmaceutical Products	(kg)	206577	199666
钛白粉	(千克)	Fertilizer	(kg)	160000	342
聚合物油漆及清漆	(千克)	Polymer Paint	(kg)	64929	704
感光材料		Photosensitive Materials			375
初级形状的塑料	(千克)	Plastic in primary Forms	(kg)	8073928	18939
#初级形状的聚乙烯		The Primary PVC		425	2
初级形状的聚丙烯		Polyethylene in primary Forms		65410	77
初级形状的聚苯乙烯		The primary shape of polystyrene		6250	51
初级形状的聚酯		Polyethylene in primary Forms		323625	1893
非泡沫塑料的板、片、膜、箔	(千克)	Non-Form-Plastic Plates,Sheets,Films and Foils	(kg)	2254635	20773
农 药	(千克)	Pesticides	(kg)	464922	743
纸及纸板(未切成型的)	(千克)	Paper and Paperboard (Unchopped in Shape)	(kg)	3642455	5166
#牛皮纸		Kraft Papers		1838069	1054
无机物涂布纸		Inorganic Coated Papers		1014516	1369
棉纱线	(千克)	Cotton yarn	(kg)	130653	176
合成纤维纱线	(千克)	Fiber Yarns	(kg)	542	14
棉机织物	(米)	Cotton Cloth	(m)	4297897	2016
合成纤维长丝机织物	(米)	Synthetic Fibers Long Silk Woven Fabric	(m)	19788	131
合成短纤与棉混纺机织物	(米)	Synthetic Short Fibre and Cotton-fibre Mixture Woven Fabric	(m)	26103	69
涂覆浸渍塑料的织物	(千克)	Coated plastic impregnated fabric	(kg)	12575	119

17-7 续表 1 continued

商品名称		Item		数 量 Volume	金 额（万元） Value
针织或钩编织物	（千克）	Knitted or crocheted fabrics	(kg)	9680	10
玻璃纤维及其制品	（千克）	Glass Fibers and Relative Products	(kg)	268734	1948
钻 石	（克）	Diamonds	(g)	5724	537
钢 材	（千克）	Rolled Steel	(kg)	8790217	32333
#钢铁棒材		Steel Bar		3995633	13870
角钢及型钢		Angle Iron and Steel		308570	477
钢铁板材		Steel Plate		2033773	2293
钢铁管材及空心异型材		Steel Tube Accessories		1714774	8308
钢铁制标准坚固件	（千克）	Standard Fastener Made of Steel	(kg)	418441	11015
未锻造的铜及铜材	（千克）	Unforged Copper and Rolled Copper	(kg)	55041774	247131
未锻造的铜(包括铜合金)		Unwrought Copper (Including Copper Alloys)		53249723	231192
铜 材		Rolled Copper		1792051	15938
未锻造的铝及铝材	（千克）	Unforged Aluminum	(kg)	5993350	29950
未锻造的铝(包括铝合金)		Unwrought Aluminum (Including Aluminum Alloys)		50392	999
铝 材		Rolled Aluminum		5942958	28951
钢铁或铝制结构体及其部件	（千克）	Structure and Relative Parts Made of Steel or Aluminu	(kg)	260129	2051
钢铁或铝制绞股线及类似品	（千克）	Wires and Relative Products Made of Steel or Alumini	(kg)	5506	277
蒸汽锅炉及过热水锅炉	（台）	Steam Boilers and Superheated Boilers	(unit)	2	1712
蒸汽及过热水锅炉的辅助设备	（吨）	Auxiliary Equipment for Steam and Overwater Boiler	(ton)	4	1917
汽轮机零件	（千克）	The Steam Turbine Parts	(kg)	1191	110
活塞式内燃机的零件	（千克）	Parts of Piston Combustion Engines	(kg)	3625089	27198
涡轮喷气发动机	（台）	Turbojet EngineS	(unit)	6	25
液泵及液体提升机	（台）	Liquid Pumps and Elevators	(unit)	7193	13812
制冷设备用压缩机	（台）	Compressors for Refrigerating Equipment	(unit)	2256	2058
空气调节器	（台）	Air Conditioning	(unit)	3	78
冷冻机和制冷设备		Refrigerators and Refrigerating Equipment			824
非家用型水的过滤、净化机器	（台）	Non-family Machinery for Filtering and Purifing	(unit)	1143	1870
机械提升搬运装卸设备及零件		Mechanical Elevators for Transport and Relative Parts			21310
建筑及采矿用机械及零件		Machinery and parts for Construction and Mining			8579
食品加工机械及零件		Machinery and parts for Food Processing			772
制造纸及纸制品用机械及零件		Machinery for Paper and Paper Products			715
印刷、装订机械及零件		Machinery and parts for Printing and Binding			777
纺织机械及零件		Textile Machinery and Relative Parts			2873
#纺织纱线生产及预处理机	（台）	Textile Yarn and Pre-production Machines	(unit)	20	1611
纱线织物等后整理机器	（台）	Yarn, Fabric and other Finishing Machines	(unit)	100	244
工业用缝纫机	（台）	Industrial Use Sewing Machines	(unit)	340	408
金属加工机床	（台）	Machine Tools	(unit)	216	39571

17-7 续表 2 continued

商品名称		Item		数量 Volume	金额(万元) Value
金属冶炼铸造设备及零件		Metal Smelting and Forging Equipment and Relative Parts			6
金属轧机及零件		Metal Mills and Relative Parts			8469
玻璃热加工机械及零件		Machinery and parts for Glass Hot Processing			239
橡胶或塑料加工机械及零件		Machinery and for Rubber or Plastic Processing			31163
型模及金属铸造用型箱		Casting Molds for Metal Forging			2568
阀 门	(套)	Valves	(unit)	616803	43617
自动数据处理设备及其部件	(台)	Automatic Data Processing Machines and Components	(unit)	53347	7014
#数字式自动数据处理设备		Automatic Data Processing Equipments		154	2089
数字式中央处理部件		Digital Central Processing Unit		438	2685
输入或输出部件		Input and Output Operations		2447	208
自动数据处理设备的零件	(千克)	Parts of Data Processing Machines	(kg)	310566	26290
电动机及发电机	(台)	Electric Motors and Generators	(unit)	10671	7328
发电机组及旋转式变流机	(台)	Dynamo Units and Rotated Converters	(unit)	2	778
旋转式电力设备的零件	(千克)	Parts of Rotated Electric Equipment	(kg)	139943	3137
变压、整流、电感器及零件		Transformers, Rectifiers, Inductancers and Relative Parts			66149
电 池	(个)	Batteries	(unit)	7726	593
焊接机器及零件		Welders and Relative Parts			15218
未录的磁带及类似品		Unrecorded Tapes and The Analogs			13206
无线电导航雷达及遥控设备	(台)	Radar for Radio Navigationequipment and Control Equipment	(unit)	300	2940
录、放像机机	(台)	Record, like machine	(unit)	7	10
录放音、像机及唱机的零附件	(千克)	Recorders,VCRs and Parts for Record Player	(kg)	18	1
电视、收音机及无线电讯设备的零附件	(千克)	Parts of Television, Radio and Wireless Telecommunication Equipment	(kg)	3434	716
电容器	(千克)	Electrical Capacitors	(kg)	456355	44875
电阻器	(千克)	Resistor	(kg)	256215	22888
印刷电路	(块)	Printed Circuit	(unit)	432598877	71733
断路保护电路装置及零件		Breaking-off and Safety CircuitSets and Parts			77660
彩色数据/图形显示管	(只)	Color Data / Graphic Display Tube	(unit)	12	16
二极管及类似半导体器件	(个)	Diodes Transistors and Semiconductor Devices	(unit)	593726727	50826
电线和电缆	(千克)	Insulated Wire or Cable	(kg)	337133	9780
汽车零件		Auto parts			25969
飞 机	(架)	Airplanes	(unit)	32	74387
航空器零件	(千克)	Parts of Air Craft	(kg)	148175	26896

17-7 续表 3 continued

商品名称	Item	数量 Volume	金额(万元) Value
船　舶 (艘)	Camera Accessories (unit)	2	464
医疗仪器及器械	Medical Instruments and Appliances		19936
计量检测分析自控仪器及器具	Measuring, Checking and Analyzing Auto-controlling Apparatus		272043
计钟表机芯及钟表零件	Design Watch Movement and Watch Parts		74
印刷品 (千克)	Presswork (kg)	149805	4971
塑料制品 (千克)	Plastic Articles (kg)	2727650	43630
玩　具	Toys		280
纽扣及其零件 (千克)	Buckles and Relative Parts (kg)	71	6
拉链及其零件 (千克)	Zippers and Relative Parts (kg)	44973	24
机电产品	Machanical and Electrical Products		8187211
金属制品	Metal Products		75205
机械设备	Machinery and Equipments		1072748
电器及电子产品	Electric and Electronic Products		6543337
运输工具	Transport Equipments		149873
仪器仪表	Instruments and Meters		336501
其　他	Others		9537
高新技术产品	High and New-tech Products		7432673
生命科学技术	Life Sciences Technology		264752
光电技术	Photoelectric Technology		107257
计算机与通信技术	Computer and Communication Technology		65095
电子技术	Electronic Technology		6189461
计算机集成制造技术	Computer Integrated Manufacturing Technology		568062
材料技术	Material Technology		68953
航空航天技术	Aerospace Technology		178179
其他技术	Others		2274
酒　类	Liquor		1947
#啤　酒	Beer		291
葡萄酒	Wine		1651
美容化妆品及护肤品	Cosmetics and skin care products		44
涂布纸	Coated Papers		1583
加工中心	Machining Center		16013
数控铣床	NC Milling Machine		6543
制造单晶柱或晶圆用的机器及装置	Boules or Wafers of a Single Plant and Equipment		31220
制造半导体器件或集成电路用的机器及装置	Semiconductor Devices or Integrated Circuits Used in Machinery and Equipment		114164
制造平板显示器用的机器及装置	Flat Panel Display Manufacturing Machines and Equipment		44645
蓄电池	Electric Accumulators		431

17-8 利用外资情况
Utilization of Foreign Capital

单位：万美元 (USD 10 000)

年 份 Year	签订合同项目（个） Number of Signed Projects (unit)	签订外商直接投资合同 Contracts of Direct Foreign Investments		实际利用外商直接投资 Amount of FDI Actually Utilized	
		金 额 Value	比上年增长% Growth Rate as Preceding Year(%)	金 额 Value	比上年增长% Growth Rate as Preceding Year(%)
1983	2	823		25	
1984	7	154	-81.3	129	416.0
1985	50	42848	27723.4	818	534.1
1986	34	34786	-18.8	942	15.2
1987	18	17381	-50.0	2890	206.8
1988	14	2096	-87.9	18007	523.1
1989	22	2650	26.4	9679	-46.2
1990	24	1134	-57.2	4191	-56.7
1991	54	2068	82.4	3159	-24.6
1992	424	52290	2428.5	4583	45.1
1993	790	92204	76.3	23432	411.3
1994	444	41142	-55.4	23809	1.6
1995	272	41518	0.9	32407	36.1
1996	280	60054	44.6	33008	1.9
1997	182	64954	8.2	61016	84.9
1998	196	37582	-42.1	30010	-50.8
1999	157	42693	13.6	24197	-19.4
2000	215	49931	17.0	28842	19.2
2001	223	73009	46.2	36455	26.4
2002	203	84060	15.1	41064	12.6
2003	229	83428	-0.8	46602	13.5
2004	271	104877	25.7	52664	13.0
2005	256	158237	50.9	62839	19.3
2006	255	203530	28.6	92489	47.2
2007	184	197311	-3.1	119516	29.2
2008	156	181781	-7.9	136954	14.6
2009	101	140117	-22.9	151053	10.3
2010	139	221030	57.8	182006	20.5
2011	138	254910	15.3	235483	29.4
2012	144	515036	102	293609	24.7
2013	204	372078	-28	367800	25.3
2014	141	585453	57.4	417557	13.5
2015	112	578208	-1.2	462118	10.7
2016	116	463330	-19.9	501178	8.5
2017	203	1002910	116.5	589437	17.6

17-9 外商投资情况
Foreign Investment

单位：万美元 (USD 10 000)

分组	Groups	项目数(个) Number of Projects (unit) 2016	2017	合同外资 Contracted Foreign Investments 2016	2017	实际外资 Actually Utilized Foreign Investments 2016	2017
总计	**Total**	**116**	**203**	**463330**	**1002910**	**501178**	**589437**
按投资方式分	**By Investment Form**						
中外合资企业	Equity Joint Venture	49	106	116503	241273	68427	131071
中外合作企业	Contractural Joint Venture	1		3950	530	2492	2480
外资企业	Wholly Foreign-owned Enterprise	64	95	335862	759110	428168	453230
外商投资股份制	FDI Shareholding Inc.	2	2	7015	1997	2091	2656
按国民经济行业分	**By Sector**						
农、林、牧、渔业	Agriculture, Forestry, Animal Husbandry and Fishery	3	5	3305	6441	350	370
采矿业	Mining		1			600	115
制造业	Mining	17	35	228629	663365	303772	430868
电力、热力、燃气及水生产和供应业	Production and Supply of Electricity, Heat, Gas and Water	6	10	5221	20268	2650	16801
建筑业	Construction	2	3	159	4177	135	
批发和零售业	Wholesale and Retail Trades	18	38	18103	31876	19455	33211
交通运输、仓储和邮政业	Transport, Storage and Post	6	11	15881	24594	18461	16994
住宿和餐饮业	Hotels and Catering Services	7	3	2339	8707	2	6309
信息传输、软件和信息技术服务业	Information Transmission, Software and Information Technology	6	7	2936	16053	1325	3363
金融业	Financial Intermediation	30	24	88063	39349	33810	9662
房地产业	Real Estate	2	8	91080	98555	118873	68559
租赁和商务服务业	Leasing and Business Services	12	33	3027	56861	277	1689
科学研究和技术服务业	Scientific Research and Technical Services	2	9	752	819	1	818
水利、环境和公共设施管理业	Management of Water Conservancy,Environment	2	3	3174	4002	1375	473
居民服务、修理和其他服务业	Services to Households, Repair and Other Services	2	2	756	34		13
卫生和社会工作	Health and Social Service		4	-310	26175		92
文化、体育和娱乐业	Culture, Sports and Entertainment	1	7	215	1634	92	100

17-9 续表 continued

单位：万美元 (USD 10 000)

分 组	Groups	项目数(个) Number of Projects (unit) 2016	2017	合同外资 Contracted Foreign Investments 2016	2017	实际外资 Actually Utilized Foreign Investments 2016	2017
按国别(地区)分	**By Country(Region)**						
孟加拉	Bangladesh	1	2	76	30		
柬埔寨	Cambodia		1		10		
香 港	Hong Kong, China	60	77	254279	385251	191516	252221
印 度	India		1		1000		
日 本	Japan	1	1	933	5835		5918
澳 门	Macao, China	1		2246	414	2168	696
马来西亚	Malaysia	1	1	1052	123		194
巴基斯坦	Pakistan		4		145		
沙特阿拉伯	Saudi Arabia	1		15			
新加坡	Singapore	4	5	14196	12367	14253	14332
韩 国	Korea Rep.	24	17	65281	456912	166191	220684
也 门	Yemen		1		15		
台湾省	Taiwan, China	2	10	336	14982	57	10914
塔吉克斯坦	Tajikistan		1		74		
乌兹别克斯坦	Uzbekistan	1		92			
贝 宁	Benin		1		15		
摩洛哥	Morocco		1		15		
尼日利亚	Nigeria		1		1		
毛里求斯	Mauritius				396		396
百慕大	Bermuda				420		420
塞舌尔	Seychelles			141	108	141	114
丹 麦	Denmark		1		25614		13736
英 国	United Kingdom		3	421	13203	422	12880
德 国	Germany	2	2	918	6750	2	6146
法 国	France	2	3	192	3354	878	2126
意大利	Italy		1	-1	45		45
卢森堡	Luxembourg		1		36		
荷 兰	Netherlands		3		2133		810
西班牙	Spain	1		1			
冰 岛	Iceland						734
瑞 士	Switzerland				531		800
俄罗斯联邦	Russian federation		1		500		
乌克兰	Ukraine		1		1		
巴 西	Brazil		1		5		
开曼群岛	Cayman Islands			47553	6771	54753	7186
古 巴	Cuba		1		1		
维尔京群岛	Virgin Is. (E)	1	3	1666	10942	789	3622
加拿大	Canada		7	213	2499	6	455
美 国	United States	2	10	42956	16622	39901	17512
澳大利亚	Australia		3	40	1974	40	
新西兰	New Zealand	2	1	-145	-633		
萨摩亚	Samoa	1	1	4193	5139	3871	4671
创业投资	Venture Investments		8		866		6
投资性公司投资	Investment Companies	9	21	26676	28444	26190	12819

17-10 旅游总收入和总人数
Total Income and Number of Visitors

年 份 Year	总收入(亿元) Total Income (100 million yuan)	国内旅游收入(亿元) Domestic Tourism (100 million yuan)	国际旅游收入(万美元) International Tourism (USD 10 000)	总人数(万人) Total Number (10 000 persons)	国内游客 Domestic Vistiors	国际游客 International Vistiors
1991	27	23	5482	1532	1500	32
1992	31	25	7505	1594	1550	44
1993	35	28	8900	1746	1700	46
1994	39	30	11279	1794	1750	44
1995	54	42	14090	2144	2100	44
1996	77	61	19820	2350	2300	50
1997	86	67	22464	2554	2500	54
1998	95	74	24717	2604	2550	54
1999	111	88	27189	2663	2600	63
2000	150	127	28000	3131	3060	71
2001	168	142	30871	3436	3360	76
2002	187	158	35097	3818	3733	85
2003	160	144	19800	3347	3300	47
2004	301	271	36136	5312	5232	80
2005	353	316	44625	6081	5988	93
2006	418	378	51000	7056	6950	106
2007	504	458	61200	8138	8015	123
2008	607	561	66011	9182	9056	126
2009	767	715	77107	11555	11410	145
2010	984	916	101596	14566	14354	212
2011	1324	1240	129505	18406	18135	270
2012	1713	1610	159747	23276	22941	335
2013	2135	2031	167620	28514	28161	352
2014	2521	2435	141630	33219	32953	266
2015	3006	2904	200022	38567	38274	293
2016	3813	3659	233855	44913	44575	338
2017	4814	4630	270400	52284	51901	384

17-11 旅游业发展情况
Development of Tourism

指 标	Item	2015	2016	2017
入境旅游人数 (万人次)	Number of Overseas Visitor Arrivals (10 000 person-times)	293.03	338.20	383.74
1.港澳同胞	Chinese Compatriots From Hong Kong and Macao	58.08	63.86	69.88
2.台湾同胞	Chinese Compatriots From Taiwan Province	40.80	45.82	51.81
3.外 国 人	Foreigners	194.15	228.52	262.06
国际旅游外汇收入(万美元)	Foreign Exchange Earnings from International Tourism (USD 10 000)	200022	233855	270440
1.长途交通	Long Distance Transportation	69170	80914	97899
飞 机	Civil Aviation	54943	61972	78157
火 车	Railway	7824	10757	11088
汽 车	Highway	6403	8185	8654
2.景区游览	Sightseeing	27529	10056	12711
3.住 宿	Accommodation	12101	34611	42459
4.餐 饮	Food and Beverage	8705	14265	17849
5.购 物	Shopping	8327	39522	41107
6.娱 乐	Entertainment	33772	9588	10547
7.邮电通讯	Postal and Communication Services	4924	7016	7302
8.市内交通	Local Transportation	6390	6080	7031
9.其他服务	Other Service	29102	31804	33534
入境游客在陕人均天花费 (美元/人天)	Per Capita Days Spent of Visitors in Shaanxi (USD/per-day)		195	207
国内旅游人数 (万人次)	Number of Domestic Visitors (10 000 person-times)	38274	44575	51901
国内旅游收入 (亿元)	Earnings from Domestic Tourism (100 million yuan)	2904	3659	4603
旅行社数 (个)	Number of Travel Agencies (unit)	665	708	751

17-12 分国别入境旅游人数
Number of Oversea Visitor Arrivals by Country/Region

单位：人 (person)

国别和地区	Country and Region	2015	2016	2017
总 计	**Total**	**2930347**	**3382047**	**3837439**
港澳同胞	Chinese Compatriots From Hong Kong and Macao	580847	638628	698802
台湾同胞	Chinese Compatriots From Taiwan Province	408011	458230	518078
日 本	Japan	95712	115270	152810
韩 国	Korea Rep.	348803	401291	310739
蒙 古	Mongolia	1160	1758	2492
菲律宾	Philippines	5292	5691	8439
印 度	India	28589	32560	38765
越 南	Vietnam	3352	4047	5851
缅 甸	Myanmar	1268	2377	2868
朝 鲜	Korea DPR	868	500	1121
巴基斯坦	Pakistan	7228	10909	22287
英 国	United Kingdom	126863	143895	153952
法 国	France	107090	101837	117944
德 国	Germany	115683	104782	130488
意大利	Italy	43236	55928	68196
瑞 士	Switzerland	19359	18146	20672
瑞 典	Sweden	12548	12079	14798
俄罗斯	Russia	19874	25319	36082
西班牙	Spain	41910	54082	65922
美 国	United States	300857	352475	401495
加拿大	Canada	72815	94364	129360
澳大利亚	Australia	97878	115144	152027
新西兰	New Zealand	14226	17995	21879
泰 国	Thailand	25544	37824	47353
新加坡	Singapore	36520	51783	73644
印度尼西亚	Indonesia	14049	18289	25016
马来西亚	Malaysia	81058	103793	124345
其 他	Others	319707	403051	492014

17-13 各市(区)对外经济和国际旅游情况(2017年)
Foreign Economy Trade and International Tourism by City(District)(2017)

地 区	Region	进出口总值(万元) Total Value of Imports and Exports (10 000 yuan)	#出 口 Exports	外商投资 Foreign Capital 项目数(个) Number of Projects (unit)	合同外资(万美元) Contracts of Foreign Investments (USD 10 000)	实际外资(万美元) Actually Utilized Foreign Investments (USD 10 000)	星级饭店数(个) Number of Star-rated Hotel (unit)
全 省	**Shaanxi**	**27187468**	**16588454**	**203**	**1002910**	**589437**	**350**
西安市	Xi'an	25497435	15522737	140	898313	530680	91
铜川市	Tongchuan	34605	34415	1	3361	2798	9
宝鸡市	Baoji	568702	350004	11	10240	7227	27
咸阳市	Xianyang	386301	192825	9	9471	7678	15
渭南市	Weinan	115693	102039	7	4794	3152	51
#韩城市	Hancheng			2	881	520	25
延安市	Yan'an	17835	16429	3	3614	1553	45
汉中市	Hanzhong	91325	61298	5	2599	3323	30
榆林市	Yulin	124044	71354	2	28273	7003	27
安康市	Ankang	30119	28052	3	2570	1563	28
商洛市	Shangluo	218489	175005	1	1378	1544	15
杨凌示范区	Yangling	56763	31735	5	1147	538	6
西咸新区	Xixian New Area			12	34930	22378	6
其 他	Others	46157	2561	4	2220		

17-14 主要星级饭店基本情况(2017年)
Basic Conditions of Main Star-Degree-Hotels(2017)

饭店名称	Name of Hotel	地 址	Address
五星级	**Five Star**		
喜来登大酒店	Sharaton Hotel	西安市沣镐东路262号	No.262 East Fenghao Avenue,Xi'an
西安君樂城堡酒店	Grand Park Hotel,Xi'an	西安市环城南路西段12号	No.12 West Section ,South City Ring Road,Xi'an
索菲特人民大厦	Sofitel,Renmin Square, Xi'an	西安市东新街319号	No.319 East New Street,Xi'an
西安香格里拉大酒店	Shangri-la Hotel,Xi'an	西安市科技路38号乙	No.38 Keji Road,Xi'an
陕西世纪金源大饭店	Empark Grand Hotel	西安市建工路19号	No.19 Jiangong Road,Xi'an
天域凯莱大酒店	Tian-yu Gloria Plaza Hotel	西安市雁塔北路15号	No.15 North Yanta Road,Xi'an
西安建国饭店	Jianguo Hotel,Xi'an	西安市互助路2号	No.2 Huzhu Road,Xi'an
吉朗丽大酒店	Branley Hotel	西安市高新区沣惠南路22号	No.22 West Fenghui Avenue,Xi'an
西安阳光国际大酒店	Grand Soluxe International Hotel Xi’an	西安市解放路177号	No.177 Jiefang Road,Xi'an
西安赛瑞喜来登大酒店	Sheraton Xian North City Hotel	西安市未央路32号	No.32 Jiefang Road,Xi'an
西安新兴戴斯大酒店	Days Hotel Suites Xinxing Xi’an	西安市金花北路189号	No.189 North Jinhua Road,Xi'an
西安万达希尔顿酒店	Hilton Xian	西安市东新街199号	No.199 East New Street,Xi'an
西安皇冠假日酒店	Crowne Plaza Xi'an	西安市朱雀路中段1号	No.1 Middle Zhuque Road,Xi'an
西安威斯汀酒店	The Westin Xian	西安曲江新区慈恩路66号	No.66 Ci'en Road,Xi'an
西安悦豪酒店	Yohol Hotel	西安市二环南路西段180号	No.180 West Section ,South Erhuan
永昌国际大酒店	Yongchang International Hotel	榆林市高新技术产业园区朝阳路	Yulin high-tech industrial park chaoyang road Road,Xi'an
四星级	**Four Star**		
唐华宾馆	Xi'an Garden Hotel	西安市雁引路40号	No.40 Yanyin Road,Xi'an
古都文化大酒店	Grand Dynasty Culture Hotel	西安市莲湖路172号	No.172 Lianhu Road,Xi'an
西安宾馆	Xi'an Hotel	西安市长安北路58号	No.58 North Chang'an Road,Xi'an
西安骊苑大酒店	Le Garden Hotel,xian	西安市劳动南路8号	No.8 South Laodong Road,Xi'an
唐城宾馆	Tangcheng Hotel	西安市含光路南段229号	No.229 South Hanguang Road,Xi'an
陕西皇城豪门酒店	Imperial City Haomen Hotel	西安市东大街334号	No.334 East Street,Xi'an
东方大酒店	East Hotel	西安市朱雀大街393号	No.393 Zhuque Street,Xi'an
润天宾馆	Runtian Hotel	西安市阎良区润天大道15号	No.15 Runtian Road,Yanlian District,Xi'an
高速神州酒店	Sino Pearl Hotel	西安市环城东路9号	No.9 East City Ring Road,Xi'an
陕西奥罗国际大酒店	Aurum International Hotel	西安市南新街30号	No.30 South New Street,Xi'an
西京国际饭店	West Capital International Hotel	西安市西大街241号	No.241 West Street,Xi'an
天翼新商务酒店	Tianyi Commercial Hotel,Xi'an	西安市西二环南段281号	No.281 South Section ,West Second
西安美居人民大厦	Mercure on Renmin Square,Xi'an	西安市东新街319号	No.319 East New Street,Xi'an
西安志诚丽柏酒店	Ziction Liberal Hotel,Xi'an	西安市高新路46号	No.46 Gaoxin Road,Xi'an

17-14 续表 continued

饭店名称	Name of Hotel	地 址	Address
万年饭店	Eternity Hotel,Xi'an	西安市长乐中路副11号	No.11 Changle Road,Xi'an
陕西中江之旅时代大酒店	ZhongJiang Journey Time Hotel,Shaanxi	西安市文景路18号	No.18 Wenjing Road,Xi'an
西安皇后大酒店	Xi'an Empress Hotel	西安市兴庆路45号	No.45 Xingqing Road,Xi'an
西安美丽豪国际酒店	Mei Li Hao International Hotel,Xi'an	西安市西大街79号	No.79 West Street,Xi'an
西安绿地假日酒店	Green Holiday Hotel,Xi'an	西安市锦业路5号	No.5 Jinye Road, Xi'an
西安维也纳国际大酒店	Vienna International Hotel,Xi'an	西安市西影路西段609号	No.609 West of Xiying Road, Xi'an
陕西华山国际酒店	Huashan International Hotel,Shaanxi	西安市北大街199号	No.199 North Street,Xi'an
长庆宾馆	Changqing Hotel	西安市未央路151号	No.151 Jiefang Road,Xi'an
西安长征国际酒店	Long March International Hotel	西安市高新区西部大道1号	No.1,West Avenue,New&Hi-tech Industrial Development Zone,Xi'an
西安新都酒店	Xin Du Hotel,Xi'an	西安市长安区郭杜北街58号	No.58 North Guodu Street,Chang'an District,Xi'an
西安富海明都酒店	Fu Hai Ming Du Hotel,Xi'an	西安市文艺北路228号	No.228 North Wenyi Road,Xi'an
陕西省止园饭店	ZhiYuan hotel,Shaanxi	西安市青年路111号	No.111 Qingnian Road, Xi'an
怡和酒店	Jardine Matheson Hotel	宝鸡市火炬路中段	Middle Section ,Huoju Road,Baoji
高新君悦国际酒店	Gaoxin Junyue International Hotel	宝鸡市高新区高新大道69号	No.69,New&Hi Avenue,New&Hi-tech Industrial Development Zone,Baoji
红螺湾假日酒店	Red screw holiday Hotel	咸阳市渭阳西路中段	Middle Section ,West Weiyang Road, Xianyang
国贸大酒店	International Trade Hotel	咸阳市渭阳中路	Weiyang Zhong Road,Xianyang
邮政大酒店	Post Hotel	汉中市天汉大道中段	Middle Section,Tianhan Avenue,Hanzhong
红叶大酒店	Red Leaf Hotel	汉中市劳动东路中段33号	Middle Section,East Laodong Road, Hanzhong
金江大酒店	Jinjian Hotel	汉中市人民路北段123号	No.123 North Renmin Road,Hanzhong
明江国际酒店	MingJiang International Hotel	安康市滨江大道3号	No.3 Binjiang Avenue,AnKang
延安旅游大厦	Yan'an Tourism Hotel	延安市中心街	Central Street,Yanan
延安丽森酒店	Lisen Hotel,Yan'an	延安市双拥大道	Double Support Avenue,Yanan
黄陵桥山滨湖酒店	Huangling Bridge Lake Hotel	黄陵县黄帝陵西侧	West Tomb of Huangdi,Huangling
延安高第华苑大酒店	Gaodee Garden Hotel	延安市大桥街6号	No.6 Daqiao Street,Yanan
延安维也纳国际大酒店	Vienna International Hotel,Yan'an	延安市火车站南侧	South of Railway Station,Yanan
延安龙飞盛世国际酒店	Long Fei Sheng Shi International Hotel,Yan	延安市双拥大道3333号	No.3333 Double Support Avenue,Yanan
延安隆华花园酒店	Longhua Garden Hotel	延安市隆华路1号	No.1 Longhua Road, Yanan
延安圣通大酒店	Shengtong Hote	延安市东滨路103号	No.103 Dongbin Road, Yanan
亚华商务酒店	Yahua Business Hotel	神木县东新街南端	South Section, East New Street,Shenmu
五洲国际大饭店	Wuzhou International Hotel	神木县东兴街北段	Nouth Section,Dongxing Street,Shenmu
亚华商务酒店	Asia China business hotel	神木市东兴街南段	South section of dongxing street, shenmu city
天峰国际酒店	Tianfeng International Hotel	神木县中兴街东段	East Section,Zhongxing Street,Shenmu
天鹿酒店	Tianlu Hotel	商南县塘坝广场西南角	Southwestern Corner,Tangba Square, Shangnan
正阳国际大酒店	Zhengyang International Hotel	铜川新区正阳路16号	No.16 Zhengyang Road, New Zone of Tongchuan
杨凌国际会展中心酒店	International Exhibition Centers	杨凌示范区新桥北路1号	No.1 North New Bridge Road,Yangling

主要统计指标解释

进出口总额 指实际进出我国国境的货物总金额。包括对外贸易实际进出口货物，来料加工装配进出口货物，国家间、联合国及国际组织无偿援助物资和赠送品，华侨、港澳台同胞和外籍华人捐赠品，租赁期满归承租人所有的租赁货物，进料加工进出口货物，边境地方贸易及边境地区小额贸易进出口货物(边民互市贸易除外)，中外合资企业、中外合作经营企业、外商独资经营企业进出口货物和公用物品，到、离岸价格在规定限额以上的进出口货样和广告品(无商业价值、无使用价值和免费提供出口的除外)，从保税仓库提取在中国境内销售的进口货物，以及其他进出口货物。该指标可以观察一个国家在对外贸易方面的总规模。我国规定出口货物按离岸价格统计，进口货物按到岸价格统计。

商品经营单位所在地进、出口额 指在所在地海关注册登记的有进出口经营权的企业实际进、出口额。

商品目的地进口额和商品货源地出口额 目的地进口额指进口货物的消费、使用或最终抵运地的实际进口额；货源地出口额指出口货物的产地或原始发货地的实际出口额。

利用外资 指我国各级政府、部门、企业和其他经济组织通过对外借款、吸收外商直接投资以及用其他方式筹措的境外现汇、设备、技术等。

外商直接投资 指外国企业和经济组织或个人(包括华侨、港澳台胞以及我国在境外注册的企业)按我国有关政策、法规，用现汇、实物、技术等在我国境内开办外商独资企业、与我国境内的企业或经济组织共同举办中外合资经营企业、合作经营企业或合作开发资源的投资(包括外商投资收益的再投资)，以及经政府有关部门批准的项目投资总额内企业从境外借入的资金。

旅游人数

(1)入境旅游人数：指报告期内来我国观光、度假、探亲访友、就医疗养、购物、参加会议或从事经济、文化、体育、宗教活动的外国人、港澳台同胞等入境游客。统计时，外国人、港澳台同胞每入境一次统计1人次。

(2)出境人数：指中国（大陆）居民因公或因私出境前往其他国家、中国香港特别行政区、澳门特别行政区和台湾省观光、度假、探亲访友、就医疗养、购物、参加会议或从事经济、文化、体育、宗教活动的人数，即出境游客。统计时，按每出境一次统计1人次。

(3)国内旅游人数：指在报告期内在中国（大陆）观光游览、度假、探亲访友、就医疗养、购物、参加会议或从事经济、文化、体育、宗教活动的中国（大陆）居民人数，其出游的目的不是通过所从事的活动谋取报酬。统计时，国内游客按每出游一次统计1人次。

国际旅游(外汇)收入 指入境游客在中国（大陆）境内旅行、游览过程中用于交通、参观游览、住宿、餐饮、购物、娱乐等全部花费。

国内旅游收入 又称旅游总花费指国内游客在国内旅行、游览过程中用于交通、参观游览、住宿、餐饮、购物、娱乐等全部花费。

国际旅行社 指经营业务范围包括入境旅游业务、出境旅游业务和国内旅游业务的旅行社。

国内旅行社 指经营范围仅限于国内旅游业务的旅行社。

星级饭店 指设备、设施、服务符合《旅游饭店星级的划分与评定》(GB/T14308-2003)，通过相关旅游管理部门评定，并取得星级饭店称号的饭店（含预备星级饭店）。

Explanatory Notes on Main Statistical Indicators

Total Imports and Exports at Customs refer to the real value of commodities imported and exported across the border of China. They include the actual imports and exports through foreign trade, imported and exported goods under the processing and assembling trades and materials, supplies and gifts as aid given gratis between governments and by the United Nations and other international organizations, and contributions donated by overseas Chinese, compatriots in Hong Kong and Macao and Chinese with foreign citizenship, leasing commodities owned by tenant at the expiration of leasing period, the imported and exported commodities processed with imported materials, commodities trading in border areas (excluding mutual exchange goods), the imported and exported commodities and articles for public use of the Sino-foreign joint ventures, cooperative enterprises and ventures with sole foreign investment. Also included is import or export of samples and advertising goods for which CIF or FOB value are beyond the permitted ceiling (excluding goods of no trading or use value and free commodities for export), imported goods sold in China from bonded warehouses and other imported or exported goods. The indicator of the total imports and exports at customs can be used to observe the total size of external trade in a country. In accordance with the stipulation of the Chinese government, imports are calculated at CIF, while exports are calculated at FOB.

Import Export Value by Location of China's Foreign Trade Managing Units refers to actual value of imports and exports carried out by corporations which have been registered by the local Customs house and are vested with right to run import export business.

Import Value of Commodities by Place of Destination and Export Value of Commodities by Place of Origin in China The former indicator refers to the value of import commodities of the places of their consumption, utilization or the places of their final destination. The latter indicator refers to the value of export commodities of the places of their origin or the places of the commodities dispatched.

Utilization of Foreign Capitals refers to remittance, equipment and technology financed from abroad, by loans, foreign direct investment and other forms undertaken by the Chinese governments at all levels, by various departments, enterprises and other economic units.

Foreign Borrowings refer to funds borrowed from abroad through formal signing of borrowing agreements with foreign institutions, including loans of foreign governments, loans of international financial institutions, commercial loans of foreign banks, export credit, and funds raised by Chinese bonds (and shares before 1996) issued abroad. It is an important part of China's utilization of foreign capitals.

Foreign Direct Investment refers to the investments inside China by foreign enterprises and economic organizations or individuals (including overseas Chinese, compatriots from Hong Kong, Macao and Taiwan, and Chinese enterprises registered abroad), following the relevant policies and laws of China, for the establishment of ventures exclusively with foreign own investment, Sino-foreign joint ventures and cooperative enterprises or for co-operative exploration of resources with enterprises or economic organizations in China.

Number of Tourists

(1) Visitor arrivals refer to the number of foreigners, Chinese compatriots from Hong Kong, Macao and Taiwan Chinese (mainland) who come to China (mainland) for sight-seeing, vacation, visiting relatives, medical treatment, shopping, attending conference, or to engage in economic, cultural, sports and religious activities. In compiling statistics, each time of entering China is counted as one person-time.

(2) Number of Chinese residents going abroad refer to the number of Chinese (mainland) residents going to other countries, Hong Kong Special Administrative region, Macao Special Administrative region and Taiwan for on official or private purposes, for sight-seeing, vacation, visiting relatives, medical treatment, shopping, attending conference, or to engage in economic, cultural, sports and religious activities. In compiling statistics, each time of leaving is counted as one person-time.

(3) Number of domestic tourists refers to the number of Chinese (mainland) residents who travel within China (mainland) for sight-seeing, vacation, visiting relatives, medical treatment, shopping, attending conference, or to engage in economic, cultural, sports and religious activities. In compiling statistics, each time of travelling is counted as one person-time.

Foreign Exchange Earnings from International Tourism refer to the total expenditure of foreigners, overseas Chinese, Chinese compatriots from Hong Kong, Macao and Taiwan during their stay in the mainland of China on transportation, sighting, accommodation, food, shopping and entertainment.

Income from Domestic Tourism refer to expenditure of domestic tourists on transportation, sighting, accommodation, food, shopping and entertainment while they travel.

International Travel Agencies refer to travel agencies engaged in tourism entering China, Chinese residents going abroad and domestic tourism.

Domestic Travel Agencies refer to travel agencies only engaged in domestic tourism.

Star-rated Hotels refer to hotels rated with stars as assessed by the relevant tourism authorities according to GB/T14308-2003 standard with reference to their infrastructure, facilities and service levels.

十八、教育、科技和文化

Education, Science, Technology and Culture

资料整理：杨小侠　董清刚　潘英杰

简 要 说 明

一、本篇资料反映陕西教育、科学技术活动和文化事业的基本情况。

二、本篇资料主要包括:

1. 各级各类教育基本情况，指标主要包括各级各类的学校数、在校生数、招生数、毕业生数、教职工数和专任教师数等。

2. 科技活动情况，科技成果及科技人员情况，专利申请和授权，规模以上工业企业研究与试验发展（R&D）活动发展情况等。

3. 文化艺术、文物、图书馆、新闻出版、广播、电影、电视等文化事业的机构、人员及业务活动开展情况等。

三、本篇资料来源:

教育统计资料由省教育厅提供。

科技统计资料由省科技厅、省人力资源和社会保障厅提供（其中规模以上工业企业科技活动由统计局根据统计年报整理）。

文化统计资料由省文化厅、省新闻出版广电局（省版权局）、省文物局等有关部门提供。

Brief Introduction

Ⅰ. This chapter reflects the basic conditions on the development Shaanxi's education, science and technology.

Ⅱ. The data in this chapter mainly include:

1. The data on tertiary, secondary, primary, and kindergarten education and various types of adult education at all levels, including the number of schools, the number of students enrolled, the number of new enrollments, the number of graduates, the number of staff and workers, and the number of full-time teachers of various levels and categories.

2. The data on scientific and technological, including personnel, achievements and prizes of scientific and technical, numbers of patent applications accepted and granted, R&D activities development of industrial enterprises above designated size, etc.

3. The data on institutions, personnel and business activities of culture and arts, cultural relics, libraries, news and publication, radio, film and television, etc.

III. Data sources:

Data on education are provided by Shaanxi Provincial Department of Education.

Data on science and technology are provided by Shaanxi Provincial Department of Science and Technology, Shaanxi Provincial Department of Human Resources and Social Security. (Science and technology activities of industrial enterprises above designated size are processed and prepared in accordance with the annual statistical reports provided by Shaanxi Provincial Bureau of Statistics.

Data on culture are provided by Shaanxi Provincial Department of Culture, Shaanxi Bureau of Press 、Publicatioon 、Radio 、Film and Television, Shaanxi Provincial Cultural Heritage Bureau and the related departments.

18.教育、科技和文化

2017年全省		
普通高等学校在校学生	106.94	万人
普通高等学校毕业生	30.51	万人
R&D经费内部支出	460.94	亿元
专利申请量	98935	件
专利授权量	34554	件

高等学校在校学生数（万人）

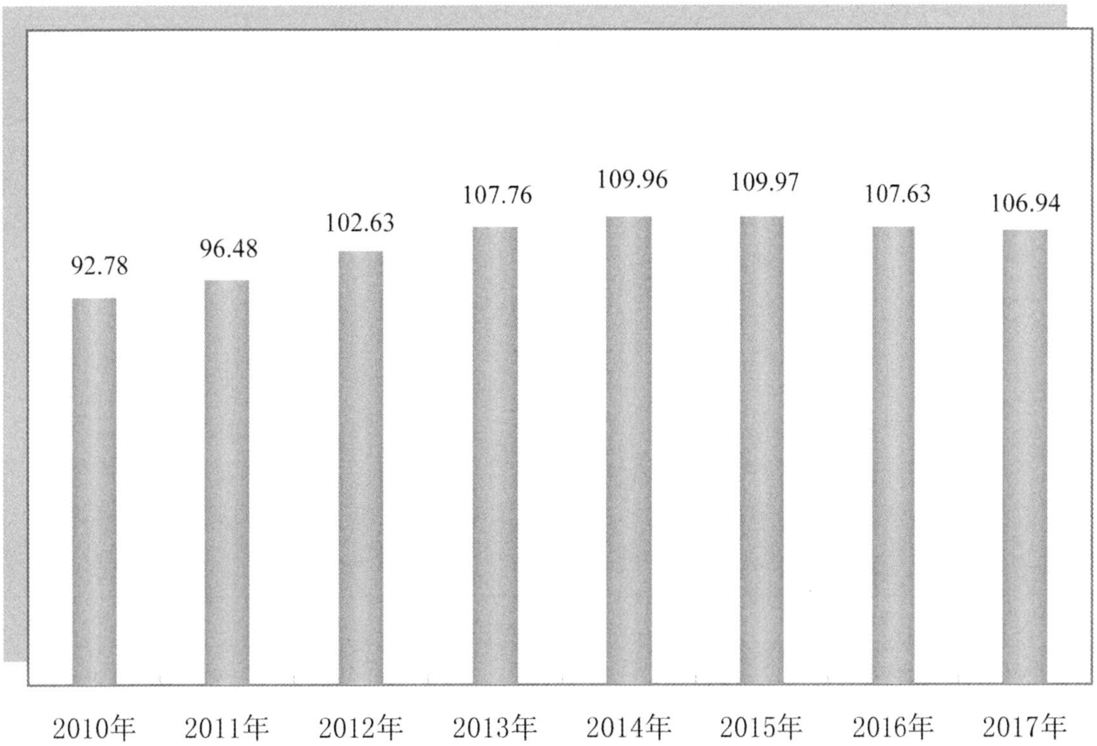

18-1 各级各类教育基本情况(2017年)
Basic Statistics on Schools by Level and Type of School(2017)

指标	Item	学校数(所) Number of Schools (unit)	毕业生数(人) Graduates (person)	招生数(人) New Enrollment (person)	在校学生数(人) Total Enrollment (person)	教职工数(人) Teachers and Staff (person)	# 专任教师 Full-time Teachers
一、高等教育	Higher Education	108	472476	557523	1615306	106630	68977
1.研究生(含科研机构)	Institutions Providing Postgraduate Programs (Include Research Institutions)	49	28951	40842	115949		17461
# 普通高校	Regular Institutions of Higher Education	27	28754	40628	115306		16840
2.普通高等教育	Regular Higher Education	81	305124	304774	1069374	103994	66930
# 地方院校	Local Universities	75	277177	275582	952258	80176	53611
(1)本　科	Enrolled in Full Undergraduate Courses	43	172708	170623	670588		
# 地方院校	Local Universities	37	144761	141431	553472		
(2)专　科	Enrolled in Specialized Courses	38	132416	134151	398786		
# 地方院校	Local Universities	38	132416	134151	398786		
3.成人高等教育	Higher Education for Adult		65883	56634	149556		
# 成人高等学校	Institutions of Higher Education for Adult	15	5687	7400	18714	2636	1426
4.网络本专科	Students Enrolled in Internet-based Courses		72518	155273	280427		
# 本　科	Enrolled in Full Undergraduate Courses		32321	61306	109718		
二、中等职业教育学校	Vocational Secondary Education	380	133856	164628	415634	29990	21194
普通中等专业学校	Regular Specialized Secondary Schools	32	22889	19524	57457	3367	2278
成人中等专业学校	Adult Specialized Secondary Schools	3	146	547	926	191	103
职业高中学校	Vocational Senior Secondary Schools	210	72860	78312	203753	15113	11581
技工学校	Technical Schools	135	37961	66245	153498	11319	7232
三、普通中学	Regular Secondary Schools	2094	614977	599886	1806301	197886	157291
高　中	Senior Secondary Schools	473	266982	243804	756647		57297
初　中	Junior Secondary Schools	1621	347995	356082	1049654		99994
四、小　学	Primary Schools	4752	359973	480513	2523085	157442	144065
五、幼儿园(含学前班)	Kindergartens(include Pre-schools)	7810	518973	681277	1450523	155012	90300
六、特殊教育学校	Special Education	58	1411	3226	14683	1539	1255
七、工读学校	Schools for Juvenile Delinquents	1	14	15	27	43	33
八、成人中、小学	Adult High and Primary Schools	474	54031		49693	1053	618
九、职业技术培训机构	Vocational and Technical Training Institution	6672	1274395		1447560	33036	19541

注：1.研究生培养机构中所含24所普通高等学校的教职工数已计入高等学校教职工总数中。
2.12所独立学院未计入普通高等学校数中，其学生及教职工数等已分别计入高等教育相应指标总数中。

a) Teachers and staff of regular institutions of higher education include the 24 regular institutions of higher education in institutions providing postgraduate programs.

b) 12 non-university tertiary don't count the number of regular institutions of higher education schools. But its students and teachers count corresponding item of regular institutions of higher education respectively.

18-2 普通高等学校基本情况

Basic Statistics on Regular Institutions of Higher Education

年份 Year	学校数(所) Number of Schools (unit)	招生数(万人) New Enrollment (10 000 persons)	在校学生数(万人) Total Enrollment (10 000 persons)	毕业生数(万人) Graduates (10 000 persons)	教职工数(人) Teachers and Staff (person)	#专任教师 Full-time Teachers
1978	30	1.37	3.44	0.82	27210	10699
1980	34	1.44	5.39	0.38	31694	12066
1985	45	2.86	8.21	1.47	43210	16516
1990	47	2.62	9.54	2.81	51130	19558
1995	46	4.07	12.83	3.75	52440	20200
2000	39	9.52	24.17	3.51	52220	20723
2001	47	11.55	31.74	4.35	58846	23613
2002	52	14.70	41.16	5.16	63412	27637
2003	57	16.84	49.97	7.98	67405	35716
2004	62	19.98	58.39	11.10	74607	37145
2005	72	20.89	66.69	14.06	82317	42864
2006	76	21.91	72.62	16.23	87981	47549
2007	76	24.36	77.65	19.55	90306	50741
2008	76	27.64	83.97	21.73	94196	53740
2009	77	27.30	89.37	21.20	96485	56171
2010	78	27.44	92.78	23.55	98536	58288
2011	78	29.69	96.48	25.89	99010	59171
2012	79	32.45	102.63	26.53	100881	61500
2013	80	31.13	107.76	25.38	102017	64171
2014	80	30.64	109.96	27.74	103332	64970
2015	80	30.61	109.97	29.97	103911	66506
2016	81	30.45	107.63	32.13	103453	66133
2017	81	30.48	106.94	30.51	103994	66930

18-3 中等职业学校基本情况

Basic Statistics on Vocational Secondary Schools

年份 Year	学校数(所) Number of Schools (unit)	招生数(万人) New Enrollment (10 000 persons)	在校学生数(万人) Total Enrollment (10 000 persons)	毕业生数(万人) Graduates (10 000 persons)	教职工数(人) Teachers and Staff (person)	#专任教师 Full-time Teachers
1978	89	1.77	2.93	0.45	10401	3297
1980	162	2.54	6.55	0.92	15246	5699
1985	382	5.54	11.92	3.14	29279	11893
1990	499	7.48	17.99	5.89	39880	17960
1995	569	11.64	27.01	8.39	41736	20926
2000	648	13.66	36.37	11.38	40692	21693
2001	535	13.07	34.43	11.49	38050	20746
2002	533	17.26	38.54	10.80	37540	22760
2003	607	20.12	45.57	12.14	41265	25043
2004	588	22.61	50.88	13.33	41817	23868
2005	563	25.43	55.84	15.92	40698	28525
2006	573	28.78	63.55	18.12	40347	25902
2007	691	37.18	76.44	23.09	31986	20916
2008	676	37.19	84.99	25.41	49713	35742
2009	680	35.23	89.91	25.98	52727	36834
2010	663	35.20	89.93	27.35	51534	34619
2011	616	31.45	84.67	30.59	48923	33274
2012	564	24.98	73.31	29.09	44041	30063
2013	520	21.43	60.56	25.76	43440	33025
2014	491	17.71	50.26	22.43	37306	27483
2015	435	14.93	43.69	15.91	30890	21704
2016	398	15.69	41.17	15.19	31655	22643
2017	380	16.46	41.56	13.39	29990	21194

18-4 普通中学基本情况
Basic Statistics on Regular Secondary Schools

年　份 Year	学校数 (所) Number of Schools (unit)	招生数 (万人) New Enrollment (10 000 persons)	在校学生数 (万人) Total Enrollment (10 000 persons)	毕业生数 (万人) Graduates (10 000 persons)	教职工数 (人) Teachers and Staff (person)	# 专任教师 Full-time Teachers
1978	7558	90.52	193.47	73.47	116097	91701
1980	5838	52.56	180.85	31.21	127056	97643
1985	3103	56.24	170.33	41.32	122187	93102
1990	3041	47.18	132.64	45.95	127861	98272
1995	2788	55.71	145.07	37.48	129046	100084
2000	2599	88.94	230.52	56.25	149267	122279
2001	2680	97.02	254.75	63.42	160109	131183
2002	2699	103.01	278.26	72.35	169628	140192
2003	2714	104.15	295.41	80.51	178330	148437
2004	2719	103.73	302.56	90.27	185508	154242
2005	2727	102.44	304.56	97.20	191041	159138
2006	2688	102.32	307.93	97.72	193560	162876
2007	2637	96.95	300.09	101.67	195705	166340
2008	2583	93.73	288.87	101.84	198259	169126
2009	2509	88.08	274.68	98.86	198656	170177
2010	2436	83.18	259.91	93.76	198543	170482
2011	2363	79.47	246.80	89.61	210135	170878
2012	2295	73.02	225.70	83.86	207578	168822
2013	2252	68.31	210.13	77.35	206168	167457
2014	2220	63.94	196.83	71.17	203128	164374
2015	2215	61.07	187.57	66.95	200853	161752
2016	2176	61.42	183.42	64.32	198548	159395
2017	2094	59.99	180.63	61.50	197886	157291

18-5 普通小学基本情况
Basic Statistics on Regular Primary Schools

年　份 Year	学校数 (所) Number of Schools (unit)	招生数 (万人) New Enrollment (10 000 persons)	在校学生数 (万人) Total Enrollment (10 000 persons)	毕业生数 (万人) Graduates (10 000 persons)	教职工数 (人) Teachers and Staff (person)	# 专任教师 Full-time Teachers
1978	39747	117.01	450.51	67.91	180682	173003
1980	40800	87.10	452.14	58.76	198082	187394
1985	38815	59.93	367.87	61.41	186208	169225
1990	37155	58.42	353.75	42.74	193292	176756
1995	36471	86.30	451.58	50.12	200359	183152
2000	33336	68.22	480.93	77.00	199395	182297
2001	29359	66.87	461.57	81.32	200185	183464
2002	26989	59.51	433.22	83.04	203733	188394
2003	24922	53.01	401.48	80.62	206447	190964
2004	22988	48.16	370.97	76.57	204007	188062
2005	20711	43.59	340.09	72.46	203262	186644
2006	18590	48.52	325.11	67.98	200256	184573
2007	16316	45.43	305.53	65.26	198058	182940
2008	14185	43.18	286.48	61.79	196323	180898
2009	11583	40.99	271.44	55.56	193530	178320
2010	9710	40.86	261.04	50.59	190545	175184
2011	8867	40.77	253.60	46.46	173769	171011
2012	7994	37.89	234.62	44.86	169723	166822
2013	7356	38.81	227.33	40.05	163908	162841
2014	6574	40.50	226.41	37.46	160287	147511
2015	5851	42.58	233.11	34.76	155843	143064
2016	5507	46.24	241.78	35.98	156019	142761
2017	4752	48.05	252.31	35.99	157442	144065

18-6 技工学校基本情况(2017年)
Basic Statistics on Technical Schools(2017)

指　　标	Item	学校数(所) Number of Schools (unit)	招生数(人) New Enrollment (person)	在校学生数(人) Total Enrollment (person)	毕业生数(人) Graduates (person)	教职工数(人) Teachers and Staff (person)	#专任教师 Full-time Teachers
总　　计	**Total**	**135**	**66245**	**153498**	**37961**	**11319**	**7232**
一、地方人社部门办校	Run by Labour Department	8	3088	8117	2599	1062	679
二、国有经济单位办校	Run by State-owned Unit	46	14594	40153	13835	3780	2730
行业办校	Run by Sector	22	8638	21286	6635	2049	1548
企业办校	Run by Enterprise	24	5956	18867	7200	1731	1182
三、民　办	Run by Private	80	48507	104933	21232	6371	3769
四、国务院部委办	Run by the Ministries in the State Council	1	56	295	295	106	54

18-7 全省科技活动情况
Scientific and Technological Activities in the Whole Province

指　　标	Item	2015	2016	2017
一、机构数　(个)	Number of Institutions　(unit)			
1.科研院所	Research Institutions	111	106	104
2.高等院校	Regular Institutions of Higher Education	401	443	571
3.规模以上工业企业	Large and Medium-sized Industrial Enterprises	552	626	652
4.其　他	Others	112	122	154
二、R&D经费内部支出　(万元)	Internal Expenditure on R&D　(10 000 yuan)	3931727	4195554	4609363
1.按来源构成分	By Composition of Source			
政府资金	Government Funds	2202211	2231466	2326046
企业资金	Self-raised Funds by Enterprises	1629506	1856926	2108775
境外资金	Foreign capital	2140	2774	5641
其他资金	Others	97870	104388	168900
2.按隶属关系分	By Jurisdiction of Management			
中　央	Central	2750933	2761864	2936854
地　方	Local	1180794	1433689	1672508
三、科技成果与著作情况	Achievements and Books in S&T			
1.科技论文　(篇)	Technical and Scientific Papers　(piece)	71779	74300	78926
2.出版科技著作　(种)	Kinds of Published Scientific Books　(unit)	1693	1768	1907

18-8 全省地方登记的科技成果

Achievements in Science and Technology in the Whole Province

单位：项 (unit)

行 业	Sector	2015	2016	2017
总 计	**Total**	**3299**	**3220**	**3139**
农、林、牧、渔业	Agriculture, Forestry, Animal Husbandry and Fishery	234	357	306
采矿业	Mining	81	112	120
制造业	Manufacturing	447	559	476
电力、燃气及水的生产和供应业	Production and Distribution of Electricity,Gas and Water	203	382	454
建筑业	Construction	57	130	123
批发和零售业	Wholesale and Retail Trades	6	4	
交通运输、仓储和邮政业	Traffic, Transport, Storage and Post	68	95	92
住宿和餐饮业	Hotels and Catering Services	4	17	45
信息传输、软件和信息技术服务业	Information Transmission, Software and Information Services	320	456	432
金融业	Financial Intermediation	4	17	123
房地产业	Real Estate	1	1	
租赁和商务服务业	Leasing and Business Services	1		
科学研究和技术服务业	Scientific Research, Technology Services	911	618	627
水利、环境和公共设施管理业	Management of Water Conservancy, Environment and Public Facilities	42	94	59
居民服务、修理和其他服务业	Residents Service, Repair and other Services	40	16	11
教 育	Education	2	2	5
卫生和社会工作	Health, Social Work	262	317	241
文化、体育和娱乐业	Culture, Sports and Entertainment	7	31	19
公共管理、社会保障和社会组织	Public Management, Social Security and Social Organization	10	10	6
国际组织	International Organizations		2	
其 他	Others	599		

18-9 地方公有经济企业专业技术人才分行业情况(2017年)
Situation of Professional and Technical Personnel in Local Public Economy Enterprises(2017)

单位：人 (person)

行业	Sector	总计 Total	#工程技术人员 Engineering	#农业技术人员 Agriculture	#科学研究人员 Scientific Research	#卫生技术人员 Health Care	#教学人员 Teaching
总计	**Total**	**169444**	**95125**	**1385**	**1524**	**6628**	**2024**
农、林、牧、渔业	Agriculture, Forestry, Animal Husbandry and Fishery	3559	1189	905	101	205	47
采矿业	Mining	36308	20481	124	34	2837	797
制造业	Manufacturing	46135	26615	34	634	1163	546
电力、燃气及水的生产和供应业	Production and Distribution of Electricity, Gas and Water	10581	7172	2	6	11	30
建筑业	Construction	27910	22403	43	2	175	15
批发和零售业	Wholesale and Retail Trades	3327	188	21	2	753	7
交通运输、仓储和邮政业	Traffic, Transport, Storage and Post	8327	4579	22	25	76	30
住宿和餐饮业	Hotels and Catering Services	1572	127			14	7
信息传输、软件和信息技术服务业	Information Transmission, Software and Information Services	857	370		76	4	8
金融业	Financial Intermediation	7208	188		13	1	5
房地产业	Real Estate	1650	884	36		2	3
租赁和商务服务业	Leasing and Business Services	283	55		1	1	
科学研究和技术服务业	Scientific Research, Technology Services	10695	8331	65	610	152	123
水利.环境和公共设施管理业	Management of Water Conservancy, Environment and Public Facilities	2669	1954	73	17	3	1
居民服务、修理和其他服务业	Residents Service, Repair and other Services	2449	327			154	25
教育	Education	750					349
卫生和社会工作	Health, Social Work	1155	18			1074	
文化、体育和娱乐业	Culture, Sports and Entertainment	3454	230		3	3	31
公共管理、社会保障和社会组织	Public Management, Social Security and Social Organization	555	14	60			

18-10 规模以上工业企业研究与试验发展(R&D)人员和经费支出情况(2017年)
R&D Personnel and Expenditure of Industrial Enterprises above Designated (2017)

分组	Item	R&D人员(人) R&D Personnel (person)	#研究人员 Research Personnel	R&D经费内部支出(万元) R&D Internal Expenditure (10 000 yuan)	#政府资金 Government Funds	#企业资金 Enterprises Funds	#境外资金 Foreign Funds
总计	**Total**	**70156**	**29023**	**1963697**	**394907**	**1558488**	**1579**
按企业规模分	**Grouped by Size of Enterprises**						
大型	Large Enterprises	43199	18317	1357479	356934	999123	754
中型	Medium-sized Enterprises	14640	5830	303563	22544	275304	465
小型	Small Enterprises	12149	4813	298783	15383	280349	360
微型	Micro Enterprises	168	63	3873	46	3713	
按登记注册类型分	**By Status of Registration**						
内资企业	Domestic Funded	65494	27176	1769601	394294	1366420	913
国有企业	State-owned Enterprises	13717	6036	348723	117637	229936	530
集体企业	Collective-owned Enterprises	54	15	1519	36	1483	
有限责任公司	Limited Liability Corporations	40526	16561	1130226	260069	867645	371
国有独资公司	State Sole Funded Corporations	10766	4424	291200	41212	249837	136
其他有限责任公司	Other Limited Liability Corporations	29760	12137	839026	218857	617808	235
股份有限公司	Share-holding Corporations Limited	6057	2637	180741	11394	166038	12
私营企业	Private Enterprises	5099	1912	107487	5153	100419	
私营独资企业	Private-funded Enterprises	30	13	989	123	866	
私营有限责任公司	Private Limited Liability Corporations	4242	1570	88134	4514	81903	
私营股份有限公司	Private Share-holding Corporations Ltd.	827	329	18365	516	17650	
其他企业	Other Enterprises	41	15	906	6	900	
港、澳、台商投资企业	Enterprises with Funds from Hong Kong, Macao and Taiwan	2006	626	33450	265	33156	
合资经营企业(港或澳、台资)	Joint-venture Enterprises	1428	447	24556	205	24350	
港澳台商独资经营企业	Enterprises with Sole Investment	148	41	5990	50	5913	
港澳台商投资股份有限公司	Share-holding Corporations Ltd.	81	25	1473		1473	
其他港澳台投资企业	Other Enterprises with Funds from Hong Kong, Macao and Taiwan	349	113	1430	10	1420	
外商投资企业	Foreign Funded Enterprises	2656	1221	160646	348	158912	667
中外合资经营企业	Joint-venture Enterprises	912	433	25266	263	23997	350
外资企业	Enterprises with Sole Funds	1514	694	118205		117888	317
外商投资股份有限公司	Share-holding Corporations Ltd.	170	90	15887	85	15802	
其他外商投资企业	Other Foreign Funded Enterprises	60	4	1288		1225	
按国民经济行业分	**By Sector**						
采矿业	Mining	4120	1764	66624	4189	62421	
煤炭开采和洗选业	Mining and Washing of Coal	1553	553	36463	32	36431	
石油和天然气开采业	Extraction of Petroleum and Natural Gas	925	490	6747	3806	2941	
黑色金属矿采选业	Mining and Processing of Ferrous Metal Ores	53	20	360	50	310	
有色金属矿采选业	Mining and Processing of Non-Ferrous Metal Ores	886	365	8501	98	8388	
非金属矿采选业	Mining and Processing of Nonmetal Ores	116	25	1315	42	1273	
开采辅助活动	Support Activities for Mining	587	311	13238	161	13077	
制造业	Manufacturing	63991	26542	1872439	390618	1471534	1579
农副食品加工业	Processing of Food from Agricultural Products	1052	334	25919	1499	24419	
食品制造业	Manufacture of Foods	717	215	22204	401	21611	

18-10 续表 continued

分组	Item	R&D人员(人) R&D Personnel (person)	#研究人员 Research Personnel	R&D经费内部支出(万元) R&D Internal Expenditure (10 000 yuan)	#政府资金 Government Funds	#企业资金 Enterprises Funds	#境外资金 Foreign Funds
酒、饮料和精制茶制造业	Manufacture of Wine,Beverages and Refined Tea	911	281	23022	1374	21648	
烟草制品业	Manufacture of Tobacco	50	20	584		584	
纺织业	Manufacture of Textile	319	145	9523	50	9473	
纺织服装、服饰业	Manufacture of Textile and Clothing	137	49	1817	235	1582	
皮革、毛皮、羽毛及其制品和制鞋业	Manufacture of Leather, Fur, Feather and Related Products and Footwear	62	14	2320	3	2317	
木材加工和木、竹、藤、棕、草制品业	Processing of Timber, Manufacture of Wood, Bamboo, Rattan,Palm and Straw Products	36	14	1062		1062	
造纸和纸制品业	Manufacture of Paper and Paper Products	53	19	1194	42	1152	
印刷和记录媒介复制业	Printing, Reproduction of Recording Media	401	135	2808		2808	
文教、工美、体育和娱乐用品制造业	Manufacture of Articles for Culture, Education, Arts and Crafts, Sport and Entertainment Activities	18	1	700		700	
石油加工、炼焦和核燃料加工业	Processing of Petroleum, Coking, Processing Nuclear Fuel	1521	547	126945	14211	112618	88
化学原料和化学制品制造业	Manufacture of Chemical Raw Material and Chemical Products	4195	1761	144758	9144	134838	
医药制造业	Manufacture of Medicines	2690	1066	75892	2609	72926	
化学纤维制造业	Manufacture of Chemical Fibers	39	18	1580		1580	
橡胶和塑料制品业	Manufacture of Rubber and Plastics	595	208	17129	1866	15192	
非金属矿物制品业	Manufacture of Non-metallic Mineral Products	1081	401	29930	751	28968	
黑色金属冶炼和压延加工业	Smelting and Pressing of Ferrous Metals	800	238	44691	559	44132	
有色金属冶炼和压延加工业	Smelting and Pressing of Non-ferrous Metals	2864	1202	107022	11958	94476	
金属制品业	Manufacture of Metal Products	3227	1138	52954	10536	42258	146
通用设备制造业	Manufacture of General Purpose Machinery	2827	1288	62177	9468	52212	350
专用设备制造业	Manufacture of Special Purpose Machinery	4360	2026	87548	11302	76003	12
汽车制造业	Automotive Industry	4866	1622	138696	2819	132589	16
铁路、船舶、航空航天和其他运输设备制造业	Manufacture of Railway,Shipping,Aerospace and Other Transport Equipments	16859	7233	449719	292796	156525	
电气机械和器材制造业	Manufacture of Electrical Machinery and Equipment	3875	1585	130101	3676	124424	967
计算机、通信和其他电子设备制造业	Manufacture of Computers,Communication and Other Electronic Equipment	7020	3268	224564	13111	211113	
仪器仪表制造业	Manufacture of Measuring Instrument and Machinery	2524	1284	74375	1535	71795	
其他制造业	Other Manufacturing	179	60	4710	107	4603	
废弃资源综合利用业	Utilization of Waste Resources	14	6	34	10	24	
金属制品、机械和设备修理业	Industry of Metalwork,Machinery, and Equipment Repair	699	364	8463	556	7907	
电力、热力、燃气及水生产和供应业	Production and Distribution of Electricity, Gas and Water	2045	717	24634	100	24534	
电力、热力生产和供应业	Production and Supply of Electric Power and Heat Power	2042	716	24592	100	24492	
燃气生产和供应业	Production and Supply of Gas	3	1	42		42	

18-11 规模以上工业企业研究与试验发展(R&D)项目情况(2017年)
The Situation of Industrial Enterprises above Designated Projects (2017)

分组	Item	项目数 (项) Number of R&D Projects (item)	参加项目人员 (人) R&D Personnel (person)	项目人员全时当量 (人年) Full-time Equivalent of R&D Personnel (man-year)	项目经费内部支出 (万元) Expenditure on R&D Projects (10 000 yuan)
总计	**Total**	**5125**	**60959**	**39054**	**1956854**
按企业规模分	**Grouped by Size of Enterprises**				
大型	Large Enterprises	2117	37052	25644	1351603
中型	Medium-sized Enterprises	1315	12744	7825	303033
小型	Small Enterprises	1660	11001	5505	298346
微型	Micro Enterprises	33	162	79	3872
按登记注册类型分	**By Status of Registration**				
内资企业	Domestic Funded	4941	56414	35354	1763018
国有企业	State-owned Enterprises	726	11911	7761	344343
集体企业	Collective-owned Enterprises	8	48	15	1517
有限责任公司	Limited Liability Corporations	2842	34746	22910	1128411
国有独资公司	State Sole Funded Corporations	787	9409	5749	290175
其他有限责任公司	Other Limited Liability Corporations	2055	25337	17161	838236
股份有限公司	Share-holding Corporations Limited	727	4976	2550	180481
私营企业	Private Enterprises	636	4692	2115	107361
私营独资企业	Private-funded Enterprises	5	23	10	989
私营有限责任公司	Private Limited Liability Corporations	518	3906	1791	88029
私营股份有限公司	Private Share-holding Corporations Ltd.	113	763	314	18343
其他企业	Other Enterprises	2	41	3	906
港、澳、台商投资企业	Enterprises with Funds from Hong Kong, Macao and Taiwan	36	1977	1830	33438
合资经营企业(港或澳、台资)	Joint-venture Enterprises	10	1428	1390	24546
港、澳、台商独资经营企业	Enterprises with Sole Investment	12	138	88	5990
港、澳、台商投资股份有限公司	Share-holding Corporations Ltd.	5	81	29	1471
其他港澳台投资企业	Other Enterprises with Funds from Hong Kong, Macao and Taiwan	9	330	323	1430
外商投资企业	Foreign Funded Enterprises	148	2568	1869	160398
中外合资经营企业	Joint-venture Enterprises	92	857	468	25019
外资企业	Enterprises with Sole Funds	41	1481	1344	118205
外商投资股份有限公司	Share-holding Corporations Ltd.	10	170	45	15886
其他外商投资企业	Other Foreign Funded Enterprises	5	60	13	1288
按国民经济行业分	**By Sector**				
采矿业	Mining	366	3267	1396	66517
煤炭开采和洗选业	Mining and Washing of Coal	137	1461	642	36444
石油和天然气开采业	Extraction of Petroleum and Natural Gas	73	614	212	6672
黑色金属矿采选业	Mining and Processing of Ferrous Metal Ores	3	46	3	360
有色金属矿采选业	Mining and Processing of Non-Ferrous Metal Ores	70	574	148	8491
非金属矿采选业	Mining and Processing of Non-metal Ores	8	111	77	1311
开采辅助活动	Support Activities for Mining	75	461	314	13238
制造业	Manufacturing	4638	55874	37346	1865725
农副食品加工业	Processing of Food from Agricultural Products	120	975	349	25802
食品制造业	Manufacture of Foods	58	670	339	22189

18-11 续表 continued

分 组	Item	项目数（项） Number of R&D Projects (item)	参加项目人员（人） R&D Personnel (person)	项目人员全时当量（人年） Full-time Equivalent of R&D Personnel (man-year)	项目经费内部支出（万元） Expenditure on R&D Projects (10 000 yuan)
酒、饮料和精制茶制造业	Manufacture of Wine,Beverages and Refined Tea	105	883	477	22744
烟草制品业	Manufacture of Tobacco	8	50	12	573
纺织业	Manufacture of Textile	29	225	79	9479
纺织服装、服饰业	Manufacture of Textile and Clothing	8	106	40	1809
皮革、毛皮、羽毛及其制品和制鞋业	Manufacture of Leather, Fur, Feather and Related Products and Footwear	19	59	28	2320
木材加工和木、竹、藤、棕、草制品业	Processing of Timber, Manufacture of Wood, Bamboo, Rattan,Palm and Straw Products	2	36	22	1062
造纸和纸制品业	Manufacture of Paper and Paper Products	5	46	14	1191
印刷和记录媒介复制业	Printing, Reproduction of Recording Media	22	182	87	2806
文教、工美、体育和娱乐用品制造业	Manufacture of Articles for Culture, Education, Arts and Crafts, Sport and Entertainment Activities	1	18	16	700
石油加工、炼焦和核燃料加工业	Processing of Petroleum, Coking, Processing Nuclear Fuel	127	1344	832	126903
化学原料和化学制品制造业	Manufacture of Chemical Raw Material and Chemical Products	535	3700	2338	144662
医药制造业	Manufacture of Medicines	378	2465	1475	75800
化学纤维制造业	Manufacture of Chemical Fibers	2	33	23	1580
橡胶和塑料制品业	Manufacture of Rubber and Plastics	76	506	164	17091
非金属矿物制品业	Manufacture of Non-metallic Mineral Products	117	1024	566	29900
黑色金属冶炼和压延加工业	Smelting and Pressing of Ferrous Metals	62	780	523	44689
有色金属冶炼和压延加工业	Smelting and Pressing of Non-ferrous Metals	236	1991	983	106950
金属制品业	Manufacture of Metal Products	207	2955	1898	52951
通用设备制造业	Manufacture of General Purpose Machinery	214	2303	1253	62167
专用设备制造业	Manufacture of Special Purpose Machinery	461	3760	2249	87483
汽车制造业	Automotive Industry	178	4691	4094	137975
铁路、船舶、航空航天和其他运输设备制造业	Manufacture of Railway,Shipping,Aerospace and Other Transport Equipments	590	14558	11723	447954
电气机械和器材制造业	Manufacture of Electrical Machinery and Equipment	487	3554	2018	129730
计算机、通信和其他电子设备制造业	Manufacture of Computers,Communication and Other Electronic Equipment	396	6053	4443	224102
仪器仪表制造业	Manufacture of Measuring Instrument and Machinery	154	2115	1139	71921
其他制造业	Other Manufacturing	22	157	58	4699
废弃资源综合利用业	Utilization of Waste Resources	2	14	12	34
金属制品、机械和设备修理业	Industry of Metalwork,Machinery, and Equipment Repair	17	621	92	8462
电力、热力、燃气及水生产和供应业	Production and Distribution of Electricity, Gas and Water	121	1818	311	24613
电力、热力生产和供应业	Production and Supply of Electric Power and Heat Power	120	1815	311	24571
燃气生产和供应业	Production and Supply of Gas	1	3		42

18-12 规模以上工业企业新产品开发、生产及销售情况(2017年)
Developing, Producing and Sales of Industrial Enterprises above Designated (2017)

分 组	Item	新产品开发项目数(项) Number of New products Development Project (item)	新产品开发经费支出(万元) New products Development Expenditure (10 000 yuan)	新产品产值(万元) New products Output Value (10 000 yuan)	新产品销售收入(万元) New products Sales Income (10 000 yuan)
总 计	**Total**	**5093**	**2042467**	**19730477**	**17148934**
按企业规模分	**Grouped by Size of Enterprises**				
大 型	Large Enterprises	1855	1364200	15937511	13570055
中 型	Medium-sized Enterprises	1309	319624	2135445	1965927
小 型	Small Enterprises	1889	352949	1641880	1581839
微 型	Micro Enterprises	40	5694	15642	31112
按登记注册类型分	**By Status of Registration**				
内资企业	Domestic Funded	4874	1847062	18736679	16398896
国有企业	State-owned Enterprises	731	401407	1552552	1611334
集体企业	Collective-owned Enterprises	8	1528	510	503
股份合作企业	Cooperative Enterprises	1	136	3320	2302
有限责任公司	Limited Liability Corporations	2670	1137901	15135512	12754895
国有独资公司	State Sole Funded Corporations	659	259198	2220215	2399168
其他有限责任公司	Other Limited Liability Corporations	2011	878703	12915297	10355727
股份有限公司	Share-holding Corporations Limited	716	175321	1491492	1491224
私营企业	Private Enterprises	747	130256	547493	532852
私营独资企业	Private-funded Enterprises	5	995	1760	1295
私营有限责任公司	Private Limited Liability Corporations	629	112601	491430	484385
私营股份有限公司	Private Share-holding Corporations Ltd.	113	16660	54303	47173
其他企业	Other Enterprises	1	513	5800	5786
港、澳、台商投资企业	Enterprises with Funds from Hong Kong, Macao and Taiwan	44	14713	692467	488393
合资经营企业(港或澳、台资)	Joint-venture Enterprises	18	6675	601181	420124
港澳台商独资经营企业	Enterprises with Sole Investment	9	3933	38718	34608
港澳台商投资股份有限公司	Share-holding Corporations Ltd.	8	2515	2590	2590
其他港澳台投资企业	Other Enterprises with Funds from Hong Kong, Macao and Taiwan	9	1591	49979	31071
外商投资企业	Foreign Funded Enterprises	175	180692	301331	261644
中外合资经营企业	Joint-venture Enterprises	120	32144	185264	173370
外资企业	Enterprises with Sole Funds	43	120787	72971	54297
外商投资股份有限公司	Share-holding Corporations Ltd.	9	26748	43095	33978
其他外商投资企业	Other Foreign Funded Enterprises	3	1014		
按国民经济行业分	**By Sector**				
采矿业	Mining	147	39256	20788	199596
煤炭开采和洗选业	Mining and Washing of Coal	39	20525	100	100
石油和天然气开采业	Extraction of Petroleum and Natural Gas	35	5609		
黑色金属矿采选业	Mining and Processing of Ferrous Metal Ores	3	511		
有色金属矿采选业	Mining and Processing of Non-Ferrous Metal Ores	28	3499	40	179118
非金属矿采选业	Mining and Processing of Nonmetal Ores	7	1653	18248	18142
开采辅助活动	Support Activities for Mining	35	7460	2400	2235
制造业	Manufacturing	4905	1996081	19706316	16939958
农副食品加工业	Processing of Food from Agricultural Products	157	37375	211267	204973
食品制造业	Manufacture of Foods	86	29398	47251	57549

18-12 续表 continued

分组	Item	新产品开发项目数（项）Number of New products Development Project (item)	新产品开发经费支出（万元）New products Development Expenditure (10 000 yuan)	新产品产值（万元）New products Output Value (10 000 yuan)	新产品销售收入（万元）New products Sales Income (10 000 yuan)
酒、饮料和精制茶制造业	Manufacture of Wine,Beverages and Refined Tea	135	28924	227997	236512
烟草制品业	Manufacture of Tobacco	18	2808	157377	118966
纺织业	Manufacture of Textile	38	9730	19421	19161
纺织服装、服饰业	Manufacture of Textile and Clothing	10	2113	5972	11395
皮革、毛皮、羽毛及其制品和制鞋业	Manufacture of Leather, Fur, Feather and Related Products and Footwear	21	2773	9264	17816
木材加工和木、竹、藤、棕、草制品业	Processing of Timber, Manufacture of Wood, Bamboo, Rattan, Palm and Straw Products	3	393	2995	2950
家具制造业	Manufacture of Furniture	2	293	1530	1529
造纸和纸制品业	Manufacture of Paper and Paper Products	7	4434	5500	5500
印刷和记录媒介复制业	Printing, Reproduction of Recording Media	24	5258	13196	7208
文教、工美、体育和娱乐用品制造业	Manufacture of Articles for Culture, Education, Arts and Crafts, Sport and Entertainment Activities	2	731		185
石油加工、炼焦和核燃料加工业	Processing of Petroleum, Coking, Processing Nuclear Fuel	78	61555	178868	184376
化学原料和化学制品制造业	Manufacture of Chemical Raw Material and Chemical Products	477	140022	1088195	1060458
医药制造业	Manufacture of Medicines	346	89972	680794	537819
化学纤维制造业	Manufacture of Chemical Fibers	2	2085		
橡胶和塑料制品业	Manufacture of Rubber and Plastics	91	18047	83236	75290
非金属矿物制品业	Manufacture of Non-metallic Mineral Products	76	23792	117057	113930
黑色金属冶炼和压延加工业	Smelting and Pressing of Ferrous Metals	52	16864	238987	208238
有色金属冶炼和压延加工业	Smelting and Pressing of Non-ferrous Metals	214	121186	930631	1011011
金属制品业	Manufacture of Metal Products	203	54404	299489	296816
通用设备制造业	Manufacture of General Purpose Machinery	219	70962	573812	596933
专用设备制造业	Manufacture of Special Purpose Machinery	524	102390	510615	501567
汽车制造业	Automotive Industry	223	153370	8095137	5317088
铁路、船舶、航空航天和其他运输设备制造业	Manufacture of Railway,Shipping,Aerospace and Other Transport Equipments	592	505528	3567073	3765029
电气机械和器材制造业	Manufacture of Electrical Machinery and Equipment	653	165888	1510484	1538583
计算机、通信和其他电子设备制造业	Manufacture of Computers,Communication and Other Electronic Equipment	421	241358	783299	723462
仪器仪表制造业	Manufacture of Measuring Instrument and Machinery	190	87353	291528	270914
其他制造业	Other Manufacturing	18	4836	17254	20657
废弃资源综合利用业	Utilization of Waste Resources	2	408	12	8
金属制品、机械和设备修理业	Industry of Metalwork,Machinery, and Equipment Repair	21	11834	38075	34035
电力、热力、燃气及水生产和供应业	Production and Distribution of Electricity, Gas and Water	41	7129	3373	9380
电力、热力生产和供应业	Production and Supply of Electric Power and Heat Power	36	4875	3373	9380
燃气生产和供应业	Production and Supply of Gas	4	821		
水的生产和供应业	Production and Supply of Water	1	1433		

18-13 规模以上工业企业自主知识产权保护情况(2017年)

分组	Item	专利申请数 (件) Number of Patent Application (piece)	#发明专利 Patent of Invention
总　计	**Total**	**9232**	**3939**
按企业规模分	**Grouped by Size of Enterprises**		
大　型	Large Enterprises	4640	2236
中　型	Medium-sized Enterprises	1758	550
小　型	Small Enterprises	2790	1127
微　型	Micro Enterprises	44	26
按登记注册类型分	**By Status of Registration**		
内资企业	Domestic Funded	8998	3845
国有企业	State-owned Enterprises	1551	858
集体企业	Collective-owned Enterprises		
股份合作企业	Cooperative Enterprises		
有限责任公司	Limited Liability Corporations	4771	2047
国有独资公司	State Sole Funded Corporations	1178	458
其他有限责任公司	Other Limited Liability Corporations	3593	1589
股份有限公司	Share-holding Corporations Limited	1586	543
私营企业	Private Enterprises	1090	397
私营独资企业	Private-funded Enterprises	2	
私营有限责任公司	Private Limited Liability Corporations	910	330
私营股份有限公司	Private Share-holding Corporations Ltd.	178	67
其他企业	Other Enterprises		
港、澳、台商投资企业	Enterprises with Funds from Hong Kong, Macao and Taiwan	78	29
合资经营企业(港或澳、台资)	Joint-venture Enterprises	44	18
港、澳、台商独资经营企业	Enterprises with Sole Investment	8	6
港、澳、台商投资股份有限公司	Share-holding Corporations Ltd.	5	5
其他港澳台投资企业	Other Enterprises with Funds from Hong Kong, Macao and Taiwan	21	
外商投资企业	Foreign Funded Enterprises	156	65
中外合资经营企业	Joint-venture Enterprises	125	56
外资企业	Enterprises with Sole Funds	19	8
外商投资股份有限公司	Share-holding Corporations Ltd.		
其他外商投资企业	Other Foreign Funded Enterprises	12	1
按国民经济行业分	**By Sector**		
采矿业	Mining	758	295
煤炭开采和洗选业	Mining and Washing of Coal	282	46
石油和天然气开采业	Extraction of Petroleum and Natural Gas	362	194
黑色金属矿采选业	Mining and Processing of Ferrous Metal Ores	5	1
有色金属矿采选业	Mining and Processing of Non-Ferrous Metal Ores	48	25
非金属矿采选业	Mining and Processing of Nonmetal Ores	27	4
开采辅助活动	Support Activities for Mining	34	25

Proprietary Intellectual Property Rights of Industrial Enterprises above Designated (2017)

有效发明专利数（件） Number of Effective Patent Invention (piece)	# 境外授权 Abroad Authorization	专利所有权转让及许可数（项） Number of Patent Ownership Transfer and Permission (item)	专利所有权转让与许可收入（万元） Income of Patent Ownership Transfer and Permission (10 000 yuan)	发表科技论文（篇） Pulish Technical Thesis (piece)	拥有注册商标数（件） Number of Registered Trademark (piece)	# 境外注册 Abroad Register	形成国家或行业标准数（项） Number of National and Trade Standards (item)
14806	**459**	**269**	**11326**	**6866**	**9630**	**1351**	**630**
6314	327	141	834	5507	3825	1018	354
3187	66	43	3648	953	1777	244	124
5214	66	85	6844	388	4021	89	152
91				18	7		
14129	456	269	11326	6848	9236	1350	624
2601	288	26	3079	1858	373	17	116
					2		
8					1		
7158	104	168	6936	3798	5269	1090	274
1636	32	24		844	651	129	103
5522	72	144	6936.2	2954	4618	961	171
2820	55	40	1095	1134	1824	232	84
1541	9	35	216	58	1767	11	150
1					3		
1336	4	35	216	54	1692	11	147
204	5		0	4	72		3
1							
114				3	77		3
40				3	16		3
11					3		
42							
21					58		
563	3			15	317	1	3
453				15	60		2
65	3				256	1	
25					1		1
20							
706	58	9	219	1957	45		8
178	55	4	130	1004	29		2
285	1	5	89	729			
4				2	3		
120				62	1		6
14				3	3		
105	2			157	9		

18-13 续表

分　组	Item	专利申请数 (件) Number of Patent Application (piece)	# 发明专利 Patent of Invention
制造业	Manufacturing	8163	3496
农副食品加工业	Processing of Food from Agricultural Products	144	75
食品制造业	Manufacture of Foods	58	24
酒、饮料和精制茶制造业	Manufacture of Wine,Beverages and Refined Tea	122	51
烟草制品业	Manufacture of Tobacco	35	7
纺织业	Manufacture of Textile	18	4
纺织服装、服饰业	Manufacture of Textile and Clothing	9	3
皮革、毛皮、羽毛及其制品和制鞋业	Manufacture of Leather, Fur, Feather and Related Products and Footwear	16	4
造纸和纸制品业	Manufacture of Paper and Paper Products		
印刷和记录媒介复制业	Printing, Reproduction of Recording Media	31	19
文教、工美、体育和娱乐用品制造业	Manufacture of Articles for Culture, Education, Arts and Crafts, Sport and Entertainment Activities	1	
石油加工、炼焦和核燃料加工业	Processing of Petroleum, Coking, Processing Nuclear Fuel	219	88
化学原料和化学制品制造业	Manufacture of Chemical Raw Material and Chemical Products	647	320
医药制造业	Manufacture of Medicines	198	68
橡胶和塑料制品业	Manufacture of Rubber and Plastics	64	23
非金属矿物制品业	Manufacture of Non-metallic Mineral Products	93	39
黑色金属冶炼和压延加工业	Smelting and Pressing of Ferrous Metals	126	40
有色金属冶炼和压延加工业	Smelting and Pressing of Non-ferrous Metals	380	222
金属制品业	Manufacture of Metal Products	273	140
通用设备制造业	Manufacture of General Purpose Machinery	469	186
专用设备制造业	Manufacture of Special Purpose Machinery	1149	372
汽车制造业	Automotive Industry	766	222
铁路、船舶、航空航天和其他运输设备制造业	Manufacture of Railway,Shipping,Aerospace and Other Transport Equipments	1414	899
电气机械和器材制造业	Manufacture of Electrical Machinery and Equipment	672	205
计算机、通信和其他电子设备制造业	Manufacture of Computers,Communication and Other Electronic Equipment	837	332
仪器仪表制造业	Manufacture of Measuring Instrument and Machinery	328	112
其他制造业	Other Manufacturing	44	4
废弃资源综合利用业	Utilization of Waste Resources	8	8
金属制品、机械和设备修理业	Industry of Metalwork,Machinery, and Equipment Repair	42	29
电力、热力、燃气及水生产和供应业	Production and Distribution of Electricity,Gas and Water	311	148
电力、热力生产和供应业	Production and Supply of Electric Power and Heat Power	306	148
燃气生产和供应业	Production and Supply of Gas	2	
水的生产和供应业	Production and Supply of Water	3	

continued

有效发明专利数（件）Number of Effective Patent Invention (piece)	#境外授权 Abroad Authorization	专利所有权转让及许可数（项）Number of Patent Ownership Transfer and Permission (item)	专利所有权转让与许可收入（万元）Income of Patent Ownership Transfer and Permission (10 000 yuan)	发表科技论文（篇）Pulish Technical Thesis (piece)	拥有注册商标数（件）Number of Registered Trademark (piece)	#境外注册 Abroad Register	形成国家或行业标准数（项）Number of National and Trade Standards (item)
13836	401	260	11107	4427	9584	1351	619
79		2		11	129		18
73		5		20	233		24
59				31	402	8	20
13				49	159	1	1
15				16	4		2
1				1	4		
3				2	5		2
					4		
100				1	3		4
1				1	2		1
261		1		355	39		9
1184	12	26	2904	451	2566	166	36
630	8	7	1000	53	1396	21	124
115				33	308	126	27
301			200	38	70		
110				310	1		12
830	5	2	24	269	281	34	47
482		18	4010	137	69		11
803		35	1	95	216	12	28
1599	23	22	2658	382	319	27	50
798	50	23	6	437	1881	817	11
2647	12	59	305	799	223	25	40
1253	210	26		226	248	23	61
1488	80	28		405	838	91	84
794	1	6		291	92		7
148				14	92		
9							
40							
264				482	1		3
264				481			3
				1			
					1		

18-14 专 利 项 目
Patent Items

单位:件 (piece)

指　　标	Item	2015	2016	2017
一、申请量总计	**Patents Application Accepted**	**74904**	**69611**	**98935**
发明专利	Inventions	17322	22565	46607
实用新型专利	Utility Models	21449	27149	31595
外观设计专利	Designs	36133	19897	20733
二、授权量总计	**Patents Application Granted**	**33350**	**48455**	**34554**
发明专利	Inventions	6812	7503	8774
实用新型专利	Utility Models	16151	17084	17003
外观设计专利	Designs	10387	23868	8777

18-15 各类技术合同签定情况
Statistics on Technical Contracts Signed by Type

指　　标	Item	合同数(项) Number of Contracts (unit)			成交金额(亿元) Turnover Fulfilled (100 million yuan)		
		2015	2016	2017	2015	2016	2017
合　　计	**Total**	**22499**	**21033**	**31355**	**721.76**	**802.74**	**921.55**
技术开发合同	Technical Development Contracts	9342	8609	9172	312.88	296.74	342.03
技术转让合同	Technology Transfer Contracts	378	299	359	11.93	13.32	19.30
技术咨询合同	Technical Consultation Contracts	431	1274	1319	6.93	12.48	11.64
技术服务合同	Technical Service Contracts	12348	10851	20505	390.02	480.20	548.58

18-16 文化事业
Development of Culture Industry

指　　标	Item	2015	2016	2017
艺术表演团体演出场次(万场次)	Number of Performance of Art Troupes (10 000 shows)	3.4	3.9	5.9
观众人次 (万人次)	Number of Spectators (10 000 person-times)	4322	3241	4252
图书馆藏书数 (万册)	Total Collections in Public Libraries (10 000 volumes)	1506	1626	1733
书刊文献外借人次 (万人次)	Number of Books Borrowed by the Readers (10 000 person-times)	389	411	454
书刊文献外借册数 (万册次)	Number of Books and Magazines Lent to Readers (10 000 volume-times)	681	707	795

18-17 文化事业机构和人员
Number of Institution and Personnel in Cultural Industry

指　　标	Item	2015		2016		2017	
		机构数 (个) Number of Institutions (unit)	人　数 (人) Number of Persons (person)	机构数 (个) Number of Institutions (unit)	人　数 (人) Number of Persons (person)	机构数 (个) Number of Institutions (unit)	人　数 (人) Number of Persons (person)
总　计	**Total**	**2134**	**21523**	**2130**	**21071**	**2088**	**21557**
# 一、艺术事业	Arts						
# 表演团体	Arts Performance Troupes	93	6171	93	6220	92	6247
表演场所	Arts Performance Places	83	1639	82	1059	82	1529
二、图书馆事业	Public Libraries	110	2121	110	2123	110	2020
三、群众文化事业	Mass Culture	1591	7384	1581	7254	1536	7162
四、艺术教育事业	Culture and Education	4	157	4	160	3	130

18-18 群众艺术馆、文化馆(站)活动情况
Activities Statistics on Mass Art Centers and Cultural Centers(Stations)

指　标	Item	2015	2016	2017
机构数 (个)	Number of Institutions (unit)	1591	1581	1536
举办展览次数 (次)	Number of Exhibitions (unit)	5229	6251	5629
组织文艺活动次数 (次)	Art Performances and Story-telling Sessions (time)	21539	23904	26583
举办训练班班次 (次)	Number of Training Courses (time)	11801	12659	12842
举办训练班结业人数(万人次)	Number of Training Course Completers (10 000 person-times)	99	99	101
藏　书 (万册)	Books Collected (10 000 volumes)	492	501	
总收入 (万元)	Total Income (10 000 yuan)	57119	58300	62491
总支出 (万元)	Total Expenditure (10 000 yuan)	57491	62187	64913

注：本表含乡镇文化站的活动情况。
a) Data in this table include those of township cultural stations.

18-19 文 物 事 业
Development of Cultural Relics

指　标	Item	2015	2016	2017
文物机构	**Cultural Relics Institutions**			
机构数 (个)	Number of Institutions (unit)	625	654	658
人员数 (人)	Number of Persons (person)	14099	15153	15085
藏品件数 (件)	Number of Collections (piece)	2885836	2617470	4004127
# 一级品	Grade One	8612	8560	7312
二级品	Grade Two	15068	14779	14802
三级品	Grade Three	87292	84770	84310
参观人次 (万人次)	Number of Spectators (10 000 person-times)	5291	6907	7764
# 博物馆	**Museums**			
机构数 (个)	Number of Institutions (unit)	249	274	282
人员数 (人)	Number of Persons (person)	8245	8947	8732
藏品件数 (件)	Number of Collections (piece)	2675637	2409927	3792154
# 一级品	Grade One	7788	7735	6482
二级品	Grade Two	13299	13050	13060
三级品	Grade Three	75224	72742	72041
参观人次 (万人次)	Number of Spectators (10 000 person-times)	4208	5338	5791
基本陈列 (个)	Permanent Exhibition (unit)	652	729	712
举办展览 (个)	Exhibition Hold (unit)	392	454	475

18-20 广播电视基本情况
Basic Statistics on Radio and Television

指 标	Item	2015	2016	2017
一、无线广播宣传基本情况	Radio			
广播电台 (座)	Number of Broadcasting Stations (set)	10	10	10
调频广播发射台 (座)	Relaying Stations of Frequency Modulation Broadcasting (unit)	213	214	205
调频广播发射机部数和功率 (部／千瓦)	Stations and Power of Frequency Modulation Broadcasting (unit/kw)	383/480.05	394/492.25	392/515.48
节目套数 (套)	Number of Radio Programs (set)	107	109	111
全年播出时间(时：分)	Length of Public Radio Programs Broadcasted(hour:minute)	470310：11	471540:53	462546:33
广播人口覆盖率 (%)	Radio Coverage of Population (%)	98.06	98.27	98.6
全年制作广播节目(时)	Length of Radio Programs Produced (hour)	245921	241550	237767
新闻节目	News Programs	43085	37349	41902
专题节目	Special Subject Programs	60596	62196	68615
文艺节目	General Entertainment Programs	66413	63107	47679
其他类	Others	75827	78898	79571
二、电视宣传基本情况	Television			
电视台 (座)	Number of TV Stations (set)	10	10	10
发射台及转播台 (座)	TV Transmission and Relaying Stations (unit)	213	214	205
发射机功率(部／千瓦)	Power of Transmision (unit/kw)	240/538.44	229/513.9	301/527.81
节目套数 (套)	Number of TV Programs (set)	123	123	122
全年播出时间(时：分)	Length of Public TV Programs Broadcasted (hour:minute)	594965:17	605489:24	618695:22
电视人口覆盖率 (%)	TV Coverage of Population (%)	98.71	98.87	98.99
制作电视节目 (时)	Length of TV Programs Produced (hour)	117762	127759	127553
新闻节目	News Programs	36806	38419	36855
专题节目	Special Subject Programs	26420	27181	28300
文艺节目	General Entertainment Programs	15938	16899	18666
影视剧节目	TV Play Programs	461	505	935
其他节目	Others	38137	44755	42797
三、县广播电视台 (个)	Number of Broadcasting Stations (unit)	88	88	88

注：调频广播发射台含调频广播发射台和电视发射台。
a) Number of relaying stations of frequency modulation include relaying stations of frequency modulation and TV.

18-21 图书出版
Number of Books Published

类别	Category	图书种数(种) Number of Publications(kind)		总印数(万册) Printed Copies(10 000 copies)	
		2016	2017	2016	2017
图书总计	**Total**	**10284**	**11220**	**19304**	**18748**
一、使用"中国标准书号"部分合计	Publications with "China International Standard Book Number"	10284	11220	19303	18748
A.马列主义、毛泽东思想	Marxism-Leninism, Mao Zedong Though	18	12	12	43
B.哲　学	Philosophy	148	201	46	64
C.社会科学总论	General Social Sciences	60	67	16	21
D.政治、法律	Politics and Law	211	194	321	473
E.军　事	Military Affairs	23	28	12	14
F.经　济	Economics	312	413	60	72
G.文化、科学、教育、体育	Culture, Science, Education and Sports	5447	6315	17001	16299
H.语言、文字	Languages	314	349	117	165
I.文　学	Literature	1150	917	773	615
J.艺　术	Arts	224	319	62	92
K.历史、地理	History and Geography	358	437	129	161
N.自然科学总论	General Natural Sciences	6	15	5	21
O.数理科学、化学	Mathematics and Chemistry	188	250	129	202
P.天文学、地球科学	Astronomy and Geology	38	34	34	19
Q.生物科学	Biology	43	44	27	21
R.医药、卫生	Medicine and Health Care	580	442	164	98
S.农业科学	Agricultural Science	87	84	15	24
T.工业技术	Industrial Technology	910	903	274	251
U.交通运输	Transportation	66	69	37	33
Y.航空、航天	Aeronautics and Aerospace	37	44	7	25
X.环境科学	Environmental Science	25	33	20	19
Z.综合性图书	General Books	39	50	40	18
二、不使用"中国标准书号"部分合计	Publications without "China International Standard Book Number"			1	

18-22 杂志、报纸出版
Number of Magazines and Newspapers Published

类 别	Category	种 数(种) Number of Publications(kind) 2016	2017	总印数(万份) Printed Copies(10 000 copies) 2016	2017	总印张(千印张) Printed Sheets(1 000 sheets) 2016	2017
一、杂 志	**Magazines**	**268**	**268**	**3067**	**2976**	**190713**	**180273**
# 少年儿童	Children's Books	5	5	645	749	25332	29051
画 刊	Pictorials	2	2	12	12	1148	1160
1.综 合	Synthesis	5	5	86	78	5042	4615
2.哲学、社会科学	Philosophy and Social Science	52	52	1491	1443	82409	75901
3.自然科学技术	Natural Science and Technology	160	160	577	652	45091	47671
4.文化教育	Culture and Education	37	37	684	603	43168	37733
5.文学、艺术	Literature and Arts	14	14	229	201	15003	14352
二、报 纸	**Newspapers**	**43**	**43**	**56382**	**52761**	**1597094**	**1454775**
1.省 级	Provincial-level Newspapers	27	27	34474	31936	1083413	961545
2.市 级	City-level Newspapers	16	16	21908	20826	513680	22118

18-23 各市(区)文化事业情况(2017年)
Basic Statistics on Cultural Industry by City(District)(2017)

地 区	Region	公共图书馆(个) Public Libraries (unit)	公共图书馆藏书量(千册) Total Collections (1000 volumes)	群众艺术馆文化馆(个) Art Centers Cultural Centers (unit)	文化站(个) Cultural Stations (unit)	广播人口覆盖率(%) Radio Coverage of Population (%)	电视人口覆盖率(%) TV Coverage of Population (%)
全 省	**Shaanxi**	**110**	**17332**	**123**	**1413**	**98.60**	**98.99**
西 安 市	Xi'an	12	2273	15	186	99.65	99.13
铜 川 市	Tongchuan	5	631	5	39	99.87	99.95
宝 鸡 市	Baoji	13	1690	14	116	99.94	99.97
咸 阳 市	Xianyang	12	1737	14	141	99.58	99.76
渭 南 市	Weinan	11	1080	12	137	96.11	97.59
# 韩城市	Hancheng	1	224	1	8	99.10	99.40
延 安 市	Yan'an	13	1084	15	144	99.36	99.69
汉 中 市	Hanzhong	11	902	14	194	98.77	99.30
榆 林 市	Yulin	12	1407	13	213	97.16	97.39
安 康 市	Ankang	11	734	11	140	98.97	99.21
商 洛 市	Shangluo	8	705	8	98	96.86	99.18
杨凌示范区	Yangling	1	20	1	5	100.00	100.00
省直单位	Others	1	5068	1			

注：公共图书馆藏书量不含电子图书。
a)The public library hldings don't include electronic book.

主要统计指标解释

普通高等学校 指按国家规定的设置标准和审批程序批准举办的，通过全国普通高等学校统一招生考试，招收高中毕业生为主要培养对象，实施高等学历教育的全日制大学、独立设置的学院和高等专科学校、高等职业学校及其他机构（独立学院和分校、大专班）。

大学、独立设置的学院主要实施本科层次以上教育。高等专科学校、高等职业学校实施专科层次教育。其他机构是承担国家普通招生计划任务不计校数的机构，包括独立学院、普通高等学校分校、大专班和批准筹建的普通高等学校等。独立学院指由普通本科高校按新机制、新模式举办的本科层次的二级学院，一些普通本科高校按公办机制和模式建立的二级学院，“分校”或其他类似的二级办学机构不属此范畴。

成人高等学校 指按照国家规定的设置标准和审批程序批准举办的，通过全国成人高等教育统一招生考试，招收具有高中毕业或同等学历的人员为主要培养对象，利用函授、业余、脱产等多种形式对其实施高等学历教育的学校。包括职工高等学校、农民高等学校、管理干部学院、教育学院、独立函授学院、广播电视大学、其他机构等。其他机构是承担国家成人招生计划任务不计校数的机构。

小学学龄儿童净入学率 指调查范围内已入小学学习的学龄儿童占校内外学龄儿童总数(包括弱智儿童，不包括盲聋哑儿童)的比重。计算公式为：

$$\text{小学学龄儿童净入学率}=\frac{\text{已入学的小学学龄儿童数}}{\text{校内外小学学龄儿童总数}}\times 100\%$$

研究与试验发展(R&D) 指在科学技术领域，为增加知识总量，以及运用这些知识去创造新的应用进行的系统的创造性的活动，包括基础研究、应用研究、试验发展三类活动。国际上通常采用 R&D 活动的规模和强度指标反映一国的科技实力和核心竞争力。

R&D 人员 指参与研究与试验发展项目研究、管理和辅助工作的人员，包括项目(课题)组人员，企业科技行政管理人员和直接为项目(课题)活动提供服务的辅助人员。反映投入从事拥有自主知识产权的研究开发活动的人力规模。

R&D 人员全时当量 指全时人员数加非全时人员按工作量折算为全时人员数的总和。例如：有两个全时人员和三个非全时人员(工作时间分别为 20%、30%和 70%)，则全时当量为 2+0.2+0.3+0.7=3.2 人年。为国际上比较科技人力投入而制定的可比指标。

R&D 经费支出合计 指调查单位用于内部开展 R&D 活动（基础研究、应用研究和试验发展）的实际支出。包括用于 R&D 项目（课题）活动的直接支出，以及间接用于 R&D 活动的管理费、服务费、与 R&D 有关的基本建设支出以及外协加工费等。不包括生产性活动支出、归还贷款支出以及与外单位合作或委托外单位进行 R&D 活动而转拨给对方的经费支出。

专业技术人员 指从事专业技术工作和专业技术管理工作的人员，即企事业单位中已经聘任专业技术职务从事专业技术工作和专业技术管理工作的人员，以及未聘任专业技术职务，现在专业技术岗位上工作的人员。包括工程技术人员，农业技术人员，科学研究人员，卫生技术人员，教学人员，经济人员，会计人员，统计人员，翻译人员，图书资料、档案、文博人员，新闻出版人员，律师、公证人员，广播电视播音人员，工艺美术人员，体育人员，艺术人员及企业政治思想工作人员，共十七个专业技术职务类别。用来反映科技人力资源情况。

专利 是专利权的简称，是对发明人的发明创造经审查合格后，由专利局依据专利法授予发明人和设计人对该项发明创造享有的专有权。包括发明、实用新型和外观设计。反映拥有自主知识产权的科技和设计成果情况。

发明（专利） 指对产品、方法或者其改进所提出的新的技术方案。是国际通行的反映拥有自主知识产权技术的核心指标。

实用新型（专利） 指对产品的形状、构造或者其结合所提出的适于实用的新的技术方案。反映具有一定技术含量的技术成果情况。

外观设计（专利） 指对产品的形状、图案、色彩或者其结合所作出的富有美感并适于工业上应用的新设计。反映拥有自主知识产权的外观设计成果情况。

艺术表演团体 指由文化部门主办或实行行业管理（经文化市场行政部门审批或已申报登记并领取相关许可证），专门从事表演艺术等活动的各类专业艺术表演团体，含民间职业剧团。如话剧团、方言话剧团、滑稽剧团、儿童剧团、歌剧团、木偶团、皮影团等以及由若干剧种组成的综合性专业艺术表演团体。不包括群众业余文艺表演团体。

艺术表演场馆 指由文化部门主办或实行行业管理（经文化市场行政部门审批或已申报登记并领取相关许可证），有观众席、舞台、灯光设备，公开售票、专供文艺团体演出的文化活动场所。附属于文化部门机构内非独立核算的剧场、排演场，公开营业的也应单独统计。

广播/电视节目综合人口覆盖率 指根据原国家广电总局制定的《广播电视人口覆盖率统计技术标准和方法》进行统计调查的，在对象区内能接收到由中央、省、地市或县通过无线、有线或卫星等各种技术方式转播的各级广播/电视节目的人口数占全国总人口数的百分比。

Explanatory Notes on Main Statistical Indicators

Regular Institutions of Higher Education refer to educational establishments set up according to the government evaluation and approval procedures, recruiting graduates from senior secondary schools as the main target by National Matriculation TEST. They include full-time universities, colleges, institutions of higher professional education, institutions of higher vocational education, institutions of higher vocational education and others (non-university tertiary, branch schools and undergraduate classes).

Universities and colleges primarily provide undergraduate courses; institutions of higher professional education and institutions of higher vocational education primarily provide professional trainings; and others refer to educational establishments, which are responsible for enrolling higher education students under the State Plan but not enumerated in the total number of schools, including: branch schools of universities and colleges, and universities and colleges that have been approved and under plan for construction. Non-university tertiary refers to the regular undergraduate branch college which is running in new mechanism and mode, excluding the branch schools and other similar branches of educational institutions.

Institutions of Higher Education for Adults refer to educational establishments, set up in line with relevant rules approved by the government, enrolling staff and workers with senior secondary school or equivalent education, and providing higher education courses in many forms of correspondence, spare time, or full time for adults. Professionals thus trained receive a qualification equivalent to graduates studying regular courses at regular universities, colleges and professional colleges. Institutions of higher learning for adults include schools of higher education for staff and workers, schools of higher education for peasants, colleges for management cadres, pedagogical colleges, independent correspondence colleges, Radio and TV universities and other educational establishments. Other educational establishments have undertakings to enrol adult students but not enumerated in the schools under the State Plan.

Net Enrolment Ratio of Primary Schools refers to the proportion of school age children enrolled at schools to the total number of school age children both in and outside schools (including retarded children, but excluding blind, deaf and mute children). The formula is:

$$\text{Net Enrolment Ratio of Primary Schools} = \frac{\text{Total Primary School - age Children at Schools}}{\text{Total Primary School - age Children Whether or Not Attending School}} \times 100\%$$

Research and Development (R&D) refers to systematic and creative activities in the field of science and technology aiming at increasing the knowledge and using the knowledge for new application. R&D includes 3 categories of activities: basic research, applied research and experimentation for development. The scale and intensity of R&D are widely used internationally to reflect the strength of S&T and the core competitiveness of a country in the world.

R & D Personnel refer to persons engaged in research, management and supporting activities of R & D, including persons in the project teams, persons engaged in the management of S&T activities of enterprises and supporting staff providing direct service to the research projects. This indicator reflects the size of personnel engaged in R&D activities with independent intellectual property.

Full-time Equivalent of R&D Personnel refers to the sum of the full-time persons and the full-time equivalent of part-time persons converted by workload. For instance, if there are 2 full-time persons and 3 part-time workers (20%, 30% and 70% of working hours respectively on R&D activities), the full-time equivalent are 2+0.2+0.3+0.7=3.2 person-years. This is an internationally comparable indicator of S&T manpower input.

Total Expenditure of Funds on R&D refers to the real expenditure of surveyed units on their own R&D activities (basic research, application study, test and development) including direct expenditure on R&D activities, indirect expenditure of management and services on R&D activities, expenditure on capital construction and material processing by others. Excluding the expenditure on production activities, return of loan, and fees transferred to cooperated and entrusted agencies on R&D activities.

Professional and Technical Personnel refer to persons engaged in professional and technical work or in the management of professional and technical activities, i.e., people with professional or technical positions who are engaged in professional and technical work or in the management of professional and technical activities, and people without professional or technical positions but are working on professional or technical posts. They include professionals and technicians working in 17 categories of technical occupations including engineering, agriculture, scientific researches, medical service, teaching, economic research and application, accounting, statistics, translation, libraries, archives, cultural and museum service, journalism and publication, lawyers, notarization service, radio and television broadcasting, handicraft and fine arts, sports, performing art, and political workers in enterprises. This indicator reflects the condition of human resources in S&T.

Patent is an abbreviation for the patent right and refers to the exclusive right of ownership by the inventors or designers for the creation or inventions, given from the patent offices after due process of assessment and approval in accordance with the Patent Law. Patents are granted for inventions, utility models and designs. This indicator reflects the achievements of S&T

and design with independent intellectual property.

Patented Inventions refer to new technical proposals to the products or methods or their modifications. This is universal core indicator reflecting the technologies with independent intellectual property.

Patented Utility Models refer to the practical and new technical proposals on the shape and structure of the product or the combination of both. This indicator reflects the condition of technological results with certain technical content.

Designs refer to the aesthetics and industrially applicable new designs for the shape, pattern and colour of the product, or their combinations. This indicator reflects the appearance design achievements with independent intellectual property.

Arts Performance Troupes refer to the various professional performing arts groups, which sponsored by the cultural sectors or guided by the cultural society (approved by the cultural market administration, or registered and permitted with the relative certificate), including non-governmental troupes, such as drama troupes, dialect troupes, comedy troupes, children troupes, Opera troupes, puppetry troupes, Shadowgraph troupes, etc., comprehensive professional arts performance troupes. The mass sparetime arts performance troupes are not included.

Arts Performance Places refer to the various sites for cultural activities, which sponsored by the cultural sectors or guided by the cultural society (approved by the cultural market administration, or registered and permitted with the relative certificate), with the facility of auditorium, stage, and lighting, and selling tickets in public, including the opera halls and rehearse sites, etc. which are affiliated to the culture sectors without independent financial accounts and open to the public.

The Population Coverage Rate of Radio/Television refers to the percentage of the whole country's population who can receive radio/television programmes transmitted by national, provincial, municipal or county stations through wireless, cable or satellite techniques, according to *Statistical Standard and Method on Television and Radio Coverage of Population* established by the former State Administration of Broadcasting, Film and Television.

十九、体育、卫生和其他

Sports, Public Health and Others

资料整理：杨小侠

简 要 说 明

一、本篇资料反映陕西体育、卫生、社会福利、安全生产等情况。

二、本篇资料主要内容及资料来源:

体育部分主要包括体育系统职工人数、群众体育活动开展情况及运动竞技成绩等，资料由省体育局提供。

卫生部分主要包括卫生机构、床位及人员数，农村合作医疗情况等，资料由省卫生计生委提供。

社会福利部分主要包括各种社会福利事业的机构数、收养救济人数、婚姻登记状况等，资料由省民政厅提供。

交通、火灾、伤亡事故情况由省公安厅、省安全生产监督管理局提供。

律师、公证及人民调解工作等资料由省司法厅提供。

Brief Introduction

Ⅰ. This chapter reflects the development of Shaanxi's sports, public health, social welfare, safe production and other undertakings.

Ⅱ. Primary coverage and data sources:

The data on sports mainly include the number of staff and workers in sports departments, mass sports and athletics sports, etc. The data are provided by Shaanxi Provincial Bureau of Sports.

The data on public health mainly include the number of health institutions, hospital beds and personnel, situation of rural cooperative medical service and etc. The data are provided by Shaanxi Health and Family Planning Commission.

The data on social welfare mainly include the number of institutions, the number of persons receiving social welfare relief funds and marriage registration status, etc. The data are provided by Shaanxi Provincial Department of Civil Affairs.

The data on traffic, fire and casualties accident are provided by Shaanxi Provincial Department of Public Security and Shaanxi Provincial Bureau of Work Safety.

The data on lawyer, notarization and the people's mediation work are provided by Shaanxi Province Federation of Trade Unions, Shaanxi Women's Federation and Shaanxi Provincial Department of Justice.

19.体育、卫生和其他

2017年全省		
等级运动员发展人数	1033	人
等级裁判员发展人数	1838	人
卫生机构数（不含个体诊所）	5293	个
# 医 院	2710	个
卫生技术人员	31.03	万人
# 执业(助理)医师	9.32	万人

卫生技术人员和医生数（万人）

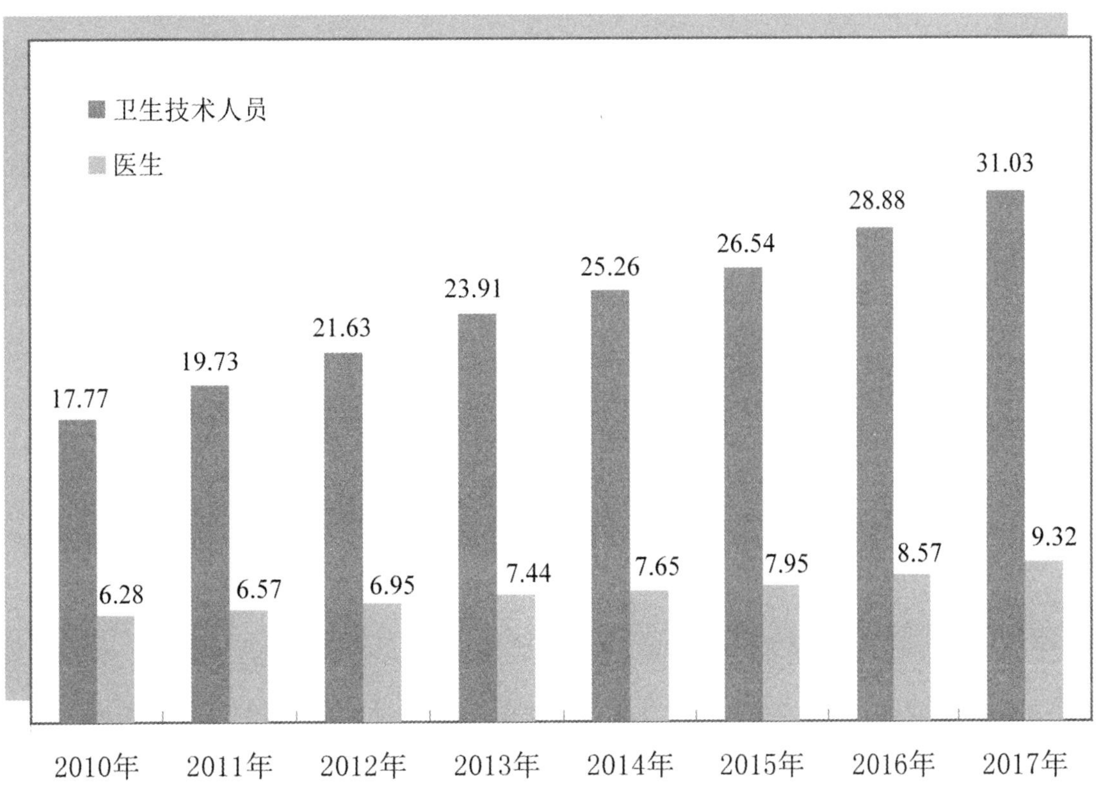

19-1 体 育 事 业
Statistics on Sports Industry

指　　标	Item	2015	2016	2017
一、体育系统职工人数　（人）	Employees Sports System　(person)	5446	5420	5711
二、等级运动员发展人数（人）	Number of Class Athlete Development (person)	593	1162	1033
#女运动员	Female Athletes	150	331	449
#国际健将	International Masters Sports	2	4	
运动健将	Masters of Sports	33	40	37
三、等级裁判员发展人数（人）	Number of Graded Referees　(person)	1886	2450	1838
#女裁判员	Female Referees	456	560	536
#国家级	National Referees		12	13
四、少年儿童业余体校　（所）	Spare-time Sports School　(unit)	76	66	64
#重点体校	Key Sports School	10	57	
在校学生　（人）	Number of Students in School　(person)	9861	15580	12081
五、取得冠军次数　（次）	Number of Champions　(time)	18	15	40
世界冠军	International Champion	2	2	6
亚洲冠军	Asian Champions	1	3	3
全国冠军	National Champion	15	10	31

19-2 等级运动员发展人数(2017年)
Number of Athletes in Grades by Type of Sports (2017)

单位：人　　　　(person)

地　区	Region	等级运动员 Number of Athletesin Grades	#女 Women	#国际级健将 International Masters Sports	#运动健将 Masters of Sports	#一级 First Grade	#二级 Second Grade
全　省	**Shaanxi**	**1033**	**449**		**37**	**285**	**711**
省级直属	Directly under the Provincial	322			37	285	
西安市	Xi'an	242	83				242
铜川市	Tongchuan	24	12				24
宝鸡市	Baoji	108	54				108
咸阳市	Xianyang	34	18				34
渭南市	Weinan	90	45				90
延安市	Yan'an	31	7				31
汉中市	Hanzhong	57	33				57
榆林市	Yulin	81					81
安康市	Ankang	31	17				31
商洛市	Shangluo	13	2				13

19-3 卫生机构、床位及人员数
Number of Health Units, Beds and Staff

年份 Year	卫生机构(个) Health Institutions (unit)	#医院 Hospitals	卫生机构床位(万张) Number of Hospital Beds (10 000 beds)	#医院 Hospitals	卫生技术人员(万人) Medical Technical Personnel (10 000 persons)	#医生 Doctors	#护士(师) Nurses
1978	5598	3064	5.39	4.99	7.12	3.43	1.11
1979	5780	3078	5.78	5.32	7.58	3.60	1.17
1980	5845	3095	6.08	5.52	8.05	3.72	1.19
1981	6158	3109	6.37	5.72	8.84	4.07	1.40
1982	6369	3113	6.51	5.92	9.23	4.20	1.57
1983	6280	3106	6.66	6.06	9.57	4.38	1.73
1984	6251	3119	6.87	6.23	10.01	4.63	1.81
1985	6346	2218	7.20	6.46	10.61	4.97	1.88
1986	6309	2439	7.45	6.70	10.89	5.12	1.93
1987	6293	2559	7.68	6.95	11.22	5.29	2.04
1988	6248	2502	8.03	7.22	11.48	5.70	2.41
1989	6312	2515	8.29	7.47	11.63	5.84	2.64
1990	6416	2521	8.55	7.80	11.82	5.91	2.72
1991	6433	2577	9.02	8.22	11.99	5.87	2.81
1992	6404	2604	9.29	8.51	12.33	5.97	2.87
1993	6215	2389	9.56	8.81	12.28	5.89	2.91
1994	6227	3040	9.84	9.07	12.60	6.20	3.03
1995	6215	3313	9.88	9.05	12.80	6.28	3.10
1996	6033	3315	9.59	9.05	12.82	6.30	3.10
1997	5947	3217	9.48	9.04	12.99	6.23	3.25
1998	5639	2779	9.48	9.09	13.03	6.17	3.37
1999	5493	2753	9.68	9.22	13.28	6.37	3.48
2000	5572	2779	9.69	9.26	13.34	6.43	3.56
2001	5563	2780	9.91	9.43	13.53	6.60	3.62
2002	5240	2748	10.00	9.53	13.53	5.95	3.65
2003	5039	2740	10.27	9.89	13.47	6.03	3.72
2004	5138	2710	10.31	9.97	13.46	5.97	3.75
2005	5366	2674	10.67	10.34	13.66	6.03	3.85
2006	5385	2672	11.12	10.90	13.91	6.06	4.07
2007	4753	2645	11.78	11.42	14.17	5.93	4.25
2008	4429	2629	12.52	12.31	14.82	5.81	4.69
2009	4421	2660	13.45	13.05	16.29	6.13	5.44
2010	4638	2639	14.24	13.72	17.77	6.28	6.13
2011	4669	2611	15.38	14.69	19.73	6.57	7.02
2012	4684	2603	16.92	16.31	21.63	6.95	7.94
2013	6290	2634	18.51	17.93	23.91	7.44	8.96
2014	6314	2587	19.94	19.37	25.26	7.65	9.72
2015	6186	2612	21.19	20.63	26.54	7.95	10.43
2016	5823	2655	22.54	22.10	28.88	8.57	11.69
2017	5293	2710	24.14	23.71	31.03	9.32	12.70

注：1.本表卫生机构不含个体诊所，医院、医院床位数含卫生院、妇幼保健院和专科疾病防治院。2013年起新增计划生育技术服务机构。
2.2002年起医生为执业医师和执业助理医师，护士(师)为注册护师。

a) The health institutions in the table does not include private clinics.Hospitals and hospital beds include health center, women and children care agencies and specialized disease prevention &treatment institutes. Since 2013, Family Planning Technical Service Institutions.

b) Since 2002, doctors refer to practicing physicians, practicing physician assistants, nurses (division) refer to registered nurses.

19-4 各类卫生机构、床位及人员数(2017年)
Number of Various Health Units, Beds and Staff (2017)

指标	Item	机构数(个) Health Institutions (unit)	床位数(张) Beds (bed)	人员合计(人) Persons Engaged (person)	卫生技术人员 Medical Technical Personnel	其他技术人员 Other Technical Personnel	管理人员 Management	工勤人员 Support Staff
总　　计	**Total**	**35863**	**241397**	**393931**	**310309**	**3627**	**25220**	**22920**
一、医院	Hospitals	1150	193150	245046	208107	2260	17664	17015
综合医院	Comprehensive Hospitals	766	141638	185268	158152	1532	13111	12473
中医医院	Hospitals of Traditional Chinese Medicine	158	29034	36046	30838	480	2355	2373
中西医结合医院	Hospitals Combined by Medium Doctors	12	1781	1967	1703	37	156	71
专科医院	Specialized Hospitals	210	20508	21657	17319	210	2032	2096
护理院	Nursing homes	4	189	108	95	1	10	2
二、基层医疗卫生机构	Basic Medical and Health Institutions	33810	38953	115649	76857	400	3560	2977
社区卫生服务中心(站)	Community Health Service Center (station)	602	3280	11557	9932	66	870	689
社区卫生服务中心	Community Health Service Center	247	3074	8179	6946	43	583	607
社区卫生服务站	Community Health Service station	355	206	3378	2986	23	287	82
卫生院	Commune Hospitals	1560	35571	46127	41585	295	2328	1919
街道卫生院	Hospitals in the Streets	8	235	407	351	3	11	42
乡镇卫生院	Township Hospitals	1552	35336	45720	41234	292	2317	1877
中心卫生院	Center Hospital	641	20828	25209	22777	178	1157	1097
乡卫生院	Rural Hospitals	911	14508	20511	18457	114	1160	780
村卫生室	Village Clinic	24978		36212	4357			
门诊部	Outpatient Departments	326	102	4944	4406	24	317	197
综合门诊部	Comprehensive Outpatient Departments	181	79	3029	2681	17	196	135
中医门诊部	Chinese Medical Outpatient Department	38	3	424	391		26	7
中西医结合门诊部	Combination of Traditional Chinese and Western Medicine Outpatient Department	8		88	73	2	11	2
专科门诊部	Specialist OutPatient Department	99	20	1403	1261	5	84	53
诊所、卫生所、医务室	Clinics, Health Institute, Medical Office	6344		16809	16577	15	45	172
诊　所	Clinics	5592		14215	14072	14	23	105
卫生所、医务室	Health Institute, Medical Office	752		2594	2505	1	22	67
三、专业公共卫生机构	Specialty Public Health Agency	800	8526	30726	23810	816	3453	2647
疾病预防控制中心	Disease Prevention and Controlling Center	120		6453	4937	198	701	617
专科疾病防治院(所、站)	Specialized Disease Prevention and Treatment Centers (stations)	5	916	749	563	25	81	80
健康教育所(站、中心)	Health Education Offices (stations or centers)	6		163	71	57	26	9
妇幼保健院(所、站)	Maternity and Child Care Centers (stations)	116	7610	14905	12552	163	1142	1048
急救中心(站)	First-aid Center (station)	4		194	81	4	45	64
采供血机构	Blood Collecting and Supply Organizations	10		836	545	30	114	147
卫生监督所(中心)	Health Supervision Centers	116		3064	2299	32	415	318
计划生育技术服务机构	Family Planning Technical Service Institutions	423		4362	2762	307	929	364
四、其他卫生机构	Other Health Institutions	103	768	2510	1535	151	543	281
疗养院	Sanatoriums	3	768	224	141	6	43	34
医学科学研究机构	Research Institutes of Medical Science	10		236	154	16	38	28
医学在职培训机构	Medical On-the-job Training Organizations	35		894	547	75	185	87
统计信息中心	Statistical Information Center	3		210	56	7	65	82
临床检验中心(所、站)	Clinical Laboratory Center	1		6			6	
其　他	Others	51		940	637	47	206	50

注：本表人员合计中含乡村医生和卫生员。

a) Summation-personnel in this table includes country doctors and medical orderlies.

19-5 法定传染病发病率和死亡率(2017年)
The Incidence and Death of Infectious Diseases(2017)

病 名	Diseases	发病率 (1/10万) Incidence (1/100 000)	死亡率 (1/10万) Death Rate (1/100 000)	病死率 (%) Mortality Rate (%)
合 计	**Total**	**440.8636**	**0.6766**	**0.15**
鼠 疫	The Plague			
霍 乱	Cholera			
传染性非典	SARS			
艾滋病	AIDS	2.3288	0.3855	16.55
肝 炎	Hepatitis	69.3184	0.0393	0.06
脊 灰	Poliomyelitis			
人感染高致病性禽流感	Highly Pathogenic Avian Influenza			
麻 疹	Measles	0.1390		
出血热	Hemorrhagic Fever	5.4129	0.0367	0.68
狂犬病	Hydrophobia	0.0446	0.0446	100.00
乙 脑	JE	0.3960	0.0131	3.31
登革热	Dengue Fever	0.0210		
炭 疽	Anthrax	0.0079		
痢 疾	Dysentery	11.3634		
肺结核	Pulmonary Tuberculosis	59.0014	0.1311	0.22
伤寒+副伤寒	Typhoid and Paratyphoid Fever	0.1128		
流 脑	Epidemic Encephalitis	0.0052		
百日咳	Pertussis	1.8358		
白 喉	Diphtheria			
新生儿破伤风	Newborn Tetanus	0.0027		
猩红热	Scarlet Fever	7.4217		
布 病	Brucellosis	1.9171		
淋 病	Gonorrhea	5.5912		
梅 毒	Syphilis	28.0137	0.0052	0.02
钩体病	Leptospirosis			
血吸虫病	Schistosomiasis	0.0026		
疟 疾	Malaria	0.16		
人感染H7N9禽流感	HpAI H7N9	0.01	0.01	40.00
流行性感冒	Influenza	31.6695	0.0026	0.0082
流行性腮腺炎	Mumps	22.6035		
风 疹	Rubella	0.0472		
急性出血性结膜炎	Acute Hemorrhagic Conjunctivitis	2.0823		
麻风病	Leprosy	0.0131		
斑疹伤寒	Typhus	0.0682		
黑热病	Black Fever	0.0288		
包虫病	Echinococcosis	0.0446		
丝虫病	Filariasis			
其它感染性腹泻病	Other Infectious Diarrhoea	87.0020	0.0079	0.0091
手足口病	Hand, Foot and Mouth Disease	104.1953	0.0052	0.0050

19-6 各市(区)卫生机构、床位及人员数(2017年)
Number of Health Institutions, Beds and Persons Engaged by City(District) (2017)

地 区	Region	机构数 (个) Health Institutions (unit)	床位数 (张) Beds Total (bed)	人员数 (人) Total Staff (person)	卫生技术人员 (人) Medical Technical Personnel (person)	#执业(助理)医师 Lecensed (Assistant) Doctors	#注册护士 Registered Nurses
全 省	**Shaanxi**	**35863**	**241397**	**393931**	**310309**	**93235**	**127009**
西安市	Xi'an	5654	61205	112606	91040	29751	40207
铜川市	Tongchuan	884	6534	10673	8702	2505	3767
宝鸡市	Baoji	3015	26194	38048	30412	9844	12297
咸阳市	Xianyang	4232	28325	49073	40928	10820	15788
渭南市	Weinan	4356	29345	45513	34784	9605	13256
延安市	Yan'an	3029	13197	23273	17087	5266	7451
汉中市	Hanzhong	3644	22441	30854	24020	6986	9271
榆林市	Yulin	4284	20712	34929	26223	7390	10682
安康市	Ankang	2981	15254	22422	17575	5023	6886
商洛市	Shangluo	2874	13896	19743	14269	4362	5098
杨凌示范区	Yangling	188	1557	2464	2088	614	910
西咸新区	Xixian New Area	722	2737	4333	3181	1069	1396

19-7 农村村级卫生组织情况(2017年)
Situations of Health Institutions in Rural Village (2017)

地 区	Region	村卫生室 (个) Village Health Room (unit)	乡村医生和卫生员 (人) Rural Doctors and Health Workers (person)	乡村医生 Rural Doctors	卫生员 Health Workers
全 省	**Shaanxi**	**24978**	**31855**	**30223**	**1632**
西安市	Xi'an	2847	3077	2871	206
铜川市	Tongchuan	543	554	547	7
宝鸡市	Baoji	1828	3016	2822	194
咸阳市	Xianyang	2985	3332	3264	68
渭南市	Weinan	3212	5998	5753	245
延安市	Yan'an	2412	2441	2405	36
汉中市	Hanzhong	2650	3324	3183	141
榆林市	Yulin	3240	3749	3242	507
安康市	Ankang	2364	2460	2374	86
商洛市	Shangluo	2239	3144	3015	129
杨凌示范区	Yangling	113	140	137	3
西咸新区	Xixian New Area	545	620	610	10

19-8 社区卫生服务中心(站)情况(2017年)
Statistics on Community Health Service Centers (Stations) (2017)

地 区	Region	社区卫生服务中心(站)(个) Community Health Service Center(station) (unit)	床位数(张) Beds (bed)	人员数(人) Persons Engaged (person)	卫生技术人员(人) Medical Technical Personnel (person)	#执业(助理)医师 Lecensed (Assistant) Doctors	#注册护士 Registered Nurses
全 省	**Shaanxi**	**602**	**3280**	**11557**	**9932**	**3417**	**3680**
西安市	Xi'an	206	1601	5462	4600	1421	1584
铜川市	Tongchuan	40	227	356	298	101	127
宝鸡市	Baoji	67	560	1389	1219	501	442
咸阳市	Xianyang	101	265	1590	1434	511	640
渭南市	Weinan	69	190	847	733	313	266
延安市	Yan'an	25	134	338	287	125	108
汉中市	Hanzhong	19	73	326	270	100	99
榆林市	Yulin	37	102	570	483	136	176
安康市	Ankang	16	40	215	200	71	75
商洛市	Shangluo	4	50	123	109	42	35
杨凌示范区	Yangling	3		70	66	17	26
西咸新区	Xixian New Area	15	38	271	233	79	102

19-9 新型农村合作医疗情况
Statistics on New Cooperative Medical System

年份 Years	实行新型农村合作医疗县(区)(个) Number of Counties Implementing NCMS (unit)	参加新农合人数(万人) Number of Enrollees (10 000 persons)	参合率(%) Rate of Enrollees (%)
2007	104	2434.95	90.05
2008	104	2495.47	91.58
2009	104	2566.11	92.97
2010	104	2581.38	95.00
2011	104	2631.66	97.10
2012	104	2649.65	98.70
2013	91	2550.35	99.40
2014	91	2569.95	99.80
2015	92	2581.16	99.97
2016	92	2578.28	99.83
2017	92	2553.42	99.27

19-10 社会福利事业单位基本情况(2017年)
Basic Statistics on Social Welfare Institutions (2017)

指　标	Item	院　数 (个) Number of Homes (unit)	工作人员 (人) Number of Staff and Workers (person)	床　位 (张) Number of Beds (bed)	年在院总人数 (万人) Number of Persons Housed (10 000 persons)
一、民政部门办收养性社会福利事业单位	Adopting Social Welfare Institutions Established by the Home Department	220	3228	28589	190.6
#优抚休、疗养院	Convalescent Homes Founded by the Home Department	22	729	2441	56.4
城市福利院	Urban Welfare	49	1369	11067	248.9
二、老年收养性机构	Adoption of the Old Institutions	489	7252	76464	1008.6

注：1.优抚休、疗养院包括荣誉军人康复医院、复退军人慢性疗养院、复退军人精神病院和国家办光荣院。
2.城市福利院包括社会福利院、社会儿童福利院、社会精神病人福利院。
3.老年收养性机构包括城镇、农村的敬老院、养老院、老年性公寓。

a) Convalescent Homes include the honor military rehabilitation hospital, Futuijunren chronic nursing homes, psychiatric hospitals and the state office of honor Futuijunren hospital.

b) Urban welfare include social welfare, social welfare homes, social welfare of mental patients.

c) Old adoption of institutions include urban and rural areas of the nursing home, nursing homes, senile apartment.

19-11 城镇社区服务设施(2017年)
Urban Welfare Facilities (2017)

地　区	Region	城镇社区服务设施数 (个) Urban Welfare Facilities (unit)	从业人员 (人) Employed Persons (person)
全　省	**Shaanxi**	**8926**	**32788**
西安市	Xi'an	1533	7978
铜川市	Tongchuan	451	2437
宝鸡市	Baoji	1154	3178
咸阳市	Xianyang	1327	3822
渭南市	Weinan	962	3347
延安市	Yan'an	376	1768
汉中市	Hanzhong	938	2896
榆林市	Yulin	485	1783
安康市	Ankang	1020	3317
商洛市	Shangluo	491	1776
西咸新区	Xixian New Area	189	486

19-12 工 会 工 作(2017年)
Basic Statistics on Trade Unions (2017)

项　　目		Item		实有数 Number
基层工会	(个)	Basic Trade Unions	(unit)	112875
工会女职工组织	(个)	Women Workers Organization	(unit)	109179
工会经费审查委员会	(个)	Review Organization of Trade Union Funds	(unit)	53900
工会会员	(万人)	Union Members	(10 000 persons)	857
#女　性		Women		307
#农民工		Migrant Workers		328
专职工会工作人员	(人)	Full-time Union Staff	(person)	29096
兼职职工会工作人员	(人)	Part-time Union Staff	(person)	288297
建立职代会制度的工会	(个)	Union System Workers'Congress	(unit)	93232
职代会制度覆盖职工	(万人)	The Number of Staff and Workers covered by Workers Congress System	(10 000 persons)	694
#职代会中职工代表		Workers representatives of workers' congress		56
建立职工技协组织	(个)	Establish Staff Technical Association Organizations	(unit)	806
职工技协组织会员	(万人)	Staff Technical Association Members	(10 000 persons)	5
建立劳动争议调解委员会	(个)	Establish Labor Dispute Mediation Mommittees	(unit)	52519

19-13 律师、公证及人民调解工作(2017年)
Lawyers, Notarization and Mediation of Civil Disputes (2017)

项　　目	Item	实有数 Number
一、律师工作	**Lawyers**	
律师人员(人)	Number of Lawyers(person)	8757
#专　职	Full-time Lawyers	7890
兼　职	Part-time Lawyers	507
刑事诉讼辩护及代理(件)	Agent of Criminal Defense(case)	14101
民事诉讼代理(件)	Agent of Civil Case(case)	119860
行政诉讼代理(件)	Agent of Administrative Action (case)	6510
担任法律顾问(家)	As Legal Advisers(unit)	18335
代写法律文书(件)	Legal Document Written on Behalf of Clients(case)	133339
律师事务所(个)	Number of Law Offices(unit)	550
二、公证工作	**Notarial Personnel**	
公证处(个)	Number of Notary Offices(unit)	117
#涉外公证处	Foreign-related Notary Offices	25
公证人员(人)	Notarial Personnel(person)	507
办理公证文书(件)	Notarized Documents (case)	298007
三、人民调解工作	**Number of People's Mediation**	
人民调解委员会(个)	Number of People's Mediation Committees(unit)	24856
调解委员(人)	Member of a Mediation Committee(person)	11897
调解民间纠纷(件)	Number of Civil Disputes Mediated(case)	113881

19-14 国内公证文书分类(2017年)
Domestic Notarized Documents by Type (2017)

分类	Type	办证件数(件) Number of Notarial Documents Issued (case)	分类	Type	办证件数(件) Number of Notarial Documents Issued (case)
合　计	**Total**	**298007**	赠　与	Presentation Documents	1494
合同(协议)	Contracts	72413	遗　嘱	Testaments	1144
买卖合同	Sale and Purchase Contracts	5268	保证(担保)	Guarantees	272
赠与合同	Gift Contracts	2987	承诺(要约)	Offer(Acceptance)	3079
借款合同	Loan Contracts	35057	其　他	Others	754
租赁合同	Lease Contracts	997	现场监督	Field Supervision	1648
承揽合同	Work Contracts	13	招标投标	Bidding	1232
建设工程合同	Engineering and Construction Contracts		拍　卖	Auctions	69
			开奖、评选	Lottery	40
委托合同	Application Contracts	3452	公司会议	Corporate Meeting	49
担保合同	Guaranty Contracts	7807	抽签(摇号)	Draw Lots	116
土地使用权合同	Land Use Rights Contracts	1007	其　他	Others	142
知识产权合同	Intellectual Property Contracts	58	保全证据	Evidence Preservation	4034
承包合同	Contracts	368	公司章程	Corporation Constitutions	102
企业经营合同	Operation Enterprises Contracts	157	组织资格	Organization Qualification	203
劳动(劳务)合同	Labor contracts	1849	财产权	Property Right	95
其他合同	Other contracts	5954	身　份	Status	163
合伙协议	Partnership Agreements	351	收养关系	Adoption Relationship	2611
财产分割协议	Property Partitioning Contracts	522	婚姻状况	Marital Status	4834
财产约定协议	Property Agreements	565	亲属关系	Kindred Relationship	7057
扶养协议	Legacy-support Agreements	169	有无违法犯罪记录	have or no Illegal and Criminal Record	7787
出国留学协议	Foreign Study Agreements	1699	其他有法律意义事实	Other Facts of Legal Significance	21683
拆迁安置协议	Compensation and Resettlement Agreements	296	证书(执照)	Certificate(License)	16207
			签名(印鉴)	Signatures and Seals	23989
赔偿协议	Indemity Agreements	611	文本相符	Text Conformity	9461
还款协议	Payment Contracts	559	赋予执行效力	Given Executory Effect	49067
其　他	Others	2667	执行证书	Execution Certificate	2316
继　承	Inheritances	22917	抵押登记	Mortgage Registration	443
单方法律行为	Unilateral Legal Act	49234	提　存	Drawing	19
委　托	Proxy	28273	保　管	Reserve	16
声　明	Announcement	14218	其　他	Others	1708

19-15 婚姻登记情况
Registered Marriages

指 标		Item		2015	2016	2017
一、登记结婚数	**(对)**	**Number of Registered Marriages**	**(couples)**	**356413**	**332952**	**300594**
内地居民登记结婚数	(对)	Registered Marriages in the Mainland	(couples)	355978	332406	300135
涉外婚姻数	(对)	Number of Marriages with Foreigner	(couples)	435	546	459
初婚数	(人)	Number of First Marriages	(person)	598491	544943	482662
再婚数	(人)	Number of Re-marriages	(person)	113465	119869	118526
# 恢复结婚数		Restoration of Marriages		6997	12670	11432
二、登记离婚数	**(对)**	**Number of Registered Divorces**	**(couples)**	**74097**	**78588**	**85870**
内地居民登记离婚数	(对)	Registered Divorces in the Mainland	(couples)	74038	78526	85787
涉外婚姻数	(对)	Number of Divorces with Foreigner	(couples)	59	62	83

19-16 各市(区)婚姻登记情况(2017年)
Registered Marriages by City(District) (2017)

地 区	Region	登记结婚数(对) Number of Registered Marriages (couples)	初婚数(人) Number of First Marriages (person)	再婚数(人) Number of Re-marriages (person)	# 恢复结婚数 Restoration of Marriages	登记离婚数(对) Number of Registered Divorces (couples)
全 省	**Shaanxi**	**300594**	**482662**	**118526**	**11432**	**85870**
西 安 市	Xi'an	70954	112304	29604	2424	24639
铜 川 市	Tongchuan	6109	9574	2644	315	1920
宝 鸡 市	Baoji	27154	44129	10179	899	6455
咸 阳 市	Xianyang	40854	66438	15270	1538	10645
渭 南 市	Weinan	45393	72330	18456	1529	12268
延 安 市	Yan'an	17256	27480	7032	1277	5003
汉 中 市	Hanzhong	22764	34839	10689	481	7173
榆 林 市	Yulin	28921	47984	9858	1934	7135
安 康 市	Ankang	20585	33715	7455	485	5817
商 洛 市	Shangluo	16105	27114	5096	300	3492
西咸新区	Xixian New Area	4040	6099	1981	248	1240
厅级小计	Others	459	656	262	2	83

19-17 交通事故情况
Basic Statistics on Traffic Accidents

地 区	Region	事故次数(起) Number of Accidents (case)	死亡人数(人) Number of Deaths (person)	受伤人数(人) Number of Injuries (person)	损失折款(万元) Converted into Cash Losses (10 000 yuan)
全 省	**Shaanxi**	**5820**	**1561**	**5578**	**4222**
西安市	Xi'an	2881	473	2864	1788
铜川市	Tongchuan	196	35	238	80
宝鸡市	Baoji	792	139	749	263
咸阳市	Xianyang	110	96	64	71
渭南市	Weinan	461	137	467	229
延安市	Yan'an	255	189	162	163
汉中市	Hanzhong	283	138	230	131
榆林市	Yulin	478	170	420	691
安康市	Ankang	110	97	102	660
商洛市	Shangluo	223	85	251	128
杨凌示范区	Yangling	27	2	28	5
铁 路	Railway	1		1	10
民 航	Civil Aviation	3		2	4

19-18 火灾事故情况
Basic Statistics on Fires

地 区	Region	事故次数(起) Number of Accidents (case)	死亡人数(人) Number of Deaths (person)	受伤人数(人) Number of Injuries (person)	损失折款(万元) Losses Converted into Cash (10 000 yuan)
全 省	**Shaanxi**	**9681**	**28**	**7**	**8934.7**
西安市	Xi'an	2458	8	2	1825.8
铜川市	Tongchuan	256			298.2
宝鸡市	Baoji	1078	2	1	734.9
咸阳市	Xianyang	1181	3		555
渭南市	Weinan	785			898.8
延安市	Yan'an	502	4	1	807.2
汉中市	Hanzhong	919	6	1	1206
榆林市	Yulin	1100	1		715
安康市	Ankang	604	2		640.1
商洛市	Shangluo	463	1	2	713.2
杨凌示范区	Yangling	75	1		426.9
西咸新区	Xixian New Area	260			113.6

19-19 各类伤亡事故情况(2017年)
Statistics on Various Fatal Accidents (2017)

类别	Type	总计 Total 起数(起) Times (time)	总计 Total 死亡(人) Deaths (person)	较大事故 Larger Accidents 起数(起) Times (time)	较大事故 Larger Accidents 死亡(人) Deaths (person)	特大事故 Major Accidents 起数(起) Times (time)	特大事故 Major Accidents 死亡(人) Deaths (person)
全省	**Shaanxi**	**1409**	**826**	**16**	**60**	**1**	**36**
农林牧渔业	Agriculture, Forestry, Animal Husbandry and Fishery	**15**	**10**				
#农业机械	Agricultural Machinery	11	7				
采矿业	Mining	39	44	2	7		
煤矿	Coal Mine	18	19	1	3		
金属非金属矿山	Metallic and Nonmetallic Mine	19	23	1	4		
商贸制造业	Manufacturing	44	51	2	7		
#化工	Chemical Industry	7	8				
烟花爆竹	Fireworks	4	7	1	4		
冶金机械八行业	Eight Branches about Metallurgy Machinery	19	22	1	3		
建筑业	Construction	78	98	4	14		
#屋建筑及市政工程	Housing Construction and Municipal Engineering	49	60	4	14		
交通建设工程	Transportation Construction	13	16				
交通运输和仓储业	Traffic, Transport, Storage and Post	1209	599	8	32	1	36
#铁路运输业	Railway Transport	35	31				
道路运输业	Road Transport	1170	565	8	32	1	36
水上运输业	Water Transport	1	1				
其他行业	Others	24	24				

19-20 社会捐赠和收养登记情况(2017年)
Statistics on Social Donation and Adopting Registration (2017)

地区	Region	捐赠款数额(万元) Donated Fund (10 000 yuan)	捐赠其他物资价值(万元) Value of Other Donated Materials (10 000 yuan)	收养登记合计(人) Number of Registered Adoption (person)	中国公民 Adoption by Chinese	外国人 Adoption by Foreigners
全省	**Shaanxi**	**15287.0**	**3214.0**	**367**	**248**	**119**
西安市	Xi'an	922.4		113	113	
铜川市	Tongchuan			6	6	
宝鸡市	Baoji	48.1		13	13	
咸阳市	Xianyang	249.5		17	17	
渭南市	Weinan			3	3	
延安市	Yan'an			2	2	
汉中市	Hanzhong			31	31	
榆林市	Yulin	14067.0	3214.0	6	6	
安康市	Ankang			51	51	
商洛市	Shangluo			6	6	
厅级小计	Others			119		119

主要统计指标解释

卫生机构 指从卫生行政部门取得《医疗机构执业许可证》，或从民政、工商行政、机构编制管理部门取得法人单位登记证书，为社会提供医疗保健、疾病控制、卫生监督服务或从事医学科研和教育等工作的单位。卫生机构包括医院、疗养院、社区卫生服务中心(站)、卫生院、门诊部、诊所(卫生所、医务室)、急救中心(站)、采供血机构、妇幼保健院(所、站)、专科疾病防治院(所、站)、疾病预防控制中心(防疫站)、卫生监督所、卫生监督检验(监测、检测)机构、医学科研机构、医学在职培训机构、健康教育所(站)等其他卫生机构。

卫生技术人员 包括执业(助理)医师、注册护士、药剂人员、检验和影像人员等卫生专业人员。不包括从事管理工作的卫生技术人员(一律计入管理人员)。

执业医师 指具有《医师执业证》及其“级别”为“执业医师”且实际从事医疗、预防保健工作的人员，不包括实际从事管理工作的执业医师。执业医师类别分为临床、中医、口腔和公共卫生。

执业助理医师 指具有《医师执业证》及其“级别”为“执业助理医师”且实际从事医疗、预防保健工作的人员，不包括实际从事管理工作的执业助理医师。执业助理医师类别同样分为临床、中医、口腔和公共卫生四类。

社区卫生服务中心(站) 指为本社区居民提供预防、医疗、保健、康复、健康教育、计划生育技术服务等的基层卫生机构。包括社区卫生服务中心和社区卫生服务站。

社会福利企业 指以集中安置有一定劳动能力的残疾人员就业为目（残疾职工占生产人员 10%以上）、带有社会福利性质的企业总称。主要包括福利工厂、假肢厂和其他福利企业。

城镇社区服务设施数 指报告期末城镇（街道办事处、居委会）设立的以非盈利为目的，为本社区居民服务，特别是为老年人、残疾人、儿童服务的社区服务中心、活动站、服务站、养老院、老年公寓（托老所），残疾人工疗站、残疾儿童日托所、家务服务站、婚姻介绍所等福利性设施以及职工社会保险管理服务的机构数。几种不同类型的社区服务单位，共用一个场所的，只能统计为一个社区服务设施。成为社区服务设施的条件：（1）是独立核算单位；（2）有固定的从业人员；（3）有一定的服务项目；（4）有一定的场所。

公证人员 指在公证处工作的人员总称，包括公证处主任、副主任、公证员、公证员助理(助理公证员)和其他从事辅助性工作的人员。

公证文书 指公证处根据当事人申请，依照事实和法律，按照法定程序制作的，具有法律效力的司法证明文书。

受理劳动争议案件数 指劳动争议仲裁委员会根据国家有关规定，对劳动争议当事人的申请予以审查，符合受理条件而正式立案、准备处理的劳动争议案件数。

Explanatory Notes on Main Statistical Indicators

Health Care Institutions refer to the units which have been qualified the Certification of Health Care Institution by the administration of public health, or qualified the Certification of Corporate Unit by the civil affairs, administration for industry and commerce, commission office for public sector reform, and engaging in medical care, disease prevention and control, health supervision and inspection, medicine research and health education, etc., including: hospitals, sanatoriums, community health service centers (stations), health centers, clinics (health stations and infirmaries), first-aid canters (stations), blood gathering and supplying institutions, women and children care agencies (centers and stations), special disease prevention and curing agencies (canters and stations), disease prevention and control centers (epidemic prevention stations), health supervision and inspection agencies, sanitary inspection institutions, medicinal scientific research and on-job training institutions, health education canters and so on.

Medical Technical Personnel refer to the professional staff engaged in health care, including licensed (assistant) doctors, registered nurse, pharmacists, laboratory technician, and imaging staff, excluding the medical technical personnel engaged in management job (included as the management staff).

Licensed Doctors refer to the medical workers who have obtained the licenses of qualified doctors and are employed in medical treatment, disease prevention or healthcare institutions, excluding the licensed doctors engaged in management job. The classification of licensed doctors is clinician, Chinese medicine, dentist and public health.

Licensed Assistant Doctors refer to the medical workers who have obtained the licenses of qualified assistant doctors and are employed in medical treatment, disease prevention or healthcare institutions, excluding the licensed assistant doctors engaged in management job. The classification of licensed assistant doctors is clinician, Chinese medicine, dentist and public health.

Community Health Service Centers (stations) refer to the primary units that provide the health care for community residents, such as disease prevention and control, medical treatment, health care, rehabilitation, health education, family planning technical services, including community health service centers and community health service stations.

Social Welfare Enterprises refers to those welfare-oriented enterprises employing a significant number of handicapped people with certain labour ability (handicapped employees shall exceed 10% of the production staff), including welfare factories, artificial limb plants as well as other welfare enterprises.

Number of Service Facilities in Urban Communities refers to the number non-profit welfare facilities set up by urban communities (community offices and residents' committees) to serve the community residents, including, among others, community-based centers that serve senior citizens, the handicapped or children, recreational centers, service centers, nursing homes, apartments for the elderly (nursery for the aged), work and treatment stations for the handicapped, day-care centers for handicapped children, domestic help agencies and dating services, as well as social insurance management agencies for the employees. Different types of community service providers that share the same premise are regarded as one community service facility. The requirements for a social service facility of communities include: (1) independent accounting; (2) fixed employees; (3) provision of services; and (4) premises.

Notary Personnel refers to people working for notary offices including: directors, deputy directors, notaries, assistant notaries and other people providing assistance.

Notary Documents refer to the judicial notary documents drawn up at the request of the interested party and are in accordance with facts and the law and following certain legal proceedings.

Number of Labour Disputes Cases Accepted refers to the number of cases of labour disputes submitted that, after being reviewed by the labour dispute arbitration committees in line with the relevant national regulations, are accepted and registered for treatment.

二十、水利

Irrigation

资料整理：陈 艳 郭力涛 文 燕

简 要 说 明

一、本篇资料反映陕西水利建设基本情况。主要内容包括水利建设投资，水利工程供水，水库，灌区，灌溉面积，水土保持，农村饮水等情况。

二、本篇资料由省水利厅提供。

Brief Introduction

Ⅰ. This chapter reflects the basic conditions of Shaanxi's water conservancy, mainly including investment in water conservancy projects, water supply of water conservancy projects, reservoir, irrigated area, water and soil conservation, drinking water in rural areas and etc.

Ⅱ. The data are provided by Shaanxi Province Department of Water Resources.

20.水 利

2017年全省		
水利建设投资	278.42	亿　　元
灌溉面积	1418.60	千 公 顷
水利工程供水量	92.99	亿立方米
水库数量	1101	座

水利建设投资（亿元）

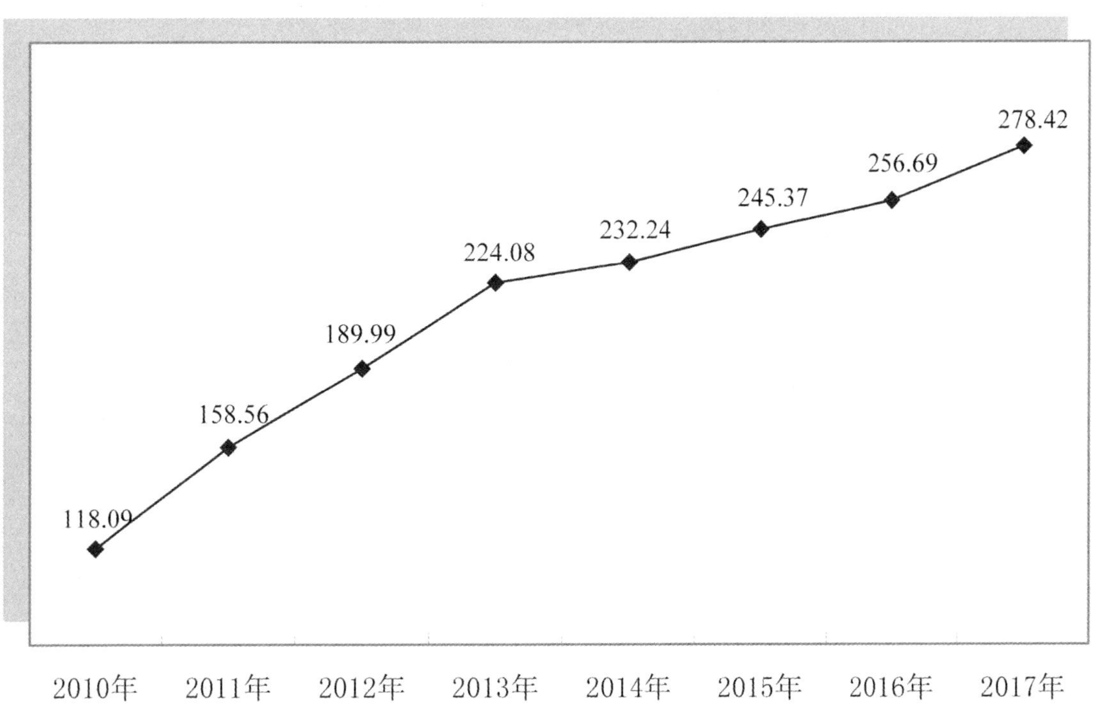

20-1 水利建设投资情况(2017年)
Construction Investment Situation of Hydroproject(2017)

单位：万元 (10 000 yuan)

地　区	Region	水利建设投资总计 Total	中　央 Central Level	省　级 Provincial Level	市　级 City Level	县及县以下 at and below County Level	民间投资 Nongovernment Investment
全　省	**Shaanxi**	**2784244**	**804006**	**382342**	**443904**	**235711**	**918281**
省　属	Provincial	314384	61581	67344			185459
西安市	Xi'an	563875	25449	14867	184937	48300	290323
铜川市	Tongchuan	45368	27694	6758	5213	5703	
宝鸡市	Baoji	137103	33329	23569	3500	26092	50613
咸阳市	Xianyang	172621	58082	27103	16377	10348	60712
渭南市	Weinan	281236	134346	47765	2049	9311	87766
# 韩城市	Hancheng	50695	4298	1527		5221	39649
延安市	Yan'an	407937	223565	43380	128612	12380	
汉中市	Hanzhong	236642	96550	39458	10610	12426	77597
榆林市	Yulin	184808	62864	35003	65270	21672	
安康市	Ankang	198455	49113	37585	13082	44539	54137
商洛市	Shangluo	140065	27321	30389	4820	23189	54346
杨凌示范区	Yangling	12141	1453	1071	9436	181	
西咸新区	Xixian	89609	2660	8050		21569	57330

注：水利建设投资主要包括：防洪、险库、重点水源及枢纽、灌排、城乡供排水、水土保持及生态治理、农村小水电、渔业等。
a)Construction investment of hydroproject mainly includes flood protection ,dangerous reservoir,key water source and key position,irrigation and drainage ,potable water,water and soil conservation ,rual small hydropower ,fishery industry etc.

20-2 用水总量(2017年)
Water Use (2017)

单位：万立方米 (10 000 cu.m)

地　区	Region	用水总量 Water Use	农田灌溉用水量 Farmland Irrigation Water	林牧渔畜用水量 Water Consumption of Forestry, Animal Husbandry, Fishery and Livestock	工业生产用水量 Consumption of Industry Water	城镇公共用水量 Consumption of Town Public Water	居民生活用水量 Residents Living Water	生态环境用水量 Ecological Environment Water
全　省	**Shaanxi**	**929946**	**484689**	**97065**	**143406**	**32608**	**137080**	**35098**
西安市	Xi'an	190284	56502	10141	43460	15902	41939	22340
铜川市	Tongchuan	8901	2209	1236	2404	465	2328	259
宝鸡市	Baoji	82408	42837	11472	10697	1598	14042	1762
咸阳市	Xianyang	108755	57041	11840	18461	3209	16165	2039
渭南市	Weinan	154345	96914	20695	16065	2482	15136	3053
# 韩城市	Hancheng	9028	1508	581	4730	224	1276	709
延安市	Yan'an	26669	6106	4925	7669	1274	5827	868
汉中市	Hanzhong	166379	128132	13404	10322	2123	11347	1051
榆林市	Yulin	83940	43827	6035	20323	2156	9969	1630
安康市	Ankang	73885	39728	12195	7345	1958	11800	859
商洛市	Shangluo	30138	9857	4137	6430	1221	7466	1027
杨凌示范区	Yangling	4242	1536	985	230	220	1061	210

20-3　水利工程供水总量(2017年)
Water Supply by Water Projects(2017)

单位：万立方米　　(10 000 cu.m)

地　区	Region	供水总量 Water Supply	地表水源供水量 Surface Water Supply	蓄　水 Reserve Water	引　水 Channel Water	提　水 Draw Water	人工载运 Artificial Ferried
全　省	**Shaanxi**	**929946**	**581602**	**209510**	**256983**	**115063**	**46**
西安市	Xi'an	190284	87700	52099	31744	3856	
铜川市	Tongchuan	8901	6055	3366	1349	1327	13
宝鸡市	Baoji	82408	40436	25688	11959	2781	8
咸阳市	Xianyang	108755	50609	5876	37427	7303	3
渭南市	Weinan	154345	93307	16674	15105	61508	20
#韩城市	Hancheng	9028	3180	2800	240	140	
延安市	Yan'an	26669	16711	5545	4920	6246	
汉中市	Hanzhong	166379	144288	55972	76321	11995	
榆林市	Yulin	83940	49200	14861	21936	12403	
安康市	Ankang	73885	70086	21865	41676	6545	
商洛市	Shangluo	30138	21601	7564	12936	1099	2
杨凌示范区	Yangling	4242	1609		1609		

20-3　续表　continued

单位：万立方米　　(10 000 cu.m)

地　区	Region	地下水源供水量 Groundwater Supply	深层水 Deep Water	浅层水 Shallow Water	微咸水 A Little Salty Water	其他水源供水量 Other Walter Supply	污水处理回用 Waste Water reuse	雨水利用 Rain Use
全　省	**Shaanxi**	**325696**	**4298**	**319497**	**1901**	**22648**	**20872**	**1776**
西安市	Xi'an	88349	1533	86466	350	14236	14074	162
铜川市	Tongchuan	2602		2602		244	86	158
宝鸡市	Baoji	40409	36	40373		1563	1175	388
咸阳市	Xianyang	55267	1017	54250		2879	2737	142
渭南市	Weinan	59163	212	58121	830	1875	1865	10
#韩城市	Hancheng	4878		4878		970	970	
延安市	Yan'an	9175	1500	7675		783	610	173
汉中市	Hanzhong	21905		21905		186		186
榆林市	Yulin	34023		33302	721	717	325	392
安康市	Ankang	3695		3695		104		104
商洛市	Shangluo	8476		8476		61		61
杨凌示范区	Yangling	2633		2633				

20-4 堤防情况(2017年)
Dikes Situation(2017)

地　区	Region	堤防总长度(公里) Dikes Total Length (km)	1级堤防 Level 1 Dikes	2级堤防 Level 2 Dikes	3级堤防 Level 3 Dikes	4级堤防 Level 4 Dikes	5级堤防 Level 5 Dikes	5级以下堤防 Other Grades Dikes	达标堤防长度(公里) Length of Standard Dikes (km)	1级堤防 Level 1 Dikes	2级堤防 Level 2 Dikes
全　省	**Shaanxi**	**7332**	**429**	**466**	**864**	**1649**	**1922**	**2003**	**4743**	**423**	**423**
西安市	Xi'an	1030	194	124	104	231	309	70	892	194	124
铜川市	Tongchuan	197		1	44	79	65	8	76		
宝鸡市	Baoji	539	104	79	67	136	122	31	490	100	79
咸阳市	Xianyang	248	37	32	26	59	91	2	236	34	32
渭南市	Weinan	492	50	87	22	117	172	43	414	50	76
#韩城市	Hancheng	38			9	26	3		38		
延安市	Yan'an	427		42	298	49	25	14	374		15
汉中市	Hanzhong	1168	28	50	91	366	175	458	507	28	46
榆林市	Yulin	571		19	127	70	132	223	346		19
安康市	Ankang	997	4	2	35	260	244	452	485	4	2
商洛市	Shangluo	1641		30	47	275	586	703	907		30
杨凌示范区	Yangling	22	12	1	2	7			15	12	1

20-4 续表 continued

地　区	Region	3级堤防 Level 3 Dikes	4级堤防 Level 4 Dikes	5级堤防 Level 5 Dikes	本年新增堤防达标长度(公里) Newly Increased Standard Dikes Length This Year(km)	全部堤防保护人口(万人) All the Dikes Protected the Population (10 000 persons)	全部堤防保护耕地(千公顷) All the Dikes Protected the Farmland (1 000 hectares)
全　省	**Shaanxi**	**808**	**1339**	**1750**	**416**	**1109**	**600**
西安市	Xi'an	104	201	270	236	245.12	98.79
铜川市	Tongchuan	5	11	60	0	35.53	5.19
宝鸡市	Baoji	60	128	122	21	147.46	69.76
咸阳市	Xianyang	25	59	85		100.41	25.99
渭南市	Weinan	22	109	157	17	84.40	94.02
#韩城市	Hancheng	9	26	3		2.27	1.65
延安市	Yan'an	292	48	19	16	118.02	148.63
汉中市	Hanzhong	90	228	115	54	120.99	84.66
榆林市	Yulin	126	70	132	22	91.72	10.31
安康市	Ankang	34	226	219	21	61.09	14.67
商洛市	Shangluo	47	259	571	29	98.14	45.46
杨凌示范区	Yangling	2				6.12	2.10

20-5 灌溉面积(2017年)
Irrigated Areas(2017)

单位：千公顷 (1 000 hectares)

地 区	Region	总灌溉面积 Irrigated Areas This Year	耕地灌溉 Effective Irrigated Areas	林地灌溉 Irrigated Wooded-land Areas	园地灌溉 Garden Plot Irrigated Areas	牧草地灌溉 Irrigated Pasture
全 省	**Shaanxi**	**1418.60**	**1263.09**	**18.56**	**135.69**	**1.26**
西 安 市	Xi'an	188.21	170.75	2.07	15.39	
铜 川 市	Tongchuan	26.36	19.57		6.79	
宝 鸡 市	Baoji	178.09	152.80	0.78	24.50	0.01
咸 阳 市	Xianyang	245.33	231.01	1.91	12.41	
渭 南 市	Weinan	371.15	331.53	2.29	37.33	
# 韩城市	Hancheng	12.90	12.78		0.12	
延 安 市	Yan'an	47.86	38.69	0.10	8.80	0.27
汉 中 市	Hanzhong	132.35	111.69	7.09	13.57	
榆 林 市	Yulin	147.41	132.29	2.68	11.61	0.83
安 康 市	Ankang	52.13	45.34	1.61	5.03	0.15
商 洛 市	Shangluo	23.85	23.85			
杨凌示范区	Yangling	5.86	5.57	0.03	0.26	

20-5 续表 Continued

单位：千公顷 (1 000 hectares)

地 区	Region	节水灌溉面积 Water Saving Irrigation Areas	喷 灌 Spray Irrigation	微 灌 Micro Irrigation	低压管灌 Low Pressure Pipe Irrigation	其他节水灌溉 Others	有效实灌面积 Effectively Irrigated Areas	旱涝保收面积 Stable-harvest Farming Areas
全 省	**Shaanxi**	**931.49**	**34.37**	**58.73**	**343.07**	**495.32**	**1039.11**	**750.11**
西 安 市	Xi'an	151.21	5.18	3.92	79.13	62.98	149.22	123.27
铜 川 市	Tongchuan	20.58	0.49	6.67	12.10	1.32	5.48	4.01
宝 鸡 市	Baoji	150.57	5.57	10.81	52.06	82.13	116.10	113.69
咸 阳 市	Xianyang	166.65	3.45	9.18	64.81	89.21	185.53	123.15
渭 南 市	Weinan	239.51	3.78	12.08	55.63	168.02	275.30	173.33
# 韩城市	Hancheng	11.35	0.02	0.14	3.89	7.30	9.30	8.50
延 安 市	Yan'an	37.45	4.17	8.13	24.88	0.27	26.68	13.85
汉 中 市	Hanzhong	68.98	4.21	1.29	4.07	59.41	105.93	82.68
榆 林 市	Yulin	44.85	4.46	2.82	35.38	2.19	114.78	65.30
安 康 市	Ankang	37.53	2.18	2.11	6.98	26.26	36.70	35.29
商 洛 市	Shangluo	9.61	0.84	0.30	5.81	2.66	18.03	10.92
杨凌示范区	Yangling	4.55	0.04	1.42	2.22	0.87	5.36	4.62

20-6 万亩以上灌区基本情况(2017年)
Basic Irrigated Area above 10 000 Acres (2017)

地区	Region	灌区数(处) Number of Irrigated Areas (unit)	50万亩以上 Over 500000 Mu	30~50万亩 300000-500000 Mu	10~30万亩 100000-300000 Mu	5~10万亩 50000-100000 Mu	1~5万亩 10000-50000 Mu
全省	**Shaanxi**	**187**	**8**	**4**	**12**	**18**	**145**
西安市	Xi'an	24			3	2	19
铜川市	Tongchuan	4		1			3
宝鸡市	Baoji	21	1	1	1	2	16
咸阳市	Xianyang	29	2	1	2	3	21
渭南市	Weinan	48	4	1	3	3	37
# 韩城市	hancheng	3			1		2
延安市	Yan'an	9				1	8
汉中市	Hanzhong	20	1		3	5	11
榆林市	Yulin	17					17
安康市	Ankang	7				2	5
商洛市	Shangluo	8					8

20-6 续表 continued

地区	Region	灌区耕地面积(千公顷) Area of Irrigated Land (1000 hectares)	50万亩以上 Over 500000 Mu	30~50万亩 300000-500000 Mu	10~30万亩 100000-300000 Mu	5~10万亩 50000-100000 Mu	1~5万亩 10000-50000 Mu
全省	**Shaanxi**	**837.01**	**461.58**	**65.62**	**105.67**	**64.14**	**140.01**
西安市	Xi'an	73.40		3.42	41.01	10.97	18.00
铜川市	Tongchuan	7.71		4.38			3.33
宝鸡市	Baoji	129.63	83.33	17.48	6.19	9.47	13.16
咸阳市	Xianyang	175.92	125.96	16.01	9.49	8.20	16.26
渭南市	Weinan	319.31	230.64	24.33	22.18	9.20	32.97
# 韩城市	hancheng	11.91			7.88		4.03
延安市	Yan'an	8.68				3.00	5.68
汉中市	Hanzhong	76.64	21.65		26.80	14.93	13.26
榆林市	Yulin	22.87					22.87
安康市	Ankang	12.84				8.37	4.47
商洛市	Shangluo	10.01					10.01

20-7 水库情况(2017年)
Situation of Reservoir (2017)

地 区	Region	水库数量(座) Reservoir Volume (block)	大型水库 large	中型水库 Medium	小型水库 Small	水库库容(万立方米) Reservoir Storage Capacity (10 000 cu.m)	大型水库 large	中型水库 Medium	小型水库 Small
全 省	**Shaanxi**	**1101**	**12**	**77**	**1012**	**943486**	**535030**	**290617**	**117839**
西安市	Xi'an	93	1	2	90	43075	20000	12060	11015
铜川市	Tongchuan	32		3	29	11886		8185	3701
宝鸡市	Baoji	106	2	6	98	91796	57400	22967	11429
咸阳市	Xianyang	73	1	8	64	50646	12000	25804	12842
渭南市	Weinan	116		5	111	28306		13203	15103
#韩城市	hancheng	11		1	10	6565		4360	2205
延安市	Yan'an	41	1	9	31	61953	20300	33891	7762
汉中市	Hanzhong	342	1	8	333	64310	10980	29064	24266
榆林市	Yulin	93	1	26	66	170138	38900	115130	16108
安康市	Ankang	153	5	8	140	407062	375450	21177	10435
商洛市	Shangluo	52		2	50	14315		9138	5178
杨凌示范区	Yangling								

20-8 水土保持情况(2017年)
Basic Statistics on Soil and Water Conservation(2017)

单位：千公顷 (1 000 hectares)

地 区	Region	累计水土流失治理面积 Total Area of Soil Erosion under Control	#小流域治理面积 Area of Small Watershed under Control	本年新增治理面积(含生态修复) Area of Newly Increased Soil Erosion under Control This Year	#小流域治理面积 Area of Small Watershed under Control	本年减少水土流失面积 Area of Decreased Soil Erosion This Year	#自然因素 Natural Factors	#人为因素 Human Factors
全 省	**Shaanxi**	**7765.02**	**2950.80**	**656.88**	**99.18**	**86.60**	**69.79**	**16.81**
西安市	Xi'an	197.11	24.19	28.01		3.10	1.62	1.48
铜川市	Tongchuan	212.43	75.68	21.31	1.51	8.27	7.85	0.42
宝鸡市	Baoji	603.55	164.80	40.50	6.99	3.68	2.20	1.48
咸阳市	Xianyang	520.40	223.26	50.60	16.70	0.56	0.56	
渭南市	Weinan	500.39	185.51	59.03	6.30	15.55	12.16	3.39
#韩城市	Hancheng	73.47	21.27	4.01	1.10			
延安市	Yan'an	1555.67	440.65	101.08	42.34	7.82	7.11	0.71
汉中市	Hanzhong	892.67	368.37	85.00	6.18			
榆林市	Yulin	1795.93	788.62	115.35	12.25	42.25	35.82	6.43
安康市	Ankang	714.46	291.99	85.20	3.93	1.39		1.39
商洛市	Shangluo	765.81	381.51	70.30	2.98	3.98	2.47	1.51
杨凌示范区	Yangling	6.60	6.22	0.50				

20-9 农村水电装机情况(2017年)
BasicStatisticsonRuralHydropowerInstalledCapacity(2017)

地区	Region	处数(处) Number (unit)	容量(千瓦) Capacity (kw)	1(含)~5万千瓦(含) 10000kw(inclusive)-50000kw(inclusive)		0.1(含)~1万千瓦 1000kw(inclusive)-10000kw	
				处数(处) Number (unit)	容量(千瓦) Capacity (kw)	处数(处) Number (unit)	容量(千瓦) Capacity (kw)
全省	**Shaanxi**	**693**	**1495619**	**29**	**553500**	**238**	**804680**
省属	DirectlyundertheProvincialGovernment	10	67350	2	37400	7	29450
西安市	Xi'an	48	80633	1	20000	16	50500
铜川市	Tongchuan	1	4200			1	4200
宝鸡市	Baoji	123	159275	1	26000	37	97060
咸阳市	Xianyang	9	87100	1	48000	7	38300
渭南市	Weinan	10	36440			8	35830
延安市	Yan'an	10	6235			1	1500
汉中市	Hanzhong	206	482627	13	229100	62	217410
榆林市	Yulin	5	16750			4	15850
安康市	Ankang	185	467990	10	162000	79	276210
商洛市	Shangluo	85	86299	1	31000	16	38370
杨凌示范区	Yangling	1	720				

20-9 续表 continued

地区	Region	0.1万千瓦以下 Under1000kw		本年新增装机 NewlyIncreasedHydropowerInstalledCapacityThisYear		全年发电量(万千瓦时) Annual Electricity Generation (10000kwh)	年利用小时(小时) Annual Use Hours (hour)
		处数(处) Number (unit)	容量(千瓦) Capacity (kw)	处数(处) Number (unit)	容量(千瓦) Capacity (kw)		
全省	**Shaanxi**	**426**	**137439**	**8**	**48950**	**396179**	**2649**
省属	DirectlyundertheProvincialGovernment	1	500			23085	2574
西安市	Xi'an	31	10133			21216	2631
铜川市	Tongchuan					1200	2857
宝鸡市	Baoji	85	36215			34468	2164
咸阳市	Xianyang	1	800			23076	2649
渭南市	Weinan	2	610	1	360	7486	2373
延安市	Yan'an	9	4735		445	1411	2263
汉中市	Hanzhong	131	36117	3	10780	113674	2355
榆林市	Yulin	1	900			7019	3615
安康市	Ankang	96	29780	4	21865	143132	3058
商洛市	Shangluo	68	16929		15500	20212	2342
杨凌示范区	Yangling	1	720			200	2778

主要统计指标解释

灌溉面积　指一个地区当年农、林、牧等灌溉面积的总和。总灌溉面积=有效灌溉面积（耕地）+林地灌溉面积+园地灌溉面积+牧草灌溉面积+其他灌溉面积。

有效灌溉面积（农田或耕地灌溉面积）　指灌溉工程或设备已基本配套，有一定水源，土地比较平整，在一般年景可以进行正常灌溉的农田或耕地灌溉面积。

有效实灌面积　指利用灌溉工程和设施，在有效灌溉面积中当年实际已进行正常（灌水一次以上）灌溉的耕地面积。在同一亩耕地上，报告期内无论灌水几次，都应按一亩计算，而不应按灌溉亩次计算。凡是肩挑、人抬、马拉抗旱点种的面积，一律不算实灌面积。

旱涝保收面积　指有效灌溉面积中，遇旱能灌，遇涝能排的面积。灌溉设施的抗旱能力，按各地不同情况，应达到三十天到五十天，适宜发展双季稻的地方，应达到五十到七十天，除涝达到五年一遇以上标准，防洪一般达到二十年一遇标准的有效灌溉面积。

节水灌溉面积　是指在给农作物进行灌溉时采用先进的设备和手段，在满足农作物需要用水的同时减少了用水。一般要有水源保证，利用渠道防渗、管灌、喷滴灌等工程节水措施，当年已进行正常灌溉的农田、果园、林地、牧草等面积，不包括农作物种植方式、种植品种改变等非工程节水措施的灌溉面积。节水灌溉面积包括渠道防渗面积、低压管道输水灌溉面积、喷灌面积、微灌面积和其他工程节水灌溉面积。在同一灌溉面积上，采用多种节水灌溉工程措施时，只能依主要工程或措施统计一种，不得重复计算。

易涝面积　一些地区由于地势低洼，降雨径流不能及时排走，田间积水超过农作物的耐淹能力，造成农业损失，即为涝。形成的受淹农田面积称为易涝面积，易涝耕地面积是指抗涝能力标准低的低洼涝耕地面积。

除涝面积　通过水利工程如围埝、抽水等对易涝面积进行治理，使易涝耕地免除淹涝称除涝面积。按除涝的标准分为3－5年、5－10年和10年以上。易涝面积虽经过治理，但标准尚未达到三年一遇标准的，不作为除涝面积统计。

水土流失　是由于水力、重力、风力等外力引起的水土资源和土地生产力遭到破坏和损失的现象。造成水土流失的原因可分为自然原因和人类活动原因两类。遭到水土流失侵害和损失的土地面积称水土流失面积。

水土流失治理面积（又称水土保持面积）　是指在水土流失面积上，按照综合治理的原则，采取各种治理措施如：坡改梯、淤地坝、谷坊、造林、种草、封山育林育草（指有种林、种草补植任务的）等，以及按小流域综合治理措施所治理的水土流失面积总和。

灌区　是指在蓄水灌溉工程、引水灌溉工程、提水灌溉工程等灌溉工程中，灌溉设备齐全、渠系配套完整，自成灌溉体系，有统一管理，设计灌溉面积为万亩及以上和有效灌溉面积达到万亩及以上的灌溉区域。灌区由各省水利厅审定、备案。

堤防　是指修筑在江、河、湖、海岸适用于防止洪水的工程。堤防工程按防洪标准分为五个级别：防洪标准[重现期(年)]>=100为1级，100-50为2级，50-30为3级，30-20为4级，20-10为5级。

供水量　指各种水利供水工程为农业灌溉、工业生产、城镇生活、乡村生活、生态环境等方面的实际供水量，它包括输水损失的毛水量，按供水对象所在区域进行统计。供水量来源包括地表水供水量（蓄水、引水、提水、调水）、地下水供水量和其他水源供水量。

水库　在江河上筑坝（闸）所形成的拦洪蓄水和调节水流的水利工程建筑物，可以用来灌溉、发电、防洪和养鱼。总库容在1亿立方米及以上为大型水库，1000（含1000）万立方米至1亿立方米为中型水库，10万立方米至1000万立方米为小型水库。

水库库容　校核洪水位以下的水库容积，包括死库容、兴利库容、调洪库容（减掉和兴利库容重复部分）之总和，称为总库容。它是一项表示水库工程规模的代表性指标，是划分水库等级、确定工程安全标准的重要依据。

兴利库容　水库在正常运用情况下，为满足兴利要求在开始供水时应蓄到的水位，称正常蓄水位，又称正常高水位、兴利水位，或设计蓄水位。正常蓄水位至死水位之间的水库容就是兴利库容，即调节库容。它主要用以调节径流，提供水库的供水量。

死库容　水库死水位以下的水库容积。除特殊情况外，死库容不参与径流调节，即不动用这部分库容内的水量。

Explanatory Notes on Main Statistical Indicators

Irrigated Area The sum of irrigated areas for agricultural, forest, pasture and grazing areas in a particular region. The total irrigation area is equal to the sum of effective irrigated areas (arable land), forest irrigated areas, orchard irrigated areas, grazing irrigated areas and other irrigated areas.

Effective Irrigated Areas (irrigated areas of farmland or cultivated land) The effective irrigated area refers to farmland or cultivated land with irrigation in normal years, equipped with installed irrigation facilities, water source and relatively leveled land.

Actual Effective Irrigated Area The area of effective irrigated land has been applied irrigation (once or more than once) in the current year, taking the advantage of irrigation works or facilities. No matter how many times irrigation is made in the same area of land within report period, it is all counted as one mu, but not be counted according to the irrigation times. All non-mechanized irrigated areas such as irrigated area with drought-relief measures of people or animal carrying water for irrigation are not included.

Farmlands with Stable Yields Despite of Drought or Waterlogging Farmlands, within effective irrigation areas, can irrigate in drought season and drain in flood season. According to drought-resistant capacity of irrigation facilities under varied conditions of different regions, irrigation may last for 30 days to 50 days, and may last for 50 days to 70 days in the regions suitable for double cropping rice. Waterlogging control in the effective irrigated areas should reach the standard of once in five years return period and flood control should reach the standard of once in twenty years return period.

Water-saving Irrigated Areas It refers to reducing water consumption by advanced equipment and measures when irrigating, which also meeting the need of plants. Generally, there are actual water resources, and taking measures of leakage free channel, pipe irrigation, jetting and dropping irrigation to save water. The normal irrigation area of arable land, forest areas, orchard areas, grazing areas etc., which do not take water saving measures, such as non engineering measures of planting manner and planting variety in the current year are not included in this indicator. It includes leakage free channel, jetting and dropping irrigation, tiny irrigation, and others. In the same area, with more than two water saving measures taken, only one main project can be counted.

Prone-waterlogging Farmland In some area, for low lying, rain can not be drained in time, plants submerged into water are over endurance, leading to agricultural losses. Farmland of waterlogging are called prone- waterlogging farmland, which refers to low lying farmland with low standard of preventing waterlogging.

Waterlogging Control Areas The controlled area of prone-waterlogging farmland by waterworks such as cofferdams and water pump. The standard of waterlogging control can be divided into 3-5 years, 5-10 years and above 10 years. The area of waterlogging farmland with control measures but has not reached to the standard of once in three years return period, are excluded from waterlogging control areas.

Soil Erosion Damage or losses of water resources and land productivity caused by external forces, such as water power, gravity and wind etc. Soil erosion is usually caused by two reasons of nature or human activities. The damaged or lost farmland areas caused by soil erosion are termed as soil erosion areas.

Improved Eroded Area (also named soil and water conservation area) The sum of improved eroded areas in Mountinous or hilly areas, has implemented comprehensive control measures, including terraced fields, silt retention dam, check dam, reforestation, grass plantation, enclosed reforestation and grass planting (refers to the area with tasks of planting forest and grass) and small watershed comprehensive management, in line with the principle of integrated management.

Irrigation District Irrigation area has above 10,000 mu of designed and effective irrigated area, with complete irrigation facilities, sub-canal system, self-established irrigation system and unified management system, under water storage irrigation project, water diversion irrigation project or pumping irrigation projects. Irrigation districts are approved and recorded by provincial departments of water resources.

Embankment Embankment project is constructed along the banks of river, lake or coast to prevent flood disasters. Embankment project can divided into five classes according to the standard of preventing flood disasters. Class 1: with reappear year over 100 years, class 2: 100-50, class 3: 50-30; class 4: 30-20, class 5: 20-10.

Quantity of Water Supply Actual quantity of water supply provided by all kinds of water supply projects for irrigation, industrial, domestic water use in urban and rural areas and ecological environment etc, including gross water loss in water transportation and data are sorted according to water consumption region for statistics. The quantity of water supply consists of quantity of surface water (water storage, water diversion, pumping and water transfer), groundwater and quantity of water supply of other water sources.

Reservoir Storage area that is formed by constructing dams (gates) to detain and store water resources and regulate water flow. Large reservoir: the total storage capacity is over 100 million m^3.Medium reservoir: the total storage capacity is between 10 million m^3 (including 10 million m^3) to 100 million m^3.Small reservoir: the total storage capacity is between 0.1 million m^3 to 10 million m^3.

Storage Capacity of Reservoir It is also called total storage capacity. It refers to storage capacity above the check water level, including dead storage capacity, usable storage capacity, and flood control storage capacity (deducting the repeating part of usable storage). It is a key index for the total scale of a reservoir, and is a key index for dividing the class of reservoir and deciding standard of project safety.

Usable Storage Capacity of Reservoir refers to the water level which called normal water level, that should be reached for providing water in normal conditions. Storage capacity of reservoir between normal water level and dead storage capacity level are called usable storage capacity, which also called adjusting capacity. It is used for adjusting runoff, providing quantity of reservoir.

Dead Storage Capacity of Reservoir It refers to storage below the dead storage water level. It does not take part in adjusting of runoff, it can't be moved.

二十一、全国各省、市、自治区主要指标

Main Indicators of National Economy by Countrywide, Province, Municipality and Autonomous Region

资料整理：孙士梅

简 要 说 明

一、本篇资料反映全国各省、市、自治区经济发展情况，包括人口、生产总值、居民消费价格指数、居民收入、财政、固定资产投资、农林牧渔业总产值、主要产品产量、社会消费品零售总额、进出口总额等指标。

二、本篇资料来源于《中国统计摘要-2018》。

Brief Introduction

Ⅰ. This chapter reflects economic development of China's provinces, cities and autonomous region, including population,gross domestic product, consumer price indices, resident income,finance,investment in fixed assets, gross output value of agriculture, forestry, animal husbandry and fisheries,output of major products, total retail sales of consumer goods, total export import volume, etc.

Ⅱ. The data sources are obtained from "Chinese statistical abstract-2018".

21-1 年末常住人口
Resident Population and Per Capita GDP

地区	Region	年末常住人口(万人) Resident Population at year-end (10 000 persons)		城镇人口比重(%) Proportion of Urban Population(%)	
		2016	2017	2016	2017
全国	**National Total**	**138271**	**139008**	**57.35**	**58.52**
北京	Beijing	2173	2171	86.50	86.50
天津	Tianjin	1562	1557	82.93	82.93
河北	Hebei	7470	7520	53.32	55.01
山西	Shanxi	3682	3702	56.21	57.34
内蒙古	Inner Mongolia	2520	2529	61.19	62.02
辽宁	Liaoning	4378	4369	67.37	67.49
吉林	Jilin	2733	2717	55.97	56.65
黑龙江	Heilongjiang	3799	3789	59.20	59.40
上海	Shanghai	2420	2418	87.90	87.70
江苏	Jiangsu	7999	8029	67.72	68.76
浙江	Zhejiang	5590	5657	67.00	68.00
安徽	Anhui	6196	6255	51.99	53.49
福建	Fujian	3874	3911	63.60	64.80
江西	Jiangxi	4592	4622	53.10	54.60
山东	Shandong	9947	10006	59.02	60.58
河南	Henan	9532	9559	48.50	50.16
湖北	Hubei	5885	5902	58.10	59.30
湖南	Hunan	6822	6860	52.75	54.62
广东	Guangdong	10999	11169	69.20	69.85
广西	Guangxi	4838	4885	48.08	49.21
海南	Hainan	917	926	56.78	58.04
重庆	Chongqing	3048	3075	62.60	64.08
四川	Sichuan	8262	8302	49.21	50.79
贵州	Guizhou	3555	3580	44.15	46.02
云南	Yunnan	4771	4801	45.03	46.69
西藏	Tibet	331	337	29.56	30.89
陕西	**Shaanxi**	**3813**	**3835**	**55.34**	**56.79**
甘肃	Gansu	2610	2626	44.69	46.39
青海	Qinghai	593	598	51.63	53.07
宁夏	Ningxia	675	682	56.29	57.98
新疆	Xinjiang	2398	2445	48.35	49.38

21-2 生 产 总 值(2017年)
Gross Domestic Product(2017)

地　区	Region	生产总值(亿元) Gross Domestic Product (100 million yuan)	第一产业 Primary Industry	第二产业 Secondary Industry	第三产业 Tertiary Industry	生产总值比上年增长% GDP Growth over the Previous Year (%)	人均生产总值(元) Per Capita GDP (yuan)
全　国	**National Total**	**827121.7**	**65467.6**	**334622.6**	**427031.5**	**6.9**	**59660**
北　京	Beijing	28000.4	120.5	5310.6	22569.3	6.7	128927
天　津	Tianjin	18595.4	218.3	7590.4	10786.7	3.6	119238
河　北	Hebei	35964.0	3507.9	17416.5	15039.7	6.7	47985
山　西	Shanxi	14973.5	777.9	6181.8	8013.9	7.0	40557
内蒙古	Inner Mongolia	16103.2	1647.2	6408.6	8047.4	4.0	63786
辽　宁	Liaoning	23942.0	2182.1	9397.8	12362.1	4.2	54745
吉　林	Jilin	15288.9	1429.2	7012.9	6846.9	5.3	56102
黑龙江	Heilongjiang	16199.9	2968.8	4289.7	8941.4	6.4	42699
上　海	Shanghai	30133.9	99.0	9251.4	20783.5	6.9	124571
江　苏	Jiangsu	85900.9	4076.7	38654.9	43169.4	7.2	107189
浙　江	Zhejiang	51768.3	2017.4	22471.5	27279.3	7.8	92057
安　徽	Anhui	27518.7	2611.7	13486.6	11420.4	8.5	44206
福　建	Fujian	32298.3	2442.4	15770.3	14085.5	8.1	82976
江　西	Jiangxi	20818.5	1953.9	9972.1	8892.6	8.9	45187
山　东	Shandong	72678.2	4876.7	32925.1	34876.3	7.4	72851
河　南	Henan	44988.2	4339.5	21450.0	19198.7	7.8	47130
湖　北	Hubei	36523.0	3759.7	16259.9	16503.4	7.8	61972
湖　南	Hunan	34590.6	3690.0	14145.5	16755.1	8.0	50563
广　东	Guangdong	89879.2	3792.4	38598.6	47488.3	7.5	81089
广　西	Guangxi	20396.3	2906.9	9297.8	8191.5	7.3	41955
海　南	Hainan	4462.5	979.3	997.1	2486.1	7.0	48430
重　庆	Chongqing	19500.3	1339.6	8596.6	9564.0	9.3	63689
四　川	Sichuan	36980.2	4282.8	14294.0	18403.4	8.1	44651
贵　州	Guizhou	13540.8	2020.8	5439.6	6080.4	10.2	37956
云　南	Yunnan	16531.3	2310.7	6387.5	7833.1	9.5	34545
西　藏	Tibet	1310.6	122.8	514.5	673.3	10.0	39259
陕　西	**Shaanxi**	**21898.8**	**1741.5**	**10882.9**	**9274.5**	**8.0**	**57266**
甘　肃	Gansu	7677.0	1063.6	2562.7	4050.8	3.6	29326
青　海	Qinghai	2642.8	238.4	1180.4	1224.0	7.3	44348
宁　夏	Ningxia	3453.9	261.1	1580.5	1612.3	7.8	50917
新　疆	Xinjiang	10920.1	1691.6	4292.0	4936.5	7.6	45099

注：本表绝对数按当年价格计算，增长速度按不变价格计算。
a) Level data in this table are calculated at current prices, while the growth rate are at constant prices.

21-3 居民消费价格分类指数(2017年)
Consumer Price Index by Category(2017)

(上年=100) (preceding year=100)

地区	Region	总指数 General Index	一、食品烟酒 Food, Alcohol and Tobacco	二、衣着 Clothing	三、居住 Residence	四、生活用品及服务 Articles and Services for Daily Use	五、交通和通信 Transportation and Communication	六、教育文化和娱乐 Education, Culture and Recreation	七、医疗保健 Health Care	八、其他用品和服务 Other Articles and Services
全 国	**National Total**	**101.6**	**99.6**	**101.3**	**102.6**	**101.1**	**101.1**	**102.4**	**106.0**	**102.4**
北 京	Beijing	101.9	100.5	97.8	103.8	100.6	100.3	102.3	107.4	102.7
天 津	Tianjin	102.1	100.3	100.2	101.4	100.8	100.1	103.2	115.4	101.5
河 北	Hebei	101.7	99.3	101.4	103.0	100.8	100.4	101.6	106.9	110.1
山 西	Shanxi	101.1	98.9	100.9	101.4	100.2	101.0	101.8	107.5	102.3
内蒙古	Inner Mongolia	101.7	99.8	101.3	101.7	100.7	101.4	101.0	110.0	101.2
辽 宁	Liaoning	101.4	99.4	101.2	101.3	100.8	100.1	103.5	107.5	101.8
吉 林	Jilin	101.6	98.9	101.3	100.9	101.2	101.5	102.0	110.9	101.6
黑龙江	Heilongjiang	101.3	98.6	100.7	101.7	100.3	99.5	103.6	110.4	101.5
上 海	Shanghai	101.7	101.2	100.5	101.7	101.5	100.7	100.9	106.6	102.6
江 苏	Jiangsu	101.7	100.4	102.3	102.8	103.1	101.8	102.0	101.5	102.4
浙 江	Zhejiang	102.1	100.3	101.9	105.1	100.7	101.3	102.7	102.3	101.1
安 徽	Anhui	101.2	98.9	101.8	102.7	101.4	100.4	103.3	103.9	101.5
福 建	Fujian	101.2	99.0	100.6	102.4	101.2	100.9	102.3	103.0	107.4
江 西	Jiangxi	102.0	99.3	102.1	103.4	101.2	101.9	102.5	109.0	102.6
山 东	Shandong	101.5	99.6	101.1	102.6	100.9	101.1	102.8	105.4	101.8
河 南	Henan	101.4	98.4	101.3	103.6	101.5	100.2	102.7	106.3	102.7
湖 北	Hubei	101.5	99.4	100.8	102.0	100.6	101.0	101.7	110.6	101.6
湖 南	Hunan	101.4	99.3	101.0	103.5	100.7	101.9	101.5	105.0	101.1
广 东	Guangdong	101.5	100.0	101.5	102.2	100.9	101.3	102.6	106.2	101.7
广 西	Guangxi	101.6	99.7	101.9	102.4	100.9	102.0	102.1	106.1	101.6
海 南	Hainan	102.8	100.1	98.8	106.0	100.3	102.0	104.4	111.1	103.1
重 庆	Chongqing	101.0	98.2	102.8	101.9	100.7	101.5	103.3	104.2	100.8
四 川	Sichuan	101.4	98.6	102.5	102.4	101.2	101.6	104.1	104.2	103.7
贵 州	Guizhou	100.9	100.0	100.1	101.5	101.0	101.9	101.3	101.8	101.0
云 南	Yunnan	100.9	100.4	100.2	100.8	100.1	101.3	101.1	104.3	101.6
西 藏	Tibet	101.6	102.0	102.3	101.6	100.6	100.8	101.1	102.7	100.4
陕 西	**Shaanxi**	**101.6**	**99.4**	**101.4**	**102.2**	**101.1**	**101.4**	**102.0**	**108.6**	**101.4**
甘 肃	Gansu	101.4	100.1	100.8	102.5	100.6	101.1	101.7	105.2	100.9
青 海	Qinghai	101.5	99.9	100.9	102.9	100.7	101.0	100.8	105.9	101.7
宁 夏	Ningxia	101.6	99.5	101.2	102.3	101.9	102.7	102.3	104.8	102.4
新 疆	Xinjiang	102.2	102.1	101.3	100.4	101.5	100.8	102.7	109.6	101.0

21-4 居民人均可支配收入
Per Capita Disposable Income of Households

单位：元 (yuan)

地区	Region	全体居民人均可支配收入 Per Capita Disposable Income of Households		城镇居民人均可支配收入 Per Capita Disposable Income of Urban Households		农村居民人均可支配收入 Per Capita Disposable Income of Rural Households	
		2016	2017	2016	2017	2016	2017
全国	**National Total**	**23821**	**25974**	**33616**	**36396**	**12363**	**13432**
北京	Beijing	52530	57230	57275	62406	22310	24240
天津	Tianjin	34074	37022	37110	40278	20076	21754
河北	Hebei	19725	21484	28249	30548	11919	12881
山西	Shanxi	19049	20420	27352	29132	10082	10788
内蒙古	Inner Mongolia	24127	26212	32975	35670	11609	12584
辽宁	Liaoning	26040	27835	32876	34993	12881	13747
吉林	Jilin	19967	21368	26530	28319	12123	12950
黑龙江	Heilongjiang	19838	21206	25736	27446	11832	12665
上海	Shanghai	54305	58988	57692	62596	25520	27825
江苏	Jiangsu	32070	35024	40152	43622	17606	19158
浙江	Zhejiang	38529	42046	47237	51261	22866	24956
安徽	Anhui	19998	21863	29156	31640	11720	12758
福建	Fujian	27608	30048	36014	39001	14999	16335
江西	Jiangxi	20110	22031	28673	31198	12138	13242
山东	Shandong	24685	26930	34012	36789	13954	15118
河南	Henan	18443	20170	27233	29558	11697	12719
湖北	Hubei	21787	23757	29386	31889	12725	13812
湖南	Hunan	21115	23103	31284	33948	11930	12936
广东	Guangdong	30296	33003	37684	40975	14512	15780
广西	Guangxi	18305	19905	28324	30502	10359	11325
海南	Hainan	20653	22553	28453	30817	11843	12902
重庆	Chongqing	22034	24153	29610	32193	11549	12638
四川	Sichuan	18808	20580	28335	30727	11203	12227
贵州	Guizhou	15121	16704	26743	29080	8090	8869
云南	Yunnan	16720	18348	28611	30996	9020	9862
西藏	Tibet	13639	15457	27802	30671	9094	10330
陕西	**Shaanxi**	**18874**	**20635**	**28440**	**30810**	**9396**	**10265**
甘肃	Gansu	14670	16011	25693	27763	7457	8076
青海	Qinghai	17302	19001	26757	29169	8664	9462
宁夏	Ningxia	18832	20562	27153	29472	9852	10738
新疆	Xinjiang	18355	19975	28463	30775	10183	11045

21-5 地方一般公共预算收支
Local General Public Budget Revenue and Expenditure

单位：亿元 (100 million yuan)

地区	Region	一般公共预算收入 General Public Budget Revenue		一般公共预算支出 General Public Budget Expenditure	
		2016	2017	2016	2017
地方合计	**Region Total**	**87239.4**	**91447.5**	**160351.4**	**173471.1**
北京	Beijing	5081.3	5430.8	6406.8	6819.5
天津	Tianjin	2723.5	2310.1	3699.4	3280.9
河北	Hebei	2849.9	3233.3	6049.5	6615.2
山西	Shanxi	1557.0	1866.8	3428.9	3756.7
内蒙古	Inner Mongolia	2016.4	1703.4	4512.7	4523.1
辽宁	Liaoning	2200.5	2390.2	4577.5	4842.9
吉林	Jilin	1263.8	1210.8	3586.1	3725.7
黑龙江	Heilongjiang	1148.4	1243.2	4227.3	4640.7
上海	Shanghai	6406.1	6642.3	6918.9	7547.6
江苏	Jiangsu	8121.2	8171.5	9982.0	10621.4
浙江	Zhejiang	5302.0	5803.4	6974.3	7530.3
安徽	Anhui	2672.8	2812.3	5523.0	6202.3
福建	Fujian	2654.8	2808.7	4275.4	4719.3
江西	Jiangxi	2151.5	2246.9	4617.4	5123.7
山东	Shandong	5860.2	6098.5	8755.2	9257.7
河南	Henan	3153.5	3397.0	7453.7	8224.7
湖北	Hubei	3102.1	3248.4	6423.0	6831.7
湖南	Hunan	2697.9	2756.8	6339.2	7096.7
广东	Guangdong	10390.4	11315.2	13446.1	15043.1
广西	Guangxi	1556.3	1615.0	4441.7	4912.9
海南	Hainan	637.5	674.1	1376.5	1444.5
重庆	Chongqing	2227.9	2252.3	4001.8	4336.7
四川	Sichuan	3388.9	3579.8	8008.9	8686.6
贵州	Guizhou	1561.3	1613.6	4262.4	4604.6
云南	Yunnan	1812.3	1886.2	5018.9	5713.0
西藏	Tibet	156.0	185.8	1588.0	1681.9
陕西	**Shaanxi**	**1834.0**	**2006.7**	**4389.4**	**4833.2**
甘肃	Gansu	787.0	815.6	3150.0	3307.3
青海	Qinghai	238.5	246.1	1524.8	1530.3
宁夏	Ningxia	387.7	417.5	1254.5	1375.9
新疆	Xinjiang	1299.0	1465.5	4138.3	4641.2

21-6 固定资产投资
Investment in Fixed Assets

单位：亿元 (100 million yuan)

地区	Region	全社会固定资产投资 Total Investment in Fixed Assets in the Whole Province		固定资产投资(不含农户) Investment in Fixed Assets (Excluding Rural Households)		房地产开发投资 Total Investment in Real Estate Development	
		2016	2017	2016	2017	2016	2017
全　国	**National Total**	**606465.66**	**641238.39**	**596500.75**	**631683.96**	**102580.61**	**109798.53**
北　京	Beijing	7943.89	8370.44	7888.69	8307.33	4000.57	3692.54
天　津	Tianjin	12779.39	11288.92	12756.36	11274.69	2300.01	2233.39
河　北	Hebei	31750.02	33406.80	31340.07	33012.23	4695.63	4823.91
山　西	Shanxi	14197.98	6040.54	13859.35	5722.16	1597.35	1166.28
内蒙古	Inner Mongolia	15080.01	14013.16	14893.96	13827.85	1133.48	889.72
辽　宁	Liaoning	6692.25	6676.74	6436.33	6444.75	2094.85	2289.67
吉　林	Jilin	13923.20	13283.89	13773.17	13130.90	1016.76	910.14
黑龙江	Heilongjiang	10648.35	11291.98	10432.55	11079.65	864.84	815.60
上　海	Shanghai	6755.88	7246.60	6751.68	7240.95	3709.03	3856.53
江　苏	Jiangsu	49663.21	53277.03	49370.85	53000.21	8956.37	9629.11
浙　江	Zhejiang	30276.07	31696.03	29571.00	31125.99	7469.37	8226.78
安　徽	Anhui	27033.38	29275.06	26577.37	28816.37	4603.56	5612.47
福　建	Fujian	23237.35	26416.28	22927.99	26110.34	4588.83	4794.23
江　西	Jiangxi	19694.21	22085.34	19378.69	21770.43	1770.94	2013.98
山　东	Shandong	53322.94	55202.72	52364.49	54236.03	6323.38	6637.25
河　南	Henan	40415.09	44496.93	39753.93	43890.36	6179.13	7090.25
湖　北	Hubei	30011.65	32282.36	29503.88	31872.57	4296.38	4574.89
湖　南	Hunan	28353.33	31959.23	27688.45	31328.08	2957.04	3426.13
广　东	Guangdong	33303.64	37761.75	32947.30	37403.91	10307.80	12075.69
广　西	Guangxi	18236.78	20499.11	17652.95	19908.27	2397.99	2683.48
海　南	Hainan	3890.45	4244.40	3747.03	4125.40	1787.60	2053.11
重　庆	Chongqing	16048.10	17537.05	15931.78	17440.57	3725.95	3980.08
四　川	Sichuan	28811.95	31902.09	28229.79	31235.89	5282.64	5149.89
贵　州	Guizhou	13204.00	15503.86	12929.17	15288.01	2148.96	2201.00
云　南	Yunnan	16119.40	18935.99	15662.49	18474.89	2688.34	2786.25
西　藏	Tibet	1596.05	1975.60	1596.05	1975.60	48.54	40.36
陕　西	**Shaanxi**	**20825.25**	**23819.38**	**20474.85**	**23468.21**	**2736.75**	**3101.97**
甘　肃	Gansu	9663.99	5827.75	9534.10	5696.35	850.03	944.52
青　海	Qinghai	3528.05	3883.55	3455.51	3819.86	396.92	408.59
宁　夏	Ningxia	3794.25	3728.38	3709.04	3640.12	728.16	652.84
新　疆	Xinjiang	10287.53	12089.12	9983.86	11795.64	923.40	1037.86

注：本表各地区固定资产投资不含跨省项目。
a) This table, investment in fixed assets by region do not include inter-provincial projects.

21-7 商品房销售面积和销售额(2017年)
Floor Space and Total Sale of Commercialized Buildings(2017)

地　区	Region	商品房销售面积(万平方米) Floor Space of Commercialized Buildings Sold(10 000 sq.m)	# 住　宅 Residential Buildings	商品房销售额(亿元) Total Sale of Commercialized Buildings Sold(100 million yuan)	# 住　宅 Residential Buildings
全　国	**National Total**	**169407.8**	**144788.8**	**133701.3**	**110239.5**
北　京	Beijing	870.0	608.8	2796.0	2077.0
天　津	Tianjin	1482.1	1342.9	2272.3	2032.9
河　北	Hebei	6425.9	5577.0	4628.4	3925.4
山　西	Shanxi	2415.9	2246.3	1357.5	1225.9
内蒙古	Inner Mongolia	2067.6	1726.2	956.8	731.7
辽　宁	Liaoning	4148.5	3797.0	2771.7	2452.2
吉　林	Jilin	1885.2	1602.1	1135.2	920.8
黑龙江	Heilongjiang	2255.8	1868.1	1459.7	1134.5
上　海	Shanghai	1691.6	1341.6	4026.7	3336.1
江　苏	Jiangsu	14211.1	12486.7	13066.9	11325.8
浙　江	Zhejiang	9599.7	7669.7	12340.0	10300.3
安　徽	Anhui	9200.7	7949.3	5865.8	4878.6
福　建	Fujian	5854.0	4526.1	5705.2	4202.0
江　西	Jiangxi	5841.9	4965.0	3592.5	2879.7
山　东	Shandong	12813.2	11201.0	8097.0	6891.7
河　南	Henan	13313.9	11707.3	7129.4	5897.7
湖　北	Hubei	8155.2	7363.7	6258.9	5380.3
湖　南	Hunan	8532.3	7368.3	4460.7	3570.8
广　东	Guangdong	15958.8	13522.5	18792.8	15437.9
广　西	Guangxi	5171.0	4687.4	3016.6	2635.7
海　南	Hainan	2292.6	2173.1	2713.7	2473.2
重　庆	Chongqing	6711.0	5452.6	4557.9	3601.6
四　川	Sichuan	10869.1	8786.6	6757.1	5173.6
贵　州	Guizhou	4696.9	3897.7	2240.8	1623.4
云　南	Yunnan	4327.2	3484.5	2561.2	1973.7
西　藏	Tibet	53.3	45.0	35.3	25.2
陕　西	**Shaanxi**	**3890.4**	**3419.8**	**2661.1**	**2215.2**
甘　肃	Gansu	1559.5	1386.0	890.3	738.2
青　海	Qinghai	494.0	399.6	296.5	211.7
宁　夏	Ningxia	1021.4	870.3	464.1	369.3
新　疆	Xinjiang	1598.1	1316.7	793.4	597.5

21-8 农林牧渔业总产值(2017年)
Gross Output Value of Farming, Forestry, Animal Husbandry and Fishery (2017)

地 区	Region	农林牧渔业总产值(亿元) Total Gross Output Value (100 million yuan)	# 农 业 Farming	# 林 业 Forestry	# 牧 业 Animal Husbandry	# 渔 业 Fishery	农林牧渔业总产值比上年增长(%) Total Gross Output Value Over the Previous Year (%)
全 国	**National Total**	**114653.1**	**61720.2**	**4987.1**	**30242.8**	**12320.1**	**3.9**
北 京	Beijing	308.3	129.8	58.8	101.4	9.6	-6.9
天 津	Tianjin	471.9	247.8	9.0	119.9	83.1	0.5
河 北	Hebei	6142.5	3491.7	160.9	1899.4	215.0	4.1
山 西	Shanxi	1519.7	983.4	108.2	325.9	9.6	3.0
内蒙古	Inner Mongolia	2822.4	1383.2	99.9	1261.0	31.3	3.4
辽 宁	Liaoning	4398.5	1861.1	140.3	1505.8	705.2	3.0
吉 林	Jilin	2618.9	1174.7	101.6	1205.2	44.9	3.1
黑龙江	Heilongjiang	5680.3	3324.8	236.3	1852.0	135.2	5.4
上 海	Shanghai	261.6	141.2	14.9	40.9	53.3	-7.4
江 苏	Jiangsu	7210.4	3805.0	136.7	1167.0	1623.4	2.3
浙 江	Zhejiang	3212.5	1559.4	170.2	351.8	1052.9	2.3
安 徽	Anhui	4727.5	2333.6	319.1	1285.7	524.3	4.1
福 建	Fujian	4302.5	1810.1	326.4	669.5	1347.9	3.7
江 西	Jiangxi	3187.6	1501.4	338.7	720.1	506.9	4.4
山 东	Shandong	9298.2	4602.8	165.1	2399.7	1536.0	4.0
河 南	Henan	7913.4	4812.5	128.9	2425.8	141.9	4.6
湖 北	Hubei	6560.2	3094.0	213.1	1652.4	1088.7	5.0
湖 南	Hunan	6269.5	3408.6	325.0	1713.5	439.6	4.0
广 东	Guangdong	6215.3	3232.4	338.2	1116.8	1298.2	3.3
广 西	Guangxi	4742.8	2545.5	346.5	1136.3	500.5	4.3
海 南	Hainan	1528.2	727.0	110.3	244.7	385.2	3.8
重 庆	Chongqing	2009.4	1193.7	85.2	601.4	94.8	3.7
四 川	Sichuan	6963.8	4016.0	239.1	2326.7	239.1	3.7
贵 州	Guizhou	3389.8	2043.0	228.8	885.8	70.0	6.6
云 南	Yunnan	3808.8	2034.0	381.5	1153.4	108.2	6.0
西 藏	Tibet	178.2	78.4	2.9	92.2	0.3	4.4
陕 西	**Shaanxi**	**3070.5**	**2119.4**	**96.9**	**664.0**	**27.5**	**4.6**
甘 肃	Gansu	1907.7	1377.2	31.6	315.3	2.1	5.2
青 海	Qinghai	364.1	162.4	9.0	183.0	3.4	4.8
宁 夏	Ningxia	513.9	320.0	9.7	141.1	18.6	4.5
新 疆	Xinjiang	3054.9	2206.1	54.3	685.3	23.2	1.6

注：本表绝对数按当年价格计算，增长速度按可比价格计算。
a) Level data in this table are calculated at current prices, while the growth rate are at constant prices.

21-9 主要农产品产量(2017年)
Output of Major Farm Crops (2017)

单位：万吨 (10 000 tons)

地　区	Region	粮 食 Grain	棉 花 Cotton	肉 类 Meat	#猪 肉 Pork	奶 类 Milk
全　国	**National Total**	**61793.0**	**548.6**	**8588.1**	**5340.1**	**3655.2**
北　京	Beijing	41.1		26.4	19.2	37.4
天　津	Tianjin	212.0	2.8	37.4	23.8	56.5
河　北	Hebei	3508.0	30.1	463.7	275.0	465.4
山　西	Shanxi	1299.9	0.8	82.5	54.7	94.3
内 蒙 古	Inner Mongolia	2768.4		267.7	73.5	699.8
辽　宁	Liaoning	2136.7		440.5	220.9	141.1
吉　林	Jilin	3720.0		265.5	136.1	50.3
黑 龙 江	Heilongjiang	6018.8		242.4	145.0	542.7
上　海	Shanghai	89.2		11.6	8.7	21.3
江　苏	Jiangsu	3539.8	5.1	343.2	214.3	59.9
浙　江	Zhejiang	768.6	1.4	104.4	78.4	14.8
安　徽	Anhui	3476.0	14.3	404.3	242.7	31.9
福　建	Fujian	665.4		232.7	131.2	16.1
江　西	Jiangxi	2127.1	7.7	335.2	249.5	12.8
山　东	Shandong	4723.2	34.5	795.6	396.6	274.0
河　南	Henan	5973.4	8.7	705.3	466.9	320.5
湖　北	Hubei	2599.7	18.2	429.4	328.0	16.0
湖　南	Hunan	2984.0	10.6	543.9	449.6	9.6
广　东	Guangdong	1365.1		412.8	262.2	13.2
广　西	Guangxi	1467.7	0.3	415.4	255.0	10.0
海　南	Hainan	168.9		79.5	44.4	0.3
重　庆	Chongqing	1167.2		208.1	149.2	5.3
四　川	Sichuan	3498.4	0.8	666.0	472.2	63.8
贵　州	Guizhou	1178.6	0.1	207.6	160.1	6.6
云　南	Yunnan	1929.5		388.1	290.8	67.6
西　藏	Tibet	105.1		32.8	1.6	42.0
陕　西	**Shaanxi**	**1216.2**	**2.3**	**111.8**	**85.8**	**184.5**
甘　肃	Gansu	1128.3	2.7	100.6	49.9	40.7
青　海	Qinghai	100.7		38.5	11.4	34.6
宁　夏	Ningxia	368.2		32.2	7.8	153.3
新　疆	Xinjiang	1447.6	408.2	163.2	35.8	168.8

21-10 主要工业产品产量(2017年)
Output of Major Industrial Products(2017)

地区	Region	原煤(万吨) Coal (10 000 units)	原油(万吨) Crude oil (10 000 units)	天然气(亿立方米) Natural Gas (100 million cu.m)	水泥(万吨) Cement (10 000 units)	粗钢(万吨) Crude Steel (10 000 units)	钢材(万吨) Rolled Steel (10 000 units)	汽车(万辆) Motor Vehicles (10 000 units)	发电量(亿千瓦小时) Electricity (100 million kwh)
全国	**National Total**	**352356.2**	**19150.6**	**1480.3**	**233679.1**	**83172.8**	**104958.8**	**2901.8**	**64951.4**
北京	Beijing	255.0		15.4	374.4		179.0	197.0	388.4
天津	Tianjin		3102.4	21.5	418.6	1812.6	4374.0	83.3	611.0
河北	Hebei	6020.0	539.1	7.4	9125.5	19121.5	24551.1	100.9	2817.1
山西	Shanxi	87221.4		46.8	3760.3	4429.7	4335.4	9.3	2823.9
内蒙古	Inner Mongolia	90597.3	12.2	0.2	3073.9	1983.5	2002.7	3.1	4435.9
辽宁	Liaoning	3630.2	1044.2	5.1	3795.2	6422.8	6393.0	94.8	1829.3
吉林	Jilin	1638.8	420.9	18.6	2715.2	910.7	1028.0	276.9	800.3
黑龙江	Heilongjiang	6195.8	3420.3	40.5	2452.7	503.0	410.6	12.2	917.3
上海	Shanghai		6.8	1.7	417.7	1607.7	2056.0	291.3	859.3
江苏	Jiangsu	1278.5	156.1	2.9	17357.3	10427.7	12295.4	119.9	4914.7
浙江	Zhejiang			6.1	11285.0	1090.7	3148.2	74.0	3312.3
安徽	Anhui	11724.4		2.6	13435.9	2793.4	3143.9	115.8	2456.3
福建	Fujian	1129.5			8479.4	1882.9	2725.7	27.9	2200.7
江西	Jiangxi	938.9		0.2	8984.6	2412.7	2524.4	56.6	1128.8
山东	Shandong	13159.6	2234.9	4.1	15318.2	7147.9	9209.8	91.6	5162.7
河南	Henan	11750.6	282.9	3.0	15042.0	2954.0	4036.0	46.5	2739.6
湖北	Hubei	315.5	55.5	1.3	11118.6	2875.2	3609.9	266.6	2615.5
湖南	Hunan	1938.0			11985.0	2041.4	2210.2	51.9	1434.7
广东	Guangdong		1435.2	89.2	15858.3	2890.7	4213.7	318.2	4503.4
广西	Guangxi	442.7	44.1	0.2	12540.6	2265.3	3270.7	245.2	1401.1
海南	Hainan		30.0	1.1	2213.3	0.5	1.1	4.0	299.3
重庆	Chongqing	1194.2		60.7	6376.8	411.4	917.3	251.6	728.1
四川	Sichuan	4798.5	8.7	356.4	13823.8	2026.3	2491.2	83.2	3480.4
贵州	Guizhou	16343.8		4.2	11363.3	439.9	495.7	0.3	1899.1
云南	Yunnan	4675.0		0.04	11528.2	1517.5	1607.4	14.3	2955.1
西藏	Tibet				642.1		0.1		55.7
陕西	**Shaanxi**	**56959.9**	**3489.8**	**419.4**	**7476.1**	**1184.3**	**1377.6**	**61.6**	**1781.4**
甘肃	Gansu	3738.4	47.0	0.6	4021.4	560.5	702.3	1.9	1349.1
青海	Qinghai	841.7	228.0	64.0	1462.6	119.6	127.1		626.6
宁夏	Ningxia	7643.6	0.7		2188.2	229.5	221.8		1380.9
新疆	Xinjiang	17782.3	2591.8	307.0	4581.0	1110.1	1299.6	2.1	3010.8

21-11 社会消费品零售总额和进出口总额
Total Retail Sales of Consumer Goods and Total Import and Export

地　区	Region	社会消费品零售总额(亿元) Total Retail Sales of Consumer Goods(100 million yuan)		出口总额(亿元人民币) Exports (RMB 100 million)		进口总额(亿元人民币) Imports (RMB 100 million)	
		2016	2017	2016	2017	2016	2017
全　国	**National Total**	**332316.3**	**366261.6**	**138419.3**	**153320.6**	**104967.2**	**124602.4**
北　京	Beijing	11005.1	11575.4	3430.4	3962.5	15218.6	17961.3
天　津	Tianjin	5635.8	5729.7	2917.6	2952.3	3858.7	4694.5
河　北	Hebei	14364.7	15907.6	2014.4	2126.2	1063.8	1249.6
山　西	Shanxi	6480.5	6918.1	655.3	690.3	444.8	471.5
内蒙古	Inner Mongolia	6700.8	7160.2	290.2	334.8	478.5	607.6
辽　宁	Liaoning	13414.1	13807.2	2839.1	3043.5	2872.7	3695.7
吉　林	Jilin	7310.4	7855.8	277.2	299.9	940.5	954.7
黑龙江	Heilongjiang	8402.5	9099.2	331.9	348.2	761.9	924.1
上　海	Shanghai	10946.6	11830.3	12097.9	13120.3	16564.4	19117.5
江　苏	Jiangsu	28707.1	31737.4	21044.1	24607.2	12570.2	15413.6
浙　江	Zhejiang	21970.8	24308.5	17666.5	19445.9	4540.7	6158.2
安　徽	Anhui	10000.2	11192.6	1880.0	2065.2	1056.0	1566.4
福　建	Fujian	11674.5	13013.0	6834.0	7114.1	3511.4	4476.7
江　西	Jiangxi	6634.6	7448.1	1962.2	2222.6	676.3	797.5
山　东	Shandong	30645.8	33649.0	9047.9	9965.4	6428.6	7858.5
河　南	Henan	17618.4	19666.8	2833.4	3171.8	1880.4	2061.0
湖　北	Hubei	15649.2	17394.1	1717.9	2064.1	881.6	1070.2
湖　南	Hunan	13436.5	14854.9	1174.1	1565.8	566.5	868.8
广　东	Guangdong	34739.1	38200.1	39523.1	42186.8	23577.4	25968.5
广　西	Guangxi	7027.3	7813.0	1517.0	1855.2	1635.5	2011.1
海　南	Hainan	1453.7	1618.8	140.6	295.7	608.9	406.7
重　庆	Chongqing	7271.4	8067.7	2675.2	2883.7	1463.9	1624.5
四　川	Sichuan	15601.9	17480.5	1847.7	2538.5	1413.8	2067.4
贵　州	Guizhou	3709.0	4154.0	312.5	391.3	63.1	159.9
云　南	Yunnan	5722.9	6423.1	760.4	779.3	556.5	807.1
西　藏	Tibet	459.4	523.3	31.2	29.5	20.4	29.3
陕　西	**Shaanxi**	**7367.6**	**8113.8**	**1045.1**	**1659.7**	**931.2**	**1059.9**
甘　肃	Gansu	3184.4	3426.6	265.8	123.8	183.9	218.0
青　海	Qinghai	767.3	839.0	90.4	28.7	10.5	15.7
宁　夏	Ningxia	850.1	930.4	164.8	247.7	50.4	93.6
新　疆	Xinjiang	2825.9	3044.6	1030.8	1200.4	135.8	198.0

Total Retail Sales of Consumer Goods and Total Imports and Exports

2017年陕西省统计局大事记

1月11日，完成2016年“放管服”改革重点工作任务贯彻落实情况自查工作，并向省推进职能转变办公室报送自查报告。

1月12日，省委第七考核组对省局2016年度目标责任完成情况进行考核，局党组书记、局长张晓光主持召开考核测评大会。

1月13日，张晓光局长应邀接受陕西广播电视台新闻中心采访，就全省当前经济发展总体形势和优化产业结构、促进转型升级等专题与记者进行了深入交流。

1月上旬，按照《陕西省统计部门推广随机抽查工作实施方案》和《陕西省统计局“双随机”抽查工作细则》要求，完成“双随机、一公开”抽查摇号系统开发工作。

1月中旬，通过多种形式开展“两会”统计咨询服务。在省政府门户网和陕西省统计局网站首页开辟《“两会”统计咨询服务系统》专题，设计编印《陕西发展2016—开局良好 行稳致远》及《致陕西人大代表和政协委员的一封信》，发送每位代表、委员。

1月中旬，陕西省人民政府办公厅对2016年度全省政务信息和督查工作先进单位进行了通报表彰，省局被评为全省政务信息工作先进单位。

1月21日，陕西省扶贫开发办公室、中共陕西省委组织部、陕西省人力资源和社会保障厅联合发布《关于2016年全省驻村联户扶贫工作考核结果的通报》，省局驻村扶贫工作三项考核均获“优秀”。

1月23日，省政府召开2016年全省经济运行情况新闻发布会，省统计局局长、新闻发言人张晓光发布了2016年全省国民经济运行情况，并回答了记者提问。

1月23日，省局召开目标责任考核总结大会，局党组书记、局长张晓光对省局2016年工作进行了全面总结，会议对获得2016年度目标责任考核的优秀单位及个人进行表彰。

1月25日，陕西省脱贫攻坚领导小组办公室发来感谢信，感谢省局作为省脱贫攻坚成员单位，圆满完成对西藏自治区的脱贫攻坚交叉考核工作任务。

2月4日，国家统计局办公室发文通报2016年度各专业业务工作考核结果，省局在25项考核中，取得优秀等次10项、良好等次10项的好成绩。

2月13日，省委常委、常务副省长、省委宣传部部长梁桂来省局调研并召开座谈会，对我省统计系统各项工作予以充分肯定。局党组书记、局长张晓光代表局党组做了工作汇报。

2月17日，全省统计工作会议在西安隆重开幕。省局党组书记、局长张晓光作了题为《强化创新 深化改革 优化服务 为全省谱写追赶超越新篇章提供有力统计保障》的工作报告。

2月21日，省局受邀参加陕西广播电视台《秦风热线》直播节目，就“2017陕西人民新年愿望调查”

中我省城乡老百姓的十大愿望、共同关注点以及样本构成等问题与听众进行交流。

2 月 21 日-24 日，省局开展“追赶超越促发展 把脉经济新动向”调研工作。

2 月 24 日，省局召开西咸统计工作协调领导小组会议，贯彻落实《中共陕西省委陕西省人民政府关于促进西咸新区进一步加快发展的意见》精神，加快理顺西咸统计管理体制机制。

2 月 28 日，省委、省政府召开全省目标责任考核总结部署会议，省局荣获 2016 年度目标责任考核优秀单位。这是省局连续五年获得目标责任考核优秀单位称号。

3 月 2 日，《陕西日报》要闻版整版全文刊登《2016 年陕西省国民经济和社会发展统计公报》，省局党组书记、局长张晓光应邀接受《陕西日报》采访，解读统计公报。3 月 3 日，《陕西日报》在要闻版面以《稳健开局良好起步》为题刊登了专访内容。

3 月 3 日上午，省局采购小组就国家统计局西北数据中心建设项目立项文件进行招标采购。

3 月上旬，全国两会即将召开之际，省局编印完成《陕西省情—2017》和《陕西主要指标位次—2005-2016》，并发送至每一位在陕全国人大代表和政协委员，为人大代表、政协委员履行职责提供了统计信息参考。

3 月上旬，省局完成乡镇统计管理电子台帐试点工作。

3 月上旬，省局首次编印《陕西经济运行统计月报-非公篇》。

3 月 15 日，省局召开党风廉政建设暨目标责任考核工作会议，党组书记、局长张晓光代表省局党组做了工作报告，省纪委驻发改委纪检组组长刘双耀到会做了讲话，局领导与分管处室签订了党风廉政建设责任书。

3 月 20 日，省局研究制定了《陕西省统计局追赶超越县域季度考核点评实施方案》，并印发各市、县（区）统计局。

3 月下旬，根据中共陕西省委组织部《关于王冬羽同志任职的通知》（陕组干任〔2017〕46 号）和陕西省人民政府《关于王冬羽张烨任职的通知》（陕政任字〔2017〕23 号），王冬羽同志任陕西省统计局党组成员、副局长，张烨同志任陕西省统计局总统计师。

4 月 6 日，《2016 年陕西果业发展统计公报》经省政府审定后在《陕西日报》全文刊登。

4 月 14 日，国家统计局通过“统计微讯”微信公众号平台发布了三月全国统计调查系统微信公众号综合影响力月榜，省局在全国统计调查系统微信公众号综合影响力排名中获得了第二名的好成绩。

4 月 20 日，陕西省人民政府新闻办公室举行新闻发布会，局新闻发言人、总统计师张烨向社会发布了 2017 年一季度全省经济运行情况，并接受陕西电视台、凤凰网等媒体专题采访。

4 月中旬，省局成立绿色发展统计工作领导小组。张晓光局长担任组长，张烨总统计师担任副组长。

4 月中旬，中共陕西省委办公厅发文表彰了 2015-2016 年度全省党委系统信息工作，省局被评为先进集体。

4月下旬，省局发出通知，建立全省重点非公企业联系点制度，对重点非公企业进行直接联系、重点监测。

4月下旬，省局与省发改委公布陕西省“十三五”重点用能单位名单，加强重点用能单位节能监督管理和服务工作。

5月4日，省局召开“追赶超越 青春飞扬--陕西省统计局第一届青年工作会议”，张晓光局长为省局首席统计分析师和首席统计数据师颁发了聘书。

5月5日，省局组织编印完成《陕西省第十二次党代会以来经济社会发展成就》和《陕西追赶超越破解“八大难题”课题研究》。

5月6日，省第十三次党代会代表张晓光局长应邀坐客党代会全媒体中心，分别接受陕西电视台、陕西广播电台和西部网等媒体采访。

5月上旬，省政府办公厅发出《关于2017年春节回乡见闻评审结果的通报》，省局三篇回乡见闻分获二等奖、三等奖和优秀奖。

5月11日，中国共产党陕西省第十三次代表大会主席团在西安举行第六次会议，张晓光局长当选为中国共产党陕西省第十三届委员会委员。

5月12日，省局召开陕西省全面建成小康社会统计监测工作会议。

5月15日，张晓光局长以《扎实做好“五新监测”全力服务“追赶超越”》为题，向全局干部职工宣讲省十三次党代会精神。

5月中旬，省局首次编印《陕西经济运行统计季报-文化及相关产业篇》。

5月中旬，省局同行政学院协商一致，将统计法纳入干部培训内容，并举办了两期统计普法培训班。

5月14日-25日，省局在西安成功举办了“陕西统计援藏业务培训班”，来自西藏阿里地区统计系统和陕西部分市（区）县的统计人员共32人参加培训。

5月17日-24日，省局在省委党校分2期举办了学习贯彻党的十八届六中全会精神专题研讨班。

6月1日，张晓光局长应邀做客省委党校“领导干部论坛”，为学员专题解读当前经济形势，230多名市厅级和县处级领导干部参加学习。

6月14日，省局召开“两学一做”学习教育常态化制度化工作推进会。全体局领导、机关党委委员、机关纪委委员及各党支部支委参加了会议。

6月15日，省局召开全省统计信息化和信息安全工作会议。

6月16日，省局召开全省上半年经济形势分析会。

6月21日-28日，局领导分别带队赴基层，开展以“问诊经济发展 助力追赶超越”为主题的调研活动。

6月21日，省局召开深化“三新”统计改革工作推进会。

6月22日，省政府召开全省县域经济发展和城镇建设工作会议，胡和平省长出席会议并做重要讲话。

在讲话中，胡和平省长充分肯定和高度评价了省局县域经济监测考评工作。张晓光局长在会上做了点评发言。

6月23日，省统计学会与西安电子科技大学举办“国家社科基金选题与设计方法论”专题报告会。

6月30日，省局召开庆祝建党96周年暨表彰大会，对2016-2017年度2个先进党支部、20名优秀共产党员和12名优秀党务工作者进行了通报表彰。局长张晓光为全局党员做题为《对标“四讲四有”争做合格党员》党课辅导。

7月7日，张晓光局长陪同省人大常委会副主任朱静芝赴扶风调研脱贫攻坚工作。

7月19日，省政府新闻办公室举行新闻发布会，省统计局新闻发言人、总统计师张烨发布了2017年上半年全省经济运行情况，并接受陕西电视台、凤凰网等媒体现场采访。

8月上旬，省局和陕西日报开展经济数据分析及解读合作，陕西日报将在重要位置刊载每季度末省局各专业首席分析师和首席数据师分析及解读文章。

8月16日，省局会同省发改委组织省工信厅、省公安厅、省国土资源厅、省环保厅等13个部门召开陕西省绿色发展评价部门工作会议，联合部署市一级绿色发展评价工作。

8月17日，省委常委、常务副省长梁桂在北京与国家发展和改革委员会党组成员、副主任兼国家统计局党组书记、局长宁吉喆进行会谈，共同商讨陕西统计工作。省局党组书记、局长张晓光、副局长王冬羽参加了会谈。

8月18日，省局获2017年丝博会暨21届西洽会“综合服务优秀单位”称号，圆满完成2017丝博会暨第21届西洽会成果统计、对口接待两项工作。

8月18日，省政府新闻办公室召开新闻发布会，省局和省测绘局、省国土资源厅联合发布了《陕西省第一次全国地理国情普查成果》。省统计局新闻发言人、总统计师张烨出席发布会，并回答记者提问。

8月下旬，省局推荐的5篇全国统计科学研讨会论文入选第十九次全国统计科学研讨会，入选单位及作者受邀参加全国统计科讨会大会发言。

9月上旬，省局印发《关于组建陕西省第四次全国经济普查筹备领导小组及办公室的通知》，全面启动我省第四次全国经济普查准备工作。

9月上旬，陕西省委办公厅、陕西省人民政府办公厅联合印发了《陕西省生态文明建设目标评价考核办法》，评价工作每年开展一次，由统计、发展改革、环境保护部门会同有关部门组织实施，评价结果纳入生态文明建设目标考核。

9月20日，第八届统计开放日活动在西安国际港务区举办。本届统计开放日活动以“统计新动能 服务新常态”为主题，以宣传“三新”统计为重点。开放日当天，陕西日报用整个版面对统计开放日及政府统计工作进行深度宣传。

9月20-30日，省局开展“激发增长动力 服务追赶超越”调研，局领导分别带队，赴西安、铜川、宝鸡、咸阳、渭南、汉中、榆林、安康、商洛9个市开展经济运行调研工作。

9月中旬，省局制定了《陕西省统计局贯彻落实“五新”战略实施方案》。

9月中旬，根据中共陕西省委组织部《关于靳力、王运林同志职务任免的通知》（陕组干任〔2017〕221号）和陕西省人民政府《关于靳力任职的通知》（陕政任字〔2017〕120号），靳力同志任陕西省统计局党组成员、副局长。

9月29日，省委办公厅、省政府办公厅印发我省深化统计管理体制改革实施方案。

9月30日，省局制定印发《陕西省统计局“放管服”改革工作实施方案》，并上报省政府推进职能转变办公室。

9月30日，省局与省自贸办联合召开了自贸试验区统计制度工作会议，制定了《陕西自贸试验区统计报表制度》及《陕西自贸试验区统计指标体系》。

10月18日，省局组织副处级以上干部在会议室集中观看中国共产党第十九次全国代表大会实况直播，认真聆听、学习习近平总书记代表十八届中央委员会向大会所作的报告。

10月24日，省政府新闻办公室举行新闻发布会，邀请省统计局副局长王冬羽发布2017年前三季度全省国民经济运行情况，并回答记者提问。

10月25日，省局向省政府办公厅上报《陕西省人民政府办公厅关于开展县域营商环境监测评价工作的通知》（代拟稿），开展县域营商环境监测评价工作。

10月下旬，省局印制《新理念铸就新辉煌 新征程实现新跨越——党的十八大以来陕西经济社会发展成就》报告单行本，全面展现我省五年来发展的辉煌成就。该报告作为党的十九大陕西代表团会议资料发送至每位代表。

10月下旬，省委、省政府办公厅印发《关于深化统计管理体制改革 提高数据真实性的实施方案》，提出了我省统计管理体制改革的总体框架思路和16项重点措施。

10月下旬，省局圆满完成2017年三季度全省追赶超越季度考核点评省直部门工作满意度电话调查，共对76个省直部门的服务对象和系统干部职工进行电话调查，调查结果报省考核办。

11月7日，省局印发《陕西省统计局学习贯彻党的十九大精神安排意见》的通知。

11月上旬，省局党组书记、局长张晓光撰写的《陕西农村消费市场新特点和新问题调研报告》荣获2016年度全省党政领导干部优秀调研成果二等奖。

11月14日，省局召开自贸区营商环境监测评价工作会议，重点研究了省自贸区九个板块和西咸新区五个新城的营商环境监测评价办法和调查工作。

11月16日，省局召开全省统计系统学习贯彻党的十九大精神视频辅导报告会，省委宣讲团成员、省统计局党组书记、局长张晓光为全省统计系统宣讲十九大精神。

11月中旬，省局全面完成了“五证合一”工商信息的加载和数据质量评估，成功实现了“五证合一”

信息与名录库的对接，标志着“五证合一”工作将进入资料利用的新阶段。

11 月 27 日，省市高清视频会议系统通过验收，正式投入运行。

11 月 27 日至 30 日，省委组织部、省人社厅和省统计局联合举办“统计服务陕西追赶超越研究”高级研修班，省级机关和中央驻陕机关、事业单位及中省大中型企业的部分高级统计师、全省统计系统专业领军人才及省局首席统计分析师、首席统计数据师共计 90 余人参加了此次学习。

11 月下旬，我省四经普专项试点工作圆满收官。

12 月 1 日，张晓光局长主持召开 2017 年度全省目标责任考核社会评价工作启动仪式。当天，西安市市长上官吉庆、省考核办专职副主任刘敏带领西安市相关部门负责同志莅临调查现场听访。

12 月 8 日，在《中华人民共和国统计法》颁布纪念日，陕西省统计局与国家统计局陕西调查总队联合西安市统计局、西安调查队、雁塔区统计局、雁塔调查队在小寨海港城购物广场隆重举行统计法治现场宣传活动。

12 月上旬，省局完成 2017 年度统计科学研究课题工作，30 项科研课题达到结题要求。

12 月 12 日，省局召开全省统计行政处罚案卷评查会议。

12 月 12 日、18 日，省局印发《陕西省统计局办公室关于成立军民融合统计试点工作领导小组的通知》《陕西省统计局军民融合统计试点工作方案》。

12 月 13 日，全省精神文明建设表彰大会在陕西宾馆隆重举行，省委书记胡和平出席会议。省计局荣获“省级文明单位标兵”称号。

12 月 19 日，省委常委、西安市委书记王永康来省局调研座谈。局党组书记、局长张晓光代表局党组做了工作交流。

12 月 20 日，省局召开 2017 年全省经济形势分析会。

12 月中旬，省局创新建立“五新”战略发展监测指标体系，并将于 2018 年全面开展统计监测分析工作。

12 月 22 日，陕西日报头版以《青春不畏艰辛 梦想成于实干》为题，报道省局青年干部开展学习青年习近平活动情况。

12 月 28 日，国家统计局办公室印发《关于第四次全国经济普查专项试点情况的通报》，对我省第四次全国经济普查专项试点工作给予通报表扬。

（曹瑞天　张树嵩）

2017年陕西调查总队大事记

1月18日，陕西国家统计调查工作会议召开。党组书记、总队长孙法臣做了题为《深入学习贯彻党的十九大精神 加快推进新时代陕西统计调查事业持续发展》的报告。

1月19日，陕西国家调查队系统成立十周年座谈会召开。孙法臣总队长做了题为《励精图治 成就斐然 改革创新 再铸辉煌》的报告。

2月13日，调查总队获得陕西省政务（经济）信息工作先进单位。

2月27日，调查总队和陕西省统计局联合发布《2016年陕西省国民经济和社会发展统计公报》，3月2日《陕西日报》要闻版全文刊登。

2月27日，《国家统计局陕西调查总队2017年财务工作要点》印发。

3月8日，国家统计局发文，任命王献宝同志为陕西调查总队党组成员、副总队长（副厅长级）。

3月9日，常务副省长、省委宣传部长梁桂莅临调查总队调研，并主持座谈会听取工作汇报，对陕西国家统计调查各项工作给予充分肯定。

3月13日，《陕西国家调查队系统2017年统计设计管理工作要点》印发。

3月13日，《国家统计局陕西统计调查系统2017年党风廉政建设工作要点》印发。

3月28日，调查总队国际比较项目（ICP）领导小组成立。

3月30日，《2017年陕西国家统计调查工作要点》印发，确定九个方面41项重点工作。

4月1日，国家统计局发文，任命张国栋同志为陕西调查总队党组成员、副总队长（副厅长级），吕康同志为陕西调查总队党组成员、党组纪检组组长（副厅长级）。

4月10日，调查总队内部控制工作领导小组成立，负责全面建立和有效实施本单位内部控制，确保内部控制覆盖单位经济和业务活动全范围。

4月13日，《中共国家统计局陕西统计调查系统市级调查队党组纪检组组长主要职责（试行）》印发。

4月17日，《陕西国家调查队系统2017年统计法治工作要点》印发。

4月18日，《国家统计局陕西调查总队“十三五”期间改革发展规划纲要》印发。

5月4日，调查总队获得全省党委系统信息工作先进单位。

5月11日，陕西国家统计调查队系统保密宣传月活动启动。

5月16日，陕西国家调查队系统党风廉政建设工作会召开。党组书记、总队长孙法臣同志做题为《提高思想认识 坚守责任担当 切实把党风廉政建设工作引向深入》的报告。

6月2日，国家统计局发文，免去程军虎同志陕西调查总队党组成员职务。

6月3日，调查总队党组书记、总队长孙法臣应邀出席2017丝绸之路国际博览会暨第21届中国东西部合作与投资贸易洽谈会。

6 月 7 日，《推进陕西国家统计调查系统“两学一做”学习教育常态化制度化实施方案》印发。

6 月 28 日，陕西国家调查队系统深化统计调查机构改革工作座谈会召开。

6 月 30 日，《国家统计局陕西调查总队 2017 年政务公开工作方案》印发。

6 月 30 日，调查总队庆祝中国共产党成立 96 周年暨“七一”表彰大会召开。

6 月，调查总队开展 2017 丝绸之路国际博览会主要参与者满意度调查。

7 月 24 日，陕西省政府办公厅印发《关于认真做好居民收入和农村贫困监测调查工作的通知》，对做好我省居民收入和贫困监测调查，提高调查样本代表性和调查数据质量提出要求。

8 月 1 日，国家统计局发文，建立国家统计局勉县、商南、西咸新区调查队。

8 月-9 月，调查总队连续在陕西人民广播电台《秦风热线》栏目以情景对话方式宣传住户调查样本轮换工作。

9 月 1 日，陕西调查总队巡察工作领导小组成立。

9 月 13 日，陕西国家调查队系统 93 人通过统计执法资格考试，获得统计执法证。

9 月 19 日，调查总队举办主题为“统计新动能服务新常态”的“中国统计开放日”。

9 月 22 日，陕西省委常委、常务副省长梁桂就陕西调查总队工作批示:“陕西调查总队要以住户样本轮换为契机，完善统计网点覆盖，完善统计体制机制建设，为促进陕西经济发展建言献策”。

9 月，调查总队圆满完成“十八大”以来陕西民生经济发展成就系列报告。该系列报告共分 13 个主题，真实客观地反映了民生经济各个主要指标的规模、水平、速度及结构的变化趋势。

10 月 18 日，调查总队全体干部职工集中组织收看十九大开幕盛况，聆听习近平总书记代表十八届中央委员会作工作报告。

10 月 20 日，国家统计局发文，任命程海营同志为陕西调查总队党组成员、副总队长（副厅长级），免去张国栋同志陕西调查总队党组成员、副总队长（副厅长级）职务。

10 月 21 日，调查总队党组对宝鸡等 10 个市县调查队开展巡察。

10 月 23 日，《国家统计局陕西调查总队统计违法举报工作制度》印发。

10 月 30 日，国家统计局发文，建立国家统计局宜川调查队。

11 月 14 日，《关于贯彻落实建立领导干部违规干预统计工作记录制度》印发。

11 月 16 日，《陕西调查总队深入学习宣传贯彻党的十九大精神工作方案》印发。

11 月，调查总队圆满完成新一轮住户调查样本轮换工作，新抽选的调查样本共 14000 户，涉及全省 108 个县区。

12 月 8 日，调查总队与陕西省统计局联合开展以“弘扬宪法精神、增强法治观念，深化统计改革、全面依法治统”为主题的统计法治宣传活动。

12月12日，省委副书记、省脱贫攻坚领导小组副组长毛万春到调查总队调研脱贫攻坚工作。强调要认真贯彻省委常委会精神，对标全年脱贫攻坚任务，各司其职、查漏补缺，确保各项目标任务圆满完成，以扎实工作、过硬作风坚决打赢脱贫攻坚这场硬仗。

12月12日，调查总队与铜川市耀州区杏树坪村签订《脱贫攻坚产业脱贫帮扶协议书》，为59户贫困户出资入股村办企业。

12月13日，调查总队获得省级文明单位标兵荣誉称号。

（袁　琦）

陕西省统计局机构一览表

- 行政单位
  - 办公室
  - 统计执法监督处
  - 统计设计管理处
  - 国民经济综合统计处
  - 国民经济核算处
  - 工业统计处
  - 能源与环境统计处
  - 固定资产投资统计处
  - 贸易外经统计处
  - 人口与就业统计处
  - 社会科技与文化产业统计处
  - 农村社会经济统计处
  - 人事处（离退休人员服务管理处）
  - 财务处
  - 机关党委
- 参照公务员法管理的事业单位
  - 陕西省统计普查中心
  - 陕西省地方社会经济调查中心（副厅级）
    - 组织指导处
    - 县域经济监测考核处
    - 服务业调查处
    - 城乡居民收入调查处
    - 新兴产业调查处
    - 非公有制经济调查处
    - 农村社会发展监测处
    - 社情民意调查处
    - 宏观数据管理处
    - 十一个基层调查队
- 中央事业单位
  - 计算中心
  - 科研所
  - 教育中心
  - 咨询中心

陕西调查总队机构一览表

- 总队机关
  - 办公室
  - 法规制度处
  - 居民收支调查处
  - 工业调查处
  - 服务业调查处
  - 专项调查处
  - 生产投资价格调查处
  - 财务管理处
  - 机关党委
  - 综合处
  - 农业调查处
  - 住户专项调查处
  - 商业和投资建筑业调查处
  - 统计监测处
  - 消费价格调查处
  - 人事教育处
  - 纪检监察室
  - 信息技术应用处
- 市级调查队
  - 西安调查队
  - 宝鸡调查队
  - 渭南调查队
  - 汉中调查队
  - 安康调查队
  - 铜川调查队
  - 咸阳调查队
  - 延安调查队
  - 榆林调查队
  - 商洛调查队
- 县级调查队
  - 杨凌
  - 雁塔、临潼、长安、鄠邑、西咸新区、蓝田、周至
  - 耀州、宜君
  - 陈仓、凤翔、扶风、眉县
  - 三原、泾阳、礼泉、彬县、旬邑
  - 大荔、合阳、澄城、蒲城、富平
  - 子长、志丹、宜川、黄陵
  - 城固、勉县、略阳
  - 定边、绥德、清涧、子洲、神木
  - 汉阴、紫阳、旬阳
  - 洛南、商南
- 社会经济调查队
  - 铜川、鄠邑、陇县、临渭、华阴、蒲城
  - 略阳、西乡、洛南、宝塔、绥德

统计职业道德规范

忠诚统计
乐于奉献
实事求是
不出假数
依法统计
严守秘密
公正透明
服务社会

陕西统计人精神

严谨　求实　卓越　奉献

严谨：是统计人的科学态度。严谨即严肃谨慎、严密周到。体现在统计人在工作中不浮夸、不马虎、不好高骛远、不粗枝大叶，认真求证每一个统计数据和统计指标、仔细核对每一张统计报表、深入分析每一次统计调查，努力提高统计数据质量、维护政府统计公信力。

求实：是统计人的职业素养。“求”是探究、求证；“实”，真也，是反映在统计数据中的真理、规律。求实，是贯穿于统计生产全过程的一种工作理念。

卓越：是统计人的工作标准。卓越，意味着杰出与超越。是社会发展对统计工作提出的要求，也是检验统计工作好坏的标准。

奉献：是统计人的职业要求。奉献就是付出、给予、呈现。展现统计人在平凡的岗位上，将甘于奉献化作对工作的无限热爱，受得清苦、耐得寂寞、吃苦耐劳、无怨无悔。